U0454470

"十三五"国家重点出版物出版规划项目

诺贝尔经济学奖获得者丛书
Library of Nobel Laureates in Economic Sciences

劳动市场规制与就业

来自拉丁美洲和加勒比海岸地区的启示

Law and Employment

Lessons from Latin America and the Caribbean

詹姆斯·J. 赫克曼(James J. Heckman)
卡门·佩奇斯(Carmen Pagés) 等著
法丽娜 译
李晓曼 校

中国人民大学出版社
·北京·

目　录

绪 论

詹姆斯·J. 赫克曼和卡门·佩奇斯*

I.1 引言

本书基于拉丁美洲和加勒比海岸地区多个国家的微观数据，通过获取这两个地区的不同国家实际运用的法律法规，研究了法律规制对劳动市场的影响。虽然拉丁美洲和加勒比海岸地区都有其独特之处，但从其他方面来看，对这些国家劳动市场的研究结果仍然具有普遍意义。

依据经济合作与发展组织（OECD）的标准，这些地区都有过很大幅度的制度改革，并且许多制度的变化是由外生因素导致的。这些外生性变动使学者们对欧洲和北美洲地区的制度研究更为困难。与 Hamermesh（1993）研究所得的劳动需求方程相比，对拉丁美洲劳动市场制度影响的研究所得的结论更具有普遍意义。

本书以微观数据为基础进行相关研究，避免依赖于不完整的国家总体统计数据，而这些总体统计数据一直是研究欧洲国家法律制度的主要信息来源（Nickell and Layard，1999）。不同国家的经济区域和影响因素不同，而关于这些地区及其经济影响因素的总体数据通常掩盖了这种差异性。尽管一些建立在

---

* 詹姆斯·J. 赫克曼（James J. Heckman）为芝加哥大学经济学与社会科学学院亨利·舒尔茨杰出成就教授、芝加哥大学社会项目评估中心主任、国家经济研究部副研究员。卡门·佩奇斯（Carmen Pagés）是美洲开发银行研究部的高级经济学家。

感谢理查德·阿韦利诺（Ricardo Avelino）、朱塞佩·贝尔托拉（Giuseppe Bertola）、约翰·多诺霍（John Donohue）、戴维·布拉沃（David Bravo）、费尔南达·鲁伊斯（Fernanda Ruiz）、杰卡蒂施·西瓦达桑（Jagadeesh Sividasan）、塞尔希奥·乌尔苏亚（Sergio Urzua）以及两位匿名推荐人所给予的帮助。赫克曼本次的研究得到了美国律师基金会的支持。本章中的观点仅代表作者本人，并不代表美洲开发银行及其工作人员的观点。

微观数据基础之上的制度在宏观数据中仍然适用，但在本书中，我们基于各国的时间序列数据来估计制度影响对不同样本和模型选择的敏感性。本书的研究为未来进行非总体性的分析奠定了基础。

人们普遍认为，劳动市场规制仅对劳动收入的分配产生影响，而对生产效率的影响不明显[①]，但本书的结论与此不同。本书的研究结果显示，法定福利降低了就业率，就业保障制度对就业分配和人员流动率有显著的影响。规制对劳动市场的负面影响主要表现在其对青年劳动者、边缘劳动者以及非专业技术劳动者的影响。局内人从制度中获益，而局外人则因制度而遭受损失。因此，就业保障制度加剧了不同群体之间的不公平。对单个国家的大部分研究表明，基于提高就业保障目的而设立的规制降低了享受社会保障的工人的就业退出率和失业退出率，同时也在一定程度上减少了就业机会。

本书引言部分主要包括以下三个方面的内容：

（1）总结主要的研究结论；

（2）通过比较拉丁美洲和加勒比海岸地区国家与经济合作与发展组织国家的劳动市场规制政策的水平和变化，阐述拉丁美洲和加勒比海岸地区的规制负担，并介绍这些规制的历史背景；

（3）运用更广泛的研究样本和更好的衡量规制的方法来完善 Heckman and Pagés（2000）的研究，并用不同国家的时间序列数据来分析规制对失业和就业的影响。

本书对拉丁美洲和加勒比海岸地区（LAC）国家、经济合作与发展组织（OECD）国家的规制成本予以量化。尽管有大量基于跨国时间序列数据对这些地区的政策进行的研究，但本书阐述了基于宏观数据的缺陷是导致欧洲国家规制的影响鲜为人知的一个原因。不过基于宏观时间序列数据的文献确实产生了一些实证规律。本书运用的研究宏观影响的方法对于研究规制对 OECD 地区就业的影响具有重要的借鉴意义。[②]

本章主要论述以下部分内容：

（1）第Ⅰ.2 节对拉丁美洲国家的经济背景和劳动市场状况进行了论述；

（2）第Ⅰ.3 节介绍了拉丁美洲和加勒比海岸地区（LAC）国家规制的基本现实，并从劳动成本的水平及构成和地区性劳动市场改革两方面，将 LAC 国家与 OECD 国家进行比较；

（3）第Ⅰ.4 节基于本书对上述地区国家的研究进行总结；

---

① Freeman（2000）和 Nickell and Layard（1999）支持此观点。

② Abowd et al.（1997），Abowd，Kramarz，and Margolis（1999），Abowd et al.（2000），Machin and Stewart（1996），Kugler，Jimeno，and Hernanz（2002）及其他学者均运用微观数据对欧洲规制的影响进行了研究。

(4) 第Ⅰ.5节在 Heckman and Pagés (2000) 研究的基础上进一步更新，使用第Ⅰ.3节引出的成本测度来检验劳动市场规制对拉丁美洲国家和 OECD 国家就业率与失业率的影响；

(5) 第Ⅰ.6节对研究结论进行总结，并对未来关于拉丁美洲国家和 OECD 国家劳动市场规制的研究予以展望。

首先，我们介绍拉丁美洲国家的经济背景及其劳动市场规制的特点。

I.2 拉丁美洲国家的经济背景和劳动市场状况

拉丁美洲国家的经济形势一度不容乐观。从 1970 年起，这些国家的人均收入仅以每年 1%的速度增长，虽然高于非洲和中东地区，但明显低于亚洲国家及发达国家（如图 1 所示）。20 世纪 80 年代，严格的贸易保护政策使得拉丁美洲的经济免遭外国竞争。拉丁美洲国家对经济的干预程度较大。在那十年间，由于政府实施的财政政策和货币政策的失衡不断加剧，大多数经济体崩溃，致使许多国家在 20 世纪 80 年代末和 90 年代初实施大规模的结构性改革。宏观经济的稳定政策减少了财政赤字并使通货膨胀得到了控制。彻底且快速的贸易政策改革大幅降低了工业品的实质性关税壁垒。政府实施财政政策改革，控制金融市场，并将国有企业进行私有化改革。此外，一些国家也开始开展劳动市场的改革（这部分将在下一节进行论述）。尽管 20 世纪 90 年代拉丁美洲国家的经济增长率高于 20 世纪 80 年代，但这一时期的增长率水平仍远低于世界其他地区。

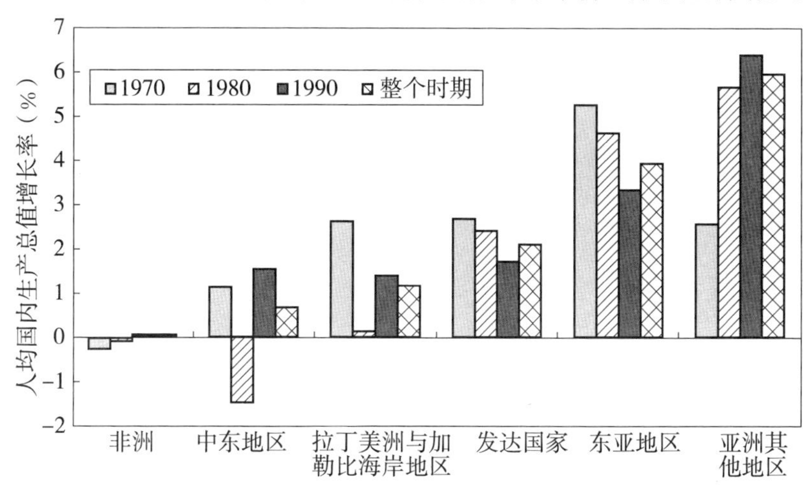

图 1 人均国内生产总值增长情况

资料来源：美洲开发银行基于世界发展指数（World Bank 2001）的计算。

注：平均值是 GDP 加权值。

在本书涉及的国家中（阿根廷、巴西、智利、哥伦比亚、秘鲁、乌拉圭、巴巴多斯、牙买加、特立尼达和多巴哥），智利的经济状况最好，在1980—2001年间，智利的平均国内生产总值增长率为4.8%（如表1所示）。阿根廷、特立尼达和多巴哥的平均增长率在过去的20年间经历了最低水平，尽管它们在20世纪90年代有较高的平均增长率。

尽管整体经济状况不好，但拉丁美洲国家的人均GDP水平［用美元计价的购买力平价（PPP）进行调整］仍然高于其他发展中国家和地区。根据世界银行公布的发展指标，2001年拉丁美洲和加勒比海岸地区的人均GDP为7 050美元，远高于东亚和太平洋地区（4 233美元）、中欧与东欧地区（6 598美元）、南亚地区（2 730美元）、撒哈拉沙漠以南非洲地区（1 831美元）以及阿拉伯国家（5 038美元）。与此同时，联合国公布的数据显示，LAC国家的人类发展指数为0.77，与中欧和东欧的水平相当（0.78），高于除OECD国家（0.90）外的任何其他地区。在本书研究涉及的劳动市场中，巴巴多斯和阿根廷的人均收入水平和人类发展指数最高，而牙买加和秘鲁的人均收入水平及人类发展指数均处于最低水平（见表1）。

表1　拉丁美洲和加勒比海岸地区的经济指标

国家	2001年的人均GDP（用美元计价的PPP进行调整） (1)	2001年的人类发展指数 (2)	1980—2001年GDP增长率 (3)	1980—1999年就业增长率 (4)	1980—1999年女性劳动力参与率的增长 (5)	1980—2000年平均城镇失业率 (6)
阿根廷	11 320	0.849	1.132	1.16	1.12	9.30
巴西	7 360	0.777	2.488	2.72	2.11	5.62
智利	9 190	0.831	4.814	2.63	2.17	10.09
哥伦比亚	7 040	0.779	3.089	3.23	3.56	12.10
秘鲁	4 570	0.775	1.553	3.52	2.27	8.03
乌拉圭	8 400	0.834	1.795	1.43	2.37	10.62
巴巴多斯	15 560	0.888	1.173	1.28	1.30	15.77
牙买加	3 720	0.757	1.557	1.60	0.89	19.40
特立尼达和多巴哥	9 100	0.802	0.108	0.78	1.30	15.85
平均	8 470	0.810	1.970	2.04	1.90	

资料来源：第（1）列、第（3）列和第（5）列来自世界发展指数（World Bank 2001）；第（2）列来自联合国（2001）；第（4）列和第（6）列来自拉丁美洲和加勒比经济委员会（ECLAC 2001）和国际劳工组织（ILO 2002）。

注：第（3）列以当地货币的固定价格计算；第（6）列中加勒比海岸的比率不能与拉丁美洲的比率进行比较，因为计算方法不同。

在1980—1999年间本书研究的9个国家中，尽管GDP增长率并不高，但各国的就业率都有所增长。其中，就业增长率最高的是哥伦比亚和秘鲁，这两个国家女性劳动力参与率的增长也较快。而阿根廷、特立尼达和多巴哥的平均就业增长率则相对较低。根据国际劳工组织（ILO）与拉丁美洲和加勒比经济委员会（ECLAC）的数据，在20世纪80—90年代期间，就本书研究的国家而言，除巴西以外，其他国家的平均城镇失业率超过了8%。从严格意义上讲，失业率不具有可比性，因而对失业率的比较应该谨慎处理。例如，加勒比海岸地区国家将罢工者认定为失业者，而拉丁美洲国家则采用更加传统的定义，在计算失业率时没有将这部分劳动者纳入失业者范畴。① 许多学者的研究结果表明，这些地区政府对经济活动的严格规制可以解释其劳动市场存在的问题，本书力图阐明这一推断。

I.3 拉丁美洲和加勒比海岸地区的劳动市场规制

这一部分主要回顾拉丁美洲和加勒比海岸地区国家劳动市场规制的历史演变，描述并量化其规制环境，对LAC国家与OECD国家的劳动市场规制水平与规制改革速度进行比较。如果条件允许的话，我们会试图量化完全遵守规制的货币成本（用占工资的百分比表示），而不去讨论这些成本是由工人承担还是由企业承担。本书将在第Ⅰ.4节和第Ⅰ.5节对这些内容进行详细论述。

I.3.1 针对个体劳动合同的规制

在拉丁美洲国家，劳动法案中明确规定了合同类型、试用期期限以及兼职的工作条件。与兼职、固定期限和临时合同相比，规制更倾向于保护全职和无固定期限合同。作为劳动者保护的一种形式，劳动法案中规定了终止劳动合同前最短的提前告知期限，明确提出了解雇员工的正当理由，以及雇主终止劳动关系要支付给被解雇劳动者的补偿金标准。劳动合同到期且不续签劳动合同以及终止临时合同的雇主不需要承担任何成本。为了防止企业以临时合同雇用工人，许多国家都对临时合同的使用有严格的法律规定。此外，劳动法案对试用期也进行了约束，即企业可以对试用期内员工的工作表现进行考核，如果企业对劳动者在试用期内的表现不满意，企业可以解雇该劳动者，且不用承担任何成本。

尽管大部分OECD国家在人均收入水平相对较高时才开始对其劳动市场进行管制，拉丁美洲国家和其他发展中国家在20世纪初期首次对劳动市场进行管制，比OECD国家开始的时间更早（Lindauer，1999）。这种规制是为了抵抗雇主过度的权力来保护劳动者的利益，保障劳动者免受失业和收入不稳定的风险（Lindauer，1999）。墨西哥1917年的宪法中明确规定，保护劳动者是

① 拉丁美洲国家的失业者仅包括能够工作并采取有效措施寻找工作的人。

国家的职责之一。到20世纪三四十年代，大部分国家都建立了劳动法案。人们普遍认为，每次新的改革都应在原来的基础上加大对劳动者的保护程度和优惠力度。多年来，每次改革都从法律上扩大了对劳动者的保护范畴。而这些规定是否会影响经济状况，目前没有学者进行相关的研究。到20世纪80年代，LAC地区的大多数国家才获得独立，并且它们对工业的保护程度很高。劳动法规界定了享有社会保障权的劳动者和雇主两者之间分配“租金”的方式，从政府的角度来看，在法律法规中明晰社会保障的相关内容是保护劳动者的一种方式，这种方式需要承担的成本是比较低的。但拉丁美洲和加勒比海岸地区脆弱的财政体系、低水平的收入，以及逃税、腐败、违约等不良传统，使得许多发达国家使用的社会保障制度在这里的运行成本很高。

军事制裁通常会导致对劳动市场规制的放松。出于政治和经济原因，工会经常成为被攻击的对象。在20世纪80—90年代期间，LAC地区国家的政治和经济环境发生了重大变化。大部分国家被长期军事制裁后，逐渐恢复民主制。这些政治变革催生了一些劳动市场改革：首先，恢复了在许多军事政权中被定义为非法的工会活动；其次，达成了新的社会协议。20世纪90年代初期，智利、巴西和多米尼加共和国，以及1996年后期的尼加拉瓜，颁布了更多保障劳动者权益的劳动法案。

1988年，巴西颁布了新宪法，这也是巴西20世纪80年代后半期重新民主化过程的一部分［参见本书第5章德巴罗斯（de Barros）和孔塞伊（Corseuil）的研究］。这部新宪法对20世纪40年代起实施的劳动法规进行了修订。新宪法中将每周最长工作时间从48小时降至44小时；把连续轮班的最长工作时数从8小时降至6小时；将最低加班费从20%提高至50%；把产假从3个月延长至4个月；将带薪休假的薪酬从正常月薪的三分之一提高至至少四分之三。新宪法还修改了1966年实施的强制个人储蓄账户制度。在这次改革之前，强制个人储蓄账户制度规定用人单位要将员工工资的8%存入员工的个人账户；如果用人单位主动提出与员工解除劳动合同，员工个人可提取个人账户中的累积资金（包括利息）。此外，用人单位须支付相当于员工个人账户累计金额10%的罚金。1988年颁布的新宪法将这一罚金提高至员工个人账户累计金额的40%，从而在很大程度上提高了雇主解雇工人的成本。

以智利为例，1990年智利恢复了民主制，并实施了一系列改革，重新实施在军事政权时期被取消了的劳动者权益保障政策。在独裁统治时期，工会活动被严令禁止，劳动者福利也大幅减少，如给被解雇者的赔偿金。[①] 1990年实施的新法律制度把对被解雇者的最高赔偿金从5个月月薪增加至11个月月薪。新制度中规定用人单位在解雇员工时要提供正当理由，并界定了正当理由的内容，其中

① 详见本书第7章中蒙特内格罗（Montenegro）和佩奇斯（Pagés）的研究。

用人单位节约成本需要被视为正当理由，这与其他国家对正当理由的界定不同。

当一些国家的立法者忙于提高劳动者的合法保护时，经济环境也在发生巨大的变化。由于20世纪80年代初期的债务危机引发了严重的经济危机，人们开始质疑政府实施的“保护主义”政策。20世纪70年代中期，智利的经济状况表现良好，致使拉丁美洲的其他国家竞相效仿。有人认为，如果不进行全面的劳动市场改革，拉丁美洲国家就无法参与国际竞争。20世纪80年代末和90年代初期，拉丁美洲大多数国家都大幅降低了进口关税，国际贸易市场得到进一步开放，导致对劳动市场灵活性的需求不断增加。这也促使阿根廷、哥伦比亚、厄瓜多尔、尼加拉瓜、秘鲁等国家在制度改革中引入临时合同的相关条例，哥伦比亚（1990）和秘鲁（1991）在制度中引入不定期劳动合同，从而降低用人单位解雇员工的成本。阿根廷于1991年实施了临时、固定期限的劳动合同，并于1995年扩大了两类合同的适用范围［详见本书第9章霍彭海因（Hopenhayn）的研究］。在20世纪80年代，西班牙也进行了类似的改革，制度规定雇主可以与失业人员、25岁以下及40岁以上的劳动者签订特殊的固定期限就业促进合同。与其他劳动合同相比，这类劳动合同带来的遣散费降低了100%，然而，当这类合同约束下的劳动者大幅增加时，这类合同形式于1998年被取消了。20世纪90年代初期，厄瓜多尔、智利和哥伦比亚也放松了使用这类合同的约束。在秘鲁，签订这类合同的劳动者数量大幅增加。在巴西，从1998年起，这类合同的使用已经实现自由化。

1991年秘鲁的改革降低了解雇无固定期限劳动者的解雇成本。在1971—1991年期间，试用期满的劳动者享有永久性的就业保障。如果企业无法在劳动仲裁时提出解雇员工的正当理由，那么劳动者可以选择继续履行劳动合同，或是领取遣散费（按在本单位工作的年限计算，每满一年支付3个月月薪，最多不超过12个月月薪）。实际上，由于劳动者可以先要求继续履行劳动合同，之后再要求更高的遣散费，因此法定的遣散费金额是雇主承担的解雇成本的下限［详见本书第2章萨维德拉（Saavedra）和托雷罗（Torero）的研究］。

从1991年起，在此之后被雇用的劳动者可以在收到遣散费后被随意解雇。此外，解雇的正当理由被扩展，即允许解雇那些工作表现没有达到预期水平的员工。对于在企业工作一年以上的员工，遣散费从3个月月薪（最低为3个月月薪，最高为12个月月薪）降至1个月月薪。在1993年修订的宪法中，“企业解雇劳动者的权利”取代了“劳动者享有永久的就业保障权利”。1995年7月，第二次劳动市场改革将遣散费降低至1个月月薪，最多不超过12个月月薪，取消了双重遣散费制度。这些改革大幅降低了企业解雇劳动者的成本。然而，1996年11月，遣散费金额再次提高到1～1.5个月月薪的水平，上限仍为12个月月薪。

1990年哥伦比亚的劳动市场改革放宽了劳动法中的诸多规定。除了新增临时合同的规定外，最重要的变化是遣散费制度的改革，即解除劳动关系支付的遣散费与劳动者被解雇的原因或是否由一方主动提出解除劳动关系无关。改革前，法律规定雇主支付给被解雇员工的遣散费标准，是按该员工在本单位工作的年限，每满一年支付1个月月薪的标准支付，这1个月的工资水平是该员工离职前1个月的工资水平，并且雇员可以要求雇主提前一次性支付其遣散费。这些规定与遣散费制度背道而驰，因为名义上雇员是劳动关系中需要保护的弱者，但高通货膨胀率进一步增加了这些制度给雇主带来的成本，使企业成了弱者。改革之后，这些制度在实际运行过程中大幅降低了企业的成本。此外，改革取消了有十年以上工龄的员工获得原职的权利。这一改革对雇主的影响与那些降低雇主成本的改革措施的影响相互抵消，导致解雇员工的成本再次提高。

巴拿马和委内瑞拉也分别于1995年、1997年开始劳动市场改革，目的是在维持对劳动者保护的同时，提高劳动市场的灵活性。这两个国家的改革提高了雇员主动离职时雇主须支付的法定补偿金，却大幅降低了企业解雇员工时须支付给被解雇员工的遣散费。

加勒比海岸地区国家的制度体系与拉丁美洲各国的不同，它们的制度体系由立法、一般法律条例、惯例和政策等共同构成。20世纪初期，加勒比海岸地区的所有国家对劳动市场的规制都是基于一般法律条例，而不是基于在拉丁美洲占主导地位的民法［参见Downes，Mamingi，and Antoine（本书第10章）的研究］。然而，在巴巴多斯等国，许多劳动关系相关事务的决策权仍然由法院所有；在其他国家，如在特立尼达和多巴哥，各种制度的建立逐步提高了对劳动者的保护程度。巴巴多斯、特立尼达和多巴哥、牙买加分别于1973年、1974年和1985年通过劳动市场改革建立了法定遣散费制度，只是遣散费的支付标准远低于拉丁美洲国家，这一内容将在下一部分详细论述。

I.3.2　工资分配和其他法定福利

和大多数工业化国家一样，在LAC地区国家，许多社会保障制度，如养老金制度、公共医疗制度、失业补助以及家庭补助金制度中的资金都来源于劳动者工资。此外，相关制度中还规定了向劳动者支付的其他福利，如职业健康与安全规定、产假、病假、加班费和休假等相关规定。

劳动法规是相对稳定不变的，而就业保障相关规定的变化则更加频繁。此外，20世纪90年代，许多国家进行了改革，将现收现付制改为全部或部分资本化制度。这一制度的优点之一是加强了社保缴费与享有的福利之间的联系。然而，与此同时，许多国家，尤其是哥伦比亚、萨尔瓦多、墨西哥、乌拉圭和巴西，都通过提高工资税来缓解社会保障制度导致的收支失衡状况。之后我们将对拉丁美洲国家和OECD国家的社保缴费水平及变化加以量化。

I.3.3　集体谈判

拉丁美洲的工会组织往往是依附于企业或行业的，且其势力日渐衰弱。多数情况下，国家会干预工会的注册和认证，以及集体谈判的过程。在拉丁美洲各国中，仅有阿根廷、墨西哥、秘鲁和巴西各国授予部分工会代表权，而阿根廷和墨西哥政府仍然会对争议的解决和仲裁过程加以干预。只有在巴西和阿根廷，集体谈判高度集中在行业层面。在尼加拉瓜和哥伦比亚，行业层面的集体谈判和企业层面的谈判并存。在墨西哥，集体谈判只在企业层面进行，但高度的集中化是通过强大的行业结构和工会纪律实现的（O'Connell，1999）。相比之下，OECD 国家的工会权力更大，这些国家的集体谈判往往是全国性的或是行业层面的，加拿大、新西兰、英国和美国除外。

根据国际劳工组织（1997—1998 年）的数据，工会密度即非农业就业人口的百分比在巴西、墨西哥、阿根廷和尼加拉瓜相对较高，而在其他拉丁美洲国家则相对更小。集体谈判的集中程度越高的国家，其工会的隶属性也越高。总体而言，与工会密度为 36.6％的工业化国家相比，拉丁美洲国家的工会密度较低，仅有 14.7％。[①] 此外，在工会的覆盖率方面，这两个地区也有明显差异。另外，在西班牙、法国和希腊等国家，少数人谈判达成的集体谈判协议适用于几乎所有雇员，但在拉丁美洲国家并非如此。因此，拉丁美洲国家的工会覆盖率远低于 OECD 国家。

由工会隶属率衡量的集体谈判对工资和就业条件的影响在不断下降，LAC 地区国家与 OECD 国家在这方面的趋势相同。这些地区所有国家的工会隶属率都下降了。[②] 这个趋势在墨西哥、阿根廷、委内瑞拉、哥斯达黎加和乌拉圭尤为明显。在这部分，我们仅估计乌拉圭工会化对就业的影响。Cassoni，Allen，and Labadie（本书第 8 章）研究发现乌拉圭工会化对该国就业有负面影响。目前，关于拉丁美洲其他国家的类似研究仍然很少。

I.3.4 最低工资制度

在拉丁美洲，最低工资制度广泛用以提高贫困劳动者的工资水平。图 2［取自 Maloney and Nuñez Mendez（本书第 1 章）的成果］展示了拉丁美洲各国与 OECD 国家的最低工资水平（以平均工资为标准），并对这些国家的最低工资水平进行了排序。[③] 由图 2 可知，一些拉丁美洲国家的最低工资水平较低，尤其是乌拉圭、

---

① 国际劳工组织（ILO）的数据年份是 20 世纪 90 年代中期。LAC 地区国家与工业化国家之间的对比反映了非加权地区均值间的区别。工业化国家主要包括法国、西班牙、美国、希腊、德国、意大利、英国、丹麦、比利时、芬兰、冰岛、爱尔兰、瑞典和加拿大。

② 国际劳工组织（ILO）1985 年和 1993 年的数据表明，在此期间，智利的工会隶属率有所上升。然而，后期的数据表明，自 1993 年起工会隶属率一直在下降。

③ 观测值来源于 OECD 国家 20 世纪 90 年代早期以及 LAC 地区国家 20 世纪 90 年代中后期的数据。OECD 国家的数据源自 Dolado et al.（1996）的研究，而 LAC 地区国家的数据则源于美洲开发银行（1998—1999 年）、Maloney and Nuñez Mendez（本书第 1 章）的研究。

玻利维亚、巴西、阿根廷、智利和墨西哥，而委内瑞拉、萨尔瓦多、巴拉圭和洪都拉斯的最低工资水平却高于 OECD 国家。较高的最低工资标准表明，在拉丁美洲的这些国家中，最低工资的规定具有法律约束力，因此会减少就业，并且当存在不利的需求冲击时，会减缓工资下降的趋势。

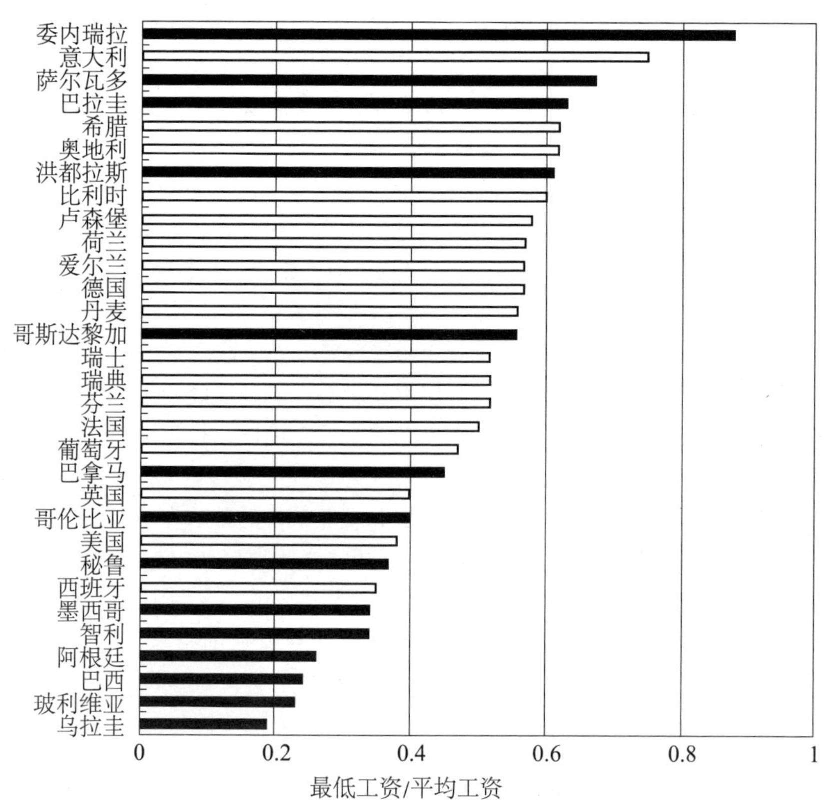

图 2　OECD 国家和拉丁美洲国家的最低工资/平均工资

资料来源：Maloney and Nuñez Mendez（本书第 1 章）。

注：拉丁美洲国家的最低工资水平是 1995 年和 1996 年的数据，以下这些国家除外：阿根廷（1998），玻利维亚（1997），巴西（1998），哥伦比亚（1998），洪都拉斯（1999），墨西哥（1999）和乌拉圭（1998）。

关于最低工资制度实际执行情况的数据并不完整。一些有关 25～40 岁的劳动者的调查数据表明，在这一年龄层中，约有 10％的受雇者的薪资水平低于最低工资标准（如表 2 所示）。在一些国家，如墨西哥、乌拉圭、玻利维亚和阿根廷，在这一年龄层的劳动者中，薪资水平低于最低工资标准的占比很小，而在其他国家，如哥伦比亚，虽然平均最低工资水平较高，但处于 25～40 岁年龄层的大部分雇员的薪资水平低于法定的最低工资标准。高水平的最低工资标准的负面影响是否会被大量的违规行为抵消？这仍然是一个需要实证检验的问题。

表 2 遵守规制

国家或地区	受法定社会保障覆盖的劳动者比例（%）		25～40 岁净收入低于最低工资标准的劳动者比例（%）
	总就业率（20 世纪 90 年代中期）	受雇就业率（20 世纪 90 年代中期）	不符合最低工资标准（20 世纪 90 年代末）
拉丁美洲平均*	42.76	60.05	10.06
阿根廷	48.45	66.56	3.11
玻利维亚（1999）	26.36	38.56	1.11
巴西	48.18	64.04	5.80
智利	64.47	77.45	7.3
哥伦比亚（1999）	46.13	66.77	26.9
哥斯达黎加	65.92	74.61	15.7
多米尼加共和国（1998）	29.08	49.40	—
厄瓜多尔（1995）	30.94	43.02	—
萨尔瓦多（1998）	33.49	50.04	3.6
墨西哥	52.53	67.96	0.5
巴拿马（2001）	55.66	74.50	14.8
巴拉圭（1995）	16.70	30.66	—
秘鲁	17.99	51.90	23.5
乌拉圭	74.12	93.12	0.5
委内瑞拉（1998）	31.37	52.22	17.9

资料来源：IADB（2004），基于单个国家家庭调查。

注：15～64 岁劳动者中享受社会保障的人员占比。20 世纪 90 年代的时间序列数据是不完整的。时间序列数据包括三个时期，每个时期的时间间隔是三年及以上，即初期（1990—1993 年）、中期（1994—1997 年）和后期（1998—2001 年），分别计算三个时期的平均值。“不符合最低工资标准”针对的是年龄在 25～40 岁、工作时间超过 30 小时的雇员。这个变量的数据来自 20 世纪 90 年代末。“—”表示不可用。“*”为非加权平均。

I.3.5 改革的动机是什么

在对劳动市场改革的影响进行研究的过程中，弄清楚是什么因素引发这些改革的很重要。通常认为，劳动市场的结果是由推动改革的相同事件导致的，而不是由劳动市场改革本身所致。在图 3 中，面板 A～F 和面板 G～I 分别描绘了 1980—2000 年间拉丁美洲国家和加勒比海岸地区国家（本书所研究的国家）的 GDP 增长率和失业率。图 3 也展示了重大的劳动市场改革（实线表示劳动市场自由化，点线表示对劳动者保护程度提高的改革）。① 此外，双线表示重要的关税减免政策，不连续的线段表示军事政权的结束以及民主制的恢复。

① 仅包括劳动法规的重大变革以及其他政府对劳动市场的重大干预措施。社会保险缴费比例或工资税的变化，以及最低工资水平的变化——这种变化经常发生，都不包括在内。

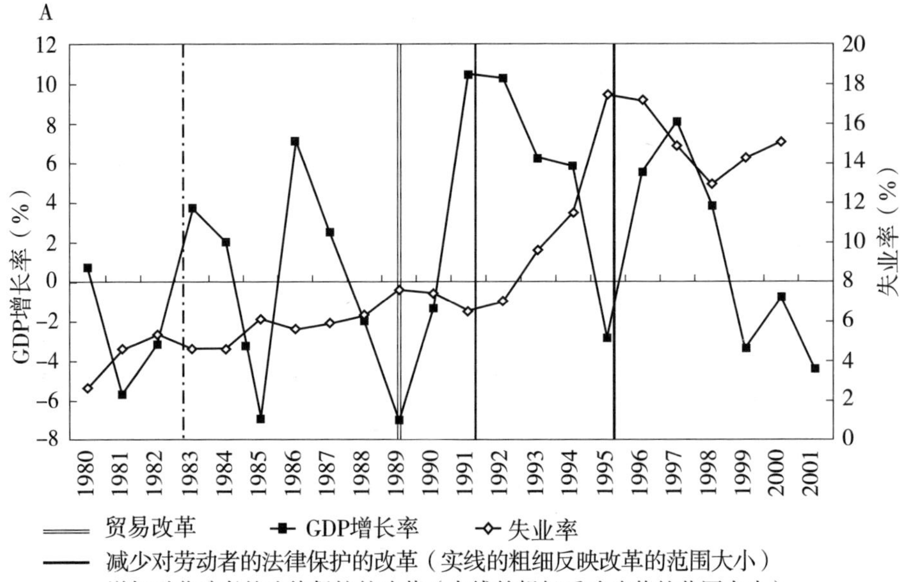

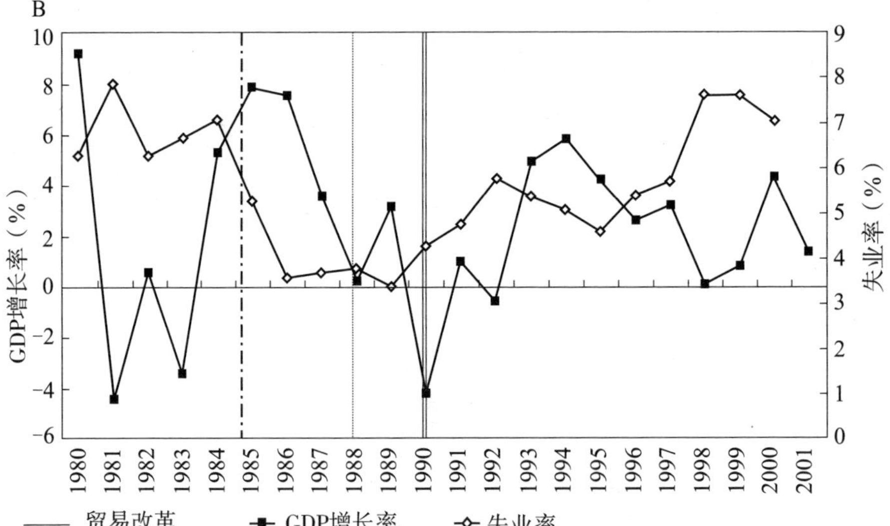

图 3　经济和贸易劳动改革：A，阿根廷；B，古巴：C，智利；D，哥伦比亚；E，秘鲁；F，乌拉圭；G，巴巴多斯；H，牙买加；I，特立尼达和多巴哥

资料来源：GDP 增长率来自世界银行发展指数（2000），失业率来自 ECLAC（2001）和 ILO（2002），贸易改革时期来自 IADB（1996），军事政权的结束年份来自 Nohlen（1993）。

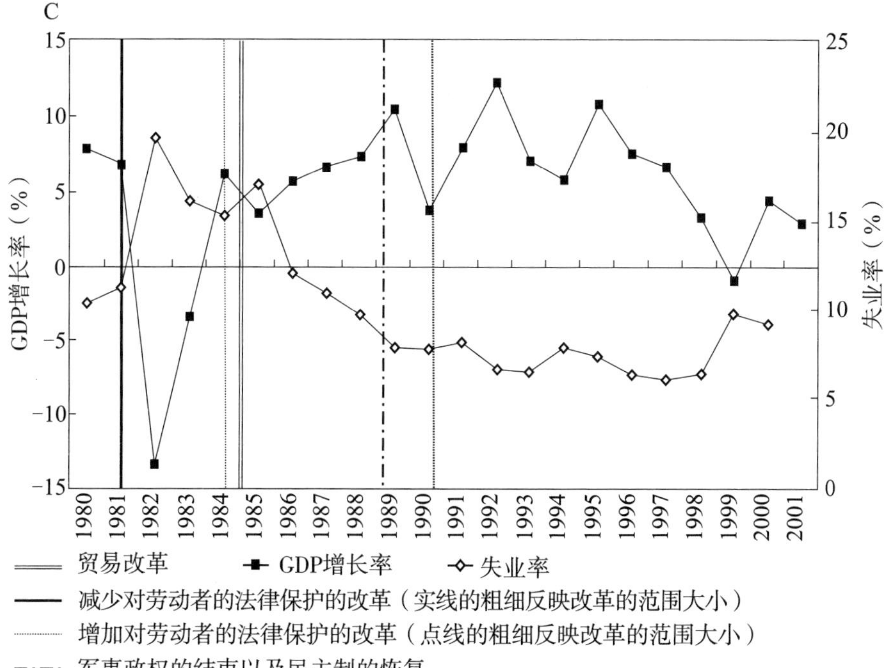
C
15
10
5
0
-5
-10
-15
25
20
15
10
5
0
GDP增长率（%）
失业率（%）
1980 1981 1982 1983 1984 1985 1986 1987 1988 1989 1990 1991 1992 1993 1994 1995 1996 1997 1998 1999 2000 2001
贸易改革
GDP增长率
失业率
减少对劳动者的法律保护的改革（实线的粗细反映改革的范围大小）
增加对劳动者的法律保护的改革（点线的粗细反映改革的范围大小）
军事政权的结束以及民主制的恢复

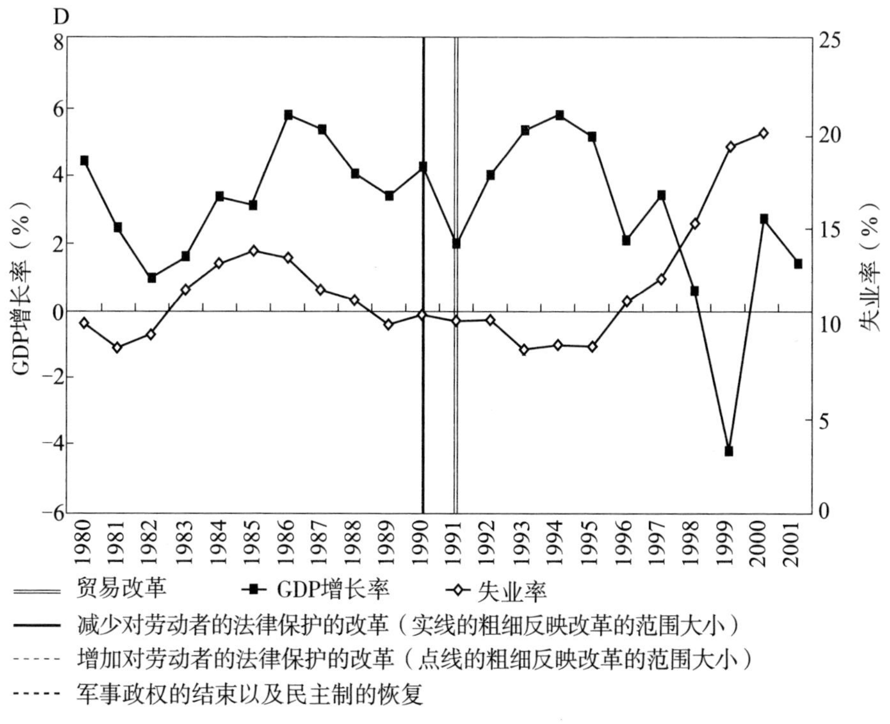
D
8
6
4
2
0
-2
-4
-6
25
20
15
10
5
0
GDP增长率（%）
失业率（%）
1980 1981 1982 1983 1984 1985 1986 1987 1988 1989 1990 1991 1992 1993 1994 1995 1996 1997 1998 1999 2000 2001
贸易改革
GDP增长率
失业率
减少对劳动者的法律保护的改革（实线的粗细反映改革的范围大小）
增加对劳动者的法律保护的改革（点线的粗细反映改革的范围大小）
军事政权的结束以及民主制的恢复

图 3（续）

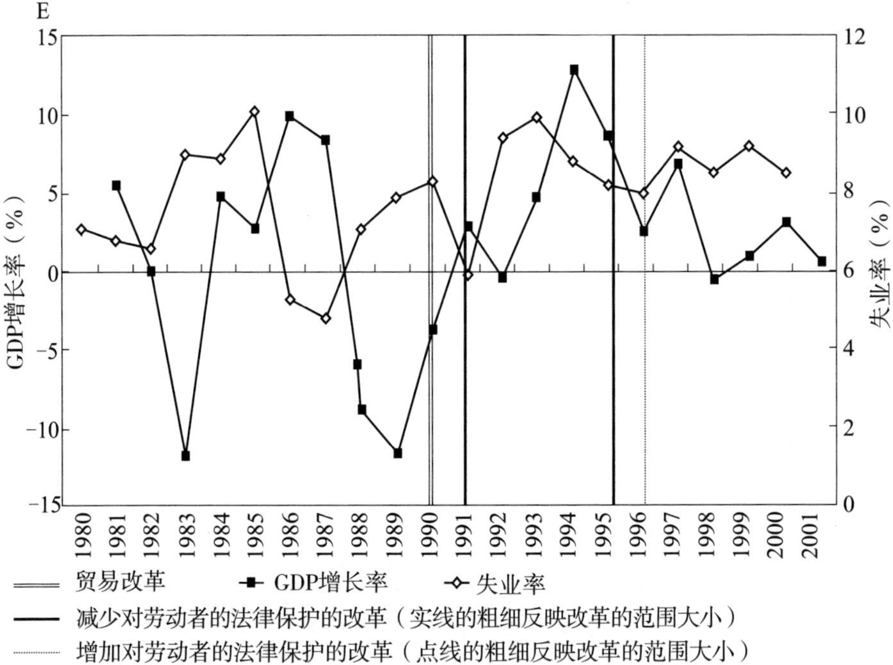
E
15
10
5
0
-5
-10
-15
12
10
8
6
4
2
0
GDP增长率（%）
失业率（%）
1980 1981 1982 1983 1984 1985 1986 1987 1988 1989 1990 1991 1992 1993 1994 1995 1996 1997 1998 1999 2000 2001
贸易改革
GDP增长率
失业率
减少对劳动者的法律保护的改革（实线的粗细反映改革的范围大小）
增加对劳动者的法律保护的改革（点线的粗细反映改革的范围大小）
军事政权的结束以及民主制的恢复

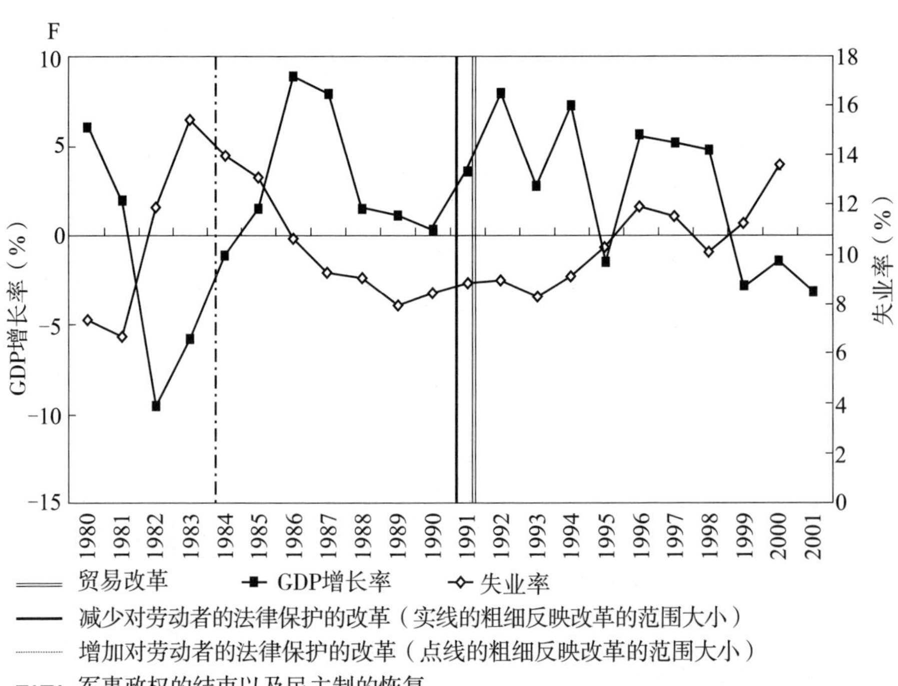
F
10
5
0
-5
-10
-15
18
16
14
12
10
8
6
4
2
0
GDP增长率（%）
失业率（%）
1980 1981 1982 1983 1984 1985 1986 1987 1988 1989 1990 1991 1992 1993 1994 1995 1996 1997 1998 1999 2000 2001
贸易改革
GDP增长率
失业率
减少对劳动者的法律保护的改革（实线的粗细反映改革的范围大小）
增加对劳动者的法律保护的改革（点线的粗细反映改革的范围大小）
军事政权的结束以及民主制的恢复

图 3（续）

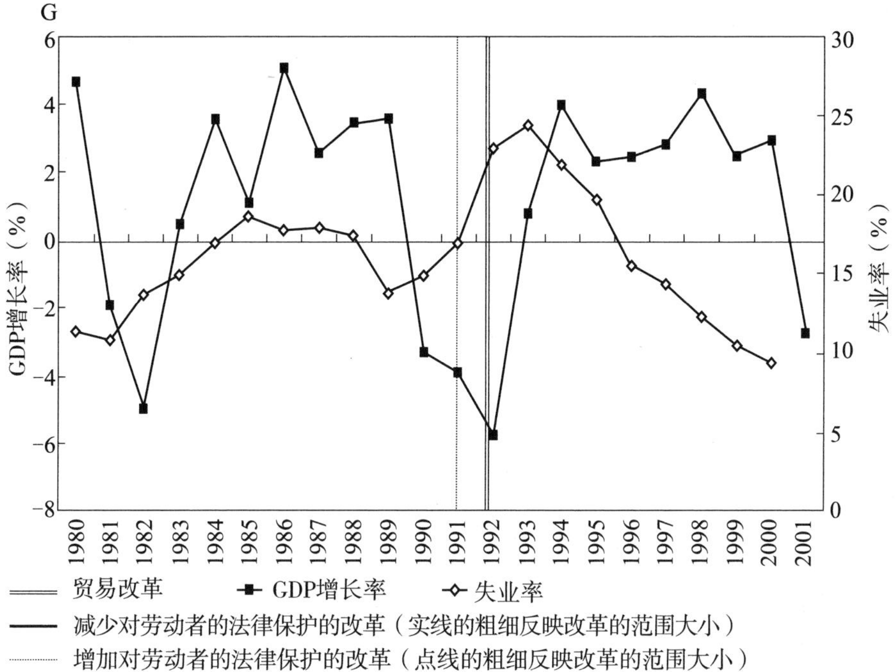
G
GDP增长率（%）
失业率（%）
6
4
2
0
-2
-4
−6
−8
30
25
20
15
10
5
0
1980 1981 1982 1983 1984 1985 1986 1987 1988 1989 1990 1991 1992 1993 1994 1995 1996 1997 1998 1999 2000 2001
贸易改革
GDP增长率
失业率
减少对劳动者的法律保护的改革（实线的粗细反映改革的范围大小）
增加对劳动者的法律保护的改革（点线的粗细反映改革的范围大小）
军事政权的结束以及民主制的恢复

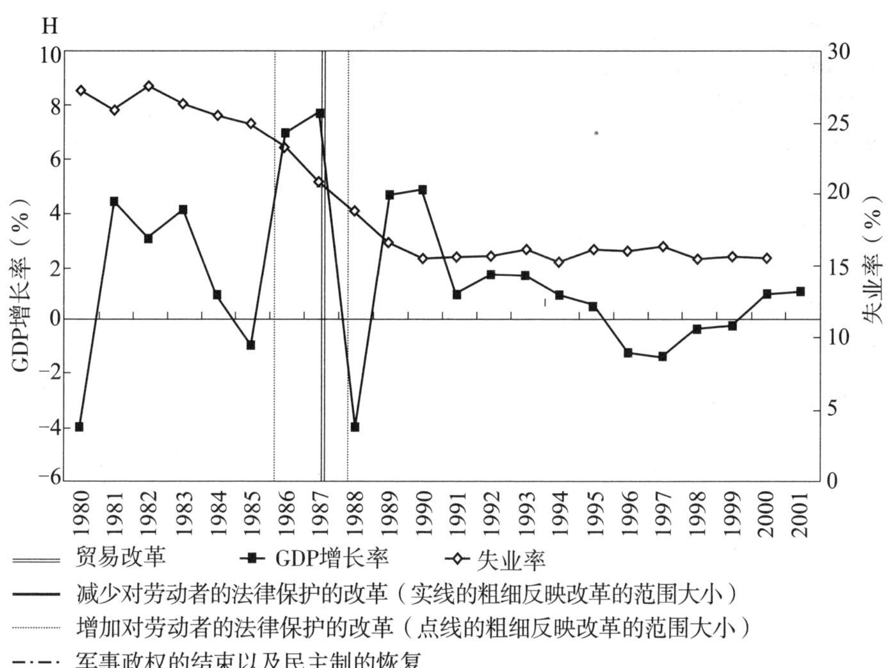
H
GDP增长率（%）
失业率（%）
10
8
6
4
2
0
-2
-4
−6
30
25
20
15
10
5
0
1980 1981 1982 1983 1984 1985 1986 1987 1988 1989 1990 1991 1992 1993 1994 1995 1996 1997 1998 1999 2000 2001
贸易改革
GDP增长率
失业率
减少对劳动者的法律保护的改革（实线的粗细反映改革的范围大小）
增加对劳动者的法律保护的改革（点线的粗细反映改革的范围大小）
军事政权的结束以及民主制的恢复

图 3（续）

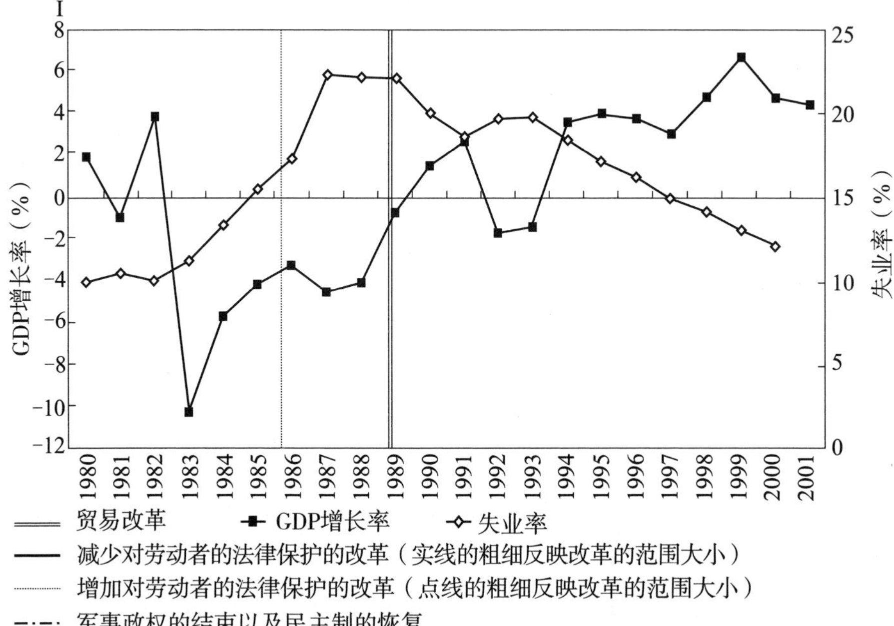

图 3（续）

在阿根廷、哥伦比亚、秘鲁和乌拉圭，劳动市场自由化的改革通常发生在关税减免政策前后一到两年，并且，劳动市场自由化的改革也是经济自由化改革进程的一部分，这一改革提高了市场在生产、服务和分配中的参与度。在智利和巴西，旨在增加对劳动者的法律保护的改革通常发生在向民主制转型的背景之下。因为劳动市场改革通常由新的经济学观点或是深层次的政权改革驱动，尽管这些政治变化是由经济发展引发的，但劳动市场改革对经济制度的影响仍然具有外生性。一般而言，改革和转型是由经济活动的变化引起的。有证据表明，改革多发生于经济负增长时期。在本书研究的国家和时期中，至少包括 15 个改革阶段。在这 15 个阶段中，有 6 次改革都发生在 GDP 下降之后，其中 4 次改革加强了对劳动者的法律保护，2 次改革提高了劳动市场的自由化程度。

总体而言，劳动市场改革与由经济状况导致的劳动市场结果之间的联系无法通过实证分析来证明。本章使用跨国时间序列进行分析，控制现在及过去的经济活动水平，以解释内生性的可能性。这样非总体的研究通过使用年效应和其他方法控制内生性。

I.3.6 制度成本的量化

这一部分构建了不同国家不同时期劳动法律可以进行比较的量化指标

（Heckman and Pagés，2000 ）。许多研究通过汇总不同国家机构收集的数据来构建定性指标，并对这些定性指标进行排序。例如，Grubb and Wells（1993）对不同国家就业保障政策的不同影响因素进行排序，并将这些不同的排序结果平均在一个综合指标中，从而构建一系列关于就业保障政策的指标。虽然这种指标囊括了很多复杂政策体系的特征，但它们仍然不具有可比性。第二个研究是通过对每个国家每个年份赋予特定范围内（比如 0～1）的值来构建劳动市场总体制度的量化指标。这些指标总结了很多值得研究的因素，并且可以进行跨时间的比较。但是，由于很难把定性的变量准确量化，并且定性指标之间也很难进行比较，所以这些指标也可能过于单一。同时，这些指标对它们本身不同组成部分所占的权重也具有敏感性。从政策的角度来看，用一个指标来概括一个管理制度的许多特点会使人无法识别哪些组成部分（如果有）对就业有负向影响。

在本书中，我们采用不同的方法构建遵守劳动法律要承担的直接成本（用月平均工资的占比来衡量）指标。这些指标不仅可以在一个国家的不同时期之间进行比较，还可以在国家之间进行相互比较。同时，这也使得我们可以通过遵守各种制度要承担的成本在总制度成本中的占比来量化各种不同的制度。我们衡量遵守所有规制的总成本（TC）的指标如下：

$$TC = SSP + JS$$

如上式所示，TC 是社会保障支付对应的成本（SSP）与遵守就业保障条款需承担的成本（JS）之和。这些成本均用月平均收入的占比表示。

这种制度成本指标遗漏了一些影响劳动成本的重要因素。首先，遵守某些劳动法律的成本是很难量化且易被遗漏的。例如，遵守在经济衰退时期禁止解雇劳动者这一法律规定需要承担的法律成本就很难量化。其次，这一指标不包括调整工作日标准工时和员工加班时雇主要承担的成本。最后，这种制度成本指标也不包括雇主未遵守最低工资标准或是其他收入下限规定时要承担的成本，也未涵盖遵守临时劳动合同相关规定需要承担的成本。这些法律法规可能会影响就业和失业，但由于很难获取不同国家不同时期的规章制度影响的劳动力份额的可比数据，所以本书在研究相关问题时排除了这些因素。我们将这些规制特征的量化留给未来的工作。

关于量化指标存在一个主要概念问题，即没有区分静态劳动成本与动态劳动成本。就业保障政策会通过提高总劳动成本以及劳动变动成本同时影响成本的两个成分。而社会保障制度只影响劳动的单位成本，不影响其动态成本。本书使用的总成本指标并不是衡量企业在商业周期不同阶段面临的劳动价格的指标，我们将在下文和附录 B 中阐述这一点。

就业保障制度的量化

本研究中遵守就业保障制度要承担的劳动成本主要来自基于经济目的解雇

劳动者增加的解雇成本。[①] 纵观各国的情况，相关法律规定，终止劳动关系的企业至少要承担五种不同的成本：（1）行政程序；（2）提前告知成本；（3）解雇员工支付的遣散费；（4）工龄工资；（5）当员工对被解雇提出异议时企业所承担的成本。

行政程序要求企业通知工会或劳动部，并寻求批准，延长做出解雇决定和实际发生解雇之间的时间。它们还可能需要进行长时间的谈判，以安排工人从事其他工作。

提前告知成本应该计入劳动成本，因为许多国家的法律法规允许企业在提前告知和向员工支付遣散费之间进行选择。此外，由于雇主提前告知雇员后，雇员的生产率会明显下降，所以也应将企业提前告知雇员视为解雇成本的一部分。我们假设雇员在被告知后不会完全投入生产工作中。[②] 大部分国家规定法定提前告知期限会随工作年限的增加而不断增加，而在其他国家，白领阶层的提前告知期限比蓝领阶层要长。

大部分拉丁美洲国家和OECD国家规定，如果企业提出与员工解除劳动关系，企业要支付遣散费。通常，遣散费的支付标准根据被解雇员工近期的工资水平和工作年限来确定。一些国家则基于"解雇是否公平"或"雇员为蓝领阶层还是白领阶层"来确定遣散费支付标准。在拉丁美洲国家中，仅有少数国家将工龄工资视为法定工资，这些国家的法律规定，无论哪一方提出终止劳动关系，无论基于什么原因，雇主都向员工支付工龄工资。在这些国家，如果企业提出解雇员工，则必须向员工同时支付遣散费和工龄工资。在一些国家，这一支付由企业定期向雇员的个人账户进行缴费，雇员可在劳动关系终止后取出个人账户中的本金和利息。而其他国家的法律规定，企业须在劳动关系终止时向雇员支付固定数额的工龄工资。[③] 如果雇员在法庭上对被解雇事宜提出异议，这可能会给企业带来大量的额外成本。如果法官的判决有利于雇员，那么，企业不仅要向雇员支付遣散费，还要支付诉讼期间雇员应得的工资。

为了计算劳动法带来的货币成本，本书在 Heckman and Pagés（2000）研究的基础上，用以下三种方式来扩展就业保障指标的内涵。首先，本书在已有研究使用的数据基础上纳入了20世纪80年代OECD所有国家的相关数据，这样就可以进一步研究OECD国家的其他劳动市场改革。其次，本书对此前提

---

① 在大多数国家中，法律并没有规定雇主因雇员违反法律规定解雇该员工需要支付赔偿金。但如果不能证明雇员违反了法律规定，则雇主须向雇员支付一定的赔偿金。

② 有证据表明，提前告知会促使劳动者被提前告知后开始寻找工作（Addison and Portugal，1992），这表明提前告知会降低人们工作的努力程度。

③ OECD（1993，1999）、美洲开发银行（1996）的数据分别进一步对OECD国家和拉丁美洲国家的就业保障制度进行了描述。

前告知成本和遣散费的数据进行了修正，从而能够更精确地计算这两者导致的实际成本（对于方法和假设的全部描述详见附录 A）。最后，本书将工龄工资纳入就业保障的指标之中，而现有研究并没有考虑工龄工资。

JS_{jt} 为就业保障成本指标，表示 j 国在时间 t 的就业保障制度规定的雇主要承担的成本，具体构成如下：

$$\begin{aligned}\mathrm{JS}_{jt} &= \sum_{i=1}^{T}\beta^{i}\delta^{i-1}(1-\delta)(b_{j,t+i}) \\ &\quad + \sum_{i=1}^{T}\beta^{i}\delta^{i-1}(1-\delta)\left[a_j \cdot y_{j,t+i^{jc}} + (1-a_j)\cdot y_{j,t+i^{uc}}\right] + \sum_{i=0}^{T}\beta^{i}c_{j,t+i} \\ &= \mathrm{AN}_{j,t} + \mathrm{ID}_{j,t} + \mathrm{SenP}_{j,t} \qquad (1)\end{aligned}$$

其中，δ 表示雇员在一定时期内不换工作的概率，β 表示贴现因子，i 表示雇员的工作年限，T 为雇员在该企业的最长工作年限，假设为 20 年（即 $T=20$）。这一表达式可分为三个部分，即提前告知成本（$\mathrm{AN}_{j,t}$）、遣散费（$\mathrm{ID}_{j,t}$）以及工龄工资（$\mathrm{SenP}_{j,t}$）。公式（1）中的第一项为雇主未来要承担的提前告知成本的贴现值，根据雇员工作一年、两年、三年及更长年限后被解雇的概率加权计算而得，$b_{j,t+i}$ 为雇主提前告知已工作 i 年的员工要承担的成本，用月薪表示。公式（1）中的第二项是未来遣散费的贴现值，根据工作 i 年后的雇员被解雇的概率加权计算而得。在这一项中，a_j 表示将“企业经济困难”视为解雇员工的正当理由的概率，$y_{j,t+i^{k}}$（$y_{j,t+i^{u}}$）表示以正当（非正当）理由解雇员工要承担的法定遣散费，同样用月薪来衡量。最后，公式（1）中的第三项为工龄工资成本，$c_{j,t+i}$ 表示企业向雇员的个人账户定期缴纳的工龄工资，同样用月薪来衡量。[①] 假设各国的贴现率和解雇率分别为 8%和 12%。其中，贴现率是根据多种国际投资组合的收益计算所得，解雇率没有用人员流动率表示，是因为考虑到有就业保障的国家的法制会对人员流动率产生影响，并且在研究样本中，大多数国家都缺乏人员流动率的数据。因此，本研究使用美国的基准流动率来表示解雇率，美国的就业保障成本比我们研究的拉丁美洲任何国家的都要低。虽然关于拉丁美洲国家人员流动率的研究较少，但通过计算一些国家的工作再分配率发现，拉丁美洲国家的人员流动率在美国和其他发达国家（IADB，2004）的范围之内。选择这一基准能够在一定程度上避免内生性问题。本书依据附录 A 中表 A. 1 和表 A. 2 的有关信息来确定未来提前告知成本、遣散费和工龄工资的贴现值，当法律制度对蓝领阶层和白领阶层的规定不同时，则计算加权平均数。

鉴于最初建立劳动关系时对应的解雇成本的贴现率较低，而随着工作年限

---

① 在两个国家，法律制度对工龄工资进行了约束，但并未明确规定工龄工资直接通过员工个人的储蓄账户进行支付。详见附录 A。

的增加，贴现率会提高，故在就业保障指标中赋予解雇成本更高的权重。此外，本研究中使用的指标还包括平均成本的期望值。因此，就业保障指标并不能衡量不同国家实际的边际劳动成本，也没有区分静态成本与动态成本。关于这一问题将在附录B中详细论述。

社会保障成本的量化

为了量化社会保障规制和工资税，我们搜集了关于老年人、残疾人和伤亡人员、患病和生育、工伤、失业保险和家庭补贴等的制度中的法定缴纳款项的数据。因为缴纳款项（不论是由雇主还是由雇员承担）的名义发生率与计算总的社会保障成本无关（它对研究劳动需求无关紧要），我们将雇主和雇员承担的以工资的百分比衡量的份额相加。为了使量化的社会保障成本与就业保障成本能够进行比较，雇员在被雇用期间的社会保障成本（SSP）如下：

$$SSP_{jt} = \sum_{i=0}^{T} \beta^{i} (ss^{e}_{j,t+i} + ss^{w}_{j,t+i})$$

其中，$ss^{e}_{j,t+i}$ 和 $ss^{w}_{j,t+i}$ 分别表示由雇主和雇员支付的工资税成本，均以相对于工资的百分比计算，β 表示贴现率。[①]

I.3.7 不同国家的劳动法律成本

表3总结了本书中与不同劳动法律制度相关的成本指标。在前三列中，我们总结了20世纪90年代末遵守就业保障条款的成本。根据已有数据，我们计算出这些年份所有国家的这些指标，表3仅展示了我们的样本的最后一年的这些值。第（1）列总结了提前告知雇员的成本，在拉丁美洲国家，典型的提前告知成本是1个月月薪，或相当于月均工资的63%。在所有国家中，玻利维亚法定的提前告知期限较长（期望值为1.77个月），秘鲁和乌拉圭则没有提前告知的法律规定。在OECD国家中，提前告知的规定更为严格。许多OECD国家均规定了较长的提前告知期限，特别是对技术工人。此外，在大多数国家中，提前告知期限随工龄的增加而增加。例如，比利时的法律规定，对于工龄10年的技术工人，其提前告知期限为9个月；而对于工龄20年的技术工人，其提前告知期限为15个月。在瑞典，工龄10年的所有劳动者的提前告知期限为5个月；工龄20年的劳动者的法定提前告知期限则为6个月。从表3中可以看到，比利时和瑞典提前告知成本变量的值非常接近，这主要基于这样一个事实，即在比利时，较长的提前告知期限仅针对技术工人，而瑞典是针对所有的劳动者。这也反映了一个事实，即未来的贴现成本会很高。平均来看，OECD国家的提前告知期限明显比LAC地区国家的要长。

① 资料来源于《世界社会保障计划》（*Social Security Programs Throughout the World*），由美国社会保障管理局编写（1983—1999年）。

表 3　20 世纪 90 年代末各国劳动市场规制测度

国家	年份 (1)	提前告知成本 (EPV) (2)	遣散费 (EPV) (3)	工龄工资 (EPV) (4)	社会保障费 (EPV) (1)+(2)+(3)+(4)	总成本	社会保障费占总成本的比例 (%)	社会保障费占工资的比例 (%)
澳大利亚	1999	0.73	0.99	0.00	1.95	3.67	53.04	0.02
奥地利	1999	0.85	0.94	0.00	58.29	60.07	97.03	0.45
比利时	1999	1.73	0.00	0.00	40.17	41.89	95.87	0.31
加拿大	1999	0.60	0.19	0.00	18.56	19.35	95.93	0.14
丹麦	1999	1.73	0.04	0.00	—	1.77	—	—
芬兰	1999	1.61	0.00	0.00	35.62	37.23	95.67	0.27
法国	1999	0.98	0.36	0.00	64.77	66.11	97.97	0.50
德国	1999	1.14	0.00	0.00	53.48	54.63	97.91	0.41
希腊	1999	0.00	1.34	0.00	46.54	47.88	97.20	0.36
匈牙利	1999	0.87	0.73	0.00	65.56	67.15	97.63	0.51
冰岛	1999	0.45	0.58	0.00	24.67	25.70	95.99	0.19
意大利	1999	0.60	2.63	0.00	91.53	94.76	96.60	0.71
日本	1999	0.59	0.00	0.00	36.36	36.95	98.40	0.28
韩国	1999	0.59	2.99	0.00	18.08	21.66	83.49	0.14
荷兰	1999	0.88	0.00	0.00	84.99	85.87	98.97	0.65
新西兰	1999	0.22	0.00	0.00	0.00	0.22	0.00	0.00
挪威	1999	0.88	0.00	0.00	28.43	29.31	97.00	0.22
波兰	1999	1.22	0.00	0.00	60.48	61.70	98.02	0.47
葡萄牙	1999	1.18	3.30	0.00	49.01	53.49	91.63	0.38
西班牙	1999	0.59	2.58	0.00	49.43	52.60	93.98	0.38
瑞典	1999	1.79	0.00	0.00	28.86	30.65	94.16	0.22
瑞士	1999	1.25	0.00	0.00	19.26	20.51	93.92	0.15
土耳其	1999	0.99	2.99	0.00	44.79	48.76	91.85	0.35
英国	1999	0.71	0.72	0.00	28.82	30.25	95.27	0.22
美国	1999	0.00	0.00	0.00	23.56	23.56	100.00	0.18
OECD 国家平均值	1999	0.89	0.82	0.00	40.55	42.25	95.97	0.31
阿根廷	1999	0.80	2.20	0.00	44.49	47.48	93.69	0.34
玻利维亚	1999	1.77	2.99	0.00	31.16	35.91	86.76	0.24
巴西	1999	0.59	2.45	9.82	37.65	50.51	74.53	0.29
智利	1999	0.59	2.79	0.00	27.20	30.58	88.95	0.21
哥伦比亚	1999	0.30	3.49	9.82	38.75	52.35	74.01	0.30
哥斯达黎加	1999	1.05	2.60	0.00	35.05	38.69	90.58	0.27

续表

国家	年份 (1)	提前告知成本 (EPV) (2)	遣散费 (EPV) (3)	工龄工资 (EPV) (4)	社会保障费 (EPV) (1)+(2)+(3)+(4)	总成本	社会保障费占总成本的比例 (%)	社会保障费占工资的比例 (%)
多米尼加共和国	1999	0.59	2.16	0.00	16.23	18.97	85.52	0.13
厄瓜多尔	1999	0.59	2.30	9.82	22.85	36.56	62.50	0.18
萨尔瓦多	1999	0.06	2.99	0.00	27.26	30.31	89.94	0.21
洪都拉斯	1999	0.59	2.94	0.00	13.63	17.16	79.43	0.11
牙买加	1999	0.59	1.41	0.00	6.49	8.49	76.47	0.05
墨西哥	1999	0.59	2.57	0.00	29.50	32.66	90.33	0.23
尼加拉瓜	1999	0.59	1.97	0.00	19.47	22.04	88.37	0.15
巴拿马	1999	0.59	2.09	0.75	15.19	18.62	81.58	0.12
巴拉圭	1999	0.68	1.49	0.00	27.26	29.43	92.63	0.21
秘鲁	1999	0.00	3.80	9.82	27.26	40.88	66.69	0.21
特立尼达和多巴哥	1999	1.18	1.33	0.00	10.90	13.41	81.31	0.08
乌拉圭	1999	0.00	2.23	0.00	52.58	54.81	95.93	0.41
委内瑞拉	1999	0.93	2.03	5.97	18.43	27.36	67.37	0.14
拉丁美洲平均值		0.63	2.46	2.42	26.39	31.91	82.45	0.20

资料来源：根据 OECD（1999）、Grubbs and Wells（1993）、美国社会保障管理局（1983—1999 年）、拉丁美洲和加勒比海岸地区国家劳动部相关数据计算得到。

注：EPV 表示贴现值的均值；“—”表示缺失值。

表 3 的第（3）列展示了遣散费金额。在 LAC 地区国家中，哥伦比亚、秘鲁、厄瓜多尔、玻利维亚、萨尔瓦多以及洪都拉斯遵守这种劳动市场规制的成本最高。在 OECD 国家中，葡萄牙、土耳其、韩国、意大利和西班牙的遣散费（根据月均工资计算）更高，而比利时、芬兰、德国、日本、荷兰、新西兰、挪威、波兰、瑞典、瑞士和美国等国则没有对支付遣散费做出法律规定。比较这两个地区的样本可以发现，总体来看，尽管 LAC 地区国家的收入水平较低，但它们规定支付的遣散费数额约为 OECD 国家的 3 倍。

表 3 的第（4）列展示了工龄工资。在拉丁美洲国家中，仅有 6 个国家对工龄工资的支付有法律规定，但是当存在这一特征时，估计所得的预期成本的贴现值较大。在哥伦比亚、巴西、厄瓜多尔和秘鲁，雇主每年需将雇员 1 个月的工资作为工龄工资存入其雇员的个人账户中。在雇员的工作年限中，这 4 个国家的法律规定将会使其劳动者获得相当于 10 个月月薪的总工龄工资。将提前告知期限、解雇赔偿金和遣散费加入之后，我们发现，较为贫困的 LAC 地

区国家的就业保障成本远高于相对富有的 OECD 国家。

第（5）列为雇主遵守社会保障制度的预期成本。与就业保障成本相比，社会保障成本更高，因此它在劳动法律总成本中的占比较高。例如阿根廷，社会保障成本贴现值的均值约为 44.5 个月的工资收入，在许多 OECD 国家中，社会保障成本更高。在大部分拉丁美洲国家中，社会保障成本约占劳动法律总成本的 82%，在 OECD 国家这一比例更高，平均而言，约为总规制成本的 96%。

将所有成本加总后，OECD 国家的劳动法律成本比拉丁美洲国家的更高。然而，这些成本的构成与 LAC 国家的基本不同。拉丁美洲国家的法定提前告知期限和社会保障费均低于 OECD 国家的平均水平，而就业保障成本更高。

LAC 地区国家的法律制度带来的成本负担更重，进而影响了劳动市场的调节过程。欧洲国家的工资税更高，影响了劳动需求，但并未影响劳动市场的调节过程。这两个地区的劳动成本均高于北美洲国家。

通过研究各国人均收入和社会保障制度之间的关系，可发现就业保障制度是低收入地区的发展战略。图 4 展示了各项制度成本指标与人均 GDP（经 PPP 调整后的）和 GDP 的平方的回归关系。在各个国家中，提前告知成本会随收入水平的提高而增加；工龄工资和遣散费则会随收入水平的提高而下降。社会保障费与收入水平之间的关系呈倒 U 形，这意味着，在拉丁美洲国家，社会保障费会随收入水平的提高而增加，中等收入国家的社会保障费最高，高收入国家的社会保障费趋于下降。法律制度属于低档品，是贫困国家为了保护劳动者就业稳定采取的措施。中央政府通过对企业施加法律规制来避免金融社会安全网络带来的直接财政成本，尽管这种做法是以影响劳动市场状况为代价的。

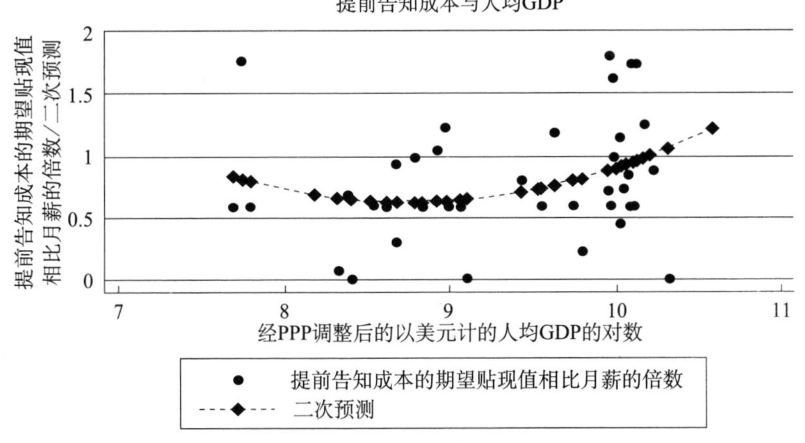

图 4 劳动规制与人均 GDP

资料来源：作者基于 OECD 国家劳动力统计的计算；世界银行（2000）；拉丁美洲和加勒比海岸地区的劳动部。

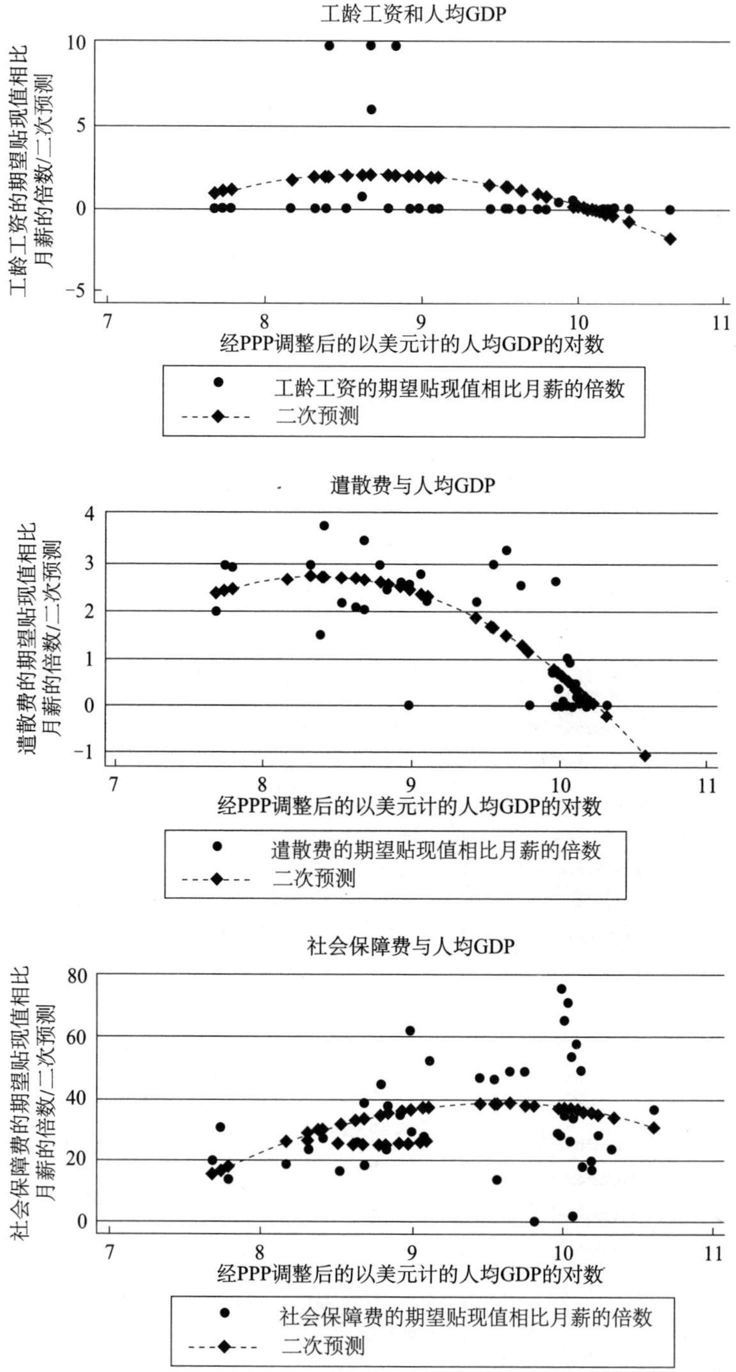

工龄工资和人均GDP

工龄工资的期望贴现值相比月薪的倍数/二次预测

10
5
0
−5

7 8 9 10 11

经PPP调整后的以美元计的人均GDP的对数

● 工龄工资的期望贴现值相比月薪的倍数
- - -◆- - - 二次预测

遣散费与人均GDP

遣散费的期望贴现值相比月薪的倍数/二次预测

4
3
2
1
0
−1

7 8 9 10 11

经PPP调整后的以美元计的人均GDP的对数

● 遣散费的期望贴现值相比月薪的倍数
- - -◆- - - 二次预测

社会保障费与人均GDP

社会保障费的期望贴现值相比月薪的倍数/二次预测

80
60
40
20
0

7 8 9 10 11

经PPP调整后的以美元计的人均GDP的对数

● 社会保障费的期望贴现值相比月薪的倍数
- - -◆- - - 二次预测

图 4（续）

接下来，我们论述这些指标随时间的变化情况。自 20 世纪 80 年代初期起，拉丁美洲国家和 OECD 国家的就业保障制度就很少进行改革。虽然社会保障费的变化较多，但也很少发生重大变化。由于制度变化不大，尤其在就业保障制度方面，因此进行对法律制度影响的实证研究具有一定的挑战性。图 5 展示了自 20 世纪 80 年代末期以来，拉丁美洲国家就业保障成本的水平及变化情况。我们将所有与就业保障制度相关的成本加总后发现，拉丁美洲国家的解雇成本日趋降低这一普遍观点并不准确。因为只有哥伦比亚、巴拿马、秘鲁和委内瑞拉终止无固定期限合同的成本下降，在委内瑞拉和巴拿马，降低赔偿金的规章制度与增加遣散费的制度影响部分相互抵消了。此外，本书采用的指标显示，巴西、多米尼加共和国、智利和尼加拉瓜进行的制度改革增加了解雇成本。结合拉丁美洲国家和 OECD 国家的制度情况发现，两个区域的就业保障制度共发生了 13 次改变，其中 9 次是在拉丁美洲国家，4 次是在 OECD 国家。图 6 显示了各国提前告知成本的变化和遣散费的变化情况。可以明显看到，相较于 OECD 国家，拉丁美洲国家的就业保障成本的变化很大。拉丁美洲国家制度成本的巨大差异以及改革的外生性让我们认识到对拉丁美洲劳动市场的研究有助于进一步分析世界各国规制的影响。

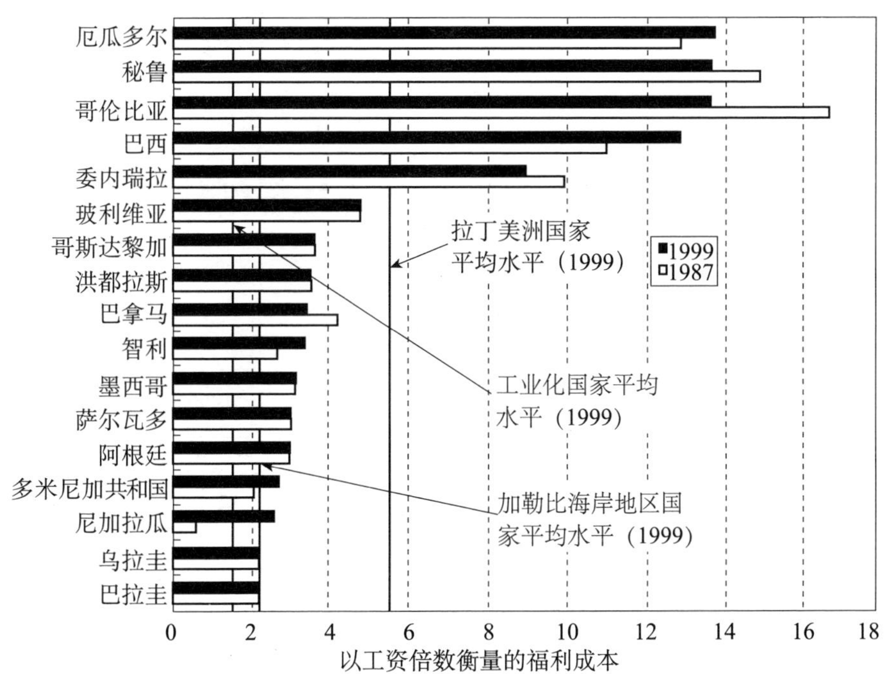

图 5　就业保障成本：20 世纪 90 年代末与 20 世纪 80 年代末进行比较

资料来源：拉丁美洲和加勒比海岸地区的劳动部。

注：就业保障成本包括提前告知成本、遣散费和工龄工资。

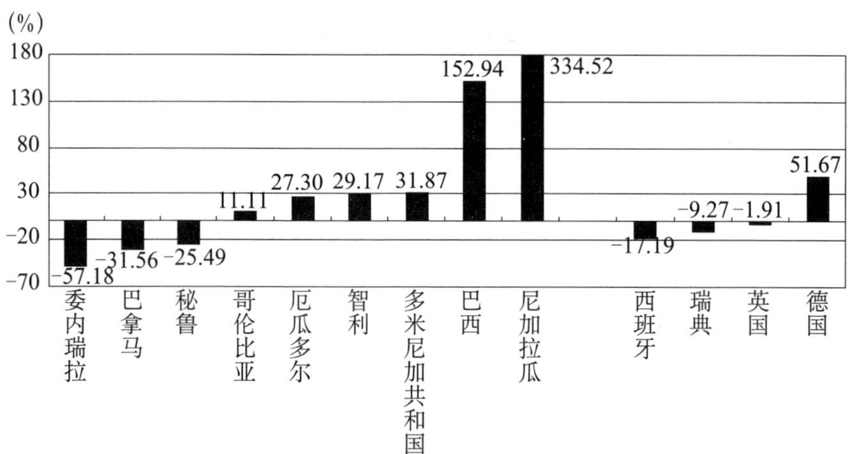

图 6　提前告知成本和遣散费在就业保障成本中所占比例的变化情况：20 世纪 90 年代与 20 世纪 80 年代进行比较

资料来源：拉丁美洲和加勒比海岸地区的劳动部。

注：提前告知成本和遣散费所占比例的变化是劳动市场改革的结果。本图不包括工龄工资。

图 7 展示了拉丁美洲国家在 20 世纪 90 年代初期与末期的社会保障费（根据成本的期望贴现值计算所得）的变化状况。在过去十年中，这一地区的社会保障费在不断发生变化。在 20 世纪 90 年代，随着养老体制改革和人口老龄化，许多国家的社会保障费不断增加。然而，一些国家，尤其是阿根廷，在那十年间的社会保障费却减少了。

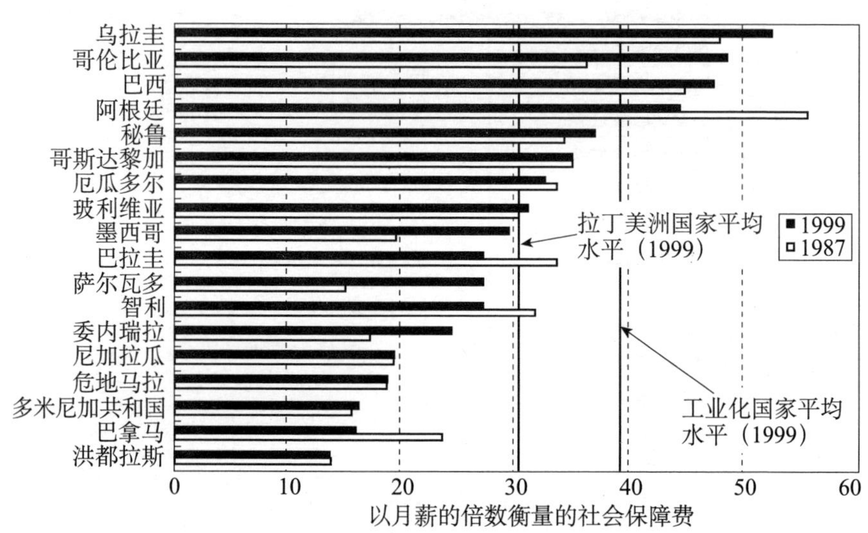

图 7　工作 20 年后支付的社会保障费现值的均值

资料来源：美国社会保障部（1983—1999 年）；拉丁美洲和加勒比海岸地区的劳动部。

注：工龄工资成本被包括在内。

I.3.8 制度实施和非正式劳动者

假设企业与雇员均遵守法律制度，表3呈现了各国法律制度的成本。实际上，法律的执行力度并不强，而且许多雇员并不在法律的保护范围之内。这些劳动者通常被称为“非正式劳动者”。对非正式程度的衡量具有一定难度，已有文献有很多不同的衡量方法。部分学者依据国际劳工组织（ILO）的传统方法，将自雇用劳动者、企业总人数在5人或5人以下、为家庭提供免费劳动或被雇用从事家庭劳动的劳动者视为“非正式劳动者”。尽管这些劳动者中部分劳动者可能享有法定福利，但这类工人与不在劳动法保护范围之内高度相关。其他学者采用更为直接的方法定义非正式程度，即计算纳入社会保障体系或有正式劳动合同的劳动者占比。在本书中，除Maloney and Nuñez Mendez（本书第1章）采用国际劳工组织的定义外，其他所有学者均利用“福利”来定义非正式劳动者。

通过调查拉丁美洲各国遵守社会保障法规的程度可以发现，违背法规的情况大量存在。美洲开发银行（2004）的调查数据显示，在拉丁美洲所有劳动者中，仅有42.7%的劳动者缴纳了社会保险，在所有受雇劳动者中，仅有60%的劳动者缴纳了社会保险（见表2）。在本书研究的国家中，智利和乌拉圭的劳动市场法律制度的执行力度最高，秘鲁最低。在技术工人、大型企业的雇员，以及在制造业、高薪的金融业和商业服务业工作的劳动者中，劳动市场法律制度的执行力度更高。在这些行业中，法律制度的影响更易察觉。通常情况下，法律制度成本越低，执行力度就越大。

I.4 劳动市场法律制度的影响研究

这一部分总结了已有研究中关于本书涉及的劳动市场法律制度影响的研究，并呈现了针对经济发达国家进行的相关研究结果。本书将政策划分为两类，一类是改变就业水平的政策（产生静态成本），一类是影响就业流动的政策（产生动态成本）。这部分分别对这两类政策进行实证分析。同时，我们也分析了临时合同和最低工资标准的影响。

I.4.1 劳动供需的静态分析

劳动市场法律制度对就业水平的影响研究，出发点是新古典主义的劳动供需模型。如果立法提高了劳动成本，经济理论预测劳动需求函数的上移会减少就业。当政府或工会导致劳动成本变化时，劳动需求函数的斜率可以作为衡量政策引致的就业状况变化的重要指标。标准理论没有关注法律制度对失业的影响，因为法律制度对失业是否有影响，取决于被解雇的工人是否退出劳动市场或是否寻找新的工作。

表 4 总结了在拉丁美洲国家产出不变的情况下劳动需求弹性的估计值。Hamermesh（本书第 11 章）认为这些估计值可与其他国家的同类估计值进行比较。[①] 虽然目前已有诸多关于劳动需求的研究，但我们主要使用非聚合的行业或企业层面数据来估计劳动需求参数，因为非聚合数据模型所得结果更可信（Hamermesh，1993）。对不同类型劳动者进行比较后发现，蓝领的劳动需求弹性明显高于白领，这意味着白领的就业率受法律制度的影响更小。拉丁美洲国家劳动需求的估计值低于其他国家，尤其是秘鲁和墨西哥（见表 4 下半部分针对工业化国家的估计结果）。尽管如此，所有的估计值均在－1.5～0 之间，主要集中于－0.6～－0.2，恰好在 Hamermesh（1993）在全球产出固定不变的情况下所得的劳动需求弹性估计值的范围之内。[②] 本研究所得的劳动需求弹性估计值的范围表明，劳动成本增加 10％会导致就业下降 2％～6％。

表 4　在产出不变的情况下，长期劳动需求弹性的估计结果

研究	数据	描述	工资弹性
	A. 拉丁美洲地区		
Mondino and Montoya（本书第 6 章）	阿根廷 1990—1996 年季度制造业面板数据	无资本； 产出和工资水平的工具变量； 动态劳动需求	[－0.353，－0.94]
Saavedra and Torero（本书第 2 章）	秘鲁 1986—1996 年每两个月对总人数 10 人以上的企业进行调查所得的面板数据	无资本； 产出的工具变量； 包括立法成本在内的劳动成本； 静态劳动需求	－0.19
Fajnzylber and Maloney（2000）	年度面板数据 智利（1981—1986 年） 白领 蓝领 哥伦比亚（1990—1991 年） 白领 蓝领 墨西哥（1986—1990 年） 白领 蓝领		 －0.214 －0.373 －0.26 －0.489 －0.128 －0.203

① 法律制度的就业影响的更有效的衡量指标是总弹性，其中包括了新增法律制度（包括导致劳动成本变化从而使企业进入或退出劳动市场的相关制度）带来的可能的规模效应。遗憾的是，虽然 Hopenhayn and Rogerson（1993）、Nicoletti and Scarpetta（2003）的研究已表明，企业进入或退出劳动市场的决定是对法律制度变化的重要反映，但本书中关于总弹性的实证分析很少。

② Hamermesh（1993）认为这一范围为－0.75～－0.15，估计值的均值为－0.45。

续表

研究	数据	描述	工资弹性
	A. 拉丁美洲地区		
Roberts and Skoufias (1997)	哥伦比亚 1981—1987 年的面板数据 技术工人 非技术工人		 —0.42 —0.65
Cassoni, Allen, and Labadie（本书第 8 章）	乌拉圭 2 位数制造业数据 1975—1984 年 1985—1997 年	无资本； 方程系统	 —0.69 —0.22
Cárdenas and Bernal（本书第 4 章）	1978—1995 年 4 位数 CIIU 92 个制造业部门的面板数据	无资本； 动态劳动需求	—1.43
	B. 世界其他国家		
Waud (1968)	美国 1954—1964 年 2 位数制造业季度数据	资本	—1.03
De Pelsmacker (1984)	比利时 1976—1982 年 5 家自动化制造业企业数据	资本，劳动价格，生产工人	—0.44
Field and Grebenstein (1980)	美国 1971 年 10 家 2 位数制造业企业	资本和能源价格	—0.51
Denny, Fuss, and Waverman (1981)	2 位数制造业年度数据 加拿大：1962—1975 年 美国：1948—1971 年	资本和能源价格	 —0.46 —0.56
Wylie (1990)	美国 1900—1929 年 4 个 2 位数制造业年度数据		—0.52

上述分析都基于“法律制度成本完全由雇主承担”这一假设。然而，当劳动供给具有不完全弹性时，一部分劳动成本的增加与劳动者工资的下降相抵消，从而减少其对企业解雇员工的影响。另一种情况是，劳动者可能不会将法律制度的成本视为一种税，因为支付更高的社会保障费可以提高劳动保障程度。在这种情况下，劳动者愿意为获得这些社会保障付费，从而降低了劳动者对工资的需求。法律制度对工资的抵消效应也会降低其对就业的影响。

拉丁美洲劳动市场法律制度的成本转移至劳动者的可能性有多大？在论述已有的实证分析之前，有必要介绍一下拉丁美洲劳动市场的特点。第一，规避法律制度的概率较高表明，与发达国家相比，发展中国家正规部门的劳动供给更富有弹性。因此，如果劳动者能够在正规部门与非正规部门之间流动，那么成本转移至劳动者的可能性会降低，导致遵守法律制度的正规部门的劳动供给的弹性较高。第二，如前所述，在一些国家，最低工资标准很高，这会降低工资变动的幅度（如图 2 所示）。另外，Maloney and Nuñez Mendez（本书第 1 章）针对工资水平近似最低工资标准的劳动者进行的研究结果表明，这些国家的非正规部门对最低工资标准的遵守程度依然很高。因而，对有最低工资标准规定的国家而言，通过降低工资来转移制度成本的可能性会减弱，这也会对非正规部门产生影响。第三，尽管在这些地区，大部分社会保障制度覆盖的劳动者有限，并且这会加强支付社会保障费与享受福利待遇之间的联系，但部分社会保障系统资金短缺，且政府对社会保障费具有高度的决策权，减弱了这两者之间的紧密程度。近年来，社会保障制度改革致力于实现养老金的私有化，这会加强社会保障制度成本与收益之间的联系。

已有学者就法定福利对就业率的影响进行实证研究。Gruber（1994）分析了美国的社会保障体系对工伤赔偿和法定生育津贴的影响，研究发现，社会保障制度的大部分成本转移到了工资中，其对雇主解雇雇员的影响很小。相反，Kaestner（1996）估计了失业保险制度对美国青年就业的影响，研究发现，失业保险制度会对雇主解雇雇员产生巨大影响，但这部分制度成本几乎不会转移到工资中。

此外，现有研究中已有大量关于发展中国家工资变动的实证研究。MacIsaac and Rama（1997）估计了厄瓜多尔法定社保福利成本的替代性。1994 年，在拉丁美洲诸国中，厄瓜多尔是劳动市场法律制度最烦琐的国家之一。除了对社会保障费的支付金额进行法律约束外，法律还规定对不同时期离职的员工支付 13 个月、14 个月、15 个月、16 个月的补偿金。MacIsaac and Rama（1997）的研究表明，当劳动市场规制增加了劳动成本时，增加的一部分劳动成本以更低的基本工资的形式转嫁给了工人。因此，对于普通的厄瓜多尔劳动者而言，社会保障费和其他法定保障费在其基本工资中占有很大份额。然而，与在不遵守法律制度的企业工作的雇员相比，在遵守法律制度的企业工作的雇员的平均收入仅比前者高 18%。这一差异可由遵守法律制度企业雇员的基本工资减少 39%来解释。有趣的是，不同规模企业的工资下降程度不同，大型企业的工资下降程度要小很多，公共部门和工会化的企业的工资下降程度几乎为 0。

Mondino and Montoya（本书第 6 章）和 Edwards and Cox-Edwards（1999）通过比较享有社会保障的劳动者的工资水平与不享受社会保障的劳动者的工资水平来探讨阿根廷和智利的实际情况。Mondino and Montoya（本书第 6 章）对阿根廷的研究发现，在 1975—1996 年间，享有社会保障的劳动者的工资水平比不享受社会保障的劳动者的工资水平低 8%。考虑到雇员需将工资总额的 40%用于支付社会保障费，劳动者承担的这部分成本约占总劳动成本的 20%。Edwards and Cox-Edwards（1999）的研究表明，智利的工资水平有过大幅变动。1994 年，享有养老金保障、医疗保障和人身保险的劳动者的工资水平比未享有这些保障的劳动者的低14%。因为在1994年，占工资水平约20%的社会保障费名义上是由劳动者自己承担的，他们的估计结果表明，约有70%的社会保障成本由劳动者自己支付，而剩余的30%则由雇主支付。Gruber (1997) 的实证研究发现，1981年智利的养老制度改革后，社会保障成本转嫁给工资的部分更多。1981年的改革降低了雇主支付的劳动税，提高了雇员支付的税收。除此之外，一些社会保障的资金被转化为一般财政收入。Gruber (1997) 的研究将这个税收变化作为“自然实验”，使用单个企业的劳动成本和工资数据，探讨雇主支付更低的劳动税是否与该企业支付更高的工资相关。结果表明工资税会全部转嫁给工资，且对就业没有任何影响。①

Marrufo (2001) 对墨西哥1997年的改革进行了研究，和智利一样，这一改革将预付养老金制度改为个人退休账户制（IRA，individual retirement account）。她对不享受社会保障与享有社会保障的部门中的就业再分配的实证研究发现，享有社会保障的部门的劳动供给弹性更大。她还发现了将福利转化为税收的改革使工资发生了变化的证据。此外，通过将改革的影响分解为税收减少效应和福利与贡献挂钩的效应，她发现社会保障税的增加会使工资下降，下降额度为增加的税收的43%，且福利的增加会使工资下降，下降额度为福利价值的57%。

决定成本转嫁给工资程度的一个重要因素为是否受到最低工资标准的约束。Maloney and Nuñez Mendez（本书第1章）研究了哥伦比亚的最低工资制度。这一研究解释了Cárdenas and Bernal（本书第4章）提出的哥伦比亚的这种成本传递效应较弱。同时，墨西哥和智利的最低工资制度的约束力较小，但成本传递效应很大，这也可以解释Marrufo (2001) 及Gruber (1997) 的研究结论。

综上所述，已有研究表明，至少部分非工资福利的成本通过降低工资的形式转嫁给了劳动者，因此，这一制度的就业成本低于由劳动需求弹性预测的成本。结合工资变动与劳动需求的估计值可知，非工资劳动成本每提高10%，会导致就业率下降0.6%～4.8%，大部分实证研究的结果更接近4.8%。

考虑到这些估计值对政策决定的重要性，需要尽可能提高估计的准确度。

① 由于存在诸多影响因素，估计这一“实验”的影响较为复杂［详见Edwards and Cox-Edwards (2000)］。第一，尽管工资税有所下降，但员工承担的比例上升了。如果由企业支付的工资中已包括雇员需缴纳的社会保障费，那么雇主支付税收的下降会使工资水平提高，因为雇员缴纳的社会保障费份额更高。第二，工资的测量误差使得估计结果偏向全日制劳动者。他所用的工具变量有待进一步讨论，并且为了规避测量误差问题，他提出了严格的假设。第三，当社会保障制度改革使得工作福利更具吸引力时，他认为工资会上升。在雇员缴纳的社会保险份额与其获得的福利紧密联系的前提下，只有在劳动供给对受法律保护的企业完全无弹性时，工资增长额度可以与雇主支付的税收减少额度相当，而这几乎不可能。

在这一方面，现有研究的提升空间仍然较大。就目前的情况而言，它们是否高估或低估真实的就业影响取决于以下两种效应中哪种效应占主导地位。一方面，所得出的估计值基于固定产出的劳动需求弹性，没有考虑到规章制度通过对现有企业的生产规模和企业进出市场决策的负向影响而造成的对就业的影响。从这一角度来看，现有研究所得的估计值的变动范围为规制的失业效应提供了一个下限。此外，MacIsaac and Rama（1997）、Mondino and Montoya（本书第 6 章），以及 Edwards and Cox-Edwards（1999）的研究仅将社会保障制度的成本包括在内，没有包括诸如就业保障和休假等其他法律制度的成本。将上述法律制度成本纳入考虑后，工资变动幅度会低于上述研究结果。因此，这些制度成本对就业的影响更大。

另一方面，运用跨行业劳动者的数据，比较享有社会保障和不享有社会保障劳动者的工资水平可能会低估工资变动幅度，高估就业成本。因为与社会保障隶属率相关的无法观测到的个人特征变量能够解释遵守社会保障制度的部门的高工资水平，所以有必要在模拟遵守社会保障制度的部门时用选择模型。[①]如果这些变量与社会保障隶属率的联系紧密，将会低估享有社会保障与不享有社会保障的劳动者之间的工资差异，从而低估转嫁至劳动者工资的成本。因此，Marrufo（2001）的研究比较重要，因为她控制了行业自选择性偏误，并且仍然发现了工资变动的证据。如果 Marrufo（2001）对墨西哥数据的选择性调整同样适用于其他拉丁美洲国家，那么本书和有关企业准入的文献研究结果会低估规制对失业的影响。

I.4.2　就业保障制度对雇用与解雇决策的影响

运用简单的静态劳动供需模型不能分析规制对转换成本的影响。解雇成本和其他法律制度不仅提高了劳动成本，而且会影响企业雇用及解雇员工的决策。图 5 展示了解雇成本在拉丁美洲国家的重要程度。非工资劳动成本相对低于 OECD 国家，解雇成本通常较高。这些成本不仅使拉丁美洲国家劳动市场的灵活性低于 OECD 国家，而且对这些国家的生产率及新技术和新贸易模式的适应性也会带来不利影响，如劳动成本对欧洲的影响（Heckman，2003）。因此，很有必要研究这些政策对劳动市场运行的影响。

理论分析

为了研究就业保障制度可能导致的所有影响，需要涵盖关于企业动态决策的更复杂的分析框架。Bertola（1990）和 Bentolila and Bertola（1990）运用动态局部均衡模型估计解雇成本对企业雇用及解雇员工决策的影响。在遭遇冲击

---

① 例如，如果享有社会保障的劳动者也具有更高的生产率，则他们会得到更高水平的工资。然而，高工资是由无法观测的生产率带来的，而不是由社会保障隶属率带来的。

时，企业最优的就业政策包括以下三种状态或有反应中的一种：(1) 解雇劳动者；(2) 雇用劳动者；(3) 不做任何决策。附录B详细介绍了简单两期劳动调整模型，这一模型总结了上述文献的主要思想。

当面临负面冲击及劳动边际价值下降时，通常，企业可能会解雇劳动者。然而，在拉丁美洲国家的法律约束下，这种做法会给企业带来解雇成本。由于这一制度成本能够阻碍企业调整劳动力，因此与没有此类制度成本相比，企业解雇的劳动者更少。相反，当企业面临积极的刺激时，企业可能雇用更多的劳动者，但也会考虑未来需求下降时解雇劳动者的成本。这种潜在的解雇成本有效减少了经济运行相对良好国家的就业创造效应。这一效应最终会导致在国家经济扩张时就业率更低，而在经济衰退时就业率更高，并且与没有调整成本时相比，企业雇用和解雇更少的劳动者，人员流动率更低。

调整成本会导致与解雇成本相联系的就业变动率下降。这些模型无法确定对就业的影响。解雇成本会使平均就业率上升还是下降取决于经济周期中雇用率的下降是否比解雇率的下降更多。Bertola (1990) 和 Bentolila and Bertola (1990) 的研究表明，当解雇成本提高时，特定企业的平均就业率可能会随之提高。然而，这些结论对企业对外界冲击的承受能力、劳动需求弹性、贴现率水平以及生产函数的形式很敏感。如果企业对外界冲击的承受能力不强，且贴现率较低，则就业保障制度会对就业水平产生更大的负向影响，因为上述两种因素都会使企业雇用更少的员工［Bentolila and Saint-Paul (1994); Bertola (1992)］。另外，商品的需求弹性越大，就业保障制度对就业率产生的负向影响越大。如果考虑投资决策因素，则解雇成本会降低收入并抑制投资，进而增加降低劳动需求的可能性［Risager and Sorensen (1997)］。

Bertola (1990) 和 Bentolila and Bertola (1990) 的研究更加关注“代表性”企业的就业率，而忽视了解雇成本对扩展边际的影响，即忽视了解雇成本对企业建立与破产的影响。Hopenhayn and Rogerson (1993) 基于美国的经济状况构建了一般均衡模型。Bertola (1990) 的部分均衡框架被嵌入他们的模型中，作为一般均衡框架的一部分，在一般均衡框架中，工作和企业在每个时期都在应对企业特有冲击的过程中被创造和破坏。基于这一模型，Hopenhayn and Rogerson (1993) 的研究发现，在美国，解雇成本的不断上升会增加现有企业的平均就业水平，并降低解雇率。然而，他们也发现，这一政策会减少新成立企业的雇用率，并降低该类企业的就业创造效应。这两种效应可能会抵消现有企业中就业的增加，并导致整体就业率下降。

近期的研究还强调了就业保障制度对就业结构可能产生的影响。Kugler (本书第3章) 建立了一个模型，这个模型表明就业保障制度促使人员流动率较高的企业进入非正规部门。这一决策将导致小规模、低效率的生产模式，以免引起税务和劳动部门的关注。在这一框架中，正规部门支付较高的就业保障

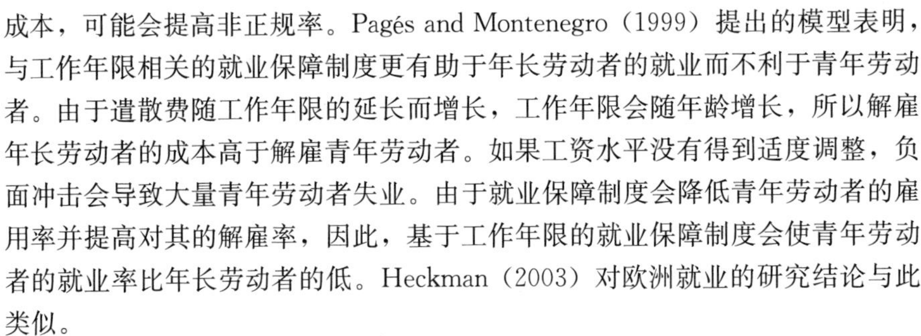

成本，可能会提高非正规率。Pagés and Montenegro（1999）提出的模型表明，与工作年限相关的就业保障制度更有助于年长劳动者的就业而不利于青年劳动者。由于遣散费随工作年限的延长而增长，工作年限会随年龄增长，所以解雇年长劳动者的成本高于解雇青年劳动者。如果工资水平没有得到适度调整，负面冲击会导致大量青年劳动者失业。由于就业保障制度会降低青年劳动者的雇用率并提高对其的解雇率，因此，基于工作年限的就业保障制度会使青年劳动者的就业率比年长劳动者的低。Heckman（2003）对欧洲就业的研究结论与此类似。

最后，需要明确的一点是，并非解雇成本的所有组成部分都会对就业率和失业率产生相同的影响。因此从理论角度而言，提前告知成本与遣散费在概念上有明显区别，不同国家对它们的定义也不同，并且会影响不同国家的调整成本；此外，所有国家都有工龄工资规定，这一因素不影响转移。与最后一类因素更可比的因素是其他非工资成本，如休假和其他法定福利等。

目前，关于就业保障的影响的实证分析较多，但尚无定论。如表5中，Addison and Teixeira（2001）对关于这一问题的现有研究文献进行了总结。其中，Addison and Grosso（1996）、Grubb and Wells（1993）、Lazear（1990）、Heckman and Pagés（2000）、Nickell（1997）和Nicoletti and Scarpetta（2001）等研究发现，就业保障制度与就业之间存在负相关关系，而Addison，Teixeira，and Grosso（2000）、OECD（1999）、Garibaldi and Mauro（1999）和Freeman（2002）则未得出二者之间的负相关关系。与此同时，就业保障制度对失业的影响也尚无定论。部分学者［Addison and Grosso（1996）；Elmeskov，Martin，and Scarpetta（1998）；Lazear（1990）］研究发现，就业保障制度与失业之间存在正相关关系；而其他学者［Blanchard（1998）；Heckman and Pagés（2000）；Nickell（1997）］研究发现二者之间并无关系。在本章结尾处，我们对这些不同的研究结论进行了解释。上述所有研究均是基于国家层面的时间序列聚合数据的分析，这些国家的法律规章制度的变化通常很小。本书通过运用大量微观数据来研究重大劳动市场改革，从而解决了上述问题。Mondino and Montoya（本书第6章）和Saavedra and Torero（本书第2章）运用单个国家的非聚合数据进行研究发现，就业保障制度与就业之间存在负相关关系。本书对改革结果的研究是对现有文献的重要补充。近期运用非聚合数据对OECD国家进行的研究发现，就业保障制度会对就业产生负面影响。Autor，Donohue，and Schwab（2003）估计了美国各州法院采用的限制随意就业的普通法中不正当解雇条款的影响。他们研究发现，不正当的解雇条款会对各州劳动市场中的就业人口比例产生负向影响。同样，Kugler，Jimeno，and Hernanz（2002）发现在西班牙，工资税和解雇成本的下降会提高签订长期劳动合同劳动者的就业水平。最后，Acemoglu and Angrist（2001）和Deleire（2000）

表 5 就业保障对就业和失业的影响：部分已有研究

研究	样本	EP 指标	结果指标	其他变量	方法	研究结论
Lazear (1990)	20 个国家；1956—1984 年	工作 10 年的蓝领劳动者的遣散费；时变指标	就业人口比例；失业率；每周平均工作小时数	二次时间趋势；特定条件下，对工作年龄和人均 GDP 增长率（与就业指标交乘）的控制	混合时间序列/截面数据估计；固定效应、随机效应和自相关的选择性修正	在优选设定下，EP 使失业增加，使就业参与率和工作时间减少
Addison, Teixeira, and Grosso (2000)	同上	同上	同上	同上；但使用 Lazear 运用的所有设定	经自相关修正后的固定与随机效应；广义最小二乘估计（FGLS）	EP 在统计上并不显著
OECD (1993)	OECD 的 19 个国家；1979—1991 年	蓝领和白领劳动者的遣散费与提前告知期限；时刻指标	长期失业	UI 福利期限；ALMP 开支除以 UI 福利开支	混合时间序列/截面估计	EP 对于失业持续时间有正向影响，尤其在南欧地区
Grubb and Wells (1993)	11 个欧盟国家；1989 年	作者自己关于 ORDW、RDSM、RFTC 和 RTWA 的指标	就业；自雇用；兼职；临时工作；代理工作	无	简单的截面回归	ORDW 减少了就业，增加了自雇用，减少了兼职；RDSM 和 RFTC 分别增加和减少了临时工作；RTWA（不是 RDSM）减少了临时工作和代理工作

续表

研究	样本	EP 指标	结果指标	其他变量	方法	研究结论
Scarpetta（1996）	17 个 OECD 国家；1983—1993 年	按正规合同和固定期限合同平均来说 OECD 国家对解雇的规制的严格程度的排序［详见 OECD（1994）表 6.7，面板 B，第 2 卷］	结构性失业；分别对青年失业、长期失业和失业率进行回归	ALMP 用人均支出和人均产出之比来计算；UI 福利的综合指标［详见 OECD（1994）第 8 章］；工会密度；工会协调、雇主协调及两者之和；集体谈判的集中程度；税收；产品市场竞争指标；实际利率；产出缺口	随机效应；可行广义最小二乘估计（FGLS）	EP 增加了结构性失业，且对青年失业和长期失业有显著影响；EP 提高了失业率
Elmeskov，Martin，and Scarpetta（1998）	19 个 OECD 国家；1983—1995 年	OECD（1994，表 6.7，面板 B，第 2 卷）的排名情况，基于 20 世纪 80 年代末的变化进行修正；两组观测值；时变指标	结构性失业	ALMP（同上）；UI 福利（同上）；工会密度；表示雇员和工会协调程度的虚拟变量；表示集体谈判的集中程度的虚拟变量；税收；产出缺口；相对于平均工资的最低工资水平	随机效应；FGLS	EP 增加了结构性失业，但交乘项的影响非常重要；EP 对集中程度/协调程度和分散谈判制度的影响不显著

续表

研究	样本	EP 指标	结果指标	其他变量	方法	研究结论
Nickell (1997)	20 个 OECD 国家；1983—1988 年及 1989—1994 年	OECD（1996，表 6.7，面板 B，第 5 卷）的排名情况；除去 EP 工作时间、最低工资和雇员代表权力外，还使用了劳动标准指标［OECD（1994），表 4.8，第 6 卷］	就业人口占全部工作年龄范围内人口的比例，就业人口占青年男性人口的比例；劳动总供给（定义为实际全年工作时间除以全年正常工作时间，再乘以就业人口比例）；对数失业率，短期和长期失业率	UI 福利替代率；UI 福利期限；工会密度；工会覆盖指数；工会指数和雇主协调指数的加总；ALMP 支出的工具变量；税收；通货膨胀的变化	运用 2 个截面数据得出广义最小二乘（GLS）随机效应	EP 会降低总就业率，但不会降低青年男性的就业率；EP 会降低劳动总供给；对于失业，EP 的效应为负，但在统计上并不显著；EP 减少了短期失业并增加了长期失业；劳动者劳动标准变量的系数估计在失业的回归中并不显著
Nickell and Layard (1999)	同上	同上	同上；1976—1992 年劳动和全要素生产率增长指标	同上；以自雇用率作为地理流动的负项指标	同上；生产率增长的普通最小二乘估计（OLS）	同上；EP 与劳动和全要素生产率之间存在正相关关系，且在统计上显著；但这一效应会随初始生产率缺口的修正而消失
OECD (1999)	19 个 OECD 国家；	20 世纪 80 年代末和 20 世纪 90 年代末 OECD（1999，表 2.5）指标；	对数失业率、对数就业人口比例、失业和就业变化；	UI 福利替代率；	用随机效应估计两期面板数据，	不论指标的形式如何，EP 系数估计在统计上对整体就业不显著。中年男性失业的系数是正的，而且在统计上显著（仅限总体指标）。对于所有其他人口统计组，EP 系数在统计上不显著。

续表

研究	样本	EP 指标	结果指标	其他变量	方法	研究结论
	1985—1990 年；1992—1997 年	单个总指标，并将正常就业、临时就业和集体解雇指标分开；在一些方程中，将正规和临时工作进一步拆分	对于失业人口，按照中年男性、中年女性、青年、低技术工人分别计算；对于就业人口，按照中年男性、中年女性、青年、自雇用、临时雇用、青年就业中的临时雇用分别计算	UI 福利最长期限；ALMP 开支占 GDP 的百分比；集体谈判的集中程度；集体谈判的合作程度；工会密度；工会覆盖率；税收；产出缺口	GLS（在 OLS 估计模型的基础上变化）	此外，除了中年女性，EP 的变化不会影响失业的变化，而在中年女性中，EP 的影响是负的，而且在统计上显著（EP 与正规就业相关的严格性）。就就业而言，EP 的系数估计是负的，但在统计上对总体、中年女性、青年和临时就业不显著。其余系数为正，在自雇用的情况下在统计上显著（整体 EP 测度和它的正规就业变量）。此外，EP 的变化对总体就业和所有人口统计组的影响不显著。对于自雇用和临时就业的份额，可观察到一些统计上显著的负面影响
Garibaldi and Mauro (1999)	21 个 OECD 国家；1980—1998 年	OECD（1994，表 6.5，面板 B，第 5 卷）排名；时刻指标	城镇总就业的平均增长	平均通货膨胀率；平均总税收占 GDP 的比例；平均工资税占 GDP 的比例；平均 UI 福利对失业劳动者的净替换率［OECD（1994），第 8 章］；工会密度；协调集体谈判指标；虚拟时间变量	GLS，随机效应：6 年数据的平均值（1980—1985 年；1986—1991 年；1992—1997 年）	在截面数据中 EP 指标与就业增长之间存在明显的负相关关系（27 种情况下有 24 种）；但在面板回归中，这种相关关系估计的准确度降低，并且只有五个方程中的一个估计结果在统计上是显著的

续表

研究	样本	EP 指标	结果指标	其他变量	方法	研究结论
Nicoletti and Scarpetta (2001)	20 个 OECD 国家；1982—1998 年	2 个监管机构规制严格程度指标； 第一个是 EP 指标，基于 OECD（1999，表 2.5）的不同时期数据； 第二个为产品模拟法律规制程度的指标； 二者均为静态指标 [基于 Nicoletti，Scarpetta，and Boylaud（1999），且随时间变化（基于作者对 7 类能源及服务型行业的法律制度与市场环境的估计]	非农业就业率	公共就业率； 税收； 工会密度； 基于集中与协调结合的集体谈判的高度和中度协商的虚拟变量； UI 福利替换率 [OECD（1994），第 8 章]； 产出缺口	不含产品市场规制指标的固定效应； 含静态产品市场规制指标的随机效应和两阶段回归方法； 第 2 阶段包括固定国家效应对静态产品市场规划指标的回归； 随时间变化的 EP 及产品市场指标的固定效应面板估计	在初始固定效应方程中，EP 显著减少了就业； 当 EP 与集体谈判协商这一虚拟变量交乘时，这一效应对中度协商和高度协商显著负相关； 随机效应和第二阶段回归的结果与之相同； 在每类情况中，集体谈判协商程度中等的国家，就业的负面效应更明显； 静态产品市场规制的影响效应为负且显著； 对于固定效应面板回归，在基准模型中，EP 为负且统计上显著； 但在交乘项中，EP 只对中度协商有显著的负向影响； 在协商指标的交乘项中，虽然产品市场规制变量为负，但只有对低度和中度协商的影响在统计上显著

续表

研究	样本	EP 指标	结果指标	其他变量	方法	研究结论
Di Tella and Mac-Culloch (1999)	21 个 OECD 国家； 1984—1990 年	世界竞争力报告数据； 灵活性指标（详见文中）； 5 个数据点的时变指标	就业人口比例； 参与率； 失业率； 长期失业率； 每周平均工作时长； 对于前两个变量，提供按性别分类的数据	UI 福利的复合指标［OECD（1984），第 8 章］，以及 GDP 水平； 包括工会覆盖率在内的选择性结果，集体谈判集中程度的虚拟变量、房屋所有权程度的虚拟变量	随机效应； 包含国家固定效应在内的最小二乘虚拟变量（LSDV）； 国家和时间固定的最小二乘虚拟变量； 对每个产出变量的广义距估计（GMM）	灵活性指标和总就业人口比例之间存在显著的正相关关系； 在人口变量分组中，这一效应对女性劳动者的影响强于男性劳动者； 参与率也有同样的结果； 一些证据表明，平均工作时长随灵活性的提高而增加； 灵活性和失业率之间的关系都为负，但不是一直都显著； 关于长期失业率的估计结果不够精确
Heckman and Pagés (2000)	LAC 地区和 OECD 共 41 个国家； 1980—1997 年	基于遣散费、提前告知期限和其他对非公平解雇进行补偿的作者自己的重要指标； 二期时变指标	总就业、中年男性就业、中年女性就业、青年就业、自雇用； 总失业、中年男性失业、中年女性失业、青年失业，以及失业 6 个月以上的比重	GDP 水平； GDP 增长率； 2 个人口控制变量，即女性参与率和 15～24 岁的人口比例	混合截面数据/时间序列数据； 随机效应和固定效应； 全样本以及 OECD 和拉丁美洲国家独立样本的结果	EP 对每个估计方程中的总就业均有显著的负向影响； 对于男性劳动者和青年劳动者这一结果类似，但对于女性劳动者则无此结果，具体而言，EP 对男性就业的影响是其对总体就业影响的一半，而 EP 对青年就业的影响约为总体就业效应的 2 倍； 在不同的估计过程中，EP 对女性和自雇用劳动者的影响不尽相同；

续表

研究	样本	EP 指标	结果指标	其他变量	方法	研究结论
						对失业的影响取决于估计方法，EP 对于长期失业没有显著影响； 由按国家分组的数据可得，EP 对不同人口特征条件下的就业的影响为负且大部分显著； 拉丁美洲地区的女性群体除外； 对于 OECD 国家而言，EP 对失业的影响通常为正且统计上显著
Freeman (2002)	23 个国家；1970—1990 年；	弗雷泽（Fraser）经济自由的弗雷泽制度指标（详见文中）； 6 个数据点的时变指标	对数人均 GDP； 对数就业人口比例； 对数雇员人均 GDP； 失业率； 前三个指标的变化情况	自由度指标的平方项（在某些方程中）； 国家虚拟变量； 时间虚拟变量	截面数据和面板估计	自由程度较高的国家，其人均 GDP、就业人口比例、雇员人均 GDP 均较高，且失业率较低（至少在相对水平上）； 除了失业，这些结果在包含国家固定效应时都不一致； 对一组欠发达国家样本的人均 GDP 的水平和变化形式进行的估计产生了截面和面板数据估计中对自由度指标统计显著且为正的系数

续表

研究	样本	EP 指标	结果指标	其他变量	方法	研究结论
Blanchard and Wolfers (2000)	20 个 OECD 国家；1960—1999 年；8 个五年平均数据	静态和时间变化指标；静态指标取自 Nickell (1997)；时间变化指标来自 Lazear（1990）并做了更新	国家失业率（非标准化的）；基本的观点是，与劳动市场制度相互影响的冲击能够解释失业；冲击先被设定为通用且不可观测的，之后被当作国家特性	基准模型使用了 Nickell (1997) 的 7 个（其他）劳动市场制度；可替代模型使用了两种测度 UI 福利（作者自己的计算）的方法，即固定和时间可变的形式	带有时间效应的非线性最小二乘法与固定制度/时间可变制度的交乘；稳健性检验；对与 8 个劳动市场制度交乘的不同国家的可观察的冲击（全要素生产率增长率，实际利率以及劳动需求转化指标）的非线性最小二乘估计；对固定制度和随时间变化的制度的估计	冲击与 EP 的交乘项表明逆向冲击效应扩大；除了 2 个变量，其他制度变量也基本相同；这 2 个变量为集体谈判的协商程度和积极的劳动市场政策，它们会减轻负向冲击效应；总体而言，当静态 EP（和 UI）指标用动态指标表示时，交乘效应更弱且更不匹配

资料来源：Addison and Teixeira（2001）.

注：EP＝就业保护；UI＝失业保险；ALMP＝积极的劳动市场政策；ORDW＝对全部雇员工作的限制；RDSM＝对解雇正规劳动者的约束；RFTC＝对固定项目合同的约束；RTWA＝对临时工作机构的限制。

早期的研究验证了美国残疾人法案对残疾人就业率的影响，这一法案将在雇用、解雇残疾劳动者时的歧视视为非法行为，结果表明这一法案降低了残疾人的就业水平。

拉丁美洲和加勒比海岸地区的实证分析

本书分析了拉丁美洲和加勒比海岸地区国家的就业保障制度对就业和人员流动率的影响，并首次验证了其对劳动市场的影响。已有研究部分研究分析了劳动市场中就业保障制度对人员流动率的影响。人员流动率的变化用工作年限（任期）变化、失业持续期以及退出就业和失业状态的比例衡量。①较高的就业退出率意味着更多的工人被解雇（或辞职），而较高的失业退出率和获得正式工作意味着正规部门创造出了更多的就业机会。另有研究估计了就业保障制度对就业率的影响。实证分析中采用的“就业”的定义取决于分析的国家。总体来看，大部分研究着眼于大型企业的就业，而部分研究估计了基于聚合数据的就业指标。除此之外，少数研究验证了就业保障制度对就业构成的影响。表 6 展示了本书对拉丁美洲和加勒比海岸地区国家实证研究的概况。

表 6 对拉丁美洲和加勒比海岸地区就业保障影响的实证分析的总结

研究	国家	数据	研究结论
A. 关于进入及退出就业状态的研究			
Kugler（本书第 3 章）	哥伦比亚	家庭数据	就业保障程度的降低导致就业、失业持续期缩短； 部分影响是由临时合同的法律规制欠缺所致
Saavedra and Torero（本书第 2 章）	秘鲁	家庭数据	较低的就业保障程度降低了平均工作年限； 正规部门的下降程度更大； 风险率仅在试用期期末增加
Barros and Corseuil（本书第 5 章）	巴西	就业调查；行政数据和家庭调查	较短工作期限的工人的风险率趋于减小，但对于较长工作期限的工人，其风险率在就业保障提高后增加； 对调整成本和工资弹性均无影响

① 这些研究估计了风险率。“风险率”的定义是持续了一段时间（如 1 个月、1 年）的就业或失业在某一特定时期结束的比率。

续表

研究	国家	数据	研究结论
A. 关于进入及退出就业状态的研究			
Hopenhayn（本书第 9 章）	阿根廷	家庭追踪面板数据	临时合同因缺少法律规制导致风险率提高； 短期（1～3 个月）和 3～6 个月的工作期限的风险率分别增长 40%和 10%
B. 关于平均就业率与平均失业率的研究			
Kugler（本书第 3 章）	哥伦比亚	关于就业的家庭数据	1990 年就业保障成本的降低导致失业率下降； 这一结果基于对由就业保障成本降低引起的风险率变化、进入和退出失业状况的净效应的计算
Saavedra and Torero（本书第 2 章）	秘鲁	企业和行业层面数据； 1986—1997 年	在劳动需求函数中包括衡量就业保障成本的直接指标； 估计系数显著为负，且这一系数（绝对值）在规制更严格时更大
Mondino and Montoya（本书第 6 章）	阿根廷	制造业企业面板数据； 不考虑新成立的企业	与 Saavedra and Torero（本书第 2 章）的研究相似，在劳动需求函数中包括衡量就业保障成本的直接指标； 研究发现就业保障成本对劳动需求有负面效应
Barros and Corseuil（本书第 5 章）	巴西	机构层面的月度数据； 1985—1998 年； 制造业； 员工人数在 5 人及以上的企业	两步程序：首先，找到每月劳动需求函数中的参数； 然后观察这些参数是否会随劳动市场改革或其他方面的发展而变化； 他们发现了就业保障成本对劳动需求的影响
Downes, Mamingi, and Antoine（本书第 10 章）	巴巴多斯、特立尼达和多巴哥、牙买加	总就业； 年度数据； 大型企业（员工人数在 10 人以上）	就业保障成本对就业的影响并不显著，在某些条件下这一效应为正
Pagés and Montenegro（1999）	智利	关于就业的家庭数据； 年度数据； 1960—1998 年	就业保障成本对总就业的影响并不显著，但对就业构成有重要影响
Marquéz（1998）	跨国	LAC 地区国家和 OECD 国家的截面数据	就业保障成本的排序； 考虑人均 GDP 后，就业保障制度对就业率的负向影响并不显著

续表

研究	国家	数据	研究结论
C. 关于就业构成的研究			
Marquéz (1998)	跨国	LAC 地区国家、OECD 国家的截面数据	即使考虑人均 GDP 的差异后，自雇用率仍与就业保障成本正相关
Montenegro and Pagés (本书第 7 章)	智利	家庭调查数据；1960—1998 年	就业保障制度与青年劳动者、女性劳动者和非技术劳动者的低就业率相关，与年长劳动者和技术劳动者的高就业率相关

人员流动率

正如大部分理论模型预测的结果，本书中大量的实证研究表明，政府规制程度较低的就业保障制度会导致更高的人员流动率和更高的劳动市场灵活性。Kugler（本书第 3 章）在对 1990 年哥伦比亚劳动市场改革的影响进行研究后发现，就业保障成本的降低会减少平均工作年限，提高就业退出率。① 这种减少在正规部门（受规制）中比在非正规部门（不受规制）中明显得多。此外，这种提高在大型企业中比在小型企业中更多。Kugler（本书第 3 章）的研究结论同样适用于贸易与非贸易行业，结果表明，工作年限的缩短并不是由当时的贸易政策改革造成的。临时合同使用率的提高只能对正规部门人员流动率的提高做出部分解释，因为只有无固定期限劳动者的就业稳定性下降了。②

同时，Kugler（本书第 3 章）还发现，改革后，失业的平均持续期缩短了。除此之外，对于从失业状态进入正规部门就业的劳动者以及从失业状态进入非正规部门就业的劳动者而言，前者的失业退出率比后者增加得更多。对于平均任期，该研究的研究结果表明多个行业的模式非常类似，且大型企业的失业退出率更高。最后，失业进入率增加的三分之二可由较高的临时合同使用率予以解释。剩余部分则由正规部门中无固定期限合同的退出率的增加来解释。

Saavedra and Torero（本书第 2 章）通过类似的研究，对 1991 年秘鲁劳动市场改革的影响进行了估计。和哥伦比亚的改革一样，1991 年秘鲁的劳动市场改革大幅降低了解雇劳动者的成本。他们的分析显示，自 1991 年起，平均

① 在这一研究中，“任期”是由不完全的就业时间来衡量的。

② Kugler（本书第 3 章）进行了两类分析。第一，使用双重差分估计量来分析就业或失业平均持续期的变化是否会对正规部门和非正规部门造成不同的影响。第二，估计指数任期模型，控制人口协变量变化，混合改革前后的数据，并使用交乘项来估计正规部门和非正规部门的影响差异。

任期趋于下降，这表明就业退出率更高了。和库格勒（Kugler）的研究类似，正规部门中平均任期的下降比非正规部门的更明显。除此之外，在所有部门中，任期的变化类似，表明 20 世纪 90 年代早期的贸易制度不能解释这些研究结果。

相反，Barros and Corseuil（本书第 5 章）通过研究发现，没有证据表明 1988 年巴西的重大宪法改革使就业退出率发生了变化。在 1988 年，解雇劳动者的成本提高，因而就业退出率下降是预期的结果（当时也在进行其他改革）。他们的研究结果表明，就短期就业期限（2 年及以下）而言，与非正规部门相比，正规部门的总就业退出率呈下降趋势，就长期就业期限而言，则呈上升趋势。其中，长期就业期限中就业退出率的增加是由巴西制度体系的特点所致。在这一制度体系中，雇主须支付其雇员工资的 8%到雇员个人账户中。在非自愿解雇的情形下，劳动者可向企业索要本金、利息和一笔遣散费，而 1988 年的改革将本金与利息之和的 10%提高至 40%。在主动辞职的情形下，劳动者什么都得不到。这一不同做法致使劳动者强行被解雇或是与企业合谋来获得个人账户中的资金。这表明 1988 年巴西的改革大幅增加了劳动者强行被解雇的动机，尤其是对于任期较长的劳动者来说。这可以解释就业期限较长的劳动者就业退出率提高的现象。

上述三个研究均将非正规部门作为不受改革影响的对照组。因此研究结果的可信度取决于这一假设的有效性。库格勒认为基于正规-非正规部门的对比所得的估计结果可能会有偏误。然而，这种对比在特定条件下仍然有效——至少可以检验“改革无效应”的原假设。[①] 从整体看来，这些研究表明，解雇成本及其他就业保障制度减少了劳动市场中的劳动者再分配。遗憾的是，这些研究并未验证劳动者再分配的降低是源于劳动者被解雇，还是劳动者自愿辞职，或是二者皆有。

本书中的一些研究评估了规制对调整速度的影响，使用滞后的长度（调整速度）作为企业所面临约束的替代度量。支持这一观点的直觉基于 Holt et al.(1960）的原始工作。

将 n_t^* 作为 t 时期基于一些理论（通常为静态理论）所得的最优就业水平。将非均衡状态时的成本 c_t^0 定义为当前就业水平与最优就业水平之差的平方：

$$c_t^0 = \gamma_0(n_t^* - n_t)^2,\ \gamma_0 > 0 \tag{2}$$

① 库格勒的研究表明，遣散费越低可能会导致越高的人员流动率，即使非正规部门劳动者流动至正规部门。假设享有就业保障和未享有就业保障的企业的人员流动率的分布没有重叠，或假设进入享有就业保障的企业的劳动者来源于技术要求较高的行业（或至少比正规部门技术要求更高的行业），则会导致正规部门和非正规部门的人员流动率更高。非正规部门更高的人员流动率使得双重差分所得的估计量偏低。因此，双重差分所得的大于 0 的估计值仍然可以作为正规部门人员流动率提高的依据。

t时期就业水平与最优就业水平之间的差越大，成本越大。此外，将企业调整成本c_t^a定义为n_t与n_{t-1}之差的平方：

$$c_t^a = \gamma_a(n_t - n_{t-1})^2 \tag{3}$$

由上述成本加总的最小值得到最优劳动需求n_t：

$$n_t = (1-\lambda)n_t^* + \lambda n_{t-1}$$

其中，

$$\lambda = \frac{\gamma_a}{\gamma_a + \gamma_0}$$

调整成本越大，γ的值越大。Abraham and Houseman（1993）等学者运用这种方法评估了不同国家的不同法律制度对企业调整成本的影响，其他学者将γ与法律制度指标交乘，从而估计当法律制度环境变化时，调整速度是会提高还是会降低。Cárdenas and Bernal（本书第4章）、Barros and Corseuil（本书第5章），以及Saavedra and Torero（本书第2章）运用此种方法来验证劳动市场改革后，调整速度是会提高还是降低。在Saavedra and Torero（本书第2章）的研究中，他们对交乘项的估计结果显示，更严格的规制会降低调整速度，特别是在规制非常严格的改革前期。在其余两个研究中，这种方法无法验证改革带来的调整速度的变化。这个关系在Cárdenas and Bernal（本书第4章）关于哥伦比亚的研究中尤其突出，因为基于工作持续期的其他方法（本书第3章库格勒的研究）清晰地显示了规制对调整速度的影响。Addison and Teixeira（2001）指出，“对于OECD国家，任何关于调整成本的模型均无法验证就业保障制度对就业调整速度的影响”。本研究的结论部分探讨了滞后项系数不能作为制度成本的可靠性指标的原因，特别是针对跨国数据。

平均就业

目前，关于拉丁美洲和加勒比海岸地区国家的实证研究所得的结果一致，即就业保障制度对平均就业率存在负效应，但这一效应在统计上并不总是显著的。Saavedra and Torero（本书第2章）和Mondino and Montoya（本书第6章）运用企业面板数据分别估计了秘鲁和阿根廷的就业保障制度对就业的影响。在这两种研究中，劳动需求等式的右边均为就业保障指标，研究发现，就业保障水平越高，就业率越低。① 就秘鲁而言，Saavedra and Torero（本书第2章）发现，规制影响的大小与规制自身的法定效力有关。因此，在研究初始阶段（1987—1990年），这一影响很大，同时这一时期的解雇成本也非常高。随着后期管制逐渐放宽，估计系数的大小随解雇成本新一轮的提高而下降，仅在

① 秘鲁的数据涵盖了所有行业中雇员超过10个人的企业。阿根廷的数据则仅涵盖了制造业企业。鉴于这些调查本身的特点，这些研究分析的是正规行业的就业情况，而非总体就业情况。由于两类面板数据均是基于已有的企业，而并未根据实际情况进行调整，故上述两项研究中所用的数据并未包含新企业的就业创造效应。

1995 年之后，估计系数的大小再次提高。他们估计的遣散费的长期弹性非常大（以绝对值计算）。在 1987—1990 年，若将工资水平视为常数，则解雇成本每提高 10%，会导致长期就业率下降 11%。在之后的时期，制度的影响越来越小，但影响程度仍然很大（3%～6%）。在阿根廷，研究结果发现，解雇成本增加 10%后，长期就业弹性也在 3%～6%之间。①

Kugler（本书第 3 章）计算了 1991 年哥伦比亚劳动市场改革对失业率的净效应。用失业退出率与就业退出率估计改革前后的影响，她发现改革使失业率降低了 1.3%～1.7%。与 Mondino and Montoya（本书第 6 章）、Saavedra and Torero（本书第 2 章）的研究一致，Kugler（本书第 3 章）关于放宽规制的影响的估计结果表明，劳动成本下降对雇用的正向影响大于遣散费成本减少对解雇的负向影响，因而最终导致就业率下降。

Heckman and Pagés（2000）对截面时间序列总体数据的研究发现，就业保障制度对就业存在负面影响。然而，这一章最后的实证研究表明，尽管该结果对于 OECD 中的欧洲国家来说是稳健的，但对于拉丁美洲国家来说是不稳健的。基于总体数据的对拉丁美洲的估计结果显示，运用非总体数据进行研究具有重要的意义。

此外，其他研究也发现就业保障制度对平均就业率有负向影响，尽管在统计上的显著性较低。Pagés and Montenegro（1999）对智利的研究发现，就业保障制度对该国的整体就业率有负向影响，但这一影响在统计上并不显著。类似地，Marquéz（1998）运用拉丁美洲和 OECD 国家的横截面样本数据研究发现，就业保障制度对总体就业率有负向影响，但统计上不显著。表 6 总结了就业保障制度对就业影响的不同估计结果。

Downes，Mamingi，and Antoine（本书第 10 章）运用总体时间序列数据分析加勒比海岸地区三个国家的劳动需求变化与规制框架变化之间的相关性。他们的研究结果与对加勒比海岸地区所有国家研究所得的研究结果不一致。在研究中，他们用一个指标来表示是否处于规制严格的时期。估计结果并未发现改革前后劳动需求的变化。然而，如同许多基于 OECD 国家的研究一样，他们使用的样本在规制和机构方面的差异过于局限，且总体数据本身对于分析规

① 这些研究使用的方法可能会使就业保障制度对就业弹性的估计值偏大。例如，Mondino and Montoya（本书第 6 章）构建了更为精确的就业保障制度的衡量变量，$JS_{jt}=\delta_j T_{jt} P_{jt} SP_{jt}$，其中 δ_j 表示 j 行业的平均解雇率，T_{jt} 表示 j 行业在 t 时期的平均任期，P_{jt} 表示 j 行业在 t 时期享有法律制度保障的企业所占的比例，SP_{jt} 则为给定平均任期 T_{jt} 时 j 行业的法定遣散费。这一指标衡量了不同行业不同时期的变化，因此，就业保障制度影响的估计值比前后对比法所得的估计值更准确。但由于解雇和企业的任期结构可能与就业水平存在相关性，所以，这一指标可能与劳动需求方程中的误差项相关。然而，Mondino and Montoya（本书第 6 章）的稳健性分析表明，在不考虑这些变化的情况下，就业保障指数的系数的估计值为正且统计上显著。

制的就业效应也太过宽泛。

就业构成

与关于就业保障制度对就业分布的影响的研究相比，经济学家更关注这些政策对就业水平和失业水平的影响。然而，仍有少量研究解释了就业保障制度对拉丁美洲和加勒比海岸地区国家的就业结构的影响。Marquéz（1998）对拉丁美洲和加勒比海岸地区、OECD国家劳动市场规制（包括一周工作时间、合同、除就业保障制度之外的其他制度）的相对严格程度进行了排序，并运用这一排序来估计就业保障制度对正规和非正规就业分布的影响。结果发现，对所有国家而言，更为严格的规制通常与更大比例的自雇用劳动者相对应。在对智利的研究中，Montenegro and Pagés（本书第7章）使用40年的截面微观数据和大量劳动市场政策进行研究。在研究中，他们控制了劳动者之间的时间效应，并控制了商业周期的差异影响和对每一组人口特征分组其他劳动市场政策的差异影响。结果发现，就业保障制度较为严格会导致青年就业率、非专业技术劳动者的就业率下降，但会提高年长劳动者和专业技术劳动者的就业率。他们的研究还发现，与其他人口特征组别相比，就业保障制度会提高女性和非专业技术劳动者的自雇用比例。这一结果与Bertola（2001）、Heckman（2003）的研究结果相似，即就业保障制度保护了具有优势的劳动者，且以没有优势的劳动者的利益为代价。此外，对OECD国家的文献综述发现，Addison and Teixeira（2001）运用跨国家的时间序列数据分析也得出相似的结论，即青年男性的就业率并未受就业保障制度的影响，但其他人口特征组别的就业率则受其影响，特别是青年劳动者。

I.4.3 临时合同制度

Hopenhayn（本书第9章）研究了临时合同制度对于阿根廷劳动市场的影响。阿根廷的临时合同制度借鉴于西班牙的做法。研究发现，这一合同制度导致雇用增加，且产生了短期就业对长期就业的替代效应。因此在短期，这一合同制度相当于消除了劳动市场中的壁垒，使得劳动力的流动更加顺畅。同时，这一制度提高了人员流动率。研究发现，这一制度使得前3个月内退出就业及3个月以上退出就业的平均风险率分别提高了30%和10%。虽然临时合同促进了人员流动性，但降低了员工对企业的依赖程度和企业对员工进行人力资本投资的动力。Alonso-Borrego and Aguirregabiria（1999）研究发现，在西班牙劳动市场中，临时合同制度会降低企业对劳动者的投资力度，长期来看，会导致劳动者质量下降（技术水平降低）。

I.4.4 最低工资制度

Maloney and Nuñez Mendez（本书第1章）呈现了近期关于最低工资制度

对工资分配和就业影响的相关研究。他们的实证研究表明，在许多拉丁美洲国家，最低工资制度具有约束力，且对就业和工资分配有巨大影响。研究的一个重要发现是，受规制覆盖和不受规制覆盖的部门（正规部门和非正规部门）对最低工资制度的反应相似。对非正规部门的研究并未发现传统劳动市场二次估计模型中工资弹性下降的趋势。另一个重要发现是，最低工资制度对拉丁美洲国家工资分配的影响远大于其对美国劳动市场工资分配的影响。最低工资标准对工资水平的影响远大于其对工资分配的影响。他们的研究旨在说明，即使是对存在大量非正规部门的国家而言，最低工资制度也不会带来任何损失。

此外，Montenegro and Pagés（本书第 7 章）研究了最低工资制度对于智利就业分配的影响。研究发现，和就业保障制度一样，与年长劳动者和专业技术劳动者相比，最低工资制度降低了青年劳动者和非专业技术劳动者的就业率。此外，与其他关于发达国家的研究结果一样，他们的研究表明，最低工资制度对青年劳动者和非专业技术劳动者更具有约束力，研究结果也表明，最低工资制度对青年劳动者和非专业技术劳动者有负向影响，且最低工资制度对于所有年龄段的弱势劳动者有负向影响。

接下来，我们运用不同国家的混合时间序列数据来研究规制对就业的影响。由于我们发现对拉丁美洲国家研究所得的估计值具有敏感性，所以在研究中使用微观数据。

I. 5 基于 LAC 和 OECD 国家截面时间序列数据的实证研究

在这一部分，我们基于早期的研究文献（Heckman and Pagés，2000）对近期研究所得的主要结论进行了总结和扩展。我们运用不同国家的截面时间序列数据，及拉丁美洲地区劳动制度的剧烈变化，估计劳动市场规制变化对就业和失业的影响。这些研究力图将书中涉及的章节置于更宽泛的研究背景中，而不仅限于对不同国家截面时间序列数据所得的平均值进行研究。但遗憾的是，进行敏感性研究后发现，尚未出现实证规律，但出现了一些相对稳健的结果。工资税降低了就业水平，就业保障制度降低了 OECD 国家的就业水平（稳健性较低）。

I. 5. 1 数据

对发展中国家劳动市场的研究通常由于数据问题而无法进行。因此，包含在大多数国家数据库中的劳动市场变量在可比性和可靠性方面都有所欠缺。为了克服这些问题，我们构建了一组包括 OECD 国家与 LAC 国家的新数据。我们从 OECD 国家的统计数据中选取了有关 OECD 国家的就业和失业数据。对于拉丁美洲国家，我们则在关于一些拉丁美洲国家进行的家庭调查中构建了相同的指标。附录 A 更详细地展示了就业和失业变量，并包含了 LAC 数据中的国家和调查时间的信息。人口变量来自联合国人口数据库，GDP 指标来自世界银行发展指标。为了说明劳动市场规制的特点，我们用表 4 中总结的衡量指标来定义每年和每个国家的相关指标。

我们选取了 38 个国家的 400 多个数据作为研究样本，其中包括 23 个 OECD 国家和 15 个 LAC 国家。（虽然墨西哥属于 OECD 国家，但在研究时被包括在拉丁美洲的样本中。）我们分析了国家的经济情况，但并未作进一步划分。这一非平衡面板数据样本覆盖的年份为1983—1999年。表 7 呈现了总体样本数据和分地区数据的描述性统计结果。① OECD 国家和 LAC 国家的样本之间存在很大的差异。例如，LAC 国家的人均 GDP 远低于 OECD 国家。相对地，OECD 国家的 GDP 增长率则低于 LAC 国家。此外，拉丁美洲国家的遣散费和工龄工资标准均高于 OECD 国家，但前者的提前告知期限和社会保障支出则低于后者。同时，在劳动市场的总体描述性统计方面，二者也有明显差异。LAC 国家的就业率高于 OECD 国家，但后者的失业率高于前者。同时，在劳动力人口年龄分组中，LAC 国家中 25～54 岁、55～65 岁的人口比例均低于 OECD 国家，但 15～24 岁的人口比例高于 OECD 国家。通过基于个体家庭调查构建的数据，我们能够保证劳动市场变量的可比性和可靠性。我们构建的数据存在一个缺陷，即对于 LAC 国家的样本数据，我们仅有每个国家部分的时间序列观测值（通常为 6～7 个），并且这些数据的调查年份不是连续的。

表 7　基准回归中样本的描述性统计

变量	平均值	标准误	最小值	最大值
A. 总体样本（N=417）				
就业人口占总人口的比例	54.92	7.16	36.90	76.89
失业率（N=416）	7.82	4.33	0.50	23.80
按 PPP 调整后的人均 GDP 的对数	9.43	0.63	7.35	10.37
GDP 增长率	2.92	2.77	−8.59	12.82
25～54 岁的劳动者比例	0.62	0.03	0.51	0.68
55～64 岁的劳动者比例	0.14	0.03	0.06	0.19
社会保障支出（按工资的百分比计算）	0.27	0.15	0.00	0.71
提前告知期限[a]	0.82	0.48	0.00	1.97

① 表 7 展示了在基准等式［见表 8 第（1）列］中使用的数据。在等式中，法律规定被逐一引入，对于部分数据丰富的法律制度，所用的观测值更多。同时，将样本规模限定在与基准参数分析时相同的规模并不会改变研究结果。

续表

变量	平均值	标准误	最小值	最大值
A. 总体样本（N=417）				
遣散费[a]	1.27	1.40	0.00	5.97
工龄工资[a]	0.65	2.35	0.00	9.82
社会保障费[a]	35.65	19.13	0.00	91.53
B. 拉丁美洲国家样本（N=88）				
就业人口占总人口的比例	59.09	5.35	47.10	76.89
失业率	6.52	3.23	0.63	17.10
按 PPP 调整后的人均 GDP 的对数	8.49	0.45	7.35	9.44
GDP 增长率	3.31	3.60	−8.59	12.82
25～54 岁的劳动者比例	0.58	0.03	0.51	0.64
55～64 岁的劳动者比例	0.09	0.02	0.06	0.16
社会保障支出（按工资的百分比计算）	0.23	0.08	0.10	0.42
提前告知期限[a]	0.65	0.45	0.00	1.77
遣散费[a]	2.82	1.05	0.00	5.97
工龄工资[a]	3.09	4.33	0.00	9.82
社会保障费[a]	30.14	10.17	12.98	53.87
C. 工业化国家样本（N=329）				
就业人口占总人口的比例	53.81	7.17	36.90	68.60
失业率（N=328）	8.17	4.52	0.50	23.80
按 PPP 调整后的人均 GDP 的对数	9.68	0.38	8.50	10.37
GDP 增长率	2.81	2.50	−7.00	10.74
25～54 岁的劳动者比例	0.62	0.03	0.57	0.68
55～64 岁的劳动者比例	0.15	0.02	0.09	0.19
社会保障支出（按工资的百分比计算）	0.29	0.16	0.00	0.71
提前告知期限[a]	0.87	0.48	0.00	1.97
遣散费[a]	0.86	1.17	0.00	3.30
工龄工资[a]	0.00	0.00	0.00	0.00
社会保障费[a]	37.12	20.65	0.00	91.53

a. 规制变量用月薪的倍数表示。

我们研究的目的在于将我们构建的规制指标与就业和失业联系起来。尽管我们采用了多变量分析，但估计规制和就业之间的二元关系仍然有意义。在我们的样本中，对于诸如就业保障之类的规制，各个国家都变化了 1～2 次。图 8 和图 9 分别表示就业保障制度改革前后各个国家的就业情况。由于拉丁美洲国家的数据是非完整的时间序列数据，故对其曲线的理解要谨慎。

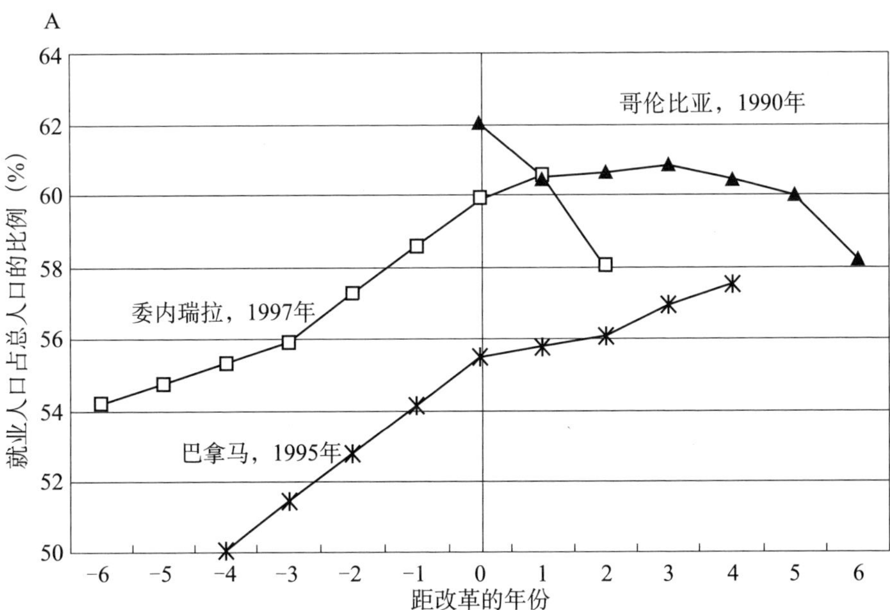

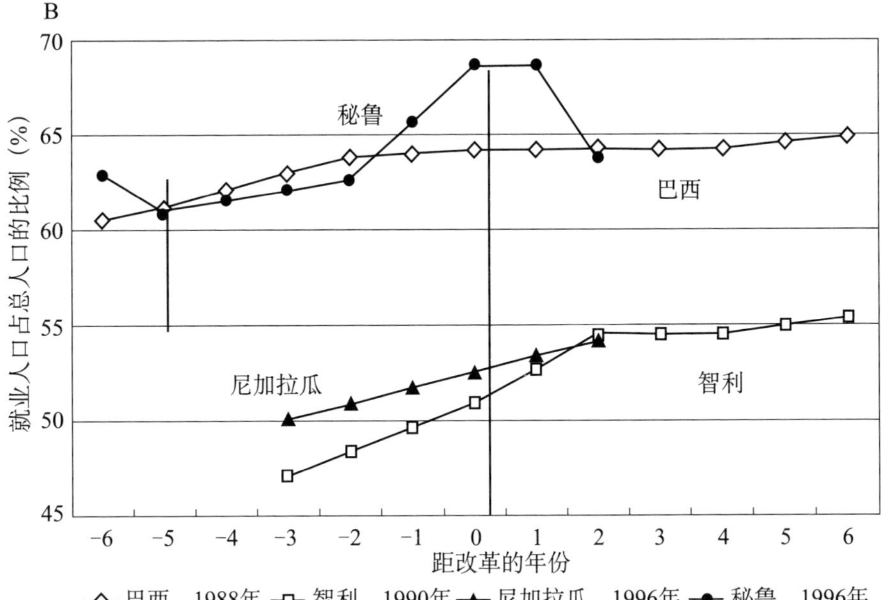

图 8　A，就业保障改革对就业的影响：降低就业保障程度的改革；
B，就业保障改革对就业的影响：提高就业保障程度的改革

资料来源：A，作者根据家庭调查数据构建的数据；表 A. 4 列出了各国数据来源；内插数据。

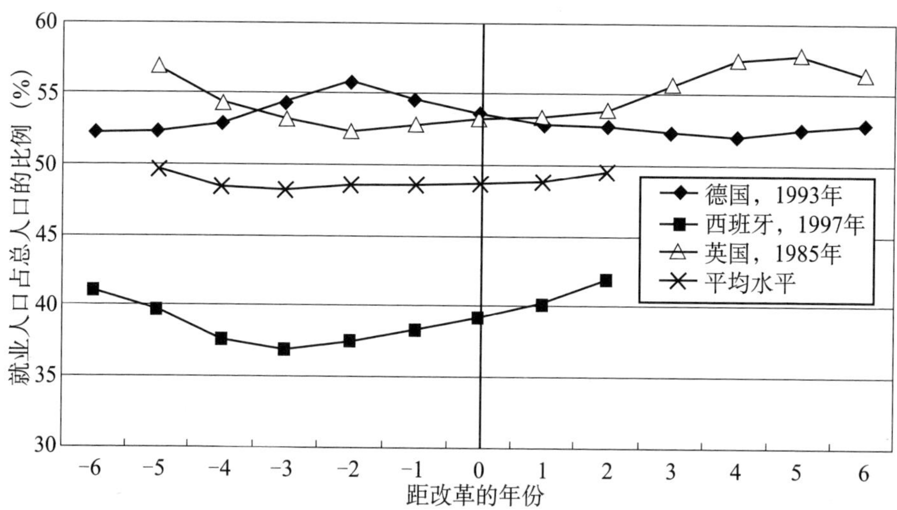

图 9　就业保障改革对就业的影响：工业化国家

资料来源：OECD 国家劳动力统计数据。

在哥伦比亚，鲜有文献证明降低就业保障程度的改革会增加就业率。同样地，也没有文献证明提高就业保障程度的改革会对巴西、智利和尼加拉瓜的就业产生消极影响。然而，有研究表明，秘鲁放松劳动市场规制的改革提高了该国的就业率，而提高劳动市场规制强度的改革却降低了该国的就业率。基于我们的样本数据发现，进行提高就业保障程度的劳动市场改革后，德国的就业率以较慢的速度下降，而西班牙和英国的就业率在其劳动市场自由化后不断上升。这些数据表明，在一些国家，规制程度较低的就业保障政策通常与较高的就业率相对应，在其他国家中，规制程度较低的就业保障政策通常与较低的就业率相对应。然而，图表中的数据没有控制经济活动或其他与就业和劳动市场改革相关因素的同期变化。在下一节中，我们将进行实证分析，并力图控制与改革、就业和失业相关的同期效应。

I. 5. 2　研究方法和结论

为将劳动市场规制与就业和失业相联系，我们估计了如下模型：

$$Y_{it} = \alpha_i + \beta_1 \boldsymbol{X}_{it} + \beta_2 g_{it} + \beta_3 \mathrm{GDPPC}_{it} + \beta_4 \boldsymbol{Z}_{it} + \varepsilon_{it}$$

其中，Y_{it} 为国家 i 在 t 时期的劳动市场变量（就业或失业），α_i 为国家的固定效应，$\boldsymbol{X}_{it}$ 表示就业规制变量，g_{it} 和 GDPPC_{it} 分别表示 GDP 增长率和人均 GDP（取对数），$\boldsymbol{Z}_{it}$ 为人口特征控制变量，ε_{it} 为均值为 0 的误差项。

鉴于数据本身的不完全差异，我们决定不像对 OECD 国家的研究那样，对固定时期的观察值取平均值来控制经济周期的影响。相反，我们通过使用给定年份的 GDP 增长率来控制经济周期的影响。① 尽管研究中的大部分变量都为截面数据，我们仍使用固定效应估计值来控制未观测到的、与不同国家的法律制度相关的指标。除此之外，我们控制了可能与就业率、失业率以及随时间变化的制度变量相关的人口特征变化。② 最后，我们使用人均 GDP（经 PPP 调整后的结果）来控制不同年份、各个国家间经济活动的差异。我们通过构建一个递减模型来估计提前告知期限、解雇赔偿金、遣散费和社会保障费等非工资劳动成本是否与更低的就业率或更高的失业率具有相关性。鉴于劳动法律通过中间变量发挥作用，我们估计了劳动法律的平均净效应，这没有被包含在回归分析中。因为我们缺少企业层面关于企业产品市场的信息，所以我们没有估计理论上更合理的劳动需求方程。我们试图识别劳动法律通过对平均劳动成本（整个劳动市场状态）的影响而形成的影响。这是一个严格的限制条件，但我们提供的是基于现有文献中使用的跨国时间序列数据未量化改进的劳动成本。附录 B 探讨了理论上更合理的劳动需求方程。

表 8 展示了我们对总体和地区性样本的就业估计值。在研究结果中，我们计算了异方差稳健标准误。在这一研究中，我们将社会保障数据扩展至年度，因为这个社会保障信息是每半年采集一次。我们根据之前年份的数据插入缺失的数据。在所有的方法中，我们得到的实证分析结果都是稳健的。同时，即使我们运用原始的两年一次的数据进行实证分析，结果也没有发生变化。但在这种情况下，可用的观测样本量大大减少。

在对全体样本的研究中，GDP 增长率系数为正且统计上显著。人口特征变量的系数均为正值，表明拥有大量人口年龄在 25 岁以上劳动者的国家的就业率更高。然而，以传统标准来衡量的话，人口特征变量系数在统计上均不显著。通常情况下，人均 GDP 越高，对应的就业人口占总人口的比例越高，但这一估计效应并不准确。

我们主要感兴趣的在于估计劳动市场规制的影响。研究发现，一旦将样本扩展至包括更多 OECD 国家和 LAC 国家的数据，Heckman and Pagés（2000）研究发现的遣散费对就业的负面影响就会消失。这一发现令人惊奇，因为我们在构建指标时不仅扩展了国家范围和时期跨度，同时也对此前研究中所使用的变量进行了修正，使之在模型中更为精确。对 OECD 国家的研究结果表明，遣散费系数一直都显著为负，且这一发现对于研究欧洲国家劳动市场规制的

① GDP 增长率的数据源于世界银行发展指标。研究结果表明，去除或包含这一变量并不会对实证研究结论造成影响。同样地，去除或包含人均 GDP（经 PPP 调整后的结果）也并不会对结果造成影响。

② 由于获得的每个国家的数据较少，并且它们未必一致，故我们控制了 GDP 增长率和人均 GDP（经 PPP 调整后的结果），因而我们无法运用简单的平均法（对 OECD 国家进行研究时运用这一方法）来控制经济周期的影响。

表 8　就业人口占总人口的比例的估计结果

	全部样本					OECD 样本	拉丁美洲样本
	(1)	(2)	(3)	(4)	(5)	(6)	(7)
AN	13.938	12.400				13.755	16.637
	(15.959)	(16.841)				(14.564)	(15.420)
ID	1.161		−0.469			−2.57	0.330
	(0.897)		(0.730)			(1.196)**	(1.637)
SenP	3.292			1.837		n. a.	1.887
	(1.195)***			(0.213)***			(2.197)
SSC	−0.230				−0.191	−0.301	−0.187
	(0.081)***				(0.079)**	(0.102)***	(0.084)**
GDP 增长率	0.094	0.125	0.123	0.110	0.108	0.034	0.106
	(0.046)**	(0.050)**	(0.049)**	(0.042)***	(0.046)**	(0.050)	(0.072)
人均 GDP 的对数	2.318	−0.320	−0.451	0.834	3.122	1.828	11.639
	(1.277)	(1.044)	(1.079)	(2.253)	(2.260)	(1.334)	(8.152)
WAP 份额							
25～54 岁	17.584	29.171	33.259	22.143	16.534	12.112	9.126
	(16.750)	(16.608)	(18.135)	(21.704)	(23.535)	(19.197)	(70.273)
55～64 岁	48.456	20.450	27.060	20.614	59.725	50.009	−197.99
	(35.685)	(27.018)	(27.465)	(26.721)	(33.501)	(35.553)	(317.709)
常数	13.588	28.759	37.614	32.086	17.013	8.519	−40.525
	(17.743)	(18.736)	(13.754)***	(13.318)**	(13.165)	(31.305)	(55.759)
N	417	476	480	564	484	329	88
R^2	0.91	0.90	0.89	0.88	0.90	0.93	0.82
F 检验的 P 值[a]	0.00					0.04	0.00

注：括号中是稳健标准误。所有等式中都包括了国家固定效应。AN＝提前告知期限；ID＝遣散费；SenP＝工龄工资；SSC＝社会保障费；WAP＝工作年龄人口；N＝观测样本量；n. a. 表示无数据。

a. 检验所有规制指数都为 0 的检验的 P 值。

*** 表示在 1%的显著性水平下显著。

** 表示在 5%的显著性水平下显著。

影响具有很好的启示意义。这一实证研究结果说明，规制的影响不稳健，对此我们将进一步论述。

对于其他规制，经研究发现，提前告知成本的系数在总体和地区性样本中虽均为正，但统计上都不显著。因为仅有拉丁美洲地区有工龄工资制度，所以我们无法验证这一制度对 OECD 国家的影响。然而，我们发现对拉丁美洲和加勒比海岸地区样本以及全体样本而言，这些变量的系数均为正，且在总体样本中，这一系数在 5%的显著性水平下显著。估计系数的结果表明，支付数额每提高 1 个月月薪（按预期的现值计算），会导致就业率增加 1.12%。有人会认为社会保障费和福利之间的联系可能会致使劳动供给增加，从而导致整体就业率上升。但实际上，提前告知成本和遣散费的估计系数均为正值。相反，我们的研究结果表明，对于总体和地区性样本而言，社会保障费（这一数额由雇主和劳动者共同承担）对就业的影响都为负，且在统计上显著。根据我们的估计结果，当社会保障费从 OECD 国家水平降至拉丁美洲和加勒比海岸地区的平均水平（如表 4 所示）时，使用总体样本和 OECD 样本的系数［如表 8 第（1）列和第（6）列所示］计算的就业分别增加 3.25%和 4.26%。

鉴于本书使用的劳动市场规制指标之间具有较大的相关性，我们也分别对单个指标进行了估计。[①] 由于没有所有国家的全部规制指标信息，故每次回归使用的观测样本量均不相同。即使我们将每次回归使用的观测样本量严格控制为与第（1）列使用的观测样本量一致，结果也并不会发生变化。分别加总规制指标有助于降低指标之间的相关性，说明在一次性指标中容易忽略重要的补充信息。因此，我们拒绝“4 个指标的联合不显著”（见表 8 最后一行）这一假设，并将这 4 个指标都用于接下来的研究。

表 9 呈现了针对失业的估计结果。对于就业而言，在 OECD 国家样本中，遣散费对失业有很大的正效应，但这一效应在拉丁美洲或是两个地区的联合样本中并不存在。同时，提前告知成本的系数在总体样本和 OECD 样本中均为负，但在拉丁美洲和加勒比海岸地区样本中则不是这样。无论在何种样本中，这一系数在统计上都不显著。此外，工龄工资的系数也为正，表明这一制度会增加劳动供给。但这一系数在统计上并不显著。我们发现与我们对就业的估计结果一致，社会保障费越高，3 组样本中的失业率就越高。我们的研究表明，把社会保障费从 OECD 国家水平降至拉丁美洲和加勒比海岸地区国家的平均水平，会使联合样本和 OECD 国家样本的失业率分别降低 2.54%和 3.11%。与对就业的估计结果相同，我们拒绝 4 个变量的系数联合等于 0 这一假设，故将

---

① 提前告知成本、遣散费以及工龄工资之间的相关系数范围为 0.15～0.21（按绝对值计算），并且在统计上显著。社会保障费与提前告知成本的相关系数为正，且在统计上显著，但社会保障费与其他变量之间的相关系数近似为 0，且在统计上不显著。

表 9　失业的估计结果

	全部样本					OECD 样本	拉丁美洲样本
	(1)	(2)	(3)	(4)	(5)	(6)	(7)
AN	−9.13	−7.29				−9.19	4.06
	(11.08)	(11.03)				(10.62)	(9.96)
ID	0.50		−0.01			3.00	0.43
	(1.00)		(0.40)			(1.01)***	(1.12)
SenP	0.79			0.21		n. a.	0.84
	(1.33)			(0.13)			(1.43)
SSC	0.18				0.13	0.22	0.15
	(0.07)**				(0.05)**	(0.09)**	(0.09)
GDP 增长率	−0.16	−0.19	−0.18	−0.18	−0.14	−0.13	−0.23
	(0.04)***	(0.05)***	(0.04)***	(0.05)***	(0.04)***	(0.05)**	(0.09)**
人均 GDP 的对数	−2.28	1.78	1.55	1.87	−1.47	−2.70	4.37
	(1.26)	(1.27)	(1.05)	(1.28)	(1.30)	(1.36)	(3.13)
WAP 份额							
25～54 岁	18.85	−2.72	−5.72	−4.27	17.19	25.20	−66.30
	(14.26)	(16.00)	(16.72)	(14.98)	(16.96)	(16.44)	(29.54)**
55～64 岁	−7.35	6.69	2.17	−15.41	−14.69	−7.97	134.98
	(28.58)	(24.90)	(25.19)	(22.29)	(25.26)	(31.36)	(214.64)
常数	23.01	1.13	−3.20	1.05	13.19	28.44	−16.54
	(13.02)	(12.88)	(9.99)	(7.40)	(7.63)	(23.31)	(34.32)
N	416	475	479	563	483	328	88
R^2	0.84	0.79	0.78	0.79	0.84	0.86	0.72
F 检验的 P 值[a]	0.02					0.03	0.00

注：如表 8 所示，所有等式中均包含国家固定效应。

a. 检验所有规制指数都为 0 的检验的 P 值。

*** 表示在 1%的显著性水平下显著。

** 表示在 5%的显著性水平下显著。

这 4 个指标都用于接下来的研究。

表 8 和表 9 的研究结果说明，并非所有的规制对就业率和失业率都会产生相同的影响。由于规制以月薪的倍数衡量，故可对研究中涉及的 4 类规制的系数进行比较，并评估这些制度的效应是否相似。表 10 报告了对系数相等的假设进行检验的结果。结果表明，我们拒绝 4 个指标的就业估计系数相等的原假设，但并未拒绝失业的估计系数相等的原假设。同时，我们也拒绝社会保障费和工龄工资制度对就业产生相同影响的假设，尽管这两个变量是法定的，且都用工资表示。此外，可能是由于工龄工资已在个人账户中被资本化，且支付数额扩大，故这一制度降低或消除了“税”的影响。相反，我们的研究表明，社会保障费相当于对劳动的征税，因此，会使得劳动需求的减少程度高于劳动供给的减少程度。此外，我们拒绝遣散费和工龄工资的估计系数相同，或其他就业保障制度（提前告知成本、遣散费和工龄工资）的系数相同的假设。当对数据施加这一约束时，我们发现就业保障指数的系数显著为正，如果不加约束的话，就业保障指数的系数则显著为负。

最后，尽管我们拒绝了 4 类规制对就业产生相同影响的假设，但当加入约束条件时，则得出上述 4 类规制对就业有显著的负向影响，对失业有显著的正向影响的结论。另外，系数的大小与表 8 和表 9 中的社会保障费的系数类似。这一点并不令人惊讶，因为社会保障费是规制总成本的重要组成部分。

表 10　所有规制是否有相同的影响？（对全部样本的研究结果）

	就业			失业		
	(1)	(2)	(3)	(4)	(5)	(6)
AN+ID	−0.644 (0.651)			0.121 (0.342)		
SenP+SSC	−0.229 (0.081)**			0.169 (0.066)**		
AN+ID+SenP		0.492 (1.102)			0.226 (0.925)	
SSC		−0.230 (0.078)***			0.169 (0.066)**	
AN+ID+SenP+SSC			−0.231 (0.079)***			0.169 (0.066)**
GDP 增长率	0.089 (0.045)	0.090 (0.045)**	0.089 (0.045)	−0.157 (0.040)***	−0.157 (0.040)***	−0.157 (0.040)***
人均 GDP 的对数(经 PPP 调整后的结果)	2.283 (1.314)	2.222 (1.319)	2.246 (1.324)	−2.276 (1.272)	−2.283 (1.271)	−2.281 (1.269)

续表

	就业			失业		
	(1)	(2)	(3)	(4)	(5)	(6)
WAP 份额						
25～54 岁	19.660 (17.441)	20.788 (18.116)	20.662 (18.018)	20.431 (15.120)	20.557 (14.953)	20.548 (14.926)
55～64 岁	56.924 (35.411)	57.644 (36.408)	58.367 (35.863)	−5.119 (29.241)	−5.007 (29.024)	−4.949 (29.031)
常数	27.194 (13.367)	23.669 (13.226)	25.604 (13.741)	15.621 (10.285)	15.285 (10.434)	15.438 (9.910)
N	417	417	417	416	416	416
R^2	0.91	0.91	0.91	0.84	0.84	0.84
检验						
AN=ID[a]	0.42			0.39		
SenP=SSC	0.005			0.64		
AN=ID=SenP		0.00			0.49	
ID=SenP	0.00			0.39		
AN=ID=SenP=SSC			0.01			0.63

注：同表 8。所有等式中均包含国家固定效应。PPP=购买力平价（根据美元调整）。

a. 检验所有规制指数都为 0 的检验的 P 值。

*** 表示在 1%的显著性水平下显著。

** 表示在 5%的显著性水平下显著。

综上所述，我们的研究结果表明，并非所有的制度都会对就业率产生相同的影响。因此，尽管社会保障费与就业之间存在负相关关系（与失业之间存在正相关关系），就业保障指标对就业的影响仍然无法确定。在联合样本与拉丁美洲和加勒比海岸地区样本中，提前告知成本和遣散费的系数为正且不显著，但在 OECD 国家中遣散费的系数则显著为负。工龄工资与就业之间存在正相关关系，且工龄工资的系数在大部分方程中在统计上显著。我们也拒绝工龄工资系数与其他就业保障组成部分的系数相同的假设。这些在不同地区、不同理论模型、不同样本下研究结果的差异表明，我们需要进一步检验结果的稳健性。在稳健性检验之前，我们首先对工资税的转移效应进行实证分析。

工资转移

社会保障费的估计系数表示的工资转移是什么？我们对所有国家的研究发现，社会保障制度的影响比较稳健，因而值得继续深入研究。用 α 表示就业对劳动成本的弹性。假定社会保障税可以用工资的一定比例表示，将劳动需求定义为包含税收（对数线性形式）的工资的函数，可得：

$$\ln\text{EMP}(\text{SS}) = \alpha\ln[W(\text{SS})(\text{SS})] + C$$

其中，SS是用工资占比表示的社会保障费，W(SS) 为均衡转嫁效应，取决于SS，C 为常数。等式两边同时求导，可得：

$$\frac{\partial \ln \text{EMP(SS)}}{\partial \ln \text{SS}} = \alpha\left[\frac{\partial \ln W(\text{SS})}{\partial \ln(\text{SS})} + 1\right]$$

解出 $\frac{\partial \ln W(\text{SS})}{\partial \ln \text{SS}}$，可得：

$$\frac{\partial \ln W(\text{SS})}{\partial \ln \text{SS}} = \frac{1}{\alpha}\left[\frac{\partial \ln \text{EMP(SS)}}{\partial \ln(\text{SS})} - \alpha\right]$$

为了估计工资转移系数，我们用表 8 第（1）栏中的控制变量和估计模型估计 $\partial \ln \text{EMP(SS)}/\partial \ln \text{SS}$，其中，因变量、提前告知成本、遣散费和工龄工资均为对数形式，社会保障费被定义为总工资的一部分，且我们将 ln(SS) 作为一个回归元。最后，假设在这些研究中，劳动需求对劳动成本的弹性 α 的变化范围与表 4 中的一致。具体的估计结果见表 11。[①]

表 11 基于不同劳动需求弹性的工资转移效应的估计结果

	劳动需求弹性	总体样本	OECD国家	拉丁美洲国家
$\frac{\partial \ln \text{EMP}}{\partial \ln \text{SS}}$		−0.702 (0.293)**	−1.048 (0.381)**	−0.447 (0.270)
$\frac{\partial \ln W}{\partial \ln \text{SS}}$	−0.15	0	0	0
$\frac{\partial \ln W}{\partial \ln \text{SS}}$	−0.7	0	0	−0.36
$\frac{\partial \ln W}{\partial \ln \text{SS}}$	−1.2	−0.415	−0.12	−0.62

注：$\partial \ln \text{EMP}/\partial \ln \text{SS}$ 由因变量和所有规制变量的对数的回归方程所得，这里的控制变量与表 8 中的控制变量一致。社会保障费由工资占比的对数来表示，就是我们使用的 In(SS)。表中括号中的数是标准误。其他三行是从文献中的公式获得的，使用的是 α 的替代值，如表中第（1）列所示。当工资的估计效应为正时，它们被约束等于 0。

** 表示在 5%的显著性水平下显著。

研究发现，对于全部样本、OECD 国家样本和拉丁美洲国家样本，社会保障费的就业弹性分别为−0.7、−1 和−0.447，表明社会保障费每增加 10%，会使总体样本、OECD 国家和拉丁美洲国家的就业率分别降低 7%、10%和 4.5%。这些数值均较大，说明对于劳动需求弹性范围较大的国家而言，工资转移的估计值为 0，尤其是对 OECD 国家而言。因此，劳动需求弹性为−0.7 的 OECD 国家的工资转移的估计值为 0，而拉丁美洲国家的工资转移的估计值

① Hamermesh (1993) 的研究指出，劳动需求对劳动成本的弹性范围为−0.7～−0.15。我们将表 11 中 SS 的影响假设为非正。

为36%。尽管拉丁美洲国家的工资转移的估计值与正规部门较大的劳动供给弹性相矛盾，但由于拉丁美洲国家的通货膨胀率较高（IADB，2004），所以拉丁美洲国家的工资弹性比工业化国家的要高。综上所述，这一实证研究表明，规制的部分成本由劳动者承担，但社会保障费则被当作劳动者的税收。社会保障税的提高会使就业率下降和失业率上升，间接导致了很大的成本。

I.5.3 近期社会保障制度改革的影响

社会保障费的系数为负说明，与社会保障费对应的福利的价值小于它们的成本。我们感兴趣的问题是：近期的拉丁美洲养老金制度改革是否会加强养老保险个人缴费金额与福利之间的关系？是否能提高工资转移？这一点非常重要，因为大部分改革已将现收现付制改革为全部或部分资本化制度。为了验证这一可能性，我们构造了一个改革的虚拟变量，即将各国改革前后的时期分别记为0和1（具体的改革时期见附录A)。我们将这一变量以及改革与社会保障费的交乘项加入基准模型中［见表8和表9第（1）列］。研究结果表明，养老金制度改革对就业有正向影响（见表12)。然而，无法确定这种正效应究竟与改革本身有关，还是与其他因素有关。我们发现改革变量的估计系数显著为正，说明改革后，就业率有所增加。其与社会保障制度改革的交乘项的系数为负，且在统计上显著，说明改革后，社会保障税对解雇率的影响变大。这一较强的抑制因素可能是由于向新制度过渡产生的综合效应。当养老金制度由现收现付制改为资本化制度时，社会保障费的个人缴费部分会转入个人账户，但在大部分情况下，养老金会留在原来的养老金体制中。用于支持原有系统的社会保险费可能会被视为就业的净税收。

表12 养老金制度改革对就业和失业的影响

	就业			失业		
	总体样本 (1)	OECD样本 (2)	拉丁美洲样本 (3)	总体样本 (1)	OECD样本 (2)	拉丁美洲样本 (3)
AN	14.080	13.755	1.184	−9.090	−9.195	17.297
	(15.629)	(14.564)	(14.721)	(11.011)	(10.617)	(11.379)
ID	1.286	−2.577	0.087	0.470	3.005	0.742
	(0.979)	(1.196)**	(1.702)	(1.001)	(1.008)***	(1.089)
SenP	3.480	0.000	1.624	0.739	n. a.	1.247
	(1.305)**	(0.000)	(2.299)	(1.332)		(1.406)
SSC	−0.243	−0.301	−0.168	0.173	0.215	0.118
	(0.088)***	(0.102)**	(0.086)	(0.071)**	(0.098)**	(0.087)

续表

	就业			失业		
	总体样本	OECD样本	拉丁美洲样本	总体样本	OECD样本	拉丁美洲样本
	(1)	(2)	(3)	(1)	(2)	(3)
SSC·改革	−0.138	0.000	−0.327	0.124	0.000	0.248
	(0.072)	(0.000)	(0.134)**	(0.044)***	(0.000)	(0.109)**
改革	7.290	0.000	10.665	−4.349	0.000	−7.234
	(3.174)**	(0.000)	(4.765)**	(1.926)**	(0.000)	(3.758)
GDP 增长率	0.096	0.034	0.123	−0.164	−0.130	−0.239
	(0.048)	(0.050)	(0.084)	(0.041)***	(0.053)**	(0.086)**
人均 GDP 的对数（经 PPP 调整后的结果）	2.348	1.828	10.742	−2.336	−2.700	4.983
	(1.227)	(1.334)	(7.643)	(1.236)	(1.355)	(3.292)
WAP 份额						
25～54 岁	15.011	12.112	34.692	20.505	25.196	−93.257
	(16.884)	(19.197)	(69.954)	(14.199)	(16.442)	(34.205)**
55～64 岁	45.690	50.009	−449.346	−2.593	−7.975	365.975
	(35.828)	(35.553)	(298.027)	(28.761)	(31.360)	(223.294)
常数	15.044	8.519	1.087	20.739	28.443	−49.617
	(17.348)	(31.305)	(52.262)	(12.965)	(23.305)	(36.657)
N	417	329	88	416	328	88
R^2	0.92	0.93	0.84	0.84	0.86	0.76

注：见表 8。改革变量的定义见表 A.1。

*** 表示在 1%的显著性水平下显著。

** 表示在 5%的显著性水平下显著。

I.5.4 稳健性

这一部分的研究结果基于更大的样本量，研究结论与 Heckman and Pagés (2000) 的研究结果相悖。[①] 遗憾的是，在使用总体截面时间序列数据的研究中，研究结果对估计模型和样本规模的变化仍然缺乏稳健性。基于这些潜在的缺陷，我们检验了在改变估计方法、规制指数、估计方程、样本规模和去除极端值后估计结果是否具有稳健性。

鉴于就业保障变量的变化有限，所以将固定效应系数与用随机效应（见表 13）估计我们的主要等式得到的结果进行比较是有趣的。结果发现，在 10%

① 非常感谢戴维·布拉沃（David Bravo）和塞尔希奥·乌尔苏亚（Sergio Urzua）让我们意识到，将智利的数据加入 Heckman and Pagés (2000) 的原始样本中，会使我们之前的结论发生重大改变。

的显著性水平下，拒绝联合样本中就业的随机效应估计量一致的假设。最明显的区别在于随机效应模型中OECD样本的遣散费系数非常小。在OECD样本中我们仍然发现，遣散费制度会抑制就业、促进失业，但这些效应在统计上并不显著。在就业的回归分析中，提前告知成本的估计系数显著为正，在失业的回归分析中，提前告知成本的估计系数显著为负。改变估计方法后，社会保障费的系数大小和显著性水平具有稳健性。

我们还检验了在不考虑贴现值或解雇率的条件下，改变规制成本的衡量指标所得的研究结果的稳健性。继Lazear（1990）的研究，我们用法定数额（月薪的倍数）衡量就业保障制度，且这一法定数额应支付给工龄十年以上的被解雇的劳动者。这一计算方法的主要缺陷在于，它仅反映了整个就业保障期内的一个时点的就业保障情况。在我们的样本中，用该衡量方法所得的研究结论与用我们的衡量方法所得的结论相同。

表13　随机效应的估计结果

	就业			失业		
	总体样本 (1)	OECD样本 (2)	拉丁美洲样本 (3)	总体样本 (4)	OECD样本 (5)	拉丁美洲样本 (6)
AN	4.142 (1.871)**	5.292 (1.986)***	1.417 (4.461)	−2.762 (1.278)**	−3.560 (1.733)**	−0.200 (1.997)
ID	−0.250 (0.347)	−1.010 (0.809)	−0.358 (0.464)	0.027 (0.266)	0.326 (0.706)	−0.048 (0.298)
SenP	0.899 (0.331)***	0.000 (0.000)	0.562 (0.438)	−0.074 (0.225)	0.000 (0.000)	0.009 (0.202)
SSC	−0.221 (0.031)***	−0.259 (0.032)***	−0.164 (0.073)**	0.135 (0.023)***	0.153 (0.029)***	0.090 (0.050)
GDP增长率	0.089 (0.046)	0.030 (0.051)	0.123 (0.097)	−0.157 (0.038)***	−0.133 (0.047)***	−0.205 (0.068)***
人均GDP的对数（经PPP调整后的结果）	2.292 (0.826)***	1.837 (0.784)**	8.931 (3.251)***	−2.117 (0.668)***	−2.606 (0.705)***	1.607 (1.869)
WAP份额						
25～54岁	17.462 (10.657)	8.760 (10.682)	21.529 (37.575)	21.471 (8.598)**	26.494 (9.616)***	−11.405 (22.081)
55～64岁	48.130 (20.842)**	34.748 (21.002)	−76.504 (75.751)	1.544 (16.411)	2.022 (18.910)	21.309 (40.005)
常数	18.202 (6.616)***	31.222 (6.896)***	−19.363 (15.833)	12.749 (5.169)**	13.938 (6.160)**	−3.868 (9.823)

续表

	就业			失业		
	总体样本 (1)	OECD样本 (2)	拉丁美洲样本 (3)	总体样本 (4)	OECD样本 (5)	拉丁美洲样本 (6)
N	417	329	88	416	328	88
豪斯曼检验（P值）	0.09	0.03	0.00	0.25	0.01	0.51
R^2	0.46	0.48	0.004	0.15	0.14	0.26

注：对缩略词的解释见表8。括号中的数表示稳健标准误。第（1）列和第（4）列包括识别地区的虚拟变量，变量值取1表示拉丁美洲地区，变量值取0表示其他地区。PPP＝购买力平价（根据美元调整）。LAC＝拉丁美洲和加勒比海岸地区。

*** 表示在1%的显著性水平下显著。

** 表示在5%的显著性水平下显著。

我们还检验了包含年度影响、地区年度影响、时间趋势和地区时间趋势等额外控制变量的结果的敏感性。结果表明，在不同的估计模型中，社会保障费对就业和失业的影响是稳健的，但其他结果的稳健性不高。例如，在地区年度固定效应模型中，工龄工资的系数仍然为正，但统计上不显著。此外，增加或删除GDP增长率、GDP水平等变量并不会使结论发生变化。

当改变研究样本的数量时，初始研究结果的敏感度会发生较大的变化，特别是，提前告知成本的系数和遣散费的系数对于包含或删除一些国家的样本非常敏感，而社会保障费和工龄工资的系数则不改变。例如，当我们从样本中删去德国的数据时，与初始结果相比，提前告知成本变量的系数大幅增加。类似地，删去巴西和秘鲁的相关数据，同样会使就业回归中遣散费的系数发生变化。

最后，我们对结果是否在删除极端值后仍然稳健进行了验证，用包含与不包含极端观测值所得的回归系数差异来定义删除极端值前后的结果差异，估计系数的标准误差异大于 $2/\sqrt{n}$（Belsley，Kuh，and Welsch，1980）。我们的研究结果表明，不存在改变社会保障费系数的极端值，但存在一些修正就业保障制度（提前告知成本、遣散费和工龄工资）系数的极端值。然而，它们并未使我们的初始结果发生变化。

综上所述，我们的研究结果表明，社会保障费和就业之间存在显著的负相关关系，社会保障费和失业之间存在正相关关系，这些结论在改变估计方法、估计模型、地区性样本、样本规模和极端值后仍然稳健。就业保障制度指标的估计系数的稳健性较低。例如固定效应（FE）估计结果表明，在一些OECD国家，降低遣散费会提高就业率，但这一结论在随机效应模型估计中并不成立。此外，就业保障制度中的工龄工资与就业成正相关关系。

I.5.5 内生性分析

通常认为，劳动市场改革发生在劳动市场低迷时期。如图 3 所示，这一点在拉丁美洲国家的部分改革中得到验证。如果就业率的下降（或失业率的上升）导致劳动市场规制程度降低，则最小二乘估计的结果会有偏，这会导致就业保障制度或社会保障税与就业之间的负相关关系被低估。由于部分改革倾向可由 GDP 或劳动力自身状况的变化捕捉到，所以我们的基准估计模型控制了部分反向因果关系。我们关注的另一点是改革的时机。如果自由化劳动市场改革发生在经济萧条时期，则就业与规制之间的负相关关系可能只是均值回归的结果。

根据已有的研究结果，我们运用了多种方法来解决这一问题。首先，通过引入当前和滞后 5 期的 GDP 增长率来控制不同时期改革倾向的差异。因为，假定较差的就业结果与较低的 GDP 之间存在很强的相关性，那么包含这组变量就可以控制改革倾向。其次，通过将规制变量的变化与表示当前和上一段经济萧条时期时间间隔（按年计算）的变量进行交乘来控制改革时机。最后，通过将抚养比［定义为 65 岁及以上人口与劳动年龄（15～64 岁）人口的比值］作为社会保障费的工具变量①，直接解决反向因果问题。我们的研究结果表明，控制改革倾向或改革时机均不会改变研究结论。②

表 14 中的结果表明，在研究的三组样本中，社会保障费会随抚养比的提高而提高。在我们的样本中，平均抚养比为 0.17，而 OECD 国家与拉丁美洲和加勒比海岸地区国家的平均抚养比分别为 0.19 和 0.08。表 14 中抚养比的估计系数表明，抚养比每增加 1%，对于总体样本、OECD 样本、拉丁美洲和加勒比海岸地区样本而言，估计所得的预期社会保障费的现值分别增加 1.12%、1.02%和 2.83%。此外，工具变量的估计结果表明（见表 15），在总体样本和 OECD 样本中，社会保障费的变化与就业率和失业率的变化之间存在因果关系。在上述两组样本中，与固定效应回归结果相比，工具变量估计所得的系数更大。相反，在拉丁美洲样本中，工具变量估计所得的系数与固定效应回归所得的系数方向相反。然而，这些系数在统计上均不显著。由于拉丁美洲国家可用的观测样本量很少，所以用工具变量估计所得的结果不够准确。

---

① 数据来源于《联合国人口统计年鉴》（联合国人口基金会，1988）。

② 控制内生性的另一方法是对图 3 中呈现的明显下降（或上升）趋势前的改革阶段进行划分并对此进行分析。这一方法的问题在于会降低自由度。

表 14　抚养比与社会保障费之间的相关关系

	社会保障费（EPV）		
	总体样本	OECD 国家	拉丁美洲国家
抚养比	112.10 (14.65)***	102.38 (14.97)***	283.6 (133.30)***
国家固定效应	是	是	是
观测样本量	514	411	86
R^2	0.09	0.09	0.46

注：抚养比按照 65 岁及以上人口与劳动年龄（15～64 岁）人口的比值计算。括号中的数表示稳健标准误。

*** 表示在 1%的显著性水平下显著。

表 15　工具变量估计

	就业			失业		
	总体样本	OECD 国家	拉丁美洲国家	总体样本	OECD 国家	拉丁美洲国家
AN	26.66	23.77	30.77	−15.72	−15.10	−12.73
	(16.26)	(13.51)	(24.61)	(11.29)	(10.01)	(19.86)
ID	−1.08	−7.15	2.33	1.73	5.80	−1.64
	(2.31)	(2.38)***	(3.71)	(1.68)	(1.94)***	(2.29)
SenP	−0.41	0.00	5.10	2.81	0.00	−2.55
	(3.56)	(0.00)	(5.42)	(2.50)	(0.00)	(3.22)
SSC	−1.37	−1.28	0.36	0.77	0.80	−0.47
	(0.78)*	(0.66)*	(0.58)	(0.48)	(0.45)*	(0.38)
N	404	321	83	404	321	83
R^2	0.70	0.79	0.70	0.67	0.74	0.33

注：所有回归都包含了国家固定效应、人均 GDP（经 PPP 调整后的结果）、GDP 增长率、25～54 岁和 55～64 岁劳动年龄人口中劳动者的份额。我们用抚养比［65 岁及以上人口与劳动年龄（15～64 岁）人口的比值］说明社会保障费（EPV）。括号中是稳健标准误。缩写词的含义见表 8。

*** 表示在 1%的显著性水平下显著。

* 表示在 10%的显著性水平下显著。

I.5.6　小结

通过对国家间混合截面时间序列数据的研究，可以解释基于这些数据对 OECD 国家规制的影响进行研究所得的不确定的结果。显然，相关政策指标变化不大和规制指标的测度方法较少影响了对规制对劳动市场表现影响的实证分析。为了克服这一困难，我们在研究时扩充了拉丁美洲和加勒比海岸地区国家样本的数目，并改善了规制的衡量指标。与最初的结果不同，运用扩充后的样本进行研究发现，提前告知和遣散费制度对就业和失业的系统性影响不大。估计结果在各国有所区别，其中一些国家在降低就业保障程度后，就业率提高了，另一些国家在经历改革后，就业率鲜有上升，甚至还会有所下降，因此总的影响是不确定的。

然而，研究发现，社会保障费并未全部被转嫁给劳动者。在所有的样本分组中，工资税制度都会使就业率降低，失业率增加。总体而言，我们的研究表明，旨在增强社会保障费和福利之间联系的改革会产生不同的效应。

I.6 结论与未来研究的方向

Freeman（2000，3）指出，“劳动市场的组织机构对劳动市场分配有很大的影响，但对效率的影响则并不明显。”这一观点得到了许多经济学家的认同。本书基于微观数据的研究结果表明，法定福利和就业保障制度对拉丁美洲和OECD国家的劳动市场分配均有显著的影响。

从本书中可以得到哪些政策方面的教训呢？本书中的实证研究表明，劳动市场规制是非公平增长机制。在这一制度中，一部分劳动者获益而另一部分劳动者承担损失。这一制度基于法定工资水平进行补贴的福利应与其在就业领域产生的成本相当。用一般税收对这一制度进行资金支持未必会降低就业成本（Nickell，1997），但会加强社会保障费与福利之间的联系。在长期中，社会保障制度的成本会转嫁给劳动者。规制对不同群体的影响并不公平。与年长的劳动者、专业技术劳动者和城市劳动者相比，年轻的劳动者、未接受过教育的劳动者和农村劳动者享受制度保障的可能性很低。

尽管基于总体数据研究所得的结果没有证明就业保障制度对就业水平的影响，但从微观数据中我们发现，就业保障制度对就业存在显著的负向影响。基于微观数据对单个国家进行的研究有效地降低了数据的敏感性和缺乏稳健性的问题，这些问题在国家截面时间序列数据的研究中普遍存在。

I.6.1 未来研究的启示

上述研究表明，企业和劳动者都以预期的方式对刺激做出反应，法律制度会降低就业率和劳动市场的人员流动率，同时，我们希望未来能够得出更精确的量化估计结果。未来可以基于本书的研究结果进行进一步的研究。

工资税与一般均衡

本书中的诸多分析都旨在研究如果劳动者获得了法定福利，他们是否会接受更低的工资水平。可以对这一问题进行深入研究，提高结果的准确性。通过比较受规制覆盖和未受规制覆盖行业的工资水平可以发现，如果受规制覆盖行业的劳动者的工资水平更低，Cárdenas and Bernal（本书第4章）和其他学者的研究一样，没有对进入这些行业中的自我选择进行控制，而本书对这个问题进行了重点研究。这一方法不能对进入和退出劳动市场的一般均衡效应进行调整，也不能调整劳动者通过接受低工资来获取福利的意愿。

Marrufo（2001）对这些问题进行了非常全面的分析，研究发现，控制自我选择，并且考虑一般均衡效应后，会对税收的估计结果产生巨大影响，双重差分法所得的估计结果会低估实际的工资调整范围。与库格勒的研究结果类似，双重差分法所得的估计结果是下偏的，故本书中的估计结果较为保守。

动态劳动需求

本书中采用的劳动需求的实证分析模型是传统的静态分析模型，以及基于调整成本的对称性假设的动态劳动需求模型。它们从遣散费和补偿制度所产生的劳动需求的不对称中抽象出来。附录B对运用两阶段模型研究不对称劳动需求的主要观点予以总结。Alonso-Borrego and Aguirregabiria（1999）运用计量经济学的研究方法对上述模型进行了估计，但目前没有研究将这些方法用于分析拉丁美洲和加勒比海岸地区国家的数据。鉴于本书中总体劳动需求模型都基于调整成本的对称性这一假设，运用更先进的方法重新进行研究尤为必要。如前所述，就业保障制度对企业动态调整的影响不确定，可能是由于人为的对称性假设所致。

在这类模型中，将进入或退出企业的一般均衡效应考虑在内也很有必要。Hopenhayn and Rogerson（1993）的研究指出，理论上，考虑一般均衡效应后得出的预测结果与局部均衡模型的预测结果恰恰相反。

考虑不稳定性

旨在确定规制对劳动市场人员流动率的影响的任期模型均假设政策环境稳定不变。而基于拉丁美洲地区的假设显然不成立。拉丁美洲地区经济状况的频繁变化表明，这一假设不能够概括这一地区的特点。因而，考虑更多的不稳定性因素会提高基于这一地区经济表现所得的分析结果的准确性。

考虑规制对产出的影响

目前，所有关于劳动需求的研究都是在估计产出不变条件下的工资弹性。对研究中的外生性问题进行概括后，固定产出的需求方程通常更稳健，因为分析者能够明确产品市场对相关价格变化的调整程度。从企业方面来看，如果规制使企业的边际成本提高，且这些成本难以以工资或其他成本要素的形式转移，那么，固定产出条件下所得的研究结果低估了规制的总效应，即本书中得到的估计结果低估了规制对解雇率的负面影响。从国家总体经济状况来看，尽管行业分配差异会损失一部分效率，但由于规制导致的成本负担对不同行业的影响不同，所以规制的总体影响会更不确定。在封闭的经济体中，相对产出价格的调整会导致受影响的行业的产出增加，所以在这些行业中，规制约束程度的增强会提高就业。在开放的经济体中，当规制不约束要素价格的下调时，规制会使产出减少，且加速就业的减少。

对规制的总体影响进行分析时，需要考虑产品市场和要素市场的调整。考虑上述两类因素后，发现规制会对解雇率产生影响，但这种影响只在部分行业中有所表现。

然而，值得注意的是，即使对工资进行充分调整，且规制对劳动需求没有负向影响，规制仍然会对劳动者的福利产生很大的影响。如果就业保障福利会被更低的工资水平抵消，对部分劳动者而言，其福利水平也不一定会提高。事实上，福利水平的高低取决于劳动者和企业在没有规制的环境下双方协商时权力的差异。

考虑序列相关

虽然本书中的大部分研究直接用定量指标来表示规制给雇主带来的成本，但仍有部分学者用滞后期（即调整的速度）作为企业需要承担的规制成本的替代指标。这一方法源于 Holt et al.（1960）的研究，详见第 I. 4. 2 节的描述。

如果我们在（2）式、（3）式的简单模型中引入误差项，并引入最优就业理论作为实际工资 W_t 的函数，可得：

$$n_t^* = a + bW_t + \varepsilon_t, \quad b \leqslant 0 \tag{4}$$

如果 ε_t 存在序列相关，可得：

$$\varepsilon_t = \rho\varepsilon_{t-1} + u_t \tag{5}$$

其中，u_t 的均值为零，且独立同分布，ρ 为一阶序列相关。分析者运用最小二乘法得到较高的 λ 的估计值（滞后劳动的系数），这一系数并未进行序列相关的修正，因为：

$$n_t = (1-\lambda)(a + bW_t) + \lambda n_{t-1} + (1-\lambda)\varepsilon_t \tag{6}$$

如果 $0<\lambda<1$ 而 $\rho>0$，普通最小二乘法对 λ 的估计会导致向上偏误。考虑序列相关后，根据（7）式可得渐进无偏估计量：

$$\begin{aligned} n_t = {} & (1-\lambda)(1-\rho)a + (1-\lambda)b(W_t - \rho W_{t-1}) \\ & + (\lambda+\rho)n_{t-1} - \lambda\rho n_{t-2} + (1-\lambda)u_t \end{aligned} \tag{7}$$

在（6）式的基础上滞后一期，解出 $(1-\lambda)\varepsilon_{t-1}$，记（6）式中 $\varepsilon_t = \rho\varepsilon_{t-1} + u_t$ 并用 ε_{t-1} 替换 ε_t，可得（7）式。有偏性在进行多国情况比较时非常重要，在这一比较中，不同国家间的序列相关系数可能存在很大的差异。在对单个国家规制的研究中，如果不同改革的自相关模式相同，则这种有偏性不会对不同改革中的相对成本的估计结果产生影响。滞后系数的绝对值不具有任何意义。

传统理论模型假设雇用成本与解雇成本对称。但在 Holt et al.（1960）的研究中，仅为了运算的简化才使用这一假设，这一假设与实际情况并不相符。更准确地来说，拉丁美洲和其他地区关于调整成本的数据具有明显的非对称性。

考虑非对称性调整成本后，需要使用新的计量方法进行研究。根据现有的研究成果，我们在 Hopenhayn and Rogerson（1993）研究的基础上构建了包含雇用成本与被解雇成本非对称性的模型。在劳动规制成本中，滞后系数不一定是单调的。这一点可能是因为在传统估计中关于劳动规制对调整成本的影响是不确定的。[①]

I.6.2 总结

尽管仍然存在改进的空间，但本书中实证研究的主要结论表明，劳动市场规制中的制度选择，以及拉丁美洲不同人口特征分组中，旨在提高效率与公平的劳动市场改革都尤为重要。这些研究结果表明，宏观时间序列数据在研究跨国问题时可能会出现不确定性，而微观数据在这方面具有一定的优势。

附录 A 第 I.5 节中涉及的变量定义及来源

在第 I.5 节的实证研究中，我们构建了 1983—1999 年的非平衡面板数据。表 A.3 对变量及其来源进行了描述。表 A.4 对本书所用样本中涉及的国家与年份进行了描述。

劳动市场规制测度的计算

提前告知制度与遣散费制度

OECD 国家

从《OECD 就业概况》（*OECD Employment Outlook*）的表 2.A.2 中我们获得了关于 OECD 国家提前告知与遣散费的信息，即“解雇个人所需的提前告知时间与遣散费”，并对“任期超过试用期的雇员，因个人原因或人员冗余被解雇的情况”进行了总结。对于认为解雇个人“不合理”的国家（即在 OECD 国家中评分为 2 的国家或在表 2.A.4 中 1～3 规模评分更高为 100 的国家），也就是“在解雇之前必须让员工调岗或通过培训适应新工作”“不能将工人能力作为解雇原因”的国家，我们将这些情况归类至表中的“对于以非正当理由解雇的赔偿和相关补救措施”项。从表中可以发现，对于这个分组中的国

① 这一方法的原理非常简单。不同的序列相关固定成本对得出了相同的就业滞后系数。这一结果也由模型（6）得出，故使得劳动流动成本具有较高的规制，同时在冲击方面也可能具有较低的序列相关性，因而将会使估计的滞后期更短、调整速率更快（Barbarino and Heckman, 2003）。

家来说，至少有一个国家对“以非正当理由解雇”施以重罚，如西班牙。假设以非正当理由解雇的概率为 1/2，且会被处以罚金，这样计算的遣散费的期望值会更精确。表 2.1（OECD，1999，53）反映了劳动市场改革的相关信息，表中描述了 20 世纪 80 年代中期 OECD 国家立法的主要变化情况。此外，我们还将 OECD（1999）的信息与 Grubb and Wells（1993）的研究结果进行比较。如果二者的结果相反，我们选择 Grubb and Wells（1993）研究中使用的截至 1993 年的相关信息，以及 1997 年之后有效的 OECD（1999）的相关信息，而 1993—1997 年的数据是缺失的。仅有 4 个国家的数据在上述两种不同的来源中存在差异，分别是丹麦、希腊、荷兰和瑞典。最后，对于对蓝领和白领劳动者的遣散费和提前告知有不同制度规定的国家，我们对蓝领和白领劳动者的解雇成本进行非加权平均。对于匈牙利、韩国、新西兰和土耳其，因为无法找到 1990 年之前的立法信息，故这些国家的就业保障指数从 1990 年之后开始计算。为构建我们的指数，我们不考虑上限。此外，我们不考虑企业或工会支付给劳动者且超过法律规定的福利，也不考虑雇员起诉雇主后可能获得的赔偿。

接下来即为单个国家的情况。对于澳大利亚，我们考虑了因冗员而解雇员工并向其支付遣散费的情况。对于加拿大，我们取联邦法律和当地司法中法定遣散费和提前告知期限的最大值。对于希腊的白领劳动者而言，如果已获得全额遣散费，则可放弃提前告知权。我们假设企业全额支付遣散费以尽力避免额外的提前告知成本。在爱尔兰，遣散费取决于劳动者的年龄，因此我们假设劳动者每工作一年收到的遣散费相当于其月薪的 18%，这一比例与每工作一年收到半周工资（41 岁以下的劳动者）和每工作一年收到一周工资（41 岁以上的劳动者）的平均值（非加权）相当。挪威则规定工作 10 年后，提前告知期限随着工龄的增加而增加。为体现这一效应，对于工龄超过 15 年的劳动者，我们将提前告知期限由 3 个月增加至 4 个月和 5 个月。对于西班牙，鉴于许多解雇被视为是不合理的，因此我们对合理解雇情形中的遣散费进行了调整，即对合理、不合理解雇情形中的法定遣散费按照 1/2 的概率进行加权平均。

拉丁美洲

如表 A.1 和表 A.2 所示，我们从各个国家的劳动部获取相关的法律制度信息。

在巴西，雇员需要将其工资的 8%存入个人账户，并能够获得存款利息。假设企业自主解雇员工，企业需要向员工支付的遣散费则为雇员个人账户的一部分，将该比例用 φ 表示。1988 年宪法改革将这一比例从基金总额的 0.1 提高至 0.4。为了计算个人基金增加的份额，我们假设利率与贴现率相等。因此，遣散费按如下公式计算：

$$遣散费=\sum_{i=1}^{T}\delta^{i-1}(1-\delta)(i)\cdot\varphi$$

表 A.1　关于 1987 年和 1999 年终止无固定期限合同的制度规定

国家	改革时间	提前告知期限		工龄工资		劳动者辞职时的遣散费	
		1987	1999	1987	1999	1987	1999
阿根廷	无	1～2 个月	不变	0	0	0	0
巴哈马	无	1/2～1 个月	不变	0	0	0	0
巴巴多斯	无	可协调的，实际为 1 个月	不变	0	0	0	0
伯利兹	无	1/2～1 个月	不变	0	0	如果 $N>10$，则为 $1/6x \cdot N$	不变
玻利维亚	无	3 个月	不变	0	0	如果 $N \geqslant 5$，则为 $1x \cdot N$	不变
巴西	1988	1 个月	不变	基金（工资的 8%进入基金，加上利息）	不变	0	0
智利	1991	1 个月	不变	0	0	无	如果 $N \geqslant 7$，则为 $1/2x \cdot N^a$
哥伦比亚	1990	15 天	不变	$x \cdot N$	基金（工资的 $8\%+r$）	$x \cdot N$	基金（工资的 $8\%+r$）
哥斯达黎加	无	1 个月	不变	0	0	0	0
多米尼加共和国	1992	1/4～1 个月	不变	0	0	0	0
厄瓜多尔	1991	1 个月	不变	基金（工资的 $8\%+r$）	不变	基金（工资的 $8\%+r$）	不变
萨尔瓦多	1994	0～7 天	不变	0	0	0	0
危地马拉	无	0	不变	0	0	0	0

续表

国家	改革时间	提前告知期限		工龄工资		劳动者辞职时的遣散费	
		1987	1999	1987	1999	1987	1999
圭亚那	1997	1/2 个月	如果 $N\geqslant1$，则为 1 个月	0	0	0	0
洪都拉斯	无	1 天～2 个月	不变	0	0	0	0
牙买加	无	2～12 周	不变	0	0	0	0
墨西哥	无	0～1 个月	不变	0	0	0	0
尼加拉瓜	1996	1～2 个月	0	0	0	0	如果 $N=1\sim3$，则为 $x\cdot N$；如果 $N>3$，则为 $3x\cdot N+2/3x\cdot N$
巴拿马	1995	1 个月	不变	如果 $N\geqslant10$，则为 $1/4x\cdot N$	$1/4x\cdot N$	如果 $N\geqslant10$，则为 $1/4x\cdot N$	$1/4\cdot x\cdot N$
巴拉圭	无	1～2 个月	不变	0	0	0	0
秘鲁	1996 年，1995 年，1991 年	0	不变	基金（工资的 8%+r）	不变	基金（工资的 8%+r）	不变
苏里南	无	1/4～6 个月		0		0	0
特立尼达和多巴哥	无	2 个月		0	0	0	0
乌拉圭	无	0	不变	$x\cdot N$	不变	0	0
委内瑞拉	1997	1/4～3 个月	不变	$x\cdot N$	$2x\cdot N$	$x\cdot N$	$2x\cdot N$

资料来源：拉丁美洲和加勒比海岸地区的劳动部。

注："基金"表示将劳动者每月月薪的一部分存入其个人账户；劳动者被解雇后或自愿离职时，可以取出本金和利息；其中，x=月薪，N=工龄，r=基金利率。

a. 表示劳动者可以选择在工作 7 年后无条件取出，或者选择在被解雇时取出，且得到更高的遣散费；大部分劳动者会选择后者。

表 A.2　1987 年和 1999 年关于解雇员工需要支付遣散费的制度规定

国家	改革时间	由于经济原因解雇员工需要支付的遣散费		改革针对的对象	遣散费的上限	
		1987	1999		1987	1999
阿根廷	无	$2/3x \cdot N$，最少 2 个月	不变		x 的最大极限	不变
巴哈马	无	可协商	不变		无	不变
巴巴多斯	无	如果 $N \geqslant 2$，则为 $0.41x \cdot N$	不变		月薪的 3.75 倍	
伯利兹	无	如果 $N>5$，则为 $1/4x \cdot N$	不变		最长期限为 42 周	不变
玻利维亚	无	$1x \cdot N$	不变		无	不变
巴西	1988	基金的 0.1 倍	基金的 0.4 倍	所有员工	无	不变
智利	1991	$1x \cdot N$	不支付	所有员工	5 个月月薪	11 个月月薪
哥伦比亚	1990	如果 $N<5$，则为 45 天 $+x \cdot N \cdot 0.5$； 如果 $5 \leqslant N<10$，则为 $x \cdot N \cdot 0.66$； 如果 $N \geqslant 10$，则为 $x \cdot N$	如果 $N<5$，则为 45 天 $+x \cdot N \cdot 0.5$； 如果 $5 \leqslant N<10$，则为 $x \cdot N \cdot 0.66$； 如果 $N \geqslant 10$，则为 $x \cdot N \cdot 1.33$	所有员工	无	不变
哥斯达黎加	无	$x \cdot N$	不变		8 个月月薪	不变
多米尼加共和国	1992	$1/2x \cdot N$	如果 $N=1\sim4$，则为 $0.67x \cdot N$； 如果 $N \geqslant 5$，则为 $0.74x \cdot N$	新员工	无	不变
厄瓜多尔	1991	如果 $N \leqslant 2$，则为 2； 如果 $N=2\sim5$，则为 4； 如果 $N=5\sim20$，则为 6； 如果 $N>20$，则为 12	如果 $N \leqslant 3$，则为 3； 如果 $N>3$，则为 $x \cdot N$	所有员工	12 个月月薪	25 个月月薪

续表

国家	改革时间	由于经济原因解雇员工需要支付的遣散费		改革针对的对象	遣散费的上限	
		1987	1999		1987	1999
萨尔瓦多	1994	$x \cdot N$； 如果企业破产，则为 0	$x \cdot N$； 随 x 的最大值而变化	所有员工	最大值为 4 个月月薪	不变
危地马拉	无	如果企业破产，则为2 天～4 个月； 其余情况下为 $x \cdot N$	不变		无	不变
圭亚那	1997	实际中可协商； 每一个 N 对应 $2\frac{1}{2}$ 周	如果 $N=1\sim5$，则为 $1/4x \cdot N$； 如果 $N=5\sim10$，则为 $1/2x \cdot N$	所有员工	无	12 个月月薪
洪都拉斯	无	$x \cdot N$	不变		15 个月月薪	不变
牙买加	无	如果 $x=2\sim5$，则为 $1/3x \cdot N$； 如果 $x>5$，则为 $1/2x \cdot N$	不变		无	不变
墨西哥	无	$2/3x \cdot N$（最低为 $3 \cdot x$）	不变		无	不变
尼加拉瓜	1996	实际中可协商； $2x \cdot N$	如果 $N=1\sim3$，则为 $x \cdot N$； 如果 $N>3$，则为 $3x \cdot N+2/3x \cdot N$		无	5 个月月薪
巴拿马	1995	如果 $N\leqslant1$，则为 $x \cdot N$； 如果 $N=2$，则为 $3x$； 如果 $2<N<10$，则为 $3x+3/4x \cdot N$； 如果 $N\geqslant10$，则为 $9x+1/4x \cdot N$	如果 $N<10$，则为 $3/4x \cdot N$； 如果 $N\geqslant10$，则为 $7.5x+1/4x \cdot N$	新员工	无	不变

续表

国家	改革时间	由于经济原因解雇员工需要支付的遣散费		改革针对的对象	遣散费的上限	
		1987	1999		1987	1999
巴拉圭	无	$1/2x \cdot N$	$1/2x \cdot N$		无	不变
秘鲁	1996年，1995年，1991年	$3x \cdot N$	$1.5x \cdot N$	所有员工	12个月月薪	不变
苏里南	无	可协商	可协商		无	不变
特立尼达和多巴哥	无	如果$N=1\sim4$，则为$1/3x \cdot N$ 如果$N>5$，则为$1/2x \cdot N$	不变		无	不变
乌拉圭	无	$x \cdot N$	不变		6个月月薪	不变
委内瑞拉	1997年	$2/3\sim2x \cdot N$	$x \cdot N$	所有员工	无	5个月月薪

资料来源：拉丁美洲和加勒比海岸地区的劳动部。

注："基金"表示将劳动者每月月薪的一部分存入其个人账户；劳动者被解雇后或自愿离职时，可以取出本金和利息；其中，x=月薪，N=工龄，r=利率。

其中，i 表示在企业的工作年限，δ 为每一时期的生存概率（为 0.88），T 为员工在某一企业的最长工作年限，假设为 20 年。在洪都拉斯、牙买加、尼加拉瓜和多米尼加共和国，假设提前告知期限为 1 个月。在秘鲁，1991 年、1995 年和 1996 年均进行了就业保障制度改革。表 A.1 和表 A.2 仅反映了 1990 年和 1999 年的情况，可从 Saavedra and Torero（本书第 2 章）的研究中获取 20 世纪 90 年代秘鲁劳动法变化的详细信息。

工龄工资

工龄工资制度仅存在于拉丁美洲地区，这一制度分为两类。在巴西、哥伦比亚、厄瓜多尔和秘鲁，员工将自己月薪的 1/12 存入个人账户。在这种情况下，工龄工资的计算方法为：

$$\text{SenP} = \sum_{i=0}^{T} \beta^{i}$$

其中，$T=20$。上述公式反映了员工每年每月支付金额的贴现值。对于哥伦比亚，Kugler（本书第 3 章）指出，1990 年劳动市场改革之前，无论员工以何种原因被解雇，员工被解雇后获得的工龄工资由工龄与一个月月薪相乘所得。然而，员工被允许提前取出一部分工龄工资，在其被解雇后，在最终支付的工龄工资中要减去员工提前取出的这一部分。这种“双重追溯”支付的工龄工资占制造业工龄工资总支付额的 35%。因此，我们假设在 1990 年之前，工龄工资的支付比率为 35%。

在委内瑞拉和巴拿马，劳动法规定工龄工资为近期总工资的倍数。在这种情形中，工龄工资按照如下公式计算：

$$\text{SenP} = \sum_{i=1}^{T} \delta^{i-1}(1-\delta)(\alpha_j \cdot i)$$

其中，α_j 为近期工资的倍数，i 表示在企业的工龄。在委内瑞拉，劳动法明确规定，工龄工资为每工作一年 1 个月月薪（$\alpha_j=1$）。1997 年后，工龄工资被提高至每工作一年 2 个月月薪（$\alpha_j=2$）。注意这个式子假设人员流动率与工作变化率完全相同。因为一般而言，人员流动率高于工作变化率，我们也经历过人员流动率为工作变化率的 2 倍或 3 倍。工龄工资成本随着人员流动率的提高而降低（因为固定在一家企业工作的概率和获得更高工龄工资的概率下降）。基于不同的假设条件，分别对人员流动率进行分析，所得的估计结果都具有稳健性。

第Ⅰ.5 节涉及的变量定义和数据来源见表 A.3。基准模型中包括的国家和年份见表 A.4。

表 A.3 第Ⅰ.5 节涉及的变量定义和数据来源

变量	数据来源	描述
就业人口占总人口的比例	OECD 统计局和拉丁美洲家庭调查数据	OECD：就业人口占总人口的比例。总体而言，这一比例为 15%及以上，但在一些国家中，这一比例为 15%～66%（丹麦）、15%～74%（芬兰、匈牙利）、16%～17%（冰岛、挪威）、16%～64%（瑞典）、超过 16%（西班牙、英国、美国）。相关数据详见网址：www.oecd.org。劳动力统计数据主要来源于对全国或欧洲劳动力的调查数据。 拉丁美洲：直接由家庭调查数据计算出不同国家、年份和来源的劳动力统计数据，详见表 A.4。就业人口占总人口的比例为 15%～65%。所有在参考周内有工作的工人都被认为是被雇用的，包括无薪劳动者。全国数据中不包括阿根廷、玻利维亚和乌拉圭。
失业率	OECD 统计局和拉丁美洲家庭调查数据	OECD：总体失业率为 15%～64%。OECD 国家的劳动市场统计指标（LMSI）数据主要来源于对全国或欧洲劳动力的调查。 拉丁美洲：15%～65%的劳动力人口在调查期内无工作但仍在积极寻找工作。全国数据中不包括阿根廷、玻利维亚和乌拉圭。
GDP 增长率	世界银行发展指标（2001）	按基于固定的当地货币的市场价格计算 GDP 年增长率。总体数据以 1995 年美元币值为基准。 GDP 衡量了一国境内用于最终使用的产品和服务的总产出，不包括对国内和国外的分配。
人均 GDP，PPP（按现期国际价格计算）	世界银行发展指标（2001）	人均 GDP 以购买力平价（PPP）为基准。 GDP PPP 为运用购买力平价比率将 GDP 转化为国际币值。国际币值与美元在美国具有相同的购买力。GDP 衡量了一国境内用于最终使用的产品和服务的总产出，不包括对国内和国外的分配。
年龄分组中 25～54 岁人口所占的比例	联合国人口基金会（1998）	25～54 岁人口占劳动年龄人口（15～64 岁）的比例。
年龄分组中 55～64 岁人口所占的比例	联合国人口基金会（1998）	55 岁以上人口占劳动年龄人口（15～64 岁）的比例。
提前告知成本（AN）	本研究构建的数据	法定提前告知成本指标贴现值的期望（以月薪的倍数表示）。
遣散费（ID）	本研究构建的数据	法定遣散费贴现值的期望（以月薪的倍数表示）。

续表

变量	数据来源	描述
工龄工资（SenP）	本研究构建的数据	工龄工资贴现值的期望（以月薪的倍数表示）。
社会保障费（SSC）	本研究构建的数据	法定提前告知成本贴现值的期望（以月薪的倍数表示）。
社会保障支出（SS）	美国社会保障管理局（1983—1999年）	每期社会保障费的成本（以月薪的倍数表示）。

表 A.4　基准模型中包括的国家和年份

国家	年份	样本数目	就业和失业数据的来源
阿根廷	1996，1998，1999	3	常规家庭调查
澳大利亚	1983—1999	17	OECD劳动力统计
奥地利	1983—1999	17	OECD劳动力统计
比利时	1983—1988	16	OECD劳动力统计
玻利维亚	1986，1990，1993，1995，1996，1997，1999	7	常规家庭/生活条件调查
巴西	1983，1986，1988，1992，1993，1995—1999	10	全国家庭调查
加拿大	1983—1999	17	OECD劳动力统计
智利	1987，1990，1992，1994，1996，1998	6	全国市场调查
哥伦比亚	1990，1991，1993，1995，1996—1999	8	常规家庭调查
哥斯达黎加	1981，1985，1987，1989，1991，1993，1995，1997，1998	9	常规家庭调查
多米尼加共和国	1996，1998	2	全国劳动力调查
萨尔瓦多	1995，1997，1998	3	多种家庭调查
芬兰	1983—1999	17	OECD劳动力统计
法国	1983—1999	17	OECD劳动力统计
德国	1992—1999	8	OECD劳动力统计
希腊	1983—1993	11	OECD劳动力统计
洪都拉斯	1989，1992，1996，1997，1998，1999	6	家庭经济调查
爱尔兰	1983—1999	17	OECD劳动力统计
意大利	1983—1999	17	OECD劳动力统计
日本	1983—1999	17	OECD劳动力统计

续表

国家	年份	样本数目	就业和失业数据的来源
韩国	1991—1999	9	OECD劳动力统计
墨西哥	1984，1989，1992，1994，1996，1998	6	全国家庭收入与消费调查
荷兰	1983—1992，1997	11	OECD劳动力统计
新西兰	1991—1999	9	OECD劳动力统计
尼加拉瓜	1993，1998	2	全国家庭生活水平调查
挪威	1983—1999	17	OECD劳动力统计
巴拿马	1991，1995，1997，1998，1999	5	家庭连续调查
巴拉圭	1995，1998	2	家庭调查
秘鲁	1985，1991，1994，1996，1997，1998	6	全国家庭生活水平调查
波兰	1991—1998	8	OECD劳动力统计
葡萄牙	1983—1999	17	OECD劳动力统计
西班牙	1983—1999	17	OECD劳动力统计
瑞典	1983—1999	17	OECD劳动力统计
瑞士	1983—1999	17	OECD劳动力统计
土耳其	1991—1999	9	OECD劳动力统计
英国	1987—1999	13	OECD劳动力统计
美国	1983—1999	17	OECD劳动力统计
乌拉圭	1989，1992，1995，1997，1998	5	家庭连续调查
委内瑞拉	1983，1986，1989，1993，1995，1997—1999	8	家庭调查样本

注：详见表8［第（1）列］。观测样本量为417。

社会保障制度

根据《世界社会保障制度》（美国社会保障管理局，1983—1999年）的规定，社会保障费的支付主体分为雇主和雇员，社会保障费用于老年人、残疾和死亡的劳动者、患病和生育、工伤、失业保险，以及家庭救济等。因为这些信息每两年统计一次，在本书的研究中，我们运用两种方法来扩充研究数据——插值法和利用之前年份的数据替代缺失年份的数据。研究表明数据扩充方法的差异并不影响实证结果，如果直接用每两年统计一次的数据，也不影响实证分析的结果。

对于阿根廷，我们直接从该国获取了相关信息。对于该国的所有城市而言，考虑适用于有收入人群的费率。研究中所用的数据并不包括政府为支持社会保障制度实施而支付的资金。如果社会保障费因个人、州或行业风险的影响而异，则仅选取一种费率，选取方法因国家而异。然而，在时间序列中，不同国家的评价标准是相同的。这在一定程度上使国家之间的可比性降低了，但保证了国家内部在不同时间段的可比性。

社会保障制度改革

如果一个国家实施社会保障制度改革，如完全或部分地以个人资本化制度替代到期即付制，则将改革变量记为“1”，反之为“0”。根据 Lora and Pagés（2000）总结的社会保障制度改革信息可知，对于这个变量，智利在 1981 年后、哥伦比亚在 1994 年后、阿根廷在 1994 年后、乌拉圭在 1996 年后、墨西哥和玻利维亚在 1997 年后、萨尔瓦多在 1998 年后取值为“1”。

附录 B　动态劳动需求模型*

本书中所有关于劳动需求的研究均忽略了劳动调整成本的非对称性。在这一附录中，我们对劳动需求非对称性的结果予以探究。主要结论为：静态与动态劳动成本会对劳动需求产生不同的影响，并且这些成本的总体影响无法确定。为了在劳动需求方程中将非对称的雇用与解雇成本纳入考虑，我们选取两阶段模型，详见 Kugler（本书第 3 章）的研究。$f(\ell)$ 为劳动投入 l 的总产出方程。θ 表示第二阶段的生产力冲击，是对第一阶段生产力冲击进行标准化后所得的结果。为了方便计算，假设劳动者一旦被雇用，就不会主动辞职。

将第一阶段被雇用的劳动者记为 ℓ_1，第二阶段被雇用的劳动者记为 $\ell_2=\ell_1+\Delta$。Δ 表示第一阶段劳动冲击的变化值。假设工资 W 在两阶段保持不变，且为企业的外生变量。解雇员工的成本记为 C。因解雇员工而不需支付的工资与这一成本相互抵消，解雇成本即为工资。当 $C\neq0$ 时即会出现不对称性。假设不考虑贴现率。劳动 ℓ_1 会在第二阶段保持不变，除非第二阶段的劳动需求冲击（θ）极低。企业实现利益最大化的表达式为：

$$f(\ell_1)-W\ell_1+E[\theta f(\ell_1+\Delta)-W(\ell_1+\Delta)-C\mathrm{Max}(-\Delta,0)] \qquad (B1)$$

其中第一阶段的劳动生产力标准化为 1。

假设 θ 的变化范围为（0，∞），且 θ 为完全连续的随机变量。假设 $\theta\geqslant1$ 的概率为 1，企业希望第二阶段的 $\Delta\geqslant0$。当 θ 的值大于第一阶段的初始值（设初

---

* 感谢杰卡蒂施 · 西瓦达森（Jagadeesh Sivadasan）对此附录提出的修改建议。

始值为 1）时，劳动生产力会上升。

第二阶段解雇成本的存在会抑制第一阶段的雇用。因此，当预计到第二阶段中不利冲击的可能性时，与不考虑解雇成本相比，企业在第一阶段雇用的劳动者会较少。为了给出一个启发式的论证，我们假设企业短视地逐期追求最大化利益，企业像在第一阶段的生产力冲击小于 1 一样做出第一阶段决策，比假设第二阶段没有解雇成本时雇用更少的劳动力。用 $\bar{\theta}$ 表示第一阶段假设的生产力冲击值，当第二阶段的 $\theta>\bar{\theta}$ 时，则 $\theta f'(\ell_2)=W$ 且 $\ell_2=[f']^{-1}$ $(W/\theta)>\ell_1$。

如果 $\theta=\bar{\theta}$，企业雇用的劳动力数量与 ℓ_1 保持一致，即 $\ell_1=\ell_2$，$\Delta=0$。如果生产力水平低于 $\bar{\theta}$，由于解雇成本较高，企业仍会将其劳动力水平保持在 $\ell_1=\ell_2$ 的水平。因此，令 θ 为使企业采取相关措施的最低值。对于固定的 ℓ_1，使 $\Delta=0$ 的两个必要条件是 $\theta f'(\ell_1)<W$ 和 $\theta f'(\ell_1)>W-C$，故总体而言，企业支付的成本中不包括 ℓ_1 这部分劳动者对应的成本，且支付的不是净值。因此，基于给定的 ℓ_1，决定企业不采取措施的范围的不等式为：

$$W-C\leqslant\theta f'(\ell_1)\leqslant W$$

下限为 θ^*，即 $(W-C)/f'(\ell_1)=\theta^*$。保持 ℓ_1 不变，增大 C 值可以降低 θ^* 的阈值。故对于给定的 (ℓ_1, C)，企业不采取措施的范围为 $\theta^*\leqslant\theta\leqslant\bar{\theta}$，其中 $\bar{\theta}=W/f'(\ell_1)$。

ℓ_1 的一阶条件为 $f'(\ell_1)-W+E[\theta f'(\ell_1+\Delta)-W]=0$，其中，如果 $\theta^*\leqslant\theta\leqslant\bar{\theta}$，则 $\Delta=0$；如果 $\theta<\theta^*$，则 $\Delta<0$；如果 $\theta>\bar{\theta}$，则 $\Delta>0$。从函数的凹性来看，ℓ_1 会随成本 C 而下降。直观来看，解雇成本较高的企业倾向于将其劳动者数量保持在 ℓ_1 的水平。为避免因解雇第二阶段劳动者要承担的成本，劳动者的数量会维持在 ℓ_1 的水平。为了描述 ℓ_1，我们须首先对 $\Delta(\ell_1)$ 加以描述。

第二阶段（以 ℓ_1 为条件）需求函数

用 Δ^-、Δ^+ 分别表示劳动力存量的减少与增加，可得 Δ^- 的一阶条件：

$$\theta f'(\ell_1+\Delta^-)=W-C$$

或

$$\ell_1+\Delta^-=(f')^{-1}\left(\frac{W-C}{\theta}\right)$$

取 ℓ_1 为定值，可发现，如果 $0<\theta<\theta^*$，则 $\Delta<0$。定义 $\varphi\equiv f'^{-1}$。从函数的凹性看，$\varphi'<0$。

$$\ell_1+\Delta^-=\varphi\left(\frac{W-C}{\theta}\right)$$

当 $\theta=\theta^*$ 时，$\Delta^-=0$。如果 $\theta>\bar{\theta}$，则有 $\theta f'(\ell_1+\Delta^+)=W$，且 $(\ell_1+\Delta^+)=\varphi(W/\theta)$。如果 $\theta^*<\theta<\bar{\theta}$，则企业会在劳动力数量为 ℓ_1 且 $\Delta=0$ 的状态下运转。如果 $\theta<\theta^*$，则有 $\theta f'(\ell_1+\Delta^-)=W-C$，且 $\ell_1+\Delta^-=\varphi([W-C]/\theta)$。定义 $g(\theta)$ 为 θ 的密度函数。对于确定的企业，给定 ℓ_1，则第二阶段需求的期望值为：

$$E(\ell_2 \mid W,C,\ell_1)=\int_0^{\theta^*}\varphi\Big(\frac{W-C}{\theta}\Big)g(\theta)\mathrm{d}\theta+\ell_1\int_{\theta^*}^{\bar{\theta}}g(\theta)\mathrm{d}\theta+\int_{\bar{\theta}}^{\infty}\varphi\Big(\frac{W}{\theta}\Big)g(\theta)\mathrm{d}\theta$$

因此

$$\begin{aligned}\frac{\partial E(\ell_2 \mid W,C,\ell_1)}{\partial W}&=\frac{\partial\theta^*}{\partial W}\varphi\Big(\frac{W-C}{\theta^*}\Big)g(\theta^*)+\int_0^{\theta^*}\frac{1}{\theta}\varphi'\Big(\frac{W-C}{\theta^*}\Big)g(\theta)\mathrm{d}\theta\\&+\int_{\bar{\theta}}^{\infty}\Big(\frac{1}{\theta}\Big)\varphi'\Big(\frac{W}{\theta}\Big)g(\theta)\mathrm{d}\theta\\&+\ell_1\Big[\frac{\partial\bar{\theta}}{\partial W}g(\bar{\theta})-\frac{\partial\theta^*}{\partial W}g(\theta^*)\Big]\\&-\Big(\frac{\partial\bar{\theta}}{\partial W}\Big)\varphi\Big(\frac{W}{\bar{\theta}}\Big)g(\bar{\theta})\end{aligned}$$

$$\begin{aligned}\frac{\partial E(\ell_2 \mid W,C,\ell_1)}{\partial C}&=\Big(\frac{\partial\theta^*}{\partial C}\Big)\varphi\Big(\frac{W-C}{\theta^*}\Big)g(\theta^*)-\int_0^{\theta^*}\frac{1}{\theta}\varphi'\Big(\frac{W-C}{\theta}\Big)g(\theta)\mathrm{d}\theta\\&+\ell_1\Big[\frac{\partial\bar{\theta}}{\partial C}g(\bar{\theta})-\frac{\partial\theta^*}{\partial C}g(\theta^*)\Big]-\frac{\partial\bar{\theta}}{\partial C}\varphi\Big(\frac{W}{\bar{\theta}}\Big)g(\bar{\theta})\end{aligned}$$

根据需求函数可得：

$$\varphi([W-C]/\theta^*)=l_1$$

$$\varphi(W/\bar{\theta})=l_1$$

$$\frac{\partial E(\ell_2 \mid W,C,\ell_1)}{\partial W}=\int_0^{\theta^*}\frac{1}{\theta}\varphi'\Big(\frac{W-C}{\theta}\Big)g(\theta)\mathrm{d}\theta+\int_{\bar{\theta}}^{\infty}\frac{1}{\theta}\varphi'\Big(\frac{W}{\theta}\Big)g(\theta)\mathrm{d}\theta<0$$

以及

$$\frac{\partial E(\ell_2 \mid W,C,\ell_1)}{\partial C}=-\int_0^{\theta^*}\frac{1}{\theta}\varphi'\Big(\frac{W}{\theta}\Big)g(\theta)\mathrm{d}\theta>0$$

当成本 C 增加时，企业更倾向于风险规避（即 θ^* 下降），故此时企业更倾向于在第二阶段雇用劳动者。

如果在第二阶段 θ 在不同企业间独立同分布，且在不同时期也独立同分布，则在 ℓ_1 的条件下，均值条件劳动需求函数并非 $W+\Pr(0<\theta<\theta^*)C$ 的一个直接函数，即不是 Heckman and Pagés（2000）研究中所用的研究模型，即本书第 I.5 节实证分析中所用的劳动需求函数。实际上，模型预测：

$$\frac{\partial E(\ell_2 \mid W,C,\ell_1)}{\partial W}+\frac{\partial E(\ell_2 \mid W,C,\ell_1)}{\partial C}<0$$

故尽管二者符号相反，但 $\partial E(\ell_2 \mid W,C,\ell_1)/\partial W$ 的绝对值大于 $\partial E(\ell_2 \mid W,C,\ell_1)/\partial C$ 的绝对值。

这一分析表明，劳动需求函数的实证规范应分别用 C 和 W 来表示。W 与本章中定义的静态成本一致，C 与调整成本一致。在 ℓ_1 条件下对需求函数进行的 OLS 回归无法确认静态需求分析中所用的标准替代项。

为避免在对劳动需求函数进行直接估计时可能产生的问题，可对生产函数进行估计。这可用来推导给定固定成本的需求函数，而不直接估计有固定成本的需求函数。

第一阶段的需求函数

将每个状态或有需求函数 $\ell_2=\ell_1+\Delta$ 代入表达式（B1），并对 ℓ_1 取最大值，可得到第一阶段的需求函数。与对第二阶段需求函数的分析相同，在任何条件下，$W+\Pr(0<\theta<\theta^*)C$ 并非合理的边际价格。将此项代入表达式（B1）并明确 Δ^- 与 Δ^+ 的因变量为 W、C 和 ℓ_1，可得总利润（如第一阶段所见）为：

$$f(\ell_1)-W\ell_1+\int_0^{\theta^*}\{\theta f[\ell_1+\Delta^-(W,C,\ell_1,\theta)]-(W-C)\Delta^-(W,C,\ell_1)$$
$$-W\ell_1\}g(\theta)\mathrm{d}\theta+\int_{\theta^*}^{\bar{\theta}}[\theta f(\ell_1)-W\ell_1]g(\theta)\mathrm{d}\theta$$
$$+\int_{\bar{\theta}}^{\infty}\{\theta f[\ell_1+\Delta^+(W,C,\ell_1)]-W[\ell_1+\Delta^+(W,C,\ell_1)]\}g(\theta)\mathrm{d}\theta$$

假设存在内部解，运用包络定理可得：

$$f'(\ell_1)-W+\int_0^{\theta^*}\{\theta f'[\ell_1+\Delta^-(W,C,\ell_1,\theta)]-W\}g(\theta)\mathrm{d}\theta$$
$$+\int_{\theta^*}^{\bar{\theta}}[\theta f'(\ell_1)-W]g(\theta)\mathrm{d}\theta=0$$

所以第一阶段的需求函数，即此等式中 ℓ 的解，实质上是关于 W、C 的函数，而不是关于 $W+\Pr(0<\theta\leqslant\theta^*)C$ 的函数。仔细观察可以发现，与 $C=0$ 时所得的结果相比，一阶条件下所得的解 ℓ_1 更小。这一结论也论证了在上述解决方案中我们选择 $\bar{\theta}<1$ 的合理性。

参考文献

Abowd, J., F. Kramarz, T. Lemieux, and D. Margolis. 1997. Minimum wages and youth employment in France and the United States. NBER Working Paper no. 6111. Cambridge, Mass.: National Bureau of Economic Research, July.

Abowd, J., F. Kramarz, and D. Margolis. 1999. Minimum wages and employment in France and the United States. NBER Working Paper no. 6996. Cambridge, Mass.: National Bureau of Economic Research, March.

Abowd, J., F. Kramarz, D. Margolis, and T. Phillippon. 2000. The tail of two countries: Minimum wages and employment in France and the United States. IZA Discussion Paper no. 203. Bonn, Germany: Institute for the Study of Labor.

Abraham, K., and S. Houseman. 1993. Job security and work force adjustment: How different are U.S. and Japanese Practices? In *Employment security and labor market behavior—Interdisciplinary approaches and international evidence,* ed. C. F. Buechtemann, 180–99. Ithaca, N.Y.: ILR Press.

Acemoglu, D., and J. Angrist. 2001. Consequences of employment protection? The case of the Americans with Disabilities Act. *Journal of Political Economy* 109 (5): 915–57.

Addison, J. T., and J. L. Grosso. 1996. Job security provisions and employment: Revised estimates. *Industrial Relations* 35 (4): 585–603.

Addison, J. T., and P. Portugal. 1992. Advance notice: From voluntary exchange to mandated benefits. *Industrial Relations* 31 (1): 159–78.

Addison, J. T., and P. Teixeira. 2001. The economics of employment protection. IZA Discussion Paper no. 381. Bonn, Germany: Institute for the Study of Labor, October.

Addison, J. T., P. Teixeira, and J. L. Grosso. 2000. The effect of dismissals protection on employment: More on a vexed theme. *Southern Economic Journal* 67: 105–22.

Alonso-Borrego, C., and V. Aguirregabiria. 1999. Labor contracts and flexibility: Evidence from a labor market reform in Spain. Universidad Carlos III de Madrid. Working Paper no. 99-27.

Autor, D. H., J. Donohue III, and S. Schwab. 2003. The costs of wrongful discharge laws. NBER Working Paper no. w9425. Cambridge, Mass.: National Bureau of Economic Research, January.

Barbarino, A., and J. J. Heckman. 2003. A framework for the study of the effects of labor market policies with asymmetric costs and entry and exit. University of Chicago, Department of Economics. Unpublished Manuscript.

Belsley, D. A., E. Kuh, and R. E. Welsch. 1980. *Regression diagnostics: Identifying influential data and sources of collinearity.* New York: Wiley.

Bentolila, S., and G. Bertola. 1990. Firing costs and labour demand: How bad is eurosclerosis? *Review of Economic Studies* 57:381–402.

Bentolila, S., and G. Saint-Paul. 1994. A model of labor demand with linear adjustment costs. *Labour Economics* 1:303–26.

Bertola, G. 1990. Job security, employment and wages. *European Economic Review* 34:851–86.

———. 1992. Labor turnover costs and average labor demand. *Journal of Labor Economics* 10 (4): 389–411.

———. 2001. Aggregate and disaggregated aspects of employment and unemployment. University of Torino, Department of Economics. Working Paper.

Blanchard, O. 1998. Thinking about unemployment. Paper presented at Paolo Baffi Lecture on Money and Finance. October, Rome, Italy.

Blanchard, O., and J. Wolfers. 2000. The role of shocks and institutions in the rise of European unemployment: The aggregate evidence. *Economic Journal* 11:1–33.

De Pelsmacker, P. 1984. Long-run and short-run demand for factors of production in the Belgian industry. In *Emploi-chomage: Modelisation et analyses quantitatives,* ed. D. Vitry and B. Marechal. Dijon, France: Librairie de la Université.

Deleire, T. 2000. The wage and employment effects of the Americans with Disabilities Act. *Journal of Human Resources* 35 (4): 693–715.

Denny, M., M. Fuss, and L. Waverman. 1981. Estimating the effects of diffusion of technological innovations in telecommunications: The production structure of Bell Canada. *Canadian Journal of Economics* 14:24–43.

Di Tella, R., and R. MacCulloch. 1999. The consequences of labor market flexibility: Panel evidence based on survey data. Harvard University, Harvard Business School. Unpublished Manuscript.

Dolado, J., F. Kramarz, S. Machin, A. Manning, D. Margolis, and C. Teulings. 1996. The economic impact of minimum wages in Europe. *Economic Policy* 23: 319–72.

Economic Commission for Latin America and the Caribbean (ECLAC). 2001. *Economic survey of Latin America and the Caribbean, 2000–2001.* Santiago, Chile: ECLAC.

Edwards, S., and A. Cox-Edwards. 1999. Social Security reform and labor markets: The case of Chile. University of California, Los Angeles; National Bureau of Economic Research; and California State University. Mimeograph.

———. 2000. Social Security reform and labor markets: The case of Chile. *Economic Development and Cultural Change* 50 (3): 465–89.
Elmeskov, J., J. P. Martin, and S. Scarpetta. 1998. Key lessons from labor market reforms: Evidence from OECD countries' experience. *Swedish Economic Policy Review* 5 (2): 207–52.
Fajnzylber, P., and W. F. Maloney. 2000. Labor demand and trade reform in Latin America. Universidade Federal de Minas Gerais and World Bank. Mimeograph.
Field, B., and C. Grebenstein. 1980. Capital energy substitution in U.S. manufacturing. *Review of Economics and Statistics* 70:654–59.
Freeman, R. B. 2000. Single peaked vs. diversified capitalism: The relation between economic institutions and outcomes. NBER Working Paper no. 7556. Cambridge, Mass.: National Bureau of Economic Research, February.
———. 2002. Institutional differences and economic performance among OECD countries. CEP Discussion Paper no. 557. London: Centre for Economic Performance, October.
Garibaldi, P., and P. Mauro. 1999. Deconstructing job creation. IMF Working Paper no. WP/99/109. Washington, D.C.: International Monetary Fund, August.
Grubb, D., and W. Wells. 1993. Employment regulation and patterns of work in EC countries. *OECD Economic Studies* 21 (winter): 7–58.
Gruber, J. 1994. The incidence of mandated maternity benefits. *American Economic Review* 84 (3): 622–41.
———. 1997. The incidence of payroll taxation: Evidence from Chile. *Journal of Labor Economics* 15 (3): S72–101.
Hamermesh, D. S. 1993. *Labor demand.* Princeton, N.J.: Princeton University Press.
Heckman, J. 2003. Flexibility, job creation and economic performance. In *Knowledge, information, and expectations in modern macroeconomics: In honor of Edmund S. Phelps,* ed. P. Aghion, R. Frydman, J. Stiglitz, and M. Woodford. Princeton, N.J.: Princeton University Press.
Heckman, J., and C. Pagés. 2000. The cost of job security regulation: Evidence from Latin American labor markets. *Economia: The Journal of the Latin American and Caribbean Economic Association* 1 (1): 109–54.
Holt, C. C., F. Modigliani, R. Muth, and H. Simon. 1960. *Planning production, inventories, and work force.* Englewood Cliffs, N.J.: Prentice Hall.
Hopenhayn, H., and R. Rogerson. 1993. Job turnover and policy evaluation: A general equilibrium analysis. *Journal of Political Economy* 101 (5): 915–38.
Inter-American Development Bank (IADB). 1996. *Making social services work.* Washington, D.C.: IADB.
Inter-American Development Bank (IADB). 1998–1999. *Facing up to inequality in Latin America.* Washington, D.C.: IADB.
Inter-American Development Bank (IADB). 2004. *Good jobs wanted: Labor markets in Latin America.* Washington, D.C.: IADB.
International Labour Organization (ILO). 1997–1998. *World labour report.* Geneva, Switzerland: ILO.
———. 2002. *Labour overview.* Lima, Peru: ILO.
Kaestner, R. 1996. The effect of government-mandated benefits on youth employment. *Industrial and Labor Relations Review* 50 (1): 122–42.
Kugler, A., J. F. Jimeno, and V. Hernanz. 2002. Employment consequences of restrictive permanent contracts: Evidence from Spanish labor market reforms. IZA Discussion Paper no. 657. Bonn, Germany: Institute for the Study of Labor, November.
Lazear, E. 1990. Job security provisions and employment. *Quarterly Journal of Economics* 105 (3): 699–726.

Lindauer, D. 1999. Labor market reforms and the poor. World Bank. Unpublished Manuscript. Available at http://www.worldbank.org/poverty/wdrpoverty/background/lindauer.pdf.

Lora, E., and C. Pagés. 2000. Hacia un envejecimiento responsible: Las reformas de los sistemsas pensionales América Latina. [Toward responsible aging: The reforms of the pension systems in Latin America]. *Cuadernos Económicos de I. C. E.* 65:283–324.

Machin, S., and M. Stewart. 1996. Trade unions and financial performance. *Oxford Economic Papers* 48:213–41.

MacIsaac, D., and M. Rama. 1997. Determinants of hourly earnings in Ecuador: The role of labor market regulations. *Journal of Labor Economics* 15: S136–65.

Marquéz, G. 1998. Protección al empleo y funcionamiento del mercado de trabajo: Una aproximación comparativ. [Employment protection and the performance of the labor market: A comparative approximation]. Inter-American Development Bank. Mimeograph.

Marrufo, G. 2001. The incidence of Social Security regulation: Evidence from the reform in Mexico. Ph.D. diss. University of Chicago.

Nickell, S. 1997. Unemployment and labor market rigidities: Europe versus North America. *Journal of Economic Perspectives* 11 (3): 55–74.

Nickell, S., and R. Layard. 1999. Labor market institutions and economic performance. In *Handbook of labor economics,* vol. 3C, ed. O. Ashenfelter and D. Card, 3029–84. New York: North-Holland.

Nicoletti, G., and S. Scarpetta. 2001. Interactions between product and labor market regulations: Do they affect unemployment? Evidence from OECD countries. Paper presented at the Bank of Portugal Conference, Labor Market Institutions and Economic Outcomes. 30 June, Cascais, Portugal.

———. 2003. Regulation, productivity and growth: OECD evidence. *Economic Policy* 36 (April): 10–72.

Nicoletti, G., S. Scarpetta, and O. Boylaud. 1999. Summary indicators of product market regulation with an extension to employment protection legislation. OECD Working Paper no. 226. Paris: Organization for Economic Cooperation and Development.

Nohlen, D. 1993. *Enciclopedia electoral Latinoamericana y del Caribe.* San Jose, Costa Rica: Instituto InterAmericano de Derechos Humanos.

O'Connell, L. 1999. Collective bargaining systems in six Latin American countries: Degrees of autonomy and decentralization. IADB Research Network Working Paper no. R-399. Washington, D.C.: Inter-American Development Bank.

Organization for Economic Cooperation and Development (OECD). 1993. *Employment Outlook.* Paris: OECD.

———. 1994. *The OECD jobs study: Facts, analysis, strategies.* Paris: OECD.

———. 1996. Employment adjustment, workers and unemployment. *OECD Economic Outlook,* 161–84. Paris: OECD, July.

———. 1999. Employment protection and labour market performance. *OECD Economic Outlook,* 49–132. Paris: OECD, June.

Pagés, C., and C. Montenegro. 1999. Job security and the age-composition of employment: Evidence from Chile. IADB Working Paper no. 398. Washington, D.C.: Inter-American Development Bank.

Risager, O., and J. R. Sorensen. 1997. On the effects of firing costs when investment is endogeneous: An extension of a model by Bertola. *European Economic Review* 41 (7): 1343–53.

Roberts, M. J., and E. Skoufias. 1997. The long-run demand for skilled and unskilled labor in Colombian manufacturing plants. *Review of Economics and Statistics* 79 (2): 330–34.

Scarpetta, S. 1996. Assessing the role of labour market policies and institutional settings on unemployment: A cross-country study. *OECD Economic Studies* 26: 43–98.

United Nations Development Programme (UNDP). 2001. *Human development report 2001: Making new technologies work for human development.* New York: UNDP.

United Nations Population Fund. 1998. *The state of world population 1988: The new generations.* New York: UNFPA.

United States Social Security Administration, Division of Research and Statistics. 1983–1999. *Social Security programs throughout the world.* Washington, D.C.: U.S. Dept. of Health and Human Services, Social Security Administration, Office of Research and Statistics.

Waud, R. 1968. Man-hour behavior in U.S. manufacturing: A neoclassical interpretation. *Journal of Political Economy* 76:407–27.

World Bank. 2001. *World development indicators.* CD-ROM. Washington, D.C.: World Bank.

Wylie, P. 1990. Scale-biased technological development in Canada's industrialization, 1900–1929. *Review of Economics and Statistics* 72:219–27.

1 测度最低工资制度的影响
——基于对拉丁美洲国家的实证分析

威廉·F. 马洛尼和杰罗·努涅斯·门德斯*

最低工资制度是区域劳动市场政策的核心问题。在20世纪80年代，墨西哥和巴西等国规定的最低工资标准已经不适用于当时的劳动市场，政府迫于压力为低收入劳动者提供“可以维持其生存”的收入。在一些国家，居高不下的失业率以及为增强劳动市场灵活性而放宽的工会制度产生的溢价，使政策制定者在确定新的最低工资标准时更为谨慎。

本章首先介绍了拉丁美洲最低工资制度的概况，运用数值度量法和核密度图（绘制了阿根廷、玻利维亚、巴西、智利、哥伦比亚、洪都拉斯、墨西哥和乌拉圭等8国的核密度图）分析最低工资制度对实际工资水平的影响。特别地，本章试图论证最低工资制度对工资分布和对非正规（不受规制）部门的影响更大。该研究的主要结论是最低工资制度对工资的影响远大于人们的预期，在拉丁美洲，这一制度的影响大于早期研究中其对工业化国家的影响。本章的最后部分运用哥伦比亚（该国最低工资标准较高且约束力强）的就业面板数据，对最低工资制度的工资效应和就业效应进行了量化研究。

---

* 威廉·F. 马洛尼（William F. Maloney）是世界银行拉丁美洲和加勒比海岸地区首席经济学家办公室的主要经济学家。杰罗·努涅斯·门德斯（Jairo Nuñez Mendez）是哥伦比亚波哥大洛斯安第斯大学的经济学教授。

个别国家核密度分析由温迪·坎宁安（Wendy Cunningham）（阿根廷、墨西哥）、诺伯特·菲斯（Norbert Fiess）（巴西）、克劳迪奥·蒙特内格罗（Claudio Montenegro）和克劳迪娅·塞普尔韦达（Claudia Sepulveda）（智利）、埃德蒙多·穆鲁加拉（Edmundo Murrugarra）（乌拉圭）、毛里齐奥·圣玛丽亚（Mauricio Santamaria）（哥伦比亚）和科琳娜·西恩斯（Corinne Siaens）（玻利维亚、洪都拉斯）进行，非常感谢他们的努力。感谢詹姆斯·赫克曼、卡门·佩奇斯和吉耶尔莫·佩里（Guillermo Perry）提出的有帮助的评论。这项工作的部分资金来自世界银行拉丁美洲和加勒比海岸地区首席经济学家办公室的区域研究项目。

1.1 最低工资制度的重要性

最低工资制度的再分配效应可能会减少贫困并促进经济增长（Freeman and Freeman，1992），但已有文献关注的焦点是最低工资制度产生的二次效应（即最低工资制度会导致劳动市场僵化，并且减少潜在的就业机会）可能会抵消最低工资制度的再分配效应。经典经济理论模型表明，将工资下限设定在均衡水平之上会导致就业率下降。这些效应在美国较弱，其对青年劳动者的影响除外（Brown，Gilroy，and Kohen，1982；Card，Katz，and Krueger，1993）。Dickens，Machin，and Manning（1999）分析了英国的最低工资制度对工资的影响，研究结果（不包括最低工资制度对就业的影响）与雇主拥有买方垄断力量这一实际相符，但与经典竞争模型不符。

然而，其他研究发现最低工资制度对就业有显著的负向影响。Currie and Fallick（1996）；Abowd，Kramarz，and Margolis（1999）；Neumark，Schweitzer，and Wascher（2000）和 Neumark and Wascher（1992）研究发现，在最低工资制度非常严格的国家，这一制度对失业有显著影响，这些国家的就业弹性为 0.4～1.6（按绝对值计算）。[①] Abowd，Kramarz，and Margolis（1999）关于美国和法国的比较研究发现，对工资水平在最低工资水平上下波动的劳动者而言，最低工资制度对法国的就业影响更大。Neumark and Wascher（1992）使用 OECD 跨部门-时间的面板数据研究发现，当雇主根据工作特征调整雇员的非货币收入时，最低工资制度的影响会减弱，但其对青年劳动者的失业率仍有影响。

对拉丁美洲国家进行的实证研究发现，最低工资制度具有很大的影响。Freeman（1991）研究了 1997 年波多黎各强制实施美国最低工资标准的影响，结果发现，最低工资制度对美国影响较弱的主要原因是最低工资制度规定的最低工资水平太低，导致其对实际工资水平的影响极小。当波多黎各的最低工资水平使制造业平均工资提高 63%时，就业弹性为 0.91，工资水平的提高导致该国出现了大量的失业。然而，Card and Krueger（1995）认为上述分析结果不具有稳健性，事实上，一旦调整小型企业所占的权重，就可得到就业增加的结论。Bell（1997）运用墨西哥和哥伦比亚的制造业面板数据研究发现，最低

① 他们认为，Card，Katz，and Krueger（1993）关于这一制度无影响的结论，是由遗漏入学率的影响和使用错误的估计方法导致的，纠正这些错误后，得到的结果与他们的一致。Card，Katz，and Krueger（1993）的某些结论存在争议，Neumark and Wascher（1993）发现在考虑这些误差后，他们最初的结论得到了进一步的证实。

工资制度对就业有显著的负向影响。她通过研究发现，在最低工资制度约束力不强的墨西哥，这一制度并未产生影响，但对哥伦比亚的研究发现，非技术性劳动者的就业弹性为0.15～0.33，技术性劳动者的就业弹性为0.03～0.24，对于工资近似于最低工资水平的劳动者而言，就业弹性为0.55～1.22。她研究发现在1981—1987年，最低工资水平每提高10%，哥伦比亚低技术水平和低工资劳动者的就业率就会降低2%～12%。

收入近似最低工资水平的劳动者的高就业弹性使最低工资制度对贫困的总体影响不确定；就业弹性大于1，说明随着工资水平的上升，转移至特定人群的总体收入减少。在美国，这一效应并不明显。例如，Card and Krueger（1995）的研究发现，最低工资制度对改善贫困状况有一定的影响，然而Neumark，Schweitzer，and Wascher（2000）的研究发现，当最低工资标准提高时，低工资水平的劳动者的收入反而下降，该国的贫困状况也更严重。[①] 对于劳动市场制度的实施尚未渗透至“非正规”部门的欠发达国家而言，最低工资制度与贫困状况的相关性更强。工资水平近似最低工资水平的劳动者通常在不受法律约束的小微企业（通常雇员少于5人）工作，这类企业的雇主和雇员均未在社会保障机构注册。Harris and Todaro（1970）和Agenor and Aizenman（1999）中的标准二元模型通过名义工资刚性（等同于最低工资标准）将那些不受法律保护的劳动者定义为劳动市场的弱势群体。这些劳动者若失去工作，无法获得失业保险，他们只能到非正规部门就业，但非正规部门的工资水平通常会根据劳动供给情况进行调整。在这种情况下，最低工资标准的上调会迫使一些劳动者进入工资水平低于其之前工资的部门。目前，针对拉丁美洲的实证研究的结论是不确定的。Morely（1995）和de Janvry and Sadoulet（1996）研究发现，贫困水平会随着最低工资标准的提高而降低，但Morely（1995）的研究是基于经济复苏时期，而de Janvry and Sadoulet（1996）的研究是基于经济衰退期。Lustig and McLeod（1997）运用欠发达国家（LDC）的数据研究表明，最低工资制度对就业和贫困都有负向影响。

此外，在关于法定非工资福利制度与其他法律制度对劳动需求的影响的研究中，也有对于最低工资制度的讨论。例如，如果劳动者的医疗保险费用完全由雇主承担，则在没有严格法律约束的劳动市场中，劳动者的工资可能会减少，减少金额与医疗保险费相当。然而，如果存在工资下限的法律规定，法定非工资福利制度会使雇主的总成本增加，因而降低劳动需求。事实上，可将大部分法律规定视为是对企业征税，税收的大小取决于劳动者对法律规定的认同程度和法律制度对名义工资的约束程度。例如，对于雇主解雇员工的限制潜在地剥夺了雇主对自己资产（劳动力）的选择权，因此，这种税收等同于选择价

① 他们的实证研究发现，实施最低工资制度的压力主要来自力求减少工资竞争的工会。

值。如果雇主为风险规避型，那么这一税收会以就业保障成本的形式转嫁给劳动者；但如果最低工资制度的约束较强，这一税收就转嫁不了。不合理的劳动市场政策对就业有负向影响，如果同时存在最低工资制度的话，该负向影响会更加显著。

关于最低工资制度的最后一个问题是，最低工资制度是怎样影响经济对冲击的调整机制的？最低工资制度是否通过就业或工资对其产生影响？在1994—1995年的龙舌兰酒危机中，墨西哥的实际工资下降了25%以上，但失业率仅有小幅度的上升。相反，哥伦比亚宪法中规定的最低工资标准是对过去的通货膨胀进行指数化后所得的工资水平，这是导致1998年金融危机以来高失业率的原因。

1.2　最低工资制度的量化

对不同国家间的实际最低工资水平进行比较的意义并不大。从提升公平和最小化劳动市场扭曲程度的角度来看，我们感兴趣的是单个国家的最低工资水平与实际工资的相对水平。如果说巴西的最低工资水平仅为阿根廷的一小部分，就认为巴西的最低工资水平“太低”，这是不相关的，因为巴西的整体劳动生产率存在类似程度的差异。

作为国际比较的第一部分，图1.1按照最低工资水平（标准化为平均工资的占比）对部分拉丁美洲和OECD国家进行了排序。[①] 其中，拉丁美洲地区的乌拉圭、玻利维亚、巴西、阿根廷、智利和墨西哥的最低工资水平最低，而委内瑞拉、萨尔瓦多、巴拉圭和洪都拉斯的最低工资水平最高。[②]

虽然信息丰富，然而一阶矩标准化的结果并不能告诉我们最低工资标准是否具有约束力，原因有二。第一，受影响的劳动者数目取决于分布的高阶矩，给定平均工资，人力资本禀赋更分散（方差）或资质较差的劳动者的比例特别大（偏度），就会导致更多的工人受影响。第二，如果最低工资标准不是强制实施的，则非常高的平均工资就无关紧要。

---

① 在此详细讨论的国家数据是近几年由国际复兴开发银行的工作人员评估得到的。其他的数据则来源于美洲开发银行（1999）。

② 分析中所用数据分别来源于阿根廷的永久性家庭调查、玻利维亚的连续性家庭调查、巴西的全国性家庭样本调查、智利的全国社会经济调查、洪都拉斯的多目的永久性调查和墨西哥的全国性城市就业调查，我们将样本限定为年龄在16～65岁，每周工作时间在30～50小时的非正式雇用劳动者（指的是在不多于5名雇员的企业工作的劳动者）以及正式雇用劳动者（在有6名及以上雇员的企业工作的劳动者）。

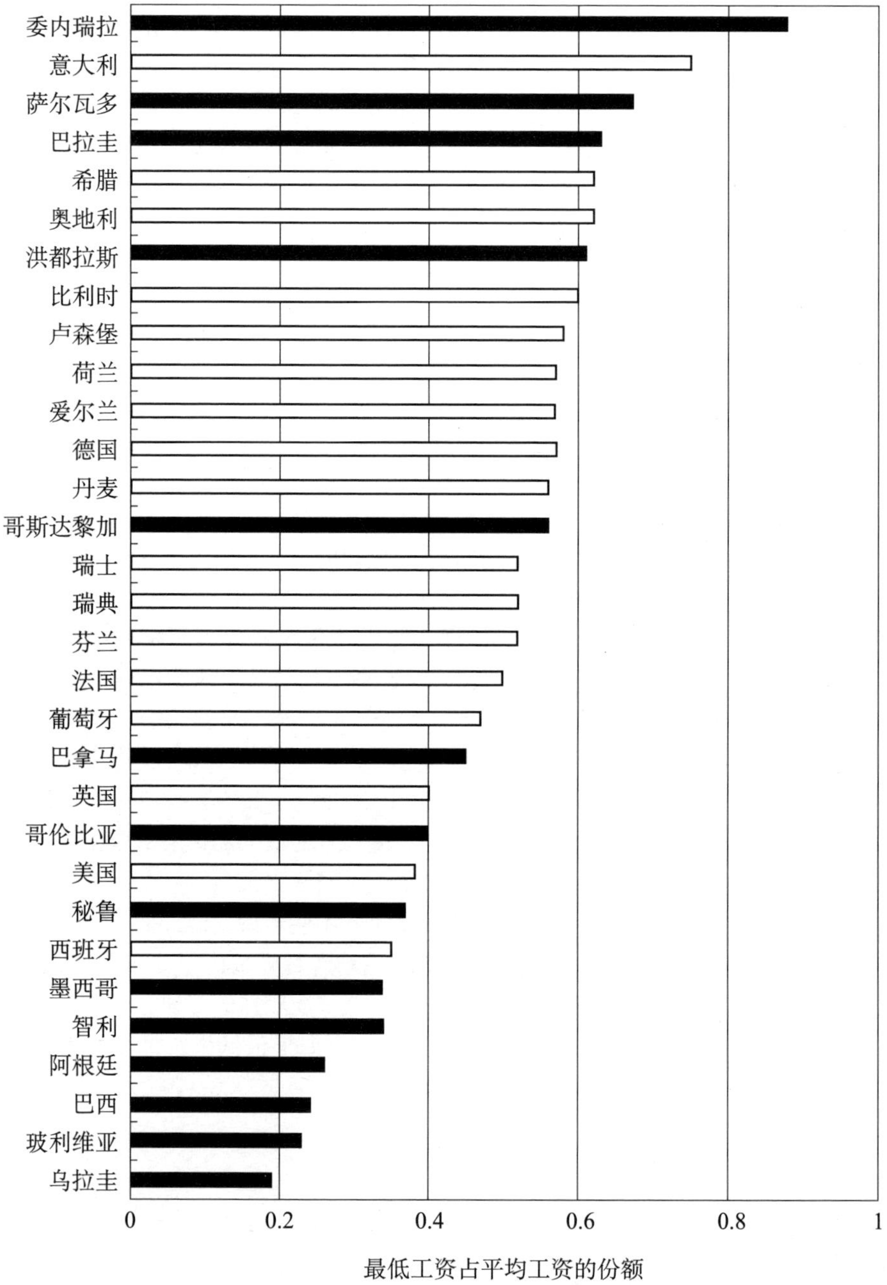

图 1.1　OECD 国家和拉丁美洲国家的最低工资/平均工资

表1.1展示了其他额外的指标情况。其中，最低工资栏的第一列为标准化后的平均最低工资水平，第二列为标准化后的最低工资水平的50分位数(即中位数)。由于中位数对上尾和下尾极端值的敏感度较低，在衡量集中趋势方面，中位数是一个较好的指标。从表中可以看到，若将最低工资水平的中位数和均值根据数值大小进行排序，则阿根廷与巴西最低工资水平中位数所在的顺序与其均值所在的顺序恰好相反，这一效应在10分位数上更明显，与工资水平集中于中位数区间的劳动者相比，工资水平处于10分位数区间的劳动者的工资水平更值得关注。① 从10分位数来看，除了洪都拉斯和智利外，巴西的最低工资标准最具有约束力，其约束程度远高于阿根廷和乌拉圭。因此，在本次研究的所有样本和纯城市地区样本中，巴西的最低工资水平的方差最大。

表1.1 最低工资和工资分配的相关统计量

国家	年份	最低工资			标准误	偏度
		均值	50分位数	10分位数		
阿根廷[a]	1998	0.26	0.33	0.67	0.67	0.53
玻利维亚	1997	0.22	0.34	0.80	0.80	0.51
巴西	1998	0.24	0.43	1.00	0.86	0.61
巴西[a]	1998	0.22	0.37	1.00	0.71	0.60
智利	1996	0.34	0.55	1.09	0.77	0.58
哥伦比亚[a]	1998	0.40	0.68	1.00	0.51	1.16
洪都拉斯	1999	0.62	0.90	2.26	0.80	−0.14
墨西哥[a]	1999	0.34	0.48	0.87	0.64	0.83
乌拉圭[a]	1998	0.19	0.27	0.64	0.72	0.06

资料来源：作者的估计结果。

注：研究样本是年龄在16～65岁，每周工作时长为30～50小时的受雇劳动者。

a. 表示仅包括城市地区。

1.3 图形分析——核密度图

从理论分析的角度来看，10分位数、方差和偏度描述的都是最低工资制度实施后的分布情况，所以这些指标都存在一定的问题。而图示法能够更直观

① 在全部样本中，10%的劳动者的工资水平低于这一标准，90%的劳动者的工资水平高于这一标准。

地显示分布情况。图 1.2 中第一类图是核密度图（对密度函数进行核估计），其中垂线表示最低工资水平的位置。① 核密度估计量近似基于 x 的观测值的密度函数 $f(x)$。该估计量计算在一个滚动区间或“窗口”内发现的加权 x 的中心密度，它不同于直方图，它允许窗口重叠，并且对 x 可能有不同的权重方案。

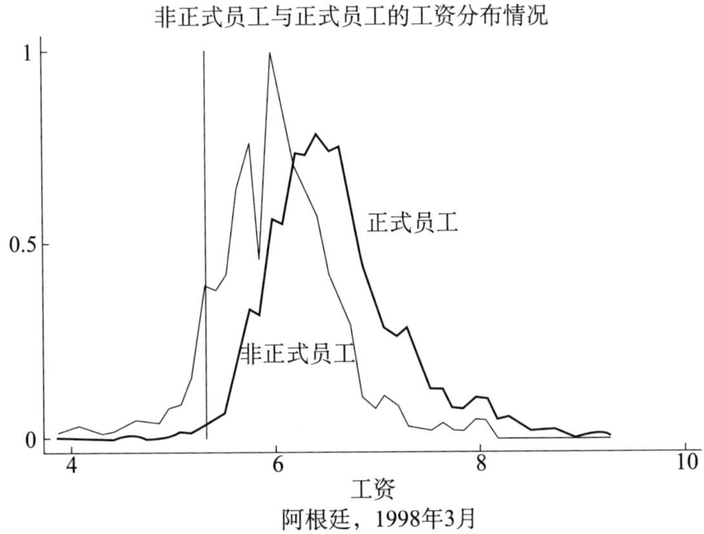

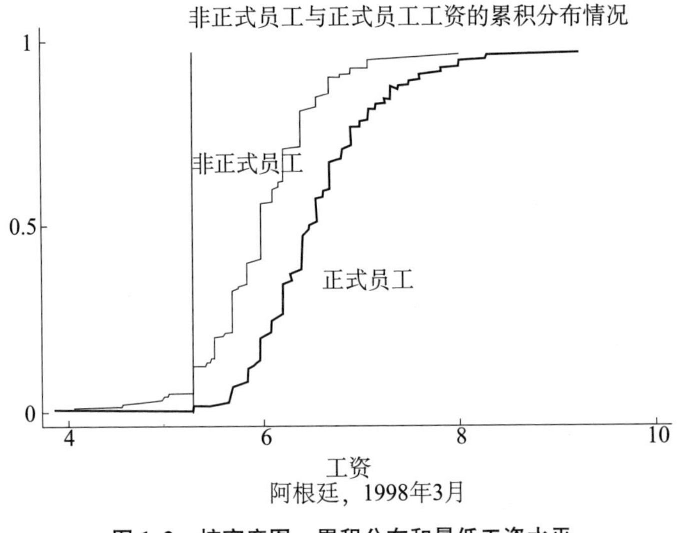

非正式员工与正式员工的工资分布情况

1
0.5
0
正式员工
非正式员工
4 6 8 10
工资
阿根廷，1998年3月

非正式员工与正式员工工资的累积分布情况

1
0.5
0
非正式员工
正式员工
4 6 8 10
工资
阿根廷，1998年3月

图 1.2　核密度图、累积分布和最低工资水平

---

① 详见 DiNardo, Fortin, and Lemieux (1996) 对核密度估计的处理以及 Velez and Santamaria (1999) 在对哥伦比亚的研究中对累积分布函数 (CDF) 的应用。

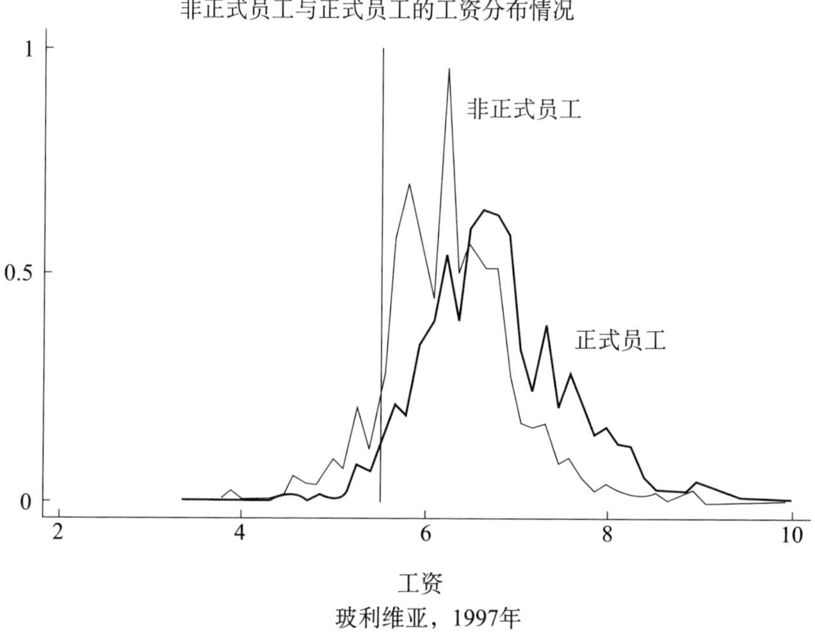
非正式员工与正式员工的工资分布情况
1
0.5
0
2
4
6
8
10
非正式员工
正式员工
工资
玻利维亚，1997年

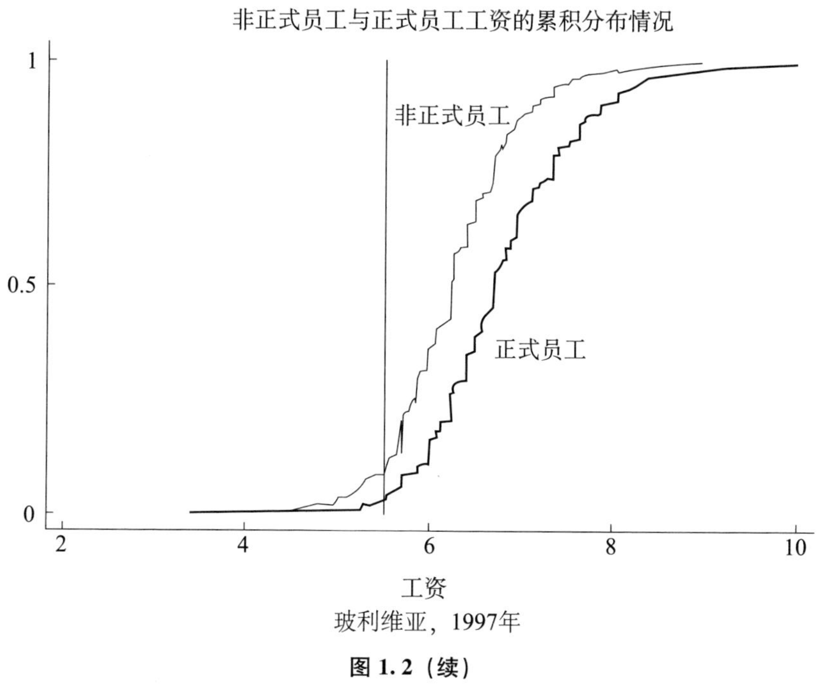
非正式员工与正式员工工资的累积分布情况
1
0.5
0
2
4
6
8
10
非正式员工
正式员工
工资
玻利维亚，1997年

图 1.2（续）

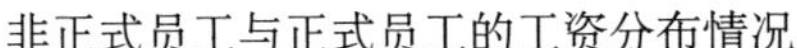

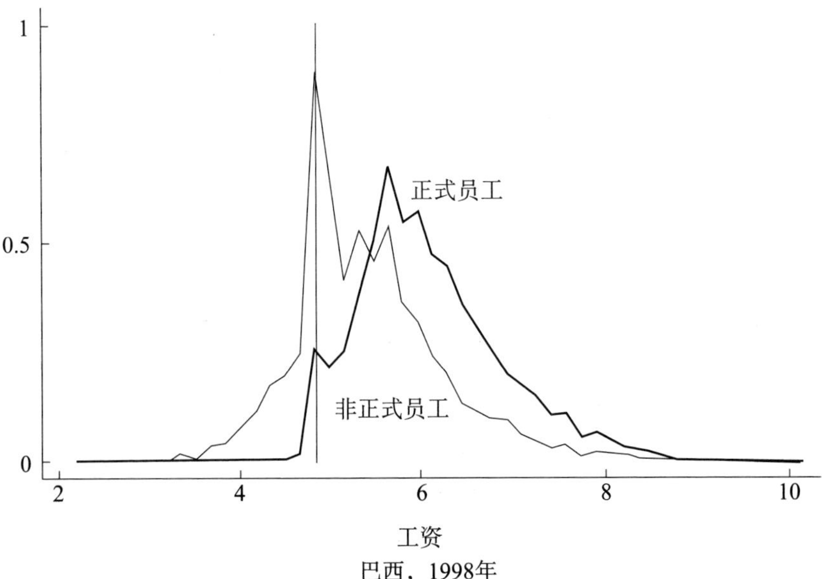

非正式员工与正式员工工资的累积分布情况

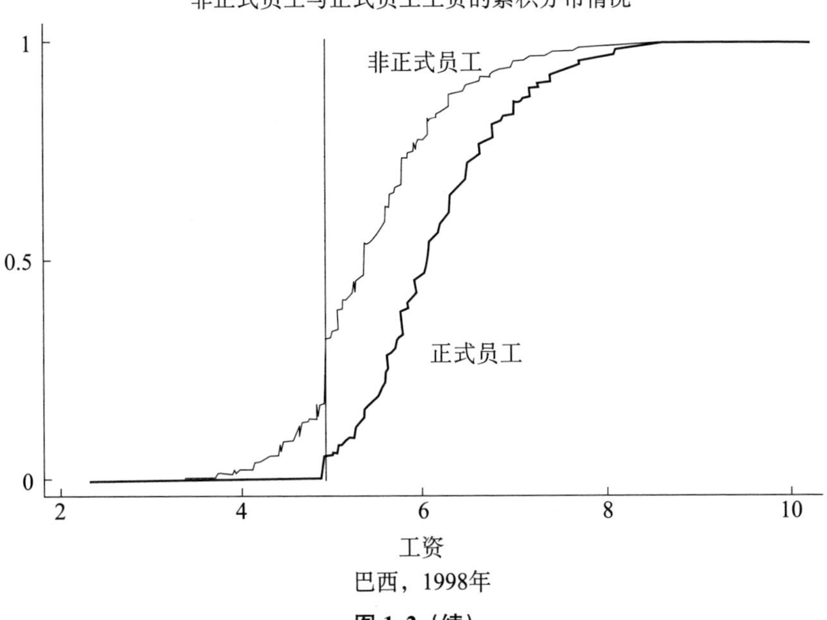

图 1.2（续）

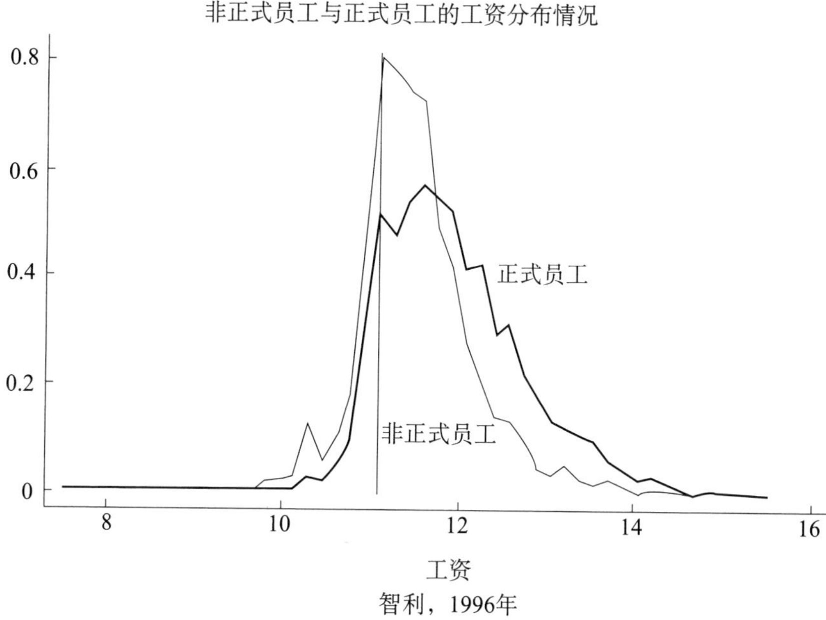
非正式员工与正式员工的工资分布情况
0.8
0.6
0.4
0.2
0
正式员工
非正式员工
8
10
12
14
16
工资
智利，1996年

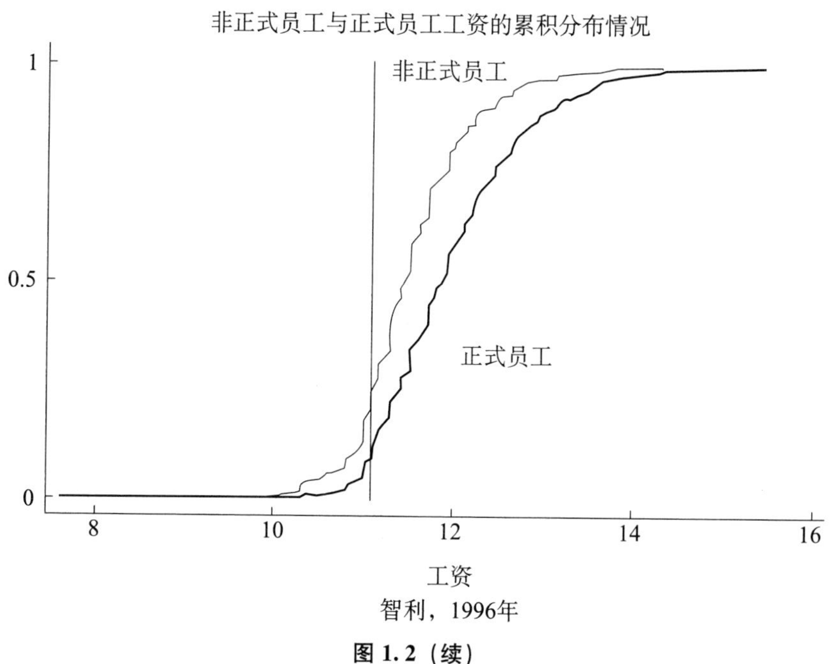
非正式员工与正式员工工资的累积分布情况
1
0.5
0
非正式员工
正式员工
8
10
12
14
16
工资
智利，1996年

图 1.2（续）

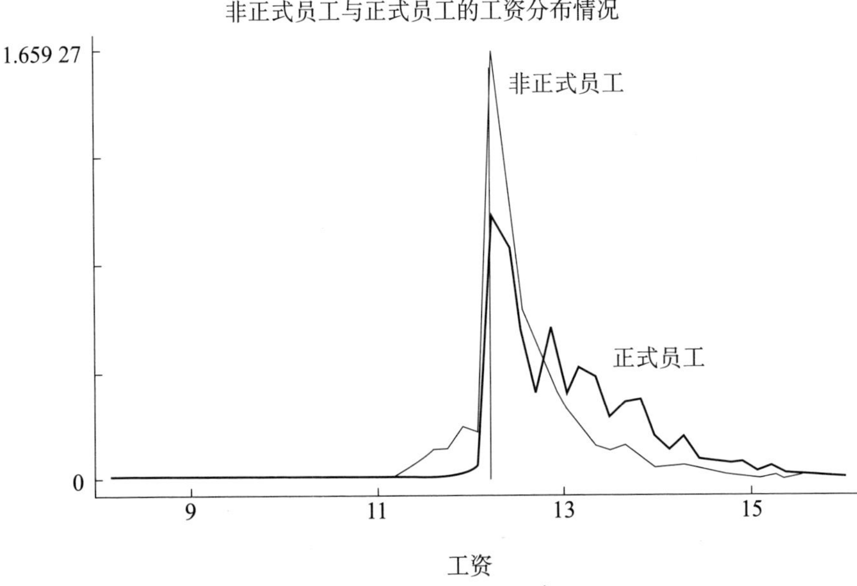

非正式员工与正式员工的工资分布情况
1.659 27
0
非正式员工
正式员工
9
11
13
15
工资
哥伦比亚，1998年

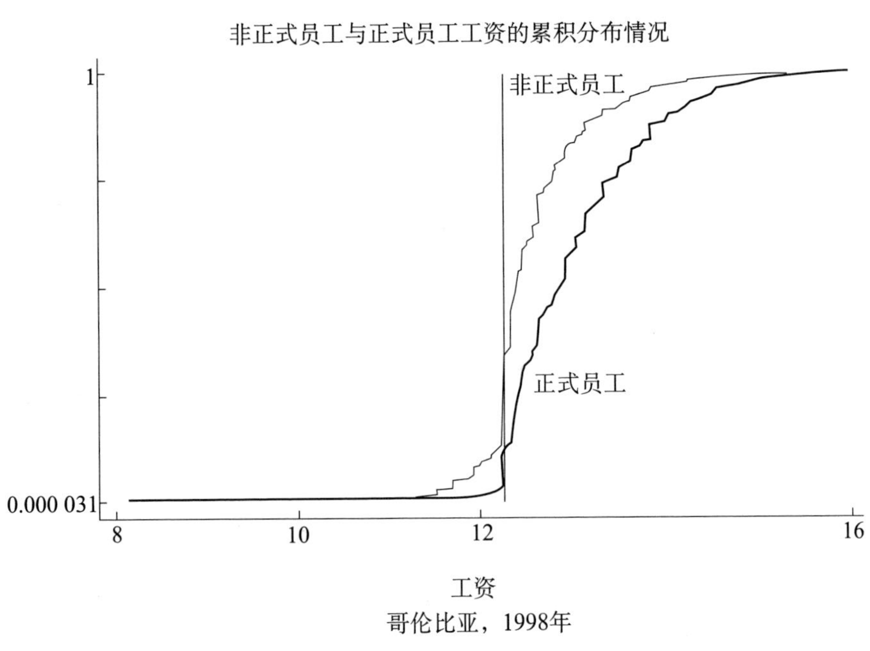

非正式员工与正式员工工资的累积分布情况
1
0.000 031
非正式员工
正式员工
8
10
12
16
工资
哥伦比亚，1998年

图 1.2（续）

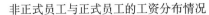

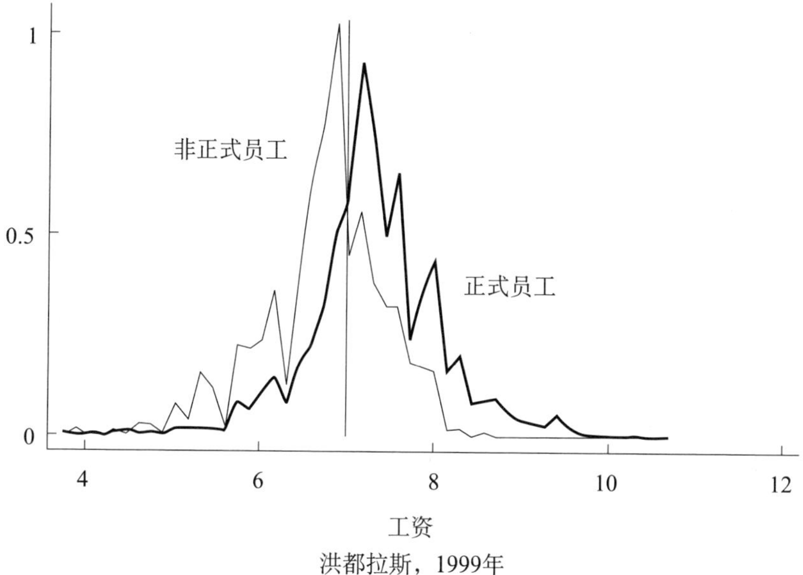
非正式员工与正式员工的工资分布情况
1
0.5
0
非正式员工
正式员工
4
6
8
10
12
工资
洪都拉斯，1999年

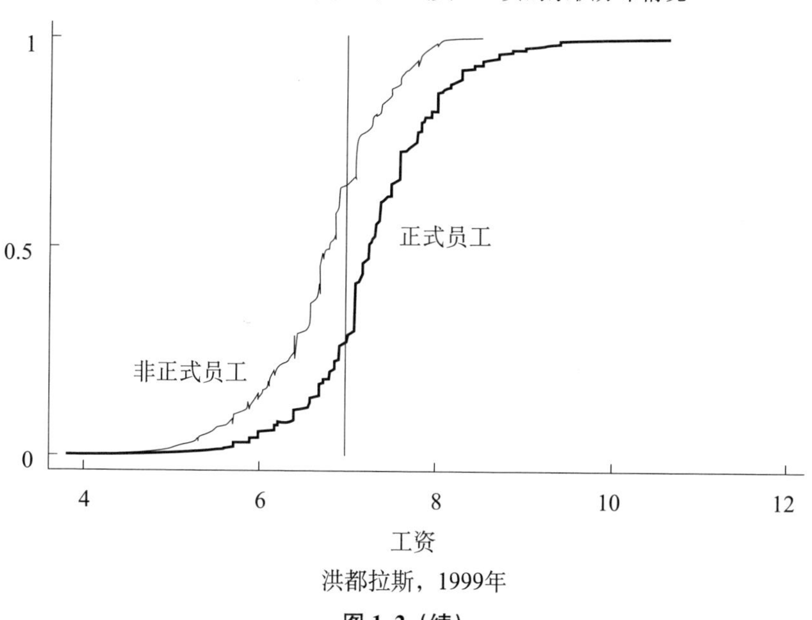
非正式员工与正式员工工资的累积分布情况
1
0.5
0
正式员工
非正式员工
4
6
8
10
12
工资
洪都拉斯，1999年

图 1.2（续）

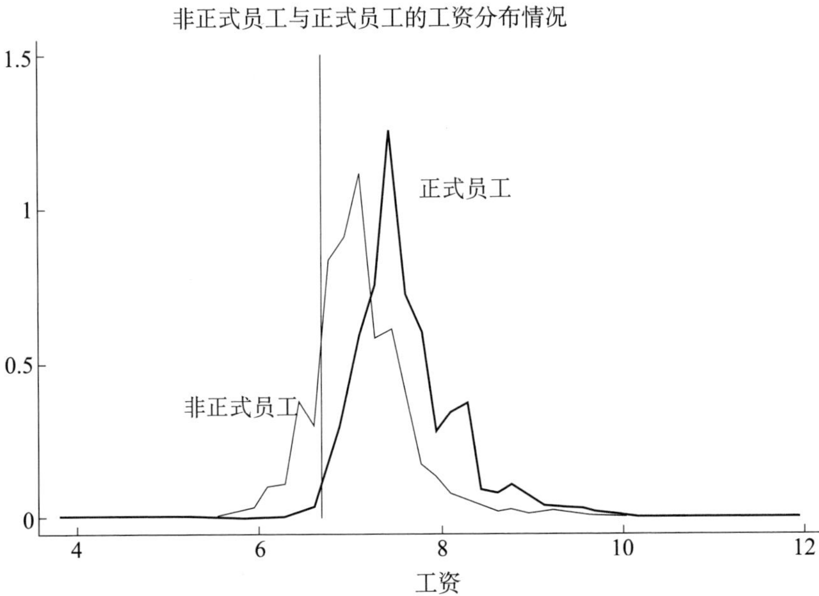
非正式员工与正式员工的工资分布情况
1.5
1
0.5
0
正式员工
非正式员工
4
6
8
10
12
工资
墨西哥，1999年1月

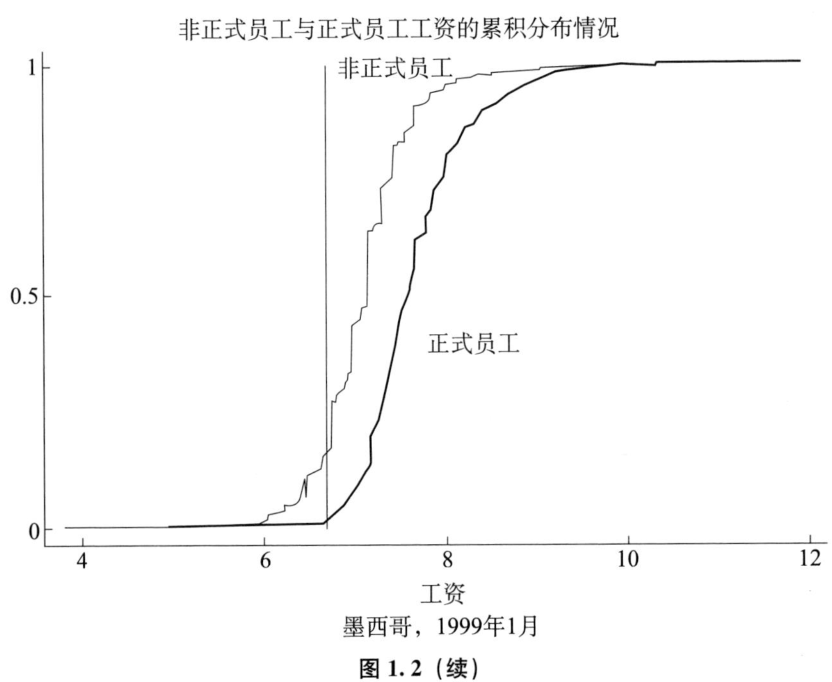
非正式员工与正式员工工资的累积分布情况
1
0.5
0
非正式员工
正式员工
4
6
8
10
12
工资
墨西哥，1999年1月

图 1.2（续）

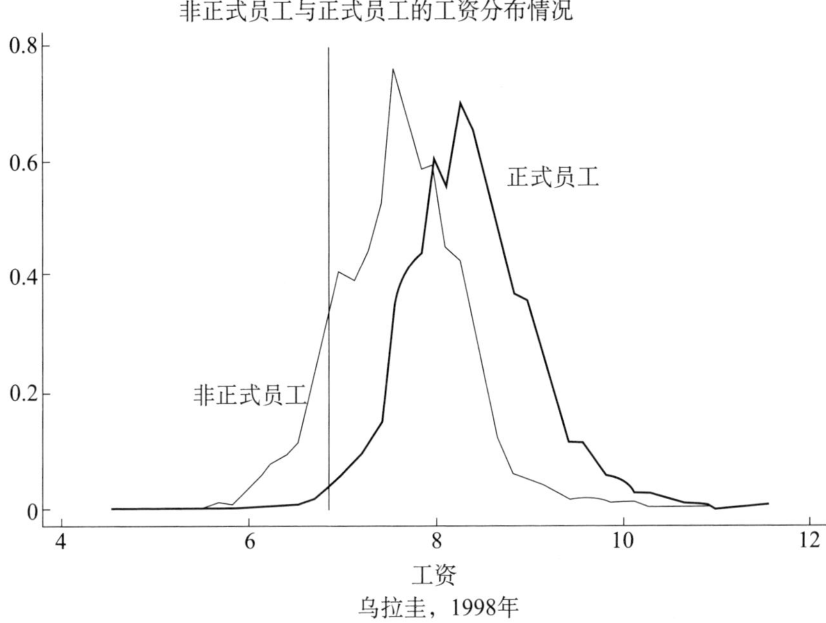

非正式员工与正式员工的工资分布情况
0.8
0.6
0.4
0.2
0
4
6
8
10
12
正式员工
非正式员工
工资
乌拉圭，1998年

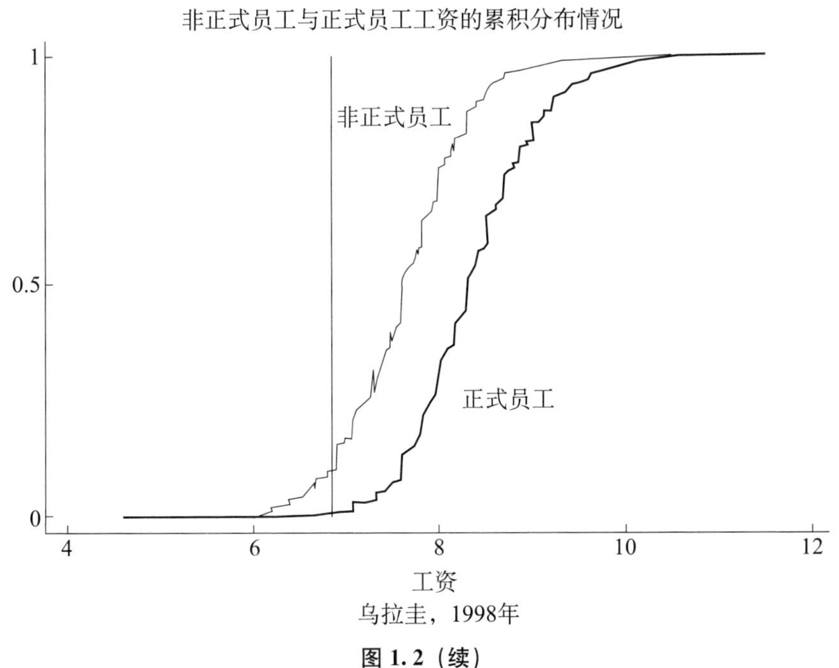

非正式员工与正式员工工资的累积分布情况
1
0.5
0
4
6
8
10
12
非正式员工
正式员工
工资
乌拉圭，1998年

图 1.2（续）

$$\hat{f}_k = \frac{1}{nh}\sum_{i=1}^{n} K\left(\frac{x-X_i}{h}\right) \tag{1}$$

式中，函数 K（即“核”）决定权重。这一估计量的优点是更清楚地描述了数据分布的形态，但它对带宽反应敏感。较大的带宽会使约束最低工资的“悬崖”趋于平缓，所以在估计最低工资制度的影响时，考虑这一点尤为重要。同时，一些为避免误差而进行的调整对数据分布会有一定的影响。

第二类图为工资的累积分布图。在这类图中，不需要识别带宽，垂直的“悬崖”表明了最低工资水平或其倍数可能会影响的地方。非正式员工和正式员工工资的分布情况分别以细线和加粗线表示。① 在每幅图中，最低工资水平（在所有图中以垂线表示）附近的概率“堆积”表明，政策实际上已经使分布产生了变化。

1.3.1 解释

最低工资制度确实会在很大程度上对工资分配产生影响。哥伦比亚是极端的例子，在其图中出现了在最低工资水平附近的“陡崖”、较小的标准误和较大的偏度（如表 1.1 所示），这反映了最低工资制度的影响，而不是人力资本的潜在分布，更多详细内容查看 Santamaria（1998）的研究结果。与常理相悖的是，相较于法律规定更严苛的阿根廷和乌拉圭，巴西和智利的最低工资标准对其正规部门的约束力更大。

一般而言，在不同地区，制度的实施情况会有所不同，在估计最低工资制度对于收入分配的影响或其对劳动市场的影响时，标准化后的平均最低工资水平本身也可能存在偏差。智利和哥伦比亚的标准化后的平均最低工资水平远低于洪都拉斯，但前两国工资分配的扭曲程度大于后者。这表明，一国标准化后的平均最低工资水平的排列顺序（如图 1.1 所示）不足以说明最低工资标准的影响，且仅对法定的规章制度进行实证研究可能会对现行情况产生错误的判断。

1.3.2 最低工资制度对非正规部门的影响研究

几乎在所有国家，如巴西，最低工资制度对于非正规部门的实际工资水平都具有灯塔效应。②也就是说，不受这一制度约束的部门的工资水平，或者正

① 非正式员工：根据受雇劳动者是否加入社会保障系统或者是否在极小规模的企业（雇员人数不多于 5 人）工作来判断。由于哥伦比亚调查收集的数据有限，因此这两者之间的差异很小。

② 关于“灯塔效应”最早的论述源于 Souza and Baltar（1979）对巴西的研究。在近期的文献中，Neri，Gonzaga，and Camargo（2000）和 Amadeo，Gill，and Neri（2000）也在其研究中提到过“灯塔效应”。此外，Lemos（2003）和 Neumark，Cunningham，and Siga（2003）近期对巴西最低工资制度的研究也提及了“灯塔效应”。

规部门的最低工资标准可以作为经济状况的参考指标。实际上，在巴西、墨西哥、阿根廷和乌拉圭等国，最低工资水平与正规部门的实际工资水平无关，但最低工资制度对非正规部门的影响远大于正规部门。在这些国家中，相对于正规部门的工资水平，非正规部门的工资水平表明，非正规部门在最低工资标准附近的变化程度大于正规部门。通常认为，在高通货膨胀国家最低工资水平是工资水平的一个信号，但实证分析的结果并非如此：在样本调查期间，巴西、哥伦比亚和墨西哥的通货膨胀率并不高。尽管可能不受法律约束，但最低工资标准也可能是“公平”薪酬的重要基准。

这一研究发现可能改变对非正规部门与正规部门两者关系的传统看法——工资下限的约束现在主要针对非正规部门，也就是说给非正规部门带来了新的问题。如果它是一个法律保障程度较低的部门，那为什么部分劳动者能够获得福利而其他劳动者却没有？为什么非正规部门的劳动者应该获得最低工资水平，以此来体现公平，而不是获得福利保障？Maloney（1998）认为可能的原因之一是，非正规部门发挥的作用与规制的作用类似，非正规部门本身就是规避劳动市场规制低效的一种方式。与此前论述的内容相同，如果正规部门没有工资下限的规定，大部分雇主的福利成本可能以降低工资的形式转嫁给劳动者。如果这一隐性税收高于雇主可能得到的收益，则会促使雇主倾向于雇用非正式员工。通常情况下，非正式员工的年龄小于正式员工，可能的原因是，许多劳动者仍然受到其父辈医疗保障的保护，或由于他们获得的社会保障程度较低，他们不愿意再次支付隐性税收。此外，福利提供方面经常存在的严重低效使福利和隐性税收之间形成了一个楔子。

这一发现同样说明，标准二元模型将非正规部门工资的灵活性作为劳动者从正规部门流出的原因是不充分的。目前我们无法推断出非正规部门的劳动需求曲线是向下倾斜的，进而也无法证明最低工资约束会增加失业，且削弱非正规部门吸纳失业人员的能力。同样，这又让我们想到了哥伦比亚极端的情况。① 哥伦比亚历史新高的失业率，一方面是由金融行业崩溃产生的正规生产冲击所致，另一方面是由过去几年最低工资标准提高，使非正规部门的失业增加所致。

1.3.3 最低工资标准是实际工资的基准

在所有地区，通常都以最低工资作为一般记账单位或计价单位，例如在计

① 例如，Fiess，Fugazza，and Maloney（1999）发现，墨西哥的非正规部门和正规部门在较小程度上是相互交叉的，在经济周期中，它们好像处于一个综合性部门，伴随着非正规部门的劳动力份额增加，正规部门的收入上升。在哥伦比亚，非正规部门中的自雇用劳动者和急剧上升的失业率都支持了传统二元论的观点。同时 Maloney（2003a，b）和 Cunningham and Maloney（2001）对非正式部门的优势进行了进一步的研究。

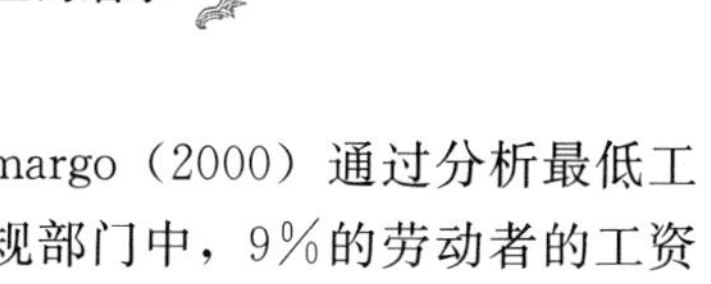

算工资或签订合同时。Neri，Gonzaga，and Camargo（2000）通过分析最低工资制度对实际工资水平的影响发现，在巴西正规部门中，9%的劳动者的工资水平与最低工资标准相当，6%的劳动者的工资水平是最低工资的倍数。在阿根廷、巴西、墨西哥和乌拉圭的工资分布图中出现了规律性“悬崖”，这一现象在正规部门和非正规部门中同时存在。下一节将对这些效应进行更为详细的说明。

1.4　对哥伦比亚最低工资制度影响的实证分析

在这一部分，我们基于 Neumark，Schweitzer，and Wascher（2000）的研究，采用哥伦比亚多次轮换调查收集的面板数据来检验提高最低工资水平对实际工资水平和就业率的影响，并验证对两者的计价效应。根据这一面板数据的特点，以及之前论述中得出的哥伦比亚最低工资水平较高且具有约束力的结论，哥伦比亚比较适合用于研究这一问题。

从 1997 年起，哥伦比亚国家统计局开始对早期全国家庭调查中访谈过的25%的家庭进行回访，从而收集到相同家庭样本连续两个季度的观测数据。个人身份首先按照家庭定义，其次按照性别、年龄、婚姻状况、与户主的关系、受教育程度和受教育年限定义，这些变量在季度之间不发生变化。计算每个个体相对于同一套房子中的其他居民的欧氏距离，当距离小于预设值时，则保留该样本的信息。在 11 次轮换样本调查中，约有 15%的调查样本能与其上一次的调查匹配上。如表 1.2 所示，当把核密度图使用的样本限制为“每周工作30～50 小时的劳动者”时，第一次调查时获得了 10 633 个观测值，其中 19%以上的劳动者将在第二次调查期间失业。总体而言，66%的劳动者为受雇劳动者，34%为自雇用劳动者。虽然用来估计核密度图的年份能够将每个时期的劳动者划分为“正式”与“非正式”的工薪族，但其他年份不能这样划分，故我们在研究中将这两部分劳动者合并为“受雇劳动者”。由调查数据可知，约25%的劳动者的工资水平低于最低工资标准，从核密度图中可以看出，其中大部分劳动者为非正式员工。

表 1.2　哥伦比亚：工资水平的样本分布

工资（相对于最低工资标准）	被雇用，$t=1$		未被雇用，$t=1$	
	员工人数	百分比	员工人数	百分比
0.0～0.5	559	6.24	267	15.99
0.5～0.7	574	6.40	229	13.71
0.7～0.9	1 112	12.41	237	14.19

续表

工资（相对于最低工资标准）	被雇用，$t=1$		未被雇用，$t=1$	
	员工人数	百分比	员工人数	百分比
0.9～1.1	1 444	16.11	235	14.07
1.1～1.3	1 095	12.22	145	8.68
1.3～1.5	536	5.98	85	5.09
1.5～2.0	965	10.77	132	7.90
2.0～3.0	1 121	12.51	155	9.28
3.0～4.0	455	5.08	49	2.93
>4.0	1 102	12.29	136	8.14
合计	8 963	100	1 670	100

注：表中分析的样本为每周工作时长为 30～50 小时的劳动者。

我们将“自雇用”作为一个控制变量，有助于区分一般价格指数效应与实际最低工资效应。如果最低工资制度只是调节价格的一种经济机制，我们可能会发现，自雇用劳动者会利用这一制度来限定其产品的价格。如果情况不是这样，则他们的收入就由他们的企业收益情况而定，并且不会以失去竞争力为代价来提高自己的隐性工资。

我们使用的面板数据能够估计在 1997—1999 年间最低工资水平变化带来的影响。[①] 我们对两个季度内工人 i 的实际小时工资变化百分比（dw）以及失业率［prob(z=1)］进行估计，理论模型如下式所示：

$$\mathrm{dw},\mathrm{prob}(z=1)=\sum_j\beta_j\boldsymbol{R}(w_{i1},\mathrm{mw}_1)_j\left(\frac{\mathrm{mw}_2-\mathrm{mw}_1}{\mathrm{mw}_1}\right)+\sum_j\gamma_j\boldsymbol{R}(w_{i1},\mathrm{mw}_1)_j+\sum_j\phi_j\boldsymbol{R}(w_{i1},\mathrm{mw}_1)_j\left(\frac{w_{i1}}{\mathrm{mw}_1}\right)+\delta\boldsymbol{X}_{i1}+\lambda T_i+\pi A_i+\varepsilon_i \tag{2}$$

其中，mw 为实际最低工资水平。[②]

关于最低工资标准对工资水平和就业情况的影响的研究较为普遍，核密度图表明，不同分布之间存在计价效应。如果我们对最低工资制度对分配和就业的总效应感兴趣的话，那么我们需要分别找到这些效应。此外，当工资水平较高时，相对需求的变化也可能存在一般均衡效应。基于上述原因，我们构造出虚拟变量 j、向量 $\boldsymbol{R}$，并以最低工资的分数或倍数形式来表示个体劳动者 i 的实际小时工资（详见表 1.2）。这种做法有助于我们观察最低工资水平变化对于工资水平与最低工资标准相当的劳动者，或其他收入水平（例如工资水平为

① 这一时期是哥伦比亚战后最严重的经济危机爆发期。

② 文中使用的平减指数是每个城市的居民消费价格指数。

最低工资标准的两三倍）的劳动者的影响。

等号右边的第一项表示最低工资标准变化对不同地区工资水平的影响，第二项表明工资的增长会随着实际工资水平群组的变化而变化，而与最低工资的变化无关。第三项使得函数具有更大的灵活性，并且此项决定了在不对节点加以约束时隐式样条规范的估计。

最后，$\boldsymbol{X}$ 表示个体特征，如性别、年龄和受教育程度等，T 和 A 分别为表示“季度”和“区域”的虚拟变量，分别反映了同一时期（包括季节效应）和地区观测值的依存情况。

早期的研究发现，当最低工资标准提高时，低收入家庭能够获得短期收益，但长期来看他们的利益会受损（Neumark，Schweitzer，and Wascher，2000）。短期收益是通过价格实现的，长期调整是由量变导致的。在最低工资标准提高之初，企业会遵守法律，但之后它们会根据自身需要而考虑是否解雇员工。鉴于这种原因，我们引入最低工资的滞后收益（mw_1-mw_0）/mw_0。从测度长期影响的观点来看，这里与 Neumark，Schweitzer，and Wascher（2000）研究中的做法一致，即使用年度数据而不是全国家庭调查提供的两个季度的数据。通常情况下，拉丁美洲的高通货膨胀率对其最低工资标准增长的影响速度要比美国快，所以在提高最低工资标准制度后的初期，其对工资的影响不显著。Brown，Gilroy，and Kohen（1982）的研究指出，低技术劳动者较高的人员替换率表明，工资水平在最低工资标准附近的劳动者的就业调整速度相对较快。此外，Maloney（2001）的研究表明，在拉丁美洲制造业中，劳动者的平均工龄是 OECD 国家的 70%，所以拉丁美洲劳动者数量的调整可能更快。在本书的研究中，我们减少了对滞后效应的分析，并且没有分析“代表性”员工对滞后的最低工资制度的反应。[①]

1.4.1 最低工资制度对工资水平的影响

表 1.3 反映了最低工资制度变化对受雇劳动者实际工资水平的影响。这一结果与 Neumark，Schweitzer，and Wascher（2000）的研究结果基本一致。对于工资水平近似最低工资标准的劳动者而言，如工资水平为最低工资标准 0.7～0.9 倍的劳动者，最低工资制度对受雇劳动者实际工资水平的影响较为明显：最低工资标准提高 1%，其工资水平提高 87%。对于工资水平更高的劳动者而言，如工资水平为最低工资标准 4 倍的劳动者，这一效应仍然显著，但

① 纽马克（Neumark）认为，一般而言，只要最低工资变化的现期效应不依赖于过去的工资，就能够解释滞后效应。他强调的问题是，早期最低工资水平的提高可能会把劳动者划分为不同的类别，因此，纠正的总体效应（同期和滞后）需要在某种程度上弥补个体类别变化带来的影响，方法之一是在每组中都加入一些代表性的劳动者。

系数有所减小。对于工资水平为最低工资标准 4 倍以上的劳动者，这一系数下降至 0.16。较为明显的是，拉丁美洲国家这一效应减弱的速度明显慢于美国。对于工资水平为最低工资标准 2～3 倍的劳动者，Neumark，Schweitzer，and Wascher（2000）研究发现其效应仅为 0.06，而在哥伦比亚，对于工资水平为最低工资标准 4 倍的劳动者而言，这一效应为 0.38。这一发现表明，工资水平受计价单位的影响较大，且最低工资标准对不同工资水平的劳动者的影响差异较大。Neumark，Schweitzer，and Wascher（2000）的研究结果表明，对于工资水平低于最低工资标准的劳动者而言，最低工资制度的影响较大，但我们无法解释这一结论。此外，对于工资水平低于最低工资标准的自雇用劳动者而言，这一影响也较为显著，但总体来看，对于工资水平高于最低工资标准的劳动者而言，这一影响几乎不存在。上述研究结论表明，最低工资标准并不是作为价格提高的一般信号来影响经济状况的。

表 1.3 哥伦比亚：最低工资标准提高 1%（按小时工资计算）的影响

工资（相对于最低工资标准）	自雇用	滞后	受雇	滞后
0.0～0.5	0.986 0***	−0.065 3***	1.741 1***	−0.119 1
0.5～0.7	1.069 5**	0.079 6	1.232 5***	−0.186 5**
0.7～0.9	1.159 8	0.048 6	0.872 3***	−0.157 6*
0.9～1.1	1.272 3	0.056 3	0.597 1***	−0.174 6*
1.1～1.3	0.456 3	0.058 3	0.660 7***	−0.161 8*
1.3～1.5	0.159 1	0.065 2	0.286 1**	−0.180 6*
1.5～2.0	0.734 6	0.059 7	0.389 6***	−0.179 4*
2.0～3.0	0.450 8	0.062 6	0.352 8***	−0.181 6*
3.0～4.0	0.124 2	0.068 0	0.384 8**	−0.165 4*
>4.0	0.084 3	0.070 3	0.161 1***	−0.173 6*
平均			0.637 8***	−0.169 6***
样本量	2 744		5 267	

注：表中分析的样本为每周工作时长为 30～50 小时的劳动者。

*** 表示在 1%的显著性水平下显著。

** 表示在 5%的显著性水平下显著。

* 表示在 10%的显著性水平下显著。

除此之外，季节性滞后会产生两种有趣的效应。第一，在整个工资分配中有一个显著的、大致一致的影响（约 17%），即第一时期的侵蚀效应，可能是由通货膨胀所致。这表明，我们无法把这一影响归因于企业的就业决策。第二，对于自雇用劳动者而言，最低工资标准的影响并不显著，约为对受雇劳动者影响的三分之一。这表明自雇用劳动者对“灯塔效应”的反应不强烈，但是他们可能会为了避免通货膨胀带来的不利影响而灵活调整自身的工资水平。事实上，在通货膨胀率较高的国家，这也是自雇用劳动者的优势之一。

1.4.2 最低工资制度对就业的影响

表 1.4 反映了最低工资制度对就业的影响。再次使用公式（2），但这次采用 logit 的形式，如果个体劳动者在第二次调查期间仍然有工作，则其值为 1，如果没有工作，则其值为 0。

表 1.4 哥伦比亚：最低工资标准提高 1%（按小时工资计算）时的失业率

工资（相对于最低工资标准）	自雇用	滞后	受雇	滞后
0.0～0.5	−0.225 9***	−0.220 5***	−0.356 6***	−0.346 2***
0.5～0.7	−0.220 7***	−0.216 0***	−0.315 1***	−0.303 5***
0.7～0.9	−0.161 1**	−0.154 1**	−0.271 5***	−0.261 5***
0.9～1.1	−0.092 1	−0.084 7	−0.276 5***	−0.259 5***
1.1～1.3	−0.118 2	−0.120 6*	−0.229 8***	−0.216 9***
1.3～1.5	−0.137 8*	−0.132 7**	−0.293 3***	−0.289 0***
1.5～2.0	−0.104 4	−0.098 8	−0.096 7	−0.062 3
2.0～3.0	−0.062 0	−0.050 5	−0.196 2**	−0.167 5**
3.0～4.0	−0.040 8	−0.034 3	−0.253 0***	−0.220 4**
>4.0	−0.069 5	−0.065 3	−0.196 9*	−0.193 3**
样本量	3 128		5 835	

注：表中分析的样本为每周工作时长为 30～50 小时的劳动者。

*** 表示在 1%的显著性水平下显著。

** 表示在 5%的显著性水平下显著。

* 表示在 10%的显著性水平下显著。

从统计上看，提高最低工资标准会对失业率产生显著影响，即失业率会随着最低工资水平的提高而下降，随着实际工资水平的提高，这一效应会减弱。滞后方程的结果与此相同，正如预期的那样，最低工资标准的调整与失业率的变化不是同时进行的。滞后响应了这一模式，并表明，正如预期的那样，这项调整不是立即发生的。平均来说，同期效应大约是 Neumark，Schweitzer，and Wascher（2000）在美国发现的两倍，并且在分布上进一步扩大。与自雇用分布中最低范围的工资受到的显著影响相对应的是对就业的负面影响以及对分布更高位置的一些影响。图 1.3 按分布中的位置绘制了对工资和失业率的影响图。

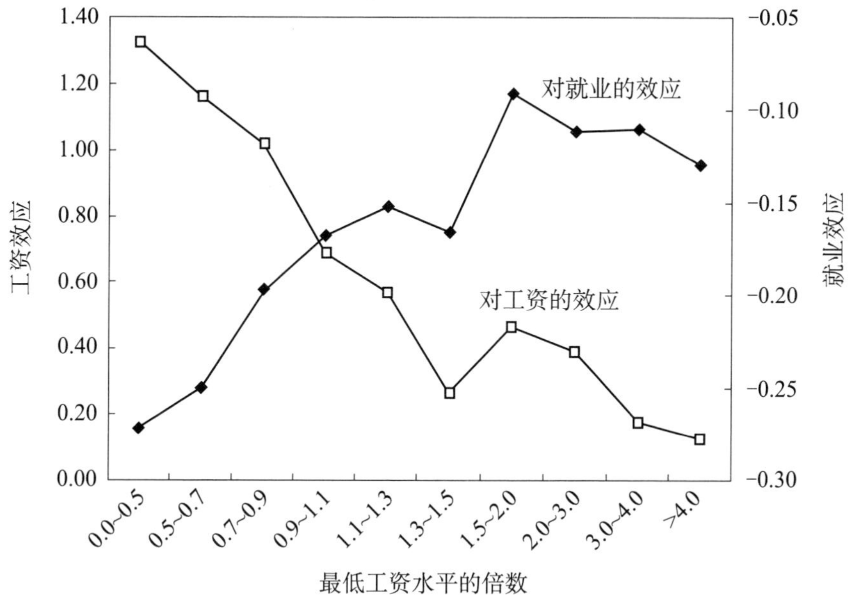

图 1.3 哥伦比亚：最低工资制度对工资和就业的影响

回归结果表明最低工资制度对就业有显著影响，这一影响比美国的情况更为显著。然而，由于他们估计的是就业流量的影响，因而无法得到最低工资制度对总就业存量的影响。我们再次利用公式（2）进行粗略估计，剔除虚拟变量 ***R***（仅保留常数），从而得出提高最低工资标准的平均效应，即对表 1.3 的工资水平进行有效整合。一般而言，平均的同期效应为 0.64，滞后效应为 −0.17，即对工资的总效应为 0.47。此外，我们将 Fajnzylber and Maloney（2001）对制造业中蓝领工人的长期工资弹性的估计量 0.32 与该研究中的工资的总效应 0.47 相乘，若没有通货膨胀的影响，则表明最低工资制度的就业弹性为 0.15，这一结果与 Bell（1997）的研究结果相当接近，Bell（1997）的研究表明，在 1999 年，当最低工资标准提高 9%时，就业会相应地下降 1.4%。

1.5 结论

本部分利用核密度估计对哥伦比亚的最低工资制度的影响进行了实证研究。第一，最低工资制度对工资水平近似最低工资标准的劳动者的实际工资水平有显著的影响。第二，最低工资制度对实际工资水平的影响随选取的计价方法的不同而不同，即存在明显的“计价效应”。Neumark，Schweitzer，and Wascher（2000）对美国的研究结果表明，最低工资制度会使劳动市场规制更

严苛，并且这一制度对美国贫困和劳动市场灵活性的潜在负向影响可能比其对拉丁美洲的影响更大，而本书研究所得的影响比 Neumark，Schweitzer，and Wascher（2000）研究发现的效应更大。因此，最低工资制度对就业有显著影响。虽然无法利用这一数据来验证最低工资制度对非正规部门工资水平的影响，但核密度图对“灯塔效应”和非正规部门潜在的工资效应都进行了有力的说明。总体而言，最低工资制度对正规部门高收入劳动者的工资水平和非正规部门的工资水平均有显著的影响，而且这一制度对非正规部门的变化效应比早期研究的结果更为显著。

参考文献

Abowd, J., F. Kramarz, and D. Margolis. 1999. High wage workers and high wage firms. *Econometrica* 67:251–333.

Agenor, P., and J. Aizenman. 1999. Macroeconomic adjustment with segmented labor markets. *Journal of Development Economics* 58:277–96.

Amadeo, E. J., I. S. Gill, and M. C. Neri. 2000. Do labor laws matter? The 'pressure points' in Brazil's labor legislation. In *Readdressing Latin America's "forgotten reform": Quantifying labor policy challenges in Argentina, Brazil and Chile,* ed. I. S. Gill and C. E. Montenegro World Bank, The International Bank for Reconstruction and Development. Unpublished Manuscript.

Bell, L. A. 1997. The impact of minimum wages in Mexico and Colombia. *Journal of Labor Economics* 15 (3): 103–35.

Brown, C. 1996. The old minimum-wage literature and its lessons for the new. In *The effects of the minimum wage on employment,* ed. M. Kosters, 87–98. Washington, D.C.: AEI Press.

Brown, C., C. Gilroy, and A. Kohen. 1982. The effect of the minimum wage on employment and unemployment. *Journal of Economic Literature* 20:487–528.

Card, D., L. F. Katz, and A. B. Krueger. 1993. An evaluation of recent evidence of the federal minimum wage. *Industrial and Labor Relations Review* 46 (1): 38–54.

Card, D., and A. B. Krueger. 1994. Minimum wages and employment: A case study of the fast-food industry in New Jersey and Pennsylvania. *American Economic Review* 84:772–93.

Card, D. and A. B. Krueger. 1995. *Myth and measurement: The economics of the minimum wage.* Princeton, N.J.: Princeton University Press.

Carrasquilla, A. 1999. Reforma laboral en Colombia: ¿Cuáles son los temas? [Main concerns for Colombian labor reform]. *Economía Colombiana y Coyuntura Política* 276:5–12.

Contraloría General de la República. 1993. *Contribución a la discusión sobre el salario mínimo y su impacto en el empleo y la productividad.* [Contribution to the minimum wage debate regarding its impact in employment and productivity]. Bogotá, Colombia: Contraloría General de la República.

Cunningham, W., and W. F. Maloney. 2001. Heterogeneity among Mexico's microenterprises: An application of factor and cluster analysis. *Economic Development and Cultural Change* 50:131–56.

Currie, J., and B. C. Fallick. 1996. The minimum wage and the employment of youth: evidence from the NLSY. *Journal of Human Resources* 31:404–28.

de Janvry, A. and E. Sadoulet. 1996. Household modeling for the design of poverty alleviation strategies. University of California, Berkeley, Department of Agricultural and Resource Economics (CUDARE). Working Paper no. 787.

Dickens, R., S. Machin, and A. Manning. 1999. The effects of minimum wages on employment: Theory and evidence from Britain. *Journal of Labor Economics* 17 (1): 1–22.

DiNardo, J., N. M. Fortin, and T. Lemieux. 1996. Labor market institutions and the distribution of wages, 1973–1992: A semi-parametric approach. *Econometrica* 62:1001–44.

Fajnzylber, P., and W. F. Maloney. 2001. How comparable are labor demand elasticities across countries? The International Bank for Reconstruction and Development (IBRD). Working Paper no. 2658. Washington, D.C.: World Bank.

Fiess, N., M. Fugazza, and W. F. Maloney. 2002. Exchange rate appreciations, labor market rigidities and informality. World Bank Policy Working Paper no. 2771. Washington, D.C.: World Bank.

Freeman, A. C., and R. B. Freeman. 1991. Minimum wages in Puerto Rico: Textbook case of a wage floor? NBER Working Paper no. 3759. Cambridge, Mass.: National Bureau of Economic Research, June.

———. 1992. When the minimum wage really bites: The effect of the U.S.-Level minimum on Puerto Rico. In *Immigration and the work force: Economic consequences for the United States and source areas,* ed. G. J. Borjas and R. B. Freeman, 177–211. Chicago: University of Chicago Press.

Gramlich, E. 1976. Impact of minimum wages on other wages, employment and family incomes. *Brookings Papers on Economic Activity,* Issue no. 2:409–51.

Grossman, J. B. 1983. The impact of the minimum wage on other wages. *Journal of Human Resources* 18 (3): 359–78.

Harris, J. R., and M. P. Todaro. 1970. Migration, unemployment, and development: A two sector analysis. *American Economic Review* 60 (1): 126–42.

Inter-American Development Bank (IADB). 1999. *Facing up to inequality in Latin America.* Baltimore: Johns Hopkins University Press.

Lemos, S. 2003. A menu of minimum wage variables for evaluating wages and employment effects: Evidence from Brazil. University College London. Unpublished Manuscript.

Lora, E. 1993. Macroeconomía del salario mínimo. [Macroeconomics of minimum wages]. *Debates de Coyuntura Económica* 30:21–35.

Maloney, W. F. 1998. Does informality imply segmentation in urban labor markets? Evidence from sectoral transitions in Mexico. *World Bank Economic Review* 13:275–302.

———. 2001. Self-employment and labor turnover in developing countries: Cross-country evidence. In *World Bank economists' forum,* ed. Shanta Devarajan, F. Halsey Rogers, and Lyn Squire, 137–67. Washington, D.C.: World Bank.

———. 2003a. Informality revisited. World Bank Policy Research Working Paper no. 2965. Washington, D.C.: World Bank.

———. 2003b. Informal self-employment: Poverty trap or decent alternative? In *Pathways out of poverty: Private firms and economic mobility in developing countries,* ed. G. Fields and G. Pfefferman. Boston: Kluwer, forthcoming.

Morely, S. 1995. Structural adjustment and the determinants of poverty in Latin America. In *Coping with austerity: Poverty and inequality in Latin America,* ed. N. Lustig, 42–70. Washington, D.C.: The Brookings Institution.

Neri, M., G. Gonzaga, and J. M. Camargo. 2000. Efeitos informais do salário mínimo e pobreza. [The informality sector and its effects on minimum wages and poverty]. *Revista de Economia Política,* forthcoming.

Neumark, D., W. Cunningham, and L. Siga. 2003. The distributional effects of minimum wages in Brazil, 1996–2001. World Bank. Unpublished Manuscript.

Neumark, D., M. Schweitzer, and W. Wascher. 1998. The effects of minimum wages on the distribution of family incomes: A non-parametric analysis. NBER Working Paper no. 6536. Cambridge, Mass.: National Bureau of Economic Research, April.

———. 2000. The effects of minimum wages throughout the wage distribution. NBER Working Paper no. 7519. Cambridge, Mass.: National Bureau of Economic Research, February.

Neumark, David and William Wascher. 1992. Employment effects of minimum and subminimum wages. *Industrial and Labor Relations Review* 46 (1): 55–80.

———. 1993. Employment effects of minimum and subminimum wages: Reply to Card, Katz, and Krueger. NBER Working Paper no. 4570. Cambridge, Mass.: National Bureau of Economic Research, December.

———. 1999. A cross-national analysis of the effects of minimum wages on youth unemployment. NBER Working Paper no. 7299. Cambridge, Mass.: National Bureau of Economic Research, August.

———. 2002. Do minimum wages fight poverty? *Economic Inquiry* 40 (3): 315–33.

Nickell, S. 1997. Unemployment and labor market rigidities: Europe versus North America. *Journal of Economic Perspectives* 11 (3): 55–74.

Santamaria, M. 1998. Nonparametric density estimation and regression: An application to the study of income inequality and poverty in Colombia. Ph.D. diss. Georgetown University, Washington, D.C.

Siebert, H. 1997. Labor market rigidities: At the root of unemployment in Europe. *Journal of Economic Perspectives* 11 (3): 37–54.

Souza, P., and P. Baltar. 1979. Salario minimo e taxa de salarios no Brasil. *Pesquisa e Planejamento Economico* 9:629–60.

Velez, C. E., and M. Santamaria. 1999. Is the minimum wage binding in Colombia?: A short note on empirical evidence for 1998. Latin America and the Caribbean Department, IBRD. Washington, D.C.: World Bank.

2 劳动市场改革及其对正规行业劳动需求和工作市场人员流动率的影响
——以秘鲁为例

杰米·萨维德拉和马克西莫·托雷罗*

2.1 引言

经过加西亚（García）政府“异端”实验的扩张后（1986—1987 年），秘鲁经济进入了严重衰退期。1988—1990 年间，秘鲁处于超级通货膨胀时期，产出大幅下降。1991 年 8 月，藤森（Fujimori）政府实施宏观经济稳定计划，并在几个月后开始推行全面结构化改革。与此同时，秘鲁实施了快速的贸易自由化进程，其对劳动市场的改革在拉丁美洲诸国中也最为深入。这些改革致使公共部门规模缩减、私有化进程兴起、国有垄断企业取消以及税收制度改革。此外，秘鲁的金融业也放松了管制，并取消了对资本账户交易的管制。

秘鲁的劳动法案颁布于该国采用进口替代战略的时期，是拉丁美洲诸国中约束力度最强、最具保护主义色彩，以及内容最多的劳动法案［国际劳工组织（ILO），1994］。这部法案极其复杂，其中涵盖了一系列随着时间的推移发生了许多变化的重叠法令。军政府于 1969—1975 年间通过对试用期后的就业稳定进行约束，增加了企业解雇劳动者的难度。1985 年，加西亚政府将试用期缩短至 3 个月，这一时期是劳动市场规制最严苛的时期。1991 年，通过一系列

* 杰米·萨维德拉（Jaime Saavedra）是秘鲁发展分析中心的首席顾问和高级研究员。马克西莫·托雷罗（Máximo Torero）是这一机构的高级研究员。

这一项目是美洲开发银行研究课题的一部分。感谢秘鲁劳动部工作人员在数据方面为我们提供的帮助。感谢丹尼尔·哈默梅什、詹姆斯·赫克曼和卡门·佩奇斯对这一论文初稿所提出的宝贵意见。感谢美洲开发银行研究课题项目组成员所给予的帮助。感谢朱塞佩·贝尔托拉以及两名匿名推荐人所提出的修改建议。感谢胡安·约瑟·迪亚兹（Juan Jose Diaz）、爱德华多·马鲁亚马（Eduardo Maruyama）以及艾瑞克·菲尔德（Erica Field）对本项目给予的大力支持。

改革，劳动市场规制有所放松。通过取消就业稳定制度、减少签订临时合同以及改革遣散费支付结构，解雇成本大幅降低。除此之外，正规行业中的企业面临着高昂的非工资成本，如工资税、社会保障费和医疗费用、工龄奖金、培训基金、家庭补助以及给员工长达 30 天的假期等。在 20 世纪 90 年代，非工资成本总额小幅提高。

对于严格的劳动法律规定，雇主的第一个调整机制是使用非正式合同。从这个方面来说，企业预期的解雇成本以及非工资劳动成本的变化会对正规行业和非正规行业之间的就业分配产生影响，但这一影响未必在总体就业中体现。如果企业将解雇成本视为对解雇支付的一笔税款，则解雇成本的下降（如秘鲁下调预期遣散费支付额度、废除就业稳定制度以及使用临时合同，这些都使雇主支付的解雇成本下降）将提高均衡就业水平。此外，预期解雇成本的降低可能会影响企业对产品需求变化的反应模式，就业-产出弹性增大能够体现这一影响。在本书中，我们通过正规部门的劳动需求方程来分析预期遣散费和劳动成本变化的影响。我们使用的数据来自对利马（秘鲁首都）的正规企业的调查。运用这些数据，我们构建了一个伪面板数据和三个短面板数据，伪面板数据由对 10 个行业在 1987—1997 年间进行的两月一次的调查所得，三个面板数据由对 400 家企业分别在 1987—1990 年、1991—1994 年和 1995—1997 年三个时间段进行的调查所得，不同时期调查样本发生的变化也不同。

同时，与劳动立法相关的解雇成本的降低通常会加速创造就业机会和工作岗位淘汰的过程，因而会提高人员流动率并缩短工作年限，特别是对于正规行业而言，这一效应更加明显。我们运用一系列年度家庭调查数据，对工作年限和劳动市场人员流动率的变化情况进行验证，并对正规行业和非正规行业平均工龄的变化予以分析。“非正规”在此处被定义为“由企业和劳动者根据成本-收益分析选择的状态”。许多企业，特别是小型企业，完全按照意愿雇用和解雇劳动者，且不为员工支付任何形式的社会保障费。大部分情况下，它们的生产率极低，以至于无法为员工支付任何形式的社会保障费。据此，如果劳动者获得社会保障或者是工会成员，我们则将其定义为正式员工。此外，我们利用生活标准评估调查的数据信息构建了完全就业间隔期和不完全就业间隔期，据此计算了不同子样本的风险，并估计了指数风险模型。

本章将按如下顺序展开：在第 2.2 节，我们对试用期限、遣散费、非工资成本和临时合同等影响企业和员工表现的制度规定的法律背景予以分析。同时，描述了秘鲁首都利马在所分析时期的就业变化情况，并对企业为了免于支付法定社会保障费和解雇成本而使用非正式合同和临时合同的机制进行讨论。在第 2.3 节中，我们同时从行业和企业的角度对劳动需求进行了估计。最后，在第 2.4 节中，我们对就业持续时间的基本模式进行了分析。为了估计劳动法律制度变化的影响，我们将正规行业和非正规行业的自雇用劳动者与带薪劳动者进行了比较。通过使用实证风险模型，本章对不同类别的劳动者的工作期限进行比较，并展示了指数风险函数的估计结果。

2.2 20 世纪 90 年代法律制度体系的变化

在改革之前，秘鲁的劳动法案极其复杂，并且其中存在许多重复的法令。制度规定正式员工享有就业稳定制度的保护，工资税和社会保障费均较高，且集体谈判制度和其他法律制度给予了工会较大的权力。从 1991 年起，通过一系列改革，劳动市场规制有所放松。本节主要描述解雇成本的变化情况，解雇成本的变化与遣散费制度、就业稳定制度、制度变化、临时合同的使用以及非工资劳动成本的变化密切相关。

2.2.1 遣散费与就业稳定制度

在秘鲁，解雇成本由两部分组成，即分别由法定遣散费和就业稳定制度导致的成本。贝尔纳多军政府于 1970 年引入遣散费制度，该制度规定，如果雇主没有“正当理由”解雇员工，那么雇主必须向被解雇的员工支付相当于 3 个月月薪的遣散费。这笔遣散费被视为给被解雇员工的赔偿金，同时是失业保险的一种形式。除了遣散费制度外，秘鲁劳动立法中还有其他关于就业保障的严格规定，这些规定大幅提高了雇主的解雇成本。在 1971—1991 年间，法律规定通过试用期（关于试用期限已改革多次）考核的员工将得到就业稳定制度的绝对保护。这意味着，如果企业无法在劳动法庭上证明其有正当理由解雇员工，则该员工有权选择是继续在原岗位上工作，还是获得一笔遣散费。这使得遣散费成了解雇成本的下限，因为员工可以要求复职，然后通过庭外和解获得更高的遣散费。同时，这一做法也会给雇主带来高昂的管理成本和诉讼成本。其中，“正当理由”并不包括经济原因，企业只能因劳动者的严重犯罪行为或通过集体裁员来解雇员工。从雇主的角度来看，员工才是“岗位的所有者”。

1978 年，试用期限被延长至 3 年（见表 2.1）。同时，遣散费支付标准有所提高，在企业工作未满 3 年的员工，如果企业在解雇员工前没有提前告知该员工，该员工可获得相当于 3 个月月薪的遣散费，而工作期限更长的员工，如果同上述情况一样，则可获得相当于 12 个月月薪的遣散费。员工在试用期期间，雇主在解雇员工前须提前告知该员工，以免于支付遣散费。

表 2.1 试用期限及就业稳定制度

	试用期限	就业稳定状况	临时合同的有效性
1986 年 6 月之前	3 年	3 年后授予	低
1986 年 6 月—1991 年 10 月	3 个月	3 个月后授予	低
1991 年 11 月—1995 年 7 月	3 个月	仅适用于 1991 年 11 月之前雇用的员工	高
1995 年 7 月之后	3 个月	取消	高

从 1986 年 6 月起，试用期限再次缩短至 3 个月，导致很大一部分员工突然享有就业稳定政策的绝对保护。有趣的是，这一改革决定在正式实施前一年，即在 1985 年 6 月宣布。关于 1985 年的实证分析表明，雇主并未大幅解雇工龄少于 3 年且仍处于试用期阶段的员工。鉴于经济正处于扩张初期，劳动需求可能会持续提高，雇主解雇那些将获得就业保护权的员工的动机减少。在其他条件不变的情况下，如果政府宣布改革，则会对这些员工的流动率产生正效应。对于工龄在 3 个月至 1 年之间、1～3 年及 3 年以上的员工，他们获得的遣散费分别为其 3 个月月薪、6 个月月薪和 12 个月月薪（见图 2.1 和表 2.2）。

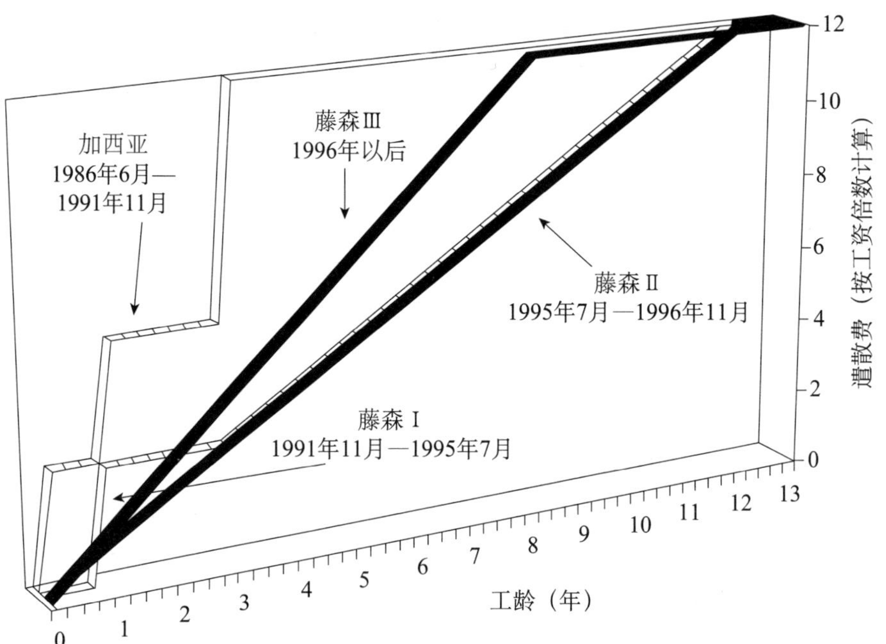

图 2.1 遣散费制度

表 2.2 遣散费制度：相关规定及示例

	规定		劳动者工龄		
	工龄	遣散费金额	2 年	10 年	20 年
1986 年 6 月—1991 年 11 月	3 个月～1 年=3 个月月薪 1～3 年=6 个月月薪 3 个月以上=12 个月月薪		6 个月月薪	12 个月月薪	12 个月月薪
1991 年 11 月—1995 年 7 月	3 个月～1 年=无 1～3 年=3 个月月薪 3～12 年=每年 1 个月月薪 12 年以上=12 个月月薪		3 个月月薪	10 个月月薪	12 个月月薪
1995 年 7 月—1996 年 11 月	3 个月～12 年=每年 1 个月月薪 12 年以上=12 个月月薪		2 个月月薪	10 个月月薪	12 个月月薪
1996 年 11 月之后	3 个月～12 年=每年 1.5 个月月薪 8 年以上=12 个月月薪		3 个月月薪	12 个月月薪	12 个月月薪

加西亚政府于 1986 年 6 月进行的劳动法改革使 1986—1991 年间的法律制度成为最严格的法律制度。在这一阶段，遣散费金额很高，试用期限较短，而且就业稳定制度仍在实施。严格的就业保障制度促使企业试图绕开这些法律制度，企业的一种做法是游说政府批准它们实施“紧急就业计划”；另一种做法是在试用期（3 个月）结束前几天解雇员工，之后再次雇用这些劳动者；还有一种避开这些法律规定的做法是让员工在劳动合同生效期开始时，签订未标注日期的辞职信。

1991 年，政府为了降低劳动法的规制程度而进行了一些制度改革。1991 年 11 月政府颁布 726 号法令的目的在于取消保障就业稳定的相关规定。然而，由于就业稳定权被写入了 1979 年的宪法中，原则上，国会要用 2 年的时间来通过一项允许修改宪法的法律，这导致这一年出现了双重规定，即对于在 1991 年 11 月前签订合同的员工，保留其就业稳定权；而对于在 1991 年 11 月之后签订合同的员工，则只保障他们免遭不公平解雇的权利，这意味着雇主在向雇员支付遣散费后可以随意解雇这些员工。除此之外，“员工的劳动生产率”[①] 是企业解雇员工的“正当理由”之一。为了降低解雇成本，政府对遣散费制度也做了相应的修改。对于工龄超过 1 年的员工，其工龄每增加 1 年，遣散费增加 1 个月月薪，遣散费下限和上限分别为 3 个月月薪与 12 个月月薪（见图 2.1 中的藤森 I 计划）。

① 事实上，企业使用这些条款是非常困难的，因为要在日常的管理过程中证明员工的劳动生产率降低有一定的难度。

1995 年 7 月秘鲁进行了第二次劳动市场改革，遣散费制度被修订为：员工工龄每增加 1 年，遣散费增加 1 个月月薪，遣散费上限为 12 个月月薪（见图 2.1 中的藤森Ⅱ计划）。1993 年的宪法中用“非正当理由解雇”取代了原有的就业稳定权，1995 年，宪法取消了就业稳定保障的相关制度规定以及双重规定。这些改革，加上遣散费的下调，使得解雇成本大幅降低，可视为由企业支付的解雇税更少了。这些改革使正规企业能够更灵活地适应产出水平的变化，能够提高正式员工的雇用数量，并提高正规企业劳动需求估计中的产出弹性。此外，解雇成本的下降一般会加速创造就业机会和工作岗位淘汰的进程，因此会提高人员流动率。最后，1996 年 11 月，遣散费制度再次被修订，修订后，员工工龄每增加 1 年，遣散费从原来的 1 个月月薪增加至 1.5 个月月薪，这一做法大幅增加了解雇工龄较短的员工的解雇成本。12 个月月薪的遣散费上限并未改变（见图 2.1 中的藤森Ⅲ计划）。

对遣散费制度的量化分析

遣散费的相关规定迫使大量企业需保留部分资金作为解雇成本。包括秘鲁在内的许多拉丁美洲国家的遣散费均与员工的工龄相关，具体金额取决于企业员工的工龄结构。由于企业会避免雇用预期解雇成本较高的员工，故企业员工的工龄结构对遣散费制度是内生性的。除此之外，企业员工的工龄结构与技术水平、企业特点和企业所处的行业的特点相关。[①]

我们将预期遣散费金额视为由劳动市场中解雇（F）和雇用（H）的状态决定。[②] 因而，假设企业根据概率分布进行选择，或预期某个不确定的结果出现的概率为 $\pi=(\pi_H, \pi_F)$。具体来说，根据企业员工工龄结构变化、每个工龄群体被解雇的概率估计值及相应的法定遣散费标准等因素，对处于不同行业的企业的预期遣散费金额进行计算。具体计算公式如下（省略关于时间的下角标）：

$$E(\mathrm{sp})_i = \pi_F\Big[\sum_X \lambda(X)_{i,F}\cdot N_X\cdot \mathrm{sp}(X)\Big]+\pi_H\Big[\sum_X \lambda(X)_{i,H}\cdot N_X\cdot \mathrm{sp}(X)\Big]$$

式中，$E(\mathrm{sp})_i$ 表示预期遣散费，这个值由行业 i 中企业雇用和解雇员工的概率加权平均所得。右边第一部分表示解雇时的遣散费，第二部分表示雇用时的遣散费，分别与权重 π_H 和 π_F（分别表示雇用与解雇的概率）相乘。两个部分中行业 i 的遣散费由以下变量的乘积构成：随时间、行业变化的解雇概率 $\lambda_{i,\mathrm{state}}(X)$；某一工龄结构中员工的数量 N_X；当这一结构中的员工被解雇时，企业需支付的法定遣散费 $\mathrm{sp}(X)$（X 表示特定的工龄群体）。我们根据每一种可能状态（雇用或解雇）下不同工龄群体的平均就业减少量来计算解雇概率，当就

---

① 例如，由于相较于贸易类行业，从事制造业工作的员工所需的与企业和行业相关的专业知识更为重要，故在制造业中，工龄较长的工作人员所占的比例较大。

② 根据约翰·冯·诺依曼（John Von Neumann）和奥斯卡·摩根斯特恩（Oskar Morgenstern）提出的期望效用准则设定。

业率上升时，则将此变量取值为 0。因此，我们得到了整个时期内不同行业、不同工龄群体、不同状态（雇用或解雇）的常数概率。其中，工龄结构数据和不同行业就业率变化的数据直接来源于工资和薪金的季度调查（Quarterly Survey of Wages and Salaries，QSWS）。①

图 2.2 反映了 1986—1997 年预期遣散费 $E(sp)$ 占工资总额的比例变化。值得注意的是我们固定了不同行业的解雇概率，因此这一总体数据的变化仅取决于不同行业就业人口比例的变化，以及立法的变化。预期遣散费金额于 1991 年末出现了首次较大程度的下降，反映出这一时期法定遣散费金额的下调。此后，该曲线进一步的变化则与工龄较短员工的比例增加有关。1995 年 6 月和 1998 年 8 月曲线下降与上升的情况恰好分别与这一时期法定遣散费金额的下调与上调相对应。总体而言，改革后，企业所需持有的预期遣散费金额由工资水平的 16%降至 8%。②

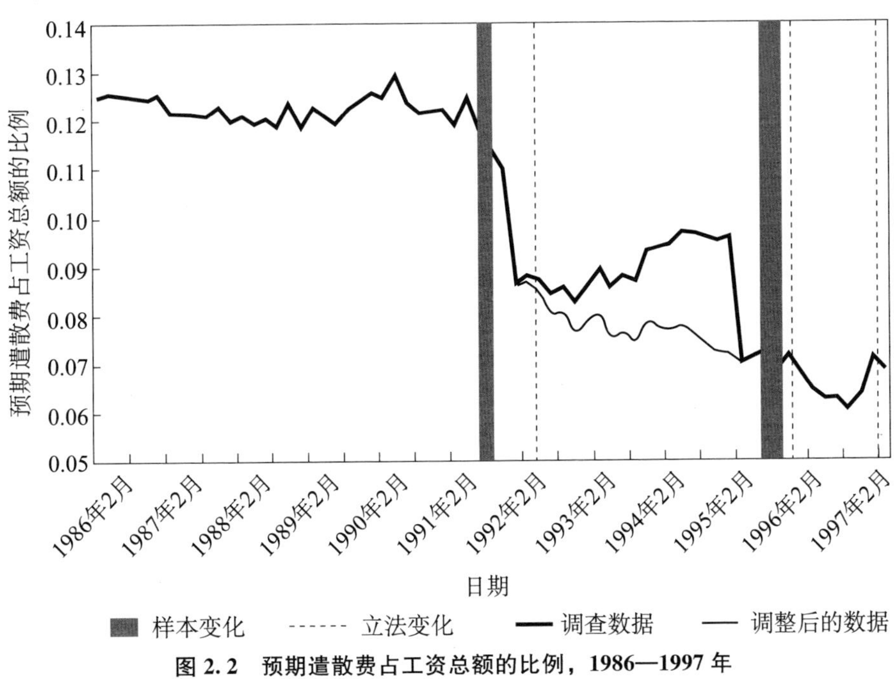

图 2.2 预期遣散费占工资总额的比例，1986—1997 年

---

① 这一调查所取的样本包括了每个企业的员工，据此我们计算出企业员工的工龄结构。N_X 根据这一结构和企业的总体就业情况计算得出。QSWS 的特点将于近期发布。

② 图 2.2 同时展示了 1992—1995 年经调整的预期遣散费金额的变化情况。1992—1995 年间，遣散费的上升与未将新成立的企业列入调查样本有关，在这期间，样本并未更新，因此，样本总量是固定的。由于没有将新成立的企业列入样本中，故曲线的结果是成立时间较长的企业（通常其员工的工龄也较长）的员工样本信息的反映。员工的工龄结构偏长，使得预期遣散费金额 $E(sp)$ 增大。在与就业相关的一系列计算中，解决这一问题的方法是通过加权原始数据得到扩展变量，并考虑不同规模企业的工龄结构的变化。

2.2.2 政府管制程度较低的临时合同制度

为了规避就业保护政策导致的高额调整成本，雇主可能的做法是游说政府，实施短期合同或临时合同制度。秘鲁于1970年制定了临时合同制度。根据制度规定，企业必须先从劳动部取得使用临时合同的授权，且临时合同仅在特定情况下才被允许使用。在具体实施过程中，这一过程涉及的管理成本很高，并且使用范围非常有限。如表2.3所示，在1986—1990年间，正规部门约有20%的员工签订了临时合同。在这部分劳动者中，大部分员工享有所有的社会保障，但不受就业保护条款（模式合同）的保护，且大部分临时员工均处于试用期。在1987年民粹主义繁荣时期，这一时期的就业保障制度比较极端，政府出台了紧急就业计划（Programa Ocupacional de Emergencia，PROEM），允许企业与劳动者签订短期的临时合同。这些合同的有效期限最长为1年，主要是大型正规企业采用。

表2.3 秘鲁首都利马1986—1997年私营企业正规受雇员工的总体就业结构（%）

	1986	1987	1989	1990	1991	1992	1993	1994	1995	1997
总计	100.0	100.0	100.0	100.0	100.0	100.0	100.0	100.0	100.0	100.0
长期员工	80.7	82.1	82.9	80.8	80.1	68.6	67.9	64.8	59.8	56.0
临时合同员工	19.3	17.9	17.1	19.2	19.9	31.4	32.1	35.2	40.2	44.0
固定期限合同员工	19.3	17.7	14.3	19.2	19.6	30.0	29.8	33.3	39.4	39.9
青年合同员工	0.0	0.1	0.0	0.0	0.3	0.0	0.4	0.0	0.3	2.5
试用期员工	—	—	2.7	—	—	1.4	1.9	1.9	0.5	1.6

资料来源：MTPS 1986—1995年家庭调查；INEI 1997年全国家庭调查。

注：并非所有1986—1997年间的调查均可将劳动者划分为“固定期限合同员工”和“试用期员工”；“—”表示该年度没有关于试用期的规定。

1991年8月，劳动市场改革使得签订固定期限合同的程序简化，且增加了能够解雇这一合同约束下的劳动者的正当理由。劳动部的作用被限定于向每份合同收取一定的费用并予以记录。总体而言，在政府管制较严的就业保障制度背景下，由于临时合同通常不涉及解雇成本（Bentolila and Saint-Paul，1992），所以临时合同的产出弹性大于长期合同。在秘鲁，尽管1991年相关政策下调了签订长期合同的新员工的解雇成本，但企业仍然倾向于与员工签订更易于使用的临时合同。临时合同的使用率由1991年的20%增加至1992年的31%，临时合同制度的实施也解释了很大部分20世纪90年代私营企业就业率的增长。而且，即使政府于1995年取消了“双轨制”，即废除了所有劳动者的就业稳定权和降低了遣散费金额，临时合同的使用率仍在增加，在1997年私营企业正规受雇员工中，签订临时合同的人的比例上升至 44%。[①] 这一现象可由以下原因来解释：一方面，对于企业而言，尽管解雇签订长期合同的劳动者的成本有所下降，但这一成本仍然较高；另一方面，企业需要雇用一些签订长期合同的劳动者，因为它们担心在用工灵活的政策环境下会出现一些政策变动。事实上，1997 年政府对遣散费制度的调整使解雇成本又有所提高。[②] 我们在对估计值的计算过程中无法将长期合同与临时合同予以区分，而改革后，具有较低管理成本的临时合同具有较大的产出弹性。

2.2.3 非工资劳动成本

对秘鲁而言，工资税是政府财政收入的重要来源。由于工资税会提高劳动成本、降低企业之间的竞争，并且可能会对就业产生负面影响，这一税收负担已久为诟病。秘鲁的非工资劳动成本体系较为复杂，且不稳定，具体情况如下：

● 公共部门和私营企业的养老保险。1986—1993 年间，雇主和员工需分别向公共养老金代理机构（Instituto Peruano de Seguridad Social，IPSS）支付员工工资总额的 6%和 3%作为退休基金。但由于管理不善、退休人员增加和通货膨胀等因素，到期即付制的公共保障体系几近崩溃。所以从 1993 年起，开始实施私人养老金制度，即劳动者个人账户由养老基金管理机构（Administradoras de Fondos de Pensiones，AFPs）进行管理。目前，上述两套养老金体系在秘鲁并存。1995 年，实施部分改革后，两套养老金制度的支付率均统一调整为工资总额的 11%，且全部由雇员支付，企业不再支付。[③]

● 医疗保险。劳动者仅享有由 IPSS 提供的公共医疗保险。在过去的几年里，总支付率一直固定为 9%。关于雇主与雇员支付比例的相关规定有过调整，如 1995 年之前雇主与雇员的支付比例分别为 6%和 3%；目前则全部由雇主支付。

● 意外保险。雇主需为蓝领工人支付意外保险。具体的支付比例根据工作中涉及的风险程度不同而有所不同，平均约为 2%。

● 制造业培训基金（SENATI）。制造业培训基金由制造业中的企业支付。起初，其支付比例为工人工资的 1.5%。之后在 1995 年、1996 年、1997 年分

---

① 根据家庭调查数据，至 1997 年，利马共有 316 000 名受雇劳动者与企业签订了临时合同。根据劳动部的官方数据，当年签订了 434 000 份新的临时合同。对此进行计算后得出，这部分劳动者占全部劳动者（包括公共部门和非正规部门的劳动者）的比例达到 24%。

② 当经济复苏且对临时合同的使用放松管制时，对西班牙 1986 年的相关数据进行的分析发现，临时合同具有较大的产出弹性，且几乎所有的就业创造效应都可由这一合同制度解释。在 1987—1990 年间，临时合同的使用率由 15%增加至 32%。

③ 关于此部分的详细内容见表 2A.1。

别下调为1.25%、1%、0.75%。

● 国家住房基金（FONAVI）。这一基金根据劳动者的住房需求创立于20世纪70年代，但由于对收取的基金管理不善，国家住房基金很快演变为一项高额的工资税。① 直至1988年，国家住房基金分别由雇主和员工按员工工资的4%和0.5%支付，且将最大应纳税工资金额设定为8个税收单位（UITs）。1988年11月，雇主和员工的支付比例分别上升至5%和1%。1991年5月，雇主的支付比例上调为8%，而员工的支付比例仍然保持不变，故总支付比例上调为9%，进一步拉大了雇主支付额与员工所得额之间的差距。1993年1月，关于雇主支付的规定被废除，而员工需向有关机构支付其工资总额的9%。尽管总支付比例不变，但能够增加有效支付比例的最大应纳税工资制度被废除了。10个月后，由于强大的政治压力，员工的支付比例减少至3%，雇主的支付比例增加至6%。1995年8月，全部由雇主支付，支付比例为9%。最后，1997年1月，总支付比例下调为7%，仍全部由雇主支付，但圣诞节与节假日补贴被列入税基。

● 个人储蓄账户（Compensación por Tiempo de Servicios，CTS）。这是由雇主根据员工的工作年限，每年向其员工支付的一种额外工资。在1991年1月之前，如果员工的工资高于额外工资，则雇主向员工支付的最高额外工资为最低工资的10倍。政策规定雇主可以将这笔基金保留至雇员离职（企业唯一的义务是将此项目列入其年度财务报表的“负债”中）。然而，由于缺乏对雇主支付此项金额的相关约束，这一制度以失败告终。实际上，当员工被解雇时，这一补贴是一项额外的解雇成本。自1991年1月起，有关政策规定，雇主需在每年的5月和11月向其雇员的个人账户中支付相当于员工月薪水平50%的金额。

● 圣诞节及节假日补贴。自1989年12月起，政策规定雇主需向员工支付2个月的额外工资（分别于每年的7月和12月支付）作为节假日补贴。然而，在有关法律实施之前，企业向其员工支付这种补贴就已经是惯例，特别是在大中型企业。自20世纪80年代起，公共部门也一直向其雇员发放这种补贴，但金额不确定。

图2.3反映了企业对受公共养老金计划保护的蓝领工人的有效支付比例的演变。为了估计非工资劳动成本的有效支付比例，需要对上述提到的每项非工资劳动成本予以估计。估计过程的主要困难在于要考虑不同的支付比例与税基的最大值和最小值，故我们对每项非工资劳动成本分别进行计算，然后再将它

① 因此，国家住房基金制度成为政治讨论的焦点，反对方将其作为攻击政府的正当理由，为了满足其政治和财政需要，政府反复调整雇主和员工对国家住房基金的支付比例。在本书中，凡涉及“工资税”，均指这一支付比例。

们加总。大部分非工资劳动成本的变化均与工龄补贴和工资税率的变化有关。此外，在某些情况下，养老金的支付比率会在雇主支付比例保持不变的情况下发生变化。这一变化将作为一个变量纳入劳动需求估计模型中。

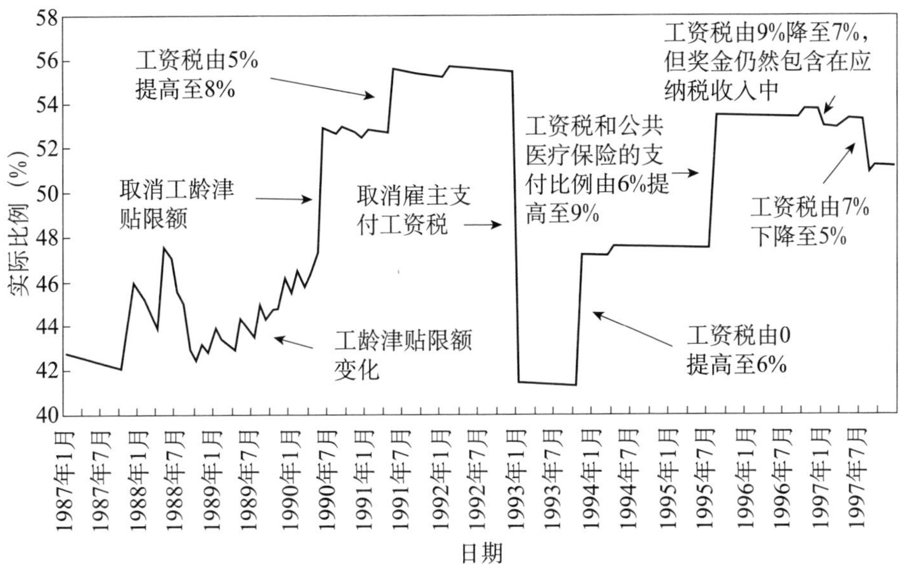

图 2.3 雇主支付的非工资劳动成本的演变

2.3 劳动法对劳动需求影响的实证分析

我们发现，1986—1996 年间，劳动法至少有 3 次重大变化，这些立法的变化均对劳动需求产生了一定影响，这些变化包括：(1) 关于遣散费和就业稳定的制度变化；(2) 关于非工资劳动成本的制度变化；(3) 关于临时合同使用规定的变化。研究的难度在于将这些变化对劳动需求的影响与经济周期对劳动需求的影响分开。对于秘鲁而言，尽管立法的变动很有可能对劳动需求的数量和结构产生重要影响，但当时的经济经历了大规模的结构调整（Saavedra，1996a，b）。本章的目的是对劳动需求函数予以估计，并估计秘鲁的两项特别制度（关于解雇成本和非工资劳动成本的制度）变化对劳动需求的影响。1991 年，政府取消了对新员工的就业稳定保障，1995 年，继 1993 年宪法改革后，就业稳定保障制度被彻底取消。与此同时，遣散费的制度规定更简单，对遣散费制度的管制也有所放松。一方面，这一改革简化了临时合同的使用程序，显著降低了 1991 年和 1995 年这两个阶段的解雇成本。另一方面，非工资劳动成本在 1987 年和 1990 年有所提高，1987 年的提高是因为部分非工资劳动成本支付限额的规定，1990年的提高是因为国家住房基金的支付比例、工资税税率以及养老金支付比例的提高。由于正规行业受法律制度的影响较为明显，所以，我们将研究范围限定为正规行业的劳动需求。然而，“正规行业”是内生性变量。对于生产力水平较低的经济体而言，较高的解雇成本和非工资劳动成本的影响之一是导致“非正规”就业，所以，我们将对1986—1996年间非正规行业和正规行业的就业调整情况进行分析。

2.3.1　非正规就业：规避政府管控的第一条途径

企业和劳动者可以通过多种机制来应对劳动市场规制。就业保障制度和遣散费导致了解雇成本，增加了实际劳动成本的不确定性，并且使得劳动成为一个准固定变量。鉴于这一制度运行至1991年，秘鲁的企业采取了一些措施将劳动数量调整到满意的水平以降低成本。对于许多企业而言，首选的调节机制是进入非正规行业。“非正规”被定义为企业和劳动者根据成本-收益分析选择的状态。许多企业，尤其是小型企业，在雇用和解雇劳动者时的随意性较大，并且不给劳动者支付任何法定的社会保障金。对这些企业中的大多数企业而言，它们的生产力水平太低，以至于无法给员工支付任何社会保障金。对于企业和劳动者而言，任何法定福利都是奢侈品。然而，许多企业却在灰色地带正常运行。实际上，许多不同生产力水平的企业均在它们认为合理的分界点上正常运行，是否进入正规行业的决定必须基于成本-收益分析来选择。企业会对“正规”和“非正规”状态下的成本与收益进行评估（“正规行业”的成本是必须为员工支付法定的社会保障金，收益则来自不断扩大的业务规模；“非正规行业”的成本是一些可能的罚款，收益则是可以免于支付法定社会保障金以及解雇成本）。

鉴于法律制度的变化，成本-收益分析决定了“正规行业”和“非正规行业”就业的变化情况。我们运用家庭调查数据，并将“正规受雇员工”定义为“在遵守各项政策规定的企业中工作的人员”。[①] 如图2.4所示，自1987年起，非正规受雇员工的数量持续增加。然而，正规受雇员工的数量更容易受到经济周期的影响。从图中可以看到，正规受雇员工的数量在1987—1992年间有小幅下降，但从1993年起持续快速上升。据此可以得出，20世纪80年代严格的劳动立法使正规就业人数没有大幅下降。与此相反，20世纪90年代更为宽松的政策环境促进了就业量的迅速增加。由私营企业中的正规就业份额（见图2.5）和非正规就业份额可以发现，前一指标在经济萧条期间大幅下降，在20世纪90年代宣布改革且经济状况有所好转后，这一指标也随之上升。

① 从实际操作层面来看，“正规受雇员工”被定义为享有医疗保险、养老金或者是工会成员的劳动者。Saavedra and Chong（1999）的相关研究中使用过这一定义。

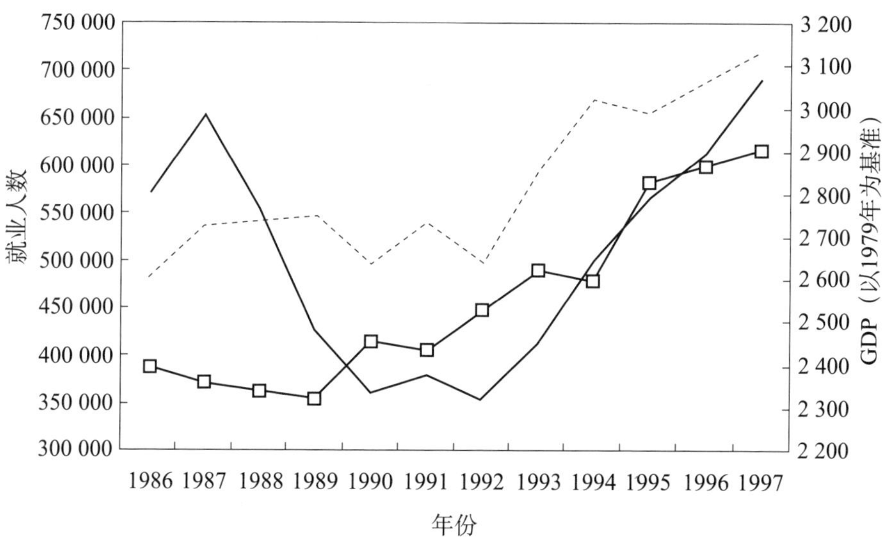

图 2.4　秘鲁首都利马：私营企业的正规受雇员工、私营企业的非正规受雇员工与 GDP，1986—1997 年

资料来源：INEI，MTPS 1986—1995 年家庭调查；INEI 1997 年家庭调查。

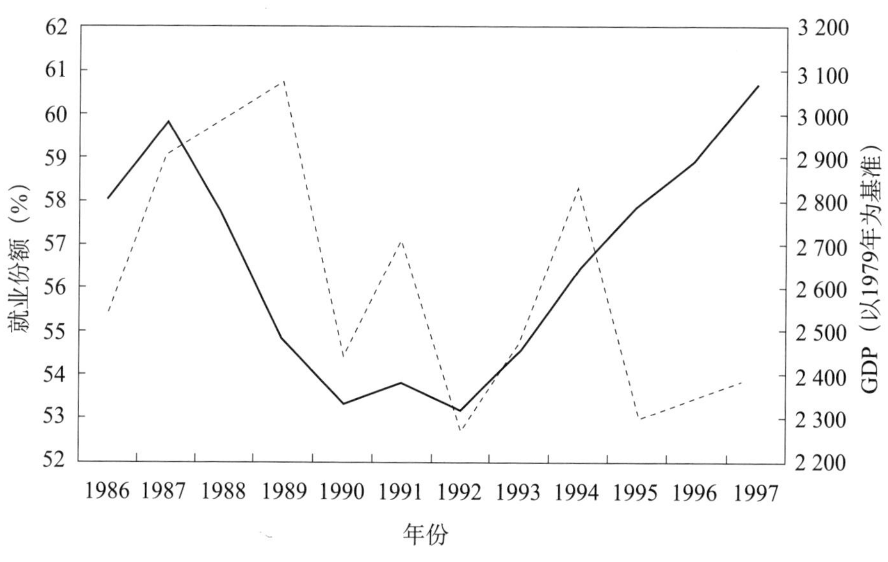

图 2.5　秘鲁首都利马：私营企业中的正规就业份额与 GDP，1986—1997 年

资料来源：INEI，MTPS 1986—1995 年家庭调查；INEI 1997 年家庭调查。

2.3.2 正规行业劳动需求的估计

通过家庭调查，我们仅能得到时间跨度为 10 年的数据，因而无法对正规行业的劳动需求予以分析。显而易见的是，当营业额下降（如 1988—1992 年间）时，正常的运营成本会上升且超过收益，故有更多的企业会倾向于地下运营，或更多新成立的企业会选择“非正规”地运行。1993 年，产出和生产力水平再次提高，更多的企业发现正规运行更有利可图。但在复杂的情况下，企业的决策会受很多因素的影响，例如上调或下调企业的支付比例会受地下运营以及其他因素的影响。解雇成本的下降可能会对正规行业的劳动需求产生积极的影响，但与此同时，非工资劳动成本也会随之上升，这可能会对劳动需求产生负面影响。

为了分析这些变化对正规劳动需求的影响，下文将运用季度数据对正规行业进行进一步的描述，我们首先对不同行业和不同企业的劳动需求予以静态估计。[①] 我们展示了不同指标的估计结果，并据此对工资弹性、工资额度（包括税收、医疗保险、养老金和其他补贴），以及预期遣散费金额进行分析。

相关数据

对利马正规部门劳动需求进行静态和动态估计的数据是由劳动部搜集的工资和薪金的季度调查（QSWS）数据，工资和薪金的季度调查是同时对企业和员工个人进行的季度性调查。这一调查搜集了位于秘鲁首都区利马（包括利马和卡亚俄两个省份）大约 600 家私营企业（这些企业的员工总数均在 10 人及以上）的信息，以及来自这些企业的近 8 000 名员工的有关数据。这项调查分为两个部分：（1）A 部分主要包括不同企业工资总额（分为工资和非工资劳动成本）的相关信息、就业情况，以及发生集体谈判的情况，各项指标均根据就业类别（包括蓝领、白领和高级管理人员）和国际标准行业代码（standardized international industrial code，SIIC）进行划分；（2）由于调查时从各企业随机选取了 5～25 名员工（根据企业规模的不同），所以 B 部分涵盖了这些员工的个人信息，包括年龄、性别、工龄、薪酬明细、具体岗位和就业分类等。

1986 年，选择样本的方法由单变量分布变为从 10 类不同行业和 4 类不同规模的企业中进行分层抽样。[②] 这种方法确保了对企业所属行业类型和企业规模进行分类所得的截面数据具有充分的代表性，本部分将所有企业分为 48 组，其中，多变量概率分布是根据每组的企业数量来确定的，并用标准最优抽样法

---

① 此处仅使用劳动部提供的企业层面的数据，我们没有控制由此产生的选择性偏差。

② 这项调查自 1957 年开始进行，后期对调查问卷的部分内容进行了较大程度的修改，所以可以将 1986 年前后的数据进行对比分析。另外，仅保存了这一时期相关数据的复印版资料。

最小化每组总工资差异。① 因此，可用于分析的数据只有1986—1997年间的数据，这些数据由两月度调查数据和季度调查数据组成（1996年之前是两月度调查数据，1996年之后是季度调查数据），总共代表68个不同的时间点。②

在1986—1997年间，共有3类不同的企业样本，分别来自劳动部于1986年、1990年和1994年发布的电子表格摘要表（HRP，它是所有正规私营企业依据法律规定每年发布的关于工资信息的报表）。大型企业遵守法律规定的比例较高，企业遵守法律的概率随企业规模增大而增大。每一时期抽样的企业数目均保持在500家左右，但如果这些企业倒闭或在这期间没有报告任何信息，它们也不会被排除在样本之外。因此，对于行业的估计，我们使用每一行业中所有企业的信息，并运用扩展因素计算出行业层面的总量；同时，我们还运用B部分的调查信息，根据行业的员工工龄结构来构建“预期遣散费”这一变量。据此，我们构建了包含56个时间点、按照行业划分的伪面板数据。除了企业数据之外，我们构建了GDP的时间序列数据，并对每个年份的GDP按照行业类别进行划分。为了使行业层面的伪面板数据与企业层面的面板数据具有可比性，我们根据样本的时间跨度（1987—1990年，1991—1994年，1995—1997年），将其进一步细分为3个伪面板数据。尽管这一时间段的划分大体上与劳动立法的三个重要阶段相对应（两部重要法律分别颁布于1991年11月和1995年7月），但各个时间段内仍存在变动，特别是关于工资总额的变动。

图2.6显示了利马正规企业就业的变动情况。条形阴影部分表示样本发生变化的时间段。运用同样的数据，我们构建出每一时间段每一行业的员工样本，并运用样本信息对员工的基本特点予以分析，分析结果与运用家庭调查数据进行分析的结果类似。我们发现，在20世纪90年代，年轻劳动者所占比例增加，女性在就业人口中所占的比例小幅上升，员工的平均工龄缩短。

最后，我们运用1986—1997年的工资和薪金的季度调查数据构建了3个企业层面的面板数据，这些数据包含细分时间段内全部企业样本的信息，我们

---

① 按照规模，企业被分为4组：员工总数分别为10～49人、50～99人、100～499人以及500人以上。行业分为农业、矿业、消费品制造业、中间产品和资本品制造业、公用事业、建筑业、批发贸易业、零售贸易业、金融业、保险和房地产业、交通运输与通信业以及服务业。样本中不包括农业类企业。

② 1991年之前的调查数据仅保存在由XENIX系统格式化后的8英寸磁盘中，获取这些数据需要使用Radio Shack TRS-16B计算机和8英寸硬盘驱动器，而秘鲁并无这些设备。因此，所有数据是由位于印第安纳波利斯的软件企业转化为可读格式所得，且这些信息被处理为与原有数据库一致。1990年以前，劳动部的少量内部文件中描述了该数据的存在。幸运的是，根据对国家就业与失业调查（DNEFP）的部分现有员工和已离职员工的访谈可知，这项调查所使用的方法在那些时期并未发生变化。

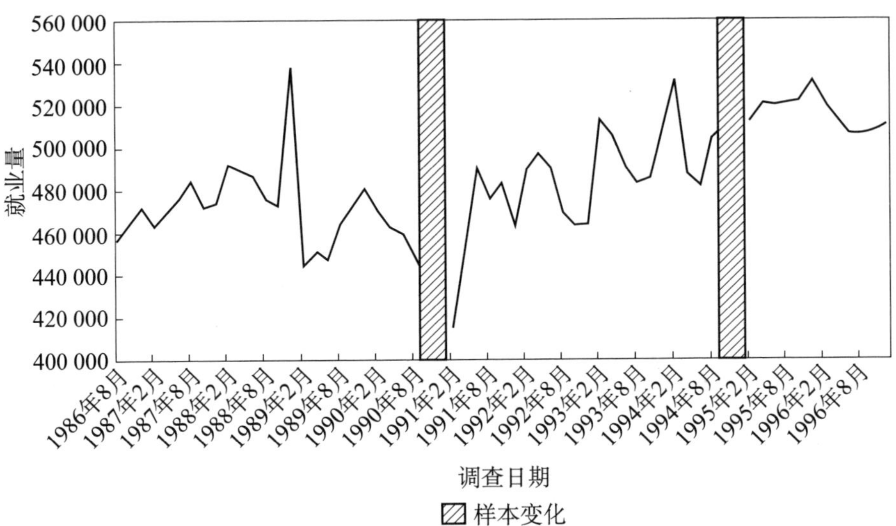

图 2.6　秘鲁首都区利马：员工人数在 10 人以上的正规企业的总就业情况

资料来源：MTPS 1986—1996 年工资和薪金的季度调查。

根据抽样周期来构建这 3 个面板数据，并且根据企业是否始终存在于各个细分时间段来识别企业样本。第一个面板数据涉及的时间跨度为 1987—1990 年，全部企业样本均来自在 1985 年劳动部公布的《正式企业工资表格》中注册登记过的企业，这一面板数据中包含了 20 个季度内 389 家企业的相关信息。第二个面板的时间跨度为 1991—1994 年，共包含了 408 家企业 24 个时间点的相关信息，所有企业均来自在 1989 年劳动部公布的《正式企业工资表格》中注册登记过的企业。由于这一阶段内企业样本并不重复出现，所以上述两个面板数据涉及的数据范围均较大。在上述两个面板数据中仅剔除了原始数据中已经倒闭的企业样本，故样本规模仅由这些企业的“死亡率”决定。与此相反，1995—1997 年间参与调查的企业样本均来自每年更新的样本库。由于企业总数目（这些企业同样是在劳动部公布的《正式企业工资表格》中注册登记过的企业）和被调查企业数目的增加，第三个面板数据中共包含 341 家企业的信息。①

劳动需求的计量分析

本节的目的在于确定静态劳动需求方程，根据这一方程来分析不同的法律

① 我们试图根据 1990—1997 年间连续出现的企业信息来构建面板数据。由于这一面板数据中包含的时间跨度太小，以及存在明显的偏误，所以不能使用该数据进行估计。依据 1991 年起不断更新的工资统计调查数据，我们在 1995 年引入了新的企业样本（基本上是随机的），因此 1991—1994 年的企业样本很少被包括在 1995 年的样本中，而它们会在 1995—1997 年的样本总体中重复出现。

制度对劳动需求的影响。我们的主要兴趣在于对工资的分配效应进行分析，即工资税、社会保障费和遣散费对劳动需求的影响。本节参照 Hamermesh（1993）的做法构建了静态劳动需求方程，待估计的方程遵循收益最大化原则。企业的收益方程如下：

$$\pi = F(K,L) - E(w)L - rK \tag{1}$$

其中，K 表示资本，L 表示劳动，w 和 r 分别为劳动和资本的成本。$E(w)$ 为预期劳动成本，表示企业解雇员工时的预期成本。这一点很重要，因为在考虑企业收益最大化问题时，w 不能完全由名义工资来表示，所以有必要加入其他因素来表示每个员工的相关成本（Hamermesh，1993）。

企业面临的问题是要选择恰当的资本与劳动组合（K，L），以使其收益最大化，具体如公式（2）所示：

$$\max[F(K,L) - E(w)L - rK] \tag{2}$$

在这一公式中：

$$E(w) = w + p + E(\mathrm{sp}) \tag{3}$$

其中，w 为支付给员工的工资，p 为企业支付的工资总额，$E(\mathrm{sp})$ 表示预期遣散费（详见第 2.2 节的论述）。

对需求函数的分析仍需遵循最优化选择原则（Merrilees，1982），过去十年间，学者们采用过多种方程形式对这一问题进行分析。本节的主要问题在于选择合适的生产函数来检验我们提出的假设。此处，我们采用 Hamermesh（1986）提出的一种方法，在不加任何约束的条件下（即在全要素价格中，要素需求需为零齐次函数）估计出简单且灵活的方程，具体如公式（4）所示：

$$\ln L_i = a + \sum b_j \ln E(w_j)_i + c\ln Y_i + \beta \cdot \boldsymbol{Z}_i \tag{4}$$

其中，j 表示要素，i 表示行业或企业，w_j 表示两个生产要素的价格，两个生产要素分别为 w 和 r，$\boldsymbol{Z}_i$ 表示一个行业或企业层面的其他解释变量的向量。根据 Hamermesh（1993）的研究结果，公式（4）应被视为完整的要素需求方程的一部分，但由于我们没有获得全部要素的数据，所以无法估计完整的要素需求。

我们的初始目的是分析劳动立法的变化对正规行业劳动需求的影响。为此，我们将工资补贴、预期遣散费加入边际生产力条件中，并对这一条件下劳动成本弹性的变化予以分析。我们假设在有大量非正规部门的经济环境下，正规部门的劳动供给趋于水平，因此，我们没有估计法律制度变化对劳动供给的影响。我们估计了方程（4）中的两个变量，这两个变量衡量了两种不同的劳动成本构成对就业的影响，具体结果如以下公式所示：

$$\ln L_i = a + b_1 \ln w_i + b_2 \ln E(\mathrm{sp})_i + c\ln Y_i + \beta \cdot \boldsymbol{Z}_i \tag{5}$$

$$\ln L_i = a + b_1 \ln(w_i + p_i) + b_2 \ln E(\mathrm{sp})_i + c\ln Y_i + \beta \cdot \boldsymbol{Z}_i \tag{5'}$$

在公式（5）中，我们将行业或企业的平均工资水平和预期遣散费作为两类主要的劳动成本。在公式（5′）中，我们将法律规定雇主必须向其雇员支付的平均非工资劳动成本（包括公共部门和私营企业的养老保险、医疗保险、意外保险等，详见2.2.3节）加入平均工资中。将这些项目加入平均工资的原因在于其与预期遣散费不同，后者取决于雇员的工作年限，而这些项目是由雇主每月支付的。

除此之外，我们还运用行业总体数据和企业层面的3个面板数据（1987—1990年，1991—1994年，1995—1997年）[①] 对劳动需求方程予以估计。对Bentolila and Saint-Paul（1992）的相关公式进行修正后，得到估计劳动需求的计量模型，具体如下所示：

$$\ln L_{i,t} = a + b_1 \ln[w_{i,t} + p_{i,t}] + b_2 \ln E(\mathrm{sp})_{i,t} + c\ln \hat{Y}_{t-L} + d\ln \hat{L}_{i,t-L} + e\ln \hat{L}_{i,t-L} \cdot \ln E(\mathrm{sp})_{i,t} + \delta t + \beta \boldsymbol{Z}_{i,t} + \varepsilon_{i,t} \quad (6)$$

其中，工资 w 和工资税 p 代表劳动成本，$E(\mathrm{sp})$ 表示预期遣散费，$\hat{Y}$ 为行业的季度产出，是企业产出的代理变量，$\hat{L}_{t-L}$ 是前期的员工人数，运用滚动回归法和滞后1～4期的就业量计算得到，t 表示时间趋势。

方程中使用就业滞后项是为了衡量由产出变化引起的企业调整速度，这一变量的系数范围在0～1之间；数值越大，表示调整速度越慢，数值越小，则表示就业调整几乎与产出变化同步。

最后，在Burgess and Dolado（1989）研究的基础上，我们试图通过用就业滞后项和预期遣散费的交乘项表示主要的解雇成本，以此来衡量就业变化导致的成本变化。这一交乘项的系数用于衡量就业变化是否会导致边际成本增加，因此，这一系数预期为正。

实证分析结果

我们运用1987—1997年间10个行业的季度数据来估计在产出恒定的条件下，公式（5）和公式（5′）中劳动需求的工资弹性。[②] 如表2.4所示，公式（3）中 $E(w)$ 的所有组成部分对劳动需求均有显著的负向影响。其中，劳动需求工资弹性的估计值为－0.19（所用模型中“劳动成本”包括工资和其他补贴），这一估计值在基于行业数据进行静态劳动需求估计（Hamermesh，1986，1993）所得的正常范围之内。[③]

① 如上所述，这些时期的划分恰好与三次不同的立法改革相符。

② 由于我们无法构建整个时期（1987—1997年）的面板数据，故仅使用行业的伪面板数据进行估计，而未对企业面板数据予以估计。

③ 为了进行敏感性检验，我们对固定替代弹性进行了估计，这一估计中包含了一个资本价格的代理变量。固定替代弹性的估计结果表明，劳动需求对工资和其他补贴的弹性为－0.13，而对资本价格的弹性则为正值。后者表示需求的交叉价格弹性为正，可由生产中资本对劳动的替代来解释。最后，预期遣散费的系数为－0.221。

表 2.4 固定产出的劳动需求估计：基于行业层面的估计（1987—1997 年）

	固定效应模型（6）	固定效应模型（6′）
常数	13.528***	13.701***
	(0.572)	(0.620)
$\ln(w)$	−0.174*	
	(0.096)	
$\ln(w+p)$		−0.191*
		(0.098)
$\ln[E(\mathrm{sp})]$	−0.406***	−0.401**
	(0.060)	(0.060)
$\ln(Y)$	0.047**	0.047**
	(0.022)	(0.022)
对数似然值	−183.22	−182.97
$\chi^2(9)$	1 083.01***	1 084.59***
观测样本量	504	504

注：括号中为标准误。

*** 表示在 1%的显著性水平下显著。

** 表示在 5%的显著性水平下显著。

* 表示在 10%的显著性水平下显著。

与假设结果相同，与企业向其雇员支付的包括各项社会保障、补贴在内的平均非工资劳动成本的系数（b_1'）相比，雇主支付的平均工资的系数（b_1）要小 2 个点。因此，当我们加入工资税时，劳动需求对劳动成本变化的反应明显增大。此外，我们对模型进行各种检验，根据检验结果选择合适的指标。我们运用非嵌套过程和考克斯（Cox）检验来验证非嵌套假设（Greene，1997），我们使用公式（5′）中的 $\ln(w+p)$，而该公式中的 $\ln(w+p)$ 为修正后的回归量。考克斯检验的原假设是：公式（5′）中包含修正后的回归量，如果 p 值为 0.000（考克斯统计量=5.27），则拒绝原假设。当原假设是公式（5′）中包含正确的回归量，则在任一显著性水平下（考克斯统计量=3.56），我们都无法拒绝原假设。

预期遣散费的系数会随行业和时间的变化而变化，这一系数预期为负，且在 1%的显著性水平下显著。据此可知，解雇成本的下降会增加就业。产出弹性在整个时间跨度中的系数是 0.05 左右，这个系数很小，因为表 2.4 中使用的分析模型中引入了行业的固定效应，因此控制了行业间的变量差异。具体来看，当不考虑固定效应时，根据回归结果可知，产出弹性为 0.17，且在 1%的显著性水平下显著。因为测量误差导致误差项和实际产出之间存在相关性，而这一相关性使得根据最小二乘法估计得出的产出弹性趋于 0，产出的测量误差还会导致自身价格弹性的估计结果有偏，所以，我们将变量 Y_i 滞后 6 个月，并取其对数。Griliches and Hausman（1986）的研究表明，当使用面板数据时，受测量误差影响的变量的超前或滞后项可以作为合适的工具变量。另外，我们假设劳动法改革后，企业并不会立即对此做出反应（尤其是在改革前政府管控很严格的情况下，前文已经作了阐释)。

表 2.5 报告了公式（6）的估计结果，该结果是从行业和企业层面分别对 3 个不同时期（1987—1990 年，1991—1994 年，1995—1996 年）的面板数据进行分析所得。表中前三列是对行业面板数据进行分析的结果，后三列是对企业面板数据进行分析的结果。表中使用的变量包括：公式（5′）中涉及的变量和作为调整成本指标的工具变量，即就业滞后项①、就业滞后项与预期遣散费的交乘项，以及时间趋势。具体来说，我们采用广义最小二乘法进行估计，并在必要时运用与各面板数据对应的相关系数对序列相关进行修正。对于行业面板数据，我们加入了行业固定效应，并对其进行了检验。②

在表中的 6 种情形中，共有 4 种情形下的工资弹性系数为负且统计上显著，

表 2.5　行业和企业层面的劳动需求估计结果

	行业			企业		
	1987—1990 年	1991—1994 年	1995—1997 年[a]	1987—1990 年[a]	1991—1994 年	1995—1997 年
常数	8.262***	15.395***	13.657***	0.470***	0.032	1.678***
	(1.570)	(2.217)	(3.688)	(0.166)	(0.085)	(0.507)
$\ln(w+p)$	0.560***	−0.322***	−0.298**	−0.030***	0.028***	−0.053*
	(0.203)	(0.115)	(0.127)	(0.008)	(0.005)	(0.028)
$\ln[E(\mathrm{sp})]$	−0.892**	−0.575	−0.315	−0.310***	−0.041**	−0.140
	(0.363)	(0.422)	(0.632)	(0.034)	(0.017)	(0.101)
$\ln(Y)$[b]	0.014	0.113	0.094*	0.249***	0.008	0.085**
	(0.067)	(0.101)	(0.053)	(0.008)	(0.007)	(0.033)
$\ln(L_{t-1})$[b]	0.070	−0.194	0.077	0.736***	0.942***	0.616***
	(0.147)	(0.215)	(0.310)	(0.027)	(0.016)	(0.088)
$\ln(L_{t-1})\cdot$	0.042	0.063	0.015	0.071***	0.006	0.040*
$\ln[E(\mathrm{sp})]$	(0.027)	(0.045)	(0.060)	(0.006)	(0.004)	(0.021)
对数似然值	210.55	139.45	199.31	2 460.04	2 484.48	−1 389.821
χ^2	12 547.95***	4 537.29***	3 353.03***	230 609.34***	186 386.48***	2 728.07***
观测样本量	189	189	117.000	4 753	6 491	1 722

注：括号中为标准误。行业层面的估计考虑了固定效应。企业层面的估计包括时间趋势变量。时间趋势在 1987—1990 年和 1991—1994 年显著，但在 1995—1997 年并不显著。

a. 当自相关显著时，可用各个面板数据的相关系数来纠正，因为存在滞后的因变量。

b. 用滚动回归方程将滞后值作为工具变量。

*** 表示在 1%的显著性水平下显著。

** 表示在 5%的显著性水平下显著。

* 表示在 10%的显著性水平下显著。

① 通过对就业数据 1～4 期的就业滞后项进行滚动回归来构建工具变量。

② 企业层面的估计没有纳入固定效应，因为预期遣散费和 GDP 仅适用于行业面板数据，并不适用于企业面板数据。

但有两个例外：（1）在行业面板数据中，1987—1990 年的工资弹性系数为正且统计上显著；（2）在企业面板数据中，1991—1994 年的工资弹性系数显著为正。值得注意的是，劳动价格波动的测量可能不准确，因为不同的劳动成本导致的就业分配也会影响劳动价格（Hamermesh，1986）。然而，很难衡量这些潜在问题对整体模型的影响程度。对于预期遣散费，我们发现在 1987—1990 年，该变量的系数显著为负，行业和企业层面的系数分别为－0.89、－0.31。在 1995—1997 年，行业和企业层面的系数分别减小至－0.31 和－0.14，且均不显著。[①] 产生这一结果的可能原因如下：（1）1995 年之后解雇成本的时间变动趋势不明显，故其对就业水平的影响不显著；（2）企业内部员工工龄结构的方差减小，从而减小了不同企业间预期遣散费的差异。在企业面板数据中，预期遣散费和就业滞后项的交乘项用于测量就业变化导致的边际成本，研究结果表明，交乘项的系数较小，但显著为正，且会随时间不断减小。

如表 2.5 所示，用行业面板数据估计的产出弹性从第一个阶段到最后一个阶段有所增大。在第一个阶段，产出弹性为 0.014，但统计上不显著，在最后一个阶段，产出弹性增加至 0.09，且在 10%的显著性水平下显著。[②] 产出弹性的增加可能与劳动市场改革有关，劳动市场改革使得企业在产出发生变化时更易于将就业水平调整至理想状态。遣散费金额的降低和就业稳定权的取消降低了解雇成本，而使用临时合同又降低了管理成本，所以，企业能够更灵活地适应产出的变化。如第 2.2 节所述，已有证据表明，这一时期大部分正规就业的增加均得益于临时合同制度。然而，我们使用的就业和工资数据是由长期合同和临时合同约束下的数据加总所得，而这两者的实际估计值可能并不相同，这可能会使估计结果产生偏误。这一问题同样也会影响基于企业面板数据的估计。[③] 产出系数仅在第一个阶段中显著。但应该注意的是，产出变量是根据行业的产出水平来界定的，所以，这一系数不能用企业的就业弹性来解释。

为了衡量就业调整是否同步发生，我们引入了就业滞后项。如表 2.5 所示，这一变量仅在企业面板数据中显著，且其系数大小在 0.62～0.94 之间。这些系数也在 Abraham and Houseman（1994）研究所得的系数范围内。由于是两月度的调查数据，所以在 20 世纪 80 年代末至 20 世纪 90 年代中期，就业

---

① 当我们使用怀特（Wald）检验比较不同时期的系数差异时，我们无法得到统计上显著的结论。怀特检验的局限性在于我们假设我们使用的是独立随机样本，但由于我们使用的数据中始终包含了大型企业，所以这一假设不成立。

② 由于这些模型都包括了固定效应，所以系数均较小，但尽管如此，最后一个阶段的系数仍是显著的。如果不考虑固定效应，这一系数约为 0.17。

③ 最后，附录 A 的检验结果表明，总体劳动需求应该随就业变动引起的经济周期的变化而变化（Bentolila and Saint-Paul，1992）。将回归元与经济周期虚拟变量交乘来衡量经济周期的反应，研究结果表明，这一效应在我们所有的回归中都不显著（详见附录表 2A.1）。

滞后项系数由 0.7 降至 0.6，表明就业调整的中位数有所减小，例如，从 1.5 降至 1。最后一个阶段的系数最小，说明劳动市场灵活度的增加使得企业在劳动需求不足时更易降低就业规模，同时促使雇主在劳动需求增加时雇用员工。然而，与 Abraham and Houseman（1994）对美国的研究结果相比，本研究所得的调整速度更加缓慢。①

2.4 劳动法律制度调整对就业持续时间和人员流动率的影响

在这一部分中，我们对秘鲁劳动者就业持续时间的基本模式进行了分析。如果劳动者在正规行业和非正规行业，以及不同职业的工作年限不同，并且劳动法律制度的变化会引起其他方面的重大变化进而影响工作年限，那么，秘鲁劳动者的工作年限有多长是本节要解决的问题。比如，20 世纪 90 年代早期，秘鲁通过减少遣散费额度以及废除就业稳定权来降低解雇成本、加快创造就业机会和工作岗位淘汰的进程，从而提高人员流动率并缩短就业持续时间，这种现象通常出现在正规行业。这一发现与 Lindbeck and Snower（2002）所提出的局内人-局外人理论相符，他们认为，劳动流动成本仅在严格执行就业保障制度的劳动市场中作用明显，例如秘鲁。此外，秘鲁的劳动市场改革使得临时合同的使用更为灵活，从而使企业在经济扩张时期能够雇用更多员工，而在经济萧条时期解雇更多员工，导致人员流动率增大。运用不同的数据库，我们均发现了就业持续时间缩短这一现象，且这种现象不能仅仅用经济的周期性波动来解释。我们使用风险估计将自雇用劳动者的工作持续时间与正规就业和非正规就业受雇员工的就业持续时间进行对比，且试图分析某些劳动法律制度对工作持续时间的影响，以及它们随时间变化的情况。

首先，我们运用劳动部 10 年的家庭调查数据对就业持续时间的趋势予以描述。这一数据的主要缺陷在于它仅提供了不完整工龄的相关数据。但只要我们知道家庭调查数据测量的是什么，我们就可以使用这些数据对一些时间序列变量和跨面板变量进行分析。其次，我们运用生活标准量化调查的数据来呈现经验风险和指数风险模型估计的结果，这一数据的优势是向我们提供了部分样本完整的就业持续时间。

2.4.1 使用截尾数据对就业持续时间近期趋势的分析

首先，我们再次使用跨面板数据，即 1986—1997 年（不含 1988 年）劳动

① 该研究的结果表明，美国制造业的就业调整速度为 0.383，而联邦德国、法国和比利时的就业调整速度与本书的研究结果相似，分别为 0.837、0.935 和 0.823。

部的年度家庭调查数据。这一调查搜集的信息包括：工作特点、就业者的就业持续时间、失业者的失业持续时间。数据按照年度和月度记录。在调查中，访问员会问被调查者“你从事现在的这份工作多久了?”该问题的回答不是以雇主与雇员双方签订的劳动合同中规定的工作时间为依据，而是以从企业与雇员建立劳动关系开始到接受调查的时间之间的工作时长为依据。在自雇用的情形中，这一问题即转化为劳动者在同一岗位工作的时长。所有的就业持续时间都针对劳动者的主要工作。①

这些调查获得的数据中包含了非完整工龄的数据信息，根据 Lancaster（1990）的研究，我们假设，给定关于被雇用劳动者完整工龄的概率密度方程，就可以得出相应的非完整工龄的概率密度方程。也就是说可以假设，对于已有工作经历的劳动者而言，剩余工龄的概率密度方程与现有工龄的概率密度方程相同。因此，完整工龄的期望值是非完整工龄期望值的 2 倍。只要这一过程是静态的，假设就成立。对于刚踏入职场的年轻人、进入或再次进入劳动市场的女性，或是接近退休的老年工作者（Burgess and Rees，1996）而言，上述假设可能不成立。可以明确的是，基于这些数据，能够对调查时期内就业人员的工龄分布情况予以分析，但无法对就业的分布情况予以分析。

图 2.7、图 2.8 和图 2.9 反映了不同分组中主要劳动者（25～55 岁的劳动者）非完整工龄的平均值。总体而言，平均工龄的时长呈现下降趋势，并且可能呈现周期性波动。在 1988—1992 年严重的经济衰退期，高离职率和低雇用率可能会使平均工龄延长，但实际上平均工龄有所缩短。平均工龄仅在 1991 年有所延长，即秘鲁经济萧条的时期。② 1992—1993 年，在劳动市场首次改革期间，平均工龄大幅缩短。1994—1997 年，经济快速增长，雇用率和离职率均有所上升，导致平均工龄进一步缩短。然而，在经济增长的 1997 年，该年的平均工龄远低于 1986—1987 年的平均工龄。如上所述，平均工龄的缩短可能不仅存在周期性的波动，而且可能是一种长期趋势。

如图 2.7 所示，青年男性劳动者平均工龄的缩短趋势更明显。假设完整工龄的均值约为非完整工龄的 2 倍，则 20 世纪 90 年代中期完整的平均工龄为 12 年③，低于 20 世纪 80 年代中期的平均工龄 17 年。同时，女性平均工龄也呈现出下降趋势（虽未在图中表示），因而很难在这种情形下假设该过程为静态的。导致这种情况的主要原因如下：（1）孕妇进入或再次进入劳动市场；（2）这一时期女性的劳动参与率快速增长（Saavedra，1998）。此外，1986 年与 1991 年和

---

① 在调查所涉及的全部年份中，拥有第二份工作的劳动者的比例在 12%～15%之间变动。

② 未公布的数据表格显示，青年劳动者的平均工龄并无明显趋势。

③ 假设这个调查群体中利马男性的平均受教育年限为 8.5 年，平均退休年龄为 65 岁，则每个男性一生共有 3 份工作。

1991 年与 1997 年的平均工龄差异均在统计上显著。

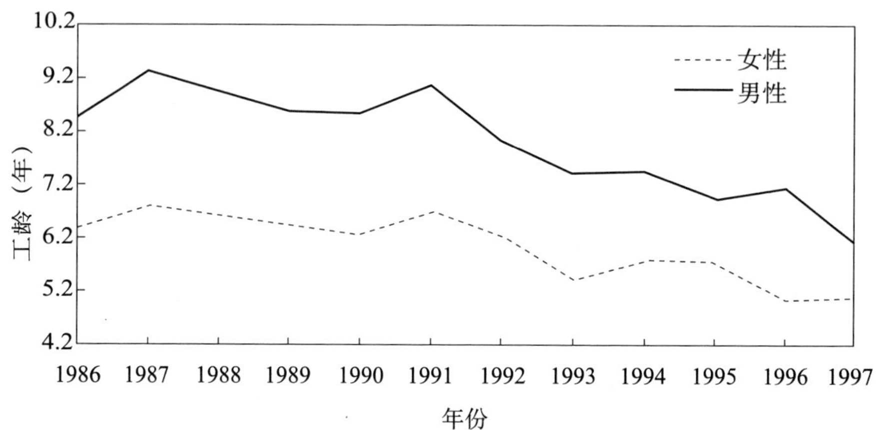

图 2.7　秘鲁首都区利马：1986—1997 年 25～55 岁男性与女性员工的非完整工龄的分布状况

图 2.8 显示了青年男性（划分为正规员工和非正规员工）非完整工龄的变化情况。我们采用法律定义来明确界定正规员工和非正规员工，将享有医疗保险或养老保险、或属于某一工会的劳动者定义为“正规员工”，所有调查中涉及的“正规员工”均遵循这一定义。根据这一定义，1986—1997 年正规员工的就业率由 53%增加至 60%。其中，正规员工与非正规员工的非完整工龄的均值差异较大。事实上，对于正规员工而言，平均工龄在 6.8～9 年之间，而非正规员工的平均工龄是 3 年左右。如表 2.6 所示，在 1986—1997 年间，正规员工与非正规员工非完整工龄的均值差异在统计上显著。

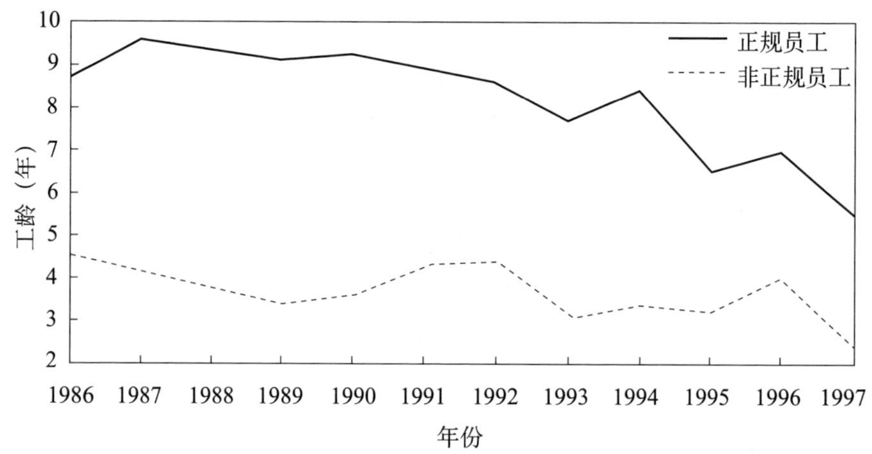

图 2.8　秘鲁首都区利马：1986—1997 年 25～55 岁正规员工和非正规员工非完整工龄的分布状况

表 2.6 工龄的均值差异检验

年份	t 检验
1986	−7.377
1987	−8.400
1989	−10.678
1990	−10.291
1991	−7.715
1992	−7.676
1993	−9.492
1994	−9.416
1995	−7.444
1997	−6.285

注：原假设（H）：非正规员工在 t 时期的工龄－正规员工在 t 时期的工龄＝0。所有年份的 P 值均为 0。

正规员工工龄的下降趋势表现得更明显①，特别是在 1991 年之后。表 2.7 展示了正规员工和非正规员工在不同年份进行比较的结果。对非正规员工而言，1986—1993 年间，其平均工龄下降幅度较大，而 1993—1997 年间，他们的平均工龄下降幅度更小且不显著。在劳动立法改革后，正规员工平均工龄的缩短幅度很大，且在统计上显著。根据表 2.7 中的结果可得，20 世纪 90 年代期间，正规员工和非正规员工的平均工龄差异有所减少。如前所述，通过签订临时合同、降低遣散费和取消就业稳定政策等方式对劳动市场进行的改革，使得正规行业能够灵活地调整其员工数量。除此之外，这一时期的工会参与率大幅下降，工会成员的平均工龄比非工会成员的平均工龄要长。

表 2.7 平均工龄差异与双重差分估计结果

	1986—1993 年	1993—1997 年
差分估计		
正规员工	−0.98	−2.23
	(0.55)	(0.57)
非正规员工	−1.45	−0.63
	(0.51)	(0.39)
双重差分估计		
正规员工－非正规员工	0.47	−1.60
	(0.75)	(0.67)

注：表中数据为首都区利马当前被雇用劳动者非完全工龄平均值的差分。括号中为标准误。

① 未公布的数据表格中显示，正规行业的自雇用员工的平均工龄有明显的下降趋势，但这一趋势在非正规行业的自雇用员工中并不明显。

图 2.9 显示了部分行业青年男性正规员工的非完整平均工龄的分布情况。随着经济进入衰退期，1988—1990 年间，制造业男性员工的平均工龄呈现平稳的上升趋势。随后，随着经济形势好转，平均工龄有所缩短。服务业中存在类似的变化趋势，贸易行业也有类似的变化趋势，但其变化程度更小。控制年龄结构后发现结论基本不变，表明平均工龄在不同时期的变化并不能反映出被解雇员工类型的变化，但可以体现更高的人员流动率。

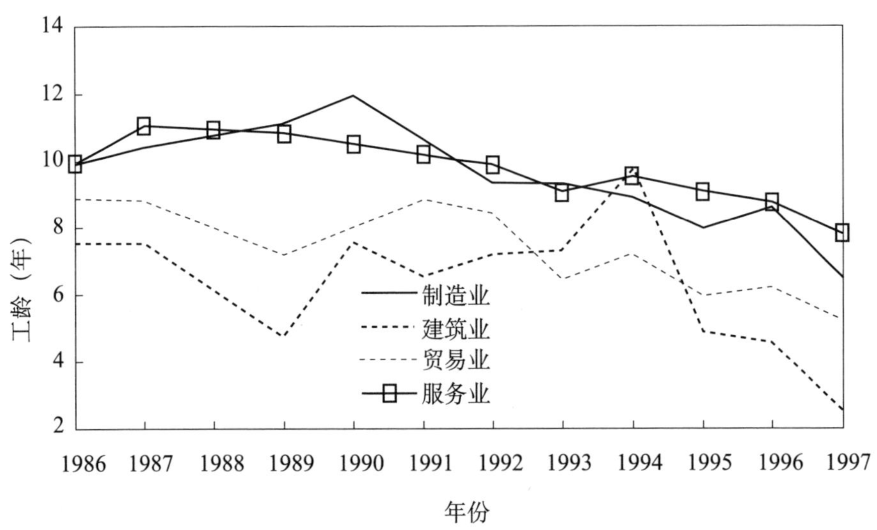

图 2.9　秘鲁首都区利马：1986—1997 年特定行业 25～55 岁男性正规员工的不完整工龄分布情况

正规行业青年劳动者平均工龄的缩短与诸多因素有关。劳动市场改革之前，高昂的解雇成本致使正规员工的就业间隔期较长，同时也使正规行业的就业创造率较低，而后者实际上扩大了非正规行业的相对就业规模。1991 年的劳动市场改革通过实施临时合同制度促进了企业雇用人数的增加，同时，改革还通过调低遣散费金额、取消新员工的就业稳定权等方式降低了解雇成本。劳动市场改革后，经济从 1993 年起进入扩张时期，劳动市场改革提高了正规行业和非正规行业的就业率，而净就业率的提高表明雇用率大于解雇率。受到贸易自由化和企业私有化进程的影响，私营企业倾向于解雇工龄较长的员工。① 一方面，改革使得解雇工龄较长的员工的解雇成本大幅下降，特别是 1995 年废除了针对所有劳动者的就业稳定保障政策。另一方面，青年劳动者能更快掌握新技术，故企业对青年劳动者的需求大幅增加。因此，企业更倾向于解雇工

① Saavedra（1998）研究表明，对于 55 岁以上的劳动者，其就业人数占总人口的比例并未随 20 世纪 90 年代就业率的增长而增长，且这一年龄组的失业率有所上升。

龄较长的员工而雇用青年劳动者，从而产生员工平均工龄缩短的效应。

表 2.8 展示了不同调查数据反映的平均工龄情况，其中，除年份一列外，前两列数据来源于家庭调查（与之前段落使用的数据集相同），第三列数据来源于企业调查（与用于劳动需求分析的调查数据相同），其他数据均来源于生活标准调查（LSMS，关于这一数据的情况将在以下部分详细论述）。对所有不同的数据进行分析后结果表明，20 世纪 90 年代正规员工的平均工龄缩短。

表 2.8　平均工龄：不同数据间的比较

	家庭调查			LSMS								
				自雇用劳动者			受雇劳动者			全部劳动者		
	正规员工	全部员工	企业调查	非正规员工	正规员工	全部员工	非正规员工	正规员工	全部员工	非正规员工	正规员工	全部员工
1985				8.27	8.58	8.29	3.92	7.53	6.66	7.33	7.58	7.43
1986	8.87	6.87										
1987	8.97	7.28										
1989	9.41	7.00										
1990	9.70	6.97										
1991	9.45	7.45	10.08			7.64			7.07			7.34
1992	8.98	6.83	10.26									
1993	7.62	5.99	10.46									
1994	8.23	6.39	10.34	7.20	8.70	7.30	4.26	7.08	6.30	6.55	7.21	6.81
1995	7.48	5.85	7.44									
1996	6.11	5.74	6.93									
1997	6.63	5.11		7.14	5.89	7.14	3.6	5.89	5.22	6.3	5.89	6.15

资料来源：1986—1995 年 MTPS 家庭调查；1996—1997 年 INEI 家庭调查；1986—1996 年 MTPS 工资和薪金调查；1985 年、1991 年、1994 年及 1997 年全国家庭生活水平调查。

注：家庭调查数据来自对秘鲁首都区利马当前就业劳动者的调查。企业调查数据来自对秘鲁首都区利马当前员工人数为 10 人及以上的企业的调查。LSMS 数据是对秘鲁当前就业劳动者的调查。表中空白表示无法获得相关信息。

2.4.2　就业间隔期

这一部分研究使用的数据来源于 LSMS。[①] LSMS 的就业模块中包含诸如现有工作的工作年限、工作部门、企业规模、是否签订合同、是不是工会会员、职业的类型（公有/私营/自雇用/受雇劳动者）、白领或蓝领等与工作有关的信息。[②]

---

① LSMS 是一系列在 1985 年由世界银行提供资金和技术支持，之后由库托研究所实施的家庭调查。

② 样本数量允许对这些类别分别进行分析。与在发达国家中观察到的情况相反，在秘鲁以及其他拉丁美洲国家，城市的自雇用劳动者的占比达到了 40%。

这些信息来自在过去七天内有工作的人。另外，那些没有工作的人要报告他们是否在找工作以及失业的周数。这份调查对就业者和未就业者还有另一个模块的提问，这个问题是关于受访者在过去的 12 个月内的最后一份工作的。如果受访者在过去的七天内未就业，调查者就会询问该受访者在过去一年内所从事的最后一份工作的所有特征；如果受访者在过去的七天内从事某项工作，那么该调查将继续询问其所从事的这份工作是不是在过去七天内获得的。如果受访者回答是，那么调查会继续询问他们当前这份工作的特征。这两种类型工作的间隔期在每一个调查当中都会测算。我们独立使用每个调查数据，分别测算样本中就业者的右截尾间隔期、失业者以及那些在过去一年内换过工作的人的完全间隔期。关于就业持续期的详细数据如下：

- 我们对于目前处于工作状态的样本使用右截尾间隔期，涉及的问题是：“你已经从事［职业名称］多长时间了?”(以周、月、年编码)。[①]

- 对于那些在过去的 12 个月内的确换过工作的人，我们构建两种不同的间隔：一种少于 12 个月的右截尾间隔期和一种完全间隔期。这些数据有两个明显的偏误。首先，我们只有那些在 12 个月内换了工作的劳动者的完全间隔期的信息。如果他们目前的间隔期超过了 12 个月，我们就没有他们以往就业间隔期方面的信息。其次，对于那些工作发生变动的劳动者而言，我们没有他们在两份工作之间的失业期的信息，而如果工作变动是发生在企业内部，我们不会将其视为工作变动。我们将比较所有间隔期前后从事的所有工作的工作特征，并从职业、行业、企业规模、公共或私有等方面来进行分类。

- 我们对非现阶段就业的人和对“你在过去 12 个月内是否从事不同工作”这个问题作肯定回答的人采用完全就业间隔期。[②]

根据我们的数据所得的关于完全和非完全的就业间隔期的具体信息如图 2.10 所示。由 1985 年和 1994 年的 LSMS 的就业期限数据可知，1985 年有 78%的就业期限是非完全间隔期，而 1994 年的占比为 86%。这些间隔期被认为是由随机变量 T 在生存方程 $\overline{F}(t)$ 中独立作用所得（independent realiza-

① 这个问题在调查问卷中并不准确。然而，有两个因素可以让我们将它们看作是就业间隔期。第一，实际调查人员以及管理访问者培训的人员认为，该问题的回答应当是基于就业持续期，在特定企业和特定职位上的工作时间。第二，调查问卷中用另一个问题作为二次检验机制，该问题是“你在过去 12 个月内的主要工作是什么？这份工作与你在过去七天内从事的工作相同吗?”在这个问题中，受访者手册表明，即便是在同一家企业中的职位变动也应当被认为是工作变动。如果受访者回答从事的工作不同，那么他将被要求回答之前从事的工作的特征。

② 请注意，我们只有这些人的就业间隔期信息，即目前失业或退出劳动市场的人，也就是在过去的 12 个月内曾经有工作的人。对于那些在这一期限之外失业或不作为的人，我们没有任何相关信息。

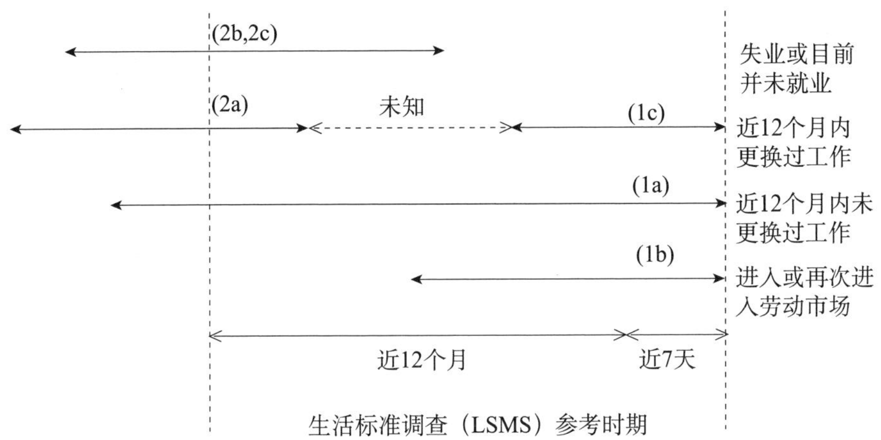

图 2.10 运用秘鲁生活标准调查（LSMS）衡量就业间隔期：（1）右截尾就业间隔期，这一间隔期主要针对目前有工作的劳动者，即近 1 年内未更换过工作的劳动者（1a），或刚刚进入劳动市场的劳动者（1b），或去年换过工作的劳动者（1c）；（2）完全间隔期，近 12 个月内更换过工作且目前有工作的劳动者（2a），对于这部分劳动者而言，就业间隔期即为获得目前工作前的间隔期，对于失业人员而言，其失业间隔期短于 12 个月，且在近 12 个月内有过工作（2b），对于目前已经退出劳动市场的劳动者而言，其就业间隔期为近 12 个月内有过工作的工作时间

tion)。通过来自 LSMS 的完全和非完全就业间隔期信息，我们采用生存函数中的卡普兰-迈耶（Kaplan Meier）估计量，借鉴 Lancaster（1985）的研究方法，针对齐次的右截尾数据，将其关于 t 的生存函数表示为：

$$\hat{\bar{F}}(t)=\prod_{t(j)<t}(1-\hat{\theta}_j),\quad t\geqslant 0 \tag{7}$$

其中，$\hat{\theta}_j=n_j/r_j$，n_j 是指观察到时间点 t 为止的就业间隔期的数量——可能只有一个，r_j 是风险集合（到 t 结束的时间间隔加上那些在时间点 t 被删除的时间间隔）。θ_t 是离职率（它是在时间点 t 上存在的风险）。这个估计方程是一个阶梯函数，在每个观察到的就业退出时间都有阶梯跳跃。

该数据的一个缺点在于，完全间隔期信息采集的观测方案被设计为仅针对失业或退出劳动市场的劳动者，以及在调查前一年内换过工作的劳动者。因此，完全就业间隔期仅对特定的个体适用。然而，如附录 C 所示，只用完全间隔期计算所得的风险函数与只用非完全间隔期计算所得的风险函数是相似的，似乎它们完全不受截尾数据可能带来的偏差的影响。

此外，实证分析假定了一个稳定的经济环境。这个假设暗示就业岗位数量的增加和减少是独立于时间因素的，这允许我们假设在风险分布不受时间影响的情况下，可以将每一次调查作为风险分布的影像。在秘鲁，我们很难假设它具有稳定的经济环境，尤其在 20 世纪 90 年代早期，秘鲁实施了一系列的结构性改革。然而，我们分别分析每个调查数据（1985 年和 1994 年）后发现，尽管在这些调查期间秘鲁遭遇了巨大的宏观经济冲击，但在调查开始前的数年间，没有出现能够保持就业率稳定增长的明显模式。事实上，一个典型的变量是失业率，它可以用来根据不同群体在进入或退出就业时所面临的不同环境来设定危险函数。失业率自 1974 年以来一直在 8.5%左右波动。同样地，对于秘鲁这样一个不稳定的经济体而言，我们很难做出平稳性的假设，尤其是关于就业间隔期的研究，需要运用时间跨度相对较长的数据。

对于右截尾和完整间隔期的月度风险估计能够让我们调查早期工作的间隔模式。在大多数情况下，3 个月、6 个月和 12 个月会达到顶峰，这可能是堆积效应所致（至少在某种程度上）。从这个层面来说，比较各类别之间的差异和不同时间之间的差异就显得非常重要。1985 年的实地调查发现，只有劳动者的试用期满了 3 年，他们才能获得稳定的工作。然而，秘鲁政府早已宣布它有意在就业间隔期的第 3 个月后提供给劳动者就业稳定权。① 事实上，以 1985 年的数据计算所得的在 1983 年至 1986 年 6 月间的就业间隔风险函数，在 3 个月的时候达到了顶峰（图 2.11 中的左侧）。这可能是因为正规行业的雇主在他们的雇员任期届满前，通过解雇劳动者来应对政府实施的这项政策。然而，这个顶峰甚至比其他不受该政策影响的非正规劳动者的高。

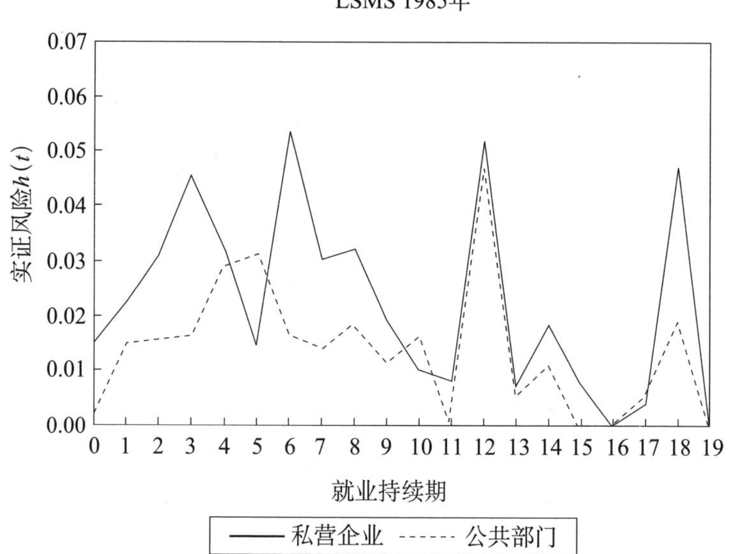

图 2.11 私营企业与公共部门中工龄低于 3 年的正规员工的风险估计结果（就业持续期按月计算）

① 事实上，这项措施在 1986 年 6 月生效。

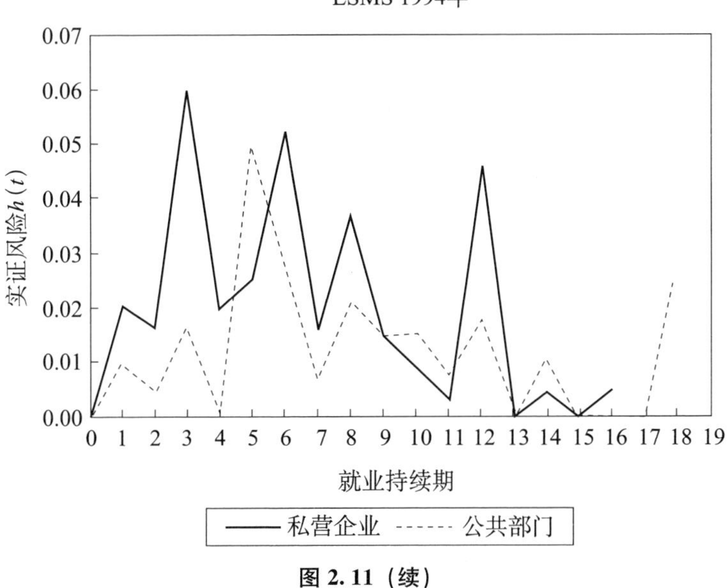

图 2.11（续）

在 1994 年，劳动立法更加灵活，虽然与 1991 年第一次劳动立法改革仅隔几年。在 1991 年之后被雇用的劳动者的试用期一直都是 3 个月，并且没有就业稳定权，但如果雇主以非正当理由解雇他们，他们有权获得遣散费。因此，企业要支付的解雇成本明显比 1985 年的解雇成本要低。如图 2.12 所示，尽管

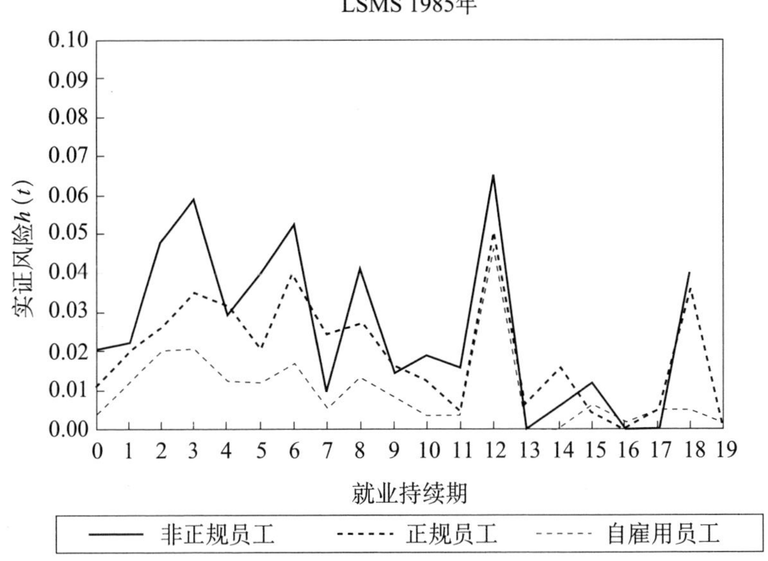

图 2.12　工龄低于 3 年的受雇员工与自雇用员工的风险估计（就业持续期按月计算）

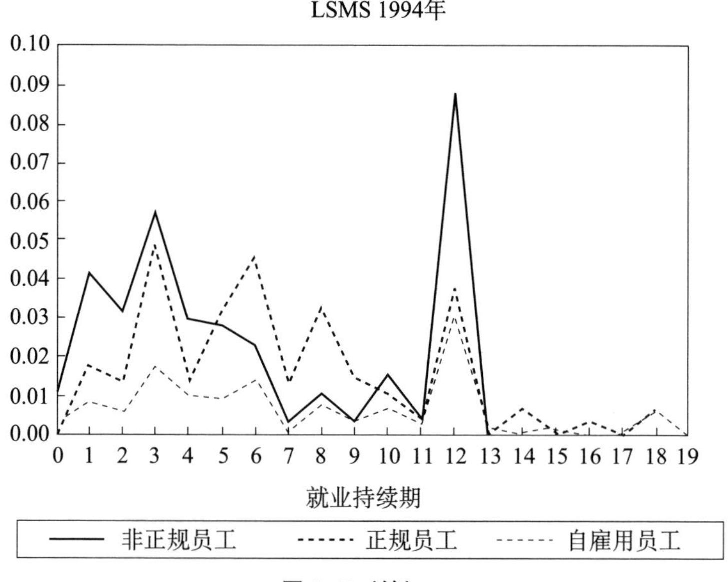

图 2.12（续）

在 1994 年的第 3 个月仍出现了高峰，但在第 4 个月之前，正规员工与非正规员工的风险函数差异都非常小。除此之外，就第 5 个月和第 11 个月之间的就业持续期而言，正规员工离开就业岗位的概率明显大于非正规员工离开的概率。1994 年的正规员工的风险函数略高于 1985 年。对正规员工而言，改革之后风险增大可能与较低的解雇成本有关。这一现象也可能与就业流入的增加有关，但第 2.2 节的研究表明，非正规员工的增长数量至少与正规员工的增长数量一样多。

值得注意的是，1994 年第 3 个月和第 6 个月时的风险仍处在高峰。第 3 个月出现的高峰可以被解释为，此时劳动者获得了要求雇主支付遣散费的权利。[①] 除此之外，在此期间，雇主必须警惕有利于他们的法律制度可能会被撤销，并且政府可能会恢复以前严苛的法律规定。因此，他们当中的很大一部分人一直犹豫是否与劳动者签订长期劳动合同。雇主们更青睐于签订短期的临时合同，通常这些合同的期限为 3 个月或 6 个月，这种类型的合同通常会被不断地更新延续。[②] 在第 12 个月的时间点上出现了一个比较大的高峰，这可能与

① 1994 年关于遣散费的制度中规定，若劳动者在企业的工作时间超过一年，那么员工每多工作一年，则多获得相当于 1 个月月薪的遣散费——遣散费最低不少于 3 个月月薪，最多不超过 12 个月月薪。劳动者 3 个月的试用期满后即可获得要求雇主支付遣散费的权利，但在第 3 个月到第 12 个月之间，雇主解雇员工需要支付的解雇费为 0。

② 在非正规部门第 3 个月出现的高峰可能是一个周边效应（rounding effect）或者是某种“灯塔效应”。

劳动者在企业中工作满一年，遣散费从 0 上升为 3 个月月薪有关。因为当劳动者在企业工作就要满一年时，企业拥有最后一次零成本解雇劳动者的机会。总而言之，在 1985—1994 年间，正规员工的风险函数和在非正规部门就业的雇佣期限较短的劳动者的风险函数都出现了增长态势。

在对比私营企业和非私营企业中正规员工就业持续期的风险时，我们发现了一个额外的证据。如图 2.11 所示，私营企业正规员工的风险在第 3 个月和第 6 个月出现了较大的高峰，而这一现象在公共部门劳动者中并没有出现。这可能与企业二次雇用劳动者，导致员工有两个连续的试用期有关。总的来说，与公共部门相比，在私营企业中，劳动者第 1 个月处于就业状态的概率更高。在工作满一年时也观察到了峰值，这与当时相关法律制度规定增加遣散费有关。然而，在 1994 年，私营部门的峰值降低了，公共部门的峰值降低得更加明显。这可能与私营部门中遣散费的减少，以及自 1992 年来公共部门规模的缩减有关。

在比较蓝领和白领的风险时，我们发现了一个有趣的现象。很明显，在就业的前 10 个月内，蓝领的风险比白领要高，这个结果与我们通常的想法一致，即与白领相比，蓝领的人员流动率更高（见图 2.13）。在 1985 年，第 3 个月、第 6 个月和第 8 个月，蓝领的风险峰值非常显著，白领的风险值却并非如此。然而，在 1991 年以后，两者都出现了峰值，并且总体来看，两者之间的风险函数差异也更小。

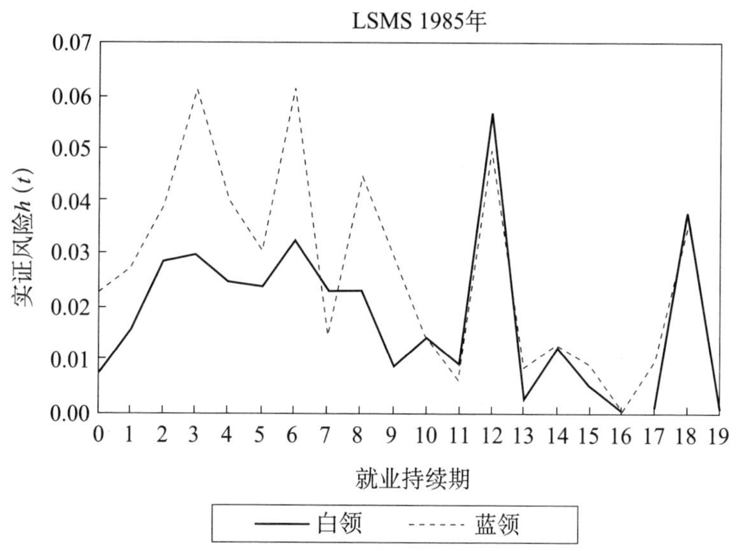

图 2.13　工龄低于 3 年的白领与蓝领的风险估计结果（就业持续期按月计算）

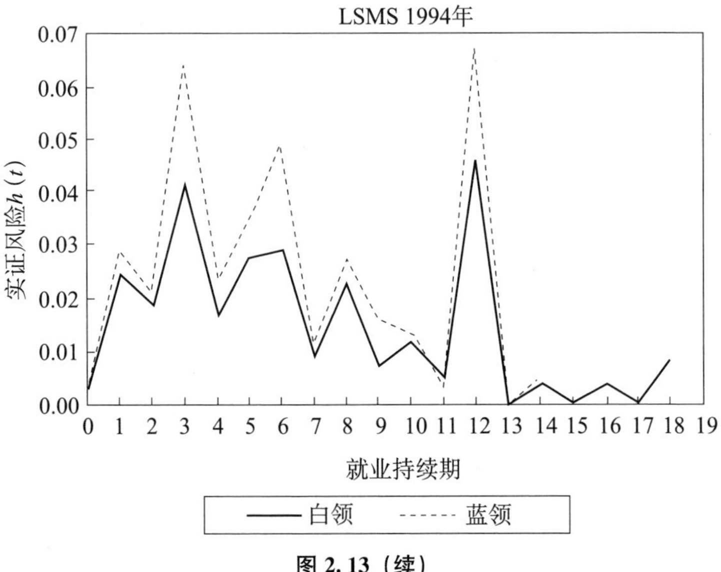

图 2.13（续）

风险函数的参数估计

用来分析就业间隔期的样本并非来自同质群体。为了修正样本的异质性，以及分析不同类别劳动者的风险，我们用完全间隔期和非完全间隔期来估计指数风险模型。表 2.9 展示了运用三个不同年份的数据，分别分析自雇用劳动者和受雇劳动者就业间隔期的结果。劳动者年龄与风险之间存在负效应，表明年龄较大的劳动者人员流动率较低。这一负效应在 1991 年和 1994 年更大，因为年长的劳动者的人员流动率也增加了。教育对风险的影响也显著为负，尤其在 1991 年实施改革之后，受教育程度越高，风险越小。令人惊讶的是，在 1991 年，职业培训使得劳动者的风险上升。实证结果也验证了以下结论，即在其他条件不变的情况下，与正规员工相比，自雇用劳动者的风险更低、就业持续期更长，而正规员工比非正规员工具有更长的就业间隔期。在实施劳动市场改革之后，正规员工的负系数变得更大，表明正规员工的人员流动率相对增加。然而，标准误也增大了，表明这种变化可能在统计上不显著。

表 2.9　指数风险模型：自雇用劳动者与受雇劳动者

	1985	1991	1994
男性	−0.462***	−0.212**	−0.293***
	(0.064)	(0.103)	(0.092)
年龄	−0.154***	−0.203***	−0.183***
	(0.012)	(0.019)	(0.017)

续表

	1985	1991	1994
年龄^2 · 10^{-2}	0.111***	0.176***	0.143***
	(0.014)	(0.024)	(0.020)
已婚	−0.348***	−0.351***	−0.048
	(0.074)	(0.124)	(0.107)
受教育年限	−0.005	−0.054***	−0.023*
	(0.008)	(0.014)	(0.013)
职业培训	0.073	0.480***	0.075
	(0.069)	(0.105)	(0.101)
正规行业的受雇劳动者	−0.360***		−0.433***
	(0.094)		(0.138)
自雇用劳动者	−0.979***		−0.976***
	(0.086)		(0.125)
受雇劳动者		0.704***	
		(0.114)	
观测样本量	6 144	3 570	4 561
对数似然值	−4 461.59	−1 788.78	−2 656.25

注：括号中为标准误。

*** 表示在1%的显著性水平下显著。

** 表示在5%的显著性水平下显著。

* 表示在10%的显著性水平下显著。

表2.10是一个只针对受雇劳动者进行分析的拓展模型，运用1985年的数据进行估计的结果表明，签订临时合同会增加风险，也就是说受雇劳动者的人员流动率更高。尽管临时合同被广泛使用，但这一影响在1994年消失了，这可能与企业中的临时工作岗位与长期工作岗位的差异变得越来越小有关。[①] 对正规员工的就业保障制度也减少了风险，这一结论与之前的结论，即非正规员工的风险更高一致。令人惊讶的是，当劳动者属于私营企业的工会成员时，风险会增加；然而，由于工会的影响力随着时间推移而逐渐消失，对于这个变量的估计不再像20世纪90年代那样那么重要。我们还发现已婚的劳动者有更长的就业间隔期，正如风险估计结果一样，即蓝领的风险更大。将样本范围限定在私营企业劳动者后发现，实证结果没有产生明显的变化。

① Saavedra and Maruyama (1999) 的研究表明，改革前，与长期合同工相比，临时工往往更年轻，工作经验更少，受教育程度更低。但这些差异在劳动市场改革之后明显减少。同时，在改革之后长期合同工的收入溢价也显著减少。

表 2.10　指数风险模型：受雇劳动者

	1985	1991	1994
性别	−0.702***	−0.293**	−0.517***
	(0.097)	(0.139)	(0.134)
年龄	−0.175***	−0.222***	−0.176***
	(0.019)	(0.030)	(0.032)
年龄^2 · 10^{-2}	0.146***	0.224***	0.123***
	(0.024)	(0.037)	(0.041)
已婚	−0.355***	−0.463***	−0.010
	(0.096)	(0.164)	(0.139)
受教育年限	0.050***	0.010	0.029
	(0.012)	(0.022)	(0.019)
职业训练	−0.049	0.544***	−0.068
	(0.088)	(0.139)	(0.145)
工会	0.350**	0.128	−0.303
	(0.137)	(0.197)	(0.272)
社会保障	−1.180***	−1.212***	−1.219***
	(0.117)	(0.171)	(0.170)
临时合同	0.182*		0.157
	(0.104)		(0.143)
公共部门员工	−0.362**	−0.188	−0.484**
	(0.157)	(0.274)	(0.221)
蓝领	0.393***	0.269*	0.288**
	(0.103)	(0.156)	(0.146)
工会×公共部门员工	0.019	−0.107	0.535
	(0.200)	(0.338)	(0.376)
观测样本量	3 344	1 945	2 330
对数似然值	−2 557.92	−1 039.92	−1 481.19
χ^2(df)	1 171.71	517.49	592.49
Prob>χ^2	0.00	0.00	0.00

注：括号中为标准误。

*** 表示在 1%的显著性水平下显著。

** 表示在 5%的显著性水平下显著。

* 表示在 10%的显著性水平下显著。

2.5　结论

秘鲁是在 20 世纪 90 年代实施一系列结构性改革，并在放宽劳动市场规制方面取得很大进展的拉丁美洲国家之一。秘鲁在劳动立法方面做出的重大的改变之一是降低企业的解雇成本，相关的劳动立法包括，自1991年以来，降低与工龄有关的不合理的遣散费额度，逐步废除就业稳定权，以及为使用临时合同提供更多便利条件。为了分析解雇成本变化带来的影响，我们构建了一个预期遣散费指标，作为企业为支付解雇成本必须储备的货币资源的代理变量。我们将就业状态分为解雇和雇用两种。在每种状态下，遣散费是由企业根据劳动者的工龄结构变化、每段工龄期间解雇概率的估计，以及相应的法定遣散费支付结构来计算的。这些概率在行业之间存在差异，并且在长时间内保持不变，从而减少了内生性。通过模拟不同工资水平下企业支付的总人工成本占工资的比例，计算出一系列非工资劳动成本。这种计算方式非常有必要，因为许多法定的社会保障费和工资税的支付额度都有上下限，并且这些额度限制也会不断变化。在许多情况下，大多数实际支付比率的变动是由这些上下限额度的变化导致的。

为了分析劳动成本变化和解雇成本对劳动需求的影响，我们使用了一个伪面板数据和3个短面板数据，伪面板数据包括1987—1997年间10个行业每两个月一次的调查信息，3个短面板数据由1987—1990年、1991—1994年和1995—1997年3个较短时期内约400家企业的信息构成。共有四个主要的研究结论。第一个结论是：当使用行业面板数据进行估计时，工资弹性的估计系数是－0.19。当工资税被作为劳动成本的一部分并纳入估计时，工资弹性比只纳入工资水平时的要大，并且我们可以证明应当采纳后一种方法。在大多数次周期中，在行业和企业层面，劳动成本对劳动需求有显著的负向影响。劳动需求弹性在经济开放时可能并不会保持稳定，这正是秘鲁在1991年开始贸易自由化时面临的情况。然而Saavedra and Torero（2001）研究发现，将劳动需求弹性与贸易体制变化的代理变量进行交乘后，劳动需求弹性并没有显著的变化。

第二个主要的发现是：解雇成本（预期遣散费）的系数为负且统计上显著，表明就业保障制度对就业会产生消极影响。我们还发现该系数在1995年后大幅度缩小。这可能是因为在1995年以后，在次周期内，解雇成本没有足够的时间变化进而影响就业水平，或者是因为企业内部员工工龄结构的方差已经减少，以致缩小了企业间预期遣散费的差异。

第三，在最后一个次周期内，产出弹性增加。这可能与劳动立法改革使企业更易于根据产出水平的变化调整到所需的就业水平有关。遣散费的减少以及就业稳定权的废除可以被解释为更低水平的解雇税。此外，使用临时合同带来的较低管理成本，使得正规部门更容易适应产出的变化。最后，与之前的结论一致，我们发现改革之后会出现快速的就业调整。

如上文所述，劳动市场的改革，如通过使用临时合同、减少遣散费和废除就业稳定政策，使企业能够灵活地调整到预期的就业水平。解雇成本降低可能会导致人员流动率增加，这是因为企业会在经济扩张期增加雇用人数，在经济衰退期减少雇用人数。通过对 1985—1997 年间不同数据的就业间隔期的分析，我们发现平均工龄自 1992 年起开始下滑，这与劳动市场改革开始的时间吻合，表明秘鲁劳动市场中的人员流动率增加。平均工龄的减小还可能与 1993 年经济复苏后，正规行业和非正规行业中受雇劳动者数量的增加有关。然而，即便非正规员工的平均工龄有所下滑，但在劳动市场改革之后，正规员工平均工龄的减少幅度更大且统计上显著。正如 Lindbeck and Snower（2002）提到的那样，企业的劳动流动成本越小，企业停止与在职员工（内部）议价，以及与新的潜在员工（外部）议价时就可以获利更多。正规行业和非正规行业之间的平均工龄差异在 20 世纪 90 年代后也明显变小。

我们运用秘鲁 1985 年和 1994 年的生活标准调查（LSMS）数据构建了当前雇用劳动者的就业间隔期，以及失业者和在接受调查前 12 个月内更换过工作的劳动者的完全就业间隔期。通过该数据，我们可以计算不同类别劳动者面临的风险。我们发现，风险在劳动者工龄第 3 个月时达到峰值，这与正规员工的试用期截止时间一致。然而，我们在非正规行业中也发现了类似的峰值。此外，第 6 个月和第 12 个月也出现了峰值，这可能与重新签订临时合同有关，因为这样可以避免就业稳定测试和避免发生在遣散费中的离散式跳跃。改革之后，正规员工和非正规员工的风险函数都增大了。第 3 个月和第 6 个月中的大风险仅在私营企业非正规员工中出现，在公共部门中并没有出现。这与私营企业通过使用短期合同来避免就业稳定性有关。对蓝领而言，他们的风险总是更高。但改革之后蓝领和白领之间的差异在逐渐缩小。最后，为了有效控制劳动者的人口统计学特征，我们展示了对风险参数进行估计的结果。结果进一步验证了关于非正规的、年轻的、私营企业的蓝领劳动者所得出的结论。“教育”的风险系数显著为负，特别是在 1991 年实施改革之后，这意味着受教育程度越高，风险越低。改革之后，正规员工的人员流动率有了小幅度的相对增长。签订临时合同的劳动者的风险增加，表明他们有更高的人员流动率。尽管在 1994 年临时合同的使用更加频繁，但其对人员流动率的影响消失了，这可能与同一家企业当中临时工作岗位和长期工作岗位的差别越来越小有关。对这一问题，我们还需要进一步研究，因为 1994 年与劳动市场改革的起始时间非常接近。

附录 A

表 2A.1　1987—1997 年雇主和雇员支付的各项非工资劳动成本的变化情况

	1987	1988	1989	1990	1991	1992	1993		1994		1995		1996		1997	
							IPSS	AFP	IPSS	AFP	IPSS	AFP	IPSS	AFP	IPSS	AFP
雇主支付的非工资劳动成本																
工龄补贴	8.33[a]	8.33	8.33	8.33[b]	8.33[c]	8.33	8.33	8.33	8.33	8.33	8.33	8.33	8.33	8.33	8.33	8.33
国家住房基金	4.00[d]	5.00[e]	5.00	5.00	8.00[f]	8.00	6.00[g]	6.00	6.00	6.00	9.00[h]	9.00	9.00	9.00	9.00[i]	9.00[i]
节假日补贴	16.67	16.67	16.67[j]	16.67	16.67	16.67	16.67	16.67	16.67	16.67	16.67	16.67	16.67	16.67	16.67	16.67
IPSS 支付	6.00[k]	6.00[l]	6.00	6.00[m]	6.00	6.00	6.00		6.00[n]							
公共医疗保险	6.00	6.00[o]	6.00	6.00	6.00	6.00	6.00	6.00	6.00	6.00	9.00[p]	9.00[p]	9.00	9.00	9.00	9.00
意外保险	2.00	2.00	2.00	2.00	2.00	2.00	2.00	2.00	2.00	2.00	2.00	2.00	2.00	2.00	2.00	2.00
工业培训基金	1.50	1.50	1.50	1.50	1.50	1.50	1.50	1.50	1.50	1.50	1.25[q]	1.25[q]	1.00	1.00	0.75	0.75
假期	8.33	8.33	8.33	8.33	8.33	8.33	8.33	8.33	8.33	8.33	8.33	8.33	8.33	8.33	8.33	8.33
总计	52.83	53.83	53.83	53.83	56.83	56.83	54.83	48.83	54.83	48.83	54.58	54.58	54.33	54.33	54.08	54.08
雇员支付的非工资劳动成本																
国家住房基金	0.50[d]	1.00[e]	1.00	1.00	1.00	1.00	3.00[r]	3.00[r]	3.00	3.00	[h]	[h]				
IPSS 支付	3.00[k]	3.00[s]	3.00	3.00	3.00	3.00	3.00		3.00		11.00[p]		11.00		13.00[t]	
AFP 支付								10.0		10.0		8.00[p]		8.00		8.00
工会补贴								1.00		1.00	[p]	[p]				
意外伤害补贴[21]								2.25		2.01		1.17		1.33		1.38
服务费/委托费用[21]								0.64		2.03		1.98		2.02		2.34

续表

	1987	1988	1989	1990	1991	1992	1993		1994		1995		1996		1997	
							IPSS	AFP	IPSS	AFP	IPSS	AFP	IPSS	AFP	IPSS	AFP
公共医疗保险	3.00	3.00[o]	3.00	3.00	3.00	3.00	3.00	3.00	[p]	[p]						
总计	6.50	7.00	7.00	7.00	7.00	7.00	9.00	19.89	9.00	21.04	11.00	11.15	11.00	11.35	13.00	11.72
总非工资劳动成本	59.33	60.83	60.83	60.83	63.83	63.83	63.83	68.72	63.83	69.87	65.58	65.73	65.33	65.68	67.08	65.80

资料来源：*Análisis Laboral*（1987—1997）.

注：IPSS＝公共退休计划。AFP＝私人退休计划。空白单元格表示信息缺失。

a. 每个一整年工龄的最终工资。最高应纳税工资收入相当于最低工资水平的 10 倍。

b. 自 1990 年 6 月起，最高应纳税工资收入是最终工资收入，包括节假日补贴。

c. 自 1991 年 1 月起，雇员必须在 5 月和 11 月将工龄补贴存入一个经授权的金融机构。

d. 最高应纳税工资收入被设定为 8 个纳税单位。

e. 在 1988 年 11 月发生改变。

f. 在 1991 年 5 月发生改变。

g. 在 1993 年 1 月，雇员的收入和最高应纳税工资收入的相关规定均被废止。在 1993 年 11 月它被设定为 6%。

h. 在 1995 年 8 月发生变化。

i. 在 1997 年 1 月，雇主的支付比例减少至 7%，但在应纳税工资收入中的节假日补贴有所增加。在 1997 年 8 月，该支付比例减少至 5%。

j. 自 1989 年 12 月起正式实施。然而，在此之前，这已经成为惯例。

k. 最小应纳税工资收入相当于最低工资水平，最大应纳税工资收入相当于最低法定收入的 10 倍。

l. 从 1988 年 1 月起最大应纳税收入被设定为最低法定收入的 20 倍。

m. 在 1990 年 8 月，最低法定收入被替换成最低生活报酬。在 1990 年 10 月，最大应纳税工资收入的相关规定被废止。

n. 在 1995 年 8 月被废止。

o. 最大应纳税工资收入在 1988 年 1 月被设定为最低法定收入的 10 倍。

p. 在 1995 年 8 月发生改变。

q. 贡献额以每年 0.25%的速度递减，直到 1997 年（减至 0.75%）。

r. 在 1993 年 1 月，雇员的支付比例被设定为 9%，并且最大应纳税工资收入被废止。在 1993 年 11 月，它被设定为 6%。

s. 雇员的最大应纳税工资收入在 1988 年 1 月被废止。

t. 在 1997 年 1 月，雇员的支付比例增长至 13%。

u. 市场平均水平。

附录 B　劳动需求估计

为了分析经济周期是否会影响因就业构成改变而引起的总劳动需求变动(Bentolila and Saint-Paul，1992)，我们对如下方程式进行估计：

$$\ln L_{i,t}=X_{i,t}\Omega'+d\ln\hat{L}_{i,t-L}+e\ln\hat{L}_{i,t-L}\cdot\ln E(\mathrm{sp})_{i,t}+\delta t+\beta Z_{i,t}+\mathrm{cycle}_t(X_{i,t}\Omega')+\varepsilon_{i,t}$$

其中

$$\Omega=(b_1,b_2,c,\delta)$$

$$X_{i,t}=[w+p,Y,E(\mathrm{sp})]$$

cycle 是一个虚拟变量，cycle 等于 0 表示经济处于衰退期，cycle 等于 1 表示经济处于扩张期，该变量与方程 X_{it} 中的所有回归元交乘。当行业增长率为 4%及以上时，将该变量赋值为 1，若行业增长率低于 4%则为 0。我们用广义最小二乘估计进行回归分析，并且用各个面板数据所得的特定相关系数来纠正序列相关。估计结果如表 2B.1 所示。

表 2B.1　行业、企业面板数据的劳动需求估计结果

	行业面板数据			企业面板数据		
	1987—1990 年	1991—1994 年	1995—1997 年	1987—1990 年	1991—1994 年	1995—1997 年
常数	8.189***	15.511***	14.900***	0.437***	0.027	1.554***
	(1.579)	(2.218)	(3.762)	(0.151)	(0.085)	(0.512)
$\ln(w+p)$	0.574***	−0.316***	−0.353***	−0.031***	0.026***	−0.056*
	(0.204)	(0.118)	(0.137)	(0.009)	(0.006)	(0.033)
$\ln[E(\mathrm{sp})]$	−0.907**	−0.613	−0.443	−0.223***	−0.036*	−0.125
	(0.363)	(0.424)	(0.634)	(0.032)	(0.018)	(0.104)
$\ln(Y)^a$	0.017	0.112	0.094*	0.206***	0.008	0.083**
	(0.067)	(0.102)	(0.054)	(0.009)	(0.008)	(0.035)
$\ln(L_{t-1})^a$	0.074	−0.206	−0.005	0.787***	0.943***	0.613***
	(0.148)	(0.215)	(0.313)	(0.024)	(0.016)	(0.088)
$\ln(L_{t-1})\cdot$	0.041	0.066	0.028	0.053***	0.006	0.041*
$\ln[E(\mathrm{sp})]$	(0.027)	(0.045)	(0.060)	(0.005)	(0.004)	(0.021)
cycle 虚拟变	−0.035	−0.022	0.018	0.040***	0.005	0.006
量 · $\ln(w+p)$	(0.052)	(0.049)	(0.018)	(0.010)	(0.008)	(0.043)
cycle 虚拟变	0.046	0.030	−0.026	−0.009	−0.010	−0.023
量 · $\ln[E(\mathrm{sp})]$	(0.063)	(0.066)	(0.024)	(0.013)	(0.011)	(0.059)
cycle 虚拟变	0.017	0.020	−0.013	−0.078***	0.001	0.043
量 · ln(gdp)	(0.040)	(0.037)	(0.014)	(0.011)	(0.009)	(0.057)
对数似然值	210.86	139.94	200.42	2 757.98	2 485.27	−1 388.166

续表

	行业面板数据			企业面板数据		
	1987—1990 年	1991—1994 年	1995—1997 年	1987—1990 年	1991—1994 年	1995—1997 年
χ^2	12 589.99***	4 561.53***	3 474.32***	100 574.42***	186 433.25***	2 736.63***
观测样本量	189	189	117	4 754	6 491	1 722

注：括号中为标准误。行业面板数据中包含固定效应。企业面板数据中包含时间趋势。上述效应在 1991—1994 年统计上显著，但在 1987—1990 年和 1995—1997 年则不显著。

a. 表示运用滚动式方程将滞后项转化为工具变量。

*** 表示在 1%的显著性水平下显著。

** 表示在 5%的显著性水平下显著。

* 表示在 10%的显著性水平下显著。

附录 C　风险函数相似性检验的实证分析

图表分析

为了验证完全和非完全间隔期的风险函数的相似性，我们假设非完全间隔期是完全间隔期，然后计算两种间隔期的风险率（Kapland and Meier）。这些估计结果如图 2C.1 所示。值得注意的是，非完全间隔期的风险与完全间隔期的风险有相同的变化趋势和峰值。完全间隔期的风险高于非完全间隔期的风险。这一事实与使用前期数据集进行计算所得的更低平均工龄是一致的。此外，二者风险函数的构成模式也很接近。

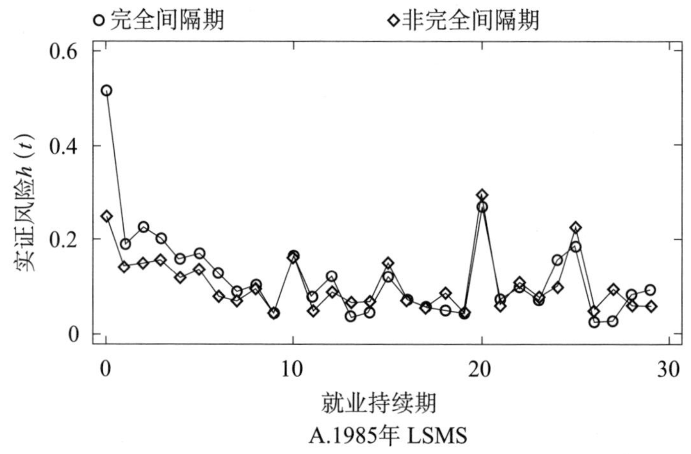

图 2C.1　完全间隔期的实证风险函数

（假设非完全间隔期的完全性）

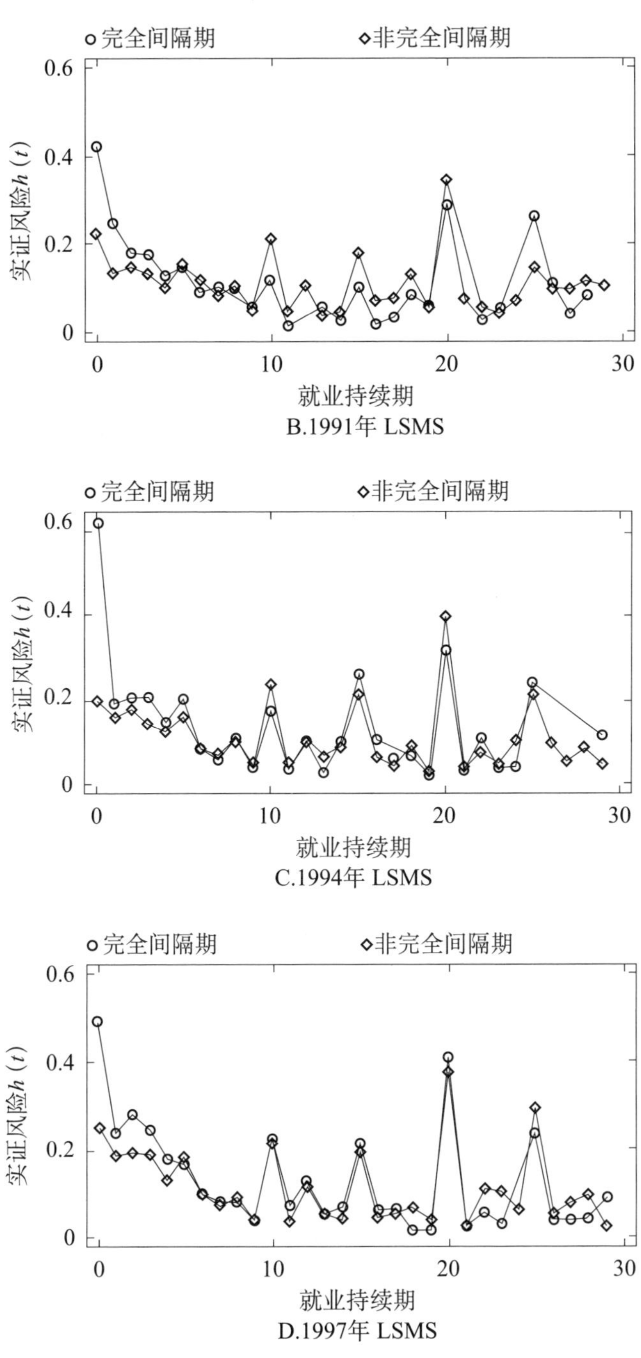
○完全间隔期
◇非完全间隔期
实证风险h(t)
0.6
0.4
0.2
0
0
10
20
30
就业持续期
B.1991年 LSMS
○完全间隔期
◇非完全间隔期
实证风险h(t)
0.6
0.4
0.2
0
0
10
20
30
就业持续期
C.1994年 LSMS
○完全间隔期
◇非完全间隔期
实证风险h(t)
0.6
0.4
0.2
0
0
10
20
30
就业持续期
D.1997年 LSMS

图 2C.1（续）

K-S 检验

我们用 K-S（Kolmogorov-Smirnov）统计量来检验完全间隔期和非完全间隔期（定义为未截尾间隔期）两者的实证风险函数是否相同。这个检验通过计算所有逐点差异 $|\hat{\lambda}^{is}(x)-\hat{\lambda}^{cs}(x)|$ 的最小上界值来估计 λ^{is} 和 λ^{cs}（分别对应非完全间隔期和完全间隔期的风险）分布的紧密度。我们可以将 K-S 检验所得的 D 统计量用下式表示：

$$D=\sup_x[|\hat{\lambda}^{is}(x)-\hat{\lambda}^{cs}(x)|]$$

如果 λ^{is} 足够接近 λ^{cs}，则接受原假设（H_0：$\lambda^{is}=\lambda^{cs}$）。换句话说，$D$ 值要足够小，或低于某个显著性水平的临界值。结果如表 2C. 1 所示。在 95%的显著性水平下，我们无法拒绝原假设，也就是说，两个实证风险函数的分布是相同的。

表 2C. 1　K-S 检验的 *D* 统计量

LSMS	*D* 统计量	*P* 值	显著性水平的临界值（95%）
1985	0. 214 3	0. 228	0. 22
1991	0. 172 1	0. 661	0. 23
1994	0. 188 4	0. 470	0. 23
1997	0. 177 9	0. 553	0. 22

参考文献

Abraham, K., and S. Houseman. 1994. Does employment protection inhibit labor market flexibility? Lessons from Germany, France, and Belgium. In *Social protection vs. economic flexibility: Is there a trade-off?* ed. R. Blank, 59–93. Chicago: University of Chicago Press.

Bentolila, S., and G. Saint-Paul. 1992. The macroeconomic impact of flexible contracts, with an application to Spain. *European Economic Review* 36 (5): 1013–53.

Burgess, S., and J. J. Dolado. 1989. Intertemporal rules with variable speed of adjustment: An application to U.K. manufacturing employment. *Economic Journal* 99:347–65.

Burgess, S., and H. Rees. 1996. Job tenure in Britain 1975–92. *Economic Journal* 106 (435): 334–44.

Greene, W. H. 1997. *Econometric analysis.* 4th ed. New York: Macmillan.

Griliches, Z., and J. A. Hausman. 1986. Errors in variable panel data. *Journal of Econometrics* 31:93–118.

Hamermesh, D. 1986. The demand for labor in the long run. In *Handbook of labor economics,* vol. 1, ed. O. Ashenfelter and R. Layard, 429–71. New York: North-Holland.

———. 1993. *Labor demand.* Princeton, N.J.: Princeton University Press.

International Labor Office (ILO). 1994. *Labor overview: Latin America and the Caribbean.* Lima, Peru: ILO.

Kaplan, E. L., and P. Meier. 1958. Non parametric estimation for incomplete observations. *Journal of American Statistical Association* 53:457–81.

Lancaster, T. 1985. Some remarks on wage and duration econometrics. In *Unemployment, search and labor supply,* ed. R. Blundell and I. Walker. Cambridge: Cambridge University Press.

———. 1990. *The econometric analysis of transition data.* New York: Cambridge University Press.

Lindbeck, A., and D. Snower. 2002. The insider-outsider theory: A survey. IZA Discussion Paper. Bonn, Germany: Institute for the Study of Labor.

Merrilees, W. J. 1982. Labour market segmentation in Canada: An econometric approach. *Canadian Journal of Economics* 15 (3): 458–73.

Saavedra, J. 1996a. Perú: Apertura comercial, empleo y salarios. [Peru: Trade liberalization, employment, and wages]. ILO Working Paper no. 40. Lima, Peru: International Labor Office.

———. 1996b. Liberalización comercial e industria manufacturera en el Peru. [Trade liberalization and the manufacturing industry in Peru]. Brief Research Series no. 2. Lima, Peru: Consorcio de Investigación Económica.

———. 1998. Crisis real o crisis de expectativas: El mercado laboral Peruano antes y despues de la reformas. [Real crisis or expectations crisis? Peruvian labor market before and after structural reforms]. IADB Working Paper no. 388. Washington, D.C.: Inter-American Development Bank.

Saavedra, J., and A. Chong. 1999. Structural reforms, institutions and the informal sector in Peru. *Journal of Development Studies* 35 (4): 95–116.

Saavedra, J., and E. Maruyama. 1999. Estabilidad laboral e indemnización por despido: Efectos sobre el funcionamiento del mercado laboral Peruano. [Labor stability and severance pay: Effects of dismissal costs on the Peruvian labor market performance]. GRADE Working Paper no. 28. Lima, Peru: Grupo de Análisis para el Desarrollo.

Saavedra, J., and M. Torero. 2001. Labor demand elasticities and trade liberalization in Peru. World Bank. Mimeograph.

3 就业保障制度对劳动市场灵活性的影响
——以哥伦比亚劳动市场改革为例

阿德里安娜·D. 库格勒*

3.1 引言

人们通常认为就业保障制度是通过降低企业招聘及解雇员工的能力来抑制劳动市场的灵活性的。不可否认，遣散费和其他就业保障制度保护了雇员，使其免受雇主以非正当理由解雇的威胁，但这些制度也可能不利于劳动者寻找新工作，因此法定遣散费和就业保障制度等同于失业税，它们会减少企业解雇员工或招聘新员工的动力。事实上，在欧洲，不断增加的遣散费及就业保障制度被认为是欧洲大陆失业率居高不下的罪魁祸首之一。

人们认为降低解雇成本有助于降低失业率，增强劳动市场的灵活性，使更多劳动者在失业与就业之间有更高的自主选择性，这种观点已促使几个欧洲国家朝着这个方向进行劳动市场改革。特别是英国、法国、德国和西班牙，它们在20世纪80年代实施了临时合同，把它作为一种可以降低遣散费和以非正当理由解雇员工须支付的补偿金的方法。相比之下，20世纪80年代美国的劳动市场则更具有刚性。在这10年期间，美国一些州制定了以非正当理由解雇员工的补偿金制度，也由此创造了就业自愿主义的例外。

---

* 阿德里安娜·D. 库格勒（Adriana D. Kugler）是庞培法布拉大学经济学副教授、休斯敦大学助理教授、经济政策研究中心（CEPR）助理研究员、劳工研究学会研究员。

感谢乔治·阿克洛夫（George Akerlof）、乔希·安格里斯特（Josh Angrist）、朱塞佩·贝尔托拉、安东尼奥·卡夫拉莱斯（Antonio Cabrales）、雨果·霍彭海因（Hugo Hopenhayn）、伯纳多·库格勒、戴维·莱维纳（David Levine）、里卡多·佩斯·德巴罗斯，尤其感谢哈默梅什、詹姆斯·赫克曼和卡门·佩奇斯。同时也十分感谢美洲开发银行的资金支持以及研讨会参与者在每次研讨会上就劳动市场规制的相关问题提出的宝贵意见。努涅斯·门德斯提供了全国家庭调查数据。

虽然劳动立法改革对欧洲和美国的失业率与就业率的影响仍然模棱两可，但是一些欠发达国家为了降低劳动市场的固化程度，依然倡导和实施劳动立法改革。在一些欠发达国家，这些改革的效果甚至更好，因为它们的劳动市场制度不仅不利于招聘和解雇员工，还会助长违反劳动法规的行为和非正规行业的扩张。

本章研究探讨了对于欠发达国家而言，大幅降低解雇成本对劳动市场灵活性和失业率的影响。需要特别指出的是，本章研究了 1990 年哥伦比亚劳动市场改革对失业率和就业率的影响，以及其对失业的净效应，哥伦比亚实施的这次改革很大程度上减少了雇主的遣散费支出。本章利用哥伦比亚微观层面的数据建立模型，以检验解雇成本的降低对人员流动率的影响。1990 年哥伦比亚劳动市场的改革减少了解雇成本，这些改革适用于 1990 年后被解雇和受法律保护的所有劳动者（正规就业人员）。不受法律保护的非正规就业人员不直接受此次改革的影响，因此，把他们作为此次研究的对照组。这次实证分析研究了正规就业人员和非正规就业人员受法律保护范围的可变性，用哥伦比亚法律制度的变化来识别解雇成本降低对就业率和失业率的影响。哥伦比亚年度家庭调查报告（每年 6 月份进行）提供了改革前后正规行业和非正规行业的相关信息，用于估计正规行业和非正规行业员工的风险系数。风险模型采用了双重差分估计法，结果显示，改革后，相对于不受法律保护的非正规就业人员，受法律保护的正规就业人员的失业和就业的风险率有所提高。此外，年轻人、受教育程度更高且受雇于大型企业的劳动者，受法律改革的影响更显著，他们的人员流动率也更高。

本章的章节安排如下：第 3.2 节阐述了解雇成本对就业波动、就业调整速率、就业水平、劳动市场参与率和发达国家的失业率的影响的相关研究。第 3.3 节描述了 1990 年哥伦比亚劳动市场改革的情况，这些改革导致遣散费和其他解雇成本下降。第 3.4 节建立了一个匹配模型来处理正规和非正规行业之间的内生性问题，这个模型可以预测降低遣散费对人员流动率的影响，并可以估计在这两种行业（即正规和非正规行业）进行改革对人员流动率的一般均衡效应。第 3.5 节讨论了解雇成本对人员流动率影响的识别策略。第 3.6 节描述了相关数据信息，并呈现了解雇成本对就业率和失业率的影响。第 3.7 节运用匹配模型中的均衡条件和第 3.6 节所得的结果来估计改革对失业的净效应。第 3.8 节为结论。

3.2　文献综述

人们普遍认为灵活的劳动市场可以促进就业、减少失业。但关于解雇成本对就业及失业的净效应的理论依据和实证依据都比较少。

以往关于解雇成本影响的理论研究表明，尽管解雇成本的减少（增加）会增加（减少）雇用和解雇行为以及就业波动，但解雇成本的减少对失业和就业的净效应是不明确的。理论上，根据模型的假定，解雇成本对就业的净效应应该是非常敏感的。这种效应在很大程度上取决于是否考虑了进出市场的保证金，以及是否假设在随机过程中产生了需求冲击。Hopenhayn and Rogerson（1993）在一般均衡框架下研究解雇成本对企业进入和退出市场的影响，他们发现，解雇成本上升对就业有抑制作用。相反，Bentolila and Bertola（1990）基于垄断厂商的局部均衡模型研究发现，由于解雇效应支配雇用效应，故就业会随着解雇成本的上升而轻微增加。此外，Bentolila and Dolado（1994）认为，在 Lindbeck and Snower（1988）的局内人-局外人模型中，当减少局外人就业时，解雇成本可能会加强局内人的地位并增加其就业。

与此类似，以往的实证研究表明，解雇成本越低，就业的波动性越强，但是在这些研究中，有关解雇成本对就业及失业产生的净效应是不确定的。Bertola（1990）构建了 10 个国家的就业保障指数并发现就业保障制度对就业差异有负向影响，其与由产出变动引起的失业负相关（即奥肯系数）。Anderson（1993）调查了一组美国零售企业后发现，面临更高调整成本的企业的就业的季节性波动更小。此外，一些研究已将对冲击进行就业调整的速度与解雇成本关联起来。正如理论所推测的，Anderson（1993）指出，对冲击做出反应的概率与企业面临的调整成本负相关。除此之外，Hamermesh（1993）发现，在 20 世纪 80 年代的美国非工会化行业，当引入就业自愿主义的例外时，就业调整速度呈下降趋势。Burgess（1988）通过英国的一些数据研究发现，解雇成本越高的行业，就业调整速度越快。Bentolila and Saint-Paul（1993）也发现，在 1984 年西班牙实施临时合同制度后，商业周期中的就业调整有所增加。因此，这些依据表明，解雇成本越低，就业波动性越大。

但是这些关于解雇成本对就业和失业影响的证据是模棱两可的。Lazear（1990）通过调查研究 22 个发达国家 29 年的全国性数据发现，较高的遣散费和提前告知的要求降低了就业和劳动参与率。Grubb and Wells（1993）为经济合作与发展组织（经合组织）成员国构建了就业保障指数，并发现就业保障与就业之间存在负相关关系。Di Tella and MacCulloch（2004）对雇主的用工灵活性进行研究发现，这种灵活性与就业和劳动参与率呈正相关关系，在较小程度上，与失业也正相关。与此相反，Bertola（1990）则发现就业保障制度与中长期的就业无相关关系。Nickell and Layard（1999）研究表明，当就业保障法更为严格时，就业与劳动参与率更低，但当他们利用各国数据进行研究时，却发现在一些南欧国家，就业保障法更严格，女性劳动参与率更低。实际上，当他们的调查样本是成年男性时，并没有出现类似的结果。OECD 1999 年发布的《就业展望》(*Employment Outlook*) 探讨了就业保障法的变化情况，研究发现就业保障法对总体的就业状况并无影响。但是为了验证就业保障法保护局内人的这一事实，《就业展望》研究指出，就业保障法在增加成年男性就业的同时，抑制了年轻女性的就业。

基于对美国境内各州劳动法的短期变化的研究，Dertouzos and Karoly (1993) 发现，在就业保障法实施更为严格的州，就业水平有所下降。相反，Miles (2000) 则发现在美国的总体就业中，以非正当理由解雇员工支付的解雇成本的变化带来的影响甚微。然而，Autor (2003) 和 Miles (2000) 发现，在 20 世纪 80 年代的美国，更为严格的就业保障法导致了美国临时性岗位用工的增加。Anderson (1993) 利用美国失业保障体系的经验评级特征来量化调整成本，研究发现，平均就业人数越多，调整成本越高。如果考虑到使用截面数据可能存在遗漏变量偏误、共线性问题以及立法的内生性问题，那么，已有文献中得出不同的研究结果也就不足为奇。而大量的研究在处理立法的内生性和选择性偏差的同时，也会缓和遗漏变量偏误和共线性问题。因此，尽管解雇成本对就业波动性的影响是稳健的，但解雇成本对就业及失业的净效应不明确。①

近期，少量的研究利用劳动立法的差异，针对特定劳动群体，利用微观数据建立自然实验，研究解雇成本的影响。Acemoglu and Angrist (2001) 发现美国残疾人法案对区分残疾人与非残疾人员工的影响甚微，Oyer and Schaefer (2000) 则发现，1990 年《民权法》通过后，用解雇个体劳动者来替代大规模裁员的做法，适用于那些受法律制度保护的劳动者。Kugler and Saint-Paul (2004) 与 Autor，Donohue，and Schwab (2003) 发现在 20 世纪 80 年代，一些州实施了明确的与以非正当理由解雇劳动者相关的保护条例后，其雇佣量和就业水平下降。Kugler and Pica (2003) 发现，1990 年意大利进行劳动市场改革后，企业规模在 50 名员工以内的企业的解雇成本上升，与大规模企业相比，小型企业雇用和解雇的员工减少。最后，Kugler，Jimeno，and Hernanz (2003) 发现，1997 年西班牙劳动市场改革导致年轻员工的解雇成本和工资税下降，进而使得年轻员工的雇用量增加，更多老年员工下岗。

尽管微观研究依赖于微观数据解决了一些研究面临的问题，但这些研究仍旧着重于研究解雇成本对发达国家的影响。解雇成本对于欠发达国家影响的实

① 然而，一些近期发表的研究 [包括 Angrist and Kugler (2003)；Bertola，Blau，and Kahn (2002)；Blanchard and Wolfers (2000)] 发现，当经济面临巨大冲击时，劳动市场机制对于就业和失业有负面影响。

证研究仍旧较少。下一节将介绍 1990 年哥伦比亚实施的立法改革，以利用劳动立法在不同时期和不同覆盖范围内的多样性，评估欠发达国家的解雇成本对就业流动性和失业的影响。

3.3 哥伦比亚制度体系的变化

1990 年，哥伦比亚实施了劳动市场改革，这从根本上降低了解雇成本。这场改革降低了遣散费，拓宽了“正当理由”解雇的定义，延长了临时合同的使用期限，加速了大规模解雇员工的流程。所有这些降低解雇成本的政策变革都被 1990 年之后实施的劳动立法覆盖。① 这些改革降低了正规行业的解雇成本，但对不遵守劳动立法的非正规行业无显著影响。

尽管这次改革同时实施了多项法律制度，其中第一项最主要的制度改革就是降低解雇成本，即减少遣散费。② 这次改革主要从三个方面来减少遣散费：第一，改革之前，如果雇员被解雇，则雇主被强制要求支付遣散费，支付标准与该员工的工龄有关，每 1 年工龄相当于其解雇时的 1 个月月薪；改革之后，雇主只需在员工个人遣散费储蓄账户中支付相当于本年 1 个月月薪的金额，以便员工离职后使用。本年的月薪不再以最高月薪为标准，而是以月均工资为标准。第二，改革之前，员工可以提前预支他们的遣散费，用于教育及住房投资，这些支出将计入雇主在解雇员工时的名义价值（将被按照名义价值计算）；改革后，尽管允许雇员提前预支遣散费，但是这些支出将被计为雇主支付的实际价值。Ocampo（1987）的研究显示，改革以前，在制造业行业，隐含计入雇主名义价值的提前预支金额占平均遣散费总额的 35%。第三，立法改革降低了遣散费支出，因为引入的担保式遣散费实际上把遣散费转化成了一种递延补偿方案，允许员工以低薪换取未来（被解雇时）的遣散费。③ 然而，并非所有的员工都以同样的方式受到遣散费降低的影响。正如前文所指出的那样，非正规员工不受法律保护，因此，这次改革不会直接影响他们。除此之外，家庭从业人员、临时工人、雇员总数不超过 5 人的企业的雇员不存在遣散费（不享

---

① 除了 1990 年的劳动市场改革，1994 年通过了社会保障改革制度，并于 1995 年和 1996 年施行。然而，由于社会保障改革增加了工资税，因此，改革中周期性非工资劳动成本的增加对人员流动率的影响不同于 1990 年劳动市场改革导致的解雇成本降低对人员流动率的影响。此外，Gruber（1997）关于智利类似改革的研究发现，工资税对就业并无影响，因为经常性费用转移到了工资上。

② 注意，改革前后，当员工由于过分关心、破坏或泄露雇主的重要信息而被解雇时，雇主可以不支付遣散费。

③ Kugler（2002）研究了由标准遣散费制度改革为遣散费储蓄账户制度后的影响。

受遣散费），家政从业人员和资本较少的企业的雇员，享有的遣散费标准是对每 1 年工龄支付 15 天的工资水平。

第二项改革的重大变化是关于以“非正当理由”解雇员工支付补偿金的立法规定。首先，1990 年关于以“非正当理由”解雇员工的定义有所调整。改革前，解雇员工的正当理由包括欺诈、暴力、消极怠工、蓄意破坏、违约、业绩不佳和泄露重要秘密。改革后，解雇员工的正当理由得到扩展，但未遵守企业章程和上级指示不属于“正当理由”。1990 年改革后，以“非正当理由”解雇员工需支付的补偿金的豁免范围得到扩展，因此降低了正规行业的解雇成本。其次，改革排除了任期超过 10 年的员工获得被拖欠的工资和复职的可能性。与此同时，改革增加了任期超过 10 年的员工被以“非正当理由”解雇的解雇成本（见表 3.1），这会加强企业解雇工龄刚达 10 年的员工的动机。[①] 因此，这些关于以“非正当理由”解雇员工的立法改革被视为对正规行业中处于中等资历水平的员工有很大的影响。

表 3.1　任期内以“非正当理由”解雇员工需支付的遣散费标准

改革前后			改革前	改革后
少于 1 年	≥1 且<5 年	≥5 且<10 年	≥10 年	≥10 年
45 天	45 天以及工作一年后额外的 15 天	45 天以及工作一年后额外的 20 天	45 天以及工作一年后额外的 30 天	45 天以及工作一年后额外的 40 天

改革所带来的另外一项重大变化是固定期限合同使用范围的扩展。[②] 1990 年以前，法律制度规定固定期限合同的最短期限是一年。[③] 改革之后，这些固定期限合同的年限至少是一年（可长达三年）。这项立法改革降低了企业雇用工作时间少于一年的员工的解雇成本，同时，这项改革增加了正规行业中任期少于一年的人员流动率。

改革带来的另一种变化是取消了大规模裁员需提前告知的相关规定。改革之前，雇主解雇大批量的雇员需要提前告知（见表 3.2），改革中新增了对未能简化大批员工办理离职流程的官员进行惩罚的制度。若这样的制度对官员来说是行之有效的，那么，这一立法变革就会加速正规企业办理解雇的流程，并降低了它们的解雇成本。

① 注意，在 1990 年之前，那些被雇用的员工且有 10 年以上工作经验的员工有权选择被纳入新的管理体系并享有遣散费储蓄账户。

② 虽然临时合同容易受到工资税和社会保障制度的影响，这些合同不受与遣散费和以“非正当理由”解雇相关的法律的影响，直到合同在约定日期解除。

③ 尽管存在关于固定期限合同的制度规定，然而，企业可以在改革前通过临时机构与员工签订外包合同来规避这些制度约束。

表 3.2　不同企业规模大规模裁员提前告知的相关要求

企业规模	集体解雇的提前告知门槛
＞10 且＜50 个员工	全体员工的 30%
≥50 且＜100 个员工	全体员工的 20%
≥100 且＜200 个员工	全体员工的 15%
≥200 且＜500 个员工	全体员工的 9%
≥500 且＜1 000 个员工	全体员工的 7%
≥1 000 个员工	全体员工的 5%

最后，改革还引进了一种全新的不约定遣散费的合同方式。这种形式的合同（全额工资）允许收入高于 10 倍最低工资标准的正规员工可以以不需支付遣散费、以“非正当理由”解雇的补偿金、津贴（带薪休假除外）、社会保障费、工资税等作为交换，来获得更高的收入。这种合同方式的引入有效地帮助企业降低了那些应付给选择全额工资合同形式的高收入员工的解雇成本。因此，人们希望改革对工资超过最低工资标准 10 倍的正规员工产生更大的影响。①

在哥伦比亚劳动市场改革中关于遣散费的相关制度、以非正当理由解雇的相关制度、临时合同以及强制提前告知的变革直接减少了正规员工的解雇成本，增强了正规员工的人员流动率。此外，人们通常认为就业保障制度鼓励了非正规部门的扩张，因此人们也希望这种方式的改革能够鼓励遵守法律的行为。下一节介绍了关于解雇成本的匹配模型，展示了解雇成本减少对正规人员流动率的直接影响，通过正规与非正规部门企业构成的变化展示了对正规与非正规人员流动率的间接影响。结果表明，减少解雇成本的改革不仅会导致人员流动率增加，也会增加符合法律规定的解雇成本。

3.4　哥伦比亚就业保障制度的排序模型

这一部分介绍关于正规部门和非正规部门的匹配模型。正规部门必须遵守劳动法，并且如果解雇员工必须支付法定遣散费，而非正规部门则不遵守就业保障制度，可规避遣散费。然而，非正规部门的总生产率比正规部门的要低。因为非正规部门必须以小规模的生产来避免引起政府的注意。此外，模型中一

① 到 1994 年，制造业仅有 1.5%的员工选择这种形式的合同，电子商务业有 0.6%的员工选择这种形式的合同（Lora and Henao，1995）。由于在使用的调整数据中并未指出员工是否确实选择了整体工资，所以我们检验的是改革是否对工资水平更趋近 10 倍最低工资标准的、年长的、受教育程度更高的员工的影响更大。

个特定的企业生产率的组成部分表示，具有更高生产率的企业会自动进入正规部门，而具有相对较低的生产率的企业则进入非正规部门。

模型预测，在正规部门被解雇的可能性较低不仅是因为雇主要支付法定遣散费，也与正规部门企业生产率更高有关，并且遣散费的减少通过直接影响解雇成本而导致正规部门员工被解雇的可能性上升。另外，解雇成本的降低对正规与非正规部门的特殊构成和工资水平都有影响。这一模型也强调了在量化解雇成本影响的实证研究中存在潜在偏误。

3.4.1 假设

在该模型中，企业可能会选择在正规部门进行生产，这意味着它们必须遵守就业保障制度；若选择非正规部门，则不必遵守就业保障制度，但必须以较低的生产率为代价。选择前，工人们是无差别的，但选择后，他们选择进入什么样的企业会导致他们的生产率不同。匹配后，企业和员工根据纳什议价解（纳什讨价还价原则）确定工资水平。然后，企业决定是继续雇用该员工还是解雇该员工。

正规与非正规部门的生产函数

正规与非正规部门的生产函数是部门成分 a_s、企业的异质性成分 A、匹配质量成分 γ 的函数，带有技术的企业的产出为 $Y_s=a_s\gamma A$，其中，$s=F$，I。特定部门的生产率固定，不失一般性，假设 $a_F=1>a_I=a$。企业的异质性成分来自 $F(A)$ 分布，匹配质量成分来自 $G(\gamma)$ 分布。

时间

首先，观察企业特有的生产率。然后，企业根据部门生产率和已知的企业特定生产率选择一个部门。正规和非正规的企业在同一市场招聘。在招聘之后，它们会立即观察匹配的生产率。企业和员工在工资上讨价还价。最后由企业决定是保留还是解雇员工。对于正式的解雇，企业必须提供一笔遣散费。然而，对于由外生因素导致解雇的，企业不支付遣散费，员工可能之后按到达率 λ_F 和 λ_I 被分开对待。

匹配

所有企业和员工都在同一市场上寻求对方。正规企业和非正规企业的申请人到达率是相同的，$q(\theta)=m(1/\theta,1)$，其中 $\theta=v/u$。工作机会到达率为 $\theta q(\theta)$，而员工被正规企业和非正规企业以某一既定概率录用，这一概率取决于每个部门企业的份额。

工资设置

企业和员工基于纳什议价解来确定工资。工资依据被观测到的企业特定的匹配生产率来设定。在该模型中，所有的工资都受到就业保障制度的影响，因为遣散费支出提高了失业的效用，因此提高了所有员工的保留工资。①

3.4.2 模型的解

该模型通过逆向归纳法求解。首先，找到每一部门解雇选择的最优解；其次，计算决定工资的纳什议价解；最后，确定这两个部门的边界企业，这是为了确定正规部门和非正规部门之间的企业分界点。

解雇决定

目前，企业已招满的职位的贴现利润是 J_s，空缺职位的贴现利润是 V_s，其中，$s=F, I$（分别表示正规与非正规部门）。因此，已招满的职位和空缺职位的资产方程如下所示：

$$rJ_s = Y_s - w_s + \lambda_s(V_s - J_s)$$

$$rV_s = q(\theta)(J_s - V_s)$$

因为劳动者是自由进入的，所以雇主已经利用了所有的盈利机会，即 $V_s=0$。因此，

$$J_s = \frac{a_s\gamma A - w_s}{r + \lambda_s + q(\theta)}$$

一旦匹配，一个企业必须选择是雇用还是解雇该员工。如果正规部门要解雇员工，则必须支付费用 C，而非正规部门不必支付这一解雇成本。因此，与正规部门解雇员工相匹配的最小生产率为：

$$\bar{\gamma}_F = \frac{w_F - C[r + \lambda_F + q(\theta)]}{A}$$

非正规部门的生产率为

$$\bar{\gamma}_I = \frac{w_I}{aA}$$

给定各部门的生产率与工资水平，则正规部门解雇一个员工的可能性要比非正规部门的小，即 $\bar{\gamma}_F < \bar{\gamma}_I \Leftrightarrow G(\bar{\gamma}_F) < G(\bar{\gamma}_I)$. 这是由于正规部门必须支付遣散费，并且，如果企业进行正规生产，那么企业的生产率会更高。

工资决定

工资是在雇主与劳动者匹配实现前，由雇主和劳动者相互协商决定的。工资水平是根据纳什议价解确定的，并且双方都具有相同的议价能力。因此，正规与非正规部门相当于把它们的盈余平均分配给劳动者，见下式：

$$J_F^e - V_F - G(\bar{\gamma}_F)C = E_F^e - U$$

① 正如 Lazear (1990) 指出的，在完全竞争市场中，法定的遣散费可以根据合同的约束条款而取消。实际上，员工在签订合同时必须向企业提交一份关于遣散费成本的保证书。然而，正如 Lazear (1990) 指出的，政府强制规定要支付的遣散费可能并不能完全转移给雇员进而相互抵消，因为员工的流动可能受限，而且部分企业存在道德风险。

$$J_I^e - V_I = E_I^e - U$$

其中，J_F^e，J_I^e，E_F^e，E_I^e 分别是正规和非正规职业的预期贴现利润和预期寿命效用，相对来说，U 是失业劳动者的预期寿命效用。受雇劳动者和失业劳动者的资产方程如下：

$$rE_s^e = w_s + \lambda(U - E_s^e)$$

$$rU = \theta q(\theta)(E^e - U)$$

E^e 是对于失业的求职者的就业预期寿命效用。由于无法确定失业的求职者将受雇于正规部门还是非正规部门，因此他的就业预期效用为

$$E^e = \Pr(\text{formal offer})\{[1 - G(\bar{\gamma}_F)]E_F^e + G(\bar{\gamma}_F)C\} + \Pr(\text{informal offer})[1 - G(\bar{\gamma}_I)]E_I^e$$

求解（$E_s^e - U$）的现值并代入相应的等式，以确定每一部门的工资：

$$w_F = \frac{(r+\lambda_F)[r+\theta q(\theta)]\left[\int \gamma E[\bar{\gamma}_F, \bar{\gamma}]\gamma A g(\gamma)\mathrm{d}\gamma - G(\bar{\gamma}_F)C\right] + r[r+\lambda_F+q(\theta)]\theta q(\theta)E^e}{[2(r+\lambda_F)+q(\theta)][r+\theta q(\theta)]}$$

$$w_I = \frac{(r+\lambda_I)[r+\theta q(\theta)]\int \gamma E[\bar{\gamma}_I, \bar{\gamma}]a\gamma A g(\gamma)\mathrm{d}\gamma + r[r+\lambda_I+q(\theta)]\theta q(\theta)E^e}{[2(r+\lambda_I)+q(\theta)][r+\theta q(\theta)]}$$

由于正规工作有更高的生产率，所以正规部门的预期工资更高。然而，在一般均衡下，正规部门的平均匹配质量更低，因为正规部门与非正规部门相比，更可能保持较低的生产匹配度。因此，正规部门较低的生产匹配降低了其预期工资。除此之外，不仅平均生产率会影响工资，解雇成本也会影响工资。国家强制支付的遣散费的存在由于提升了劳动者的保留工资，进而提高了正规部门与非正规部门的工资。

部门分类

给定解雇选择和工资后，企业会选择进入正规部门或非正规部门。正规生产（正规部门生产）的优势在于生产率更高，但与非正规部门的生产成本相比，正规部门在解雇员工后需要支付法定的遣散费。由于企业的多样性，企业可能会在这两个部门（正规部门和非正规部门）之间游离。如果正规部门和非正规部门的预期利润的差值非负，即 $J_F^e - J_I^e \geqslant 0$，则企业选择正规生产；若差值为负，即 $J_F^e - J_I^e < 0$，则企业选择非正规生产。随着企业生产率上升，正规部门相对于非正规部门的产出收益上升。因此，相对于生产率较低的企业，对生产率较高的企业来说，进行正规生产得到的收益更多：

$$\frac{\mathrm{d}(J_F^e - J_I^e)}{\mathrm{d}A} = \int_{\gamma\in[\bar{\gamma}_F, \bar{\gamma}]}\left[\frac{\gamma}{r+\lambda_F+q(\theta)}\right]g(\gamma)\mathrm{d}\gamma + \int_{\gamma\in[\bar{\gamma}_I, \bar{\gamma}]}\left[\frac{a\gamma}{r+\lambda_I+q(\theta)}\right]g(\gamma)\mathrm{d}\gamma > 0 \tag{13}$$

$A \in [\underline{A}, A_{crit}]$的企业非正规生产，而$A \in [A_{crit}, \overline{A}]$的企业正规生产，其中，$A_{crit}$是企业正规生产和非正规生产的生产率的临界值。因此，在一般均衡条件下，正规与非正规企业相比，正规企业的生产率更高，它们更少解雇员工并且支付更高的工资。①

3.4.3 遣散费与人员流动

正规部门现存的法定解雇成本和更高的生产率意味着两个部门中的失业波动面临不同的风险。一方面，正规部门内生的解雇的可能性比非正规部门的更低，即$\theta q(\theta)(1-F[A_{crit}])G(\bar{\gamma}_F) < \theta q(\theta)F(A_{crit})G(\bar{\gamma}_I)$。另一方面，正规部门比非正规部门的雇用可能性更高还是更低取决于企业在每一部门的生产份额，即$\theta q(\theta)(1-F[A_{crit}]) > \theta q(\theta)F(A_{crit})$。随着企业正规生产的比例增加，正规部门与非正规部门相比，其雇用可能性会增加。

除此之外，失业波动的风险直接或间接地受遣散费法律规定变化的影响。首先，法定遣散费的降低通过提高导致解雇的匹配生产率的临界值而直接影响正规企业。其次，由于保留工资的降低，遣散费的减少降低了两个部门的工资。工资增加是因为正规部门解雇雇员的可能性较大，而且，这两个部门的工资净效应是正向的，与工资对人员流动的影响类似。最后，遣散费的减少改变了每个部门的企业构成。特别地，遣散费的减少加强了对正规部门生产的激励，并且使那些之前不愿意进行正规生产且生产率较低的企业从非正规部门转移至正规部门。由于市场中进行正规生产的企业所占比例更大，所以，各部门中企业构成的变化提高了正规部门的解雇率和雇用率。

模型中解雇成本的降低对于人员流动率的直接和间接影响阐释了当试图估计解雇成本对人员流动率的影响时可能会出现的问题。首先，解雇成本对工资的显著影响意味着解雇成本对于人员流动率的影响不仅包括之前提到的直接影响，也包括解雇成本对于人员流动率的间接影响。这不仅仅是一个衡量解雇成本对人员流动率的直接和间接总效应的问题。其次，根据企业自身的生产率进行正规与非正规部门的分类，以及在这种自分类中解雇成本减少的影响，都可能会导致选择偏误。最后，如果政策变化和冲击分布的变化同时发生，那么，人们可能会将一种可能是由匹配分布不合理产生的影响归因于改革。② 下一部分将讨论处理冲击分布的同期变化问题的识别策略，并分析选择偏误带来的问题。

---

① 因此把排序后生产率更高的企业划进正规部门，就可以通过估计解雇成本对风险率的影响来识别劳动立法改革对人员流动率的影响。

② 此外，解雇成本的变化可能会通过它对工资的间接影响而影响两个部门的人员流动率。

3.5　识别策略

3.5.1　双重差分法

我之前阐述的理论表明解雇成本只对（受法律保护的）正规部门员工的离职率有影响，而对非正规部门（不受法律保护的）员工的离职率没有影响。因此，解雇成本对正规部门员工的任期有直接影响，而对受雇于非正规部门的员工无直接影响。类似地，当处于失业期的员工受雇于正规部门时，也会受解雇成本的直接影响，但作为受雇于非正规部门的员工退出失业状态时，则不受解雇成本的直接影响。比较正规部门和非正规部门（受到或不受到法律保护）员工之间失业波动（或任期和失业期）的风险，可以估计解雇成本对人员流动的影响。解雇成本对任期（失业期）的影响用双重差分法表示为：

$$\Delta\bar{s} = (\bar{s}^{\text{formal}} - \bar{s}^{\text{informal}})$$

其中，$\bar{h}^{\text{formal}}=1/\bar{s}^{\text{formal}}$，$\bar{h}^{\text{informal}}=1/\bar{s}^{\text{informal}}$，$\bar{s}$ 代表任期（失业期）均值，$\bar{h}$ 代表风险率的均值。[①] 参考最简单的无回归元的任期（失业期）概率模型，任期（失业期）依赖于正规部门虚拟变量。

$$s_{it} = \beta + \delta\text{formal}_{it} + u_{it}，E(u_{it} \mid \text{formal}_{it}) = 0$$

从给定的模型中可以很容易地得出正规部门与非正规部门的平均任期差异，以此来估计解雇成本对其的影响 δ。但用这种方法估计解雇成本的影响可能存在偏误，主要有以下三个原因。第一，这两个部门有不同的特点，因此有不同的员工流动行为（现象）和不同的平均任期和失业期。在模型中引入回归元可以让我们控制可观测的特点，从而解决这个问题。第二，如果存在自选择，那么，错误的分类可能与正规部门的虚拟变量相关，即 $E(u_{it} \mid \text{formal}_i=1) \neq E(u_{it} \mid \text{formal}_i=0)$。第三，这两个部门存在不同的冲击，一部分冲击差异是由员工流动模式即任期和失业期不同导致的（即 $\beta_F \neq \beta_I$）。

研究基于 1990 年劳动市场改革带来的暂时性变化来开展，除了覆盖的受保护和不受保护的员工的多样性之外，该项改革能够控制自选择和不同部门所受的冲击差异。在无回归元的任期（失业期）模型中，任期（失业期）只与正规部门虚拟变量、改革后的虚拟变量和两个部门之间的交乘作用相关。

$$s_{it} = \beta + \delta_0\,\text{formal}_{it} + \delta_1\,\text{Post90}_{it} + \delta_2\,\text{formal}_{it} \times \text{Post90}_{it} + u_{it}$$

首先，如果自选择长期不变，即 $E(u_{i\text{pre}90} \mid \text{formal}_i=1) = E(u_{i\text{post}90} \mid \text{formal}_i=1)$，那么，解雇成本的影响可以用双重差分法来进行估计：

① 只要风险遵循泊松过程，研究样本就可参照设定。

$$\Delta\bar{s}^{gt} = (\bar{s}^{\text{post90}} - \bar{s}^{\text{pre90}})^{\text{formal}} - (\bar{s}^{\text{post90}} - \bar{s}^{\text{pre90}})^{\text{informal}}$$

其中，$\bar{h}^{gt}=1/\bar{s}^{gt}$。1990 年以前与 1990 年以后正规劳动者的平均任期（失业期）差异可以用于估计解雇成本的影响，并且当自选择长期不变时，可以剔除自选择导致的偏误。利用关于非正规劳动者的差异可以控制影响两个部门的总趋势，无论是不变的趋势 β，还是变化的总趋势 δ_1。

正如前面指出的，两个部门存在不同的冲击（即 $\beta_F \neq \beta_I$）。在这种情况下，双重差分法可以被有效利用，改革后的冲击可以通过改革前的趋势进行调整。因此，即使两个部门在不同情况下趋势不同，双重差分法也是有效的。第一，如果每一个部门的趋势长期不变（即 $\beta_{F\text{pre90}}=\beta_{F\text{post90}}$，$\beta_{I\text{pre90}}=\beta_{I\text{post90}}$，$\delta_1=0$），则双重差分法有效。第二，如果每一个部门的趋势随时间变化，但是受同一因素影响（即 $\beta_{F\text{pre90}}\neq\beta_{F\text{post90}}=\beta_{F\text{pre90}}+\delta_1$，$\beta_{I\text{pre90}}\neq\beta_{I\text{post90}}=\beta_{I\text{pre90}}+\delta_1$），则双重差分法有效。①

为了估计改革对失业波动的风险率的影响，我用一个正规风险模型估计双重差分法的类似情况。我评估了一个控制可观测变量的指数模型，这一模型包括了正规部门虚拟变量、1990 年以后的虚拟变量，以及正规部门与 1990 年以后虚拟变量的交乘项。

$$h(s_{it}\mid \boldsymbol{X}_{it}) = \text{esp}(\boldsymbol{\beta}\boldsymbol{X}_{it} + \delta_0\,\text{formal}_{it} + \delta_1\,\text{Post90}_{it} + \delta_2\,\text{formal}_{it}\times\text{Post90}_{it})$$

其中，$\boldsymbol{X}_{it}$ 是 $1\times k$ 的回归元向量，$\boldsymbol{\beta}$ 是 $k\times 1$ 的参数向量。协变量 $\boldsymbol{X}_{it}$ 包括年龄、受教育程度、性别、婚姻状况、抚养人数、居住地、从事的行业。正规部门变量包括对两部门之间固定差异的控制。因此，δ_0 预期为负，因为无论是改革前还是改革后，正规劳动者的解雇成本比非正规劳动者的都要高。Post90 虚拟变量控制了影响 1990 年以后所有人员流动行为的一般冲击。最后，正规部门变量与 Post90 的交乘项用于估计由改革导致的解雇成本减少对风险率的影响。对改革的影响的检验等同于检验交乘项的系数 δ_2 不等于零。值得注意的是，这一检验要验证的是，与 1990 年后不受法律保护的员工相比，受法律保护的员工是否改变了他们的流动行为。

3.5.2 潜在影响因素

基于哥伦比亚调查所得的时间序列数据和截面数据的变化情况，识别策略仍然可行。虽然如此，但双重差分法也是在考虑了一些假设条件后才运用的，

---

① 此外，尽管受同一因素影响的两个部门的趋势没有变化，但可以通过使用 Heckman and Robb（1985）提出的方法来得到一个非传统的双重差分估计量。这一方法假设改革前的模型是平稳的，且适用于各个部门，然后用这个模型来量化改革后的冲击，这些冲击可以放入用改革后的数据拟合的方程中。

这些假设可能会使解雇成本对人员流动的影响不明确，具体如下：第一，双重差分估计量忽略了在前面章节中出现的模型构建中解雇成本下降的一般均衡效应。第二，考虑的假设条件是部门之间的总趋势不变。我考虑了这两个潜在偏差来源对识别解雇成本效应的影响。

正如前一部分使用的模型所强调的，改革引起的解雇成本的减少很可能会产生一般均衡效应。特别地，这里给定的模型显示，解雇成本的降低不仅通过降低遣散费进而对人员流动产生直接影响，也通过部门的自选择间接影响人员流动。正如我所描述的，只要自选择是固定不变的，双重差分估计量就是一致的。然而，之前的模型显示，解雇成本会改变进入正规和非正规部门的动机，并且可能会影响人员流动的结构变化。因此，改革前后，解雇成本的降低可能会使假设条件（即自选择固定不变）无效进而导致市场的结构性变化。基于研究模型的结果表明双重差分法导致的偏误为负。在模型中，解雇成本的降低促使具有较低生产率的企业开始进行正规生产，并导致部门重新分配，因此降低了企业的平均生产率，增加了部门的人员流动。然而，市场的结构变化对非正规部门员工流动的影响更大。因此，尽管由双重差分法所得的解雇成本的影响不同，但该估计能够得到解雇成本减少对人员流动的影响的下限。此外，下一部分会说明两个部门的变化是微小的，这表明了选择偏误不可能很大。

双重差分法对解雇成本的影响估计不一致的第二个原因是正规和非正规部门员工的变化趋势不同。正如之前讨论的，使用双重差分法得到改革的一致性估计要满足的一个重要假设是必须剔除总冲击或者趋势对人员流动的影响。如果总冲击对两个部门都是相同的，或者总冲击对每个部门是特定的，但是是一直不变的，或者冲击对于两个部门的变化是类似的，则总冲击的影响可忽略不计。然而，如果部门变化趋势不同且一直变化，双重差分法估计的解雇成本的影响可能会有偏差。除去双方共同的宏观冲击外，在这段时间之内发生的两次额外冲击会影响人员流动：第一，这一时期的贸易自由化政策；第二，20 世纪 90 年代初期引入的社会保障制度改革。

20 世纪 90 年代初期，哥伦比亚贸易自由化增加了 1990 年以后受雇于贸易行业的员工的不稳定性。尽管如此，贸易冲击对正规部门和非正规部门有相同影响，因此双重差分法能控制这些冲击对人员流动的影响。然而，如果正规部门更有可能进入贸易行业，而非正规部门出现在非贸易行业，那么双重差分法估计所得的解雇成本的影响会有偏误。接下来，用双重差分法估计跨部门的影响，并识别贸易行业中的人员流动是否最大。存在两个原因使贸易冲击不会改变之后的人员流动。第一，下一部分将会阐述在双重差分法评估下，跨部门之间没有一致的流动模式。第二，双重差分法对于不同规模和员工年龄结构企业的估计结果表明，大企业的员工和中年员工的流动性最大，他们大都受到就业保障制度改革而非贸易冲击的影响。

20 世纪 90 年代初期实施的社会保障制度改革影响了正规企业，但对非正规企业的影响甚微。因此，社会保障制度改革带来的冲击对正规和非正规企业的影响一直以来都存在差异。正如之前所述，社会保障制度改革增加了雇员的医疗保险和养老保险支出，因此增加了遵守法律的企业的非工资劳动成本。相对于非正规部门而言，增加的可变成本会减少正规部门的雇用率，但对解雇率并无影响。这意味着社会保障制度改革可能会对那些通过解雇成本的减少预测的人员流动和下一部分将报告的人员流动产生不同的影响。① 此外，如果企业通过减少工资来调整增加的非工资劳动成本，那么社会保障制度改革对人员流动无任何影响。有证据表明雇主更倾向于通过降低工资来把他们的非工资劳动成本转嫁给雇员。例如，Gruber（1997）研究表明智利社会保障体系的私有化工资税的减少对就业无影响，因为调整工资能够改变非工资劳动成本。此外，双重差分法对不同规模和员工年龄结构的企业的估计结果表明，大企业的员工和中年员工的流动最大，他们会受到就业保障制度变化的影响，而不受社会保障制度改革的影响。

3.6 实证分析

这一部分估计 1990 年哥伦比亚劳动市场改革的影响，包括遣散费的持续减少，正规部门就业人员相对于非正规部门就业人员的就业与失业的风险率。

3.6.1 数据

数据描述

用来分析改革对就业率和失业率影响的数据来自哥伦比亚 1988 年、1992 年和 1996 年 6 月的国家家庭调查（NHS）。6 月份的 NHS 在 7 个大型城市开展：巴兰基亚、波哥大、布卡拉曼加、卡利、马尼萨莱斯、麦德林、帕斯托。采用 6 月份调查的优点在于调查中包括非正规部门的信息，这些信息能够区分正规部门（受法律保护）和非正规部门（不受法律保护）。6 月份的调查允许我们用受法律保护和不受法律保护这两种方式来定义员工。第一，正规劳动者（受法律保护）被定义为他们的雇主为其缴纳社会保险的劳动者，而非正规劳动者（不受法律保护）是指雇主不为其缴纳社会保险的劳动者。该定义是有效的，因为雇主是否向社保体系缴费是雇主是否遵守劳动法规的体现。第二，正规劳动者（受法律保护）被定义为受雇于多于 10 个雇员的企业的劳动者，而

① 参见 Kugler，Jimeno，and Hernanz（2003）关于解雇成本和工资税对人员流动率和就业的不同影响的分析。

非正规劳动者（不受法律保护）则是家庭工作者、家政工人、自雇用劳动者（不包括专业人员和技术人员），以及受雇于不超过10个员工的企业的劳动者。正如之前所讨论的，有不超过5个员工的雇主、家庭工作者以及自由从业者是不用支付遣散费的，而家政工人和资本投入较少企业的员工只获得正规劳动者一半的遣散费。这些调查也包括了性别、年龄、婚姻状况、受教育程度、抚养人数、从事的行业和居住地等信息，这让我们可以控制由于个体差异而导致的人员流动差异。除此之外，调查信息也包括了员工是签订短期劳动合同还是长期劳动合同的信息，这可以让我们识别短期合同的立法规定的改变对人员流动的影响。

表3.3呈现了改革前后受法律保护和不受法律保护（根据两个定义）的两组研究样本的描述性统计。第（1）列和第（2）列分别呈现了改革前后正规劳动者（受法律保护）的特征，第（3）列和第（4）列分别呈现了改革前后非正规劳动者（不受法律保护）的特征。根据定义，受法律保护的员工与不受法律保护的员工相比，其受教育程度更高、更年轻、家庭规模更大，并且已婚员工和女性更多，更可能签订长期劳动合同。但是，除了受教育程度差异外，两者之间的特征差异较小。此外，1990年前后，两组成员的特征朝同一方向变化，并且变化程度相似。1990年后，两组员工的受教育程度、平均年龄、已婚员工的占比都上升了，而男员工的比例、家庭规模和拥有长期合同的员工的占比却在下降。

表3.3　改革前后正规劳动者和非正规劳动者的基本特征

	正规劳动者		非正规劳动者	
	改革前 (1)	改革后 (2)	改革前 (3)	改革后 (4)
非正规（定义1）				
总就业率	44.84%	51.05%	55.16%	48.95%
签订长期劳动合同的员工占比	90.66%	88.84%	77.64%	74.5%
男性的占比	68.69%	64.9%	69.6%	67.56%
已婚员工的占比	69.79%	73.38%	68.1%	72.17%
平均受教育程度（年）	8.9	9.74	6.1	6.67
平均年龄（岁）	35.52	35.87	36.01	36.54
平均抚养人数（人）	0.81	0.72	0.80	0.78
非正规（定义2）				
总就业率	41.47%	45.22%	58.63%	54.78%
签订长期劳动合同的员工的占比	86.6%	84.95%	81.27%	79.24%
男性的占比	70.53%	66.8%	68.24%	65.75%
已婚员工的占比	69.71%	72.43%	68.39%	73.09%

续表

	正规劳动者		非正规劳动者	
	改革前 (1)	改革后 (2)	改革前 (3)	改革后 (4)
平均受教育程度（年）	8.93	9.79	6.29	6.95
平均年龄（岁）	34.7	35.02	36.57	37.17
平均抚养人数（人）	0.84	0.77	0.78	0.73

注：该表报告了使用两种非正规性的定义计算的改革前后正规劳动者和非正规劳动者的相关变量的占比和均值。首先呈现的是第一种定义下的变量的占比和均值，其次呈现的是第二种定义下的变量的占比和均值。在第一种定义下，正规劳动者被定义为雇主为其缴纳社会保险的员工，非正规劳动者被定义为雇主不为其缴纳社会保险的员工。在第二种定义下，正规劳动者被定义为受雇于10个以上员工的企业的劳动者，非正规劳动者包括家庭工作者、家政工人、自雇用劳动者和受雇于10个以下员工的企业的劳动者。在哥伦比亚，家庭工作者、自雇用劳动者和受雇于10个以下员工的企业的员工都不受遣散费制度的保护，但家政工人和受雇于资本投入较少企业的员工受法律保护，雇主解雇这些员工时要支付正规劳动者一半的遣散费。

这些描述性统计结果显示，两组之间的结构差异并非本质上的。虽然如此，特征差异或许可以解释部分人员流动模式的变化，因此受法律保护和不受法律保护的两组人员在流动上的差异应该被谨慎解读。基于这个原因，在接下来的分析中，我估计了允许我们控制个体特征时的正规风险模型。通过这些模型来确定劳动市场改革中解雇成本的影响是至关重要的。正如模型所强调的，如果企业结构随着时间变化，可能会导致其他的结构变化性偏差。表3.3表明，1990年后正规部门（受法律保护）的企业规模有所增长，在改革前至改革后的一段时间内，根据定义1，正规部门员工的比例从44.84%上升到了51.05%，根据定义2，则从41.47%上升到了45.22%。正规部门占比的增长表明当企业规模可能变化时，控制企业特征的重要性。尽管NHS提供的关于企业特征的信息较少，但是风险模型控制了行业背景。此外，事实表明之前所述的正规部门规模的增长较小，并且不能直接将其归因于改革，这些事实表明选择偏误可能并无太大的影响。

抽样方法

6月份的NHS包括了员工从事现任工作之前的失业期（几个月）以及现任工作的任期（几年）的相关信息，这可以使我们估计风险率。特别地，调查会询问现任雇员“你从事现任工作多长时间了?”“你从事现任工作与上一个工作之间的失业期有多久?”因此，数据提供了关于现任雇员的不完全就业期的信息，以及在从事现任工作以前有一份工作的雇员的完全失业期（见图3.1）。

对就业期的抽样会产生两种形式的偏误。第一，因为对不完全就业期进行抽样，抽样的就业期太短。特别地，Heckman and Singer（1985）的研究表明，假设在相同环境下，无异质性，就业期和失业期相互独立，完全任期的长度可

图 3.1　6 月调查中的就业期和失业期样本情况

能是平均值的两倍。第二，由于抽样调查了目前就业的员工，这些员工会随时间变动而换工作，所以，不完全就业期要比完全就业期长。因此，现任劳动者的抽样会导致时间长度偏差。Heckman and Singer（1985）研究表明，在已知的假设条件下，且在期限独立的情况下，两个偏误恰好可以抵消。我将利用这些假设估计指数风险模型。

类似地，常用失业期抽样可能也会带来一些偏误。尽管数据提供了完全失业期，但事实表明，这些失业期也是取自现在受雇且之前有工作的员工，这可能会导致估计偏差。第一，从现任雇员中抽样会存在时间长度偏差。这是由于任期较短的劳动者相对于任期较长的劳动者被过度抽样。第二，从之前拥有一份工作的员工中抽样排除了所有新进入劳动市场的劳动者，这会导致另一种偏差。把新进入的劳动者排除在外会导致该样本的平均任期比流动样本的平均任期短。尽管从该抽样方案中获得的失业期分布可能是扭曲的，但抽样可能会导致的偏差较小，因为两种偏差的方向是相反的，因此会抵消。

3.6.2　改革前后的任期和失业期

平均任期

我提出的模型显示，相对于正规劳动者而言，改革引起的解雇成本的减少的直接和间接影响会提高正规劳动者的失业率。因此，相对于不受法律保护的员工而言，改革应该减少了受法律保护的员工（正规劳动者）的平均任期。①

表 3.4 呈现了 1990 年哥伦比亚劳动市场改革前后受法律保护和不受法律保护的员工（按第一种定义）的平均任期。② 第一行为改革后的平均任期，第二行是改革前的平均任期，第三行是改革前后的差分，最后一行是用双重差分

① 在实际中，正规劳动者的平均任期应该减少，因为拥有较短任期的部分员工（刚刚被雇用）增加，而部分较长任期的员工（刚刚被解雇）减少。

② 这一部分和接下来的分析依赖于正规与非正规的第一个定义，因为两种方法是高度相关的，结果对所用的定义是稳健的。

法估计的改革对任期的影响结果。改革后，受法律保护的员工的平均任期从5.600 2年降低至5.313 0年。受法律保护的员工的平均任期减少了3.445 2个月，显著不为零。相反，不受法律保护的员工的平均任期减少了0.211 2个月，不显著不为零。双重差分法估计结果表明，改革导致员工的平均任期下降了3.661 2个月，影响很大且显著不为零，正如理论预测的，绝大部分的变化来自受法律保护的员工的平均任期的减少，而不是来自不受法律保护的那部分员工任期的增加。表3.5呈现了双重差分法估计的改革对平均任期的性别异质性。该表显示总数据的大部分变化是由改革对男性的任期产生的影响所致。用双重差分法估计的改革的影响表示男性的平均任期减少了4.120 8个月，而女性的则减少了2.101 2个月，对女性的影响显著不为零。

表3.4　双重差分法估计的改革对平均任期的影响

	正规	非正规
改革后	5.313 0	4.537 6
	(0.046 1)	(0.049 6)
改革前	5.600 2	4.519 7
	(0.063 2)	(0.058 8)
一阶差分	−0.287 2***	−0.017 6
	(0.078 2)	(0.076 9)
双重差分	−0.305 1**	
	(0.109 8)	

注：括号内为标准误。

*** 表示在1%的显著性水平下显著。

** 表示在5%的显著性水平下显著。

表3.5　按性别分组，双重差分法估计的改革对平均任期的影响

	男性		女性	
	正规	非正规	正规	非正规
改革后	5.574 24	4.998 7	4.517 3	3.577 2
	(0.061 0)	(0.063 6)	(0.065 9)	(0.074 9)
改革前	6.114 1	5.027 0	4.473 0	3.357 7
	(0.081 2)	(0.075 3)	(0.091 4)	(0.084 2)
一阶差分	−0.371 7***	−0.028 3	0.044 3	0.219 4**
	(0.101 6)	(0.098 6)	(0.112 7)	(0.112 7)
双重差分法	−0.343 4***		−0.175 1	
	(0.141 6)		(0.159 4)	

注：括号内为标准误。

*** 表示在1%的显著性水平下显著。

** 表示在5%的显著性水平下显著。

表 3.6 和表 3.7 呈现了用双重差分法基于不同年龄和受教育程度的员工来估计改革的影响。表 3.6 显示，中等年龄劳动者受到改革的影响最大。中等年龄劳动者的平均任期减少了 4.017 6 个月，而其他更年轻或者更年长的员工的估计不显著不为零。这些结果与遣散费制度变化和以非正当理由解雇的制度改革（这一改革会提高雇主以非正当理由解雇任期超过 10 年的员工的解雇成本）对任期的影响一致。特别是立法改革可能会引发企业解雇任期快到 10 年的员工。相反，表 3.7 显示，双重差分法的估计结果表明，与拥有初等教育水平的员工相比，改革对有大学学历甚至有更高学历的员工的影响更大。改革后，在控制了各组人员流动的变化的正规风险分析中，结果正好相反。

表 3.6　按年龄分组，双重差分法估计的改革对平均任期的影响

	年龄<24 岁		24～55 岁		年龄>55 岁	
	正规	非正规	正规	非正规	正规	非正规
改革后	1.648 0	1.405 8	5.397 1	4.518 0	11.288 9	10.111 1
	(0.033 1)	(0.030 30)	(0.082 1)	(0.052 5)	(0.286 0)	(0.252 3)
改革前	1.610 7	1.370 9	5.741 9	4.528 0	12.351 3	10.732 1
	(0.039 4)	(0.030 9)	(0.066 3)	(0.061 5)	(0.358 9)	(0.300 8)
一阶差分	0.037 2	0.034 9	−0.344 8***	−0.010 0	−1.062 4***	−0.620 9*
	(0.051 5)	(0.043 3)	(0.082 1)	(0.080 8)	(0.458 9)	(0.392 6)
双重差分	0.002 3		−0.334 8***		−0.441 4	
	(0.068 4)		(0.115 6)		(0.211 1)	

注：括号内为标准误。

*** 表示在 1%的显著性水平下显著。

* 表示在 10%的显著性水平下显著。

表 3.8 显示了在不同部门双重差分法估计的改革的影响，并识别任期减少是不是由贸易自由化导致的。该表显示用双重差分法分别估计农业、采矿业、制造业、建筑业和贸易业的结果表明，改革对平均任期的影响不显著不为零。此外，双重差分法对交通运输业的估计结果表明，改革使平均任期减少了 6.483 6 个月，且在 10%的显著性水平下显著；改革使金融业的平均任期减少了 10.702 8 个月，且在 5%的显著性水平下显著；此外，改革使服务业的平均任期减少了 10.236 个月，且在 1%的显著性水平下显著。因此，基于各行业所得的估计结果并未表明贸易与非贸易行业具有相同的变化。接下来，正规风险分析结果验证了这些结论。此外，与劳动市场改革预测的变化一致，改变明显是由受法律保护的员工的任期的减少决定的，与不受法律保护的员工的任期的增长无关。

表 3.7　按受教育程度分组，双重差分法估计的改革对平均任期的影响

	小学		初中		高中		大学		大学以上	
	正规	非正规	正规	非正规	正规	非正规	正规	非正规	正规	非正规
改革后	6.054 2	5.154 0	4.952 5	3.816 0	4.753 3	3.991 2	4.661 8	3.452 0	6.225 8	5.230 5
	(0.111 5)	(0.081 6)	(0.091 1)	(0.074 5)	(0.078 5)	(0.104 6)	(0.124 2)	(0.171 4)	(0.120 8)	(0.257 5)
改革前	6.634 6	5.079 6	4.825 0	3.616 5	4.936 5	4.005 9	5.050 6	3.603 9	6.398 4	4.989 9
	(0.131 6)	(0.086 2)	(0.110 5)	(0.096 3)	(0.122 2)	(0.145 1)	(0.177 1)	(0.250 5)	(0.187 1)	(0.309 3)
一阶差分	−0.580 3***	0.074 4	0.127 5	0.199 6**	−0.183 2*	−0.014 7	−0.388 8**	−0.151 9	−0.172 6	0.240 7
	(0.172 4)	(0.118 7)	(0.143 2)	(0.121 8)	(0.145 3)	(0.178 8)	(0.216 3)	(0.303 5)	(0.222 7)	(0.402 4)
双重差分	−0.654 7***		−0.072 0		−0.168 5		−0.236 8		−0.413 3	
	(0.211 1)		(0.186 7)		(0.238 0)		(0.401 8)		(0.492 3)	

注：括号内为标准误。
*** 表示在 1%的显著性水平下显著。
** 表示在 5%的显著性水平下显著。
* 表示在 10%的显著性水平下显著。

表 3.8 按行业分组，双重差分法估计的改革对平均任期的影响

	正规	非正规	正规	非正规	正规	非正规
	农业		采矿业		制造业	
改革后	5.623 2	5.068 8	5.872 5	4.187 5	5.303 1	4.236 0
	(0.397 5)	(0.450 3)	(0.473 1)	(0.847 4)	(0.091 5)	(0.112 8)
改革前	5.724	6.040 2	4.401 0	3.409 1	5.092 0	4.384 3
	(0.619 4)	(0.450 3)	(0.543 1)	(0.792 2)	(0.116 4)	(0.143 8)
一阶差分	−0.100 8	−0.971 4	1.471 6**	0.778 4	0.211 2*	−0.148 3
	(0.735 9)	(0.694 7)	(0.724 5)	(1.160 1)	(0.148 1)	(0.182 7)
双重差分	0.870 6		0.693 1		0.359 5	
	(1.096 4)		(1.360 8)		(0.234 1)	
	公用事业		建筑业		贸易业	
改革后	6.892 6	—	4.012 1	4.288 9	4.576 3	4.913 6
	(0.377 8)	—	(0.185 9)	(0.172 9)	(0.082 3)	(0.086 2)
改革前	7.911 4	—	4.053 2	3.443 9	4.665 4	4.985 5
	(0.473 6)	—	(0.255 8)	(0.190 4)	(0.121 7)	(0.100 1)
一阶差分	−1.018 8***	—	0.041 1	0.844 9***	−0.089 2	−0.071 9
	(0.605 9)	—	(0.316 3)	(0.257 2)	(0.146 9)	(0.132 1)
双重差分	—		−0.886 1		−0.017 3	
	—		(0.438 2)		(0.204 6)	
	交通运输业		金融业		服务业	
改革后	5.22	4.549 6	4.883 5	5.102 6	6.211 8	4.245 4
	(0.176 6)	(0.156 4)	(0.136 4)	(0.274 4)	(0.099 2)	(0.098 5)
改革前	6.189 5	4.978 9	5.684 8	5.012 1	6.842 8	4.023 4
	(0.245 5)	(0.214 4)	(0.207 2)	(0.369 2)	(0.133 2)	(0.105 3)
一阶差分	−0.969 5***	0.429 2**	−0.801 3***	0.090 5	−0.631 0***	0.222 0*
	(0.302 5)	(0.265 4)	(0.248 0)	(1.263 6)	(0.166 1)	(0.144 2)
双重差分	−0.540 3*		−0.891 9**		−0.853 0***	
	(0.400 9)		(0.496 1)		(0.218 9)	

注：括号内为标准误。

*** 表示在 1%的显著性水平下显著。

** 表示在 5%的显著性水平下显著。

* 表示在 10%的显著性水平下显著。

表 3.9 则显示了根据企业规模进行分组，运用双重差分法估计的结果。结果显示，改革对大规模企业的影响更大。由双重差分法估计的结果可知，改革对自由职业者、受雇于只有 2～5 个员工的企业的员工和有 5～10 个员工的企业的员工的任期的影响均不显著不为零。相反，受雇于超过 10 个员工的企业的员工的平均任期减少了 6.337 2 个月。受雇于大企业的员工受改革的影响很大，且显著不为零，这主要是由受法律保护的员工的任期减少所致，而与不受法律保护的员工的任期增加无关。这一依据与之前预测的解雇成本降低的影响一致，因为自雇用的劳动者和受雇于少于 5 个员工的企业的员工不受遣散费制

度的保护，而受雇于资本投入较少的企业的员工拥有获得部分遣散费的权利。

表 3.9　按企业规模分组，双重差分法估计的改革对平均任期的影响

	自雇用		有 2～5 个员工的企业		有 5～10 个员工的企业		有大于 10 个员工的企业	
	正规	非正规	正规	非正规	正规	非正规	正规	非正规
改革后	6.257 7	5.835 6	4.970 8	4.119 2	4.215 4	2.867 8	5.399 2	2.735 3
	(0.186 8)	(0.133 3)	(0.137 2)	(0.080 4)	(0.125 4)	(0.117 5)	(0.054 2)	(0.086 3)
改革前	6.486 8	5.792 7	5.094 4	4.105 2	4.209 2	2.989 7	5.794 7	2.602 7
	(0.323 5)	(0.101 4)	(0.182 6)	(0.093 1)	(0.180 4)	(0.144 4)	(0.073 6)	(0.115 6)
一阶差分	−0.229 1	0.042 6	−0.123 7	0.013 9	0.006 3	−0.121 9	−0.395 5***	0.132 6
	(0.373 6)	(0.133 3)	(0.228 4)	(0.123 0)	(0.219 7)	(0.186 2)	(0.091 4)	(0.144 2)
双重差分	−0.271 8		−0.137 7		0.128 1		−0.528 1***	
	(0.373 4)		(0.251 4)		(0.286 4)		(0.213 4)	

注：括号内为标准误。

*** 表示在 1%的显著性水平下显著。

失业期

模型指出，与非正规劳动者相比，解雇成本降低会增加正规劳动者的就业率。因此，与非正规劳动者相比，遣散费的减少会缩短正规劳动者的失业期。①

表 3.10 显示了用双重差分法估计的改革对失业期的影响。② 以受雇于正规部门结束的员工的平均失业期增加。然而，与正规劳动者的失业期相比，非正规劳动者的平均失业期更长。双重差分法的估计结果表明平均失业期减少了 3.110 8 周，显著不为零。③ 表 3.11 显示了双重差分法对男性和女性的估计结果，它表明改革对男性平均失业期的影响趋近于零，但使女性的平均失业期缩短了 7.967 2 周，且在 1%的显著性水平下显著。表 3.12 显示了对不同年龄样本进行双重差分法估计的结果，表 3.13 则显示了运用双重差分法对不同受教育程度的样本进行估计的结果。结果显示，绝大多数中青年员工的失业期缩短。该结果与减少解雇成本会增加雇用率的预期一致，尤其是对于那些想到企业工作的人（局外人）来说，而且，该结果也进一步验证了正规风险分析遵循的思路。此外，表 3.13 中双重差分法的估计结果表明，改革对未完成中等教育或未完成高等教育的员工的失业期的影响最大。因此，当雇用那些有风险的劳动者时，解雇成本对雇用的影响更大。正规风险分析也证实了这一结果。

---

① 实际上，那些正规劳动者的平均失业期应该会缩短，因为正规劳动者雇用率的增加会减少部分任期较长的员工，此外，会增加部分任期较短的员工（刚刚被正规部门解雇）。

② 失业员工，如果他们失业后找到的工作在正规部门，则定义为正规劳动者，如果他们失业后找到的工作在非正规部门，则定义为非正规劳动者。

③ 与任期结果相反，失业期的双重差分结果主要由劳动者在非正规部门工作的时间决定。这与前面所陈述的模型一致。一方面，模型预测改革后，正规部门的雇用率会上升，因为在这一领域进行生产的企业增加；另一方面，非正规部门的雇用率会下降。

表 3.10 双重差分法估计的改革对平均失业期的影响

	正规	非正规
改革后	7.598 5	9.773 1
	(0.118 7)	(0.148 9)
改革前	7.332 8	8.729 7
	(0.148 9)	(0.163 0)
一阶差分	0.265 7*	1.043 4***
	(0.190 4)	(0.220 8)
双重差分	−0.777 7***	
	(0.292 9)	

注：括号内为标准误。

*** 表示在 1%的显著性水平下显著。

* 表示在 10%的显著性水平下显著。

表 3.11 按性别分组，双重差分法估计的改革对平均失业期的影响

	男性		女性	
	正规	非正规	正规	非正规
改革后	6.640 2	7.375 3	9.374 3	14.766 5
	(0.128 4)	(0.142 0)	(0.239 4)	(0.341 3)
改革前	6.345 5	6.909 2	9.498 3	12.898 8
	(0.153 6)	(0.156 9)	(0.332 1)	(0.389 4)
一阶差分	0.294 7**	0.466 0***	−0.124 0	1.867 8***
	(0.200 2)	(0.211 6)	(0.409 4)	(0.517 8)
双重差分	−0.171 3		−1.991 8***	
	(0.292 5)		(0.659 2)	

注：括号内为标准误。

*** 表示在 1%的显著性水平下显著。

** 表示在 5%的显著性水平下显著。

表 3.12 按年龄分组，双重差分法估计的改革对平均失业期的影响

	年龄<24 岁		24～55 岁		年龄>55 岁	
	正规	非正规	正规	非正规	正规	非正规
改革后	5.095 1	5.765 0	7.648 2	10.092 5	11.777 9	14.726 6
	(0.192 4)	(0.194 0)	(0.132 8)	(0.181 3)	(0.659 0)	(0.604 3)
改革前	5.390 6	5.208 3	7.556 9	9.232 4	9.015 6	12.867 9
	(0.245 4)	(0.182 3)	(0.172 9)	(0.207 7)	(0.717 1)	(0.664 2)
一阶差分	−0.295 6	0.556 7***	0.091 4	0.860 1***	2.762 3***	1.858 7**
	(0.311 8)	(0.266 2)	(0.218 0)	(0.275 7)	(0.973 9)	(0.897 9)
双重差分	−0.852 3**		−0.768 8***		0.903 7	
	(0.418 4)		(0.348 1)		(0.139 6)	

注：括号内为标准误。

*** 表示在 1%的显著性水平下显著。

** 表示在 5%的显著性水平下显著。

表 3.13　按受教育程度分组，双重差分法估计的改革对平均失业期的影响

	小学		初中		高中		大学		大学以上	
	正规	非正规	正规	非正规	正规	非正规	正规	非正规	正规	非正规
改革后	8.819 1	9.487 4	7.821 4	9.686 3	7.559 3	10.836 5	6.767 6	10.995 0	6.090 7	8.938 3
	(0.284 3)	(0.211 5)	(0.230 6)	(0.273 8)	(0.224 8)	(0.408 1)	(0.344 8)	(0.824 2)	(0.272 7)	(0.689 9)
改革前	7.429 6	8.449 3	8.118 1	8.526 6	7.441 4	11.170 6	6.961 4	8.314 6	5.308 6	7.894 2
	(0.273 9)	(0.216 6)	(0.294 8)	(0.295 6)	(0.316 4)	(0.582 4)	(0.494 4)	(0.893 6)	(0.391 8)	(0.938 6)
一阶差分	1.389 4***	1.038 1***	−0.366 6	1.159 7**	0.117 9	−0.334 1	−0.193 8	2.680 4***	0.782 2**	1.044 1
	(0.394 8)	(0.302 7)	(0.374 2)	(0.402 9)	(0.388 1)	(0.711 1)	(0.602 7)	(1.215 7)	(0.477 3)	(1.164 8)
双重差分	0.351 3		−0.526 3***		0.452 0		−2.874 2***		−0.261 9	
	(0.522 4)		(0.556 0)		(0.743 1)		(1.237 9)		(1.123 9)	

注：括号内为标准误。

*** 表示在 1%的显著性水平下显著。

** 表示在 5%的显著性水平下显著。

表 3.14 显示了基于行业分组，双重差分法估计的改革对平均失业期的影响。结果表明对农业、采矿业、制造业、公用事业、建筑业、交通运输业和金融业而言，改革对这些行业失业期的影响趋近于零。改革只对贸易业和服务业失业期的影响显著不为零。改革后，贸易业的失业期减少了 1.274 6 周，仅在 5%的显著性水平下显著，服务业的失业期下降了 1.312 6 周，且在 1%的显著性水平下显著。因此，关于任期的研究结果并没有与贸易和非贸易行业不同的影响模式保持一致。相反，表 3.15 显示了对不同规模的企业运用双重差分法进行估计所得的结果，研究表明在大规模企业，解雇成本的影响最大。用双重差分法估计改革的影响时发现，雇员人数为 5～10 人的企业的员工的平均失业期减少了 0.803 8 周，雇员人数多于 10 人的企业的员工的平均失业期减少了 0.291 3 周。尽管在统计上不显著，但双重差分法估计改革对大企业员工的失业期的影响所得的 P 值显著小于自雇用的劳动者和有 2～5 人的企业的员工。

表 3.14　按行业分组，双重差分法估计的改革对平均失业期的影响

	正规	非正规	正规	非正规	正规	非正规
	农业		采矿业		制造业	
改革后	6.533 2	6.542 8	6.029 4	6.229 2	7.276 6	10.251 2
	(0.994 8)	(0.826 5)	(1.181 6)	(2.261 2)	(0.217 7)	(0.366 5)
改革前	7.812	6.348 9	5.945 5	6.560 6	7.413 6	9.901 5
	(1.378 1)	(0.853 8)	(1.146 2)	(2.002 8)	(0.270 3)	(0.427 9)
一阶差分	−1.278 8	0.193 9	0.083 9	−0.331 4	−0.137 0	0.349 6
	(1.699 5)	(1.188 3)	(1.646 2)	(3.020 7)	(0.347 1)	(0.563 4)
双重差分	−1.472 8		0.415 3		−0.486 6	
	(2.049 7)		(3.228 9)		(0.627 5)	
	公用事业		建筑业		贸易业	
改革后	9.8	6.5	5.866 9	5.391 1	7.470 9	11.59
	(1.116 8)	(1.606 5)	(0.484 1)	(0.273 4)	(0.252 2)	(0.294 0)
改革前	6.431 4	3	5.479 2	4.823 9	7.451 3	10.301 0
	(0.874 7)	(1.5)	(0.570 0)	(0.294 7)	(0.342 7)	(0.311 8)
一阶差分	3.368 6***	3.5*	0.387 8	0.567 1*	0.019 7	1.294 3
	(1.418 6)	(2.197 9)	(0.747 8)	(0.401 9)	(0.425 4)	(0.428 6)
双重差分	−0.131 4		−0.179 4		−1.274 6**	
	(6.266 3)		(0.781 6)		(0.642 5)	
	交通运输业		金融业		服务业	
改革后	6.396 1	6.982 0	6.923 4	9.666 4	8.856 3	10.111 2
	(0.367 8)	(0.375 9)	(0.354 6)	(0.750 8)	(0.260 2)	(0.301 9)
改革前	6.634 3	6.401 1	6.688 3	10.178 2	8.004 1	7.946 4
	(0.512 0)	(0.458 0)	(0.431 7)	(1.016 4)	(0.323 3)	(0.295 6)
一阶差分	−0.238 1	0.580 9	0.235 1	0.511 9	0.852 2**	2.164 8***
	(0.630 4)	(0.592 5)	(0.558 6)	(1.263 6)	(0.415 0)	(0.422 6)
双重差分	−0.819 0		−0.747 0		−1.312 6***	
	(0.867 9)		(1.199 3)		(0.592 4)	

注：括号内为标准误。

*** 表示在 1%的显著性水平下显著。

** 表示在 5%的显著性水平下显著。

* 表示在 10%的显著性水平下显著。

表 3.15 按企业规模分组，双重差分法估计的改革对平均失业期的影响

	自雇用		有2~5个员工的企业		有5~10个员工的企业		有大于10个员工的企业	
	正规	非正规	正规	非正规	正规	非正规	正规	非正规
改革后	9.885 1	12.035 8	8.369 3	8.766 1	6.785 2	6.624 7	7.314 4	7.380 4
	(0.531 7)	(0.264 1)	(0.391 4)	(0.235 9)	(0.366 8)	(0.368 4)	(0.133 3)	(0.288 0)
改革前	8.420 8	10.322 6	7.233 1	8.262 8	6.601 8	5.637 5	7.370 1	7.144 6
	(0.896 6)	(0.287 6)	(0.480 2)	(0.261 8)	(0.425 5)	(0.335 9)	(0.168 7)	(0.354 5)
一阶差分	1.464 2*	1.713 2***	1.136 1**	0.503 3*	0.183 4	0.987 2	−0.055 6***	0.235 8
	(1.042 4)	(0.390 5)	(0.619 5)	(0.352 4)	(0.561 8)	(0.498 6)	(0.215 0)	(0.392 6)
双重差分	−0.249 0		0.632 8		−0.803 8		−0.291 3	
	(1.086 3)		(0.709 9)		(0.748 6)		(0.520 5)	

注：括号内为标准误。

*** 表示在1%的显著性水平下显著。

** 表示在5%的显著性水平下显著。

* 表示在10%的显著性水平下显著。

3.6.3 改革前后就业与失业的生存函数

上一部分阐释了改革对任期和失业期的影响，而这一部分则呈现一些关于改革影响就业和失业的生存函数的实证依据。如果改革使解雇成本降低确实很重要，那么，改革后，相对于非正规就业者而言，正规就业者的生存概率会下降。此外，如果解雇成本的降低带来了更多的雇用，那么在改革后进入正规部门的工人相对于进入非正规部门的工人在失业中的生存可能性应该会下降。

图3.2显示了卡普兰-迈耶（Kaplan-Meier）就业生存概率的估计结果。该图包括了改革前后正规就业者与非正规就业者的生存概率。该图显示，改革后，正规就业者连续两年以上从事同一份工作的概率比改革前要低。对于任期两年以上的员工而言，改革后正规就业者的生存函数比改革前更低。然而，若任期减少两年，改革后正规就业者的生存概率则比改革前更高。由于改革中部分员工签订的是小于一年的临时合同，所以，改革后，对于任期小于两年的正规就业者而言，其生存概率最大，这一结果确实令人很惊讶。然而，任期小于两年的员工的生存函数的改变可能仅仅反映出改革后雇用新的长期员工，如正规风险模型的评估结果所示。改革后正规就业者生存概率的下降与改革后解雇成本的下降是相符的。相反，图3.2显示，改革后非正规就业者的生存概率较改革前轻微增长。改革后，不受法律保护的员工的生存概率较改革前有轻微增长。如果两组的一般波动都对正规就业者的生存概率的下降有影响，那么图3.2也应该反映出非正规就业者生存概率的下降。此外，与正规就业者会受到就业保障制度的保护，而非正规就业者不受该制度保护的事实一致，改革前后，正规就业者的生存概率比非正规就业者的要高。对于受制度保护与不受制

度保护的两组员工的生存函数，改革后，每组员工生存函数的变化也与之前预测的解雇成本效应和改革对正规就业者流动的影响一致。

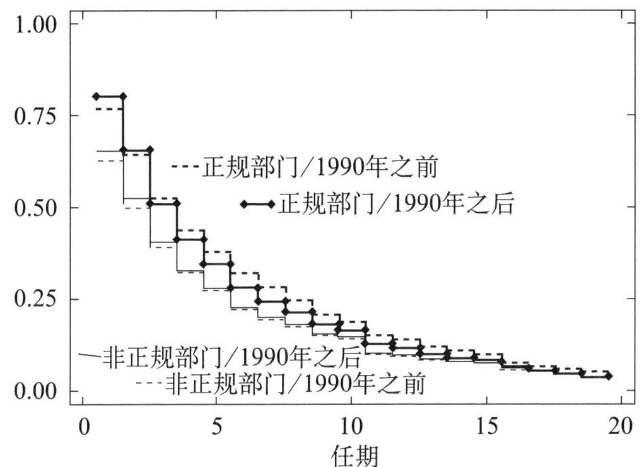

图 3.2　按期间和部门划分，卡普兰-迈耶就业生存概率的估计结果

失业的标准卡普兰-迈耶生存函数显示改革后的变化相似。如图 3.3 所示，改革前和改革后正规就业者的失业生存函数下移了。因此，对于每一个失业期 t，改革后，那些离职的正规就业者持续失业的概率下降了。与此相反，图 3.3 显示，改革后非正规就业者的失业生存概率轻微增长。这些改变与预测的改革影响相符。改革后，解雇成本的下降被预测在每段时间 t 都会使受法律保护的员工的持续失业概率下降，而对不受法律保护的员工无影响。此外，下一部分将会讨论在控制了可观测特征后正规就业者相对于非正规就业者的失业波动。

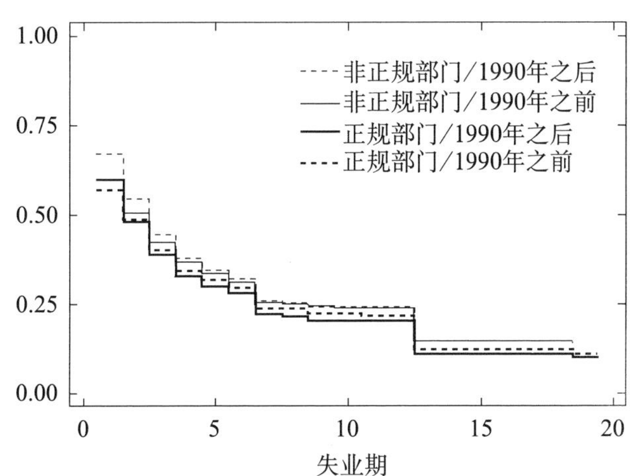

图 3.3　按期间和部门划分，卡普兰-迈耶失业生存概率的估计结果

3.6.4 正规风险模型

正如之前提到的，1990 年后员工和就业特点的变化可能导致任期和失业期以及生存函数在改革实施后发生变化。因此，该部分将继续估计正规任期模型，从而来证明员工和工作特点变化对离职风险率的影响是可控的。

正如第 3.4 节所述，估计控制了年龄、教育、婚姻状况、所在地、从事的行业和抚养人数这些因素后的指数风险模型，更为重要的是，这些风险模型可以估计改革的影响。这些模型包括了控制不同组别员工流动模式的正规部门虚拟变量、能够体现 1990 年后不同员工流动模式的虚拟变量（Post90），以及正规部门和 1990 年后的虚拟变量的交乘项。交乘项系数可以解释为实施改革后受法律保护的员工的风险率差异。为了进一步探讨改革的重要性，我还进行了其他模型设定来验证改革对于不同组别的影响是否具有异质性。除此之外，为了验证贸易冲击的重要性，模型中包括了 1990 年后虚拟变量与贸易业的交乘项。

表 3.16 显示了指数离职风险率的评估结果。第（1）列呈现了基准模型的估计结果，包括前面提到的协变量、正规部门虚拟变量、1990 年后虚拟变量和两者的交乘项。估计结果与预期的结果类似。年轻、受过更多教育、女性、单身且抚养人数较少的员工的离职风险率更高。结果也表明，在 1990 年后的一段时期内，非正规就业者的离职风险率下降。此外，与非正规就业者相比，受法律保护的正规就业者具有较低的离职风险率。更为重要的是，交乘项的系数为正，且在 1%的显著性水平下显著，这表明改革后，与不受法律保护的员工相比，受法律保护的员工的离职倾向为 6.17%，说明改革导致的解雇成本降低从本质上增加了离职率。离职风险率在改革后有所增加是由于解雇增加，以及改革后员工为了获得更好的工作而辞职。

改革的另一个重要特点是使用临时合同的灵活性更强。但有人可能会认为正规部门加大了招聘临时员工的力度，从而导致改革后人员流动增加。第（2）列的结果能够验证失业率的增加是否只是由临时合同的使用增加所致，或者说解雇长期员工的成本减少是否扮演了至关重要的角色。表 3.16 的第（2）列呈现了模型的评估结果，模型中使用的变量包括长期虚拟变量、1990 年后虚拟变量与长期虚拟变量的交乘项、正规部门虚拟变量与长期虚拟变量的交乘项、正规部门虚拟变量与 1990 年后虚拟变量以及长期虚拟变量的交乘项。[①] 正如预测结果所示，长期虚拟变量的系数为负，且在 1%的显著性水平下显著。表中结果显示，正规部门虚拟变量与 1990 年后虚拟变量的交乘项的系数为正，

① 若员工与企业签订的是长期劳动合同，则长期虚拟变量的值为 1，若员工是临时员工，则长期虚拟变量的值为 0。

但是正规部门虚拟变量与1990年后虚拟变量以及长期虚拟变量的交乘项的系数为负，且在1%的显著性水平下显著。表3.16中的结果指出，改革后，正规部门临时员工的离职倾向为6.7%，高于不受法律保护部门的临时员工的离职倾向。同时，改革后，与正规部门签订长期劳动合同的员工的离职倾向为6.1%，高于不受法律保护且签订长期劳动合同的员工，临时合同相关制度的实施确实可以部分解释正规就业者流动的增加，实证结果也表明签订长期劳动合同的员工的解雇成本降低会导致人员流动增加。

表3.16 就业期间指数风险模型估计结果

变量	(1)	(2)	(3)	(4)
正规部门	−0.228 6 (0.011 3)	0.135 4 (0.003 6)	−0.085 3 (0.002 7)	−0.240 9 (0.010 5)
1990年以后	−0.124 7 (0.001 1)	−0.050 8 (0.002 2)	−0.048 3 (0.001 9)	0.068 8 (0.008 0)
正规部门×1990年以后	0.061 7 (0.001 5)	0.067 3 (0.004 2)	0.027 9 (0.003 2)	0.028 4 (0.012 9)
长期		−0.393 9 (0.002 1)		
正规部门×长期		−0.340 1 (0.003 9)		
1990年以后×长期		0.026 8 (0.002 6)		
正规部门×1990年以后×长期		−0.006 2 (0.004 5)		
正规部门×1990年以后×年龄在25～55岁之间			0.035 9 (0.002 9)	
正规部门×1990年以后×年龄>55岁			−0.022 2 (0.004 9)	
正规部门×1990年以后×初中学历			0.012 4 (0.003 1)	
正规部门×1990年以后×高中学历			0.053 8 (0.003 5)	
正规部门×1990年以后×大学学历			0.059 6 (0.003 5)	
正规部门×1990年以后×大学以上学历			−0.025 4 (0.005 4)	
正规部门×1990年以后×采矿业				−0.479 9 (0.028 1)
正规部门×1990年以后×制造业				−0.032 1 (0.013 3)

续表

变量	(1)	(2)	(3)	(4)
正规部门×1990 年以后×公用事业				1.978 8
				(0.066 1)
正规部门×1990 年以后×建筑业				0.086 7
				(0.014 3)
正规部门×1990 年以后×贸易业				−0.003 3
				(0.013 3)
正规部门×1990 年以后×交通运输业				0.117 8
				(0.014 1)
正规部门×1990 年以后×金融业				0.133 9
				(0.014 4)
正规部门×1990 年以后×服务业				0.036 7
				(0.013 3)
对数似然值	−12 256 412	−12 131 391	−12 157 990	−12 240 447

注：样本量为 55 683。该表报告了指数风险模型估计所得的就业风险的变化。模型包括 3 个年龄虚拟变量、5 个受教育程度虚拟变量、性别和婚姻状况虚拟变量、抚养人数、9 个行业虚拟变量和 6 个城市虚拟变量。括号内为渐进标准误。

表 3.16 的第（3）列显示了年龄和受教育程度与改革的交乘项。通过模型可以明确改革对哪个部门的影响更大，是否如预期的那样。首先，由于改革增加了任期超过 10 年的员工的解雇成本，故预期改革会对任期少于 10 年的员工影响更大（如年轻员工）。其次，改革引进的特定合同规定，工资高于最低工资 10 倍的员工没有遣散费，故预计改革会更多地影响受高等教育和工资高于 10 倍最低工资的员工的流动。第（3）列显示中青年员工的风险率比年长员工的风险率更高。改革后，受雇于正规部门且初中学历的年轻员工的离职倾向是 4.1%，高于受雇于非正规部门且初中学历的年轻员工。类似地，改革后，受雇于正规部门的初中学历的中年员工的离职倾向为 7.9%，高于受雇于非正规部门的初中学历的中年员工。改革对于年长的受雇于正规部门的员工的影响最小。改革后，与年长的受雇于非正规部门的员工相比，其退出就业的可能性仅高 1.8%。这些结果与任期超过 10 年的员工较低的预期解雇相符。此外，结果也显示改革对受过更多教育的员工影响更大，这些员工可能从劳动合同中获益。改革后，就受过同等教育的非正规就业人员中的中年员工而言，受过小学教育的正规就业人员中的中年员工的离职倾向增加 6.6%。而改革后，受过初中教育、高中教育以及大学教育的正规就业人员中的中年员工的离职倾向，相对于受过同等教育的非正规就业人员中的中年员工的离职倾向分别增加了 7.9%、12.5%和 13.1%。与此相反，受过大学以上教育的正规就业人员中的中年员工比最高学历的非正规就业员工中的中年员工的离职率仅仅提高了 3.8%。因此，改革对于受过很少教育或者最高教育的员工影响最小。对这些

群体的影响较小，可能是因为这些员工有更长的任期，因此更容易受以非正当理由解雇超过 10 年任期员工的解雇成本上涨的影响。

这些结果与劳动市场改革对不同群体的影响一致，这可能是贸易冲击后，对不同部门影响不同而导致人员流动率增加的原因。表 3.16 的第（4）列显示了包括正规部门虚拟变量、1990 年后虚拟变量和行业虚拟变量的指数风险模型的结果。结果如下：如果贸易自由化导致劳动市场改革后人员流动率增加，那么受雇于贸易领域的员工比受雇于非贸易领域的员工受到的影响更大。表 3.16 的第（4）列显示，改革后，在公用事业、交通运输业、建筑业、服务业受保护的员工的人员流动率增加。改革之后，这些行业中的正规就业人员的离职率分别为 64%、15.7%、12.3%和 17.6%。然而，如果贸易冲击是人员流动率增加的主要因素，那么受雇于贸易密集型领域如贸易业和制造业的员工的预期离职率会有所增加。事实上，改革后，受雇于贸易业的正规就业者的离职率为 2.5%，高于这一行业中非正规就业者的离职率。此外，改革后，制造业中正规就业者的离职率为 1%，低于这一行业中非正规就业者的离职率。因此，指数风险模型的估计结果并未提供令人信服的证据，让人们认为 1990 年以后贸易自由化导致了受法律保护的员工的人员流动率增加。

表 3.17 包括失业期间的指数风险模型估计结果。假设法定解雇成本减少，人们可能会预期受法律保护的部门有更好的职位和相应受雇于正规部门的员工增加。表中第（1）列的结果显示，的确如此，改革后，受法律保护的员工的失业退出风险比不受法律保护的员工增加了 5.75%。① 此外，临时合同的扩张部分解释了雇用率增加，大部分失业退出风险的增加是因为进入正规部门长期工作的风险提高。表 3.17 的第（2）列结果显示，改革后正规临时就业人员的失业退出率比非正规临时就业人员的失业退出率提高了 4%。然而，改革后，长期正规就业人员的失业退出率增加得更多，表明长期员工解雇成本的降低确实增加了招聘这类员工的动力。研究结果表明，改革后，进入正规部门长期工作的概率比进入非正规部门长期工作的概率提高了 6.1%。②

表 3.17 失业期间的指数风险模型估计结果

变量	(1)	(2)	(3)	(4)
正规部门	0.057 5	−0.007 0	−0.175 2	−0.330 8
	(0.001 6)	(0.003 6)	(0.003 6)	(0.010 7)
1990 年以后	−0.045 0	−0.025 5	−0.120 2	0.056 3
	(0.001 1)	(0.002 3)	(0.002 8)	(0.008 1)

① 正规部门虚拟变量的值为正，且在 1%的显著性水平下显著。这可能是因为一个员工在厌倦寻找正规工作后，最终会选择进入非正规部门。

② 长期虚拟变量的值为正，且在 1%的显著性水平下显著。如上一个脚注，这可能是因为员工在厌倦寻找签订长期劳动合同的工作后，最终会选择临时工作。

续表

变量	(1)	(2)	(3)	(4)
正规部门×1990 年以后	0.057 5 (0.001 6)	0.040 0 (0.004 2)	0.082 7 (0.004 5)	0.327 1 (0.013 1)
长期		0.267 6 (0.002 2)		
正规部门×长期		0.133 5 (0.003 9)		
1990 年以后×长期		−0.009 2 (0.002 6)		
正规部门×1990 年以后×长期		0.020 8 (0.004 6)		
正规部门×1990 年以后×年龄在 25～55 岁之间			−0.190 8 (0.004 1)	
正规部门×1990 年以后×年龄>55 岁			−0.347 9 (0.006 6)	
正规部门×1990 年以后×初中学历			0.146 8 (0.004 1)	
正规部门×1990 年以后×高中学历			0.119 5 (0.004 7)	
正规部门×1990 年以后×大学学历			0.422 9 (0.007 2)	
正规部门×1990 年以后×大学以上学历			0.218 4 (0.006 6)	
正规部门×1990 年以后×采矿业				0.049 3 (0.028 2)
正规部门×1990 年以后×制造业				−0.299 5 (0.013 5)
正规部门×1990 年以后×公用事业				−0.083 0 (0.066 1)
正规部门×1990 年以后×建筑业				−0.342 6 (0.014 5)
正规部门×1990 年以后×贸易业				−0.261 7 (0.013 4)
正规部门×1990 年以后×交通运输业				−0.287 2 (0.014 2)
正规部门×1990 年以后×金融业				−0.394 7 (0.014 6)
正规部门×1990 年以后×服务业				−0.223 7 (0.013 4)
对数似然值	−17 671 211	−17 613 645	−17 639 878	−17 643 799

注：样本量为 55 683。该表报告了运用指数风险模型估计的失业风险率的变化。模型包括 3 个年龄虚拟变量、5 个受教育程度虚拟变量、性别和婚姻状况虚拟变量、抚养人数、9 个行业虚拟变量和 6 个城市虚拟变量。括号内为渐进标准误。

表 3.17 的第（3）列呈现了指数风险模型的估计结果，包括年龄、受教育程度分别与改革的交乘项。模型估计结果显示，劳动市场改革对年轻员工以及受教育程度更高的员工的失业退出率影响更大。若解雇成本的降低减少了局内人的势力，并雇用了更多年轻的局外人，那么，改革对于年轻员工的失业退出率影响更大。事实上，改革后，进入正规部门工作的年轻人的失业退出率相对于进入非正规部门工作的提高了 25.8%。改革后，失业退出工作的中年员工的失业退出率也有所提高，但并不是很大。尤其是对中年员工而言，进入正规部门的失业退出风险率比进入非正规部门的提高了 3.9%。与此相反，改革后年长的正规就业者的失业退出风险率比非正规就业者的下降了 11.1%。此外，这些结果表明劳动市场改革对于受教育程度更高的员工的失业退出风险率影响更大。这也是意料之中的，因为假定这些员工更加倾向于选择雇主不需支付遣散费和其他解雇成本的完整薪酬劳动合同。事实上，改革之后，与非正规就业人员相比，小学学历的正规就业者的失业退出风险率为 10%，初中和高中学历的正规就业人员的失业退出风险率分别为 3.9%和 1.2%。相反，改革后，大学学历的正规就业人员的失业退出率比非正规就业者增加 37%，而大学及以上学历的正规就业人员的失业退出率比非正规就业者增加 12%。

最后，表 3.17 中的第（4）列则显示了部门虚拟变量与改革交乘项的风险模型结果。结果表明，改革后，从事采矿业、公用事业和服务业的正规就业者的失业退出率明显上升。改革后，这些行业的正规就业者的失业退出率分别为 45.7%、27.6%和 10.9%。然而，在贸易密集型领域如贸易业和制造业，正规就业者的失业退出率分别为 2.8%和 6.7%，高于非正规就业者。因此，正如就业风险模型的估计结果所示，这些结果并没有为 1990 年以后贸易自由化对增加人员流动率有多大影响提供依据。然而，公用事业和服务业（受法律保护的部门）的风险增加表明了劳动市场改革对于这些员工流动模式的重要性。

3.7 人员流动率与失业

前面一部分说明了 1990 年哥伦比亚劳动市场改革使劳动市场发生了实质性变化。正规风险模型的结果表明，在控制可观测的个人特征后，在改革后的一段时期内，相对于非正规部门而言，正规部门有更高的就业率和失业率。

上一部分的结果显示，改革通过提高劳动者进出失业状态的频率提高了劳动市场的灵活性，改革对就业和失业的净效应是模棱两可的。这一部分使用第 3.4 节模型的稳定状态条件，以及第 3.6 节中的风险率结果，得到关于改革对失业净效应的粗略估计。

在前一个模型中，必须满足一个稳定状态条件，使从两个部门进入失业的人数必须等于从失业中退出和进入两个部门的人数。

$$\lambda_F e_F + \theta q(\theta)[1-F(A_{crit})]G(\bar{\gamma}_F)u + \lambda_I e_I + \theta q(\theta)F(A_{crit})G(\bar{\gamma}_I)u$$
$$= \theta q(\theta)[1-F(A_{crit})]u + \theta q(\theta)F(A_{crit})u$$

e_F 和 e_I 表示各个部门的就业，$e_F=(1-F[A_{crit}])e$ 和 $e_I=F(A_{crit})e$，$e+u=1$，根据以下关于失业率的公式，解出 u：

$$u=\frac{[1-F(A_{crit})]\lambda_F+F(A_{crit})\lambda_I}{[1-F(A_{crit})]\lambda_F+F(A_{crit})\lambda_I+[1-F(A_{crit})]\theta q(\theta)[1-G(\bar{\gamma}_F)]+F(A_{crit})\theta q(\theta)[1-G(\bar{\gamma}_I)]}$$

失业率可以通过在方程中代入改革前和各部门的平均就业和失业风险率来计算。表 3.4 和表 3.10 显示了平均任期和失业期的平均风险率，改革前，正规部门和非正规部门的平均任期分别为 67.2 个月和 54.2 个月，对应的平均失业期为 1.8 个月和 2.2 个月。正规就业和非正规就业数据如表 3.1 所示。改革前，正规就业与非正规就业份额分别为 0.45 和 0.55。改革后，正规就业与非正规就业份额分别为 0.51 和 0.49。最后，表 3.16 和表 3.17 显示，失业风险率与就业风险率分别上涨了 6.17％和 5.75％。

正如模型中所考虑的很多会影响劳动市场的因素，从之前公式中推导出的失业不应该被解读为失业率的准确估计，而应该作为两个时间段之间失业率变化的重要信息。例如，考虑其他流量，如退休、进入劳动市场的新劳动者、死亡率，那么失业率应该为：

$$u=\frac{\xi+\psi+\sigma+[1-F(A_{crit})]\lambda_F+F(A_{crit})\lambda_I}{\xi+\psi+\sigma+[1-F(A_{crit})]\lambda_F+F(A_{crit})\lambda_I+[1-F(A_{crit})]\theta q(\theta)[1-G(\bar{\gamma}_F)]+F(A_{crit})\theta q(\theta)[1-G(\bar{\gamma}_I)]}$$

其中，ξ，ψ，δ 分别为员工退休、新员工和死亡导致的流量，假设一个员工工龄为 35 年，18 岁开始工作，预期寿命值为 60 年，且在退休前去世了，基于这些条件来估计失业率。

改革前，利用该模型得到的失业率为 4.84％，比 1988 年哥伦比亚真实的失业率 11.8％低得多。改革后的失业率估计值为 4.69％，也比 1992—1996 年 10.2％和 10％的真实失业率低。这些结果表明，在改革前期与后期之间的时期，失业减少了 0.15 个百分点，相比之下，1988—1992 年的失业率下降了 1.6 个百分点，1988—1996 年的失业率下降了 1.8 个百分点。这些结果显示，改革使得改革前后的失业率下降了 10％左右。

3.8 结论

1990 年哥伦比亚劳动市场改革为我们提供了一个分析解雇成本下降的影

响的准实验。本研究通过探讨法律制度的短期变化以及正规与非正规就业者之间的差异来分析改革对于人员流动率的影响。双重差分法的估计结果表明，劳动市场改革通过提高就业率和失业率增加了哥伦比亚劳动市场的活力。此外，除去提高了劳动市场活力外，劳动市场改革也通过降低正规生产的成本来加强对劳动法律制度的遵守。据估计，从 20 世纪 80 年代晚期到 20 世纪 90 年代初期，美国失业率下降了约 10%，其中劳动市场波动加剧以及对该法案的更严格遵守起到了推波助澜的作用。同时，改革可以部分解释 20 世纪 90 年代末期失业的剧增。这是因为劳动市场改革后，企业招聘和解雇的灵活性更大，导致在经济扩张期，与解雇增加的人数相比，招聘增加的人数更多，但在经济衰退期，与招聘增加的人数相比，解雇增加的人数更多。

参考文献

Acemoglu, Daron, and Joshua Angrist. 2001. Consequences of employment protection? The case of the Americans with Disabilities Act. *Journal of Political Economy* 109 (5): 915–57.

Anderson, Patricia. 1993. Linear adjustment costs and seasonal labor demand: Evidence from retail trade firms. *Quarterly Journal of Economics* 108 (4): 1015–42.

Angrist, Joshua, and Adriana Kugler. 2003. Protective or counter-productive? Labor market institutions and the effect of immigration on EU natives. *Economic Journal* 113:F302–F331.

Autor, David. 2003. Outsourcing at will: Unjust dismissal doctrine and the growth of temporary help employment. *Journal of Labor Economics* 21 (1): 1–42.

Autor, David, John J. Donohue, III, and Stewart J. Schwab. 2003. The costs of wrongful-discharge laws. NBER Working Paper no. 9425. Cambridge, Mass.: National Bureau of Economic Research, January.

Bentolila, Samuel, and Giuseppe Bertola. 1990. Firing costs and labor demand: How bad is eurosclerosis. *Review of Economic Studies* 57 (3): 381–402.

Bentolila, Samuel, and Juan J. Dolado. 1994. Labour flexibility and wages: Lessons from Spain. *Economic Policy* 9 (181): 53–99.

Bentolila, Samuel, and Gilles Saint-Paul. 1993. The macroeconomic impact of flexible labor contracts, with an application to Spain. *European Economic Review* 36 (5): 1013–54.

Bertola, Giuseppe. 1990. Job security, employment, and wages. *European Economic Review* 54 (4): 851–79.

Bertola, Giuseppe, Francine Blau, and Lawrence Kahn. 2002. Comparative analysis of labor market outcomes: Lessons for the US from international long-run evidence. In *The roaring nineties: Can full employment be sustained?* ed. Alan Krueger and Robert Solow. New York: Russell Sage and Century Foundations.

Blanchard, Oliver, and Justin Wolfers. 2000. The role of shocks and institutions in the rise of European unemployment. *Economic Journal* 110:C1–C34.

Burgess, Simon. 1988. Employment adjustment in UK manufacturing. *Economic Journal* 98:81–104.

Dertouzos, James N., and Lynn A. Karoly. 1993. Employment effects of worker protection: Evidence from the U.S. In *Employment security and labor market behavior,* ed. C. Beuchtermann, 215–227. Ithaca, N.Y.: ILR Press.

Di Tella, Rafael, and Robert MacCulloch. 2004. The consequences of labour market flexibility: Panel evidence based on survey data. *European Economic Review,* forthcoming.

Grubb, David, and William Wells. 1993. Employment regulations and patterns of work in EC countries. *OECD Economic Studies* 21:7–39.

Gruber, Jonathan. 1997. The incidence of payroll taxation: Evidence from Chile. *Journal of Labor Economics* 15 (3): S72–S101.

Hamermesh, Daniel. 1993. Employment protection: Theoretical implications and some U.S. evidence. In *Employment security and labor market behavior,* ed. C. Buechtemann, 126–143. Ithaca, N.Y.: ILR Press.

Heckman, James, and Richard Robb, Jr. 1985. Alternative methods for evaluating the impact of interventions. In *Longitudinal analysis of labor market data,* ed. J. Heckman and B. Singer, 156–245. Cambridge: Cambridge University Press.

Heckman, James, and Burton Singer. 1985. Social science duration analysis. In *Longitudinal analysis of labor market data,* ed. J. Heckman and B. Singer, 39–110. Cambridge: Cambridge University Press.

Hopenhayn, Hugo, and Richard Rogerson. 1993. Job turnover and policy evaluation: A general equilibrium analysis. *Journal of Political Economy* 101 (5): 915–38.

Kugler, Adriana. 2002. Severance payments savings accounts: Evidence from Colombia. CEPR Discussion Paper no. 3197. London: Centre for Economic Policy Research.

Kugler, Adriana, Juan F. Jimeno, and Virginia Hernanz. 2003. Employment consequences of restrictive permanent contracts: Evidence from Spanish labor market reforms. CEPR Discussion Paper no. 3724. London: Centre for Economic Policy Research.

Kugler, Adriana, and Giovanni Pica. 2003. Effects of employment protection and product market regulations on the Italian labor market. CEPR Working Paper no. 4216. Bonn, Germany: Institute for the Study of Labor.

Kugler, Adriana, and Gilles Saint-Paul. 2004. How do firing costs affect worker flows in a world with adverse selection? *Journal of Labor Economics,* forthcoming.

Lazear, Edward. 1990. Job security provisions and employment. *Quarterly Journal of Economics* 105 (3): 699–726.

Lindbeck, Assar, and Dennis Snower. 1988. Cooperation, harassment, and involuntary unemployment. *American Economic Review* 78 (1): 167–88.

Lora, Eduardo, and Marta Luz Henao. 1995. Efectos económicos y sociales de la legislación laboral. [Economic and social effects of labor legislation]. *Coyuntura Social* 13:47–68.

Miles, Thomas. 2000. Common law exceptions to employment at will and U.S. labor markets. *Journal of Law, Economics, and Organization* 16 (1): 74–101.

Nickell, Stephen, and Richard Layard. 1999. Labour market institutions and economic performance. In *Handbook of labor economics,* vol. 3, ed. O. Ashenfelter and D. Card, 3029–84. Amsterdam: North-Holland.

Ocampo, José Antonio. 1987. El régimen prestacional del sector privado. [The nonwage benefit legislation in the private sector]. In *El problema laboral Colombiano*, ed. José Antonio Ocampo and Manuel Ramírez. Bogotá, Colombia: Departamento Nacional de Planeación.

Organization for Economic Cooperation and Development (OECD). 1999. *Employment outlook.* Paris: OECD.

Oyer, Paul, and Scott Schaefer. 2000. Layoffs and litigation. *RAND Journal of Economics* 31 (2): 345–58.

4 哥伦比亚劳动需求的决定因素
——1976—1996 年

毛里齐奥·卡德纳斯和拉克尔·伯纳尔*

4.1 引言

尽管哥伦比亚 1990 年实施的一揽子劳动市场改革方案从许多方面使经济发展更自由化①，但哥伦比亚的城市失业率从 1990 年开始的后十年达到了史无前例的 20%。1990 年实施的劳动市场改革使劳动合同的签订更灵活，也减少了就业保障相关的法律规定。随着专业私募基金管理个人账户体系的实施，与遣散费相关的变化最为显著。在旧的体系中，雇主管理基金，而雇员仅仅被允许随时提取部分资金。在离职时，那些提取的资金按名义价值计算，且记入借方，这增加了雇主的成本。现实中，新体系意味着雇主支付的遣散费降低和面临的不确定性减少。事实上，改革最主要的影响是把非工资劳动成本从 20 世纪 80 年代占基本工资的 47.1%降低到 42.9%。然而，改革并没有涉及其他重要的劳动立法领域，尤其是工资税。②

---

* 毛里齐奥·卡德纳斯（Mauricio Cárdenas）是哥伦比亚波哥大费迪萨（Fedesarrollo）研究中心的执行董事。拉克尔·伯纳尔（Raquel Bernal）是美国西北大学经济学助理教授。

本章写自作者参与哥伦比亚波哥大费迪萨研究中心的研究的时期。我们十分感谢丹尼尔·哈默梅什、卡门·佩奇斯以及胡安·毛里齐奥·拉米雷斯（Juan Mauricio Ramírez）提出的意见和建议，以及杰罗·奥古斯托·努涅斯在数据搜集过程中所给予的帮助。

① 由塞萨尔·加维里亚（César Gaviria）的总统选举结果（塞萨尔·加维里亚是一个令人信服的改革主义者，并且获得国会的支持）可知，20 世纪 90 年代早期实施改革是因为 20 世纪 80 年代经济增长率低。

② 改革将 9%的工资税分别分配给由全国培训服务中心（SENA）指定的劳动培训（2%），由家庭福利机构（ICBF）指定的不受法律保护的儿童社会福利项目（3%），以及私营储蓄银行（Cajas）提供的家庭补助（4%）。

一揽子改革方案包括于 1993 年颁布的社会保障法，该法增加了雇主对员工医疗和养老保险的法定缴费额度。从劳动市场的角度来看，劳动市场改革对非工资劳动成本的显著提升有重要意义。实际上，1996 年非工资劳动成本上升到基本工资的 52%，相较于 1991 年的水平上升了近 10%。

本章分析了两次劳动市场改革对劳动需求的综合影响。结果显示由养老和医疗改革导致的劳动成本上升对劳动需求有负向影响。[①] 因此，本章倡导旨在降低非工资劳动成本的新一轮的哥伦比亚劳动市场改革。

本章结构如下：第 4.2 节讨论了治理劳动市场的制度和监管体系，特别关注了 1990 年和 1993 年改革的变化，强调了制度规定中隐含的非工资劳动成本。第 4.3 节阐述了 1976—1996 年间劳动市场的重要典型事实。第 4.4 节阐述了在分析工资和非工资劳动成本的内生性框架中，探讨工资税对工资的影响。具体来说，这一部分检验了当雇主面临更高的非工资劳动成本时，是否会以更低基本工资的形式来转嫁这些成本。研究结果表明，由于法律约束，当企业面临更高的非工资劳动成本时，并没有降低员工的工资。本节也分析了劳动需求。第 4.5 节用时间序列数据估计了标准劳动需求方程。估计的重点在于测量需求工资弹性和生产要素之间的替代弹性。同时本节也检验了这些弹性可能发生的变化，这些变化与 20 世纪 90 年代初期的改革政策相关。[②] 第 4.6 节呈现了在动态分析模型中估计劳动需求的决定因素的结果，研究结果表明，法律制度对就业调整有显著的影响。第 4.7 节和第 4.8 节显示了基于制造业企业和制造业领域面板数据估计劳动需求的结果。第 4.9 节为结论。

本章的结论如下：第一，哥伦比亚的劳动需求弹性大约为－0.5，这个值（按绝对值计算）不低于国际标准值。[③] 若其他条件不变，劳动成本的上升会导致劳动需求显著降低。这意味着，就增加就业而言，工资税的减少是相当大的。第二，就业变化的调整成本和工资弹性并未受到与遣散费和解雇成本相关的制度变化的影响。从这个角度来说，结构性改革确实通过它对相对价格的影响而对劳动需求产生了影响。第三，在经济衰退时期，劳动需求的工资弹性会增加（按绝对值计算）。因此，物价上涨和经济衰退对就业有显著影响。

---

① Kugler（本书第 3 章）分析了就业保障制度改革，比如遣散费和其他解雇成本等，对人员流动率的影响。

② 贸易自由化是这一揽子计划的重要组成部分。众所周知，贸易自由化可以通过使产出市场更具竞争力，以及使国内劳动力更容易被国外要素取代，使劳动需求更富有弹性。或者用 Hicks（1963）的话说就是，“任何需求都会越来越富有弹性，任何发展事物的弹性越大，那么它对生产的贡献就越大”。

③ 假设所有税收和款项的增加都暗示着劳动成本的增加。

4.2 劳动法：近期变化

正如导言提到的，在 20 世纪 90 年代哥伦比亚劳动市场制度有重大变动。这一节总结了 1990 年劳动法改革以及 1993 年的社会保障体系改革的重要内容。[①]

● 在 1990 年以前，遣散费是最高的非工资劳动成本。在工作任期内，每年员工有权获得额外的 1 个月月薪（基于最后 1 个月的工资）。员工允许提前支取部分遣散费，提前支取的遣散费将从最终的遣散费总额中以名义价值扣除，这意味着一种“双重追溯力”（预期遣散费占工资总额的 4.2%）。[②] 新的立法取消了新劳动合同中所有雇主可能承担的额外成本，并引入了员工的资本化基金，雇主每月向员工的资本化基金账户中支付一定比例的费用（基本工资的 9.3%），员工在离职或者退休时可以提取这笔钱。因此，改革有效地降低了与遣散费相关的成本和不确定性。

● 改革增加了雇主以非正当理由解雇员工时需要支付的补偿金。工作任期少于 1 年的员工，得到 45 天的工资。工作任期超过 1 年的员工，除得到第 1 年工作期间的 45 天的工资以外，外加每多出一年工作任期对应的额外补偿金，这意味着相对于旧的法律规定，补偿金增加了。譬如，雇主如果以非正当理由解雇一个工作任期超过 10 年的员工，那么雇员可以获得的补偿金为：第一年任期对应的 45 天的工资，加上每增加一年工作任期，多获得 30 天的工资。[③] 正如表 4B.1 所示，新的立法增加了补偿金（工作任期每增加一年，雇员可获得 40 天工资），虽然“正当理由”的法定界定更广泛了，但劳动市场改革依然增加了解雇成本。

● 任期超过 10 年的员工请求复职的起诉权被取消了。改革前，申诉成功的原告可以强制企业再雇用那些被拖欠工资的员工。

● 工资高于最低工资标准 10 倍的员工可以选择一种新的合同（“整体薪酬”），进而以更高的工资取代遣散费和其他法定福利（比如特殊红利）。然而，在 1994 年费迪萨的一个调查报告中，制造业企业中不到 2%的员工拥有此类合同。

● 允许雇主与员工签订低于一年的劳动合同（在同期内可更新 3 次）[④]，劳动合同中约定了合同期内所有按比例支付的福利。

---

① Lora and Henao (1995)，Cárdenas and Gutiérrez (1996)，Lora and Pagés (1997) 以及 Guash (1997)。

② 除去任期，终止雇佣关系的实际成本随着提前支取遣散费的频率的增加而增加，这对雇主是不确定的。

③ 基于就业期间上一年的最高工资。

④ 第四次更新至少要签订一年的劳动合同。见 Farné and Nupia (1996)。

● 解除了对成立工会的法律约束。就这一点而言，劳动部失去了自由裁量权。同时，这也使雇主对成立工会的阻碍变成了非法行为。成立一个工会的硬性条件是企业至少有 25 名员工。

● 1993 年《社会保障和医疗改革法案》（《100 法案》）提高了医疗保险的支付额度，个人和单位缴纳的医疗保险总金额由占基本工资的 7%上升到了 1995 年的 8%，以至后来的 12%。其中 1/3 是由雇主支付（与旧制度规定的比例相同）。

● 这一部法律也增加了养老保险支付比例，雇主和员工支付的养老保险总额从 1993 年基本工资的 8%提高至 1996 年的 13.5%（员工工资为最低工资标准 4 倍以上的为 14.5%），这一增长是逐年变化的结果。一开始，养老保险的支付金额上升到了 1994 年 4 月的 11.5%，而后到 1995 年的 12.5%。目前雇主支付的养老保险占基本工资的 10.1%，而改革前为 4.3%。[①]

图 4.1 总结了劳动与社会保障制度改革对非工资劳动成本的影响。由企业支付的总非工资劳动成本（用基本工资的百分比表示）在 1993 年养老保险改革后，从 1990 年的 42.9%上升到了 1993 年的 52%。为了达到分析的目的，我们把非工资劳动成本划分成三种相对主观的类型：（1）延期工资，包括假期（带薪休假）、额外奖金、养老保险和医疗保险，理论上讲，延期工资影响总的劳动成本，但对就业调整路径没有影响；（2）遣散费，除了对劳动成本的直接影响外，还会影响就业调整的动态变化；[②]（3）工资税，并未由员工完全内化的津贴的基金项目（例如，ICBF，SENA，Cajas）。[③] 经济对这三种类型的非工资劳动成本的反应可能是不同的。在延期工资中，雇主可以通过调整工资来抵消一部分成本。这或许在提供公共物品时指定的工资税中无法适用。在第 4.4 节中我们通过估计明瑟类型（Mincer-type）收入方程来估计延期工资对当期工资的影响。假设条件为雇主可能会通过降低员工的总工资来转嫁非工资劳动成本。

图 4.1 的上半部分显示了普通员工的遣散费、医疗保险和养老保险的演变过程，用 1976—1996 年间占基本工资的百分比表示。[④] 中间部分显示了工资税的演变。这些税在 1982 年增长了 1 个百分点（由 SENA 指定），并在 1989 年同比增长（由 ICBF 指定）。带薪休假和额外奖金在这一时期保持不变。图

---

① 《100 法案》(1993) 取消了社会保障协会（ISS）在医疗保险和养老保险制度上的垄断。在社会保障协会的管理体系下，医疗保险的覆盖范围延伸至整个家庭以及之前未被考虑的低收入群体。在养老保险体系中，员工有权在旧的离职时领取遣散费的体系与新的由私营养老保险基金提供全额基金体系之间进行选择。

② 严格来讲，遣散费也是延期工资。

③ 当然，假如工资税之间的联系微弱或者社会保障项目的外部效应更显著，那么，用一般收入来支付工资税可能是比较合适的。详见 Kesselman（1995）。

④ 低于“整体工资”的员工除外。1991 年后，我们不考虑 1990 年之前已经签订了劳动合同的员工。

的下半部分加入了这些成本。累积效应显示了一个到1990年一直增加的趋势。1990年劳动市场改革后，由于实施了相关遣散费的法律规定，非工资劳动成本下降。然而，1993年医疗保险和养老保险制度改革，导致1994年以后的非工资劳动成本急剧上涨。

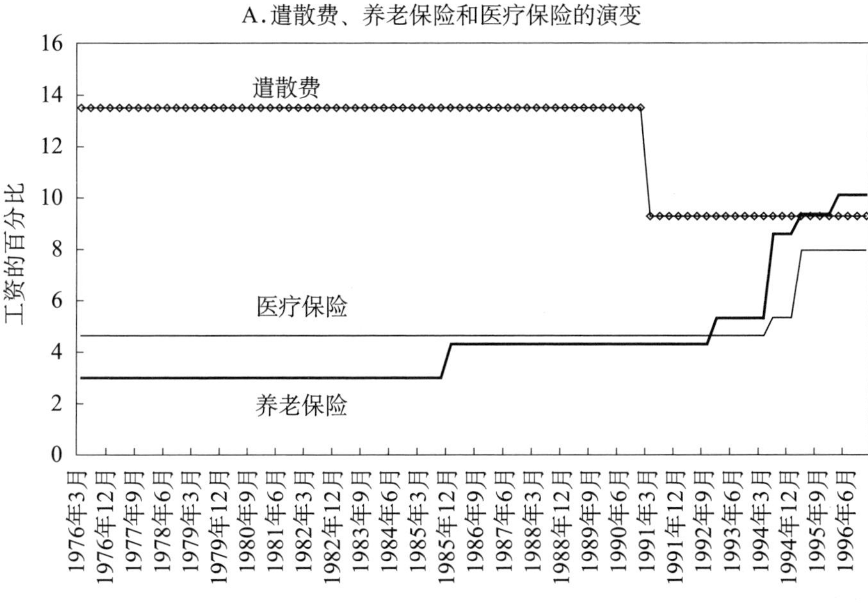

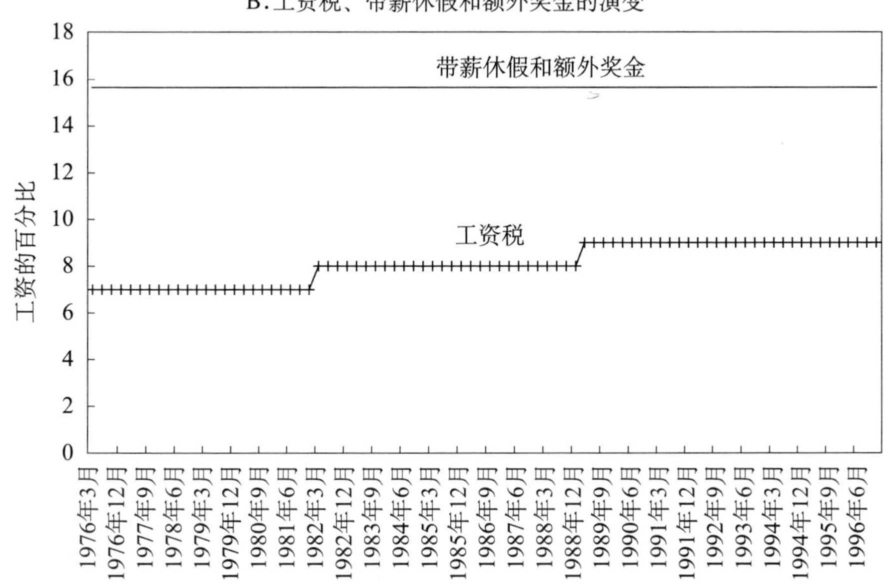

图4.1 非工资劳动成本（工资的百分比）

资料来源：Ocampo（1987）和1990年以前的法律制度手册。

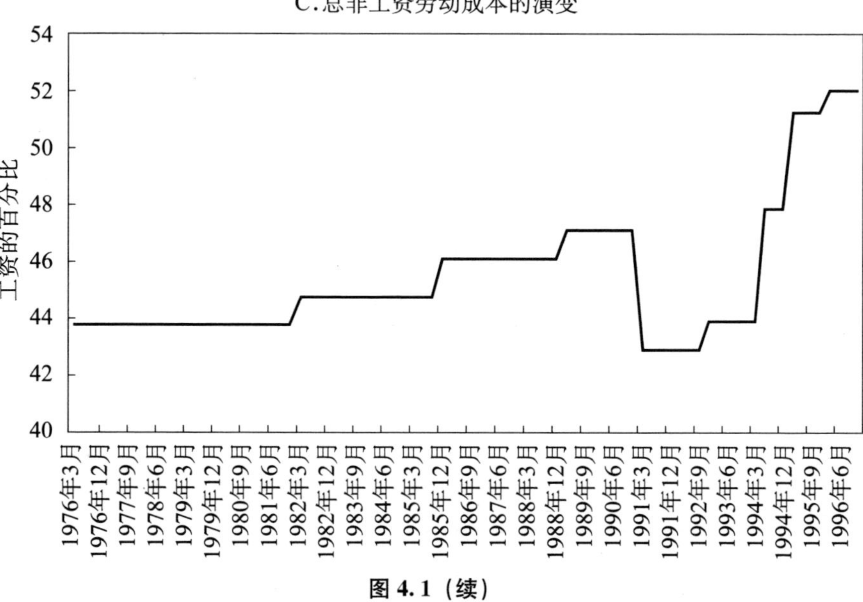

图 4.1（续）

4.3 典型事实

图 4.2 显示了 1976—1998 年间的失业率。失业率在 1986 年达到顶峰后（14.6%）开始持续下降，直到 1994 年低于 8%。在 1995 年之后失业率剧增，在 2000 年 9 月达到了哥伦比亚现代经济史上的最高点（20.5%）。尽管很多关于失业剧增的解释认为这与劳动供给的明显增加有关，但本章认为劳动需求这一因素的影响不可忽略。事实上，劳动成本的增加（与相对较高的需求工资弹性相结合）对劳动需求有负面影响，然而，这并非唯一的解释。1990 年劳动市场改革也导致了就业流动来应对整个经济冲击。这也带来了创造与淘汰工作岗位更大的灵活性。Kugler（本书第 3 章）详细阐述了这一点。

本章使用的主要数据包括产出、就业（技术和非技术）以及哥伦比亚 7 大城市的工资数据。这些数据包括了 7 个行业的相关信息，分别为：（1）制造业；（2）电气业；（3）建筑业；（4）零售、餐饮和住宿业；（5）交通与通信业；（6）金融业；（7）个人和政府服务业。这些数据来自季度性的国家家庭调查（NHS），这个调查自 1976 年没有中断过。产出数据源自由国家计划部门（DNP）统计的季度性的 GDP。

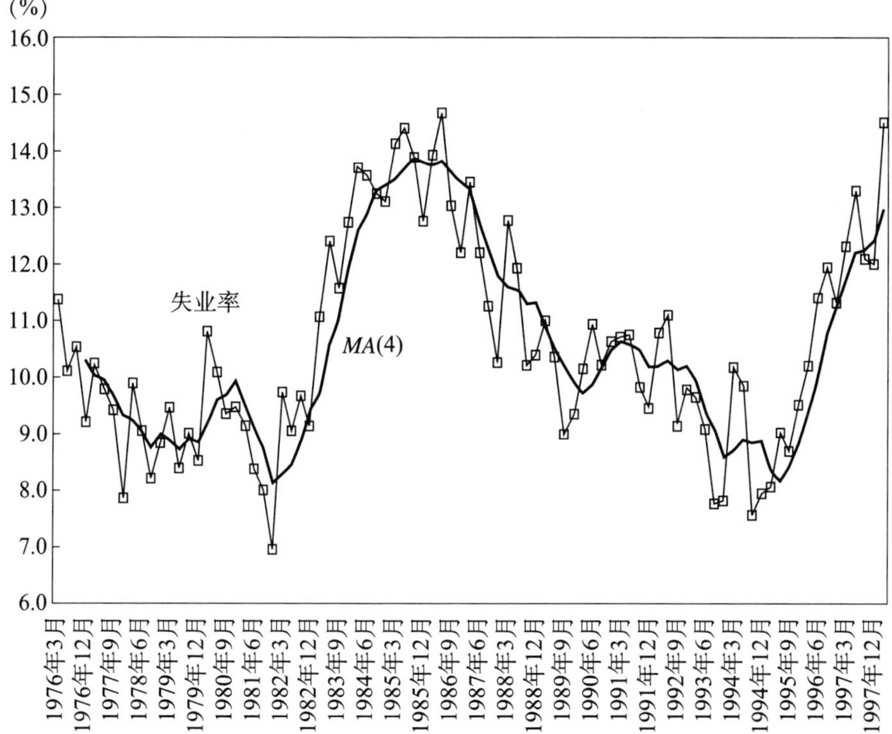

图 4.2　城镇失业率

资料来源：NHS.

4.3.1　就业和产出

表 4.1 展示了 1976—1996 年间城镇就业率的一些基本的描述性统计。从表中可知制造业与个人和政府服务业分别提供了 29%和 25%的城镇就业率。我们从受雇劳动者的信息来看，改革后，这 7 个行业受雇劳动者总量占城镇劳动者总量的 64%（1990 年改革前为 62%）。然而，各个行业间有很大的差异。在制造业，76%的员工赚取货币工资，而在零售、餐饮和住宿业赚取货币工资的员工仅为 50%。

技术劳动者包括高中毕业生和受过高等教育的员工（受教育年限为 12 年及以上的员工）。在 1992—1996 年间，技术劳动者占城镇就业总量的 23%。根据图 4.3，技术劳动者占城镇就业总量的比例从 1976 年开始持续上升，反映出获得高教育程度的人越来越多。的确，在过去 20 年中，平均受教育年限持续增加。由表 4.1 可以看出，在电气业、金融业、个人和政府服务业中，总就业中技术劳动者的占比在 30%以上。这些比例从 1992 年开始显著增加。

表 4.1 城镇就业率

行业	总就业率		总就业业中受雇劳动者的占比		总就业业中技术劳动者的占比		技术就业/非技术就业	
	1976—1991年	1992—1996年	1976—1991年	1992—1996年	1976—1991年	1992—1996年	1976—1991年	1992—1996年
制造业	29.75	27.57	76.10	76.53	10.45	13.96	0.118	0.162
电气业	1.08	0.97	98.90	98.81	23.87	33.62	0.329	0.514
建筑业	6.46	6.31	64.21	58.84	9.46	12.45	0.106	0.143
零售、餐饮和住宿业	19.65	21.15	50.35	52.80	10.96	15.81	0.126	0.188
交通与通信业	7.12	7.03	70.03	68.12	11.09	14.69	0.127	0.173
金融业	8.48	9.47	77.36	79.23	30.10	37.95	0.443	0.615
个人和政府服务业	25.83	25.73	56.14	59.41	30.17	38.27	0.441	0.622
总计	98.36	98.23	62.66	64.06	17.63	23.28	0.218	0.304

资料来源：NHS.

图 4.3　技术劳动者/城镇就业总量和平均受教育年限

资料来源：NHS.

图 4.4 描述了哥伦比亚城镇就业率与产出的演变过程。值得注意的是，1991 年后，在绝大多数行业中，技术劳动者的增长比非技术劳动者的增长快，在制造业尤为突出，1993 年后非技术劳动者的就业率（按绝对值计算）下降。同样的趋势在 1994 年以后的建筑业中也出现了。在城镇地区，这两个行业总共雇用了约 35%的非技术劳动者。

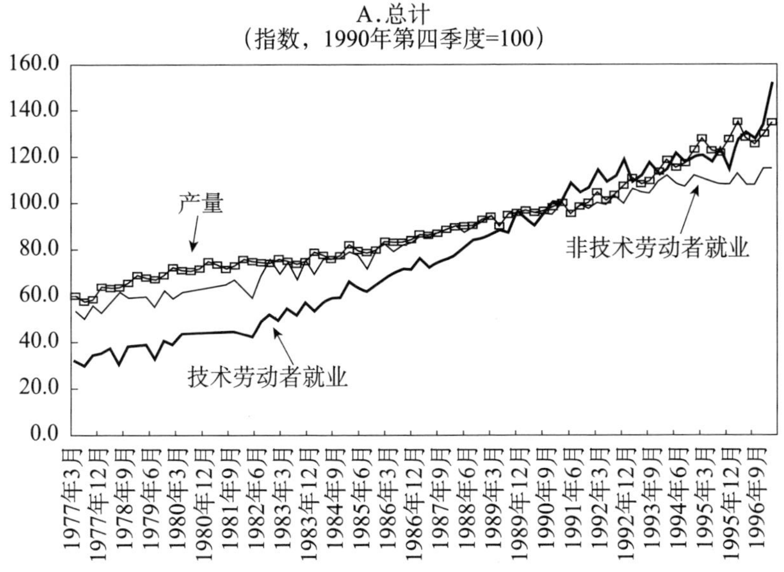

图 4.4　哥伦比亚：城镇就业率和产出

资料来源：NHS.

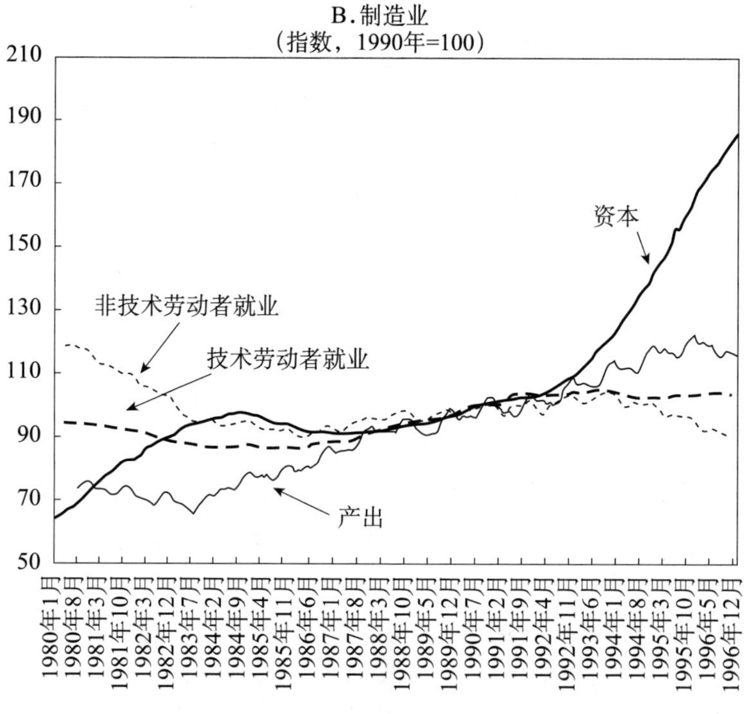

C. 电气业

（指数，1990年第四季度=100）

非技术劳动者就业

产出

技术劳动者就业

图 4.4（续）

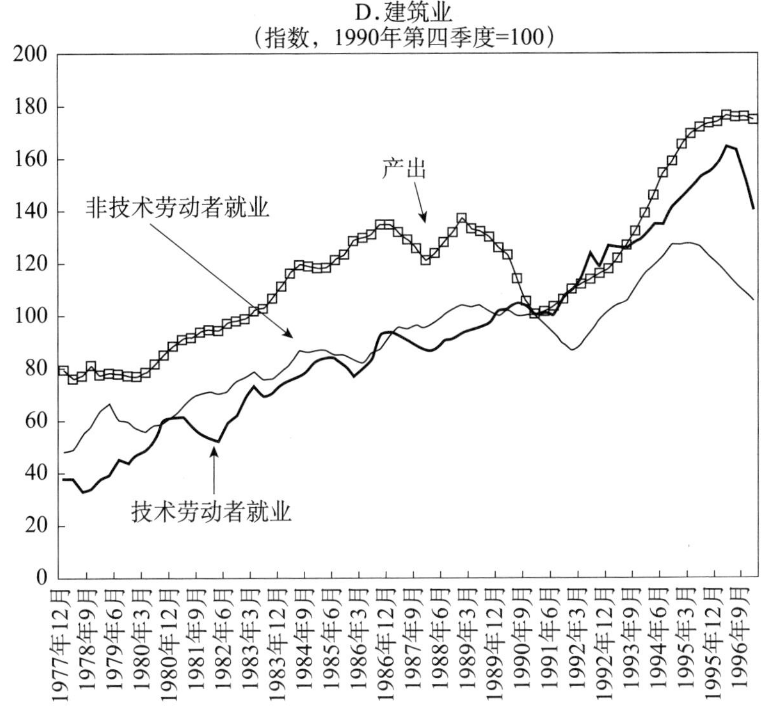
D.建筑业
(指数，1990年第四季度=100)
产出
非技术劳动者就业
技术劳动者就业
200
180
160
140
120
100
80
60
40
20
0
1977年12月
1978年9月
1979年6月
1980年3月
1980年12月
1981年9月
1982年6月
1983年3月
1983年12月
1984年9月
1985年6月
1986年3月
1986年12月
1987年9月
1988年6月
1989年3月
1989年12月
1990年9月
1991年6月
1992年3月
1992年12月
1993年9月
1994年6月
1995年3月
1995年12月
1996年9月

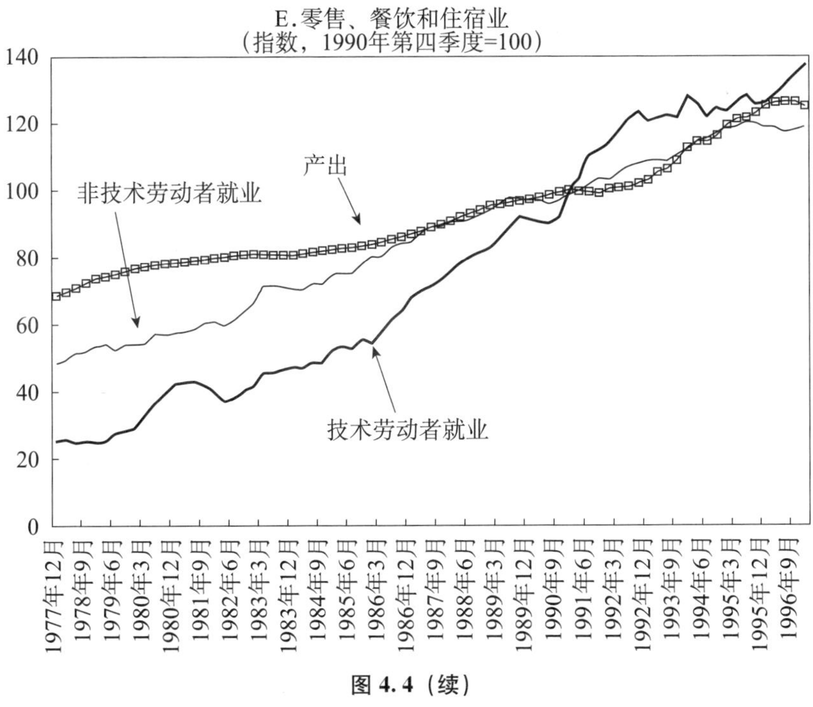
E.零售、餐饮和住宿业
(指数，1990年第四季度=100)
产出
非技术劳动者就业
技术劳动者就业
140
120
100
80
60
40
20
0
1977年12月
1978年9月
1979年6月
1980年3月
1980年12月
1981年9月
1982年6月
1983年3月
1983年12月
1984年9月
1985年6月
1986年3月
1986年12月
1987年9月
1988年6月
1989年3月
1989年12月
1990年9月
1991年6月
1992年3月
1992年12月
1993年9月
1994年6月
1995年3月
1995年12月
1996年9月

图 4.4（续）

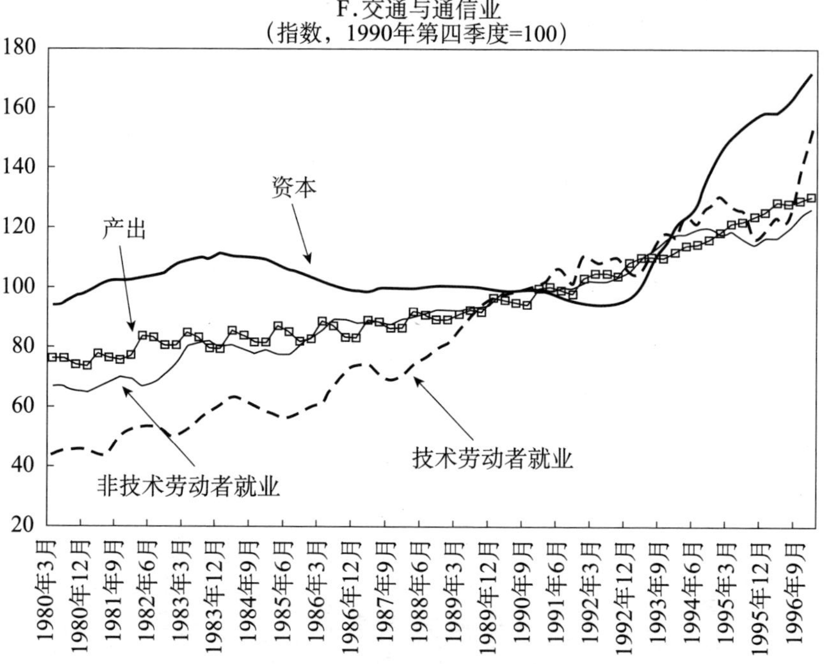

G.金融业
（指数，1990年第四季度=100）

产出

技术劳动者就业

非技术劳动者就业

图 4.4（续）

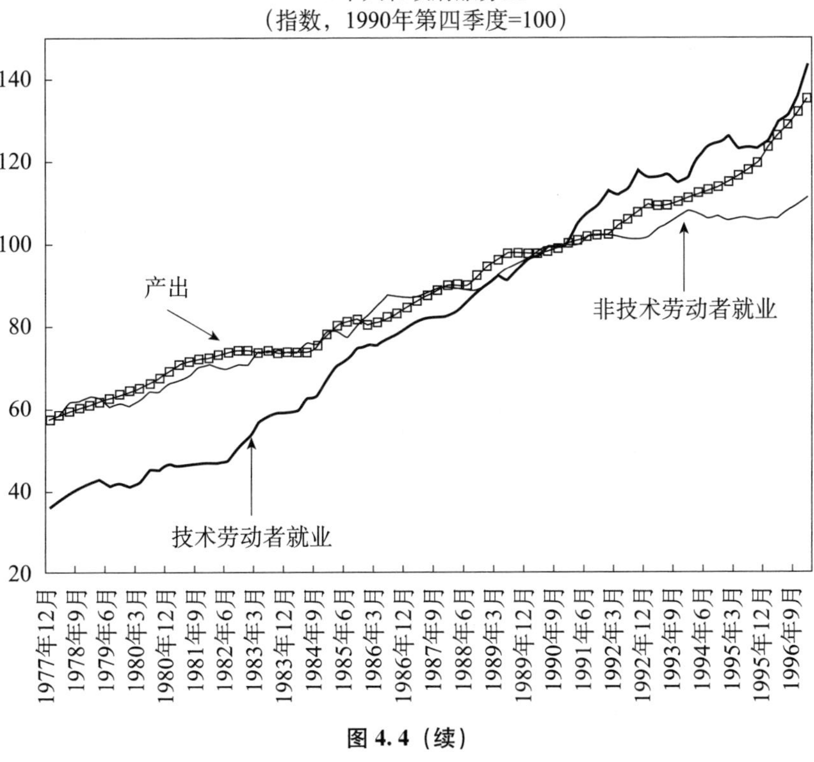

图 4.4（续）

4.3.2 要素价格

受雇劳动者（技术劳动者与非技术劳动者）的劳动报酬的数据来自 NHS。由雇主支付的总劳动成本（劳动需求估计的相对价格）不必相等，然而，量化非工资劳动成本，并确定总劳动成本的衡量方法是有必要的。我们利用图 4.1 的信息加总了所有非工资劳动成本，并用基本工资的占比表示，非工资劳动成本包括遣散费、工资税、雇主支付的医疗保险和养老保险。

NHS 的个人调查报告中的收入是否包括了带薪休假、额外奖金以及遣散费等信息并不完全清楚。但是，假设被调查者报告了他们无津贴的基本税前工资是更为合适的。为了得到总劳动成本，我们将图 4.1 中测量的总非工资劳动成本加到 NHS 报告的基本工资中。毫无疑问，这意味着假设工资和非工资劳动成本相互独立。我们之所以这样做是基于下一部分的结论，这个结论支持这样的观点，即雇主并非通过降低员工基本工资来转移由立法导致的更高的非工资劳动成本。最后，将总成本用生产者价格指数平减。这个过程对技术和非技术劳动者来说是完全一致的。[①] 基于完备性考虑，我们根据 Cárdenas and Gutiérrez（1996）研究中使用的标准方法来测量资本的使用成本。[②]

图 4.5 显示了各个行业的实际生产要素成本的演变。20 世纪 90 年代的三个事实如下：（1）劳动成本显著上升；（2）劳动成本比资本成本增长得快；（3）这一时期，技术劳动者的劳动成本相对于非技术劳动者的劳动成本上升。实际上，由于 1992—1994 年间利率的下降和实际货币升值，资本的使用成本持续下降。正如表 4.2 所示，在 1992—1996 年间，技术劳动者的实际劳动成本平均增长了 11.4%，而非技术劳动者的实际劳动成本平均增长了 8.4%。这些增长率比改革前的平均增长率更高。总之，劳动成本在 1990 年后以一种前所未有的方式增长，尤其对于专业技术工人来说。

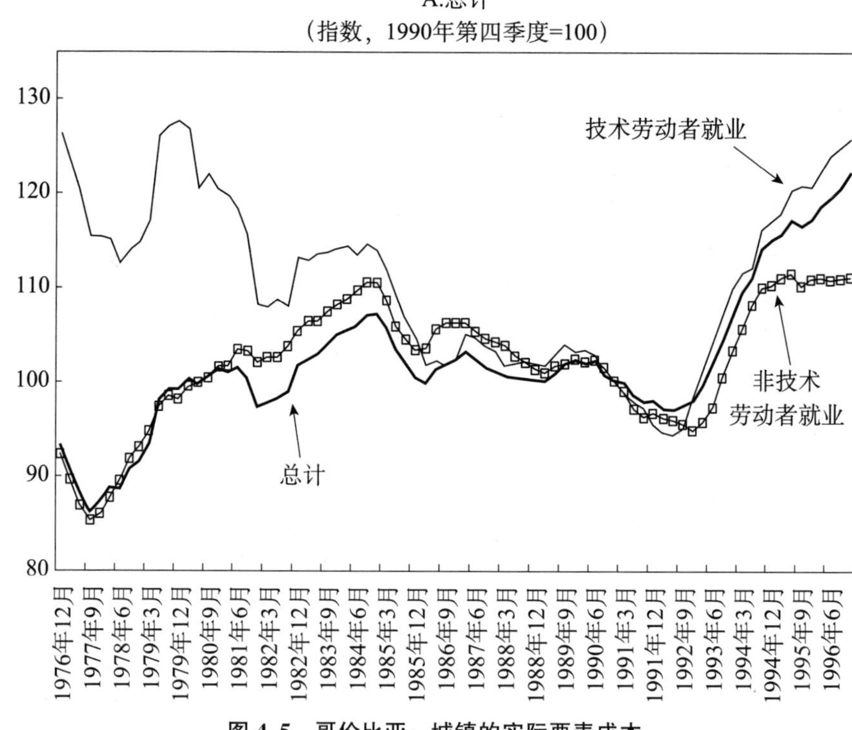

图 4.5　哥伦比亚：城镇的实际要素成本

资料来源：NHS.

① 正如第 4.2 节提到的，在完整的工资合同下有较高报酬（高于最低工资水平的 10 倍）的员工有很低的非工资劳动成本（基本工资的 33.8%，而全额津贴合同中非工资劳动成本占基本工资的 52%）。然而，NHS 并未提供关于合同类型的信息，所以我们假设所有员工都能得到全额津贴。

② 我们测量所得的资本的使用成本比 Pombo（1997）研究所得的结果要高，因为他估计了制造业不同资产的折旧率（和相应的税收减免）。

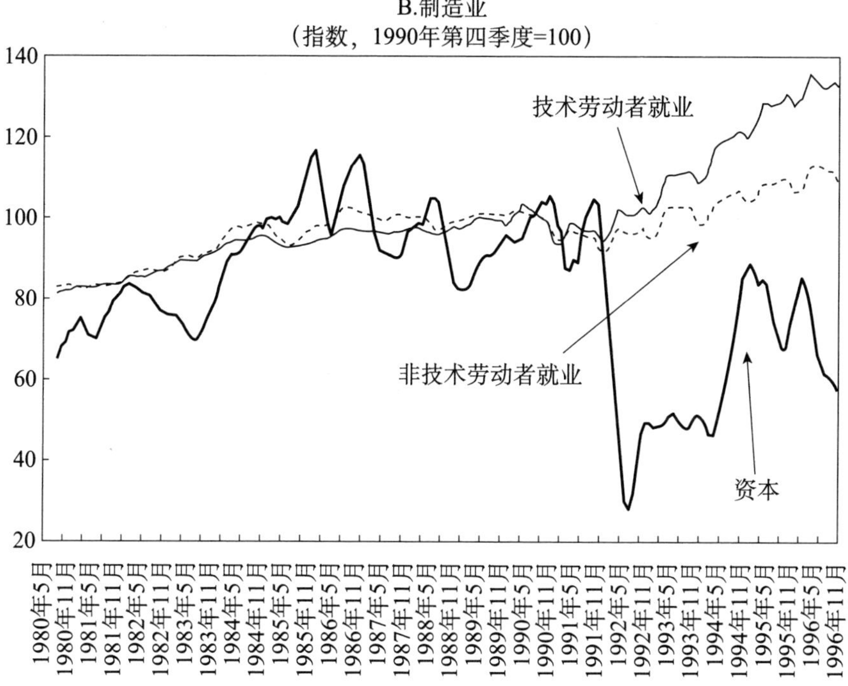
B.制造业
（指数，1990年第四季度=100）
技术劳动者就业
非技术劳动者就业
资本
140
120
100
80
60
40
20
1980年5月
1980年11月
1981年5月
1981年11月
1982年5月
1982年11月
1983年5月
1983年11月
1984年5月
1984年11月
1985年5月
1985年11月
1986年5月
1986年11月
1987年5月
1987年11月
1988年5月
1988年11月
1989年5月
1989年11月
1990年5月
1990年11月
1991年5月
1991年11月
1992年5月
1992年11月
1993年5月
1993年11月
1994年5月
1994年11月
1995年5月
1995年11月
1996年5月
1996年11月

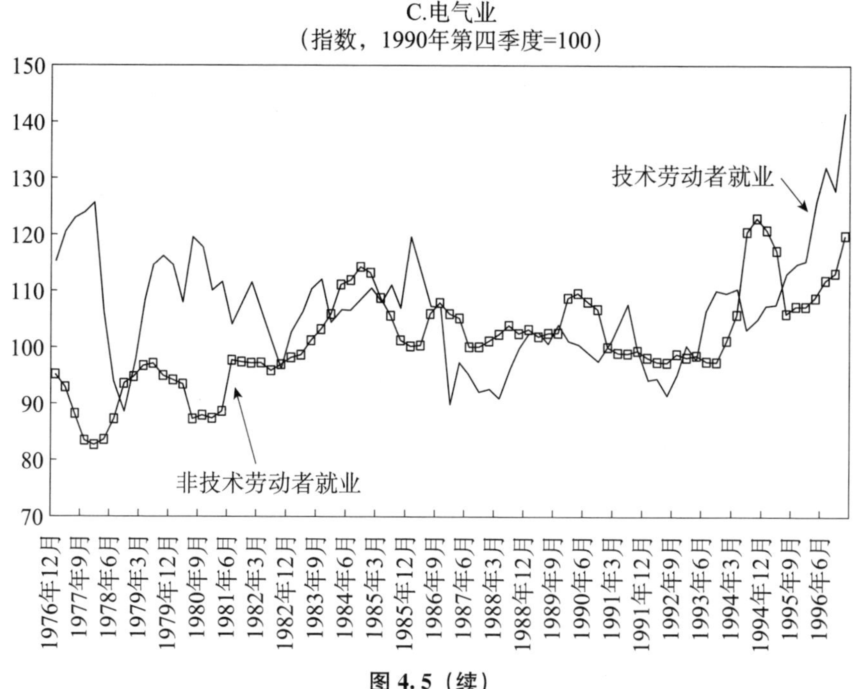
C.电气业
（指数，1990年第四季度=100）
技术劳动者就业
非技术劳动者就业
150
140
130
120
110
100
90
80
70
1976年12月
1977年9月
1978年6月
1979年3月
1979年12月
1980年9月
1981年6月
1982年3月
1982年12月
1983年9月
1984年6月
1985年3月
1985年12月
1986年9月
1987年6月
1988年3月
1988年12月
1989年9月
1990年6月
1991年3月
1991年12月
1992年9月
1993年6月
1994年3月
1994年12月
1995年9月
1996年6月

图 4.5（续）

D.建筑业
（指数，1990年第四季度=100）

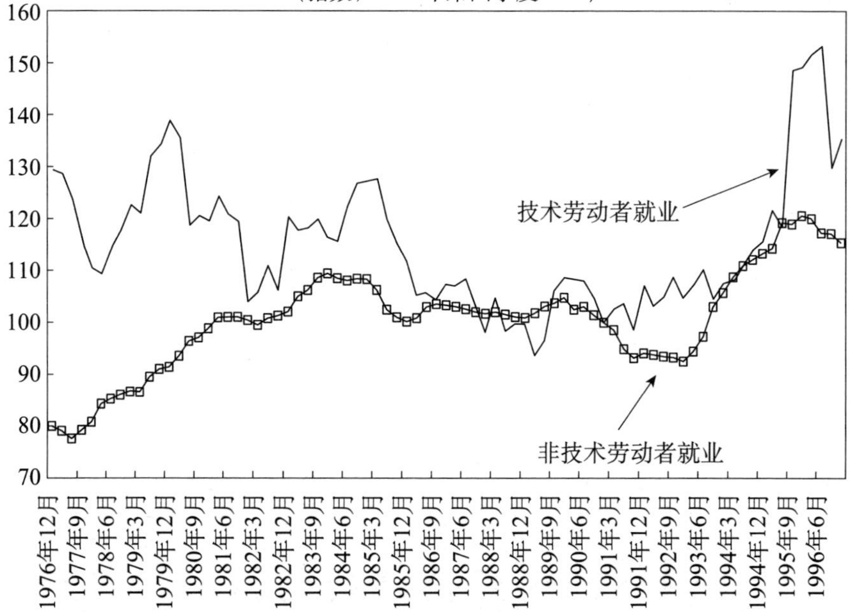

160
150
140
130
120
110
100
90
80
70

技术劳动者就业
非技术劳动者就业

1976年12月 1977年9月 1978年6月 1979年3月 1979年12月 1980年9月 1981年6月 1982年3月 1982年12月 1983年9月 1984年6月 1985年3月 1985年12月 1986年9月 1987年6月 1988年3月 1988年12月 1989年9月 1990年6月 1991年3月 1991年12月 1992年9月 1993年6月 1994年3月 1994年12月 1995年9月 1996年6月

E.零售、餐饮和住宿业
（指数，1990年第四季度=100）

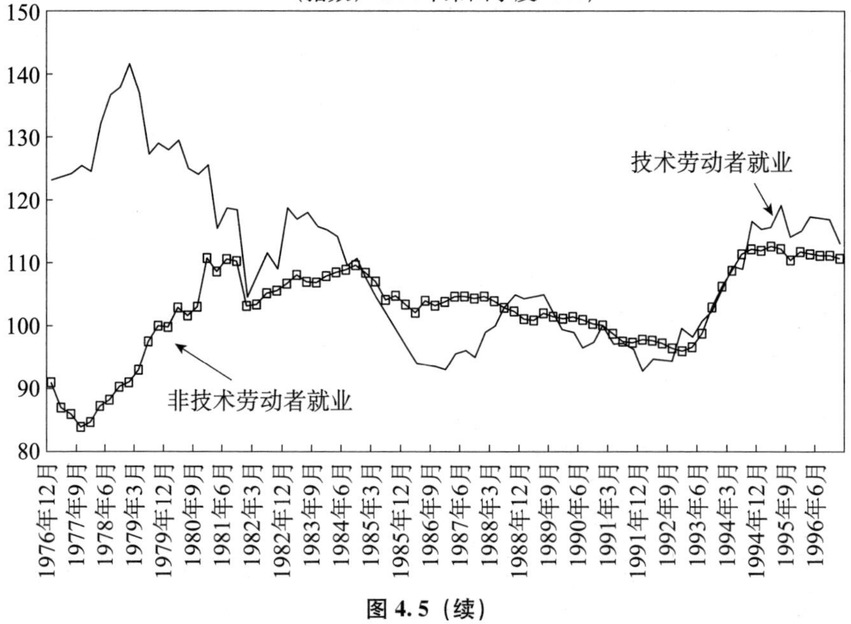

150
140
130
120
110
100
90
80

技术劳动者就业
非技术劳动者就业

1976年12月 1977年9月 1978年6月 1979年3月 1979年12月 1980年9月 1981年6月 1982年3月 1982年12月 1983年9月 1984年6月 1985年3月 1985年12月 1986年9月 1987年6月 1988年3月 1988年12月 1989年9月 1990年6月 1991年3月 1991年12月 1992年9月 1993年6月 1994年3月 1994年12月 1995年9月 1996年6月

图 4.5（续）

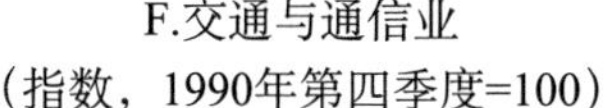
F.交通与通信业
（指数，1990年第四季度=100）

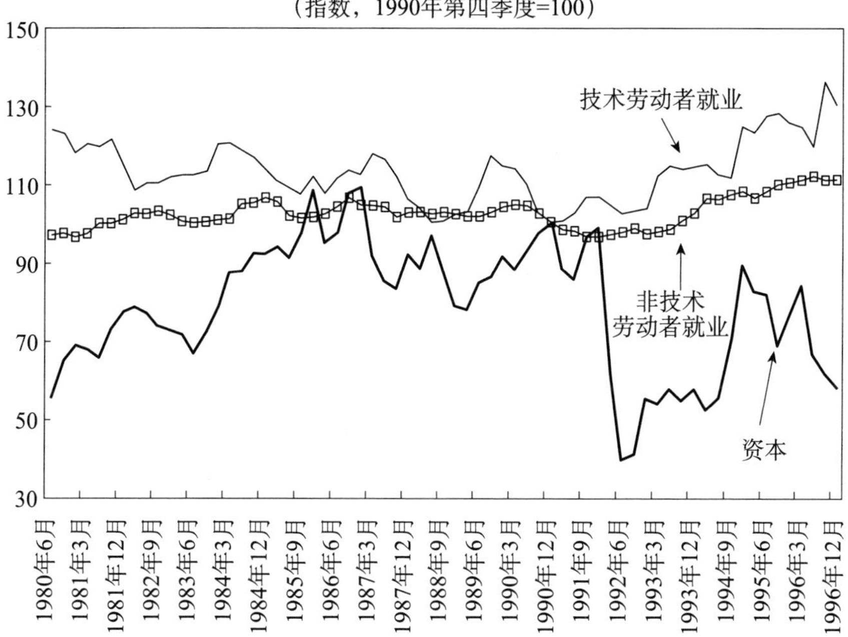
150
130
110
90
70
50
30
技术劳动者就业
非技术劳动者就业
资本
1980年6月
1981年3月
1981年12月
1982年9月
1983年6月
1984年3月
1984年12月
1985年9月
1986年6月
1987年3月
1987年12月
1988年9月
1989年6月
1990年3月
1990年12月
1991年9月
1992年6月
1993年3月
1993年12月
1994年9月
1995年6月
1996年3月
1996年12月

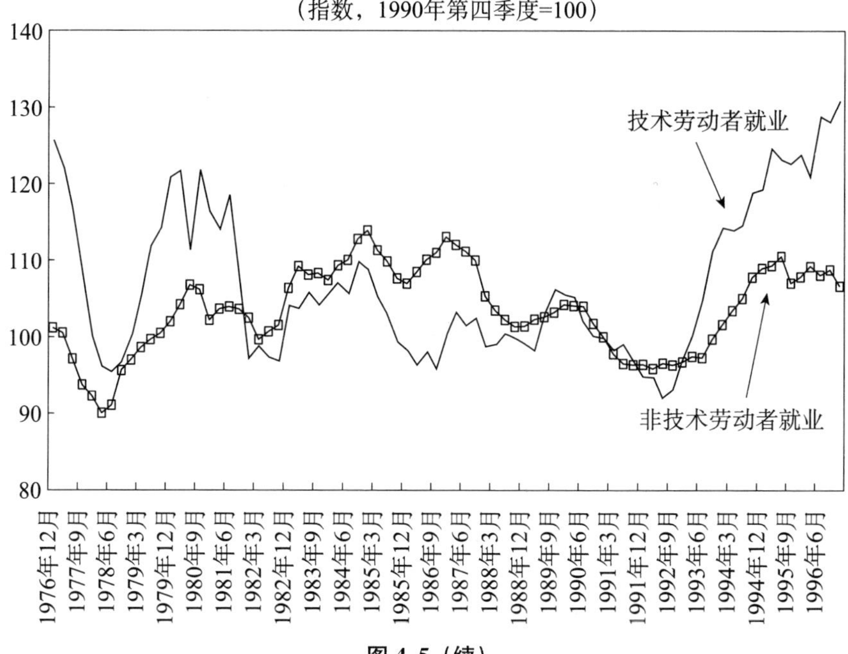
G.金融业
（指数，1990年第四季度=100）
140
130
120
110
100
90
80
技术劳动者就业
非技术劳动者就业
1976年12月
1977年9月
1978年6月
1979年3月
1979年12月
1980年9月
1981年6月
1982年3月
1982年12月
1983年9月
1984年6月
1985年3月
1985年12月
1986年9月
1987年6月
1988年3月
1988年12月
1989年9月
1990年6月
1991年3月
1991年12月
1992年9月
1993年6月
1994年3月
1994年12月
1995年9月
1996年6月

图 4.5（续）

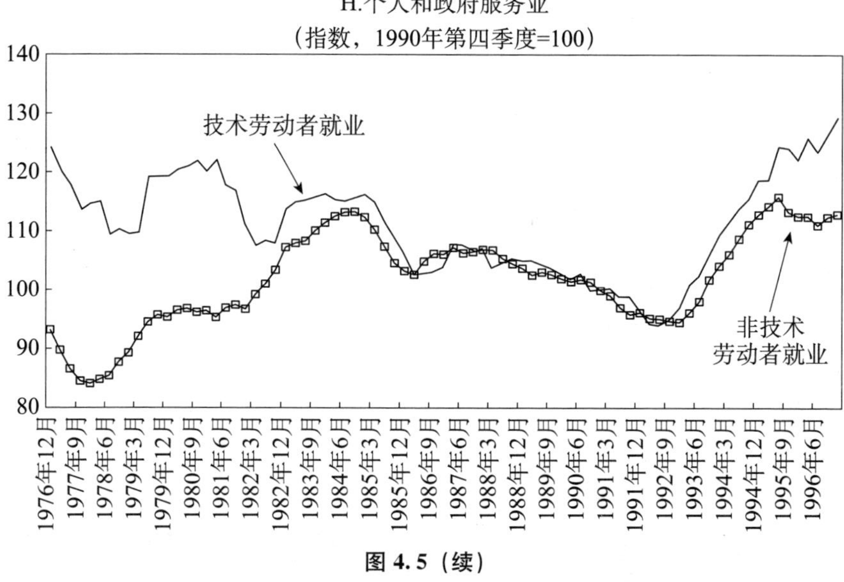

图 4.5（续）

表 4.2 实际劳动成本年平均增长率（%）

行业	1977—1985 年	1986—1991 年	1992—1996 年	1977—1996 年
非技术劳动者就业（受教育年限少于 12 年）				
制造业	1.80	−1.45	8.09	2.40
电气业	1.73	−0.20	10.93	3.45
建筑业	3.03	−1.16	9.89	3.49
零售、餐饮和住宿业	2.03	−1.08	8.08	2.61
交通与通信业	2.23	−0.97	8.28	2.78
金融业	1.11	−1.84	7.49	1.82
个人和政府服务业	1.58	−1.38	8.85	2.51
城镇就业总计	1.65	−1.34	8.36	2.43
技术劳动者就业（受教育年限高于 12 年）				
制造业	−1.96	−2.78	11.85	1.25
电气业	3.58	−2.34	15.58	4.81
建筑业	−0.32	0.55	13.41	3.37
零售、餐饮和住宿业	−1.68	−0.59	10.04	1.58
交通与通信业	0.73	−0.11	10.79	3.00
金融业	−1.38	−0.56	12.83	2.42
个人和政府服务业	−1.14	−1.61	11.81	1.95
城镇就业总计	−1.63	−1.71	11.36	1.59

资料来源：NHS.

4.4 工资和非工资劳动成本的内生性

正如前文所述，我们应该支持我们的假设，即把工资和非工资劳动成本加总，忽略工资税对工资的影响。几位学者反对这一假设，他们认为工资和非工资劳动成本是内生性的。比如 Newell and Symons（1987）对欧洲的研究以及 Gruber（1995）对智利的研究。他们的观点会在制定政策建议时让人产生误解。

有不同的方法可以处理这种潜在的内生性。一些学者把工资率作为工资税税率和常数的一个函数来估计，假如工资税税率的系数等于-1，那么他们推断税收全部转移给了工资。这是 Gruber（1995）研究中采用的方法。

在这里我们采用了不同的方法。我们基于 NHS 的信息来估计工资的决定因素。每两年（在 6 月）NHS 会报告一个非正规的特别的模块信息，其中包括员工是否被纳入社保体系。我们采用 1988 年、1992 年和 1996 年 6 月调查（包括特别模块）的数据来估计明瑟收入方程。回归分析是建立在每一个被调查员工的数据信息基础之上的，我们可以分析当员工被纳入社会保障体系时，个人工资与个人基本特征之间是否存在负相关关系。①

我们假设如果雇主将非工资劳动成本转嫁给员工，那么在社会保障体系内注册的员工将比未在社会保障体系内注册的员工有更低的工资（在控制了其他个人特征后，这些特征可能会对工资产生影响）。② 于是，我们构建了以下方程：

$$\ln w_t = \beta_0 + \sum_i \beta_i \mathbf{pers} + \beta_5 \mathrm{dumss} + \beta_6 \mathrm{mw} + \beta_7 \mathrm{dumss} \cdot \mathrm{mw} + \sum_i \beta_i \mathbf{sec} + \sum_i \beta_i \mathbf{city} + \varepsilon_t \quad (1)$$

其中，w_t 是处于时间点 t 时的工资，**pers** 则是个人特征变量，包括平均受教育年限、性别和工作经历；dumss 则是一个虚拟变量，当个人在社会保障体系内登记时，该变量为 1（雇主支付社会保障费）；mw 是表示个人工资是否为最低工资水平的虚拟变量（工资税不能以降低工资的方式转嫁给那些工资为最低工资水平的员工）③；**sec** 则是 9 个行业的虚拟变量；**city** 是 7 个主要城市的虚拟变量。

表 4.3 显示了方程（1）的估计结果。对总样本（样本容量约 25 000 个）进行回归后所得的拟合优度较高（$R^2 \approx 0.55$）。个人特征变量呈现出正常的趋势并且统计上显著，尤其是教育回报率为正（但较低）并且显著。性别的估计

---

① 员工的医疗覆盖率从 1988 年的 50%上升到了 1996 年的 60%。

② Ribero and Meza（1997）以及 Sánchez and Núñez（1998）都估计了哥伦比亚的明瑟收入方程。

③ 1988 年最低工资水平为 28 000 比索，1992 年则为 72 000 比索，1996 年为 155 000 比索。

系数为正，表明在其他个人特征不变的条件下，男性的劳动收入相对较高。反之，工作经验的估计系数为正，但其对工资的影响在下降。根据估计系数可知，工资为最低工资的员工的工资比由他们个人特征预测的工资要低。行业和城市的虚拟变量系数也均是显著的。

表 4.3　明瑟收入方程

对数（工资）	1988 年	1992 年	1996 年
常数	10.035 4 (576.90)	11.270 7 (624.09)	12.025 8 (670.16)
受教育程度	0.044 (52.01)	0.018 2 (30.54)	0.018 1 (31.91)
性别	0.167 1 (23.45)	0.168 8 (22.11)	0.158 5 (20.18)
工作经验	0.019 (24.37)	0.018 5 (21.57)	0.017 2 (20.36)
工作经验^2	−0.000 2 (−20.53)	−0.000 3 (−21.43)	−0.000 2 (−18.80)
虚拟健康覆盖率	0.062 8 (6.84)	0.142 1 (13.93)	0.183 8 (18.63)
是否纳入医疗体系×最低工资	0.284 8 (20.48)	0.234 2 (15.52)	0.132 0 (8.31)
最低工资	−1.004 5 (−107.65)	−1.101 8 (−106.29)	−1.090 7 (−99.55)
农业	0.126 7 (5.08)	0.111 4 (3.73)	0.435 8 (1.28)
采矿业	0.186 5 (4.13)	0.450 5 (3.73)	0.237 8 (3.90)
电气业	0.054 7 (1.45)	0.039 8 (0.92)	0.186 8 (4.32)
建筑业	0.087 4 (5.73)	0.060 2 (3.64)	0.073 3 (4.48)
零售、餐饮和住宿业	−0.009 5 (−1.02)	0.036 7 (3.61)	0.044 9 (4.20)
交通与通信业	0.046 3 (3.14)	0.075 1 (4.65)	0.074 2 (4.66)
金融业	0.095 1 (6.28)	0.156 4 (9.78)	0.154 5 (9.85)
政府服务业	−0.000 3 (−0.00)	−0.000 9 (−0.09)	0.041 3 (2.38)
其他服务业	−0.166 5 (−0.43)	0.118 0 (0.70)	0.418 8 (2.38)
巴兰基亚	−0.008 3 (−0.77)	0.019 3 (1.72)	0.037 4 (3.17)

续表

对数（工资）	1988年	1992年	1996年
布卡拉曼加	0.006 5	−0.050 4	−0.066 2
	(0.55)	(−4.05)	(−5.23)
卡利	0.026 4	−0.064 6	−0.115 9
	(1.59)	(−3.67)	(−6.77)
马尼萨莱斯	0.059 4	−0.025 6	−0.001 8
	(6.63)	(−2.50)	(−0.18)
麦德林	0.050 8	0.025 0	0.018 9
	(4.77)	(2.15)	(1.52)
帕斯托	−0.140 5	−0.194 3	−0.078 1
	(−9.22)	(−12.38)	(−4.87)
观测样本量	29 476	26 900	25 887
R^2	0.550 4	0.552 6	0.526 9

资料来源：NHS和作者的计算。

接着我们来看其他变量的估计结果，在控制了一系列个人特征变量的条件下，在社会保险体系内注册的员工比未注册的员工有更高的工资。这表明雇主或许并未将社会保险费用以降低工资的形式转嫁给员工。然而，社会保险费用的缴纳存在的自选择以及员工不可观测的特征可能会导致估计结果偏误。因此，本节估计所得的结果是否为我们使用的测量方法——总劳动成本是工资和非工资劳动成本的简单加总——提供了必要的支持是不明确的（自选择可能隐藏了内生性偏误的真正影响）。因此，我们估计了仅有工资的劳动需求方程，并与加入了工资和非工资劳动成本的回归结果进行比较。

4.5　静态劳动需求

这一部分的目的在于估计劳动的需求工资弹性，以及不同生产要素之间的替代弹性。[①] 用于估计这些弹性的函数形式在已有文献中十分丰富。如果替代弹性的变化是相互关联的，则GL（generalized Leontief，广义列昂季耶夫）函数是用于分析替代弹性的普遍选择。当有两个以上生产要素时，GL公式也被普遍使用。[②]

由GL成本函数（见附录A）所得的影响需求的因素可表示为

$$\frac{x_{it}}{y_t}=\sum_j b_{ij}\left(\frac{p_{jt}}{p_{it}}\right)^{1/2}+\alpha_i y_t+\gamma_i t \tag{2}$$

① 不同生产要素之间的替代弹性被定义为，保持产出和其他要素价格不变，两个相对要素价格的变化对这两个要素的投入量的影响。

② 详见Hamermesh（1986）。

其中，x_{it} 是在时间 t 时使用的要素 i 的数量，y_t 是时间 t 时的产出，p_{it} 是时间 t 时投入 i 的价格，t 是时间趋势。投入-产出比的变化可归因为：(1) 相对要素价格变化；(2) 生产规模（假设生产函数为非位似的）变化；(3) 技术改进。Diewert（1971）指出，如果对于所有的 $i \neq j$，$b_{ij}=0$，则 GL 成本函数中技术变量的系数是固定的（无替代要素）。同时，如果对于所有的 i 有 $\alpha_i=0$，则生产函数按规模显示恒定的产出（如函数为位似的）。显然，如果对于所有的 i 有 $\gamma_i=0$，则不会发生要素增加的技术变化。根据估计所得的 b_{ij}，我们可以计算出要素 i 的工资弹性（η_{it}）为

$$\eta_{ij} = -\frac{y \sum_{j \neq i} b_{ij} \left(\frac{p_j}{p_i}\right)^{1/2}}{2x_i} \tag{3}$$

反之，投入 i 和投入 j（$\sigma_{ij}=\sigma_{ji}$）之间的希克斯-艾伦（Hicks-Allen）部分替代弹性可以很容易地被计算出来。在这种情况下，GL 技术的表达式为（s_j 是投入 j 的成本）

$$\sigma_{ij} = \frac{\frac{y}{2x_i} b_{ij} \left(\frac{p_j}{p_i}\right)^{1/2}}{s_j} \tag{4}$$

其中 $i \neq j$。在这种情况下，替代弹性是不固定的。事实上，从方程（4）可以看出，它的值取决于投入数量和价格。最后，投入 i 相对于产出的弹性为

$$\varepsilon_i = 1 + \frac{\alpha_i y^2}{x_i} \tag{5}$$

因此，当技术呈现规模报酬不变时，产出弹性等于 1。

4.5.1 结论

这一部分总结了用 NHS 季度数据估计静态劳动需求方程所得的主要结果。首先是基于技术劳动者和非技术劳动者的两个方程，单独使用制造业数据进行估计。该方程用工作小时数作为因变量。接着我们使用相似的模型分析 7 个大城市的数据，但是没有加入作为生产要素的资本要素。在两种情况中我们使用了相对投入价格（技术和非技术劳动者），所以消除了非工资劳动成本的影响（就百分比而言，它们对每种类型劳动者的影响是相同的）。

4.5.2 制造业

表 4.4 呈现了技术和非技术劳动需求要素的估计结果。[①] 根据 GL 公式，两个方程都描述了由（高斯）FIML（完全信息极大似然法）估计所得的投入-产出比。为了修正一阶序列自相关的误差，每一方程都加上了滞后残差（AR1）。

① 在这种情况下，我们使用了总劳动成本作为相对价格，即工资加上非工资劳动成本。

表 4.4 制造业对技术和非技术劳动者的需求：GL 公式
（1977 年第一季度至 1996 年第四季度）

就业	常数	相对价格	生产	R^2	D. W.
技术	−0.773 6***	0.798 4***	1.013 3***	0.79	2.04
	(−3.06)	(2.72)	(6.38)		
非技术	1.205 8***	−0.249 5***	0.067 0	0.23	1.94
	(8.66)	(−2.24)	(1.15)		
	价格、收入和替代弹性				
	1976—1981 年	**1982—1985 年**	**1986—1991 年**	**1992—1996 年**	
需求工资弹性					
η_{ee}	−0.593	−0.523	−0.431	−0.350	
η_{oo}	−0.487	−0.409	−0.390	−0.400	
替代弹性					
σ_{eo}	3.850	2.876	2.498	1.979	
产出弹性					
ε_{ey}	2.204	2.008	1.986	1.968	
ε_{oy}	1.050	1.049	1.060	1.068	

资料来源：NHS 和作者的计算。

注：o=非技术劳动者就业；e=技术劳动者就业；y=产出。就业以小时数表示。

*** 表示在 1%的显著性水平下显著。

在有与没有对称性限制（$b_{ij}=b_{ji}$）的情况下对这个系统进行估计。为方便起见，泰尔（Theil）指出−2 倍的对数似然比（即在无约束的情况下施加对称条件的似然函数的最大值）符合 χ^2 分布（自由度等于限制的个数）。① 结果拒绝了对称的原假设。同时，估计系数 γ_i 并不显著不为零，拒绝了存在要素增加的技术进步的假设。

估计系数 b_{ij}（除去方程中的趋势项）显著不为零，拒绝了固定技术比例的假设（列昂季耶夫生产函数）。更为重要的是，这个系数表明两种劳动存在可替换性。规模报酬不变假设也在高水平的显著性水平下被拒绝。α_i 系数为正且显著。这暗示了就业-产出比随着生产规模的扩张而增加（如生产函数是非位似的）。

基于估计系数 b_{ij} 和计算公式我们可以计算出相关弹性（这个弹性与时间有关）。我们报告了四个时期的弹性，分别为：1976—1981 年，1982—1985 年，1986—1991 年以及 1992—1996 年。两种劳动的替代率不断递减，需求工资弹性为负。② 在 1992—1996 年期间，专业技术工人的需求工资弹性大约为

① 见 López（1980）的研究。

② 这四个工资弹性随时间的变化在 5%的显著性水平下显著。

−0.35 而非技术劳动者为−0.4。① 这意味着技术劳动者需求增加 3.5%时，非技术劳动者需求增加 4.0%时，工资会减少 10%。整个阶段的产出弹性为正，但随时间不断减小。技术劳动者需求上升 2%，非技术劳动者需求上升 1%，产出增长 1%。②

4.5.3 七个大型城市

表 4.5 显示了七个大型城市对技术和非技术劳动者（去除资本）工作小时数的需求的估计结果。③ 除了相对价格的变化外，我们在方程中增加了影响需求变化的其他因素。特别地，我们在方程（2）中加入了城市经济的投资率来估计劳动需求可能产生的变化。

表 4.5 七个大型城市对技术劳动者和非技术劳动者的要素需求：GL 规范（1977 年第一季度至 1996 年第四季度）

就业	常数	相对价格	产出	需求解释变量	R^2	D. W.
技术	−0.886 4***	0.924 3***	0.715 2***	0.088 2***	0.92	2.24
	(−3.41)	(3.80)	(11.57)	(2.68)		
非技术	1.373 9***	−0.485***	−0.026	0.066 5***		
	(8.27)	(−3.43)	(−0.62)	(2.66)		
	价格、收入和替代弹性					
	1976—1981 年	**1982—1985 年**	**1986—1991 年**	**1992—1996 年**		
需求工资弹性						
η_{ee}	−0.755	−0.642	−0.507	−0.445		
η_{oo}	−0.573	−0.497	−0.461	−0.515		
替代弹性						
σ_{eo}	1.147	0.982	0.822	0.798		
产出弹性						
ε_{ey}	1.873	1.772	1.714	1.839		
ε_{oy}	0.979	0.978	0.975	0.966		

资料来源：NHS 和作者的计算。

注：o=非技术就业；e=技术就业；y=产出。就业以小时数表示。

*** 表示在 1%的显著性水平下显著。

此外，Wald 检验拒绝了原假设，所以我们估计的 b_{ij} 无对称性限制。系数显著不为零，拒绝固定技术比例的存在。技术劳动者的就业系数 α_i 为正且显

① 使用固定替代弹性（CES）函数估计得到的结果与本章得到的结果不同。在这种情况下，基于 CES 函数的估计结果表明，工资减少 10%与技术劳动者需求增加 0.8%，以及非技术劳动者需求增加 1.7%相关。另外，就资本和非技术劳动者而言，这两种生产要素的可替代性在不断增加。另外，技术劳动者和资本是互补的。这一结果可根据要求提供。

② 当将样本分为两个子样本（改革前和改革后）时，这一结论在统计上不显著。

③ 表 4.5 显示了用总劳动成本（工资加非工资劳动成本）作为相对价格进行估计的结果。然而当仅仅使用工资进行相同的估计（即排除非工资劳动成本）时，所得的结论与之前的相似。

著。这意味着技术劳动者就业-产出比随着生产规模的扩大而增加（即生产函数是非位似的）。根据估计系数 b_{ij}，我们可以计算出相关弹性。由图 4.6 可知，两种类型的劳动者的替代程度在不断下降。在 1976—1996 年间，技术劳动者和非技术劳动者的平均替代弹性为 0.93。

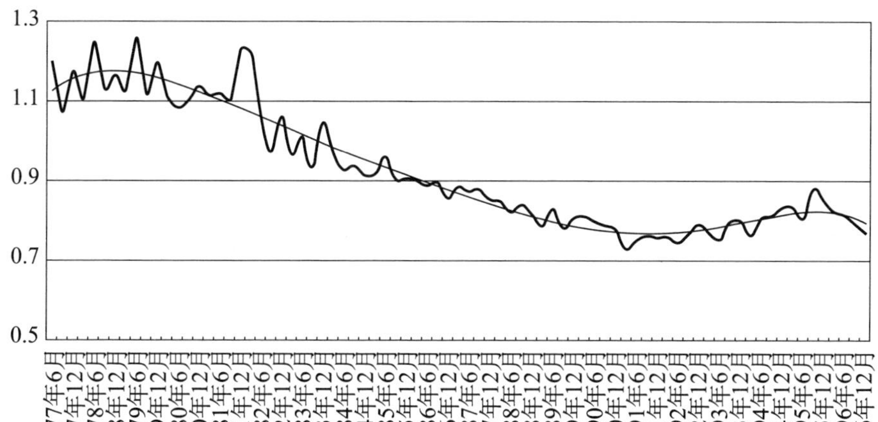

图 4.6　替代弹性（标准 GL 函数，七个大型城市）

资料来源：作者的计算。

这种情况下的需求工资弹性比制造业的要高很多。具体而言，对技术劳动者的劳动需求上升 4.5%，对非技术劳动者的劳动需求上升 5.1%，则工资下降 10%。就非技术而言，需求工资弹性（绝对值）从改革前的 0.46%上升到了改革后的 0.51%。[①] 另外，产出弹性为正。对技术劳动者的劳动需求上升 1.8%，对非技术劳动者的劳动需求上升 1%，则产出增长 1%。高投资率使对技术劳动者和非技术劳动者的劳动需求都增加，其对技术就业的影响更大。

最后，我们加入了劳动市场改革这一虚拟变量（单独一项以及其与相关价格的交乘项），对方程（1）进行估计。这些变量的系数并不显著。这意味着改革的影响已经被相关价格变化抵消，或被加入方程中影响需求的其他变量抵消。这些回归结果未在文中报告，可根据需要提供。

4.6　动态劳动需求

就业调整的成本的净变化以及解雇与雇用变化（总变化）的存在，意味着

① 在工资（除去非工资劳动成本）作为相对价格这种情况下，相应的需求工资弹性分别为 4.3%和 5.0%。

企业不会因前面提的制度变化立刻进行调整。为了解决这一问题，我们构建了动态劳动需求方程（详细过程见附录 B）：

$$n_t = c + \alpha_0 y_t + \alpha_1 y_{t-1} + \beta_0 (w_t + \text{nw}_t) + \beta_1 (w_{t-1} + \text{nw}_{t-1}) + \gamma_t n_{t-1} + u_t \tag{6}$$

其中，n 为就业，y 是由滚动自回归预测所得的产出，w 是由滚动自回归预测所得的基本工资，nw 是不会影响就业调整过程的非工资劳动成本，u 是误差项。非工资劳动成本包括带薪休假、奖金、医疗保险和养老保险以及工资税（以在基本工资中的占比相加）。另外，我们估计了方程（6），且忽略了非工资劳动成本。反之，γ_t 是调整成本，取决于影响就业路径的规制。借鉴 Burgess and Dolado（1989）研究中运用的方法，我们把 n_{t-1} 与不同类型的规制进行交乘。我们假设：

$$\gamma_t = \gamma_0 + \gamma_1 R_t^1 + \gamma_2 R_t^2 \tag{7}$$

其中，R^1 表示遣散费（表示为基本工资的百分比），而 R^2 表示解雇成本（以非正当理由解雇员工的雇主支付的补偿金，用在本企业工作 10 年及以上的员工的月薪表示）。① 如第 4.2 节所提到的，1990 年劳动市场改革后遣散费下降，而以非正当理由解雇的补偿金增加。② 这两个规制变化对调整成本有着截然不同的影响。遣散费下降会减小调整成本（γ_t 减小），而补偿金的增加对调整成本的作用正好相反。重要的是，1993 年养老保险和医疗保险改革增加了劳动成本，但是对调整成本影响甚微。

该方程对于估计规制成本增加 1 个单位对就业水平（β_s）的影响，以及每雇用一个员工增加的成本对就业调整方式（γ_s）的影响是十分有用的。在之前的情况下，我们可以计算出影响系数或短期乘数系数（β_0）和长期乘数或均衡乘数 $(\beta_0 + \beta_1)/(1 - r_t)$。此外，我们可以检验伴随着结构性改革，这些乘数是否发生变化。这可以作为准自然实验，通过包含劳动市场改革的虚拟变量与工资以及就业的滞后项进行交乘来估计。

4.6.1　计量结果

表 4.6 显示了用全部的 NHS 季度数据估计方程（6）所得的结果。为了避免变量存在潜在内生性，我们采用了由滚动自回归（即持续更新）预测所得的产出需求和工资，而不是它们的实际值进行计算。在产出估计中，产出的预测值是由四阶自回归所得。工资的预测值是由三阶自回归所得。③

① 将这一变量作为所有员工的解雇成本的代理变量尽管是可取的，但我们不能为了衡量那些在现有工作上工作超过 10 年的员工的就业而重新定义因变量。

② 然而，取消那些被拖欠工资的劳动者申诉复职的权利应该会降低解雇成本。

③ 在这些回归中我们选择了显著系数的最高阶。

表 4.6 动态劳动需求估计（1977 年第二季度至 1996 年第四季度）

	总就业			技术劳动者	非技术劳动者	技术劳动者	非技术劳动者
	(1)	(2)	(3)	(4)	(5)	(6)	(7)
常数	0.015 6	0.015 6	0.015 6	−0.036 4	0.214 3***	−0.100 5**	0.214 3***
	(0.44)	(0.44)	(0.44)	(−0.36)	(4.18)	(−1.96)	(4.18)
产出$_t$	0.566 6***	0.566 6***	0.566 6***	1.023 7***	0.604 1***	1.025 0***	0.604 1***
	(2.84)	(2.84)	(2.84)	(4.17)	(2.95)	(4.17)	(2.95)
产出$_{t-1}$	−0.034 2	−0.034 2	−0.034 2	−0.112 5	0.036 5	−0.112 3	0.036 5
	(−0.17)	(−0.17)	(−0.17)	(−0.44)	(0.18)	(−0.43)	(0.18)
需求工资$_t$	0.017 5	0.017 5	0.017 5	0.087 7	0.122 4	0.088 0	0.122 4
	(0.18)	(0.18)	(0.18)	(0.74)	(1.22)	(0.74)	(1.22)
需求工资$_{t-1}$	−0.163 6*	−0.163 6*	−0.163 6*	−0.223 7*	−0.038 5	−0.225 4*	−0.038 5
	(−1.70)	(−1.70)	(−1.70)	(−1.81)	(−0.38)	(−1.81)	(−0.38)
其他形式就业工资$_t$				0.121 5	0.122 2	0.121 1	0.122 2
				(0.98)	(1.24)	(0.98)	(1.24)
其他形式就业工资$_{t-1}$			−0.253 8**	0.368 4***	−0.256 3**	−0.368 4***	
				(−2.05)	(−3.70)	(−2.07)	(−3.70)
$R_t^1 \cdot E_{t-1}$	0.033 4			−0.068 0	0.008 9		
	(0.73)			(−0.92)	(0.17)		
$R_t^2 \cdot E_{t-1}$		−0.036 4				0.060 7	−0.009 7
		(−0.73)				(0.82)	(−0.17)
Dum91 · E_{t-1}			−0.010 4				
			(−0.73)				
E_{t-1}	0.576 0***	0.645 9***	0.609 5***	0.467 9***	0.302 5***	0.407 0***	0.321 1***
	(4.95)	(5.39)	(5.64)	(4.11)	(2.52)	(2.43)	(2.46)
R^2	0.979 0	0.979 0	0.979 0	0.984 7	0.969 9	0.984 7	0.969 9
DW	2.63	2.63	2.63	1.96	2.42	1.98	2.42

资料来源：NHS 和作者的计算。

注：样本量为 75。R^1 是指遣散费。R^2 是指解雇成本，第（1）列 $R^2=-0.344\ 575\ 5$；第（2）列$R^2=-0.412\ 595\ 3$；第（3）列 $R^2=-0.374\ 135\ 7$；第（4）列 $R^2=-0.255\ 591\ 1$；第（5）列$R^2=-0.120\ 286\ 74$；第（6）列 $R^2=-0.231\ 703\ 2$；第（7）列 $R^2=-0.123\ 582\ 27$。

*** 表示在 1%的显著性水平下显著。

** 表示在 5%的显著性水平下显著。

* 表示在 10%的显著性水平下显著。

第（1）～(3) 列呈现了用方程（6）估计的对总城市就业的影响。令人沮丧的是，由于变量的共线性，我们不能把 R^1 和 R^2 放在同一回归方程中。结果是有趣的。表中第（1）～(3) 列的结果表明，就业的产出弹性为 0.57，而短期工资弹性为 0，长期工资弹性为−0.37。忽略非工资劳动成本后（若需要可提供）进行相同的回归分析，结果发现弹性的估计值与之前的相同。结果表明规制的变化对调整成本并无影响。实际上，滞后阶数的就业系数表明了就业的季度变化，平均而言，40%的调整归因于合理的调整，与规制的变化无关。

将技术劳动者的和非技术劳动者的就业分别进行回归。结果表明（在除去非工资劳动成本的回归中）技术劳动者的产出与价格的弹性（绝对值）更大。无论哪种类型的员工（技术和非技术劳动者），调整成本并未受遣散费或解雇成本的规制变化的影响。此外，劳动市场改革的虚拟变量与工资变量交乘项的

估计系数并不显著。这一结果支持了上一节的观点，表明结构性改革对劳动需求的价格弹性并无影响。因此，结构性改革通过对相对价格的独立影响而对劳动需求产生影响。①

总之，这一节的结果表明，规制变化增加了静态劳动成本而未影响动态的就业调整。因此，在下面两节中，我们将通过微观数据重新估计静态劳动需求。在我们展开下一节的讨论之前，我们先呈现一些基于动态劳动需求估计的模拟实践结果。这些结果揭示了由劳动法律制度带来的不同变化产生的影响。

4.6.2 模拟

在这一部分，我们的模拟实验是为了估计工资税和劳动成本变化是怎样影响哥伦比亚就业增长的。我们使用表 4.6 中的方程（3）（4）（5）来研究如果 1993 年的劳动改革没有使医疗保险和养老保险增长会对就业造成什么影响。

图 4.7 显示了根据表 4.6 中动态劳动需求方程所得的就业的拟合值。面板 A 显示了总就业量，而面板 B 和 C 分别报告了非技术劳动者和技术劳动者的就业量。由于就业量是对数形式，所以这里两条线之间的差表示百分比的变化。根据表 4B.2，如果 1993 年期间医疗保险和养老保险不变，那么，1996 年最后一个季度的总就业量将同比提高 1.3%。类似地，非技术劳动者的就业量将同比增加 1.85%，而技术劳动者的就业量将增加 2.2%。

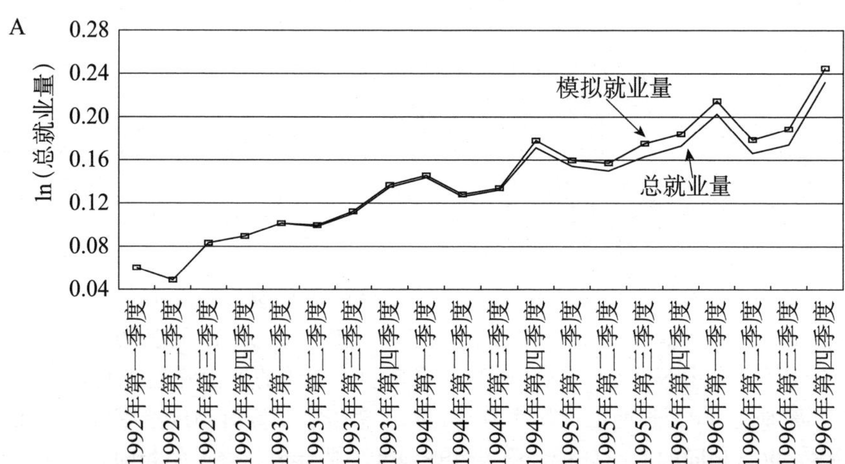

图 4.7　A，假定医疗保险和养老保险的缴纳金额不增加条件下的总就业量和模拟就业量；B，假定医疗保险和养老保险的缴纳金额不增加条件下的技术劳动者的就业量和模拟就业量；C，假定医疗保险和养老保险的缴纳金额不增加条件下的非技术劳动者的就业量和模拟就业量

资料来源：NHS 和作者的计算。

① Slaughter（1997）发现美国的劳动需求弹性随着时间的推移而逐渐变小。

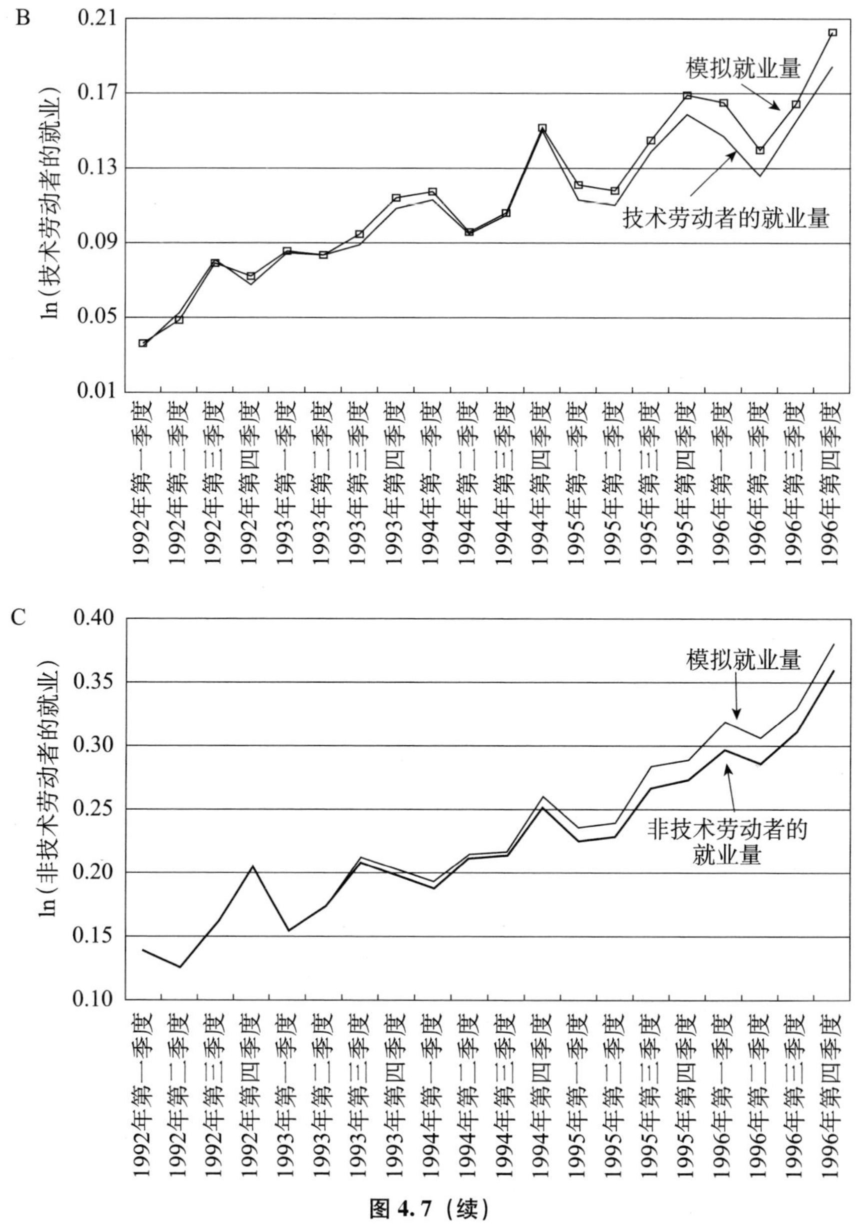

图 4.7（续）

图 4.8 描述了类似实验的结果。我们模拟如果 1993 年取消了 9%的工资税将会使就业发生什么改变。在这一情况下，与实际情况相比，1996 年最后一个季度的就业量将提高 1.3%。非技术劳动者的就业量将提高 1.8%，技术劳动者提高 0.9%。

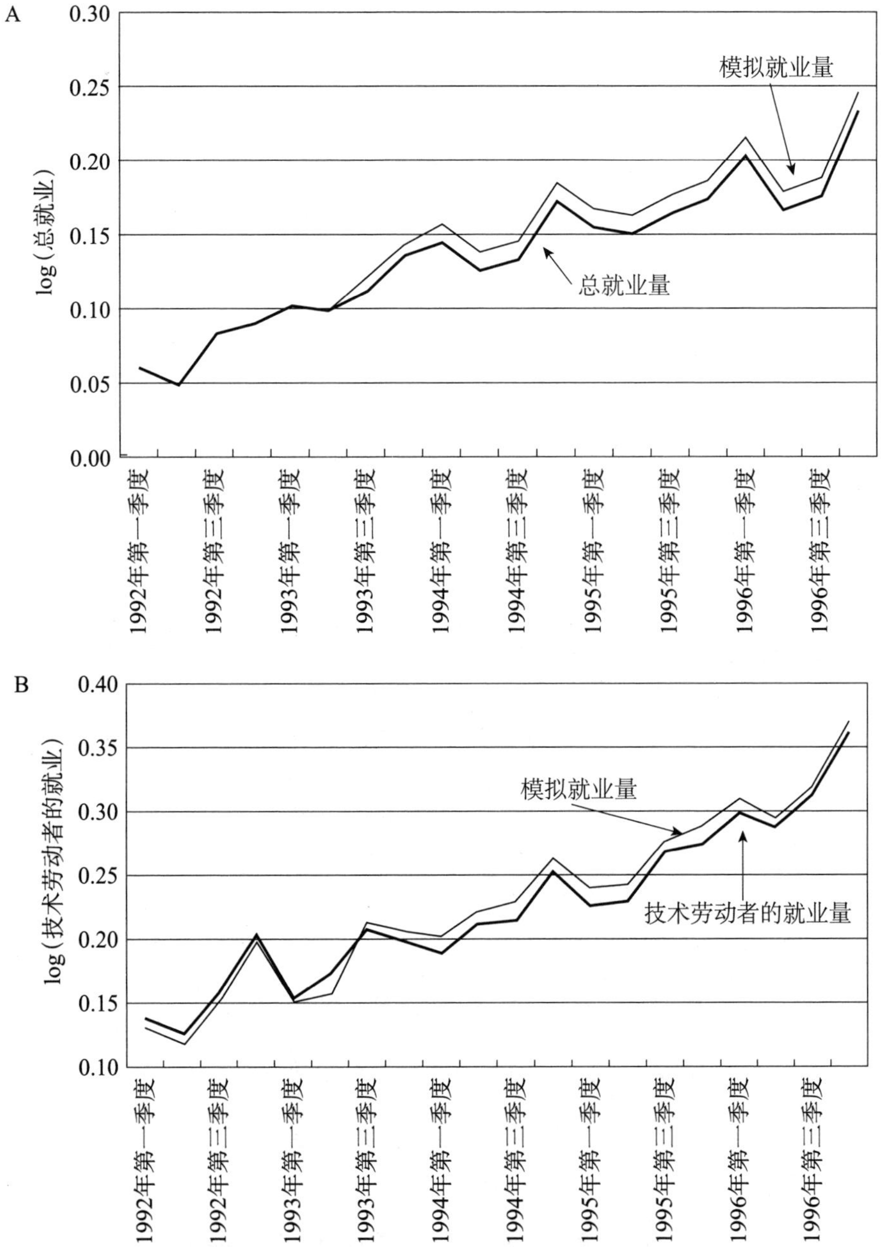

图 4.8　A，假定取消 9%的工资税的条件下的总就业量和模拟就业量；B，假定取消 9%的工资税的条件下的技术劳动者的就业量和模拟就业量；C，假定取消 9%的工资税的条件下的非技术劳动者的就业量和模拟就业量

资料来源：NHS 和作者的计算。

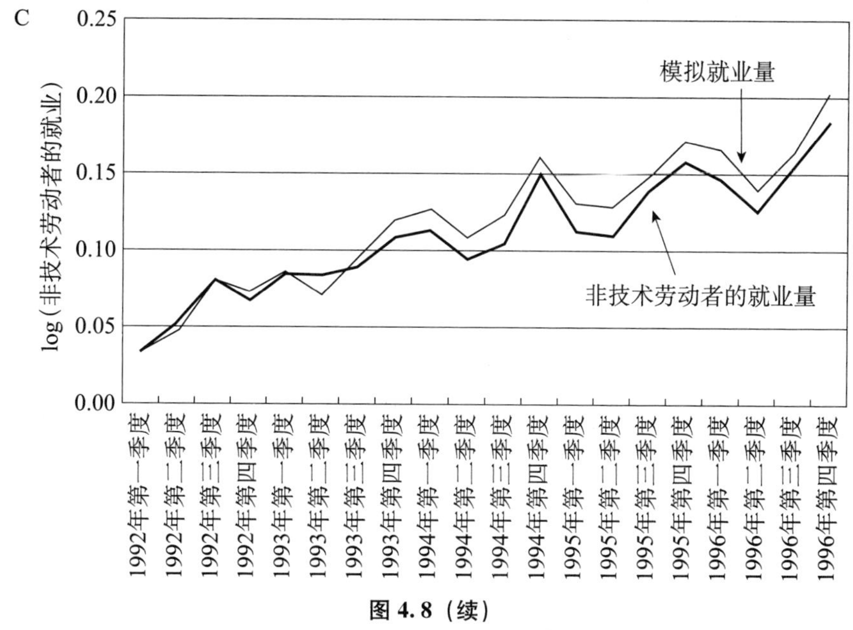

图 4.8（续）

4.7 制造业的劳动需求

这一部分阐述了对哥伦比亚制造业企业的平衡面板数据进行估计所得的结果。面板数据来自制造业年度调查（EAM），调查对象包括了 1978—1991 年间的 2 570 家企业。[①] 总劳动成本直接来自调查中的工资和其他津贴的加总。我们借鉴 Bentolila and Saint-Paul（1992）研究中使用的估计模型。具体如下：

$$n_{it} = \alpha_0 + \alpha_1 n_{i,t-1} + \alpha_2 w_{it} + \alpha_3 p_{it} + \alpha_4 k_{it} + \alpha_5 \mathrm{d}y_{it} + \alpha_6 t + \varepsilon_{it} \tag{8}$$

其中，n_{it} 是时间 t 时企业 i 的总就业量的对数；w_{it} 是平减生产者价格指数（所有企业一样）后，企业应支付的工资（包括津贴）的对数；p_{it} 是企业消费的中间商品的价格的对数（平减生产者价格指数）；k_{it} 是资本存量的对数；$\mathrm{d}y_{it}$ 是企业总产出的增长率；t 是时间趋势。

结果见表 4.7。第（1）列和第（2）列分别展现了用最小二乘法和工具变量估计的结果。我们把就业的滞后项和中间商品的价格（都是在 $t-2$ 时）、政府消费的同期增长率和资本存量作为工具变量。结果表明制造业短期劳动需求

① 数据由企业层面的年度观察数据组成。

的工资弹性（约为－0.05）为负且较小（绝对值）。然而，长期弹性的绝对值较大（－2.27）。相对于其他要素投入价格的长期弹性为正（1.36），表明劳动要素和中间商品在生产中可以相互替代。

表 4.7　劳动需求估计结果：企业层面

	基础模型			与 BC 的交乘项	
	OLS (1)	IV (2)	OLS＋Di (3)	IV (4)	IV＋Di (5)
就业(t－1)	0.964 (526.20)	0.978 (492.76)	0.965 (476.46)	0.987 (349.27)	0.988 (331.77)
劳动成本	－0.050 (－18.19)	－0.051 (－17.76)	－0.062 (－19.08)	－0.054 (－17.86)	－0.070 (－20.13)
原材料价格	0.024 (3.78)	0.030 (4.27)	0.047 (5.15)	0.024 (2.43)	0.051 (3.83)
资本存量	0.025 (20.99)	0.018 (14.38)	0.027 (19.49)	0.015 (8.60)	0.018 (9.19)
产出增长	0.245 (58.45)	0.243 (56.22)	0.242 (56.18)	0.262 (40.88)	0.263 (41.02)
年限	－0.001 (－2.24)	0.000 (1.19)		0.001 (1.91)	0.001 (2.06)
就业(t－1)・BC				－0.022 (－5.51)	－0.022 (－5.66)
劳动成本・BC				0.003 (2.06)	0.003 (1.99)
原材料价格・BC				0.013 (0.99)	0.011 (0.85)
资本存量・BC				0.009 (3.29)	0.009 (3.44)
产出增长・BC				－0.063 (－6.84)	－0.065 (－7.05)
调整后的 R^2	0.965	0.966	0.966	0.966	0.966

注：Di 是 28 个行业的虚拟变量；OLS 是指普通最小二乘法；IV 是指工具变量；BC 是指文中描述的经济周期虚拟变量。

总产出增长似乎对就业有显著的影响。的确，估计结果表明，产出增长率每提高 1%，就业就增加 0.24%。这一结果与之前章节对时间序列数据进行估计所得的结果一致。为了解决异方差问题，我们在方程中加入了 28 个行业的虚拟变量来控制固定效应，结果保持不变。

最后，为了分析对经济周期的不同反应，我们引入一个虚拟变量。当企业产出增长大于 4%时，则虚拟变量取值为 1，当企业产出增长小于 2%时，则虚拟变量取值为 0。当增长率位于 2%～4%时，则时间 t 的值取决于 $t-1$ 的增长。

结果显示，在经济扩张时期，劳动需求的工资弹性（绝对值）下降，而相对于中间商品投入价格的弹性增加。因此，相对于经济衰退期，在经济扩张时期，中间商品的成本增加会使劳动的替代性增加。就业的滞后项估计结果与预期结果一致，最终结果表明劳动需求的变化与经济周期状况不对称。产出增长对就业的影响在经济衰退期大于扩张期。

总之，在制造业，由企业数据估计所得的劳动需求弹性（绝对值）要低于用总体数据估计所得的弹性。需求工资弹性和产出弹性与此类似。这一节的结果表明，与经济扩张期相比，经济衰退期的劳动需求弹性更大。这也解释了为什么失业率上升很快，下降却要花很长时间，这是在哥伦比亚发现的一种模式。

4.8　92 个制造业部门的劳动需求

这一节采用了 1978—1995 年的 92 个制造业部门数据（与 CIIU 分类一致）来估计方程（8）。本节中用价值增值的对数来表示生产总值的增长率。总劳动成本（工资加上非工资劳动成本）被作为相对价格变量。[①] 结果如表 4.8 所示，对所有变量取对数。第（1）列呈现了用普通最小二乘法估计的基本方程。第（2）列是纠正固定效应后的结果，第（3）列是使用工具变量进行估计所得的结果，工具变量包括就业的滞后项、中间商品的价格（都是在 $t-2$ 时）、资本存量（在 $t-1$ 时）以及资本存量和工资的同时期的值。

表 4.8　制造业领域面板数据的劳动需求估计（1978—1995 年）

	基本方程			结构变化		
	OLS	固定效应	IV	OLS	固定效应	IV
	(1)	(2)	(3)	(4)	(5)	(6)
就业	0.747 6***	0.441 7***	0.576 7***	0.779 1***	0.516 5***	0.611 9***
($t-1$)	(52.31)	(21.48)	(6.00)	(62.47)	(28.36)	(7.48)
总工资	−0.290 3***	−0.141 3***	−0.605 6***	−0.243 2***	−0.202 9***	−0.474 6***
	(−11.57)	(−3.57)	(−4.04)	(−11.84)	(−6.02)	(−4.38)
投入价格	−0.220 8***	−0.375 5***	−0.519 7***	−0.306 8***	−0.498 6***	−0.777***
	(−5.59)	(−7.81)	(−3.90)	(−6.84)	(−9.68)	(−3.69)

① 把工资作为相对价格进行相同的分析。实际上，最终的结论是一样的，这些结果可根据需要提供。

续表

	基本方程			结构变化		
	OLS (1)	固定效应 (2)	IV (3)	OLS (4)	固定效应 (5)	IV (6)
资本存量	0.028 9***	0.021 2	−0.019 8	0.035 1***	0.059 5***	0.011 8
	(2.85)	(0.69)	(−1.58)	(4.52)	(2.55)	(0.93)
价值增值	0.215 4***	0.295 3***	0.446 5***	0.177 7***	0.259 3***	0.368 3***
	(18.94)	(22.12)	(4.52)	(17.77)	(21.45)	(4.71)
年限	−0.000 7	−0.002 1	0.000 1			
	(−0.48)	(−1.25)	(0.07)			
D·就业				−0.804 5***	−0.610 2***	−0.593 9***
(t−1)				(−26.50)	(−20.28)	(−5.77)
D·总				0.172 1***	0.142 4***	0.422 3*
工资				(5.29)	(4.37)	(1.75)
D·投入				0.362 0***	0.432 1***	0.937 9***
价格				(5.97)	(7.12)	(3.24)
D·资本				0.996 4***	0.776 4***	1.068 7***
存量				(29.64)	(22.33)	(5.73)
D·价值				−0.172 0***	−0.151 3***	−0.424 4***
增值				(−7.64)	(−6.60)	(−1.94)
R^2	0.970 5	0.976 3	0.962 2	0.982 5	0.983 3	0.977 8

资料来源：NHS和作者的计算。

注：样本量为1 502。OLS是指普通最小二乘法；IV是指工具变量；D是指1992—1995年的虚拟变量。

*** 表示在1%的显著性水平下显著。

估计的实际工资弹性（绝对值）比采用企业层面数据估计所得的值要高（−0.6）。[①] 使用工具变量估计所得的长期工资弹性为−1.43。相对于投入价格的弹性的均值为−1.2，具体的值取决于估计方法。与企业层面估计的结果相反，负号表明劳动和中间商品在生产中为互补品。价值增值对就业有正向的显著影响，价值增值每增加1%，就业就增加0.45%。

表4.8中的最后三列显示了在基本方程中引入虚拟变量（1992—1995年时虚拟变量等于1，其他时间为0）估计的实施结构性改革后系数的可能变化。就业的滞后项的系数表明1992年（缺乏活力）后就业更为灵活。

另外，相对于总工资的弹性（绝对值）似乎在1991年后有所下降，类似地，改革后，就业对价值增值变化的反应实际上消失了。改革后原材料价值弹性为正，表明在生产中劳动和中间商品互为替代品。有趣的是，新的劳动法规

① 除去劳动成本中的非工资劳动成本后的弹性等于−0.61。

实施后，资本存量对就业有显著的正向影响。

4.9 结论

本章运用不同的数据分析了哥伦比亚（7 个大型城市）劳动需求的决定因素。本章的主要目的在于通过估计劳动需求工资弹性来量化工资税对就业的影响。基于这个国家面临的异常的失业水平，这是国家政策设计需要考量的重要因素。

一些人认为相关弹性较低会阻碍政策制定者实施改革。一种普遍的观点认为劳动改革带来的效率收益相对较低，而改变现有劳动法律制度的政治成本过高。本章认为恰恰相反，降低劳动成本的回报是可观的。

为了得出这一结论，本章分析了近期就业成本变化的影响，并衡量了它们对劳动需求的影响。估计的工资弹性如表 4.9 所示。使用 NHS 的季度时间序列数据估计所得的弹性在－0.52～－0.45 之间，且与劳动类型有关。然而，当采用动态框架进行估计时，弹性（绝对值）降低。在这一情况下，长期需求工资弹性为－0.37。

表 4.9　劳动需求弹性：结果的汇总

	需求工资弹性			产出弹性		
	技术劳动者	非技术劳动者	总计	技术劳动者	非技术劳动者	总计
季度时间序列数据（1976 年第一季度至 1996 年第四季度）						
一静态劳动需求						
＋制造业	－0.350	－0.400		1.968	1.068	
＋7 个大型城市	－0.445	－0.515		1.839	0.966	
一动态劳动需求						
＋7 个大型城市						
包含总劳动成本的估计	－0.255	n. s.	－0.374	1.024	0.604	0.567
仅包含工资的估计	－0.310	n. s.	－0.395	0.999	0.597	0.522
制造业面板数据（年度）						
＋2 570 个企业（1978—1991 年）		－0.05/－2.27				0.240
＋91 个部门（1978—1991 年）		－0.60/－1.43				0.440

资料来源：NHS 和作者的计算。

注：n. s. ＝不显著。斜线符号分隔了短期和长期数据。

制造业的弹性相对较低。采用时间序列数据估计的弹性在－0.35（技术劳动者）和－0.40（非技术劳动者）之间。用91个制造业部门的面板数据估计的弹性在－0.6（短期）和－1.43（长期）之间。使用企业层面的数据进行回归时，这些结果发生了巨大变化。短期弹性仅为－0.05，而长期弹性则为－2.27。

产出弹性则较大。在静态劳动需求模型中，技术劳动者的估计值接近2而非技术劳动者的为1。在动态估计方程中，技术劳动者的就业为1而非技术劳动者的就业为0.6。此外，当使用面板数据时，弹性变小。

本章也分析了法律制度变化对就业调整的影响。研究结果表明1990年改革产生的遣散费和解雇成本的变动对就业调整并无影响。使用这一分析框架，我们还发现结构性改革并未改变相对弹性。这意味着法律制度变化对劳动需求的影响是通过它们对劳动成本的直接影响所致。随着这些成本的上升，劳动、医疗保险和养老保险制度改革的净效应减少了就业机会。根据动态劳动需求分析模型进行估计所得的结果表明，取消9%的工资税会使城镇就业增长1.3%。当然，当使用静态分析模型所得的弹性时，影响更显著。在这种情况下，劳动成本减少10%会导致劳动需求上升5%。

使用制造业企业的面板数据进行研究，我们发现在经济衰退期，劳动需求的工资弹性（绝对值）增加。相对于经济扩张期，产出增长对经济衰退期就业的影响更大。就此而言，我们发现了与经济周期情况不对称的劳动需求。最后，我们并未发现结构性改革（如贸易自由化）会对劳动需求弹性产生显著影响。我们认为改革对劳动需求的影响仅由相对价格的变化所致。

附录A　广义列昂季耶夫（GL）成本函数

广义列昂季耶夫（GL）成本函数可以写成：

$$C(P,Q,t)=Q\sum_i\sum_j b_{ij}p_i^{1/2}p_j^{1/2}+Q^2\sum_i\alpha_i p_i+Qt\sum_i\gamma_i p_i \tag{A1}$$

其中，Q表示产出，p_i表示投入i的价格（t是时间）。该函数在价格上是齐次的，但函数本身不对称，没有凹性或位似性。假设要素价格中的价格接受行为，使用谢泼德（Shephard）引理，可以使投入需求函数的成本最小化：

$$X_i=\frac{\partial C}{\partial P_i}=\sum_j b_{ij}\left(\frac{p_j}{p_i}\right)^{1/2}Q+\alpha_i Q^2+\gamma_i Qt \tag{A2}$$

其中，X_i表示投入i的需求量。要素需求可以表示为投入-产出比：

$$\frac{X_{ti}}{Q_t}=\sum_j b_{ij}\left(\frac{p_{jt}}{p_{it}}\right)^{1/2}+\alpha_i Q_t+\gamma_i t+\mu_{it} \tag{A3}$$

附录 B 动态劳动需求分析框架

柯布-道格拉斯生产函数可以写成：

$$Y_t = AL_t^{\alpha}K_t^{1-\alpha} \tag{A4}$$

其中，A 表示技术参数，L 表示总就业水平，K 表示资本存量，α 表示就业占生产的比重。一阶条件可以写成：

$$W_t = \frac{\delta Y_t}{\delta N_t} = \alpha A L_t^{*\alpha-1}K_t^{1-\alpha} \tag{A5}$$

对（A5）式两边同时取对数得：

$$\ln W_t = \ln \alpha A - (1-\alpha)\ln L_t^* + (1-\alpha)\ln K_t \tag{A6}$$

移项得：

$$\ln W_t = \ln Y_t + \ln \alpha A + \ln A + \alpha \ln L_t^* - (1-\alpha)\ln L_t \tag{A7}$$

如果小写字母表示对数，则（A7）式等同于：

$$l_t^* = \frac{c + y_t + w_t}{1-\alpha} \tag{A8}$$

$$l_t^* = c + \alpha y_t + \beta w_t \tag{A9}$$

调整方程，使之满足：

$$l_t - l_{t-1} = (1-\lambda)(l_t^* - l_{t-1}) + \varepsilon_{t-1} \tag{A10}$$

移项得：

$$l_t^* = \frac{l_t - l_{t-1}}{1-\lambda} + l_{t-1} - \frac{\varepsilon_{t-1}}{1-\lambda} \tag{A11}$$

把（A9）式代入（A11）式，可得：

$$\frac{l_t - l_{t-1}}{1-\lambda} + l_{t-1} - \frac{\varepsilon_t}{1-\lambda} = c + \alpha y_t + \beta w_t \tag{A12}$$

移项得：

$$l_t = (1-\lambda)c + \alpha(1-\lambda)y_t + (1-\lambda)\beta w_t + \lambda l_{t-1} + \varepsilon_t \tag{A13}$$

现在我们假设企业有理性预期，且 l_t^e 满足下列条件：

$$l_t^e = (1-\lambda)l_t + \lambda l_{t-1}^e \tag{A14}$$

其中，上标 e 表示预期，递归地替换 e_{t-s}^e，我们可以得到：

$$l_t^e = \frac{1-\lambda}{1-\lambda L} l_t \tag{A15}$$

其中，L 是滞后期。而（A13）式可以写成：

$$\begin{aligned} l_t = {} & (1-\lambda)c + \alpha y_t - \alpha\lambda y_{t-1} + \beta w_t - \lambda\beta w_{t-1} \\ & + \lambda l_{t-1} - \lambda^2 l_{t-2} + \varepsilon_t - \lambda\varepsilon_{t-1} \end{aligned} \tag{A16}$$

这就是要估计的方程。

表 4B.1 解雇成本（几个月的月薪）

任期（年）	旧制度	新制度
5	4.2	4.2
10	10.5	13.5
15	15.5	20.2
20	20.5	26.8

表 4B.2 医疗保险和养老保险缴费没有增长的情况（%）

	总就业量	非技术劳动者的就业量	技术劳动者的就业量
1993 年第二季度	0.1	0.0	0.1
1993 年第三季度	0.1	0.5	0.4
1993 年第四季度	0.1	0.6	0.4
1994 年第一季度	0.1	0.4	0.5
1994 年第二季度	0.2	0.1	0.3
1994 年第三季度	0.2	0.1	0.3
1994 年第四季度	0.7	0.2	0.9
1995 年第一季度	0.6	0.8	1.1
1995 年第二季度	0.7	0.8	1.1
1995 年第三季度	1.2	0.6	1.7
1995 年第四季度	1.1	1.0	1.6
1996 年第一季度	1.2	1.9	2.2
1996 年第二季度	1.3	1.4	2.0
1996 年第三季度	1.4	1.0	1.9
1996 年第四季度	1.3	1.8	2.2

资料来源：作者的计算。

表 4B.3 取消 9%的工资税的情况（%）

	总就业量	非技术劳动者就业量	技术劳动者就业量
1993 年第二季度	0.2	0.2	0.5
1993 年第三季度	1.0	0.6	1.0
1993 年第四季度	0.7	1.2	0.7
1994 年第一季度	1.2	1.4	1.4
1994 年第二季度	1.2	1.3	0.9
1994 年第三季度	1.3	1.8	1.5
1994 年第四季度	1.2	1.1	1.1
1995 年第一季度	1.3	1.8	1.5
1995 年第二季度	1.2	1.9	1.3
1995 年第三季度	1.3	0.9	0.8
1995 年第四季度	1.3	1.4	1.4

续表

	总就业量	非技术劳动者的就业量	技术劳动者的就业量
1996 年第一季度	1.2	2.0	1.1
1996 年第二季度	1.2	1.4	0.7
1996 年第三季度	1.3	0.9	0.6
1996 年第四季度	1.3	1.8	0.9

资料来源：作者的计算。

注：取消法定奖金等同于取消工资税。

参考文献

Bentolila, S., and G. Saint-Paul. 1992. The macroeconomic impact of flexible labor contracts, with an application to Spain. *European Economic Review* 36:1013–53.

Burgess, S., and J. Dolado. 1989. Intertemporal rules with variable speed of adjustment: An application to U.K. manufacturing employment. *The Economic Journal* 99:347–65.

Cárdenas, M., and C. Gutiérrez. 1996. Impacto de las reformas estructurales sobre la eficiencia y la equidad: La experiencia colombiana en los noventa. [The effects of the structural reforms on efficiency and equality: The Colombian experience during the nineties]. *Coyuntura Económica* 26 (4): 109–35.

Diewert, W. E. 1971. An application of Shephard duality theorem: A generalized Leontief production function. *Journal of Political Economy* 79:481–507.

Farné, S., and O. A. Nupia. 1996. Reforma laboral, empleo e ingresos de los trabajadores temporales en Colombia. [Labor reform, employment and income of temporal workers in Colombia]. *Coyuntura Social* 15:155–69.

Gruber, J. 1995. The incidence of payroll taxation: Evidence from Chile. NBER Working Paper no. 5053. Cambridge, Mass.: National Bureau of Economic Research, March.

Guash, J. L. 1997. Labor reform and job creation: The unfinished agenda in Latin American and Caribbean countries. The World Bank. Mimeograph.

Hamermesh, D. S. 1986. The demand for labor in the long-run. In *Handbook of labor economics,* vol. 1, ed. O. Ashenfelter and R. Layard. Princeton, N.J.: North-Holland.

Hicks, J. R. 1963. *The theory of wages.* New York: St. Martin's Press.

Kesselman, J. R. 1995. A public finance perspective on payroll taxes. University of British Colombia, Vancouver, Department of Economics. Mimeograph.

Lopez, R. E. 1980. The structure of production and the derived demand for inputs in Canadian agriculture. *American Journal of Agricultural Economics* 62:38–45.

Lora, E., and M. L. Henao. 1995. Efectos económicos y sociales de la legislación laboral. [Economics and social impact of the labor legislation]. *Coyuntura Social* 13:47–68.

Lora, E., and C. Pagés. 1997. La legislación laboral en el proceso de reformas estructurales de América Latina y el Caribe. [Labor legislation in the process of structural reform in Latin America and the Caribbean]. In *Empleo y distribución del ingreso en América Latina: ¿Hemos avanzado?,* ed. M. Cárdenas, forthcoming.

Newell, A., and J. S. V. Symons. 1987. Corporatism, laissez-faire, and the rise in unemployment. *European Economic-Review* 31 (3): 567–601.

Ocampo, J. A. 1987. El regimen prestacional del sector privado. [Severance payments regime in the private sector.] In *El problema laboral Colombiano, Informe de la Misión Chenery,* ed. J. A. Ocampo and Manuel Ramírez. Contraloría General de la República-DNP.

Pombo, C. 1997. How high is the user cost of capital for the Colombian industrial entrepreneur? University of Illinois. Mimeograph.

Ribero, R., and C. Meza. 1997. Ingresos laborales de hombres y mujeres en Colombia: 1976–1995. [Labor income of men and women in Colombia: 1976–1995]. Departamento Nacional de Planeación Working Paper no. 62. Bogota, Colombia: Departamento Nacional de Planeación.

Sánchez, F., and J. Nuñez. 1998. La curva de salarios para Colombia. Una estimación de las relaciones entre el desempleo, la inflación y los ingresos laborales, 1984–1996. [The wage curve in Colombia: An estimation of the relationship between unemployment, inflation, and labor income: 1984–1996]. Departamento Nacional de Planeación Working Paper no. 80. Bogota, Colombia: Departamento Nacional de Planeación.

Slaughter, M. J. 1997. International trade and labor-demand elasticities. NBER Working Paper no. 6262. Cambridge, Mass.: National Bureau of Economic Research, November.

5 规制对巴西劳动市场表现的影响

里卡多·佩斯·德巴罗斯和卡洛斯·恩里克·孔塞伊*

5.1 引言

劳动市场规制有两个始终不变的目标。第一是改善劳动力的福利，即使以一定程度的经济效率低下为代价。第二是当外部因素或者其他劳动市场不完善存在时，提高经济效率。

这些规制最终可能会由于制定的初衷不合适或者没有预料到的经济环境的改变而变得不适用。这种不适用性可能会导致与原有劳动市场规制目标相悖。因此，如果想要坚持原先的目标，劳动市场规制（像其他市场规制一样）需要被不断评估和升级。

然而，关于劳动市场规制对劳动市场表现的影响的实证研究面临着三大难题。第一，一个不得不面对的事实是，劳动市场规制并不能经常改变，而且要普遍适用于各个行业。劳动市场规制的变化对于识别劳动市场规制对劳动市场的影响是十分重要的，但在时间序列数据和截面数据中很难发现这些变化。

---

* 里卡多·佩斯·德巴罗斯（Ricardo Paes de Barros），巴西应用经济研究所（IPEA）研究员。卡洛斯·恩里克·孔塞伊（Carlos Henrique Corseuil），巴西应用经济研究所研究员。

本章是 Barros, Corseuil, and Gonzaga（1999）和 Barros, Corseuil, and Bahia（1999）的汇编版本。感谢瓦斯马利亚·比瓦尔（Wasmália Bivar）提供的关于 PIM 数据库的宝贵信息。我们还要感谢卡门·佩奇斯、詹姆斯·赫克曼、罗莎娜·门登萨（Rosane Mendonça）、古斯塔沃·冈萨加（Gustavo Gonzaga）、里卡多·亨里克斯（Ricardo Henriques）和米格尔·福格尔（Miguel Foguel）对本章以前版本的评论。最后，我们不能忘记巴西应用经济研究所的团队在这个项目中付出的巨大努力，特别是莫妮卡·巴伊亚（Mônica Bahia）、菲利普·莱特（Phillippe Leite）、丹妮尔·米尔顿（Danielle Milton）、爱德华多·洛佩斯（Eduardo Lopes）、加布里埃拉·加西亚（Gabriela Garcia）、维维亚内·西里略（Viviane Cirillo）和路易斯·爱德华多·格德斯（Luis Eduardo Guedes）。

第二，即使法律制度随时间变化，也很难将它对劳动市场表现的影响独立于其他宏观经济因素的影响。这对巴西来说尤为重要，因为在过去的 20 年间，巴西宏观经济的不稳定性已经达到史无前例的程度。通货膨胀、经济增长、国内外失衡、经济的开放程度也发生了很大的改变。如果使用截面差异，存在很多缺点。在这种情况下，有必要把规制的影响与可能使不同部门的绩效测度不同的所有其他特定部门因素隔离开来。

第三，衡量劳动市场表现十分必要。问题在于劳动市场表现包括了很多维度，并无准确一致的定义。因此，不存在单一的衡量方法。通常只用一种方法来衡量劳动市场表现。

关于巴西劳动市场，许多学者对当时的劳动市场规制带来的益处持批评意见。① 总的来看，这些法律制度设计的初衷是改善福利，给予员工更多的保护。他们指出这些法律制度设计得并不明智，因此未能达到其目标。实际上，基于日益严峻的工作环境、较低的工资，以及巴西劳动力就业能力的下降程度，他们进一步研究发现规制不仅没有改善劳动力的福利，而且还降低了经济效率。他们认为这些法律制度的实施环境是一个全新的经济环境，这个经济环境需要更高的劳动灵活性。因此，劳动市场规制改革成为现在国会议程的核心内容，尤其是在近期的失业剧增后。②

尽管估计这些规制对劳动市场表现的影响十分重要，但关于巴西劳动市场改革的研究仍旧较少。③ 上文指出的三个难题不足以使这一领域的研究相对较少。第一，在 1988 年，劳动市场规制经历了很多变化，当时一部新宪法颁布，包含了大多数现行的劳动市场规制。第二，大量可用的数据使我们能够根据现有的信息来构造劳动市场表现的代理变量，使用可行的方法来估计劳动市场规制的影响。

因此，本章的目标在于确定在较大程度上继承了 1988 年宪法改革的现行的巴西劳动市场规制是否对劳动市场表现有影响。为了达到这一目标，我们将探索可选的方法、信息来源以及衡量劳动市场表现的方法。多样化是为获得研究结果的稳健性的一种尝试。

我们有两种方法来衡量劳动市场表现。一是基于劳动需求模型进行参数估计，二是基于人员流动率。一些可用于估计宪法改革的效应的其他估计方法与

---

① 参见 Jatobá (1994) 中那些关于更高的非工资劳动成本减少了就业机会的观点的分析的调查。这一调查包括 Bacha, Mata, and Modenesi (1972); Camargo and Amadeo (1990); Almeida (1992); Chahad (1993); Macedo (1993); Pastore (1993) 和世界银行 (1991) 的观点。

② 消除季节性变动后，巴西六个大型城市的失业率从 1997 年 10 月的 5.7%左右增加到了 1998 年 6 月的 7.4%。

③ 一些例子见 Amadeo et al. (1995)、Amadeo and Camargo (1993)、Amadeo and Camargo (1996) 以及 Málaga (1992) 的研究。

这两种方法是相关的。回归分析是劳动需求参数估计的唯一方法。人员流动率主要用双重差分法进行分析，但回归分析也作为对双重差分法的一种补充而得到发展。

本章包括导论在内分为五部分。在下一节我们简要描述 1988 年的宪法改革，尤其强调与劳动成本相关的部分，并将其作为劳动市场规制变化的主要来源。制度分析接下来的两部分将集中说明两种劳动市场表现的衡量方法。第 5.3 节将致力于描述和完成用于劳动需求参数估计的回归分析。第 5.4 节描述了我们使用人员流动率衡量劳动力市场表现，以及用双重差分法和回归分析进行估计所得的结果。最后，第 5.5 节总结了我们的主要研究发现。

5.2 制度分析

5.2.1 1988 年的宪法改革

1988 年，巴西颁布了新的宪法，并以此作为 20 世纪 80 年代后半期巴西再民主化进程的一部分。巴西原有宪法的内容十分具体，不仅规定了总则，还有许多具体的法律条款。例如，许多劳动法规写入了宪法，因此要在原有宪法的基础上进行修改十分困难。1988 年的新宪法在相当大程度上影响了劳动法规，改变了许多从 20 世纪 40 年代一直保留完整的劳动法规。① 绝大部分修改内容与再民主化的整体环境一致，加强了对员工的保护程度。

如表 5.1 所示的修改内容，这些变化对个人权利和工会组织都产生了影响。新宪法给予了工会更多的自由和自治权。这大大降低了政府干预工会的可能性。事实证明，许多官方的干预机制（例如，劳动部的干涉权和必须在劳动部注册并得到批准），以及对工会组织制度属性（比如职业类别的代表性规模和多样性）的限制被取消了。许多对于工会管理的法规也弱化了，以确保工会在选择其代表以及做出决策时拥有更多的自治权。

表 5.1　1988 年 10 月新宪法改革的变化

宪法改革前	宪法改革后
个人权利	
1. 每周最长工作时间为 48 小时。	1. 每周最长工作时间为 44 小时。
2. 每天持续工作的最长时数为 8 小时。	2. 每天持续工作的最长时数为 6 小时。
3. 最低加班费为正常工资率的 20%。	3. 最低加班费为正常工资率的 50%。
4. 带薪休假为至少 1 个月的正常工资。	4. 带薪休假为至少 4/3 个月的正常工资。
5. 产假为 3 个月（产前 1 个月和产后 2 个月）。	5. 产假为 120 天。

① 有一个例外是在创造 FGTS 的 1996 年，关于解雇的相关规定发生了重大变化。

续表

宪法改革前	宪法改革后
6. 解雇的提前告知时间为 1 个月。 7. 未给出解雇的提前告知的罚款为 FGTS 的 10%。 8. 陪产假 5 天。 9. 利润分配（按照 1996/1997 年的法律执行）。	6. 解雇的提前告知时间与资历成正比（由未来法律进行规范）。 7. 未给出解雇的提前告知的罚款为 FGTS 的 40%。
工会	
A）劳动部有权介入工会并且废除其董事会。 B）每一个工会必须在劳动部注册并经过认证。 C）工会仅在特殊情况下具有全国代表性。 D）工会代表在第一次投票中由至少 2/3 成员选举产生，在第二次投票中由至少 1/2 成员选举产生，在第三次投票中由至少 2/5 成员选举产生。在没有达到法定人数的情况下，劳动部可以选择工会董事并组织下一次选举。 E）工会只能由一种职业类别的员工组成。 F）工会决定进行罢工必须要在第一次投票中获得至少 2/3 成员的票数，在第二次投票中获得至少 1/3 成员的票数。 G）在罢工时，必须提前 5 天通知雇主。 H）禁止基础行业罢工（例如能源和电气服务、医院、制药业、殡葬业等），禁止公务员罢工。	A）劳动部被禁止介入工会。 B）工会不必在劳动部注册并经过认证。 C）允许工会的全国代表性。 D）工会代表的选举遵循工会内部的规定。 E）劳动者（雇主）工会可由多种职业（经济）类别组成。 F）工会决定进行罢工遵循自己的标准。 G）在罢工时，提前 48 小时通知雇主。 H）罢工在一些行业不再被禁止：在重要的生产活动中，劳动者和雇主负责提供最低限度的服务；公务员（除军队人员外）可以进行罢工。

资料来源：Camargo and Amadeo（1990）和 Nascimento（1993）。

从个人权利的角度来看，我们可以观察到一些增加了可变劳动成本和解雇补偿金水平的重要变化。新宪法中对工人保护程度的增强很大程度上增加了企业雇用工人的成本。新宪法中将每周最长工作时间从 48 小时减少至 44 小时；每天持续工作的最长时数从 8 小时减至 6 小时；最低加班费从 20%增加至 50%；产假从 3 个月增加至 4 个月；带薪休假从每月正常工资的 1 倍增至 4/3 倍。

新宪法也大大增加了解雇补偿金金额，这一法律改革将是本研究中变化的基础来源之一，用于估计规制对劳动市场表现的影响。

值得一提的是法律变动只改变了解雇补偿金金额而未改变它们的性质。通常，巴西法律中关于解雇成本的相关规定有两种。第一，雇主必须提前告知被解雇的员工。此外，在告知和真正解雇的时间内，员工理应得到每天 2 小时的时间去寻找工作，并且不得扣除工资。第二，法律规定被雇主以非正当理由解雇的员工必须得到由雇主支付的补偿金。

在1988年宪法颁布之前，解雇必须提前1个月告知。1988年的宪法规定解雇通知期间（1个月）应该计入员工的任期。然而，由于没有具体的法律规范这一宪法规定，而1988年以前，提前告知的规定不变，但解雇前1个月对所有员工来说都不计入他们的任期，因此，这不能作为本研究中劳动法规变化的一个来源。

关于解雇员工的货币赔偿，法规规定了FGTS的一个固定比例，当员工被企业雇用时，一系列的就业保障金开始累积，当员工被以非正当理由解雇时，他们可以领取这些就业保障金。1988年宪法改革后，就业保障金涨到了原先的4倍。

FGTS的基本特征如下。第一，每一个在正规行业工作的员工都拥有个人基金账户；换言之，它是一个私人基金而非一组员工中的一个单项基金。第二，在每一个员工建立基金账户后，雇主按员工每月现行工资的8%的比例进行缴费；因此，任意一家企业的员工，FGTS的累计额与员工在该企业的任期以及他的平均工资成比例。第三，该基金由政府管理。第四，只有当员工被雇主以非正当理由解雇或者员工达到退休年龄时，员工才可以领取他们的基金。[①] 第五，如果员工辞职，那么他们无法得到该基金。第六，员工被解雇时可以得到他们的全部基金，包括之前工作累积的所有基金，加上当他们被企业解雇时，雇主根据员工累积基金额度支付的一定比例的补偿金。[②]

在1988年之前，这笔补偿金相当于现任雇主支付给员工的FGTS累积缴费额的10%。1988年以后，这笔补偿金上升到了40%。由于月缴费比例是月薪的8%，FGTS累积的速度大约是每年每个职位一整个月的工资。所以在数量上，每年每家企业补偿金的累积利率为员工现行月薪的40%（1988年以前为10%），而这笔补偿金在1988年以前数额很小。实际上，在原宪法规定中，受雇于企业的员工要至少工作10年才能获得相当于一整个月月薪的法定补偿金。现在只需2.5年就可获得。

最后，值得一提的是，尽管1988年使FGTS的补偿金增加为原来的4倍，但是它是不是雇主解雇员工的主要限制，以及是不是总解雇成本的主要构成，至今都尚未清楚。例如，提前告知成本可能会大于这笔补偿金。原则上，提前告知在一定程度上会增加解雇成本，因为在一个月内，被解雇的员工有25%的时间未工作，但雇主要支付这部分时间的工资。事实上，被解雇的员工一旦收到解雇通知，工作效率就会下降，意味着他工作贡献率的下降会高于25%。

---

① 存在一些例外情况。员工可以领取他们部分的FGTS资金用于买房。他们也可以使用它来支付大额医疗支出。

② FGTS是由军事政权在1966年建立的一个基金，用于替代当时执行的就业保障制度。实际上，1966年以后的所有新合同都采用了这种新的体系，因为它受到雇主和雇员的青睐。

因此，企业给被解雇的工人支付全额工资，而不要求他们工作一小时，这种情况并不罕见。换言之，解雇的提前告知成本为月薪的25%～100%，但实际上更接近100%而非25%。

因此，对于所有工作年限在2.5年内的员工，提前通知成本要高于解雇补偿金。因为在巴西大多数雇佣关系持续的时间较短，与解雇成本相比，雇主对提前告知成本更为敏感。

5.2.2 解雇赔偿、激励机制和劳动市场可能出现的结果

就激励机制而言，值得强调的是，员工被解雇是获得和控制其所有FGTS基金的一个主要机制。此外，员工有强烈的动机来获得他们的FGTS基金。首先，政府对FGTS的管理并不充分，导致FGTS产生的实际收益甚至为负或实际收益低于市场利率。① 其次，由于缺乏远见和信贷约束，员工可能会在未来大量贴现。这基于以下事实：（1）所有解雇补偿金会立刻发放给被解雇的员工；（2）员工得到他们的FGTS基金的主要途径就是被解雇，如果政府管制程度不够，这在很大程度上会激励并且导致员工在工作的特定时期主动被解雇。这些激励都与FGTS的存在以及基金中的累积金额有关。正如我们在最后一部分看到的，宪法并未改变劳动法规在那些方面的规定。

存在与解雇补偿金相似的其他激励机制，实际上推动了本章的估计结果。一方面，这些补偿金是由雇主付给员工的，而不是雇主对一组中的所有员工持有的社会基金进行的支付。换句话说，被解雇的员工（只有他自己）收到个人的补偿金。这一法规已经根深蒂固，对员工的行为已经产生了负面影响，并激励了他们自我解雇。②

另一方面，当解雇补偿金增加时，企业在减少解雇员工的行为的同时，在雇用过程中更为挑剔，导致雇用率下降更多。因此，人员流动率的净效应取决于每个企业和员工对于法定补偿金的反应。值得一提的是，这些激励仅仅适用于任期长于3个月的员工，因为在3个月任期期间雇主可以解雇员工，并且不用承担任何补偿金。

因此，人员流动率的总效应取决于企业在员工试用期（前3个月）的反应。企业可能会在试用期变得更为挑剔，因为3个月之后的解雇成本更高。这意味着由于解雇补偿金的增加，试用期内的人员流动率上升。所以我们必须对比所有时期的结果，以便更好地估计人员流动率的总效应。

根据前面所述的激励机制，立法能否达到降低解雇成本这一最初目标是不

---

① 见Almeida and Chautard（1976）关于FGTS的广泛分析，包括基金管理和员工福利等信息。Carvalho and Pinheiro（1999）最新的研究着重探讨了FGTS对投资的激励作用。

② 见Macedo（1985）及Amadeo and Camargo（1996）。

甚明确的。我们甚至得到了一个相反或无效的结果。此外，没有任何反应也可能会产生一个无效的结果。如果补偿金不是竞价约束，就会出现这种情况。事实上，我们拥有一些证据表明员工和企业之间暗中串通勾结，员工自愿离职。在这种情况下，员工可以得到他们的基金而企业不必支付补偿金。Barros，Corseuil，and Foguel（2001）指出有 2/3 的员工为了得到他们的 FGTS 自愿从正规部门辞职，而他们辞职的官方记录为被解雇。[①]

5.3 劳动需求估计

这一节描述了用劳动需求参数来估计劳动法规对劳动市场表现的影响。这些参数是劳动市场表现的代理变量。我们以月为单位来估计这些参数，并试图识别这些参数的演变是否与宪法改革或者宏观经济指标的变动有关。接下来，我们将宪法改革和宏观经济指标的劳动需求参数进行回归。

该部分分成五个小节。第 5.3.1 节描述了我们基于劳动需求构建的结构模型。第 5.3.2 节描述了根据理论模型得出的估计过程。第 5.3.3 节和第 5.3.4 节重点描述识别策略和研究数据的基本情况。第 5.3.5 节为实证研究结果。

5.3.1 劳动需求结构模型

在这一部分我们采用了已有的纵向数据来估计动态劳动需求结构模型。该模型是已有文献中最简单的一个，假设把劳动作为同质投入，并且劳动是唯一需要调整成本的投入。[②] 此外，这一基本理论模型假设对每一个企业 i，在每一个时间点 t 上，选择就业水平 $n_i(t)$，以最大化预期收益现值为目的；如下所示，每一个企业选择 $n_i(t)$ 是为了最大化

$$E_t\Big(\sum_{r=0}^{\infty}\rho^r\{R[n_i(t+r),\boldsymbol{p}_i(t+r),\boldsymbol{\theta}(t+r),\mu_i(t+r)]$$
$$-\delta(t+r)w_i(t+r)n_i(t+r)-C[\Delta n_i(t+r),\eta(t+r)]\}\Big) \qquad (1)$$

其中，R 代表收益函数，C 代表就业调整成本函数。

因此，在每一个时间点的收益函数 R，在给定就业选择和技术水平的条件下，可以通过选择生产水平和所有非劳动可变投入要素来达到收益最大化。[③] 因此，收益函数的内容可以分成三个部分：（1）就业水平 $n_i(t)$；（2）所有与

---

① 在一些巴西的家庭调查中发现，员工能否获得该基金存在疑问。

② 见 Nickell（1986）、Hamermesh（1993）、Hamermesh and Pfann（1996）关于动态劳动市场模型的研究。

③ 在技术领域，我们包含了所有固定的或者外生的决定投入水平的影响因素。

产品价格相关的可变投入要素的价格 $\boldsymbol{p}_i(t)$；（3）技术水平的所有决定因素。我们把技术水平的所有决定因素分为两组：（1）每个时间节点上的技术水平总体情况的一组参数，$\boldsymbol{\theta}(t)$，这对所有企业都是通用的；（2）特定企业在特定时间的技术创新 $\mu_i(t)$。

方程（1）的第二项是直接劳动成本。在这个方程中，$w_i(t)$ 是企业在时间点 t 时支付的实际工资率①，而 $\delta(t)$ 是全部可变劳动成本和工资率之间的比率。我们假设所有非工资可变成本与工资始终成比例，并且适用于所有企业，但这个比例会因为法律变动而随时间发生变化。

最后，假设调整成本（C）是就业净变动的函数，即 $\Delta n_i(t)= n_i(t)- n_i(t-1)$ 和一个参数 $\eta(t)$ 的函数。当经济环境和劳动法规发生变化时，参数 $\eta(t)$ 可能会随时间发生变化，但这对于所有企业都是无差别的，表明所有企业都面临相等的调整成本。

根据这一模型，技术水平和劳动成本可能会随着时间变动而随意变动。而企业特有的技术冲击也会影响技术发展。对所有企业来说，劳动成本由企业特定工资和法律决定。

为了得到使收益最大化的最优解，我们引入了一系列简单的假设，从而能够用方程（1）的解来定义就业水平②：

$$n_i(t) = \lambda n_i(t-1) + \frac{(1-\lambda)}{\theta^{12}}\left[\theta^{11}(t) + \mu_i(t) + \sum_{s=1}^{m}\varphi_s(t)I_{is} - \delta(t)w_i(t)\right] \tag{2}$$

其中，λ 由下列式子定义：

$$\theta^{12}\lambda = (1-\lambda)(1-\rho\lambda)\eta$$

I_{is} 指示企业 i 是否属于行业 s，当企业 i 属于行业 s 时，$I_{is}=1$，反之，$I_{is}=0$。最后，$\theta^{11}(t)$ 和 $\theta^{12}(t)$ 来自 $\boldsymbol{\theta}(t)$，对应二次收益函数的参数，对调整成本函数作同样的假设。

5.3.2 计量经济模型

为了得到使劳动需求实证可行的计量经济模型，特定企业和特定时间的技术创新 $\mu_i(t)$ 必须更为具体。假设创新包括三个基本组成部分：

$$\mu_i(t) = \beta_i + \gamma(t) + U_i(t)$$

其中，β_i 为特定企业不随时间变化的技术组成部分，$\gamma(t)$ 为总的特定时间的技术冲击，$U_i(t)$ 为其他技术冲击。β_i 和 $\gamma(t)$ 允许我们假设，除去任何一般性损失，不同时间和企业的 $U_i(t)$ 的平均值都一直为零。然而，由于经济模型中

① 实际工资率通过名义工资除以产品价格获得。

② 模型的完整推导见本章附录 A。

也会包括行业分类变量 I_{is}，所以我们必须假设每一行业内的$U_i(t)$ 的平均值也为零，即我们假设对于每一个 s，有

$$E[U_i(t) \mid I_{is} = 1] = 0$$

为了确定模型的参数，需要有附加的假设条件。或许最简单的方法就是假设 $U_i(t)$ 是外生的均匀变化的变量。因此，我们假设对所有的 $p>k^1$，有

$$E[U_i(t)n_i(t-p)] = 0$$

我们还假设即使这些技术冲击与近期的工资演变相关，但它们和过去的工资演变不相关，即对所有的 $p>k^2$，有

$$E[U_i(t)w_i(t-p)] = 0$$

注意假如 U 是外生的均匀变化的有序过程，即

$$k = \max(k^1, k^2)$$

那么这两个假设就能够即刻得到满足。

考虑到技术创新，方程（2）可以重新表达为

$$n_i(t) = \alpha(t) + \beta_i^* + \sum_{s=1}^{m} \varphi_s^*(t) I_{is} - \delta^*(t) w_i(t) + \lambda n_i(t-1) + U_i^*(t) \tag{3}$$

其中，

$$\alpha(t) = \frac{1-\lambda}{\theta^{12}}[\theta^{11}(t) + \gamma(t)]$$

$$\beta_i^*(t) = \frac{1-\lambda}{\theta^{12}}\beta_i$$

$$\delta^*(t) = \frac{1-\lambda}{\theta^{12}}\delta(t)$$

$$\varphi_s^*(t) = \frac{1-\lambda}{\theta^{12}}(t)$$

$$U_i^*(t) = \frac{1-\lambda}{\theta^{12}}U_i(t)$$

方程（3）中的 $\alpha(t)$ 和 β_i^* 导致了一些测量瑕疵。$\alpha(t)$ 的存在使得方程中的一些参数不满足严格时间序列条件，除非强加一些 $\alpha(t)$ 的函数形式。

在截面数据中，困难在于 β_i^* 和 $n_i(t-1)$ 之间的自相关。为了解决这一问题，我们必须依赖纵向信息。如果这一类型的信息是可用的，我们可以用一阶差分得

$$\Delta n_i(t) = \Delta\alpha(t) + \sum_{s=1}^{m} \Delta\varphi_s^*(t) I_{is} - \delta^*(t)\Delta w_i(t) + \lambda\Delta n_i(t-1) + \Delta U_i^*(t) \tag{4}$$

只要劳动的总可变成本和工资率 $\delta(t)$ 的比率是不随时间变化的。该方程的优点在于可以消除异质成分 β_i^*。尽管如此，它仍旧不能用多元回归进行估计，因为

$$E[\Delta n_i(t-1)\Delta U_i^*(t)] \neq 0$$

它遵循前面关于 $U_i(t)$ 所做出的假设，即对所有的 $p>k+1$，有

$$E[n_i(t-p)\Delta U_i^*(t)] = 0$$

以及

$$E[w_i(t-p)\Delta U_i^*(t)] = 0$$

因此，模型可以通过使用过去的就业和工资作为工具变量来进行估计。基于 $U_i(t)$ 的假设，所有就业和工资都滞后至少 $k+2$ 期，才可能成为有效的工具变量。但是这一观点特别的一点是，有必要限制工具变量的数量。这里我们将使用滞后 6 期的就业和滞后 6 期的工资作为工具变量，即我们将使用 $k+2$，…，$k+7$ 月的就业和工资信息。在测量中我们将使用一个二值变量 k 值（k 分别等于 1 个月或 10 个月）。因此，必须收集至少 17 个月的特定企业的就业和工资的面板数据。

基于方程（4），使用这一计量模型估计 $\alpha(t)$、λ、δ^* 和 $\varphi_s(t)$ 是可行的。改变这些参数的值，尤其是 1988 年后的 λ 和 δ^*，表明法律制度可能对劳动市场的表现有影响。① 调查这些制度的变化是为了运用 1988 年以前的数据和近几年的数据估计这两组参数。这些可用的数据使我们获得了需求方程参数的月度估计量。

这一策略与仅估计 1988 年前期和后期的两个模型的策略相比，至少有三个优点。第一，它更易执行，因为这一计量模型的估计基本上是基于截面数据的估计。标准误的估计也更简单，因为在本研究中，不需要去估计技术冲击与时间的关系。

第二，模型的月估计很大的优势在于，可以在参数变化的时间点上进行精确的识别。参数变化时的精确识别有助于深刻地理解宪法改革是不是劳动需求改变背后的真正推动力。例如，假如参数在 1988 年之前很长时间或者过后很长时间有变化，我们可能会质疑 1988 年宪法改革和劳动需求的因果关系。

第三，也是最为重要的一点，月参数估计值使我们能够确认它们变化的决定因素——通过法规（1988 年宪法改革）或者通过宏观经济指标。这在我们回归分析的第二步是可以准确估计的。

在接下来的一节中我们将详细描述第二步。值得一提的是，除了之前所提的利率，我们还可以获得前面提到的利率系数的估计值。其他系数中的第一个

---

① 值得一提的是，在估计每月的劳动需求的过程中，参数 θ^{12}、η 和 δ 必须至少在一段时间内恒定。估计参数只有在假设有效时一致。假如参数 θ^{12} 和 η 随时间变化，方程（2）将不是 Euler 方程的解。此外，如果 δ 每个月与下个月都不同，那么，特定企业在特定时间内恒定的技术成分，即 β_i^* 的一阶差分仍旧能够起作用，但是将会生成一个不同的函数，因为在这种情况下的 δ^* 不能被剔除。

是工资变动对就业的长期影响，ϕ，即

$$\phi = \frac{\delta^*}{1-\lambda}$$

其他参数是生产函数的结构参数 θ^{12}，以及成本函数 η。其他的额外数据可以得到那些参数的估计值。在本研究中，我们假设贴现率 ρ 以及劳动和工资的单位成本比率 δ 分别为 0.95 和 1.8。给定两个参数和 λ 和 δ^* 的估计量，基础参数 θ^{12} 和 η 的估计可由下式得到：

$$\hat{\theta}^{12} = \frac{1-\hat{\lambda}}{\hat{\delta}^*}$$

和

$$\hat{\eta} = \frac{\hat{\lambda}\delta}{\hat{\delta}^*(1-\rho\hat{\lambda})}$$

5.3.3 识别策略：第二步

需求函数的月估计仅仅是我们进行计量分析的第一步。因为巴西经济经历了一个贸易自由化的进程，并且宪法改革影响着一系列的制度规定，因此发生在这一时期的劳动需求方程的参数变化可能并不能立刻归结于宪法改革。

为了估计宪法改革对劳动需求方程参数变化的影响，我们把参数的月估计系数与 1988 年宪法改革的时间变量 D_t 进行回归，并控制一系列宏观经济指标 M_t。由于估计值会随时间变化，为了控制这一变化，我们用因变量参数估计值除以相应的标准误，即估计下列回归方程：

$$\frac{\hat{\lambda}(t)}{s_\lambda(t)} = a_1 + b_1 D(t) + c_1 M(t) + e_1(t)$$

和

$$\frac{\hat{\delta}^*(t)}{s_\delta(t)} = a_2 + b_2 D(t) + c_2 M(t) + e_2(t)$$

$s_\lambda(t)$ 和 $s_\delta(t)$ 是 $\lambda(t)$ 和 $\delta^*(t)$ 的标准误，如果 t 表示 1988 年之前，则 $D(t)=0$，否则，$D(t)=1$。我们引入下列宏观指标：(1) GDP 实际增长率；(2) 由总贸易（出口加进口）与 GDP 的比率衡量的开放程度；(3) 通货膨胀率；(4) 由通货膨胀标准误衡量的通货膨胀波动。在所有的回归中都包括月度虚拟变量和线性趋势。这些回归运用 1986 年 6 月至 1997 年 12 月的数据通过最小二乘估计法进行估计。估计值 b_1 和 b_2 为正且统计上显著，表明 1988 年宪法改革对劳动需求有重要影响，并且其对就业水平和调整速度也有显著影响。

5.3.4 研究数据

我们首先通过来自月度工业研究（PIM）的月度纵向数据估计了劳动需求。PIM 是由 IBGE（巴西调查局）进行的月度工业企业调查，调查范围覆盖

了整个国家。它是针对大约 5 000 家制造业企业进行分层抽样后的纵向调查，这些制造业企业的雇员人数都超过 5 人。这个面板数据覆盖的时间段为 1985 年 1 月至今。

该调查收集了劳动投入、劳动成本、人员流动率、产出等信息。劳动产出数据包括了就业和总工作小时数。调查中用于衡量劳动产出的信息有三个局限性。第一，数据中的总工作小时数并非真正的工作小时数。第二，所有的数据信息仅指直接参与生产的员工。第三，没有关于被雇用劳动者任职资格的信息。

关于劳动成本，有两种可用的数据：(1) 合同工资总额（即劳动合同中确定的薪水总额），(2) 工资总额。基于本研究的目的，工资税数据似乎更有效，因为它包含了合同工资、加班费、佣金，以及其他激励方案带来的收入，例如生产效率奖金。它也包括了一些额外福利、带薪休假、其他风险活动的额外支付、夜班费和其他补偿金。①

事实是尽管工资总额包括了许多劳动成本，但是它并未把所有的劳动成本全部包含进去。如雇主支付的社会保险费，以及培训计划和其他社交活动成本都没有被包括在内。幸运的是，这些费用只是合同工资的一部分，除了 1988 年宪法改革时有显著变化外，其他时间几乎没有变化。

因此，我们使用了调查中的三个重要信息：(1) 就业水平，(2) 总工作小时数，(3) 工资总额。基于这三个变量的信息，我们构建了两种可变劳动成本的衡量指标。这两种衡量指标分别为工资总额与就业水平的比值和工资总额与总工作小时数的比值。对于劳动投入我们也使用了两种可行的衡量指标：就业和工作小时数。因此，每一个需求模型实际上会根据劳动投入的这两个衡量指标被估计两次。我们将呈现基于就业水平构建的模型 1 和基于工作小时数构建的模型 2 的估计结果。

在劳动需求结构模型中我们总结了一些在上一节提到的宏观经济指标。国内生产总值（GDP）数据来自 IBGE。进出口数据则是由 FUNCEX 和 IPEA 共同计算得出的。最后，我们使用官方的通货膨胀指数来衡量通货膨胀波动。

在我们进行劳动需求估计前，我们先呈现一些基本的统计分析结果。图 5.1 的面板 A 和 B 呈现了本研究使用两种衡量指标所得的劳动投入的月平均水平。这些数据显示，在我们分析期间员工数量达到 200～300 人的企业中，员工的工作小时数为每月 45 000～70 000 小时。样本中每个员工每月的工作小时数平均为 230 个小时。值得注意的是这些工作小时数并非实际工作小时数。例如，这些小时数包括了每周至少一次的休假（通常为周日），这个休假日是支

---

① 在本研究中，几乎所有关于合同工资和工资总额的数据都是平减特定行业批发物价指数后的，除去制药（药品）、塑料制品、纺织品，以及香水、肥皂和蜡制品领域。所有货币值均以 1997 年 12 月的雷亚尔为参照。

付工资的，但是员工不用工作。

这些数据显示，在 1985—1997 年间，每个制造业企业的就业和工作小时数都下降了，总体下降集中于 20 世纪 90 年代的前两年。本研究的主要目标是确定这种下降在多大程度上与 1988 年的宪法改革和其他宏观经济变化相关，这些变化标志着巴西经济在这段时期的表现。

图 5.1 的面板 C 和 D 显示了两种方法测量的劳动成本的月度变化。这些数据显示在绝大多数时间内，巴西制造业生产工人的平均月薪位于 600～800 雷亚尔之间，可以推断出时薪为 2.50～3.50 雷亚尔。[①] 这些数据显示了在这一时期，随着至少四个周期的波动，工资全面上涨的趋势。这些周期与 1985—1994 年的稳定计划高度匹配；见图 5.1 的面板 E。

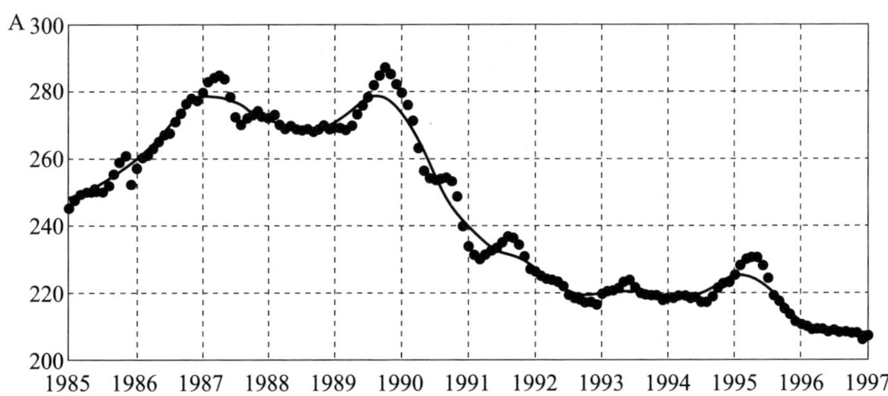

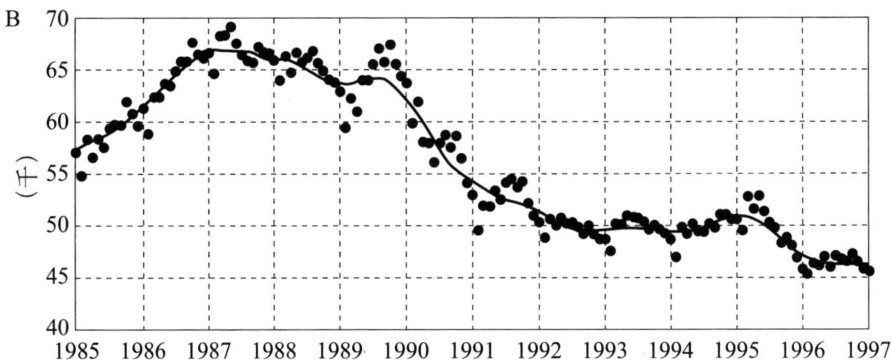

图 5.1 基本统计：A，平均就业；B，每月的平均工作小时数；
C，每个生产工人的工资；D，每小时工资；E，月通货膨胀变化

资料来源：A、B、C 和 D 来源于 PIM，E 来源于 IBGE。

注：通货膨胀是由一个月的 15 日到后一个月的 15 日的全国居民消费价格指数（INPC-R）的变化来衡量的。

① 1997 年 12 月兑换率为 1.11 雷亚尔兑换 1 美元。

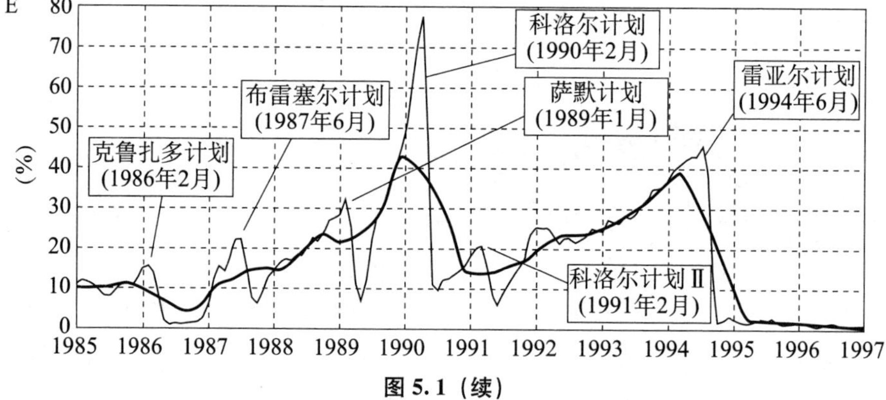

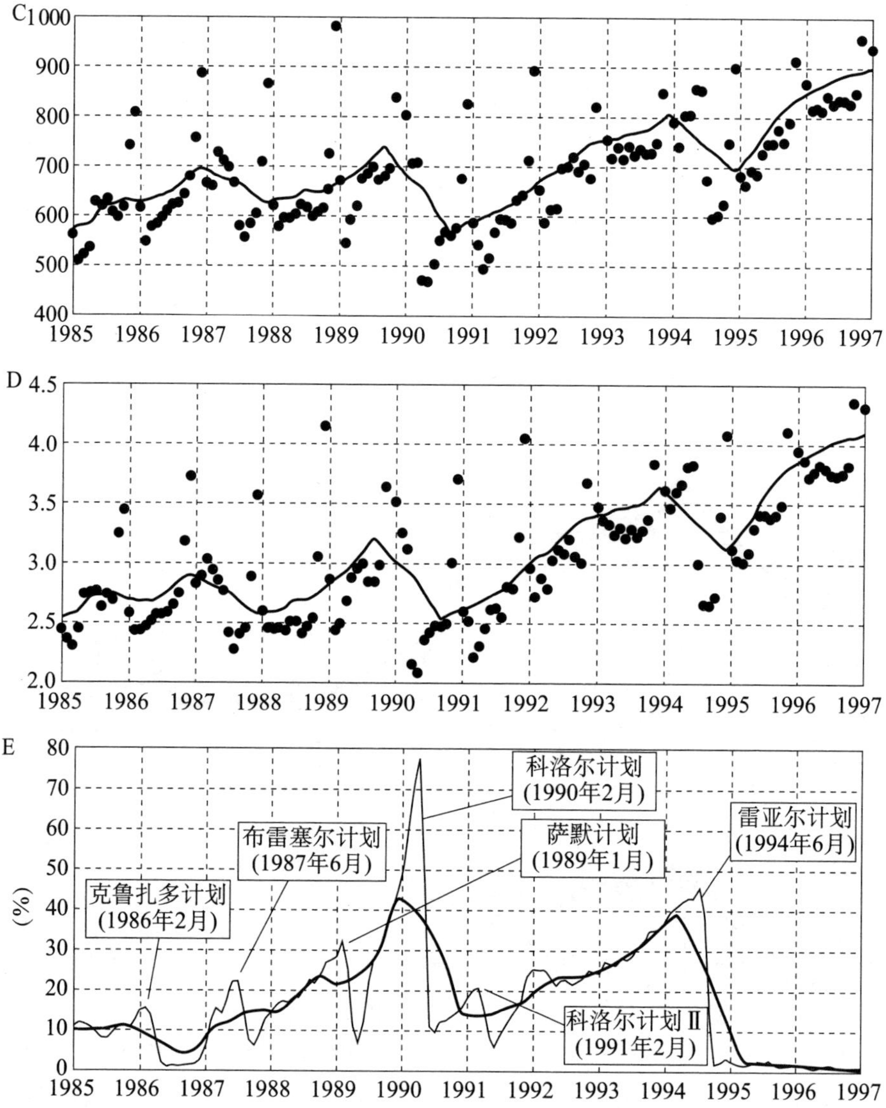

图 5.1（续）

5.3.5 实证结果

1988 年宪法改革促使劳动成本，尤其是解雇成本上升。在某种程度上，这些改革十分重要，因为它们会导致就业对于工资的影响下降，即 δ^* 和 ϕ 减小，同时调整的速度也会变化（如就业滞后项的系数 λ 会变大）。

我们估计了 1986 年 6 月至 1997 年 12 月每个月的劳动需求模型。尽管我们有 1985 年 1 月的数据，但是有效工具变量决定了参数估计只能从 1986 年中期开始，所以研究数据是从实际调查开始之后的 17 个月的数据。

正如前一部分所提到的，根据劳动投入衡量方法的选择，可建立两种劳动需求模型，每个模型有两种估计，这与选择的工具变量的滞后阶数有关。因此，共得出四种劳动需求函数。在每一个模型中我们直接估计两个参数：(1) 就业滞后项系数 λ；(2) 现行工资系数 δ^*。我们也估计了工资变化对就业 (ϕ) 以及其他结构参数 (θ^{12} 和 η) 的长期影响。

图 5.2 和图 5.3 展示了工资变化对就业短期影响 δ_t^* 的月度变化情况。图 5.4和图 5.5 显示了就业滞后项系数 λ_t 的估计结果。由于估计结果每月都会发生变化，我们也计算了修正后的 12 个月的动态平均值。首先，我们删去了样本分布中占所有样本量 10%的最低值和最高值。[①] 其次，我们用剩余的估计值

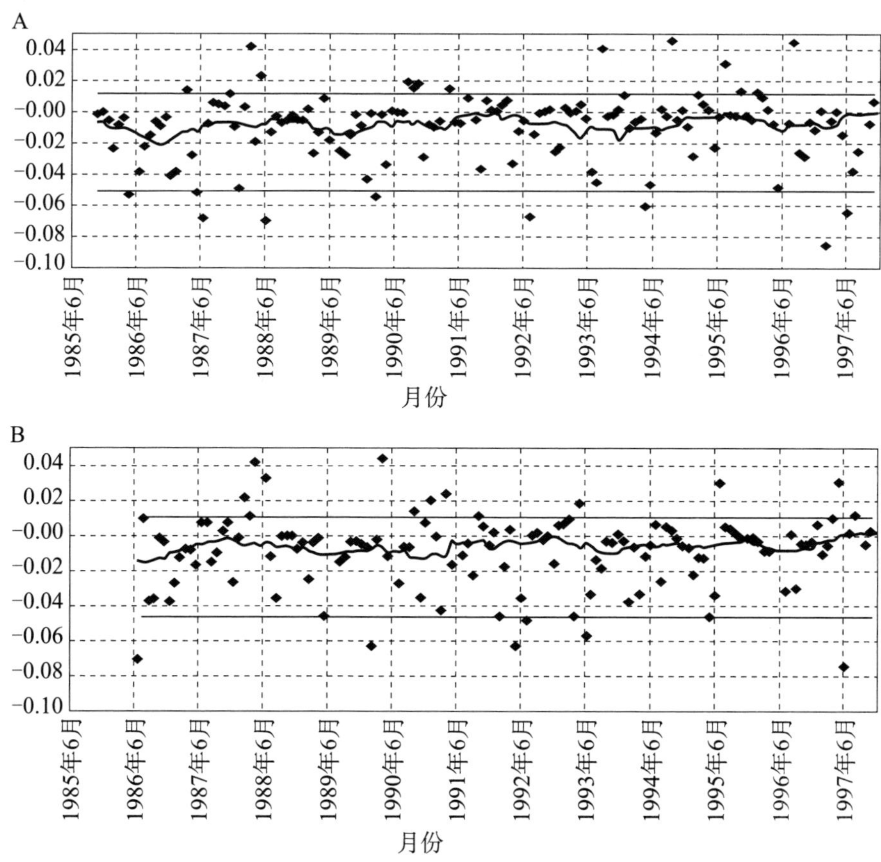

图 5.2 就业对劳动成本变化的短期反应 ($-\boldsymbol{\delta}_t^*$) 的变化情况，变量，模型 1，就业水平：A，$k=1$；B，$k=10$

资料来源：PIM.

① 在每一个图中，占所有样本量 10%的最低值和最高值为图中的两条水平线。

来计算 12 个月的动态平均值。这些平均值是加权的，并用估计所得的标准误倒数作为权重。基于模型进行估计所得的基本参数（λ_t 和 δ_t^*）的动态平均值，我们得到了工资对就业的长期影响 ϕ_t。这些结果将在图 5.6 和图 5.7 中呈现。

基于我们的信息得到这些参数两年的动态平均值以及 ρ 和 δ 的选择值，而且还可得到模型中一些重要的其他结构参数的估计值：$\boldsymbol{\theta}^{12}$ 和 η。这些估计值将在图 5.8、图 5.9、图 5.10 和图 5.11 中呈现。

图 5.2、图 5.3、图 5.6 和图 5.7 提供的证据表明，随着劳动成本的上升，就业和工作小时数都有所下降。然而，这些数据不能证明随着 1988 年宪法改革，就业对劳动成本上升的影响是短期的还是长期的。

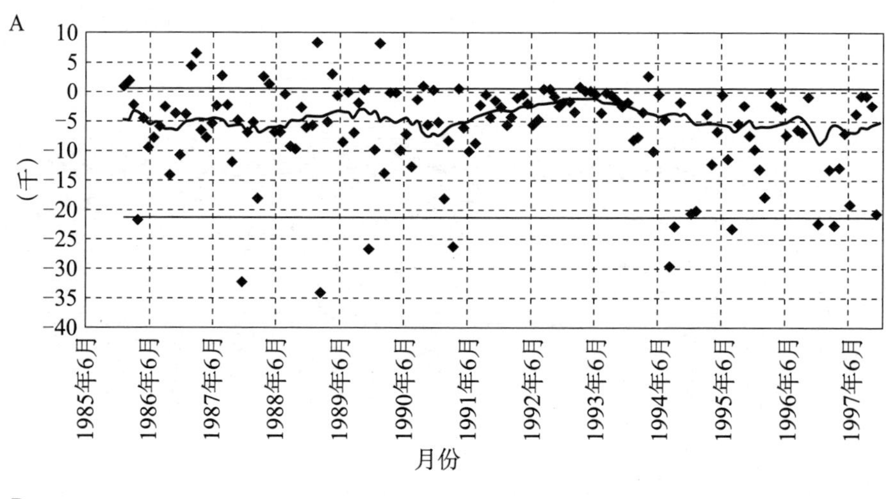

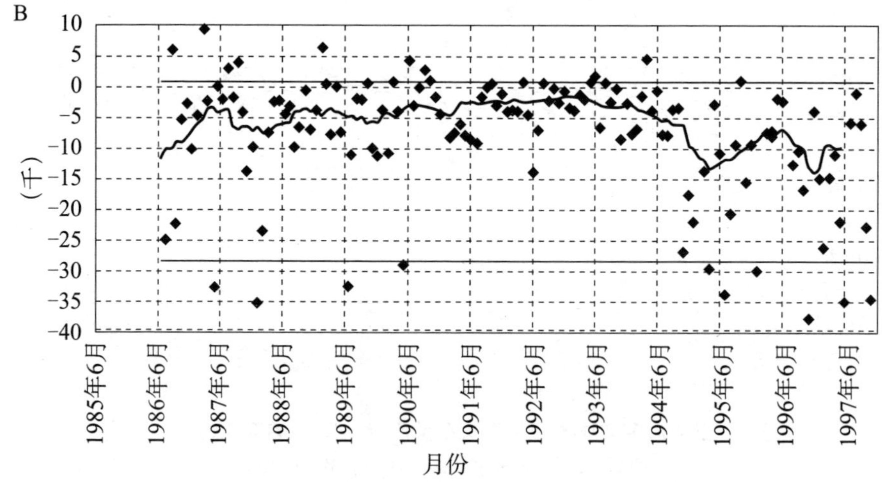

图 5.3　就业对劳动成本变化的短期反应（$-\delta_t^*$）的变化情况，变量，模型 2，工作小时数：A，$k=1$；B，$k=10$

资料来源：PIM.

图 5.4 和图 5.5 并未给出 1988 年宪法改革对调整速度有显著影响的依据。实际上，图 5.4 和图 5.5 显示了调整速度持续中等速度增长的趋势，这与预期解雇成本的离散式增长相反。值得一提的是，估计量 λ 符号为正，并且统计上十分显著，至少当我们用雇用员工的数量作为劳动投入的衡量指标进行估计时，结果如此。这些估计结果比那些用时间序列数据进行估计所得的结果要小（λ 的估计值约为 0.5）。虽然在使用工作小时数这个指标进行估计时会得到同样的结果，但在一些时间点上的估计值可能为负，导致估计结果不是很精确。最后，图 5.4 和图 5.5 显示，由于我们选择滞后项作为工具变量（如随着 k 增长），λ 估计值下降，表明技术冲击之间的序列相关可能会导致估计所得的 λ 偏误增大。

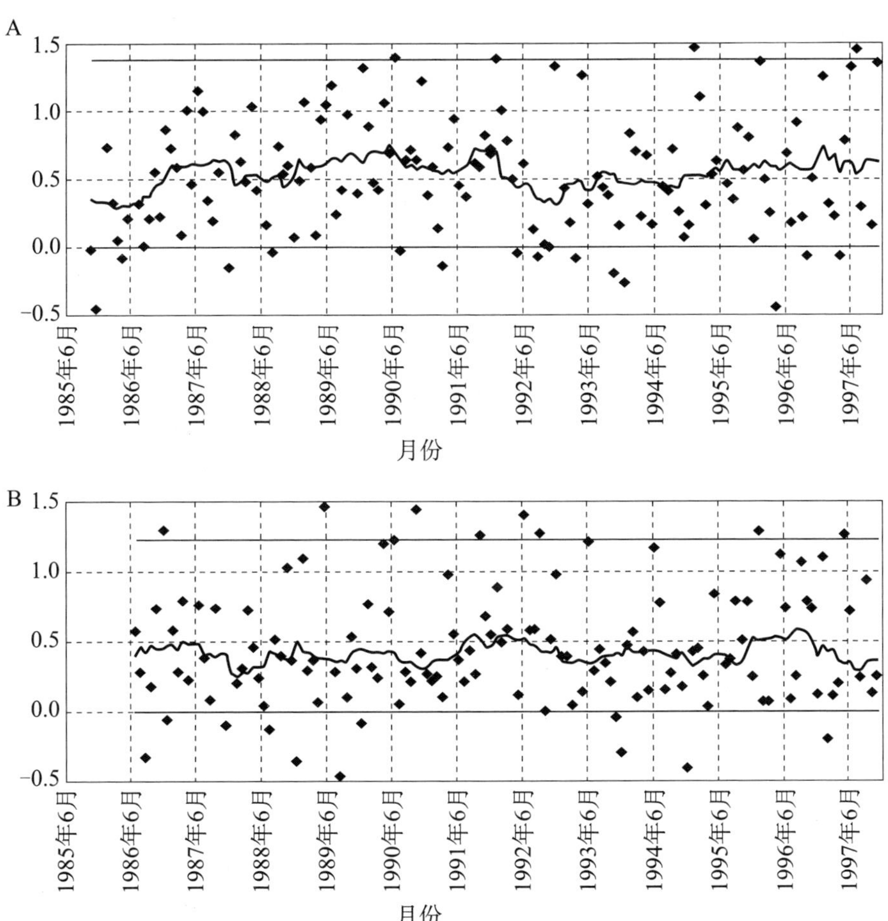

图 5.4　就业对就业滞后项（λ）的短期反应的变化情况，变量，模型 1，就业水平：A，$k=1$；B，$k=10$

资料来源：PIM.

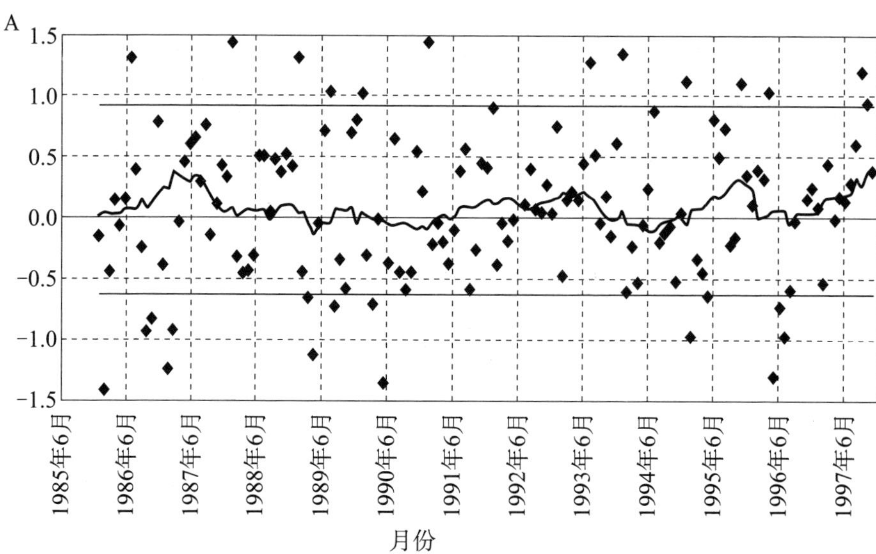

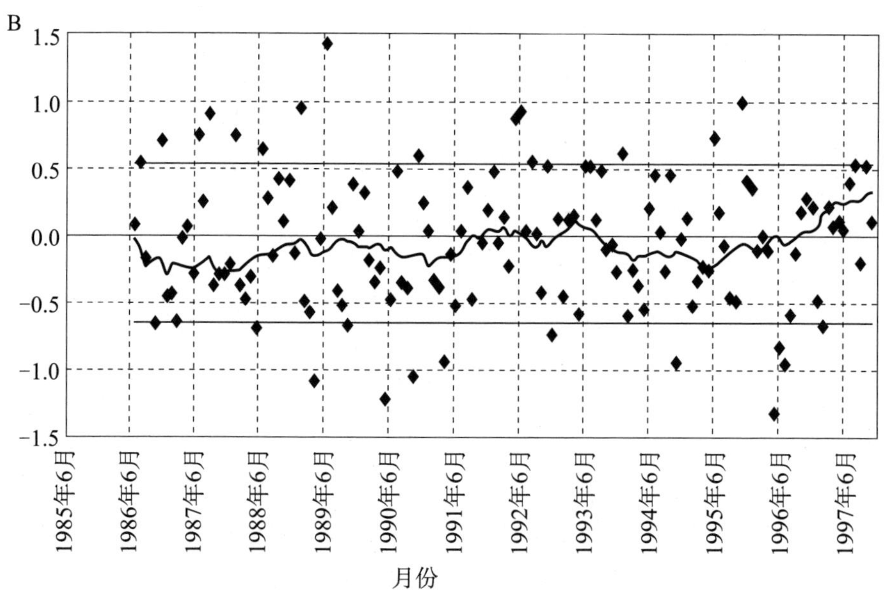

图 5.5　就业对就业滞后项（λ）的短期反应的变化情况，变量，模型 2，工作小时数：A，$k=1$；B，$k=10$

资料来源：PIM.

如果所有变量都取对数，那么基本参数的解释就会更简单。所有变量取对数后的解释也都相近，这与劳动需求模型结构有关。因此，把所有变量都取对数后，我们重新估计了所有的模型。图 5.12～图 5.17 显示取对数后的估计结果是稳健的。

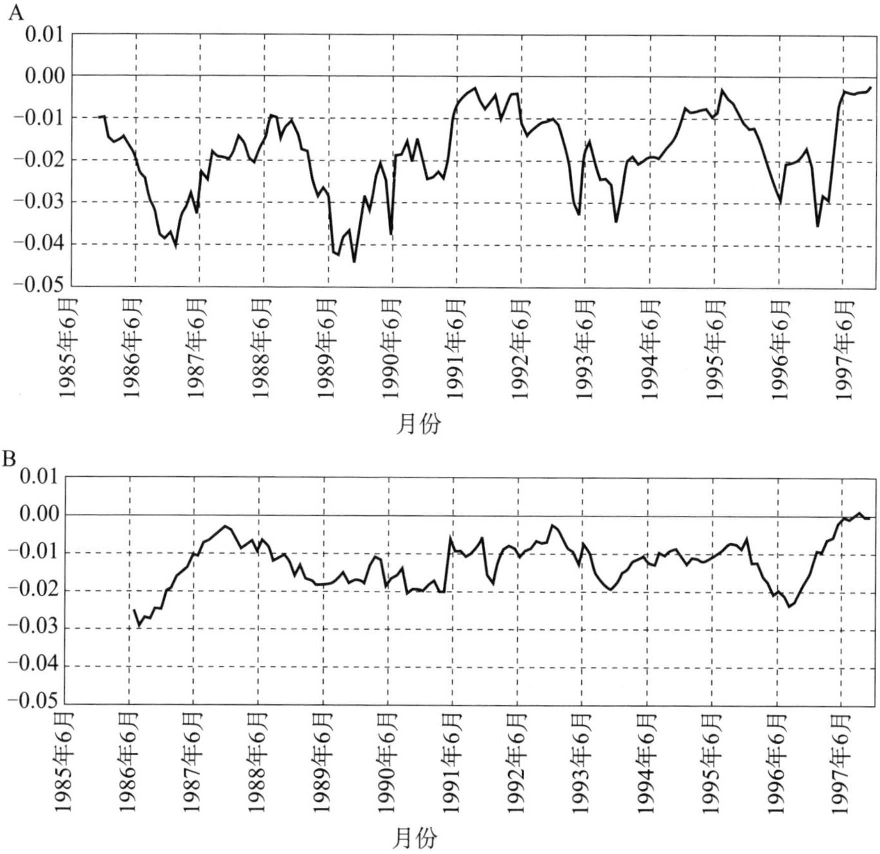

图 5.6 就业对劳动成本的长期反应（$-\theta$）的变化情况，变量，模型 1，就业水平：A，$k=1$；B，$k=10$

资料来源：PIM.

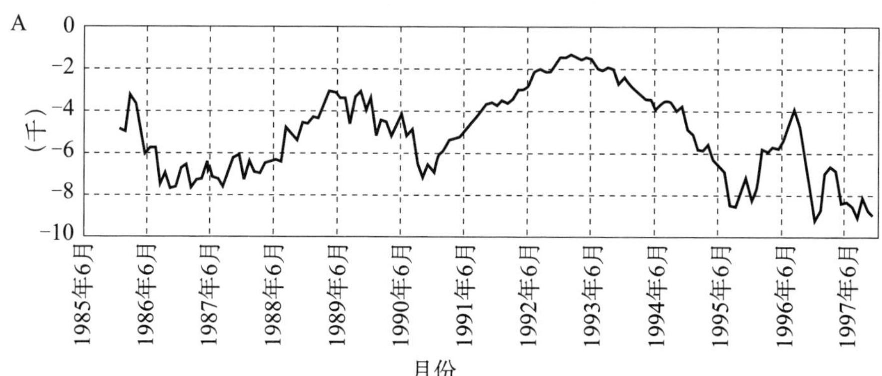

图 5.7 就业对劳动成本的长期反应（$-\theta$）的变化情况，变量，模型 2，工作小时数：A，$k=1$；B，$k=10$

资料来源：PIM.

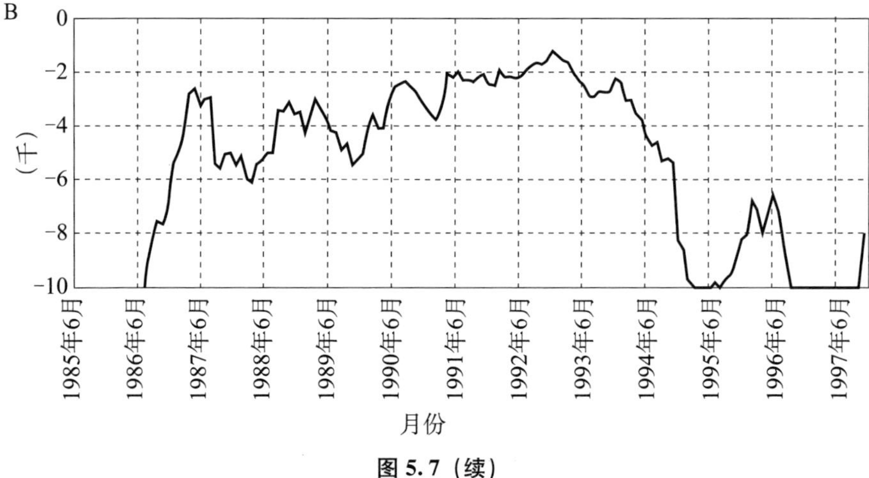

图 5.7（续）

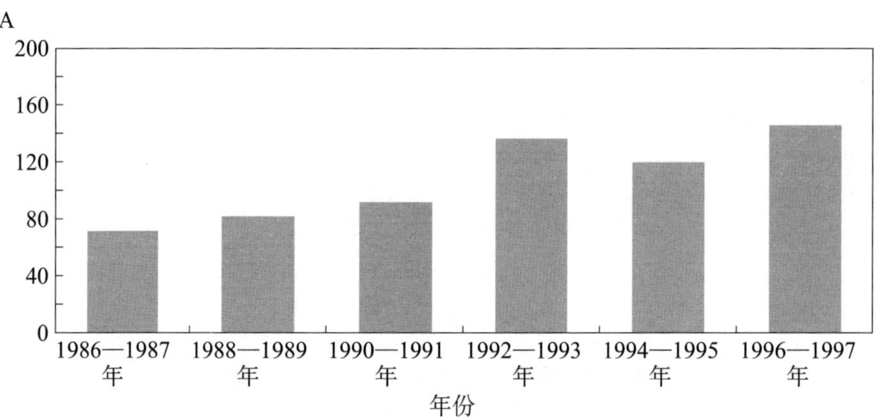

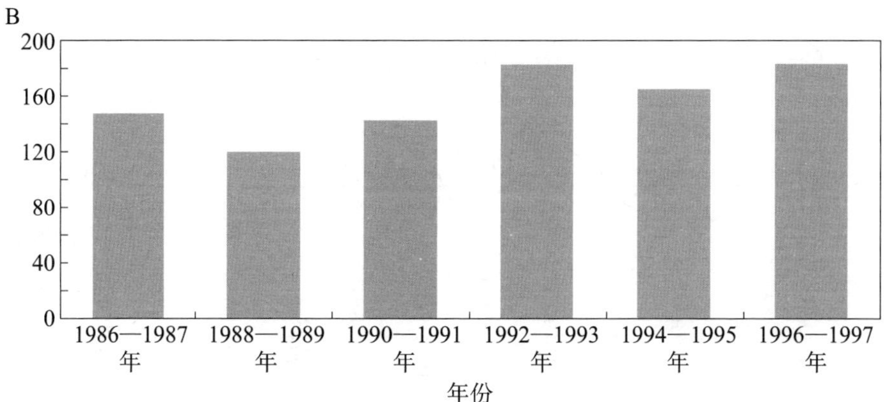

图 5.8　生产函数结构参数（θ^{12}）的短期演变的平均值变化情况，变量，模型 1，就业水平：A，$k=1$；B，$k=10$

资料来源：PIM.

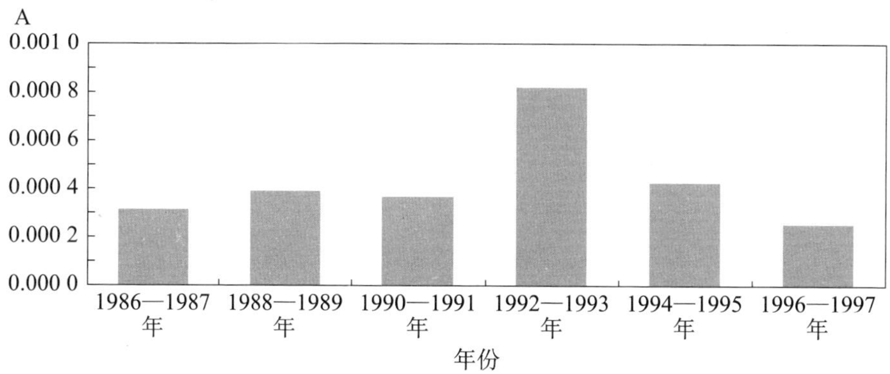

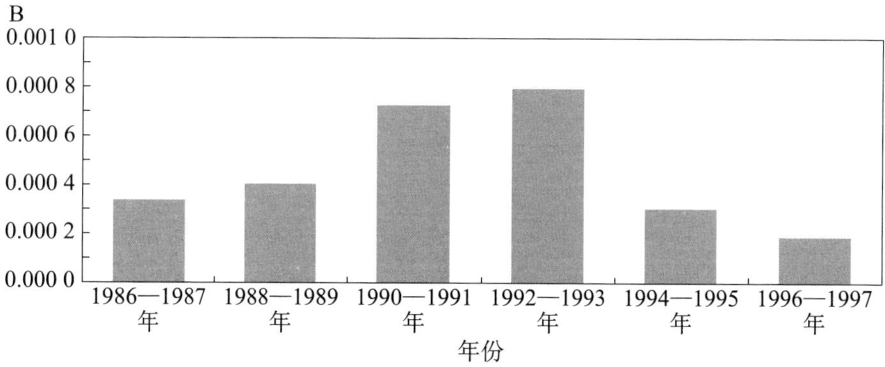

图 5.9　生产函数结构参数（θ^{12}）的短期演变的平均值变化情况，变量，模型 2，工作小时数：A，$k=1$；B，$k=10$

资料来源：PIM.

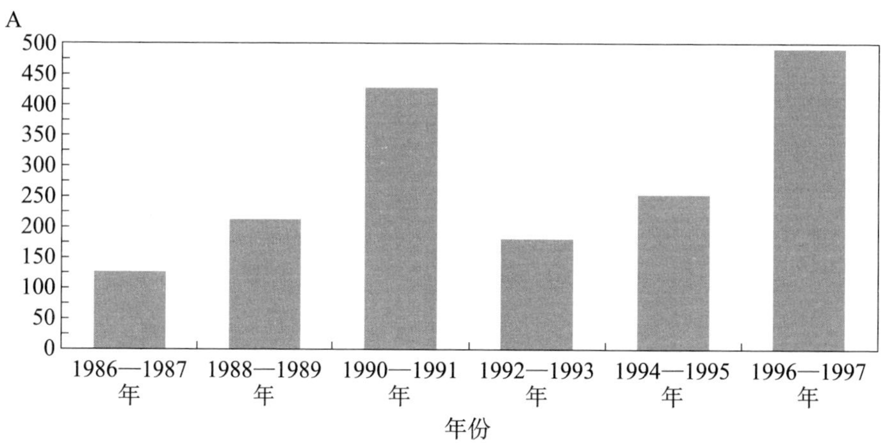

图 5.10　成本函数结构参数（η）的短期演变的平均值变化情况，变量，模型 1，就业水平：A，$k=1$；B，$k=10$

资料来源：PIM.

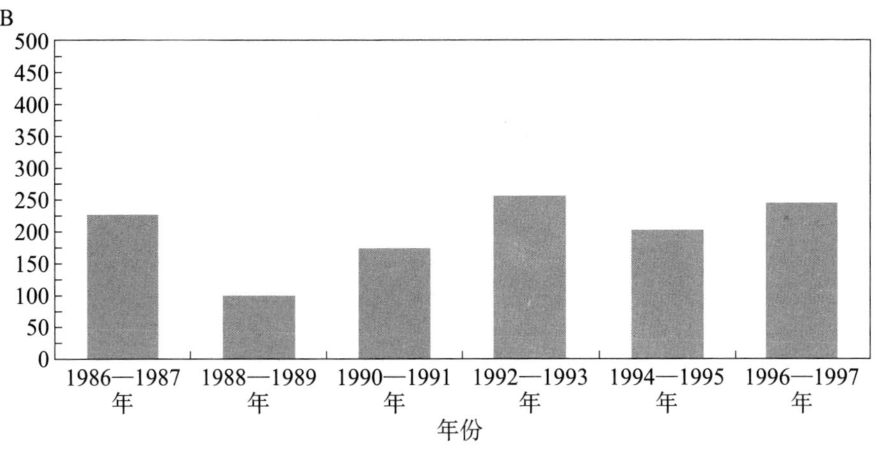

图 5.10（续）

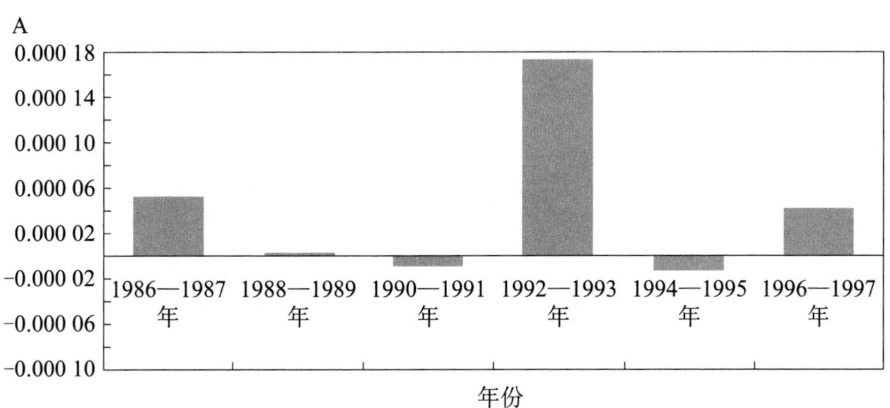

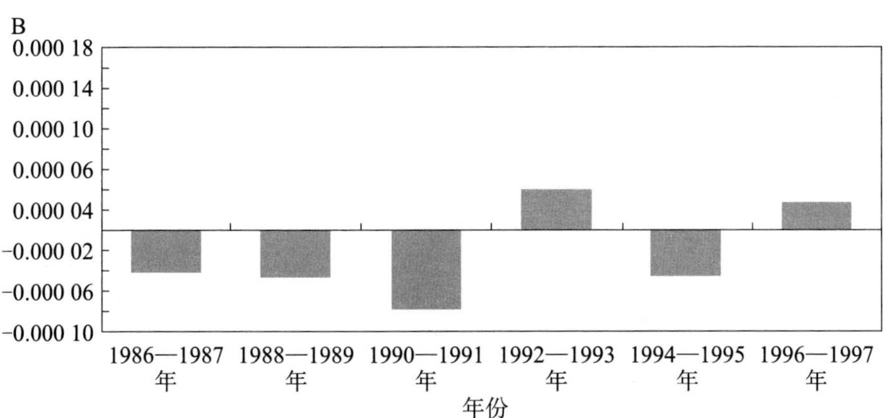

图 5.11　成本函数结构参数（η）的短期演变的平均值变化情况，变量，模型 2，工作小时数：A，$k=1$；B，$k=10$

资料来源：PIM.

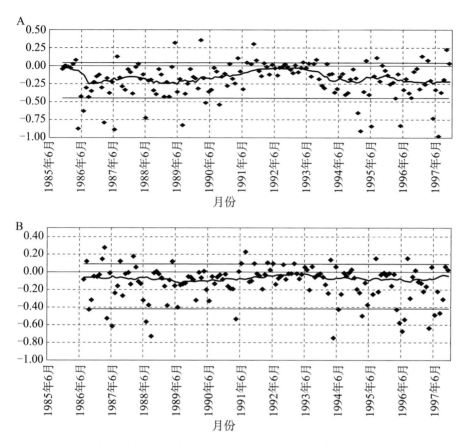

图 5.12 就业对劳动成本的短期反应（$-\delta^*$）的变化情况，变量取对数，模型 1，就业水平：A，$k=1$；B，$k=10$

资料来源：PIM.

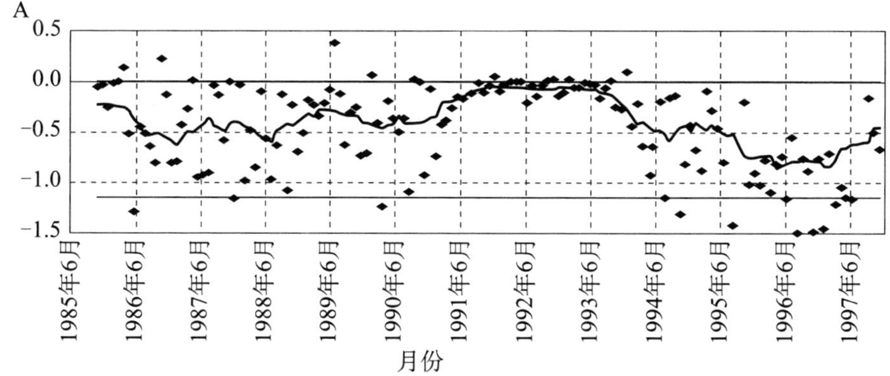

图 5.13 就业对劳动成本的短期反应（$-\delta^*$）的变化情况，变量取对数，模型 2，工作小时数：A，$k=1$；B，$k=10$

资料来源：PIM.

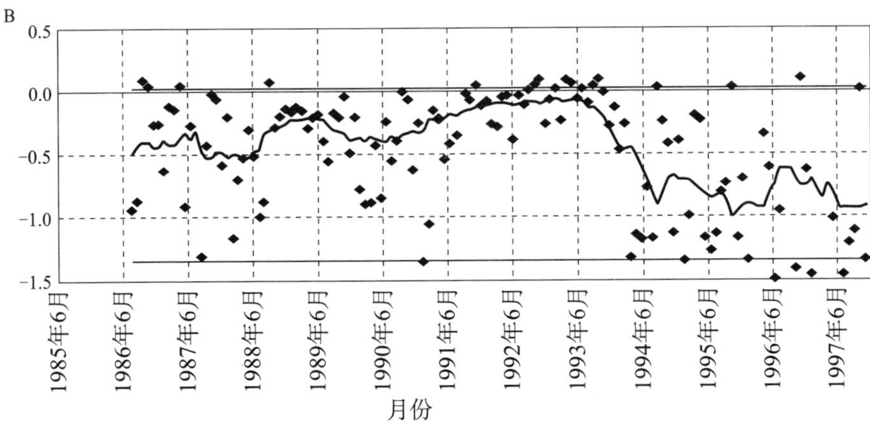

图 5.13（续）

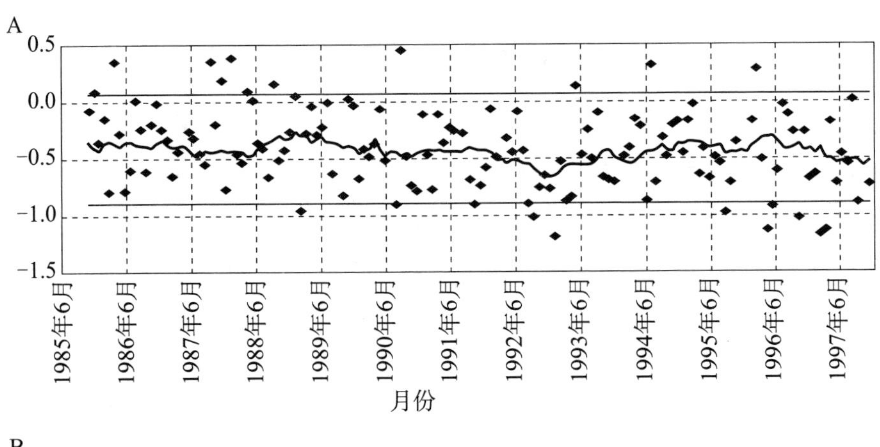

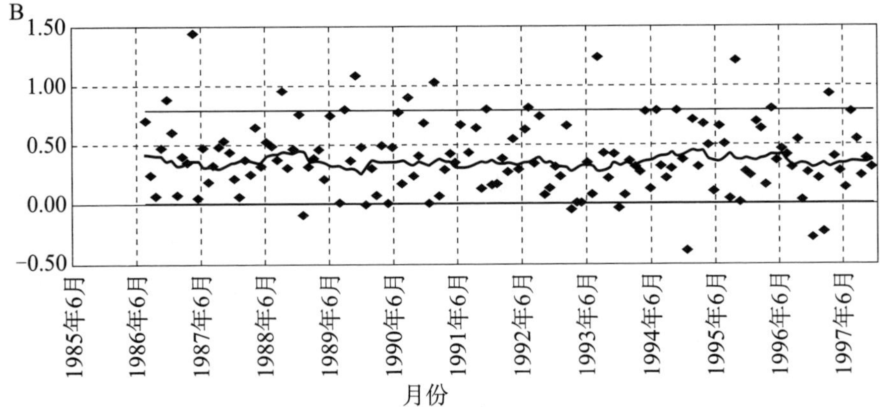

图 5.14 就业对就业滞后项（λ）的短期反应的变化情况，变量取对数，模型 1，就业水平：A，$k=1$；B，$k=10$

资料来源：PIM.

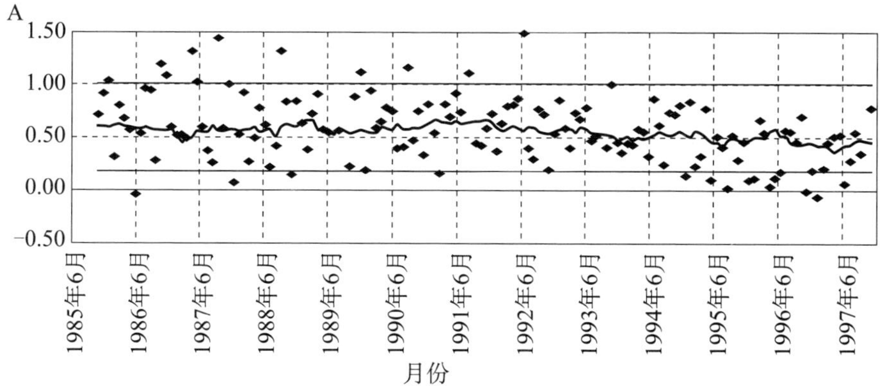

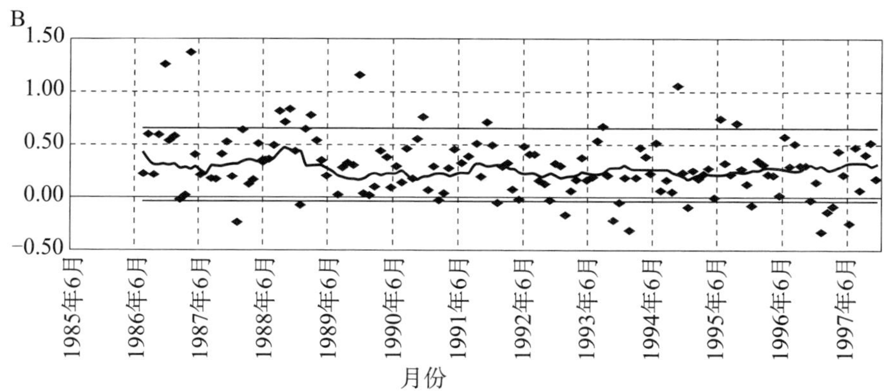

图 5.15 就业对就业滞后项（λ）的短期反应的变化情况，变量取对数，模型 2，工作小时数：A，$k=1$；B，$k=10$

资料来源：PIM.

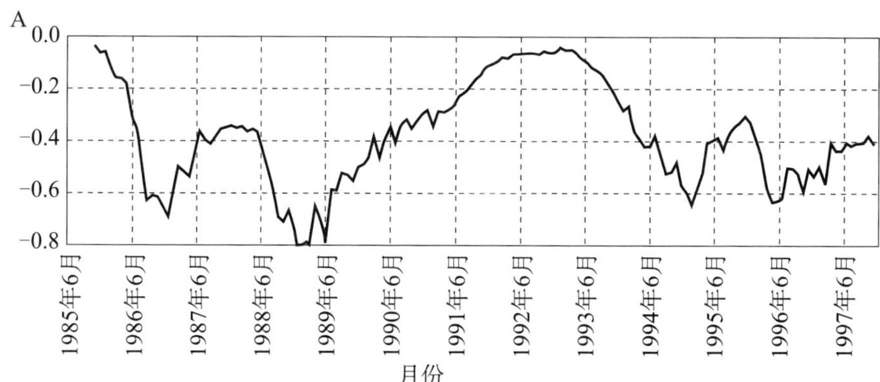

图 5.16 就业对劳动成本的长期反应（$-\theta$）的变化情况，变量取对数，模型 1，就业水平：A，$k=1$；B，$k=10$

资料来源：PIM.

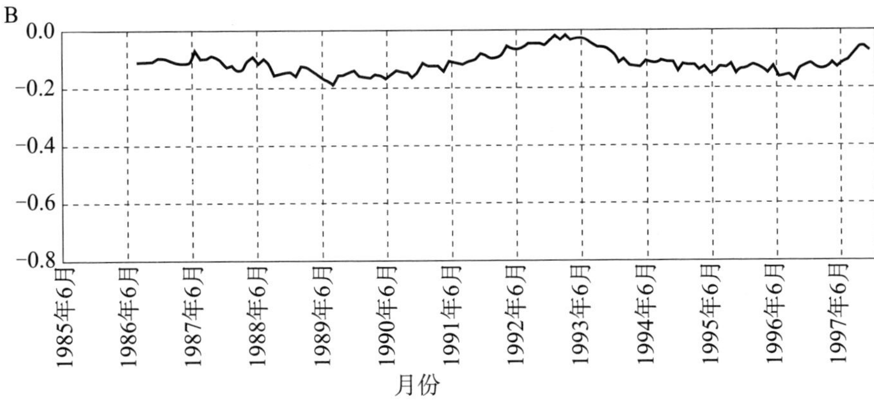

图 5.16（续）

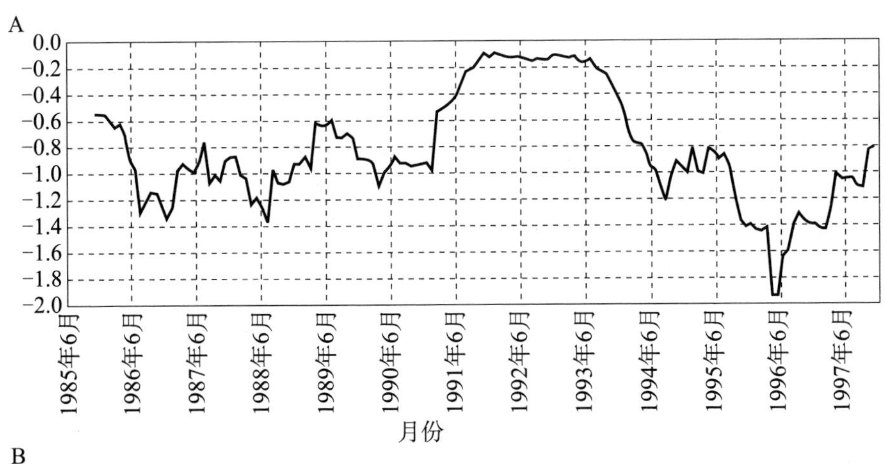

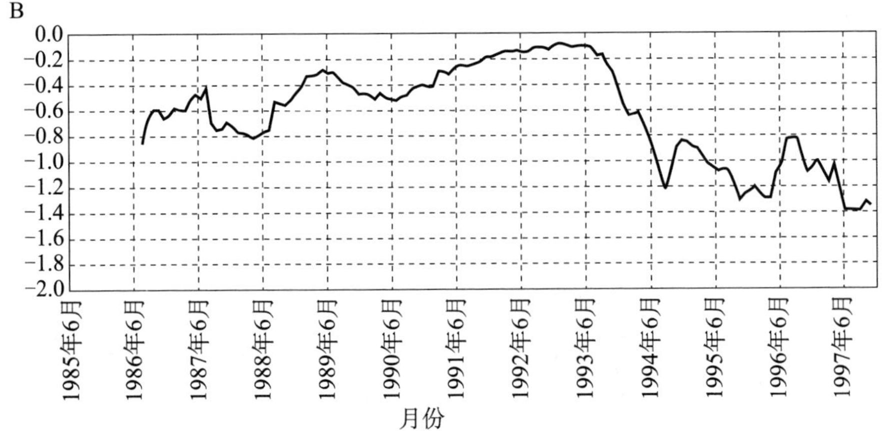

图 5.17　就业对劳动成本的长期反应（$-\theta$）的变化情况，变量取对数，模型 2，工作小时数：A，$k=1$；B，$k=10$

资料来源：PIM.

在基本模型中，这些数据并未明确说明1988年宪法改革会显著影响劳动投入对劳动成本的影响的大小或变化速度。这些数据需要一些额外的信息。第一，它们显示长期和短期工资弹性分别为－0.2和－0.4。第二，在基本模型中，就业滞后项系数接近0.5。第三，在其他基本模型中，滞后阶数越大的工具变量，就业滞后项的估计系数越小。

为了得到关于1988年宪法改革对于劳动需求的影响依据，我们将月度估计的参数λ和δ^*与宪法改革指标进行回归，并控制了一些基本的宏观经济变量。[①] 这些回归中包括了月度虚拟变量和线性趋势。具体结果见表5.2和表5.3。

表5.2　回归结果（$k=1$）

	因变量			
	滞后就业（λ）		劳动成本（δ^*）	
	系数	P值（%）	系数	P值（%）
模型1				
宪法改革指标	－1.542	77.1	－1.861	58.3
GDP增长率	－0.081	84.0	－0.069	78.8
开放程度	8.617	22.5	－3.998	37.9
通货膨胀率	11.377	29.1	－8.461	22.1
通货膨胀波动	2.491	15.6	1.460	19.4
调整后的R^2	0.358		0.026	
模型2				
宪法改革指标	－5.578	39.3	2.320	43.3
GDP增长率	0.743	13.6	－0.177	43.2
开放程度	－1.499	86.4	－2.111	59.4
通货膨胀率	20.985	11.5	9.474	11.7
通货膨胀波动	－0.329	87.9	－0.807	41.0
调整后的R^2	0.135		0.065	

假如宪法改革实际上增加了劳动成本，并且会对劳动需求产生重要影响，那么在参数回归估计中，宪法改革指标的估计系数为正并且统计上显著。这是因为可变成本增加会导致δ和δ^*增加，而解雇成本的增加会增加调整成本，并且会降低调整速度，进而导致λ增加。

与预期结果相反，从表5.2和表5.3呈现的回归结果来看，没有证据表明

① 正如第5.3.3节所示，在这些回归中，我们用参数估计值除以相应的标准误作为因变量。我们的目的在于减少异常值对研究结果的影响。如果标准误受到宪法改革的影响，那么这一方法就会产生偏误估计。虽然本研究中没有出现偏误估计，但是从同一回归中抽取的估计量，仅仅作为因变量的参数，使我们得出了关于宪法改革对于参数大小并不重要的相同的结论。

1988 年的宪法改革对劳动需求函数有显著影响。尽管回归中 R^2 的值接近于 0.4，但所有宪法改革变量的估计系数在统计上都不显著。

表 5.3 回归结果（$k=10$）

	因变量			
	滞后就业（λ）		劳动成本（δ^*）	
	系数	P 值（%）	系数	P 值（%）
模型 1				
宪法改革指标	10.597	77.1	−3.750	58.3
GDP 增长率	0.049	84.0	−0.248	78.8
开放程度	−5.272	22.5	1.961	37.9
通货膨胀率	−8.950	29.1	−5.417	22.1
通货膨胀波动	−2.192	15.6	0.849	19.4
调整后的 R^2	0.213		0.057	
模型 2				
宪法改革指标	−3.242	39.3	1.526	43.3
GDP 增长率	0.247	13.6	−0.030	43.2
开放程度	3.200	86.4	−7.195	59.4
通货膨胀率	16.996	11.5	14.988	11.7
通货膨胀波动	−0.701	87.9	1.363	41.0
调整后的 R^2	0.194		0.133	

5.4 人员流动率分析

这一节描述了法律制度对人员流动率的影响，其中人员流动率是衡量劳动市场表现的指标之一。我们首先运用双重差分法来估计人员流动率是否受宪法的影响，具体描述见第 5.4.1 节。第 5.4.2 节则陈述了人员流动率的具体定义，以及基于可用数据的衡量方式。第 5.4.3 节则呈现了实证结果。第 5.4.4 节讨论了使用双重差分法可能存在的一些有争议的问题，这也是在第 5.4.5 节中基于两个研究目的而使用回归分析的原因。这些回归检验了使用双重差分法的一些假设条件，以及之前研究所得的结果的稳健性。

5.4.1 双重差分法

根据这一计量方法，我们先把所有人员分为两组，即所谓的实验组和对照组。如果这种划分符合某些条件，那么对照组表现的差异就能说明假设 1988 年宪法改革没有发生，实验组会出现哪些情况。因此，对比双方表现的差异（这是以前差异的不同之处）与改革对实验组的劳动市场表现的影响估计是相似的。

理想情况下，实验组是受到立法改革影响最大的一组，而对照组则必须具有如下性质：首先，与实验组相反，它不应该受到立法改革的影响；其次，潜在的宏观经济指标的改变对于实验组和对照组的影响必须十分相似。

为了使用双重差分估计法，我们使用了三种可行的方法来划分实验组和对照组的研究样本。

辞职与解雇

关于非正规就业的数据并非总是可用的，当运用行政管理文件时更是如此。因此，确定立法中其他截面变量的来源就显得十分重要。员工辞职和被解雇可能就能够作为对照组和实验组。

一般来说，辞职的相关法规和雇主解雇员工的相关法规是完全不同的。在巴西，即使有很大一部分法律制度设计的初衷是限制雇主以非正当理由解雇员工，但是对于员工辞职的相关规定很不规范。此外，这次宪法改革中变化的部分全部都与解雇相关，与辞职基本无关。因此，可以将辞职和解雇划分为实验组和对照组。

短任期与长任期

根据新宪法和旧宪法，所有关于以非正当理由解雇的法规只适用于那些任期在 3 个月及以上的雇员。解雇任期不满 3 个月的员工仍旧没有相关的法规。因此，可以将短任期（对照组）和其他任期（实验组）作为分组依据。我们认为短任期为至少 3 个月。

正规与非正规

根据巴西的劳动法，所有员工必须有一份工作许可证文件。这份文件类似于一份手册或者通行证，完整记录了劳动者作为雇员时的所有正式劳动合同(包括现有的和以前的)。原则上，如果员工的劳动合同被修改，无论是换了一份新工作还是与他现在的雇主重新洽谈了新合同，员工的工作许可证文件的相关记录必须立刻同步修改。

这一文件的存在能够从实质上区分遵守劳动法的正规就业者的正规劳动合同以及不在劳动法保护下的非正规就业者的非正规劳动合同。有正规劳动合同的员工的所有现行劳动合同内容会被誊写进他们各自的工作许可证文件。那些劳动合同未被雇主誊写到工作许可证文件的员工被认为是非正规就业者。

如果巴西就业调查没有调查这个问题，那么正规就业者与非正规就业者的划分就没有与事实关联。幸运的是，巴西所有的家庭和就业调查中都会问每一个被调查的人的现行劳动合同是否被登记在工作许可证文件上。因此，根据是否拥有正规的劳动合同（登记在工作许可证文件中）可以简单便捷地区分员工类型。此外，这一划分最为重要，因为大约 25%的城市劳动力是用非正规劳动合同雇用的。因此正规就业者和非正规就业者可以划分为实验组（正规）和对照组（非正规）。

5.4.2 人员流动率的衡量

初步理论框架

我们使用即将在下一个月结束任期的概率来衡量人员流动率，条件为在现行任期间。这个概率作为现行任期内的函数，通常简称为风险函数。显然，本研究中的风险函数与任期成反比。

通过相反事实来构造风险函数会更容易，即在现行任期内下一个月不结束任期的概率。部分来讲，这一偏好源于离职会打破这一事实。实际上，如果一个任期可以被辞职或解雇终结，那么风险函数就相当于一个由辞职而结束任期的概率与一个由解雇而结束任期的概率的加总，其中这两种概率都在现行任期内。在现行任期内的前提下，任期由辞职（解雇）而终止的概率通常简称为转移强度函数。因此，之前描述的性质可以概括为风险率等于转移强度函数的加总。

为了准确定义这些方法，必须引入一些符号。把 Ω_t 作为 t 时所有自主雇佣关系的整体，用 $D_t(\omega)$ 表示到时间 t 时的雇佣关系 ω 的不完全任期。此外，用 $S_t(\omega)$ 表示雇佣关系 ω 在月初时间点 t 终止（$S=1$）或不终止（$S=0$）。风险率 $h_t(d)$ 被定义为到时点 t 已经持续了 d 个月的自主雇佣关系将在下一个月终止的概率。

$$h_t(d) = P(S_t = 1 \mid D_t = d)$$

此外，$Q_t(\omega)$ 和 $L_t(\omega)$ 分别为表示雇佣关系 ω 在下一个月因辞职或解雇而终止的指标。辞职和解雇的转移强度可表达为

$$h_t^q(d) = P(Q_t = 1 \mid D_t = d)$$

和

$$h_t^l(d) = P(L_t = 1 \mid D_t = d)$$

如果员工终止雇佣关系只由辞职和解雇所致，那么

$$h_t(d) = h_t^q(d) + h_t^l(d)$$

这些方程适用于在给定期间（几个月）任期内的离职率。但是实际上，更为方便的是，在任何给定的时间间隔内，使用任期持续时间范围内的离职率。[①] 例如，分析就业任期持续时间范围为 6 个月至 1 年的员工的离职率，可能比分析就业任期已持续 7 个月的员工的离职率更方便。幸运的是，以上方程可以适用于任意一个给定时间范围的任期的离职率。我们将这些概率重新定义

① 理论上，d 应该代表时间的瞬时单位。本研究中使用的月份已经是为了实际目标的一种简化。

为风险率和转移强度率的加总。

为了定义更为准确，令 $\{a_i: i=1, \cdots, z\}$ 是 $N=\{0, 1, \cdots\}$ 的一部分，那么

$$a_i=\{d_i, \cdots, d_{i+1}\}$$

其中 $i=1, \cdots, z$，$0=d_1<d_2<\cdots<d_z$ 并且 $a_z=\{d_z, d_{z+1}, \cdots\}$。此外，$H_{ti}$ 表示 t 时的自主雇佣关系已经持续至第 d_i 与 d_{i+1} 个月之间，并且将于下一个月终结的概率。H_{ti} 为

$$H_{ti}=P(S_t=1 \mid d_i \leqslant D_t<d_{i+1})=P(S_t=1 \mid D_t \in a_i)$$

类似地，我们可以由下列公式分别定义相应的转移强度：

$$H_{ti}^q=P(Q_t=1 \mid d_i \leqslant D_t<d_{i+1})=P(Q_t=1 \mid D_t \in a_i)$$

和

$$H_{ti}^l=P(L_t=1 \mid d_i \leqslant D_t<d_{i+1})=P(L_t=1 \mid D_t \in a_i)$$

在本研究中，我们把就业任期划分为 4 个区间，即我们认为 $n=5$。这 4 个区间根据 $d_1=0$、$d_2=3$、$d_3=6$、$d_4=12$、$d_5=24$ 来划分。第一个区间是指不超过 3 个月的任期，为了简化说明，我们把它称为超短期。第二个区间是指不低于 3 个月但未达到 6 个月的任期，这一区间称为短期。第三个区间是指不低于 6 个月但未达到 1 年的任期，这一区间称为非短期。第四个区间是指不低于 1 年但未达到 2 年的任期，我们称之为长期。最后，第五个区间是指不低于 2 年的任期，我们称之为超长期。

为了估计风险与转移强度，我们结合了三组不同的数据：RAIS、CAGED 和 PME。PME 是月度就业调查，RAIS 和 CAGED 是官方文件。[①] 使用三种可供选择的实证方法是为了从数据中得出随着时间变化的这些概率的一致估计。首先，两种方法结合 RAIS 和 CAGED 的数据，而剩余的一种则完全依赖 PME 的数据。在这些程序之间，需要使用的数据以及获得一致估计量所必需的假设的性质有很大的差异。我们将在下一部分分别描述这三个实证过程。

风险和转移强度的衡量

我们在估计转移概率的第一步中使用了 RAIS 中关于动态雇佣关系的冲击的信息，这个冲击时间由给定年份 12 月 31 日内时间 t 时的非完整任期划分所得，也使用了 CAGED 中的调查问题：(1) 在这些动态雇佣关系中，有多少在第二年 1 月终止了？(2) 有多少是由辞职终止的？(3) 有多少是由解雇终止

① RAIS 是官方年度发布的文件，该文件在每年 12 月 31 日发布，是正规行业中所有就业关系的完整清单。这一文件包括了员工和企业的特点信息。文件中记录了每个员工从事现行工作的时间长度，即该员工的任期。因此，基于这些信息，根据截至每年 12 月 31 日的员工的不完全任期可以分析动态就业关系的分布情况。RAIS 对于 1985—1996 年间的所有年份都是可用的。CAGED 是官方发布的月度文件，该文件提供了正规行业特定月份的所有离职情况的数据，包括员工辞职以及员工和企业的基本信息。特别是，它能够识别离职原因（辞职和解雇）和完全任期。

的？t 时已经持续了 d 个月的动态雇佣关系的数量用 $N_t(d)$ 表示，而那些 1 月份终止的雇佣关系的数量用 $M_t(d)$ 表示。由辞职而终止任期的用 $M_t^q(d)$ 表示，由解雇而终止任期的用 $M_t^l(d)$ 表示。更为具体的表达式为：

$$N_t(d) = \#(\omega\text{ 在 }\Omega_t\text{ 中} \mid D(\omega) = d)$$

$$M_t(d) = \#(\omega\text{ 在 }\Omega_t\text{ 中} \mid D(\omega) = d\text{ 和 }S(\omega) = 1)$$

$$M_t^q(d) = \#(\omega\text{ 在 }\Omega_t\text{ 中} \mid D(\omega) = d\text{ 和 }Q(\omega) = 1)$$

和

$$M_t^l(d) = \#(\omega\text{ 在 }\Omega_t\text{ 中} \mid D(\omega) = d\text{ 和 }L(\omega) = 1)$$

基于我们的研究数据，我们可以得到每年的风险和转移强度函数，具体方程为：

$$h_t(d) = \frac{M_t(d)}{N_t(d)}$$

$$h_t^q(d) = \frac{M_t^q(d)}{N_t(d)}$$

和

$$h_t^l(d) = \frac{M_t^l(d)}{N_t(d)}$$

这些表达式提供了估计几个月任期内的离职率十分有效的方法。基于研究数据的性质，t 总是任一给定年份的 12 月 31 日。因此，从 t 开始的每月总是下一年的 1 月。因此，假设任期是持续到每年的 12 月 31 日，则所有估计量将默认离职可能发生在 1 月。虽然我们根据时间 t 来标记这些估计结果，但它们并未反映这一年的均值。实际上，这些估计值涉及下一年的 1 月。总风险和转移强度可以通过以下公式得到：

$$H_{ti} = \frac{\sum_{s=d_i}^{d_{i+1}} M_t(s)}{\sum_{s=d_i}^{d_{i+1}} N_t(s)}$$

$$H_{ti}^q = \frac{\sum_{s=d_i}^{d_{i+1}} M_t^q(s)}{\sum_{s=d_i}^{d_{i+1}} N_t(s)}$$

和

$$H_{ti}^l = \frac{\sum_{s=d_i}^{d_{i+1}} M_t^l(s)}{\sum_{s=d_i}^{d_{i+1}} N_t(s)}$$

通过 CAGED 和 RAIS 的组合数据可以估计 1986—1995 年间的总转移概率。

正如之前提到的，这些估计量只描述了发生在 1 月的流动。由于这些概率可能会在一年内遵循一个季度模式，所以验证我们的结论对月份的敏感度是十分重要的。遗憾的是，我们无法准确计算出每一个月的转移概率，因为我们只有 12 月 31 日之前的存量数据。此外，一年内的平均近似值是可得的。事实上，由于所有月份的流动都是可观测的，所以我们可以通过结合每月的平均流量以及 12 月 31 日的存量来得出每年月流动率的近似值。总风险率的估计值可以通过以下公式得出：

$$\overline{H}_{ti} = \frac{\frac{1}{12}\sum_{i=0}^{11}\sum_{s=d_i}^{d_{t+1}} M_{t+i}(s)}{\sum_{s=d_i}^{d_{t+1}} N_t(s)}$$

再次组合 CAGED 和 RAIS 的数据，可以估计 1986—1995 年间每一年的转移概率。

我们也可以通过 PME 数据估计正规与非正规部门的转移概率。PME 是覆盖了巴西六大中心城市的典型就业调查。在本研究中，我们使用了 1982—1997 年调查的月度数据。这个调查的一个重要特点是，它提供了目前失业的人员以前就业任期内的全部信息。调查中也有关于是由辞职还是由解雇导致就业任期终止的信息。

为了能够运用现有数据来估计就业的风险和转移强度，除了现有的假设外，我们还假设就业期和失业期是随机独立的。在本研究中，总风险率可以通过下列方程得出（具体说明见本章附录 B）：

$$H_{ti} \approx \frac{\frac{1}{(d_{i+1}-d_i)}\sum_{s=d_i}^{d_{i+1}} U_t^l(s)}{\sum_{s=d_i}^{\infty} U_t(s) + \frac{1}{2}\sum_{s=d_i}^{d_{i+1}} U_t(s)}$$

其中，$U_t(s)$ 表示 t 时前一份工作持续工作时间在 s 区间内的失业人数。类似的方程能够帮助我们估计总转移强度。

5.4.3 实证结果

为了运用双重差分法，我们必须区分 1988 年以前和 1988 年以后的时间段。对于 1988 年以前的时间段，我们选取 1986—1987 年，而 1988 年以后的时间段的选择则较为困难。我们趋向于选择尽可能接近 1988 年的数据。这样做一方面可以尽可能地将宪法改革的影响与宏观经济变化的影响分离。换句话说，1988 年以前和 1988 年以后的时间段离得越近，我们越能有效地将宏观经济环境变化带来的影响与宪法改革带来的影响分离。另一方面，1988 年宪法改革的影响需要一些时间才能显现出来，所以选取的时间段又不能与 1988 年太接近。然而，在上一部分的研究中，并未保证宏观经济变化带来的影响被恰当地分离。通过权衡，我们选择了 1991—1992 年来代表 1988 年以后的时间段。

表 5.4 显示了 1988 年以前和 1988 年以后总风险率估计值的差异。表中结果显示宪法改革后，短期风险率明显下降，这一组的值大约为 2%。

表 5.4　风险率的一阶差分：(1991—1992 年) − (1986—1987 年)

	1/4～1/2 年	1/2～1 年	1～2 年
官方文件			
RAIS 和 CAGED（1 月流量）	−2.7	−0.3	−0.3
RAIS 和 CAGED（平均流量）	−2.0	−0.5	−0.2
就业调查			
正规	−1.7	−0.7	−0.1
非正规	−0.8	−0.3	0.0

资料来源：基于 RAIS、CAGED 和 PME。

由于宏观经济环境在这一时间段内并未保持不变，所以这一估计结果值得进一步探讨。为了获得更准确的结论，我们必须考虑实验组和对照组的风险率的时间差异。

为了更明确地描述计量方法，用 Y_0^r 和 Y_1^r 分别表示实验组在宪法改革前后的就业任期指标。此外，Y_0^c 和 Y_1^c 分别表示对照组在宪法改革前后的就业任期指标。在上述研究中，宪法改革对实验组的影响由双重差分估计获得：

$$\Delta = (Y_1^r - Y_0^r) - (Y_1^c - Y_0^c)$$

为了使用这一计量方法，我们采用三种方法对实验组和对照组的人员进行了分组。首先，我们把非正规就业者作为对照组，正规就业者作为实验组。其次，我们把就业任期终止的原因分为辞职和解雇。在该研究中，辞职为对照组，解雇为实验组。最后，我们把超短期作为对照组。

关于何时选择对照组和实验组由数据的可用性决定。事实上，我们采用的数据允许我们运用这些分组方法。

当辞职作为对照组时，估计的方程更简单。为了得到这一结果，我们首先应该注意辞职对宏观经济变化的反应与解雇不同。实际上，当经济开始衰退时，解雇会增加而辞职会减少。因此，当采用双重差分法进行时，我们在计算二阶差分之前应该改变辞职时一阶差分所得结果的符号。也就是说在本研究中双重差分所得的估计量 Δ 通过下式获得：

$$\Delta = (Y_1^l - Y_0^l) - (Y_1^q - Y_0^q)$$

或者

$$\Delta = (Y_1^l + Y_1^q) - (Y_0^l + Y_0^q)$$

因为，一般来说，$Y_1^l + Y_1^q = Y_1$，$Y_0^l + Y_0^q = Y_0$，其中 Y_0 和 Y_1 分别表示宪法改革前后所有离职者的相关指标。在本研究中 $\Delta = Y_1 - Y_0$，即上一节论述过的简单差分估计量。换句话说，表 5.4 呈现出的所有结果都可以解释为当把辞职作为对照组时，双重差分估计所得的估计量。

表 5.5 呈现了用非正规就业者和超短期作为对照组时，双重差分估计所得的就业任期内宪法改革的影响。

表 5.5　风险率的双重差分：实验组—对照组

数据	解雇—辞职	其他期间—超短期	正规—非正规
RAIS 和 CAGED（1 月流量）			
0～1/4 年	−1.8	—	—
1/4～1/2 年	−2.7	−0.9	—
1/2～1 年	−0.3	1.5	—
1～2 年	−0.3	1.5	—
RAIS 和 CAGED（平均流量）			
0～1/4 年	−0.8	—	—
1/4～1/2 年	−2.0	−1.2	—
1/2～1 年	−0.5	0.3	—
1～2 年	−0.2	0.6	—
PME			
0～1/4 年	−1.3	—	0.2
1/4～1/2 年	−1.7	−0.5	−0.9
1/2～1 年	−0.7	0.6	−0.4
1～2 年	−0.1	1.2	0.0

资料来源：基于 RAIS、CAGED 和 PME。
注："—" 表示没有结果。

当非正规就业者为对照组时，对于短期任期而言，宪法改革对就业任期的影响一直为负且影响较大。由表中可知，改革前后，正规就业者与非正规就业者的短期风险率都有所下降，而正规就业者下降的幅度比非正规就业者高出 1 个百分点。

表 5.5 也呈现了超短期作为对照组时的估计结果。由表中结果可知，超短期的风险率为 0.5%～1.5%，小于短期的风险率。然而，当我们采用同样的测量方法来比较超短期和其他短期风险率的变化时，却得到了相反的结果；即其他期间的风险率为 0.5%～1.5%，小于超短期的风险率。

因此，运用这些估计结果可以更容易地分析任期。有研究表明，基于这三种定义所得的对照组的短期风险率都下降了，而其他任期并未报告相似模式的风险率。

5.4.4　双重差分法的一些局限

尽管法律改革对那些对照组没有直接影响（一个必要条件是，实验组和对照组受法律改革的影响必须分离），但它们也可能会受到宪法改革的间接影响。在第 5.2.2 节我们介绍了两种激励机制，这两种机制表明宪法在短期内可能会影响辞职行为和人员流动率。一种观点认为解雇补偿金增加会减少辞职，因为一些员工为了得到补偿金更愿意被解雇，甚至强制雇主解雇他们，而第二种观点认为企业可能会在员工的雇佣期满 3 个月之前增加解雇员工的数量，以避免支付解雇补偿金。

此外，还有一些观点认为宪法改革会通过两种渠道间接影响非正规部门。第一种是宪法改革会通过其对整个劳动市场条件的影响间接影响非正规部门，例如，宪法改革对失业率的影响。第二种是宪法改革通过影响公平劳动关系理念间接影响其在交易过程甚至在非正规部门扮演的角色。

非正规就业者辞职存在其他原因，同时，超短期也不是最理想的对照组。理想情况下，识别宏观经济变化对对照组和实验组的影响是十分必要的。然而，并无理论依据或者实证研究证明离职与解雇、短期与长期、正规与非正规就业者对宏观经济冲击的反应是相同的。由于这些限制，我们决定用另一种方法来经验估计结果的稳健性。

5.4.5 回归分析

上述实证分析中使用了两个时期的数据：1988 年以前与 1988 年以后。然而，如果大量的时点数据可用，且宏观经济变化的测量指标可用，便可运用回归分析来估计宪法改革和宏观经济因素对风险率的影响。

回归模型中的变量包括对宪法改革指标的总风险率的月度回归估计值（基于 PME 数据）（如改革前为 0，改革后为 1），组别（实验组为 0，对照组为 1），一系列宏观经济指标，每一个宏观经济指标与组别的交乘项，以及宪法指标。

$$h_{t,i}(x_1,x_2,c,r)=\beta_0+\boldsymbol{x}'_{1t}\cdot\boldsymbol{\beta}_1+\boldsymbol{x}'_{2t}\cdot\boldsymbol{\beta}_2+\beta_3\cdot c_t+\beta_4\cdot g_i+\boldsymbol{x}'_{1t}\cdot\boldsymbol{\beta}_5\cdot g_i+\beta_6\cdot g_i\cdot c_t+\boldsymbol{r}'_i\cdot\boldsymbol{\beta}_7+\varepsilon_{ti}$$

$\boldsymbol{x}'_{1t}$是 t 时 4 个宏观经济指标值的转置向量，它们分别为：a）GDP 实际增长率；b）由总贸易（进口加出口）占 GDP 的比率衡量的经济开放程度；c）通货膨胀率；d）通货膨胀率的波动，用不同时间的标准误衡量。$\boldsymbol{x}'_{2t}$是除宪法指标（c_t）外，其他不随时间变化的解释变量。其中，地区指标（$\boldsymbol{r}'_i$）和组别指标（g_i）完善了我们的样本分类。最后，粗体字符表示向量的意思。

根据上述方程可知，宪法改革对实验组的影响系数为 β_3，虽然对照组可能受宪法或者其他宏观经济因素的影响，但通过回归所得的估计结果（b_3）是有效的。同时，这一方法依赖于这样的假设，即除去那些回归分析中考虑的因素外，没有其他因素与风险率相关。[①]

在整个分析过程中考虑了每个对照组和每个时期的备选方案，超短期除外

① 事实上，如果那些遗漏因素以同样的方式影响了两组数据，并且对照组不受宪法改革的影响，那么回归分析所得的结果仍然是有效的。在本研究中，我们关于宪法改革对实验组的影响的估计量为 $-\beta_6$。

（这个时期从来不被认为会受宪法改革的影响，尽管它也是实验组的一部分）。估计系数在表 5.6、表 5.7、表 5.8 的上半部分呈现。与宪法改革指标 b_3 相关的值是对法律改革影响实验组人员流动率的另一个估计。回归分析中还增加了一个重要的信息，即估计值的置信区间。

表 5.6　正规和非正规部门联合风险率

	短期		非短期		长期	
	系数	P 值(%)	系数	P 值(%)	系数	P 值(%)
变量						
宪法改革指标（b_3）	0.1	87.5	0.3	82.9	−1.1	48.6
开放程度	2.3	1.9	2.0	12.7	3.5	5.0
GDP 增长率	−12.0	0.9	−6.2	29.7	1.7	82.9
通货膨胀波动	0.0	19.4	0.0	36.9	0.0	44.9
通货膨胀率	1.0	50.9	−0.9	64.5	6.8	1.3
非正规部门指标（b_4）	−6.4	0.0	−4.3	1.8	−0.8	74.2
b_4×宪法改革指标（b_6）	−1.3	30.3	0.0	98.5	4.3	5.5
b_4×开放程度（$b_5 1$）	−1.2	36.2	0.8	63.0	−0.4	85.2
b_4×GDP 增长率（$b_5 2$）	9.8	1.8	8.6	11.5	−0.7	92.9
b_4×通货膨胀波动（$b_5 3$）	0.1	14.1	0.1	13.9	0.0	95.7
b_4×通货膨胀率（$b_5 4$）	−0.3	89.2	3.7	18.6	−1.7	66.4
把非正规部门作为对照组检验有效性						
H1：非正规部门不受宪法改革的影响（$b_3+b_6=0$）	19.7		80.9		4.6	
H2：宏观经济指标对正规和非正规部门的影响是相同的（$b_5 1=b_5 2=b_5 3=b_5 4=0$）	5.0		25.4		99.5	

资料来源：PME.

表 5.7　超短期和其他期限的联合风险率

	短期		非短期		长期	
	系数	P 值(%)	系数	P 值(%)	系数	P 值(%)
变量						
宪法改革指标（b_3）	−1.0	2.6	0.3	57.6	3.3	0.0
开放程度	2.4	0.0	3.5	0.0	3.3	0.0
GDP 增长率	−2.7	24.2	−1.3	67.1	1.1	78.6
通货膨胀波动	0.0	15.9	0.0	4.8	0.0	12.2
通货膨胀率	1.2	12.6	3.3	0.2	5.0	0.0
非正规部门（b_4）	−5.6	0.0	−12.1	0.0	−19.8	0.0
b_4×宪法改革指标（b_6）	0.7	26.4	−0.7	44.6	−3.8	0.1

续表

	短期		非短期		长期	
	系数	*P* 值(%)	系数	*P* 值(%)	系数	*P* 值(%)
b_4×开放程度（$b_5$1）	−0.9	20.5	−1.9	4.1	−2.1	7.0
b_4×GDP 增长率（$b_5$2）	−4.3	4.2	−5.1	7.8	−6.8	6.2
b_4×通货膨胀波动（$b_5$3）	0.0	86.5	0.0	63.9	0.1	5.2
b_4×通货膨胀率（$b_5$4）	−1.1	31.0	−3.3	3.1	−4.8	1.1
把超短期作为对照组检验有效性						
H1：超短期不受宪法改革的影响（$b_3+b_6=0$）	50.8		60.9		53.5	
H2：宏观经济指标对短期和超短期的影响是相同的（$b_5$1=$b_5$2=$b_5$3=$b_5$4=0）	28.4		7.9		0.7	

资料来源：PME.

注：基于正规部门。

表 5.8　辞职和解雇的联合风险率

	短期		非短期		长期	
	系数	*P* 值(%)	系数	*P* 值(%)	系数	*P* 值(%)
变量						
宪法改革指标（b_3）	−1.3	4.5	−0.1	92.7	2.8	3.0
开放程度	1.8	1.5	2.8	1.2	2.6	7.2
GDP 增长率	−2.7	41.4	−1.0	83.4	4.2	52.4
通货膨胀波动	0.0	27.4	0.0	15.5	0.0	38.0
通货膨胀率	1.8	10.3	4.3	1.0	6.6	0.3
辞职指标（b_4）	−4.4	0.0	−6.2	0.0	−9.3	0.0
b_4×宪法改革指标（b_6）	0.8	36.7	−1.8	18.3	−3.8	3.6
b_4×开放程度（$b_5$1）	−3.1	0.2	−6.5	0.0	−8.8	0.0
b_4×GDP 增长率（$b_5$2）	−5.1	9.1	−4.5	31.3	−10.5	8.0
b_4×通货膨胀波动（$b_5$3）	−0.1	5.6	0.0	27.0	0.0	93.1
b_4×通货膨胀率（$b_5$4）	0.9	55.7	−0.2	91.6	−2.0	51.8
把辞职作为对照组检验有效性						
H1：辞职不受宪法改革的影响（$b_3+b_6=0$）	46.9			5.0	43.3	
H2：宏观经济指标对辞职和解雇的影响是相反的（$-b_1$1=2$b_5$1；$-b_1$2=2$b_5$2；$-b_1$3=2$b_5$3；$-b_1$4=2$b_5$4）	0.4			0.2	0.0	

资料来源：PME.

我们有 9 个可选的 b_3 的估计值（三个就业任期乘以三个控制组），有 4 个显著不为零。这些显著系数与短期和长期就业任期相关，当超短期或者辞职为对照组时，在这四个显著的结果中，有两个正值、两个负值。正值与就业任期长的员工的估计值一致，而负值与就业任期短的员工的估计值一致。这一结论与上一节的结果相似。

尽管这一估计是基于回归分析模型，并且这些条件对宪法改革的影响的回归估计是没有必要的，但还是有必要分析哪些控制组满足使用双重差分法的必要条件。

正如前文所述，有效的对照组必须具备两个性质：一，不受宪法改革的影响；二，宏观经济变化对实验组和对照组的影响必须相同。正如我们在第 5.4.4 节描述的，本研究认为这些性质可能对对照组无效。在控制宏观经济变化的假设条件下，这两个性质都是可以量化的。

如果第一个性质是有效的（宪法改革对对照组无影响），那么对照组风险率的期望值与宪法改革前后风险率的期望值相等。它可以表示为

$$Z = E(h_{t,i} \setminus g_i = 1, c_t = 1) - E(h_{t,i} \setminus g_i = 1, c_t = 0)$$

根据方程（9）我们可以看出①

$$Z = \beta_3 + \beta_6$$

我们对相似的估计系数进行统计检验，即

$$b_3 + b_6$$

其中 b 表示实际 β 系数的估计值。我们发现，如果宪法改革并未影响对照组，那么宪法改革指标的总系数以及宪法与组别的交乘项系数一定为零。

假如第二个性质有效（宏观经济变化对对照组和实验组的影响相同），那么实验组和对照组的宏观经济指标对风险率的期望值必须相同。它可以被准确表达为

$$E\left(\frac{\partial h_{t,i}}{\partial \boldsymbol{x}'_{1t}} \setminus g_i = 1\right) = E\left(\frac{\partial h_{t,i}}{\partial \boldsymbol{x}'_{1t}} \setminus g_i = 0\right)$$

若 $\boldsymbol{\beta}_5 = 0$②，则两者相等。

我们再一次对估计系数（b_5）进行统计检验，检验所有的估计系数 b_5 是否为 0（$b_5^1 = b_5^2 = b_5^3 = b_5^4 = 0$）。当我们把辞职作为对照组时，统计检验则不同，在本研究中我们检验宏观经济因素对辞职和解雇的影响大小相等，但符号相

① $E(h_{t,i} \setminus g_i = 1, c_t = 1) = \beta_0 + E(\boldsymbol{x}'_{1i} \cdot \boldsymbol{\beta}_1 \setminus g_i = 1, c_t = 1) + E(\boldsymbol{x}'_{2t} \cdot \boldsymbol{\beta}_2 \setminus g_i = 1, c_t = 1) + \beta_3 + \beta_4 + E(\boldsymbol{x}'_{1t} \cdot \boldsymbol{\beta}_5 \setminus g_i = 1, c_t = 1) + \beta_6, E(h_{t,i} \setminus g_i = 1, c_t = 0) = \beta_0 + E(\boldsymbol{x}'_{2t} \cdot \boldsymbol{\beta}_1 \setminus g_i = 1, c_t = 1) + E(\boldsymbol{x}'_{2t} \cdot \boldsymbol{\beta}_2 \setminus g_i = 1, c_t = 1) + \beta_4 + E(\boldsymbol{x}'_{1t} \cdot \boldsymbol{\beta}_5 \setminus g_i = 1, c_t = 1)$。

② 根据方程（9）我们有

$$E\left(\frac{\partial h_{t,i}}{\boldsymbol{x}'_{1t}} \setminus g_i = 1\right) = \boldsymbol{\beta}_1 + \boldsymbol{\beta}_5, E\left(\frac{\partial h_{t,i}}{\boldsymbol{x}'_{1t}} \setminus g_i = 0\right) = \boldsymbol{\beta}_1$$

反，即

$$E\left(\frac{\partial h_{t,i}}{\partial \boldsymbol{x}'_{1t}} \setminus g_i = 1\right) = -E\left(\frac{\partial h_{t,i}}{\partial \boldsymbol{x}'_{1t}} \setminus g_i = 0\right)$$

当$-\boldsymbol{\beta}_5 = 2\boldsymbol{\beta}_1$时，两者相等。

P值与前面提到的统计检验相关，9个回归分析中所得的所有P值都在表5.6、表5.7和表5.8的下半部分呈现。宪法改革是否影响对照组的估计结果与零效应的原假设检验结果一致。9个可选的对照组和就业任期的组合中仅有一个组合表明宪法改革会影响就业任期长的非正规就业者。所以几乎没有证据表明宪法改革对于非正规就业者、超短期就业任期或辞职行为有影响。

然而，当我们考虑每一组是否受除宪法改革以外因素的同等影响时，估计所得的结果并不理想。这一假设（认为系数相关的假设）在辞职和解雇情况下都被拒绝了，但并未拒绝正规与非正规就业者，以及对于超短期和其他期间，只拒绝了就业任期为长期的员工。

所以使用双重差分法进行估计时，应该选择超短期或非正规就业者作为短期和中期就业任期的对照组。

5.5 结论

本研究是一次关于检验1988年宪法改革对巴西劳动市场影响的尝试。这一改革使以非正当理由解雇的补偿金上涨为原来的4倍。我们估计了宪法改革对劳动市场需求参数和风险率的影响。如果宪法改革有重大影响，我们会看到在1988年左右劳动需求参数和风险率的重大变化。

然而，图5.2和图5.3并未提供宪法改革对于劳动需求参数影响的依据。除此之外，这些图表显示的系数波动可由重大的宏观经济事件解释。为了证明这一解释的可能性，我们将宪法改革和宏观经济指标与我们估计所得月度需求估计值进行了回归。表5.2和表5.3呈现的结果表明考虑宏观经济因素后，仍旧没有证据表明1988年宪法改革对劳动需求有任何影响。

我们也未能找到明显的证据表明它们的影响的确不存在，因为我们的结论也受到数据的丰富程度和质量以及经济模型的限制。所以，进一步研究并得到一个明确的结论（即动态劳动需求对宪法改革的反应不敏感）是十分必要的。

对风险率进行估计所得的结果是不明确的。根据双重差分法的估计结果可知（适用于选择合适的对照组和实验组），短期就业任期（3～6个月）的人员流动率下降，但是中期就业任期（6～12个月）的人员流动率上升。回归分析也提供了模糊的估计结果，即短期就业任期的风险率下降以及长期就业任期（12～24 个月）的风险率上升。

宪法改革后，短期就业任期的离职率下降而长期就业任期的离职率上升，但是调整速度估计系数和就业工资弹性估计系数并未改变。如果有工作许可证文件的员工离职，则估计系数的方向相反且相互抵消，总的人员流动率保持不变，这些事实可能是始终如一的。因此，前面提到的参数并不改变。

一个关于离职的解释是解雇和辞职共同驱动员工主动离职。一方面，如果企业没有合适的工作岗位，那么企业可能会趋向于解雇员工。它们可能会根据对员工表现的期望而给予更多的机会。另一方面，FGTS 总资金量对于员工来说十分富有吸引力，而这种吸引力在员工处于就业任期时增强了。因此，员工可能会更积极地与企业串谋，假装被解雇，从而获得基金。所以，如果 3～6 个月的雇佣期和企业不愿雇用员工的时间，以及长期就业任期和员工试图串谋的时间一致，那么结果就如之前所述。

附录 A　劳动需求结构模型的完整推导过程

为了得到利益最大化的解，我们使用了一系列简单的假设，这些假设的描述如下。

首先，我们假设收益函数在下面的条件下可分离：

$$R(n_i(t),\boldsymbol{p}_i(t),\boldsymbol{\theta}(t),\mu_i(t)) = F(n_i(t),\boldsymbol{\theta}^1(t)) + [G(\boldsymbol{p}_i(t),\boldsymbol{\theta}^2(t)) + \mu_i(t)]n_i(t)$$

在这个假设下，与方程（1）最大化相关的欧拉方程为①：

$$F_n(n_i(t),\boldsymbol{\theta}^1(t)) + G(\boldsymbol{p}_i(t),\boldsymbol{\theta}^2(t)) + \mu_i(t) - \delta(t)w_i(t) - C_\Delta(\Delta n_i(t),\eta(t)) + \rho E_t\{C_\Delta(\Delta n_i(t+1),\eta(t+1))\} = 0$$

我们进一步简化这个模型，假设收益函数是线性二次方程，调整成本是二次方程，即

$$F(n_i(t),\boldsymbol{\theta}^1(t)) = \theta^{11}(t)n_i(t)\frac{\theta^{12}(t)}{2}n_i(t)^2$$

和

$$C(\Delta n_i(t),\eta(t)) = \frac{\eta(t)}{2}(\Delta n_i(t))^2$$

其中

$$\boldsymbol{\theta}^1(t) = (\theta^{11}(t),\theta^{12}(t))$$

① 我们用 F_n 和 C_Δ 表示 F 和 C_t 函数相对于它们第一个参数的导数。

我们假设同一行业的所有企业的投入价格相同，因此，

$$G(\boldsymbol{p}_i(t),\boldsymbol{\theta}^2(t)) = \sum_{s=1}^{m}\varphi_s(t)I_{is}$$

其中，如果企业 i 属于部门 s，则 $I_{is}=1$，否则 $I_{is}=0$。在这些附加的假设下，欧拉方程可表示为

$$\left[\theta^{11}(t)+\mu_i(t)+\sum_{s=1}^{m}\varphi_s(t)I_{is}-\delta(t)w_i(t)\right]-\theta^{12}(t)n_i(t)-\eta(t)\Delta n_i(t) + \rho\eta(t)\{E_t[n_i(t+1)]-n_i(t)\}=0$$

假设参数 $\theta^{12}(t)$ 和 $\eta(t)$ 不随时间变化，且

$$E_t\left[\theta^{11}(t+1)+\mu_i(t+1)+\sum_{s=1}^{m}\varphi_s(t+1)I_{is}-\delta(t+1)w_i(t+1)\right] = \left[\theta^{11}(t)+\mu_i(t)+\sum_{s=1}^{m}\varphi_s(t)I_{is}-\delta(t)w_i(t)\right]$$

这个方程的解为

$$n_i(t)=\lambda n_i(t-1)+\frac{(1-\lambda)}{\theta^{12}}\left[\theta^{11}(t)+\mu_i(t)+\sum_{s=1}^{m}\varphi_s(t)I_{is}-\delta(t)w_i(t)\right]$$

正如第 5.2.1 节中提到的，λ 的隐性定义为

$$\theta^{12}\lambda=(1-\lambda)(1-\rho\lambda)\eta$$

附录 B　基于就业调查、稳态假设和就业与失业任期的随机独立性所得的总风险率和转移强度

$p_t(d,u)$ 表示前一份工作持续了 d 个月且在 t 时刻失业了 u 个月的员工在下一个月不会离开失业池的概率。在 t 时刻前一份工作持续 d 个月的失业员工的人数为

$$U_t(d)=\sum_{s=-\infty}^{t}\left\{M_s(d)\left(\prod_{r=s}^{t-1}p_r(d,r-s)\right)\right\}$$

稳态假设意味着与时间下标不相关，因此，这个方程可以重新写成：

$$U(d)=M(d)\sum_{s=-\infty}^{\infty}\left\{\left(\prod_{r=s}^{\infty}p(d,r-s)\right)\right\}$$

就业期和失业期的随机独立性表明：

$$p(d,r-s)=\lambda(r-s)$$

因此

$$U(d)=M(d)\sum_{s=-\infty}^{\infty}\left\{\left(\prod_{r=s}^{\infty}\lambda(r-s)\right)\right\}=\Lambda M(d)$$

其中

$$\Lambda = \sum_{s=-\infty}^{\infty}\{(\prod_{r=s}^{\infty}\lambda(r-s))\}$$

因此，我们已经确定了一个可用的结果，即在每一时刻，上一份工作持续了 d 个月的失业工人人数 $U_t(d)$ 与持续时间为 d、在时间 t 终止就业期的员工的人数 $M_t(d)$ 成比例。

由稳态假设可将离职风险率的函数表示为

$$h_t(d) = \frac{M_t(d)}{N_t(d)} = \frac{M_t(d)}{\{N_t(0) - \sum_{s=0}^{d-1} M_t(s)\}} = \frac{M_t(d)}{\sum_{s=d}^{\infty} M_t(s)}$$

其中，我们使用的假设是所有就业任期都是有限的，得到 $\lim\limits_{d\to\infty} N_t(d) = 0$，即

$$N_t(0) = \sum_{s=0}^{\infty} M_t(s)$$

因此，由失业人员数量所得的风险率为

$$h_t(d) = \frac{M_t(d)}{\sum_{s=d}^{\infty} M_t(s)} = \frac{U_t(d)}{\sum_{s=d}^{\infty} U_t(s)}$$

如果假设失业期与是辞职还是被解雇而结束前一份工作是相互独立的，那么，基于失业员工的数量计算所得的转移强度为

$$q_t(d) = \frac{U_t^q(d)}{\sum_{s=d}^{\infty} U_t^q(s)}$$

和

$$l_t(d) = \frac{U_t^1(d)}{\sum_{s=d}^{\infty} U_t^1(s)}$$

其中，$U_t^q(d)$ 是在时间 t 时，上一份工作持续 d 个月，辞职的失业员工的数量，$U_t^l(d)$ 是在时间 t 时，上一份工作持续 d 个月，被解雇的失业员工的数量。

我们采用类似方法将总风险率写为

$$H_{ti} = \frac{\sum_{s=d_i}^{d_{i+1}} M_t(s)}{\sum_{s=d_i}^{d_{i+1}} \sum_{r=s}^{\infty} M_t(r)}$$

在某种程度上

$$\frac{\sum_{s=d_i}^{d_{i+1}} M_t(s)}{\sum_{s=d_i}^{\infty} M_t(s)}$$

很小。

$$\sum_{s=d_i}^{d_{i+1}} \sum_{r=1}^{\infty} M_t(r) \approx (d_{i+1} - d_i)\left[\sum_{s=d_{i+1}}^{\infty} M_t(s) + \frac{1}{2}\sum_{s=d_i}^{d_{i+1}} M_t(s)\right]$$

这使我们能够将总风险率的表达式简化为

$$H_{ti} \approx \frac{\frac{1}{d_{i+1}-d_i}\sum_{s=d_i}^{d_i} M_t(s)}{\sum_{s=d_{i+1}}^{\infty} M_t(s) + \frac{1}{2}\sum_{s=d_i}^{d_{i+1}} M_t(s)}$$

由于

$$U_t(d) = \Lambda M(d)$$

总风险率可以由下式近似表示：

$$H_{ti} \approx \frac{\frac{1}{d_{i+1}-d_i}\sum_{s=d_i}^{d_{i+1}} U_t^l(s)}{\sum_{s=d_i}^{\infty} U_t(s) + \frac{1}{2}\sum_{s=d_i}^{d_{i+1}} U_t(s)}$$

参考文献

Almeida, Sandra Cristina. 1992. As contribuições sociais de empregadores e trabalhadores: Repercussões sobre o mercado de trabalho e grau de evasão. IPEA Policy Document no. 8. Rio de Janeiro, Brazil: Institute for Applied Economic Research.

Almeida, Wanderly J. M. de, and José Luiz Chautard. 1976. FGTS: Uma política de bemestar social. IPEA/INPES Research Report no. 30. Rio de Janeiro, Brazil: Institute for Applied Economic Research.

Amadeo, Edward, Ricardo Paes de Barros, José Márcio Camargo, and Rosane Mendonça. 1995. Brazil. In *Reforming the labor market in a liberalized economy,* ed. Gustavo Márquez, 35–78. Washington, D.C.: Inter-American Development Bank.

Amadeo, Edward, and José Márcio Camargo. 1993. Labour legislation and institutional aspects of the Brazilian labour market. *Labour* 7 (1): 321–54.

———. 1996. Instituições e o mercado de trabalho brasileiro. In *Flexibilidade do mercado de trabalho no Brasil,* ed. José Márcio Camargo, 47–94. Rio de Janeiro, Brazil: FGV.

Bacha, Edmar Lisboa, Milton da Mata, and Ruy Lyrio Modenesi. 1972. Encargos trabalhistas e absorção de mão-de-obra: Uma interpretação do problema e seu debate. IPEA Research Report no. 12. Rio de Janeiro, Brazil: Institute for Applied Economic Research.

Barros, Ricardo Paes de, Carlos H. Corseuil, and Mônica Bahia. 1999. Labor market regulation and the duration of employment in Brazil. Rio de Janeiro, Brazil: IPEA Discussion Paper no. 676. Rio de Janeiro, Brazil: Institute for Applied Economic Research.

Barros, Ricardo Paes de, Carlos H. Corseuil, and Miguel Foguel. 2001. Os incentivos adversos e a focalização dos programas de proteção ao trabalhador no Brasil. IPEA Discussion Paper no. 784. Rio de Janeiro, Brazil: Institute for Applied Economic Research.

Barros, Ricardo Paes de, Carlos H. Corseuil, and Gustavo Gonzaga. 1999. Labor market regulation and the demand for labor in Brazil. Rio de Janeiro, Brazil: IPEA Discussion Paper no. 656. Rio de Janeiro, Brazil: Institute for Applied Economic Research.

Camargo, José Márcio, and Edward Amadeo. 1990. Labour legislation and institutional aspects of the Brazilian labour market. Discussion Paper no. 252. Rio de Janeiro, Brazil: Pontificia Universidade Catolica.

Carvalho, Carlos Eduardo, and Maurício Mota Saboya Pinheiro. 1999. FGTS: Avaliação das propostas de reforma e extinção. Rio de Janeiro: IPEA Discussion Paper no. 671. Rio de Janeiro, Brazil: Institute for Applied Economic Research.

Chadad, José Paulo Zeetano. 1993. Encargos sociais e emprego no Brasil. Discussion Paper. São Paulo, Brazil: FIPE, USP.

Hamermesh, Daniel. 1993. Labor demand. Princeton, N.J.: Princeton University Press.

Hamermesh, Daniel, and Gerard A. Pfann. 1996. Adjustment costs in factor demand. *Journal of Economic Literature* 34:1264–92.

Jatobá, Jorge. 1994. Encargos sociais, custos da mão de obra e flexibilidade do mercado de trabalho no Brasil. In *Conferência sobre regulamentação do mercado de trabalho no Brasil,* ed. IPEA, 1–36. Rio de Janeiro, Brazil: Institute for Applied Economic Research.

Macedo, Roberto Bras Matos. 1985. Diferenciais de salários entre empresas privadas e estatais no Brasil. *Revista Brasileira de Economia* 39 (4): 448–73.

———. 1993. Reforma da previdência social: Resenha e consolidação. In *A previdência social e a reforma constitucional,* ed. Brasil, Ministério da Previdência Social, 4–47. Brasília, Brazil: CEPAL.

Malaga, Guillermo Tomás. 1992. Dynamic labor demands: Cases of interest for Brazil. In Anais XV. Encontro Brasileiro de Econometria, 1992, Campos do Jordão (SP). São Paulo: SBE.

Nascimento, Amauri Mascaro. 1993. *Iniciação ao direito do trabalho,* ed. SBE, 409–30. São Paulo, Brazil: Sociedade Brasileira de Econometria.

Nickell, S. J. 1986. Dynamic models of labour demand. In *Handbook of labor economics,* vol. 1, ed. Orley Ashenfelter and Richard Layard, 437–522. Amsterdam: Elsevier.

Pastore, José. 1994. Encargos sociais no Brasil e no exterior: uma avaliacao critica. São Paulo, Brazil: SEBRAE.

World Bank. 1991. *Brazil: The Brazilian labor market in the 1980s.* World Bank Report no. 9693-BR. Washington, D.C.: World Bank.

6 劳动市场规制对企业雇佣决策的影响
——基于阿根廷的实证研究

吉耶尔莫·蒙迪诺和西尔维娅·蒙托亚*

6.1 引言

20 世纪 90 年代阿根廷发生了重大的结构性变革。在经历了半个多世纪的经济低增长，高通货膨胀且不稳定，以及生活水平停滞不前后，阿根廷开始实施多项改革，这些改革促进了经济的大幅增长，抑制了通货膨胀。阿根廷“经济范式”的改革带来了许多其他领域的变化，最为突出的是劳动市场改革的力度虽然适中，但劳动市场的表现差异明显，如高失业率，而高失业率是不是由劳动市场缺乏持续而强劲的改革导致的呢?

从历史角度看，阿根廷劳动市场的特点是非专业技术人员相对不足，该特点主要反映在需要适度放开对城市失业水平的控制，以及诉诸外国劳动力来弥补劳动力的短缺。工资以及其他招聘条件与更强的议价能力相关，而该议价能力源于过剩的劳动需求。需要特别指出的是，占主导地位的经济模式限制了重新分配资源的经济需求，导致就业创造率降低，甚至失去就业机会。这使得一些工会和政府的需求与企业面临的机会匹配。然而，低经济增长率与不断加速的高通货膨胀最终还是导致经济陷入了严重危机。阿根廷 20 世纪 90 年代进行的具有深远意义的改革集中于金融市场以及商品与服务市场，而不是劳动市场。许多人认为这种不对称的改革是导致高失业率的潜在因素。

---

* 吉耶尔莫·蒙迪诺（Guillermo Mondino）是地中海基金会的一位经济学家。西尔维娅·蒙托亚（Silvia Montoya）是地中海基金会的一位经济学家。

我们要感谢罗格·阿里阿加（Roger Aliaga）为这个研究项目付出的巨大努力。曼纽尔·威林顿（Manuel Willington）和马科斯·德尔普拉托（Marcos Delprato）在项目的不同阶段提供了有益的研究援助。任何错误都是我们的责任。

20世纪80年代，阿根廷的就业平稳增长（年增长率为1.1%，基本与人口增长率持平），而国内生产总值萎缩（年增长率为−0.9%）。反之，在20世纪90年代，国内生产总值增长强劲且持续（1990—1998年年均增长率为5.2%），而就业增长再一次与国内生产总值的增长不匹配（年增长率为0.9%，见表6.1）。

表6.1　宏观经济指标：1974—1998年

	人均GDP (1)	人均就业 (2)	人均GDP/人均就业 (3)=(1)/(2)	失业率[a] (4)	通货膨胀率[b] (5)	劳动力[c] (6)
1974	91.9	100.9	91.1	3.3	24.2	102.9
1980	100.0	100.0	100.0	2.6	100.8	100.0
1985	83.9	95.6	87.8	6.1	672.2	99.2
1988	86.7	98.2	88.3	6.3	343.0	102.8
1989	79.4	97.2	81.7	7.6	3 079.5	103.5
1990	77.0	96.3	80.0	7.5	2 314.0	102.3
1991	84.1	98.4	85.5	6.5	171.7	103.5
1992	90.9	99.2	91.6	7.0	24.9	105.8
1993	95.0	98.5	96.5	9.6	10.6	109.9
1994	101.3	96.3	105.2	11.5	4.2	109.4
1995	96.1	91.9	104.6	17.5	3.4	112.1
1997	106.6	95.1	112.1	14.9	0.5	114.4
1998	109.8	97.6	112.5	12.8	0.9	115.1

资料来源：IERAL数据库。

注：1980年指数为100。

a：大布宜诺斯艾利斯（GBA）。

b：年利率。

c：GBA的1980年指数为100。

20世纪90年代，阿根廷的失业率达到了历史最高水平（1995年失业率为18.6%），并于1994年以后达到了两位数。劳动供给或者需求方面的变化可以解释失业率的变化。因此如果劳动市场规制严重阻碍了就业机会的创造，它们就不得不在就业需求方面进行调控。

动态劳动需求的变化可能源于多种因素，特别是，基于我们对劳动法规潜在影响的研究兴趣，估计劳动成本变化对动态就业供给的影响就至关重要。劳动市场规制是否减少了市场的灵活性，这个问题也存在着巨大的争议。反对强势就业权的人认为，强势就业权阻碍了雇主在经济波动时期进行生产调整（Lucas and Fallon，1991；Oi，1962），同时，他们还声称，在经济衰退期强势就业权限制企业裁员，降低了雇主在经济复苏时雇用员工的意愿，进而导致了更严重的失业。但是支持者则认为，就业保障制度对失业没有显著影响。

由于历史原因，阿根廷的劳动者在劳动市场享有强势就业权（包括提前收到解雇通知和获得遣散费的权利）。在 20 世纪 90 年代，随着失业率的快速增长，这些劳动市场规制受到了抨击，许多人认为这些法规带来的成本已经逐渐成为一种公害。图 6.1 显示，就业保障制度强加给雇主的成本负担主要由三部分组成：(1) 正规就业者的平均任期；(2) 裁员比例；(3) 正规部门的平均工资[①]，图中的曲线显示了企业预期成本的三个主要组成部分的显著变化。随着经济的深入调整和改革（1991—1997 年），劳动市场规制的约束力不断增强；随着员工平均实际工资的增加，劳动者被解雇的可能性为之前的 3 倍（近似于裁员比例），而平均任期则降低了 20%。[②]

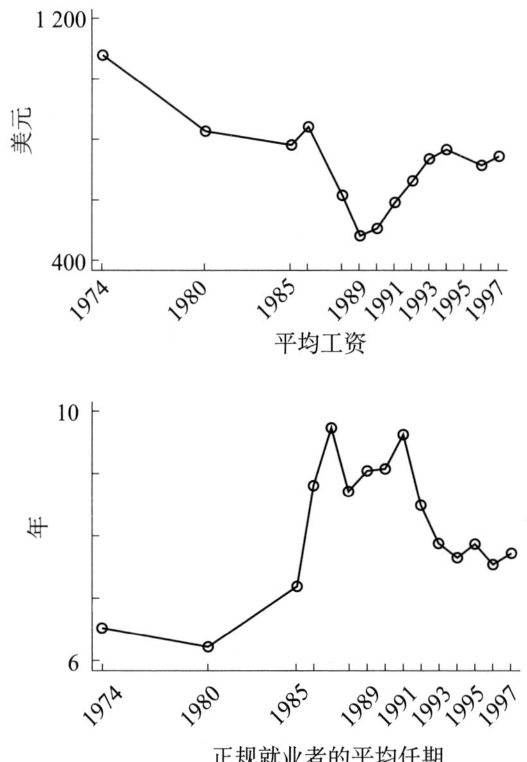

图 6.1　预期遣散费——大布宜诺斯艾利斯，1974—1997 年

资料来源：IERAL 数据库。

① 第四部分是法定的工龄工资，即雇主针对雇员的每年任期需要支付的额外工资，在过去的 20 年间，法律制度的变化只是针对工龄工资的上限值，由于这些变化很小，并且对于所有劳动者而言也很难识别，所以，图 6.1 中观测到的模式近似于遣散费成本的替代。

② 由于离职补偿计划的非线性，构建一个平均遣散费的总代理变量十分困难。

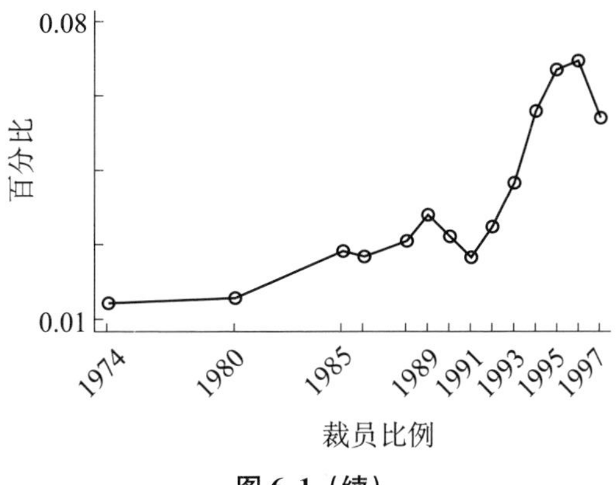

图 6.1（续）

监管成本的增加可能会对劳动需求产生实质性影响。如表 6.1 所示，人均产出莫名地增加，可能是企业试图在不增加雇员的情况下增加产出并控制（预期）遣散费增长的行为导致的结果，人均产出的增加可能是由劳动者的加班所致。

针对这些问题，本章提供了一些证据进行验证。我们首次利用 1990—1996 年间含有 1 300 多家制造业企业的面板数据信息，其中包括企业就业信息、工作小时数、加班、工资以及实际生产等方面的信息。然而，这些数据只是针对制造业，更重要的是，这些数据覆盖的时间范围较短，而且劳动市场规制在 1995 年末发生的变化最大，仅仅是停止收集这个面板数据的前一年，所以更加难以识别劳动市场改革对劳动需求的影响。我们用工作小时数和就业的关系来揭示劳动市场的动态变化。

本章安排如下：第 6.2 节介绍了阿根廷劳动市场的制度特征，并重点关注就业保障制度以及工资税。第 6.3 节探讨了两个重要的问题，即谁从法律制度中受益，以及他们带来了多大的成本负担。我们基于永久性家庭调查（PHS）的微观数据来分析上述两个问题，并识别不同的法律制度对个体的劳动市场结果的影响。第 6.4 节主要介绍企业层面的动态劳动需求估计。我们记录了在企业水平上就业和工作小时数对企业产出和劳动成本变化的动态响应。第 6.5 节是总结。

6.2　制度背景

与许多发展中国家一样，阿根廷劳动市场的运行方式与工业化国家不同，其中最明显的差异在于自雇用和非正规工作（指不受法律制度保护或没有纳入社会保险体系）的相对重要性。这些经常被视为“窒息性法规”和高税收的证据。此外，作为一个自然的拓展，工资信息依赖于劳动市场机构和政府规制，如工会、最低工资标准、就业保障制度等。

有三个层级的法律法规会约束劳动者与企业关系，依据其重要程度分别是[①]：(1) 劳动者法规（《雇佣合同法》第20.744项）和其他一般性法规，如上层法律，它们建立了很多劳动关系的规则和集体谈判的框架；(2) 行业层面的集体罢工是第二层级；(3) 企业层面的合同，它们要在符合前面两者规定的基础上签订。[②]

劳动规制也对其他用工情况进行了约束。劳动者法规以高昂解雇成本的形式来具化就业保障条款，这一法规通过限制试用期限来约束雇主的招聘行为。病假、休假以及产假的相关规定通常也对劳动者十分有利。第13个月的工资是法定强制支付的，而且必须在年中和年终各支付一半。同样的，参加由工会资助的医疗计划的费用也是必须要支付的（不论是否使用该项服务）。[③]

6.2.1 就业立法

非工资劳动成本包括除一般社会保障项目以外的一系列项目。而且，不同劳动法规导致的成本在过去 n 年里一直都在变化。劳动法规和税收的基本特征表现为以下几个方面。

个人合同的法律体系

最重要的约束内容包括合同类型、工作保障条例、工作时长、休假和病假。

在众多的合同类型中，最普遍的是不定期合同，或享有最高保护权的无固定期限合同。解雇总会被认定为是不公平的。一些临时合同在1995年前是允许使用的，但由于终身雇用安排是惯例，因此临时合同被视为是一种例外。1995年12月，阿根廷对个人合同的相关制度进行了改革，增加了新的定期合同类型，其主要特点是遣散费更低，延长了试用期，社会保障缴费降低，以及其他一些有益的条款，这使得定期合同对雇主更具吸引力。这一规制变化为复杂的劳动市场增加了新的维度。但自1999年开始，那些合同就是非法的。[④]

---

① 也就是说，如果合同是在第三层级的条件下签订的，那么它不能与第一层级和第二层级的条件相悖，即第一层级设立了最低标准。

② 有一些领域不受一般法律的约束，在这种情况下，集体合同就发挥了法律法规的作用，如农业部门工人条例、记者条例和其他条例。

③ 成本的另外一个来源是劳动者支付给退休人员医疗计划（PAMI）的费用。

④ 1995年的改革引入了“保证金”，以应对日益复杂的就业前景，并为僵化的市场提供灵活性。特别地，为增强雇用新一代员工的灵活性而改革的新方案于1995年开始实施。正规就业者中签订定期合同的数量由1995年的低于1%增加至1998年底的5%，短期内的这一急剧增长与总就业的中度增长形成了对比，短期的就业水平（定期合同与试用期合同）达到了总正规就业的10%。

就业保障制度包括雇主在解雇员工之前有义务提前书面告知雇员，并支付遣散费。这导致合同期内企业成本增加（见图 6A.1）。

关于工作时间分配、加班、夜班、休假时长等方面的微观层面的决策是受限的，但是在产假、病假方面的法律规定则比较宽松。①

集体劳动法

最基本的法律是工会（也叫专业协会）法。在阿根廷，部门工资谈判是谈判的主导模式，通常是以集体协议为框架。如前所述，集体协议中通常设定了雇主与雇员进行工资谈判时的工资水平的下限。

这两种法律的相互作用导致了一种棘手的情况（见图 6.2）。一方面，集体协议中确定了合同的基本特征；另一方面，工会法规定了集体谈判的参与者，并规定了行业/区域层面（三级）以外的其他协会签订集体协议的条件。②二者对于市场发挥作用以及产业关系具有重要意义，例如，区域性冲击不易解决是因为它会波及多个行业，但是这种冲击传播的面并不广泛，因而并不会引起行业的重新谈判。

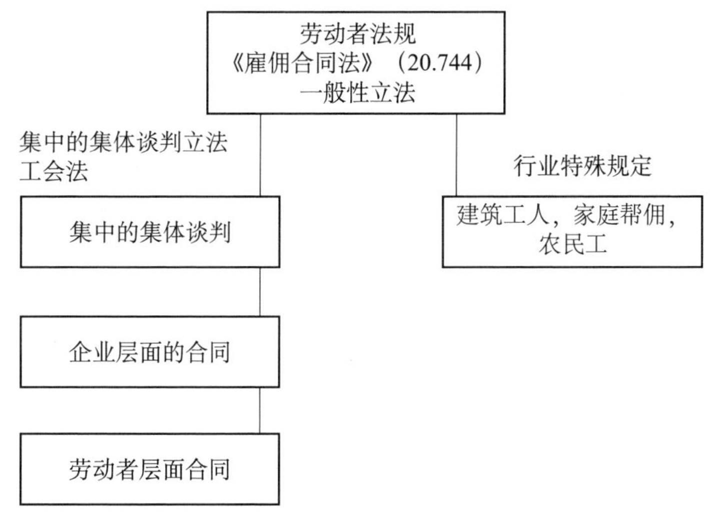

图 6.2　劳动法机制

资料来源：IERAL 数据库。

尽管企业和员工都有强烈的意愿修改合同内容，但是法律规定这样的修改

① 有时限制来自法律规定或者集体协议，问题是，许多协议始于经济粗放型的政府，需要部门级工会同私营企业针对严格的预算限制进行谈判，另外，还需与受到预算软约束的国有企业进行谈判，如银行业的合同。

② 《职业协会法》确定了工会的结构，全国范围内的第三级协会是最有力的组织，也是唯一有权签订集体协议和授权分散谈判的组织。

是违法的。市场参与者认为这样的法律规定是对进行重新谈判的一个最大的限制，并主要影响偏远的小微企业以及在集体谈判中话语权较小的员工。

由于自动更新条款的存在，问题就变得更加复杂。如果双方没有达成新的合同，这个条款规定要执行更早期签订的集体协议。倘若任何一方不同意，这种情况就会发生。

社会保障

社会保障包括养老金、家庭津贴、劳动者补偿、医疗基金（“社会保险”）、失业保险和退休人员医疗计划。①

表 6.2 说明了当前阿根廷无固定期限合同带来的劳动成本状况。②

表 6.2　非工资劳动成本结构（非工资劳动成本/总工资）

贡献	一般性合同（%）	在总成本中的比例（%）
养老金	27	47.4
员工	11	19.3
雇主	16	28.1
退休人员医疗计划	5	8.8
员工	3	5.3
雇主	2	3.5
家庭津贴[b]	7.5	13.2
失业基金[b]	1.5	2.6
医疗计划	9	15.8
员工	3	5.3
雇主	5	8.8
劳动者补偿[b]	2.5	4.4
社会保障总成本	52.5	92.0
遣散费[a]	5	8.8
提前告知[a]	0.5	0.9
员工成本	17	29.8
雇主成本	40	70.2
非工资劳动成本	57	100

资料来源：IERAL 数据库。

a. 估值：雇主的成本。

b. 雇主的成本。

20 世纪 90 年代的改革主要集中在两个方面：社会保障及其缴费比例的分

① 1996 年 7 月，劳动者补偿进行了改革，改革后该制度带来的成本是平均工资总额的 2.5%。改革前该制度很不公平，且为昂贵的诉讼与腐败打开了方便之门；改革后引入强制保险和市场组织，并且严格限制法定补偿金额度。该项改革被认为是一个巨大的进步。

② 自 1995 年开始，雇主的缴费额度由企业活动的所在地和行业决定。

配，以及定期合同的实施。对于社会保障成本的普遍不满导致了1994年实施的重要改革。员工和企业都认为社会保障缴费是一种税负，而非一种延期补偿。因此，许多员工和企业做出难以捉摸的行为，最终导致不平等和效率低下，并且带来了不稳定的劳动关系系统。①

养老金制度的改革是针对市场上所有劳动者的改革，它刺激个体由现收现付制向完全基金制转移。在两种制度并存的背景下，大多数劳动者选择完全基金制。②

6.2.2　非正规就业者

传统观点认为，非正规就业者是在劳动市场中处于弱势地位的劳动者，他们被那些给正规行业带来高额成本的法律制度和僵化的法规分割。③ 只有正规就业者能够报告他们的社会保障程度以及是否受劳动法的保护。事实证明，法律制度覆盖率与社会保障之间关系密切，所有在社会保障系统注册过的正规就业者都有权利享有法律保护，反之则不一定。我们把非正规就业者定义为声明其未在社会保障系统注册的员工。

图6.3显示了阿根廷最大的城市中心——大布宜诺斯艾利斯的就业情况及其发展过程。该图呈现了劳动市场中三种最基本的组成部分的就业状况④：自雇用劳动者、正规以及非正规就业者。以往的数据表明，自雇用是正规就业的一个理想的替代品。⑤ PHS数据表明选择自雇用的劳动者的比例相对保持不变，但是，在过去的20年间，非正规就业者的比例有显著的提升。

---

①　图6A.2显示了自1960年以来社会保障资金筹集方式的演变，这是更具有结构性的社会保障体系的兴起时期。截至1990年，由于不同的机构扮演相同的角色，不同项目的运作存在很大的困难。

②　60%以上的员工以及90%以上的新员工选择完全基金计划。原来制度设计的主要困难在于筹集过渡时期的社会保障资金，当前的退休人员的养老金必须通过现收现付制下保留的资金以及通过完全基金制征收的税收来支付。为了收支平衡而导致的高税收已成为一个严峻的政策问题，因为它与就业需求发生了冲突。因此，1994年毕业生劳动税收削减制度投入使用。由于财政需求大，所以在1995年减小了减税力度，故1996年的税率又回到较高水平。

③　这种分割方法的一个很有趣的特点是它很难有力地解释为什么企业选择在某个部门经营。当法律制度管控更严格时，逃税就更重要。事实上，如果企业使用非正规劳动合同，企业不用为员工缴纳社保，但该企业必须要有未上报的收入来源来支付这部分工资，这些收入可能源于产品市场的逃税。企业非正规运营的决定与一系列复杂的契机相关。

④　分割的思想在这里被广泛使用。将劳动市场进行这样的市场分割并不意味着这是两个完全不同的市场，这只是基于价格以及其他一些特性对一个市场的细分。劳动市场中多种选择的特性（例如，一些决策导致的高固定成本和/或不可逆转性）使得我们考虑是否要成为受雇劳动者或自雇劳动者的模式不同。在本研究中，我们通过这样的市场细分说明了两种状态之间的转换率是受限制的。

⑤　Maloney（1977，1998）对墨西哥的研究也同样说明了这一点。

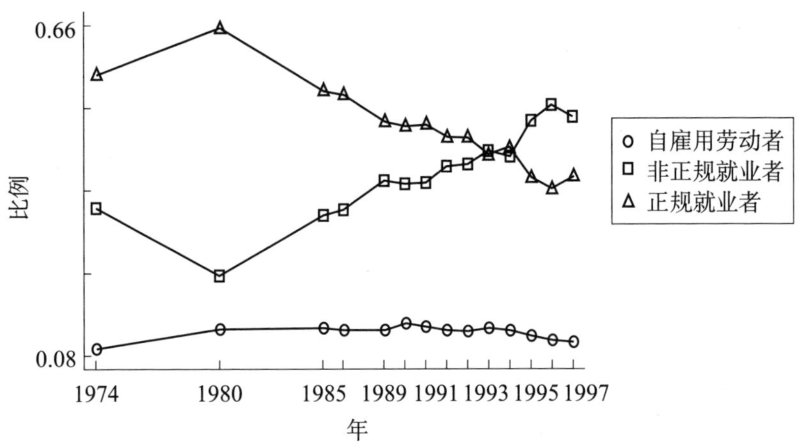

图 6.3 劳动力结构——大布宜诺斯艾利斯，1974—1997 年

6.3 劳动市场规制的影响：家庭微观数据的实证分析

一般而言，就业保障制度是通过监管措施，迫使企业在经济衰退期提供补贴，从而降低员工失业风险的一种社会保护。主要的作用机制是雇主需要支付给被解雇的员工巨额的遣散费，以防止工人在经济衰退阶段被辞退。在阿根廷，这也就意味着政府通过控制解雇成本，如漫长和成本高昂的裁员过程，来限制企业裁员。人们有时认为宏观调控需要进一步向非正规行业转移，因而很多人认为当前的就业保障制度对未受法律保护的员工而言不公平（Riveros and Paredes，1990；Rosenweig，1988）。[①]

就业市场规制的支持者声称这些规制的目标是保护那些反对不安全工作环境和以非正当理由被解雇的员工，因而是值得称颂的。此外，他们还指出，这些法规保护了社会中的弱势群体，有助于社会财富的再分配，使从事较大风险工作的劳动者的收入更加稳定。

就业保障制度作为非工资补偿的一种形式，虽然可以增强稳定性，但也会增加企业的劳动成本。劳动成本的增加取决于工人如何评价就业保障，尤其是他们是否认为就业保障是工资的一种替代或者补充。

谁将从这些规制中获益？他们是否付出了一定的成本，或者至少是否放弃

① 在有关劳动市场细分的研究中发现，就业保障的增加会导致劳动外溢到非正规部门，并导致劳动收入减少以及准自愿失业率上升。

了一些收入？我们是否可以预测哪些个体可以从这些制度中受益？这些问题都没有简单的答案，但是在采取任何行动以改变当前的规制局面之前，这些问题都值得我们认真地思考。

6.3.1 谁从规制中受益？

从事一份受法律制度管控的工作的概率因人而异，我们分析了 1975—1997 年间大布宜诺斯艾利斯受雇劳动者的混合样本数据，并将样本按性别分为男性和女性，我们估计的模型是一个简单的概率方程，其中因变量是虚拟变量，用以区分劳动者在被解雇时能否获得遣散费（变量的描述见表 6B.1）。得到的相关结果如下。

受教育程度：较高的受教育程度意味着较高的生产力，能够提高成为正规就业者的概率；反之，受教育程度较低的劳动者更易成为非正规就业者，因为低生产率不足以抵消最低工资标准导致的额外成本和其他法定成本。

工作经验：按照明瑟方程可知，工作经验会增加一般人力资本并提高生产率。

就业任期：较长的就业任期反映了工作者与岗位之间较高的匹配度和特定工作的较高人力资本。如果企业可以选择它提供就业保障的工作的类型，它将把就业保障提供给那些积累了较高人力资本的员工。这些员工会以高生产率回报企业。

活动分支：这包含了一组纯粹的用以解释控制机构的执行能力、垄断权力的程度、工会化和活动的不稳定性方面的特定部门差异的经验相关因素。

企业规模：这一特征与前述的相关因素类似。

其他家庭成员的规制现状：当一个家庭要分散风险时——尤其是当其配偶或其他家庭成员的工作受规制覆盖时，劳动者更倾向于接受不受规制覆盖的工作机会。此外，规制结构支持不稳定劳动者的加入，也就是所谓的二级工人。由于医疗计划以及其他的各种社会保障福利不能惠及一个家庭中的更多劳动者，所以社会保障系统的注册就没有那么大的吸引力。

婚姻状况：考虑到立法的性别偏见，此变量在“女性”回归方程中加入，我们预计该变量的影响为负。

6 岁以下孩子的数量：这一特征与前述的相关因素类似。

表 6.3 呈现了对男性和女性的概率模型进行估计所得的结果，因变量是员工在被解雇时能够获得遣散费的概率。①

① 原始概率回归结果见表 6B.2。

表 6.3　概率估计：可以获得遣散费的工作（大布宜诺斯艾利斯，1975—1997 年，子样本为受雇劳动者）

变量	女性			男性		
	dF/dx	*Z*	*X*-bar	dF/dx	*Z*	*X*-bar
小学	0.046 6	2.14	0.391 1	−0.008	−0.07	0.554 2
高中	0.213 4	9.24	0.357 2	0.097 9	7.73	0.257 1
大学	0.256 5	10.59	0.172 0	0.077 3	4.43	0.084 9
工作经验	0.020 7	11.82	20.122 4	0.016 4	13.48	22.318 2
工作经验** 2	−0.000 3	−8.75	577.080 0	−0.003	−11.85	670.012 0
就业任期	0.001 6	3.58	6.827 7	0.002 5	7.07	7.913 6
建筑/房子	−0.462 2	−20.98	0.164 5	−0.295 2	−18.93	0.067 9
制造业	0.216 9	2.15	0.003 5	0.121 3	3.44	0.013 4
零售业	0.067 9	4.16	0.139 9	−0.043 6	−4.32	0.160 7
运输业	0.136 7	4.28	0.027 7	−0.068 0	−5.89	0.123 2
金融业	0.129 9	6.86	0.101 7	0.015 6	1.12	0.089 7
私人和社会服务	0.173 2	11.25	0.545 2	−0.005 7	−0.58	0.218 4
规模<25	0.175 5	13.54	0.202 5	0.125 1	16.59	0.236 2
规模<100	0.303 5	21.91	0.178 1	0.228 4	28.37	0.173 4
大型企业	0.305 2	21.26	0.182 7	0.273 0	33.9	0.233 2
家庭成员情况	0.445 5	39.67	0.327 6	0.328 0	41.86	0.267 2
Ptime	−0.202 2	−16.55	0.353 2	−0.199 2	−17.31	0.116 0
户主	0.008 2	0.49	0.178 7	0.142 2	14.8	0.672 3
6 岁以下孩子的数量	−0.005 4	−0.5	0.194 8			
已婚	−0.050 4	−3.58	0.472 7			
观测量		13 202			21 618	

资料来源：IERAL 数据库。

注：dF/dx 形容虚拟变量 0—1 的离散变化。*Z* 表示基本系数为 0 的检验。变量的详细描述见表 6B.1。

结果表明个体的人力资本越高，规制越普遍，规制与教育水平同方向增长。但是受过大学教育的男性获得一份受规制覆盖的工作的概率会略微降低，因为他们为了规避高税收的影响更愿意成为自雇用劳动者而不是正规就业者。①

根据明瑟方程，工作经验的估计结果显示了一般的凹性，这增加了受规制覆盖的可能性；就业任期的系数为正，且显著不为 0。

家庭状况也很重要。带有幼童的母亲在劳动市场受到的法律保护较少。立法倾向于为其提供更多的规制覆盖（产假、特殊的假期等），从而消除基于对

① 女性，由于其专业化（教学、护理、医学），她们受规制覆盖的概率比同辈男性更高，因为她们的雇主就是政府。

她们的偏见形成的强势的市场结果。

除此之外，我们还发现若其他家庭成员从事的工作受规制覆盖，那么这个劳动者更可能找一个受规制覆盖的工作，对于这个现象的一种解释是：夫妻的结合是建立在相同的条件上的。

兼职活动受到的法律保护更少，制度体系不利于兼职合同的登记注册。此外，没有任何激励机制鼓励这样的行为。在假设所有员工都从事全职工作的基础上，我们对截至 1996 年底的社会保障（非工资劳动成本的最大组成部分）缴费项目进行了统计。兼职就业的增长对没有在社会保障系统注册的劳动者的就业增长起了重要作用。

最后，我们发现规模越大的企业越有可能提供正规的工作。

综上所述，概率分析表明规制会使市场产生分割，并对拥有更高人力资本的员工提供保护。换言之，规制保护作用是逐渐减退的，且这种保护看起来并不会使那些已然处境糟糕的人受益。同时，研究结果还表明了理性个体决策的自然反应，受监督和法规调控越多的行业越遵守法律规定。

6.3.2　对收入的影响

在上一节中，我们已经说明了劳动市场规制非随机地影响着劳动市场的结果。很显然，一些工人得到一份受法规调控的工作的机会更大一些。但是至今我们还没有验证的是，为了这些工作，企业和劳动者是否牺牲了一些利益，即那些受法规调控和法律保护的劳动者的收入是否会少于不受规制的劳动者的收入。

就业保障制度会对劳动市场的两大主体——雇员和雇主产生影响。雇主的成本不仅取决于其所支付的工资和福利待遇，还取决于劳动生产力；雇主支付的总薪酬中的货币工资与福利构成是不一样的。

雇员在工资与福利之间也是有其偏好的，在研究雇主提供的福利水平及组成时，一个重要的参数是这些雇员为了获得更高的工资愿意放弃一些福利。工资与福利的市场价值的权衡一直是人们研究的问题，这是一个很难解决的实证问题，在已有的文献中，这一问题尚未被解决。理论上预测的负平衡并没有在相关文献中得到证明。[①]

在本节中，我们呈现了一些基于享乐主义（hedonic）工资函数进行估计所得的结果。如果生产力保持不变，我们预测工资与福利呈负相关关系。当然，在我们的实践中难以保持生产力不变。一旦有我们未观测到的因素影响了生产力，这种负相关关系就可能不正确，因为福利可能与未观测到的生产要素有关。

---

① 相关文献见 Smith and Ehrenberg（1983）；Leibowitz（1983）和 Oi（1983）。

计量经济学问题

劳动者是否接受一份工作取决于他/她对于工资包特征的主观评价。在均衡状态下，雇员与雇主的相互作用会带来工作匹配，这种工作匹配可以追踪在劳动市场交易结束时工资与福利的比例。在我们的实证方程中，我们使用扩展的明瑟方程。我们估计的回归模型是：

$$\ln Y_{i,t} = \alpha_t + \beta_t \boldsymbol{X}_{i,t} + \theta \text{Regs} + \mu_{i,t} \tag{1}$$

在该模型中，$\ln Y_{i,t}$ 是个人（i）在时间（t）时的收入取自然对数；$\boldsymbol{X}_{i,t}$ 是包括受教育程度、工作经验、企业规模、就业部门等个人及企业特征的向量；规制（Regs）表示匹配特征带来的合法的附加福利；理论上 θ 应为负。①

此外，还有几个必须要解决的计量经济学问题。首先是赫克曼提出的样本选择性偏误问题：我们观测到的工资是已经工作的劳动者的工资，而不包括那些决定不加入劳动力群体的人，这就导致子样本的条件均值大于总体分布的均值。在这种情况下，普通最小二乘法（OLS）无法纠正选择性偏误，从而导致估计不一致。我们的估计方法将该问题考虑在内，采用了多层次决策过程。

在明瑟方程中另一个重要的问题是未观测到的异质性问题，这是因为人们的能力不同，获取人力资本的能力也不同。这种遗漏变量误差通常会导致参数的不一致估计。为了在一定程度上减少这一问题带来的偏误，我们将控制就业任期，一个人在现任职位上的就业任期越长，表明其至少在现任职位上的能力越强。②

---

① 我们对这一问题进行了实证分析而不是进行简单的理论解释，但我们需要的数据在标准住户调查中没有，在对阿根廷的研究中，PHS数据是我们唯一的数据来源。在该调查中，劳动者报告了他们是否在劳动市场规制的覆盖范围内。但一些附加福利的相关信息却只有企业层面的数据。高能力的劳动者（干劲十足、工作努力、值得信赖的劳动者）通常会获得更高的工资和更高的附加福利。这些与工资不成比例的附加福利难以测量。

② 另外一个问题源自测量误差，那些没有被劳动市场规制覆盖的劳动者很有可能少报了他们的实际收入。如果这个测量误差来源是存在的，我们可以对我们估计的规制的系数进行调整。现在，规制带来的福利可以误导性地产生更大的申报收入，尽管实际的收入更低。当控制了这一偏误时，人们可以解释养老金的系数，并且分析其他变量的系数。但是，这一问题仍然存在，因为养老金和其他规制高度相关。不仅如此，规制还可以保持竞争力。效率低的企业支付的工资比那些生产率高且守法的企业支付的工资更低，这些被观测到的“非法”竞争报告的工资更低。为了控制企业效率，我们只使用了PHS中与企业相关的两种信息——企业规模及行业。当然，一些其他未观测到的生产率差异仍然存在。

由于我们的估计基于合成面板（堆叠横截面）数据，因此还有一个很严重的问题会影响估计的可靠性。如果经济曾受到大的结构性冲击，事实上的确经历过，那么人力资本的回报或者工资谈判条件在该时期就会发生剧烈的变化。我们利用年固定效应来控制一些上述的变化。Pessino (1995) 认为这些变化极大地影响了劳动市场的结果；Garcia (1996) 则表明在过去的几年里，阿根廷的技能溢价发生了显著变化，他发现相对价格（与贸易改革和规制的放松相关）的巨大变化和科技的变化可以解释劳动需求的巨大变化，而劳动需求的变化能够解释技能溢价的变化。

计量经济学模型

我们估计的回归模型在很大程度上遵从了 Heckman（1979）的研究方法，我们同时还考虑了劳动者参与求职和接受一份工作的区别。这种差异性在高失业率的环境下尤为重要，如 20 世纪 90 年代的失业率。我们估计了个人收入的似然值，由个人的求职决定和他/她获得一份工作的概率构成的双变量概率模型获得。

模型

为了估计不同教育水平的回报率，我们对线性方程（1）进行估计。

$$\ln Y^{*} = \alpha + \beta' \boldsymbol{X} + \theta \mathrm{Regs} + \boldsymbol{\mu} \tag{2}$$

式中，$\boldsymbol{X}$ 表示影响个人收入水平的自变量矩阵，$\boldsymbol{\mu}$ 则为一个扰动向量，方程（2）中受教育程度的系数是指受教育程度的平均回报。

如果用 OLS 进行估计，忽略两种选择性偏误，这个方程可能导致有偏估计。为解决这一问题，Heckman（1979）提出了建立一个包含两个联立方程的估计模型，在该模型中，内生变量为收入及未观测到的保留工资。在高失业率的背景下，找到工作的概率和调查中报告的收入并不是随机的，且与个人决定并不一致。因此，我们采用赫克曼两阶段修正模型。Tunalli（1982）详细介绍了该模型。

个人报告收入的似然值基于由个人参加工作的决定和其获得工作的概率构成的二元概率模型而得。

因此，假设

$$I_{1i}^{*} = \delta' Z_i + \mu_{1i} \tag{3}$$

$$I_{2i}^{*} = \eta' W_i + \mu_{2i} \tag{4}$$

其中，Z_i 和 W_i 为自变量，I_{1i}^{*} 和 I_{2i}^{*} 分别代表与个人参加工作的决定和成功获得工作相关的不可观测的变量。我们所观测的正是决定参加工作以及成功获得工作的个体。

总的来说，表 6.4 展示了两阶段决策过程。

表 6.4　两阶段选择性偏误过程：个体

决定过程	劳动力状况	决定过程	工作状况	收入
I_1	0　不参与			不可观测
	1　参与	I_2	0　未就业	不可观测
			1　就业	可观测到

资料来源：IREAL 数据库。

待估测的方程如下：

$$I_{1i,t}^{*} = \delta' Z_{it} + \mu_{1i} \tag{5}$$

$$I_{2i,t}^{*} = \eta' W_{it} + \mu_{2i} \tag{6}$$

$$\ln Y_{it^{\cdot}} = \beta_{it'} X_{it} + \theta \text{Regs} + \mu_{3i} \tag{7}$$

$$\text{Corr}(\mu_{1i}, \mu_{3i}) = \rho_{13}$$

$$\text{Corr}(\mu_{2i}, \mu_{3i}) = \rho_{23}$$

$$\text{Corr}(\mu_{1i}, \mu_{2i}) = \rho_{12}$$

根据赫克曼的两阶段估计方法，我们的估计方程为：

$$\ln Y_{it}^{*} = \beta'_{it} X_{i,t} + \theta \text{Regs} + \gamma_1 \lambda_{1i} + \gamma_2 \lambda_{2i} + \upsilon_{1i} \tag{8}$$

其中，$\lambda_1 y \lambda_2$ 是著名的逆米尔斯比率（inverse Mill's ratios）。

$$\lambda_1 = f(\rho_{12}, \delta' Z_{it}, \eta' W_{it}), \gamma_1 = \rho_{13} \sigma_3 \tag{9}$$

$$\lambda_2 = f(\rho_{12}, \eta' W_{it}, \delta' Z_{it}), \gamma_2 = \rho_{23} \sigma_3 \tag{10}$$

数据

我们再次使用 1975—1997 年间的 PHS 数据。劳动者报告了他们受规制的状况。调查中设计的问题非常具体，主要集中在合法的强制福利方面，如遣散费、带薪休假、病假、社会保障等。可能的组合有 64 种，然而，覆盖率与下列因素高度相关：在社会保障体系中注册的劳动者有权获得遣散费以及其他的法定福利，否则他们没有任何好处。因此，我们将规制变量定义为 1/0。由雇主自愿提供的附加福利在 PHS 数据库并没有报告。[①] 我们的估计方程中包括以下变量：

X：人力资本（受教育程度、明瑟经验等）与当前就业任期。

工作状况：工作类型，职业（自雇用，受雇劳动者），企业规模，所在行业。

规制：若某人的工作受劳动法律制度覆盖，则为 1，否则为 0。

Z：包括婚姻状况，户主，子女数量，有无 6 岁以下的孩子（0 或 1）。

W：*Z* 与工作状况。

表 6.5 分别报告了女性和男性的估计结果，包括赫克曼两阶段估计结果和 OLS 回归结果，同时，我们使用了年固定效应。[②]

如表 6.5 所示，估计结果表明规制对收入的影响在统计上显著。为了获得受法律制度保护的工作，男性愿意牺牲其 8%的收入，女性愿意牺牲较少，为 2.8%的收入，但结果仍显著，直观上看女性的系数更小。由于收入的减少将带来均衡匹配，而且由于规制将使劳动需求和供给都有下降的可能，随着劳动供给的弹性增强，人们预期这种变化会更小。有相当多的证据表明：女性劳动供给比男性更具弹性。

表 6.5 的结果表明：就业任期、受教育程度与工作经验的回报更大，与已有研究文献的结果一致。企业的规模也很重要，企业规模越大，越富有生产力，会支付更高的工资（在规制福利的条件下）。

---

① 对于获得最高工资的劳动者而言，这些福利是最有价值的。这就会使得由于一些附加福利的遗漏而导致估计结果偏差。

② 选择过程的结果见表 6B.3 和表 6B.4。

表 6.5 回归结果：工资-附加福利的权衡（PHS 数据，1975—1997 年，因变量：lnyh）

变量	女性		男性	
	两阶段法	普通最小二乘法	两阶段法	普通最小二乘法
Lamp	−0.234 3 (−6.558)***		−0.181 5 (−3.378)***	
Lame	0.947 8 (1.612)		−0.581 6 (−4.421)***	
小学	0.119 9 (5.191)***	0.334 3 (8.184)***	0.221 0 (14.131)***	0.247 5 (18.039)***
高中	0.564 9 (21.62)***	0.886 (18.349)***	0.679 9 (31.033)***	0.758 9 (47.85)***
大学	1.044 8 (12.315)***	1.364 6 (24.691)***	1.264 (44.595)***	1.385 7 (69.289)***
工作经验	0.025 6 (7.216)***	0.037 1 (11.856)***	0.013 (4.448)***	0.031 2 (24.885)***
工作经验** 2	−0.003 (−4.515)***	−0.005 (−8.293)***	−0.008 (−1.463)	−0.004 (−17.420)***
任期	0.006 4 (7.956)***	0.005 6 (4.161)***	0.007 2 (16.579)***	0.007 1 (16.351)***
制造业	−0.108 5 (5.100)***	0.036 8 (0.912)	0.045 8 (3.212)***	0.047 9 (3.352)***
公共服务业	0.121 2 (1.477)	0.129 9 (0.617)	0.140 2 (3.241)***	0.142 8 (3.294)***
建筑工人/女佣	0.158 7 (6.401)***	0.312 9 (6.797)***	0.008 8 (0.503)	0.011 6 (0.664)
零售业	−0.180 0 (−0.732 9)	−0.040 1 (−0.922)	−0.003 (−0.198)	−0.003 3 (−0.213)
私人服务业	0.130 7 (5.937)***	0.256 3 (6.113)***	0.063 2 (4.367)***	0.064 8 (4.47)***
公共管理业	0.011 9 (0.583)	0.105 2 (2.621)***	−0.009 4 (−0.489)	−0.010 5 (−0.542)
社会服务业	0.166 6 (3.226)***	0.311 6 (3.963)***	0.008 9 (0.336)	0.006 1 (0.23)
规模<5	0.006 3 (0.238)	0.215 8 (4.335)***	0.008 (0.049)	0.001 8 (0.112)
规模<25	0.068 2 (2.685)***	0.287 5 (5.850)***	0.078 5 (4.801)***	0.081 1 (4.954)***
规模<100	0.098 4 (3.804)***	0.307 2 (6.037)***	0.134 6 (7.697)***	0.138 4 (7.900)***
大型企业	0.165 4 (2.89)***	0.395 3 (7.739)***	0.222 2 (13.236)***	0.227 8 (13.553)***

续表

变量	女性		男性	
	两阶段法	普通最小二乘法	两阶段法	普通最小二乘法
自雇用	0.076 2	0.068 2	0.047 4	0.053 8
	(3.996)***	(2.047)***	(3.605)***	(4.091)***
规制	−0.028 4	−0.003 9	−0.082 6	−0.075 7
	(−1.687)	(−0.123)	(−7.363)***	(−0.674 4)***
常数	1.775 7	1.031 2	10.787 3	10.435
	(10.561)***	(13.262)***	(221.212)***	(345.769)***
调整后的 R^2	0.870 9		0.961 2	

资料来源：IERAL 数据库。

注：变量的具体描述见表 6B.1。括号中是 t 统计量的值。

*** 表示在 1%的显著性水平下显著。

综上，我们的研究结果表明规制对收入有重要的影响。虽然我们不能确认规制是否会减少福利，但是能确定的是一份受规制覆盖的工作并不是免费的，个人为了获得这类工作不得不牺牲其收入。基于这一点，强调我们是对已简化的形式进行估计是重要的。我们无法得出任何关于劳动需求弹性以及福利的边际替代率的结论。当结合前面的章节进行讨论时，这样的结果是可以解释得通的。

规制并不是公平分配的，它倾向于让那些有更高潜在收入的人受益，同时对市场进行细分。但是，为了获得法律制度的保护，他们必须牺牲他们的一部分收入。此外，正如我们之前所述，我们无法确定规制对劳动需求的潜在影响。因此，我们难以推断一旦相关的法规被废除，劳动市场将会做出何种反应。在下一节中，我们将讨论阿根廷大量的制造业企业的劳动需求。

6.4 劳动需求估计

以往，我们认为大部分规制通过劳动需求产生作用。理论研究表明税收形式的规制会对就业和/或工资产生负向影响。社会保障支出也会对劳动需求产生负向影响，因为其对劳动供给的影响可能较小（例如，在阿根廷，劳动者并不认为社会保障支出是一种延期或者间接的福利，因而它对劳动供给的影响可能很小）。但是，理论上关于遣散费对就业影响的相关研究较少。虽然它可能会改变薪资管理的便利性，但它是否会减少总劳动需求尚不清楚。因此，很有必要对现行规制下企业的劳动需求决策进行研究。

Hamermesh（1986）在总结已有文献的基础上，对不同类型的工业国家的就业/劳动成本弹性进行了实证分析。他发现样本中估计所得的参数偏小

(0.1～0.5)。这表明增加就业固定成本的政策只能稍微降低就业/工时比率。然而，这些弹性偏小，因为当这些规制导致劳动替代时，它们可能反映了当前就业保障制度的影响。与就业保障制度对调整过程的影响相比，受到较少争议的是其对就业的影响。就业保障的增加会增加解雇成本，因为改变了预期遣散费，同时由于潜在的就业不匹配而增加了放弃生产的成本。在产出受到冲击的背景下，企业必须在雇用更多的劳动者以增加产出与短时间内减少预期高遣散费之间寻求平衡。

本节呈现了基于之前未使用的阿根廷制造业企业的平衡面板数据估计同质劳动需求方程的结果。我们的实证分析考虑了1990—1996年阿根廷的就业与工时的调整。

研究数据的特征之一是就业和工时的可获得性。由于我们会更频繁地用工时来表示强硬的规制的影响，所以我们很可能会在这项研究中发现一些在总体数据的研究中发现不了的特点。我们最有兴趣的是由预期遣散费成本增加导致的集约边际（工时）调整。例如，产品需求的不断增加伴随着遣散费成本的不断提高，这就导致就业在一个合理的水平上保持不变，但也会导致更严重的加班现象。

用面板数据（如本文使用的数据）进行估计存在一些缺点。首先，较短的时间段限制了规制的可变性。特别地，如前文所述，在我们研究的时期内规制的变化很小，而且这些变化通常出现在我们样本调查的末期。我们的研究表明，在任何时候，规制的影响都很大且非常显著。其次，另一个限制因素是，在我们研究的时期内，社会经济的各个方面都发生了重大变化，有大量企业破产，同时也有大量初创企业（但是这些变化在我们的面板数据中并没有得到体现），而且，最值得注意的是，一方面，一些特殊时期，如艰难企业的重组期，会让人们担忧长期弹性值；另一方面，一些强制变量的高方差允许更有效地估计参数。

6.4.1 模型

我们建立了关于劳动需求的实证模型。我们将就业选择作为根据产出、要素价格和规制波动的就业和工时的动态交乘。当估计的模型不受约束时，需求系统就同大多数生产结构一致。[①] 我们将该系统概括为如下两个方程：

$$\ln E_t = \alpha_1 + \alpha_2 \ln E_{t-k} + \alpha_3 \ln \mathrm{Regs} + \alpha_4 \ln H_{t-k} + \beta \ln \mathrm{Sat} + \gamma \mathrm{lin} P_t + \varepsilon_{1t} \tag{11}$$

$$\ln H_t = \alpha_1 + \alpha_2 \ln H_{t-k} + \alpha_3 \ln \mathrm{Regs} + \alpha_4 \ln E_{t-k} + \beta \ln \mathrm{Sat} + \gamma \mathrm{lin} P_t + \varepsilon_{2t} \tag{12}$$

在方程中，E_t 代表就业；H_t 代表生产时间；P_t 代表行业产出；Regs 代

① 相应的推导参考 Varian (1984)；MasCollel，Whinston，and Green (1995)；Chambers (1988) 和 Hamermesh (1986，1993)。

表规制导致的等价成本，假设它不仅影响劳动需求水平，还影响某动态变化；Sat 代表生产工资。

该模型假定雇主寻求现在和未来预期利益最大化，且调整劳动投入的成本是一个关于调整程度的二次函数。

该等式是十分灵活的，它与劳动者数量和工时之间相互替代的多种生产结构一致，包括不同程度的规模报酬，或者产品市场存在不完全竞争等。换言之，该模型没有限制利益函数的曲度的来源。① 基于此，如果确定系数为技术参数，则必须明确要保留的假设。

考虑建立上述等式的理论模型基础，并理解参数的真实意义十分重要。如果假设生产过程具有柯布-道格拉斯生产函数的特征，那么劳动成本以及生产参数分别为劳动参数和规模报酬参数。但是，如果假设替代生产函数的固定弹性能够更好地解释这一模型，相应的系数则分别代表资本-劳动替代弹性和规模参数。在任何情况下，本研究的估计对生产函数或者相关的成本结构均无任何约束。

6.4.2　计量模型

(11) 式和 (12) 式表示的模型提出了一系列必须要解决的计量经济学问题。②

首先，我们基于面板数据的估计模型是一种固定效应模型，进而控制企业的特质因素。此外，我们还引入了季度虚拟变量以修正未调整的季节性数据。

在最合理的假设下（当地规模收益、不完全竞争、谈判结构等），企业的产出与需求决定的冲击可能具有关联性，也可以说，决定了实际工资。这当然需要使用工具变量进行估计。在微观层面，工具变量的选择比在总体模型下的选择简单。但是由于数据集不包括真正的外生变量，寻找企业层面的工具变量十分困难。因此，我们使用了很多总变量并估计了两个企业的不同系数。③ 我们使用的工具变量包括国内生产总值、开放程度指标（出口加进口除以产出）、总失业率、资本设备价格指数、批发价格与零售价格之比的对数，以及所有变量的滞后项。我们报告了 OLS 估计和使用工具变量的估计结果。基于 Bentolila and Saint-Paul (1992) 的研究结果，我们并不期望劳动需求在企业运营周期中保持稳定。④ 为了解释这一点，我们在使用工具变量估计时设定了一个虚拟

① 例如，该模型可能与非完全竞争市场的结构一致，企业的边际成本不变；该模型也可能与完全竞争市场的结构一致，企业的劳动边际报酬递减。

② 理论表明，在产出（不是增加值）条件下估计劳动需求时，应该包括其他的要素价格。非劳动要素的投入无法获得。

③ 尽管每个企业的工具变量都相同，但是因为所有企业没有限制用第一阶段的系数，所以工具变量实际是不相同的。

④ Bentolila and Saint-Paul (1992) 认为解雇成本的降低比雇用成本的降低更能影响解雇决定。

变量，以确定企业是在经济衰退阶段，还是在经济扩张阶段。我们假设当实际产出（对数）增长达到给定的阈值时，这两种状态都会出现。

该模型引入了受技术调整成本刺激的无限制动态调整，而技术调整成本则部分取决于规制带来的障碍。在最终的估计模型中，我们引入了三种滞后来捕捉所有季节性因素和惯性因素。为了与工时这一因素产生更多的关联，我们在就业方程中加入了工时的滞后项，反之亦然。至于调整成本，我们将加班费作为解释变量。假设（相对的）加班时间的增加会引起下一阶段就业水平的提高。事实上，加班时间很可能是调整成本的一个重要指标。[①]

6.4.3　数据

数据集包括了 1 398 家私营制造业企业的观测样本。面板数据没有提供更多关于企业类型的信息。例如，我们不确定就业关系是不是非正规的。面板数据也存在其他的问题。并非所有企业都系统地回答了所有的问题。同样地，很多企业被其他企业样本代替，但代替的标准并不清楚。面板数据中不包含新成立的企业。我们报告了受限制的平衡面板数据和非平衡面板数据的估计结果。平衡面板数据中剔除了所有没有回答相关问题的企业以及退出样本调查的企业，留下了在整个时期回答了所有问题的 200 家企业。显然，这会导致选择性偏误。[②] 另外，在非平衡面板数据中剔除了所有阶段都没有回答相关问题的企业样本，最后在原有的 1 398 家企业的数据源中保留了 549 家企业。[③] 数据来源以及其他关于数据的细节见附录 C。

现有数据使用指数形式，每一变量的定义都有其复杂性。我们将就业定义为企业全部员工（白领和蓝领）的总数。产出则用企业报告的实际产出表示。混合生产型企业则根据固定权重合计其产出。对产品设计的变化未加控制。工资等于薪酬总支出除以员工总数。由于我们的数据库中包括由加班产生的成本数据，因此我们将其单独划分出来后计算基本工资。该调查不包含产品价格信息。我们将工资与行业批发价格之比作为实际工资。相关变量的详细描述见表 6C.1。

---

① 在估计就业与工时的交乘时，显而易见的是，二者都会对相关的创新做出反应。在这项研究中，我们分别对它们进行估计，一个改进的方法是在考虑二者残差不相关的基础上，将它们结合在一起进行研究和说明。

② 这一问题是复杂的。首先，方法论认为应该替换掉样本中的一些小型企业而不是大型企业；其次，我们无法确认那些没有完成调查的企业是由于它们（出于税收考虑）不想继续进行这个调查，还是因为它们倒闭了；最后，在这些数据中，没有信息能够让我们确定哪些企业将会退出这一调查，从而解决选择性偏误的问题（例如，我们无法确定哪些是大型企业、哪些是小型企业）。

③ 我们考虑过调整面板权重的可能性，但是事实证明这是不可能的，因为在平衡面板数据中，全部的行业信息已经丢失了，因此，我们没有任何扩大样本的标准。

表 6.6 表明了我们研究的企业样本的一些特点。该表展示了一些变量的平均增长率。lnReg 表示劳动规制成本。我们包括了工资税：养老金、家庭津贴、医疗卫生体系，以及退休人员医疗计划（具体见表 6.2）。此外，我们介绍了预期遣散费（ESP）的衡量方法。由于估计成本方面的困难，所以我们没有包括其他相关规制，如病假、带薪休假和特定集体协议条款。

表 6.6　企业样本的描述性统计：年均增长率

指标	(1)	(2)
就业	−3.0	−2.7
工时	3.2	1.1
总工资	10.9	10.6
小时工资	7.5	9.9
规制成本	−1.3	4.0
产出	8.0	5.7

资料来源：IERAL 数据库。

注：第（1）列数据由数列的极端值所得，第（2）列数据由趋势线的斜率所得。

规制结构指数

lnReg 表示每一时期每个行业的估计值。它主要包括两个部分：税收和预期遣散费。预期遣散费为正常工资的百分比，其计算公式如下：

$$\mathrm{ESP}_{it} = U_{it} \cdot F_{it} \cdot T_{it} \cdot P_{it} \tag{13}$$

其中，i 表示企业所在的行业，t 表示时间（季度，年），U 表示失业率，F 表示被解雇人数与失业人数之比，T 表示平均任期，P 表示获得遣散费的概率（正规就业者占总受雇劳动者的比例）。每一时期我们采用在第三版《国际标准产业分类》(Clasificación Industrial International Uniforme，CIIU）中达到了两位数的分支的预期遣散费。由于 PHS 每年进行两次，并且我们有季度数据，因此对于每两个季度的制造业调查我们使用同样的数据。

我们将税收加到预期遣散费中以获得规制成本在工资中的占比。

$$\mathrm{Regs}_{it} = \mathrm{ESP}_{it} + \mathrm{Taxes}_{it} \tag{14}$$

该变量以 1990 年为基准（100），在回归中取对数。该指数的不同组成部分如图 6.4 所示。

6.4.4　研究结果

表 6.7 展现了用普通最小二乘法估计所得的结果。我们首次将产出视为一种外生变量，表中报告了用非平衡面板数据和平衡面板数据对就业和工时进行估计所得的结果。此外我们还引入私营企业固定效应来修正序列相关，报告的 z 值是异方差一致的。

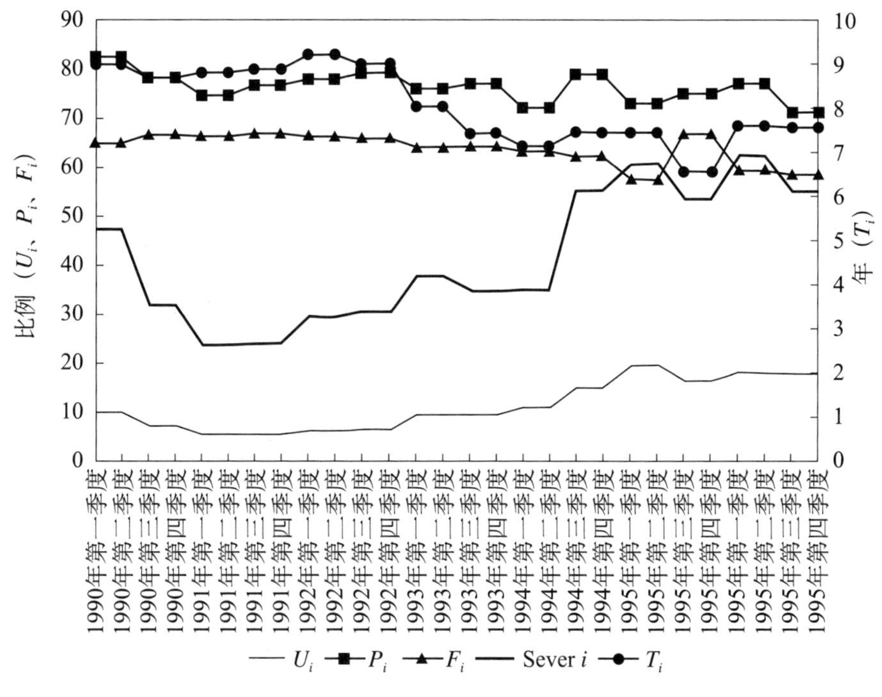

图 6.4　预期遣散费的分解

资料来源：IERAL 数据库。

结果表明，所有的变量在统计上都显著，实际工资增长 1%，就业水平降低 0.15%，工时减少 0.20%。我们的研究和已有文献得到的共同的模式是：工时对于成本和规模因素的变化更敏感，这可能是调整成本的影响。理论表明，随着人力资源成本的变化，企业更倾向于调整每一个员工的工时而非增加就业岗位。①

正如我们在引言中所述，目测数据会导致这样一种印象：阿根廷的就业市场表现出就业对产出的反应较小。我们用普通最小二乘法估计的结果表明制造业产出增加 1%，工时增加 6%～7%，员工增加 10%～12%。

这个研究结果的一个特点是：非平衡面板数据中的产出与工资的弹性高于平衡面板数据。然而，保留在面板数据中的企业样本的选择规则尚不明确。企业可能会倒闭或者在一段时期内不回答调查问题。因此，尽管结果是具有启发性的，但是难以得到规制会导致企业破产的无偏估计结果。

表 6.7 所示的模型结果表明非平衡与平衡面板数据的结果十分相似。就业和工时对工资都较为敏感。值得注意的是，规制（成本遣散费、税收）会显著

① 但是必须要记住的是，加班时间也是昂贵的，因此，企业也会考虑这一事实。

影响劳动需求。然而，研究结果表明在同时忽视产出、就业和价格决定这些因素的基础上，产出的实际数量以及工资可视作外生变量。

表 6.7　制造业调查：普通最小二乘法的估计结果

	非平衡面板数据		平衡面板数据	
	就业 (1)	每个员工的工时 (2)	就业 (3)	每个员工的工时 (4)
正常工资	−0.151 (21.23)***	−0.197 (41.78)***	−0.119 (14.40)***	−0.180 (29.63)***
产出	0.117 (33.22)***	0.061 (24.22)***	0.103 (20.01)***	0.071 (17.08)***
产出_1	−0.048 (12.50)***	−0.023 (8.23)***	−0.049 (8.94)***	−0.035 (7.95)***
超时工资	0.015 (8.21)***	0.063 (49.52)***	0.018 (7.03)***	0.062 (31.46)***
就业_1	0.815 (88.69)***	−0.059 (9.06)***	0.878 (64.26)***	−0.077 (7.13)***
就业_2	−0.239 (21.48)***	0.026 (3.28)***	−0.277 (15.67)***	0.051 (3.64)***
就业_3	0.275 (31.17)***	−0.030 (4.72)***	0.270 (20.41)***	−0.023 (2.19)**
每个员工的工时_1	0.022 (2.00)**	0.172 (21.57)***	0.037 (2.42)***	0.251 (20.37)***
每个员工的工时_2	0.073 (6.56)***	0.001 (0.16)	0.007 (0.50)	0.015 (1.30)
每个员工的工时_3	0.042 (4.13)***	0.014 (1.87)**	0.084 (6.46)***	0.033 (3.18)***
第二季度	−0.033 (7.89)***	0.100 (33.32)***	−0.040 (8.57)***	0.100 (25.99)***
第三季度	−0.032 (7.39)***	0.099 (31.49)***	−0.032 (6.44)***	0.089 (22.32)***
第四季度	−0.018 (4.59)***	0.085 (29.42)***	−0.015 (3.29)***	0.075 (20.59)***
规制	−0.013 (2.04)**	0.031 (6.80)***	−0.009 (1.22)	0.028 (4.82)***
常数	0.441 (5.20)***	4.322 (70.69)***	0.277 (2.63)***	3.689 (42.81)***
调整后的 R^2	0.89	0.70	0.86	0.67
观测量	11 061	4 997		

资料来源：IERAL 数据库。

注：括号中是 z 统计量的绝对值。变量描述详见表 6C.1。

*** 表示在 1%的显著性水平下显著。

** 表示在 5%的显著性水平下显著。

当使用微观数据进行分析时，可以避免产出与就业决定的同时性问题，理由如下：在完全竞争市场中，需求是已知的，企业只需决定雇用员工的人数。但是在当下的情况中，至少在调查样本的早些年份，经济封闭，几乎没有企业会质疑当地市场，所以完全竞争市场的假设可能太严格。在不完全竞争市场中，雇用员工与销售产品的决定是相互联系的，并且影响一家企业的其他因素可能会影响其他企业。因此我们应当在最终产品需求中引入工具变量。[①]

对于工资，企业在向应聘者提供工作时具有有限的话语权。阿根廷设立的机构限制了这个自由裁量权。集体谈判限制了企业的选择，且只允许工资的增加。此外，价格平减指数会作用于实际工资，如同产出水平一样，这都是不完全竞争市场的内生变量。因此，表 6.8 报告了在假设工资成本与产出同时决定的条件下，工具变量的估计结果。

表 6.8　制造业调查，Ⅳ-内生性：工资与产出

	非平衡面板数据		平衡面板数据	
	就业 (1)	每个员工的工时 (2)	就业 (3)	每个员工的工时 (4)
估计的正常工资	−0.118 (10.27)***	−0.022 (2.61)***	−0.041 (3.09)***	−0.038 (3.61)***
估计的产出	0.110 (9.72)***	0.103 (12.11)***	0.050 (3.68)***	0.124 (10.75)***
产出 _ 1	−0.042 (6.61)***	−0.045 (9.30)***	−0.030 (3.58)***	−0.065 (9.04)***
加班工资	0.016 (6.29)***	0.062 (32.96)***	0.022 (6.61)***	0.055 (20.37)***
就业 _ 1	0.825 (76.24)***	−0.056 (6.94)***	0.910 (59.58)***	−0.071 (5.50)***
就业 _ 2	−0.260 (19.16)***	0.042 (4.00)***	−0.317 (16.03)***	0.063 (3.64)***
就业 _ 3	0.310 (28.22)***	−0.051 (6.29)***	0.294 (20.14)***	−0.032 (2.66)***
每个员工的工时 _ 1	0.038 (2.90)***	0.202 (20.70)***	0.015 (0.85)	0.279 (19.08)***
每个员工的工时 _ 2	0.076 (5.99)***	−0.015 (1.51)	0.001 (0.05)	0.021 (1.47)
每个员工的工时 _ 3	0.036 (2.95)***	0.013 (1.42)	0.051 (3.34)***	0.026 (2.05)**

① 表 C. 2 说明了在假设工资为外生变量时产出水平的估计结果。

续表

	非平衡面板数据		平衡面板数据	
	就业 (1)	每个员工的工时 (2)	就业 (3)	每个员工的工时 (4)
第二季度	−0.028	0.123	−0.033	0.112
	(5.97)***	(33.08)***	(6.24)***	(24.36)***
第三季度	−0.029	0.122	−0.021	0.105
	(5.74)***	(31.44)***	(3.87)***	(22.08)***
第四季度	−0.020	0.100	−0.013	0.084
	(4.11)***	(27.50)***	(2.40)***	(18.95)***
规制	−0.022	−0.012	−0.021	−0.003
	(3.04)***	(2.15)**	(2.59)***	(0.45)
常数	0.159	3.548	0.310	2.989
	(1.53)***	(43.68)***	(2.54)***	(27.35)***
调整后的 R^2	0.89	0.72	0.86	0.69
观测样本量	10 532	4 997		

资料来源：IERAL 数据库。

注：括号中是 z 统计量的绝对值。工具变量为正常工资 _ 1、产出 _ 2、产出 _ 3、产出 _ 4、消费者价格指数、资本服务价格指数、批发价格指数、总失业指数、dce、dca。变量描述详见表 6C.1。

*** 表示在 1%的显著性水平下显著。

** 表示在 5%的显著性水平下显著。

在就业方程中工具变量估计的短期产出弹性有少许变化。工时方程中的弹性增加了 1 倍。我们发现工时方程的内生性问题更严重，当存在调整成本时，边际会发生很大的变化。这种模式在两个表中都出现了，并且在非平衡面板数据估计中更明显。

就业对工资成本变化的反应受到了关注。当我们仅为产出设置工具变量时，弹性稳定在 0.15～0.20（非平衡面板数据）。但是当我们为工资的潜在内生变量设置工具变量时，两个等式中的成本弹性均大幅度下降，其中，对工时的影响更大。由于我们用工资除以就业量来衡量工资水平，所以，在劳动成本弹性的最小二乘估计中会产生向上的偏误。

相较于工作，工时对成本和规模因素的变动不太敏感。理论表明，随着人力成本的变化，企业更倾向于调整工时而不是提供更多的工作岗位。但我们没有找到支持这些理论的依据，而其他的研究使用的是季度数据（Hamermesh，1993，第 7 章）。

当我们考虑规制带来的成本时，研究结果发生了改变。首先，当规制更为严格时，就业的下降速度大于工时，即企业可以用劳动的两种方式相互替代：劳动者与工时。因此，劳动者和工时成为 p -互补。规制成本增加 1%，短期就业水平下降约0.02%，工时下降0.01%或0.03%（分别对应非平衡面板数据和平衡面板数据）。这种结果正是我们所期望的。随着规制越发严格，企业会倾向于解雇更多的工人。显然，规制具有上述影响，这违背了政策调控追求的目的。就业保障机制的引入主要是为了保护劳动者，然而它们却减少了工作机会，并且只会增加那些能够保护自己利益的劳动者的边际效益。

综上，就影响而言，规制的存在似乎扰乱了劳动市场行为。理论上，固定成本提高，企业会选择利用资本或者其他投入要素替代劳动要素，但是企业必须支付加班工资（50%或100%），并且支付一定比例的工资税。① 由于法规政策将规定工时比率视为遣散费成本，故预期遣散费是不变的。因此，理论上的弹性预测是模糊的。② 我们的结论表明规制成本的增加在一定程度上降低了就业-工时比率，但是其对全部劳动者和工时的负向影响揭示了对劳动要素的替代。

稳健性

我们使用特定行业的相关数据计算遣散费。但是在一些低就业水平的行业可能有很高的人员流动率。在这种情况下，遣散费很高，并且可能会得出负相关的伪结论。规制指标的时间波动性越小，问题就越严重。当大部分规制的波动性来自跨行业的特征时，其他未观测到的特征就能够解释估计系数的符号和大小。

为检验这一伪相关性的存在，我们将劳动需求方程建立在规制的总指标上，即我们重新计算了整个制造业的规制指标：

$$\mathrm{Regs}_t=\mathrm{Taxes}_t+\mathrm{ESP}_t=U_t\cdot F_t\cdot T_t\cdot P_t \tag{15}$$

式中，U 为总失业率，F 为解雇失业的部分，T 为平均任期，P 代表获得遣散费的概率（正规受雇劳动者占全部受雇劳动者的百分比）。结果如表6.9所示。

表6.9　制造业调查，Ⅳ-内生性：工资与产出，非平衡面板数据（总规制指标）

	就业（1）	每个员工的工时（2）
估计的正常工资	−0.097	−0.032
	(−7.834)	(−3.628)
估计的产出	0.115	0.096
	(10.164)	(11.319)
产出_1	−0.042	−0.046
	(−6.634)	(−9.616)

① 表6.2表明非工资劳动成本的92%用于缴纳社会保障费。

② 工作与标准工时之间的长期替代在相关文献中难以找到，详见Hamermesh（1993）。

续表

	就业（1）	每个员工的工时（2）
加班工资指数	0.014	0.063
	(5.019)	(33.478)
就业 _ 1	0.821	−0.050
	(75.662)	(−6.292)
就业 _ 2	−0.260	0.032
	(−19.187)	(3.213)
就业 _ 3	0.306	−0.048
	(27.847)	(−5.846)
每个员工的工时 _ 1	0.036	0.204
	(2.763)	(20.923)
每个员工的工时 _ 2	0.075	−0.028
	(5.935)	(−2.951)
每个员工的工时 _ 3	0.037	0.013
	(2.979)	(1.471)
第二季度	−0.026	0.123
	(−5.553)	(32.769)
第三季度	−0.027	0.121
	(−5.508)	(30.734)
第四季度	−0.020	0.099
	(−4.074)	(27.156)
规制	−0.091	0.004
	(−5.545)	(0.291)
常数	0.059	3.570
	(0.580)	(45.026)
调整后的 R^2	0.86	0.68
观测样本量	10 532	10 532

资料来源：IERAL 数据库。

注：括号中为 z 统计量的绝对值。规制指标$=U_{it}\times F_{it}\times T_{it}\times P_{it}+$税收，其中 i 表示行业，t 表示季度。工具变量为正常工资 _ 1、产出 _ 2、产出 _ 3、产出 _ 4、消费者价格指数、资本服务价格指数、批发价格指数、总失业指数、dce 和 dca。变量描述详见表 6C. 1。

与之前得出的结果相比变化不大。工资弹性略低但大致相等，产出弹性与滞后变量保持不变，保障了动态一致性。最后，规制对就业的影响比之前更大，弹性达到了 0.09，相当于工资弹性水平；对工时的影响减小了，系数在经济上和统计上显著为 0（符号为正）。总体来说，该计量模型发现伪相关性是稳健的。

似乎应该估计不同构成的规制指标对就业的不同影响。在表 6.10 中，我们报告了三种不同构成的估计结果。在这三种估计中，我们限制了时间的变化，

表 6.10 制造业调查，选择性规制指标（Ⅳ-内生性：工资与产出，非平衡面板数据）

	选择 A		选择 B		选择 C	
	就业 (1)	每个员工的工时 (2)	就业 (1)	每个员工的工时 (2)	就业 (1)	每个员工的工时 (2)
估计的正常工资	−0.105	−0.028	−0.114	−0.029	−0.095	−0.029
	(−8.636)	(−3.195)	(−9.846)	(−3.466)	(−7.649)	(−3.284)
估计的产出	0.113	0.097	0.109	0.096	0.116	0.096
	(9.939)	(11.477)	(9.651)	(11.545)	(10.187)	(11.361)
产出 _ 1	−0.042	−0.046	−0.041	−0.046	−0.042	−0.046
	(−6.571)	(−9.669)	(−6.395)	(−9.673)	(−6.667)	(−9.633)
加班工资	0.015	0.063	0.016	0.063	0.014	0.063
	(5.643)	(33.529)	(6.155)	(33.680)	(5.134)	(33.458)
就业 _ 1	0.823	−0.051	0.824	−0.051	0.821	−0.051
	(75.960)	(−6.407)	(76.088)	(−6.400)	(75.745)	(−6.368)
就业 _ 2	−0.260	0.032	−0.261	0.032	−0.260	0.032
	(−19.176)	(3.209)	(−19.182)	(3.207)	(−19.166)	(3.213)
就业 _ 3	0.308	−0.048	0.309	−0.048	0.306	−0.048
	(28.057)	(−5.938)	(28.185)	(−5.933)	(27.876)	(−5.904)
每个员工的工时 _ 1	0.036	0.204	0.037	0.204	0.036	0.204
	(2.751)	(20.958)	(2.786)	(20.957)	(2.701)	(20.942)
每个员工的工时 _ 2	0.075	−0.028	0.075	−0.028	0.075	−0.028
	(5.884)	(−2.952)	(5.854)	(−2.955)	(5.913)	(−2.950)
每个员工的工时 _ 3	0.037	0.014	0.036	0.014	0.037	0.014
	(2.984)	(1.505)	(2.944)	(1.494)	(3.014)	(1.494)

续表

	选择 A		选择 B		选择 C	
	就业 (1)	每个员工的工时 (2)	就业 (1)	每个员工的工时 (2)	就业 (1)	每个员工的工时 (2)
第二季度	−0.028	0.123	−0.028	0.121	−0.028	0.121
	(−5.880)	(33.269)	(−5.826)	(33.352)	(−5.901)	(33.156)
第三季度	−0.028	0.121	−0.028	0.121	−0.028	0.121
	(−5.726)	(31.127)	(−5.655)	(31.194)	(−5.722)	(31.015)
第四季度	−0.021	0.099	−0.020	0.099	−0.021	0.099
	(−4.234)	(27.408)	(−4.095)	(27.399)	(−4.364)	(27.381)
规制	−0.062	−0.008	−0.039	−0.006	−0.084	−0.004
	(−4.361)	(−0.788)	(−3.911)	(−0.766)	(−5.431)	(−0.373)
常数	0.064	3.560	0.088	3.563	0.044	3.564
	(0.628)	(44.836)	(0.869)	(45.174)	(0.436)	(44.735)
调整后的 R^2	0.86	0.68	0.86	0.68	0.86	0.68
观测样本量	10 532		10 532		10 532	

资料来源：IERAL 数据库。

注：括号中为 z 统计量的绝对值。规制指标$=U_{it}\times F_{it}\times T_{it}\times P_{it}+$税收，其中 i 表示行业，t 表示季度。在选择 A 中，U_{it} 和 F_{it} 在特定时间内均值固定不变；在选择 B 中，T_{it} 在特定时间内均值固定不变；在选择 C 中，U_{it}、F_{it} 和 P_{it} 均在特定时间内均值固定不变。

工具变量为产出：linsat_1，linpf_2，linpf_3，linpf_4，lipc，lipk，lipm，lni_uag，dce，dca。

工具变量为工资：linsat_1，linpf_2，linpf_3，linpf_4，lipc，lipk，lipm，lni_uag，dce，dca。

变量描述详见表 6C.1。

并重点关注横截面数据。在选择 A 中，在特定时间内失业与被解雇的人员比例的均值固定不变；在选择 B 中，假设任期结构恒定；在选择 C 中，保证失业率、被解雇的人员比例，以及获得遣散费的概率的均值恒定不变。

限定规制指标的时间变化在一定程度上对我们估计结果的影响很小。在所有的情况下，工作弹性上升。与此同时，工时的反应减少，但在经济上和统计上都不显著。其他的参数则基本未受影响。

规制对就业的负向影响是稳健的。不限制横截面数据以及时间序列变化可能会降低估计系数的大小和显著性。实际上，在所有情况下，影响弹性都增加了，有时会使它们等同于工资成本。反之，在工时方程中，这个效应被弱化了。

6.4.5 动态性：调整速度

至此，我们静态地讨论了就业与工时对工资成本、产出以及劳动规制的短期反应。下面我们将讨论企业在上述变量中的一个变量受到冲击时会做出的调整过程。接下来我们会呈现一系列图，即当产出、工资或者规制成本分别变化10%时企业的动态反应图。这个操作基于之前表 6.8 的回归。我们选择非平衡面板数据进行估计。当两个方程同时加入冲击变量时，我们考虑了工时与就业的交乘项。图 6.5 和图 6.6 呈现了当总工资以及时薪改变 10%时企业的反应情况。图 6.7 和图 6.8 展示了在产出及规制成本增长 10%时企业的反应情况。

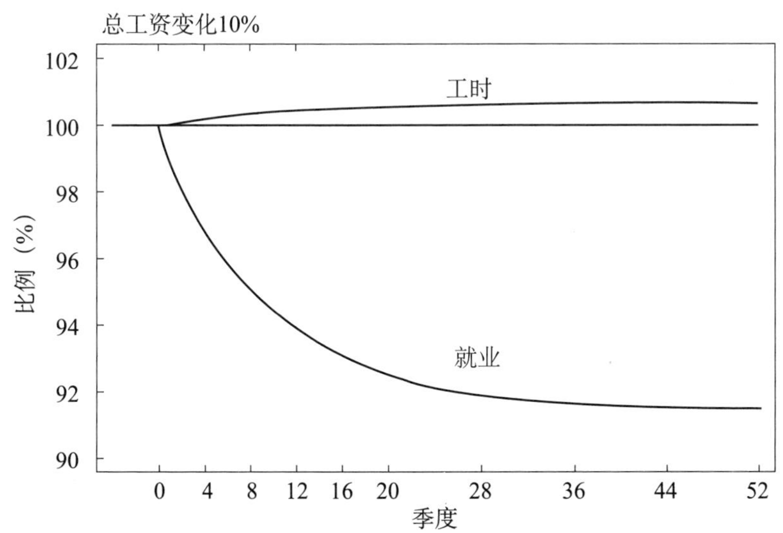

图 6.5 脉冲反应函数——总工资变化

资料来源：IERAL 数据库和表 6.9。

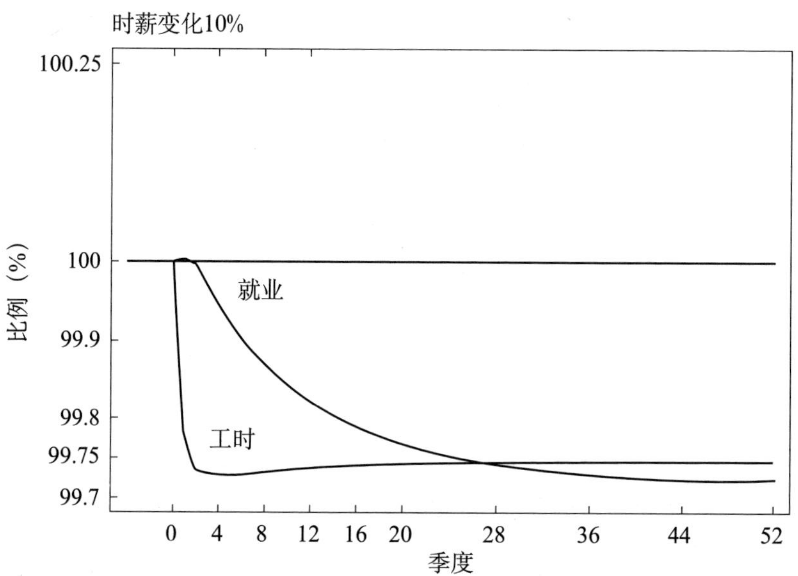

图 6.6　脉冲反应函数——时薪变化

资料来源：IERAL 数据库和表 6.9。

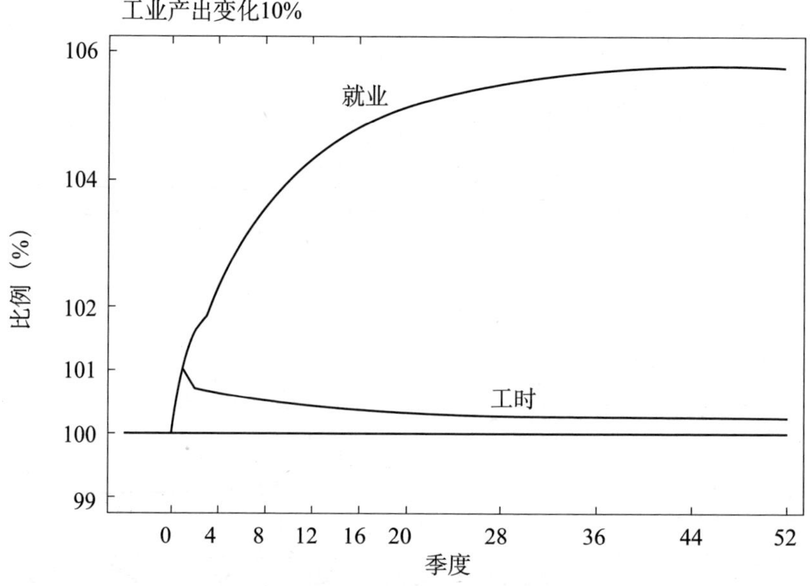

图 6.7　脉冲反应函数——产出变化

资料来源：IERAL 数据库和表 6.9。

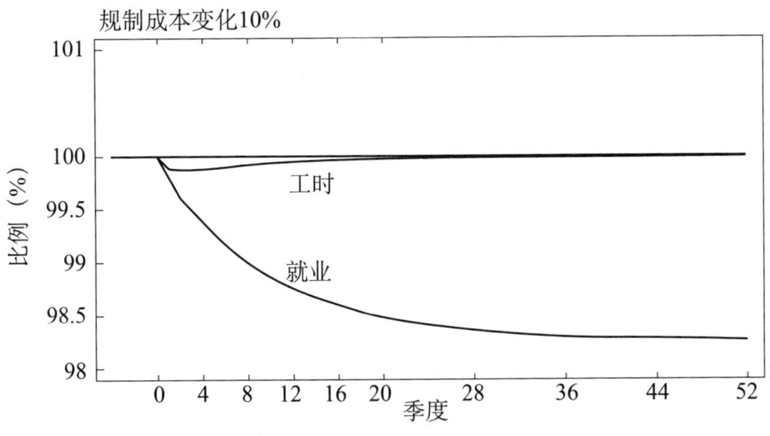

图 6.8 脉冲反应函数——规制变化

资料来源：IERAL 数据库和表 6.9。

对于产出和工资的冲击，就业与工时的中位数滞后 1.5 年和 2.5 年，这也表明就业的反应比工时大。此外，我们再次观察了规制对劳动需求的负面影响，这仅发生在企业用工时的密集型边际产出替代就业大量的边际产出时。每个员工的工时及工资增加 1%时，就业下降 8%。根据二元的劳动者-工时微观数据的估计结果，我们得出以下重要结论：规制对劳动需求确有负面影响，且该影响随着时间的推移而增强。

另一个有趣的发现是：当考虑动态变化时，我们发现就业对产出的弹性比短期估计的要大，短期弹性较小，而长期的更大，约为 0.57。

表 6.11 和表 6.12 给出了工时和就业的估计系数和长期反应。为了便于比较，我们首先在不同的假设条件下从劳动需求模型中重新得到系数。

表 6.11 给出了在表 6.7 和表 6.8 报告的不同模型和表 6C.2 报告的工具变量-产出模型下的劳动需求弹性的估计。调整速度的中位数是在利用季度数据进行估计的文献中找到的：就业为 5.5 个季度，工时调整速度则更快一些。工时调整的中位数是滞后 1 个季度。

表 6.11 不同模型估计的劳动需求系数

	工资		规制	产出[a]	λ_{EH}[b]	λ_{HE}[b]
	总工资	时薪				
OLS						
工时	—	−0.197	0.031	0.038	—	−0.063
就业	−0.151	—	−0.013	0.069	0.137	—
Ⅳ：产出						
工时	—	−0.193	0.021	0.077	—	−0.076
就业	−0.173	—	0.000	0.076	0.163	—

续表

	工资		规制	产出[a]	λ_{EH}[b]	λ_{HE}[b]
	总工资	时薪				
Ⅳ：产出与工资						
工时	—	−0.022	−0.012	0.058	—	−0.065
就业	−0.118	—	−0.022	0.068	0.150	—

资料来源：IERAL 数据库以及表 6.7、表 6.8 和表 6C.2。

注："—"表示无可用数据。

a 表示一期滞后。

b 表示三期滞后。

考虑就业与工时同时调整的情况，我们发现 $\lambda_{EH}>0$，说明劳动者与工时是动态 p-补充（dynamic p-complement）。$\lambda_{EH}<0$ 时的估计结果在统计上显著，当我们估计所得的绝对值小于 λ_{EH} 时，表示劳动者与工时是动态 p-补充。结果表明：当长期就业下降 10%时，每个员工的工时将会增加 4%。净效应仍为劳动替代。

最后，表 6.12 提供了以往研究（Montoya and Navarro，1996；Pessino，1995）中提供的可被视作基准的长期弹性。我们发现长期弹性更大。长期产出弹性为 0.575%，劳动者和工时弹性都为 0.03%。就业弹性为−0.86%，工资的反应在长期也十分重要。

表 6.12　不同模型估计的长期劳动需求弹性

	工资		规制	产出
	总工资	时薪		
OLS				
工时	0.073	−0.226	0.042	−0.031
就业	−0.946	−0.208	−0.049	0.603
Ⅳ：产出				
工时	0.115	−0.219	0.030	0.037
就业	−1.187	−0.274	−0.039	0.631
Ⅳ：产出与工资				
工时	0.070	−0.025	−0.001	0.026
滞后中位数	9	1[a]	1[a]	1[a]
就业	−0.860	−0.030	−0.177	0.575
滞后中位数	7	10	7	6

资料来源：IERAL 数据库、表 6.7 和表 6.8。

注：a 表示不到一个季度。

6.5 结论

20 世纪 90 年代阿根廷的经历产生了一系列有关劳动市场调整的问题。当产出大幅增加时，就业水平的变化发生了滞后。许多政策研究人员认为随着经济要求更大的灵活性以适应更加竞争性的商业环境，劳动规制变得更具约束力。

我们发现阿根廷的规制并没有达到其预期目标。政府取消了保护高人力资本劳动者的歧视条款。而这种规制的影响却是倒退的，因为劳动市场规制限制了那些生活本来就很差的人的就业机会，保护了那些拥有更高人力资本的劳动者的就业机会。与此同时，我们还发现，在其他条件相同时，受规制覆盖的劳动者会获得更低的收入，他们会在“附加福利”与收入之间进行权衡。尽管成本相对较小，但是十分重要。

规制，尤其是遣散费，代表着业务成本。企业通过降低劳动需求对规制做出理性反应。实际上，无论是短期还是（大部分的）长期，规制对劳动需求水平都会产生很大的负面影响。这种劳动需求的降低在一定程度上导致了与受规制覆盖相关的收入的减少。同样地，任何下移的劳动需求曲线都增加了就业减少的潜力。

此外，我们的结果表明，当劳动市场规制更加严格时，企业会理性地改变它们的劳动分配。它们会用工时来代替劳动者数量。实际上，我们发现个人的工时与规制成本同时增加，而员工的数量在减少。可见，规制并不有助于增加就业。

附录 A

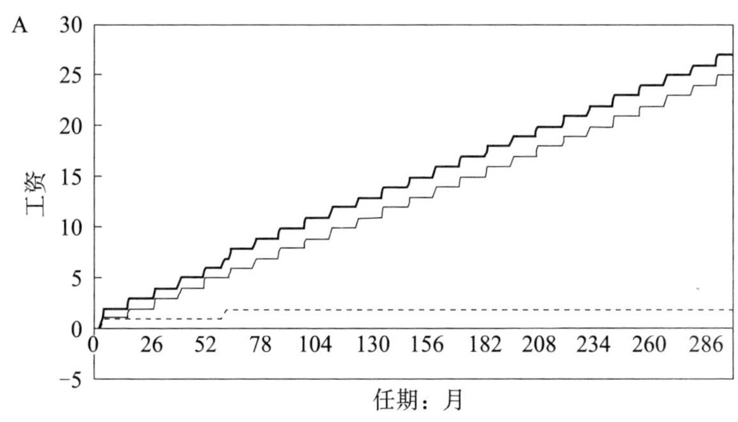

图 6A.1 劳动规制成本：A，遣散费；B，休假

资料来源：IERAL 数据库，基于每个时期的强制规制。

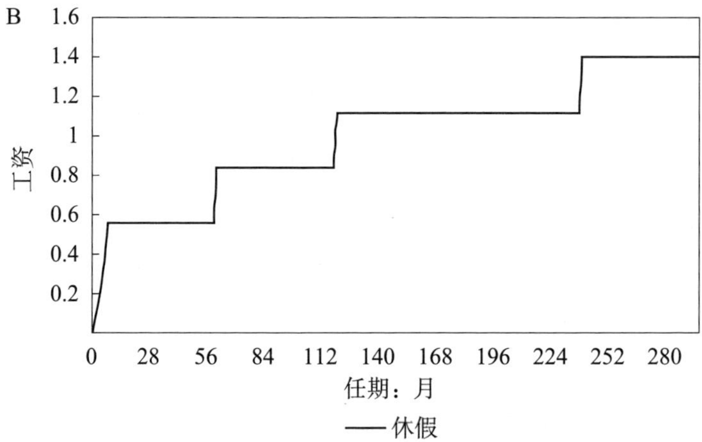

图 6A.1（续）

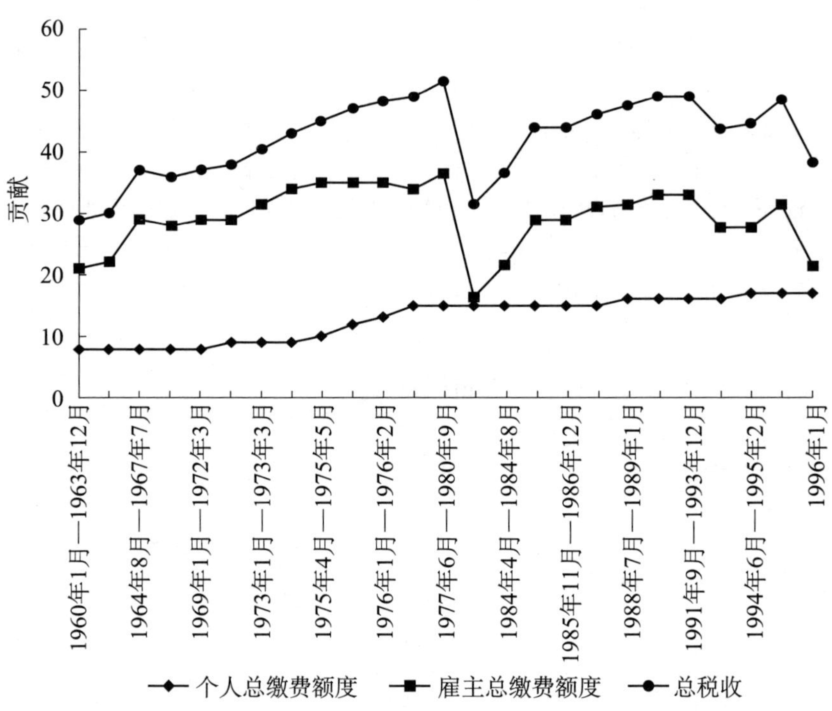

图 6A.2　个人和雇主缴纳的社会保障费占总工资的比例变化

附录 B

PHS 为我们提供了研究就业演变的微观数据。PHS 统计调查包含了一系列个人信息、人口以及每个家庭成员的经济信息，它是一个关于家庭的随机样本调查。自 1974 年开始，该调查每年在阿根廷的主要中心城市进行两次调查（5 月和 10 月）。[①] 在调查周得到的每个受访者在劳动市场中的就业情况和生活状态信息，以及调查前一个月其劳动市场活动的回顾性信息都被记录在该文件中。

对每个家庭成员的个人信息、人口特征以及经济信息的统计而言，以下信息是有用的：劳动市场状况（就业、失业或非劳动力）、与户主的关系、年龄、性别、婚姻状况、在被调查周的工作时间、职业、企业规模、行业、非劳动收入、受教育程度、孩子数量、时薪和工时。受雇劳动者将会明确其获得的附加福利，使区分受规制覆盖的员工和不受规制覆盖的员工成为可能。合并个人和家庭调查数据，并且在合并的数据库中建立影响劳动市场中个体行为的相关变量并不困难。

PHS 会不断更新样本的设计，每四个周期（2 年）会更换调查家庭（严格地说是家庭住址），每一个周期更换一次样本。

表 6B.1　变量描述

变量定义	名称	测量方法
家庭情况		
婚姻状况	已婚	虚拟变量，若已婚，虚拟变量取值为 1
家庭地位	户主	虚拟变量，若为户主，虚拟变量取值为 1
孩子数量	孩子	孩子的数量
	6 岁以下孩子的数量	年龄小于 6 岁的儿童的数量
非劳动收入	非劳动	将家庭收入与个人收入之差取对数，再除以提到的家庭成员数量
工作活动情况		
	参与者	虚拟变量，若为劳动力参与者，虚拟变量取值为 1
	受雇工人	虚拟变量，假定工人是劳动力中的一员，若该工人被雇用，则虚拟变量取值为 1，但是若该工人不是劳动力中的一员，则为缺失值
	工资	时薪或者收入与调查报告的最后一个月的时薪或收入对应，工资为缴纳社会保障费后的工资
	lynh	时薪的自然对数，如果被调查者不是劳动力中的一员或者未被雇用，则为缺失值

① 考虑到总样本大约为阿根廷城市人口的 80%，需要记住的是大约有 15%的阿根廷人居住在农村地区（人口小于 5 000 人的地区为农村地区）。

续表

变量定义	名称	测量方法
	Ptime	虚拟变量，若被调查者每周工作小于35小时，则虚拟变量取值为1
人力资本		
受教育程度		最高学历，在所有情况下采用二分法
	未接受教育	若被调查者没有完成初级教育（包括未接受初级教育），虚拟变量取值为1
	小学	若被调查者完成了初级教育，没有完成高中教育，虚拟变量取值为1
	高中	若被调查者完成了高中教育，没有完成大学教育，虚拟变量取值为1
	大学	若被调查者完成了大学教育，虚拟变量取值为1
工作经验	工作经验	按明瑟经验计算（受教育年限一年龄一6）
	工作经验** 2	用于说明年龄与收入的关系
就业任期	就业任期	连续变量，表明在同一份工作上工作的时间（年）
活动分支		该变量试图测量相关周的主要职业所属活动部门，按第三版CIIU分类，在所有情况下均采用二分法
	制造业	若被调查者在制造业工作，虚拟变量取值为1
	建筑业	若被调查者在建筑业工作，虚拟变量取值为1
	零售业	若被调查者在零售业工作，虚拟变量取值为1
	私人服务业	若被调查者在餐厅和酒店工作，虚拟变量取值为1
	供电/公用事业	若被调查者在供电/公用事业企业工作，虚拟变量取值为1
	金融业	若被调查者在金融业工作，虚拟变量取值为1
	交通业	若被调查者在交通业工作，虚拟变量取值为1
	公共管理业	若被调查者在公共管理业工作，虚拟变量取值为1
	社会服务业	若被调查者在社会服务业（医疗、教育部门等）工作，虚拟变量取值为1
	家庭救助部门	若被调查者在家庭救助部门工作，虚拟变量取值为1
企业规模		在调查周中被调查者主要职业所在企业的规模，在所有情况下均采用二分法
	规模<5	若被调查者就职于雇员少于5个人的企业，虚拟变量取值为1

续表

变量定义	名称	测量方法
	规模＜25	若被调查者就职于雇员为6～25个人的企业，虚拟变量取值为1
	规模＜100	若被调查者就职于雇员为26～100个人的企业，虚拟变量取值为1
	大型企业	若被调查者就职于雇员大于100个人的企业，虚拟变量取值为1
工作情况		对主要职业进行的分类
	自雇用	若被调查者的主要职业为自雇用类型，虚拟变量取值为1
劳动规制	注册	如果被调查者在社会保障体系中注册，则虚拟变量取值为1
	家庭成员情况	如果其他成员的工作是受劳动规制覆盖的，则虚拟变量取值为1

资料来源：IERAL数据库。

表6B.2　概率模型：获得遣散费的权利

	受雇劳动者	
	女性 (1)	男性 (2)
小学	0.127 (2.14)**	−0.002 (0.07)
高中	0.609 (9.24)***	0.330 (7.73)***
大学	0.814 (10.59)***	0.266 (4.43)***
工作经验	0.056 (11.82)***	0.052 (13.48)***
工作经验** 2	−0.001 (8.75)***	−0.001 (11.85)***
任期	0.004 (3.58)***	0.008 (7.07)***
供电/公用事业	0.734 (2.15)**	0.461 (3.44)***
零售业	0.190 (4.16)***	−0.134 (4.32)***
交通业	0.410 (4.28)***	−0.205 (5.89)***
金融业	0.380 (6.86)***	0.050 (1.12)

续表

	受雇劳动者	
	女性 (1)	男性 (2)
服务业	0.470 (11.25)***	−0.018 (0.58)
规模<25	0.516 (13.54)***	0.433 (16.59)***
规模<100	1.008 (21.91)***	0.938 (28.37)***
大型企业	1.011 (21.26)***	1.113 (33.90)***
家庭成员情况	1.448 (39.67)***	1.364 (41.86)***
户主	0.022 (0.49)	0.432 (14.80)***
Ptime	−0.539 (16.55)***	−0.563 (17.31)***
已婚	−0.137 (3.58)***	
6 岁以下孩子的数量	−0.015 (0.50)	
常数	−1.388 (15.55)***	−1.003 (15.74)***
观测样本量	13 202	21 618

资料来源：IERAL 数据库。

注：括号内为稳健的 z 统计量。

*** 表示在 1%的显著性水平下显著。

** 表示在 5%的显著性水平下显著。

表 6B.3　选择样本的概率模型：女性

	系数	标准误	z	$P>z$
受雇				
小学	−0.079 102	0.041 955 9	−1.885	0.059
高中	0.075 308 4	0.048 675 6	1.547	0.122
大学	0.491 451 2	0.075 367 5	6.521	0
工作经验	0.017 767 5	0.005 129 6	3.464	0.001
工作经验** 2	−0.000 151 3	0.000 103 3	−1.466	0.143
孩子	0.010 757 6	0.013 789 8	0.78	0.435
6 岁以下孩子的数量	−0.035 998	0.024 072 1	−1.495	0.135
常数	1.063 247	0.102 413 9	10.382	0

续表

参与概率				
小学	−0.172 453 2	0.017 766 1	−9.707	0
高中	0.162 732 3	0.020 253 8	8.035	0
大学	0.949 193 5	0.030 107 2	31.527	0
工作经验	0.059 959	0.001 756 4	34.138	0
工作经验** 2	−0.001 400 7	0.000 032 8	−42.723	0
孩子	−0.148 851 8	0.005 067 8	−29.372	0
户主	0.815 576 4	0.019 825 5	41.138	0
非劳动	−0.000 064 9	0.001 990 7	−0.033	0.974
常数	−0.442 326 8	0.026 106 4	−16.943	0
/athrho	−0.095 670 6	0.081 227 2	−1.178	0.239
Rho	−0.095 379 8	0.080 488 3		
对数似然值	−3.61e+07			
截尾数据	34 291			
未截尾数据	24 235			
Wald $\chi^2(7)$	208.54			
Prob $>\chi^2$	0.000 0			

资料来源：IERAL 数据库。

表 6B.4　选择样本的概率模型：男性

	系数	标准误	*z*	***P*>*z***
受雇				
小学	0.131 682 7	0.029 196 9	4.51	0
高中	0.370 924 3	0.036 628 4	10.127	0
大学	0.647 814 4	0.057 638 9	11.239	0
工作经验	0.018 566 6	0.003 692 9	5.028	0
工作经验** 2	−0.000 193 8	0.000 067 7	−2.861	0.004
孩子	0.007 541 2	0.009 431 1	0.8	0.424
6 岁以下孩子的数量	0.062 568 6	0.019 189	3.261	0.001
常数	0.999 291 7	0.047 859 4	20.88	0
参与概率				
小学	−0.095 196 1	0.028 615 2	−3.327	0.001
高中	0.123 684 4	0.034 926 9	3.541	0
大学	0.331 318 1	0.065 015 3	5.096	0
工作经验	0.149 702 2	0.002 833 4	52.836	0
工作经验** 2	−0.003 026 1	0.000 047 8	−63.361	0
孩子	0.072 781 6	0.009 871 2	7.373	0
户主	0.717 768	0.027 059	26.526	0
非劳动	−0.005 561	0.002 794 3	−1.99	0.047

续表

	系数	标准误	*z*	*P*>*z*
常数	−0.375 816 4	0.038 371 8	−9.794	0
/athrho	−0.566 147 1	0.067 164	−8.429	0
Rho	−0.512 524 1	0.049 521 3	−0.602 960 7	−0.409 081 9
对数似然值	−2.26e+07			
观测样本量	49 152			
截尾数据	7 994			
未截尾数据	41 158			
Wald $\chi^2(7)$	273.54			
Prob $>\chi^2$	0.000 0			

资料来源：IERAL 数据库。

附录 C　INDEC 产业调查：方法论

本研究使用的受雇劳动者、工时，以及人均工资等数据来自 INDEC 对 1 271 家企业进行的月度调查。INDEC 从 1985 年的全国经济普查的第三阶段中选取了全国范围内的企业进行调查。该数据库的调查对象是员工总数大于 10 的企业，覆盖了所有的制造业。补充数据对公共和私人机构都是开放的。

表 6C.1　制造业调查分析中运用的变量的描述（INDEC 产业调查）

变量定义	名称	计量方法
就业与工时	就业	制造业就业指数的对数
	就业 _ *k*	Linem 滞后 *k* 期
	每个员工的工时	每个员工的工时的对数
	每个员工的工时 _ *k*	Linhe 滞后 *k* 期
	Linhag	个人工时指数的对数
工资与劳动成本	正常工资	正常工资（不含加班工资）的对数
	加班工资	加班工资的对数
	时薪	时薪指数的对数
	规制	以遣散费（部门平均工作任期×部门平均解雇）加上工资税为基础计算的劳动规制指标的对数
生产与产出	产出	产出指数的对数
	产出 _ *k*	Linpf 滞后 *k* 期
工具变量	Linpbi	国内生产总值的对数
	失业总指标	总失业的对数

续表

变量定义	名称	计量方法
	Lin-gram	行业的经济开放指标［（进口＋出口）/国内生产总值］的对数
	实物资本价格指数	实物资本价格指数的对数
	消费者价格指数	消费者价格指数的对数
	批发价格指数	批发价格指数的对数
	dcb	若季度产出增长小于 2.7%，虚拟变量取值为 1
	dce	若季度产出增长在 2.7%～4%之间，虚拟变量取值为 1
	dca	若季度产出增长大于 4%，虚拟变量取值为 1

资料来源：IERAL 数据库。

表 6C.2　制造业调查工具变量-内生性：产出

	非平衡面板数据		平衡面板数据	
	Linem (1)	Linhe (2)	Linem (3)	Linhe (4)
Linsat	−0.173 (21.79)***	−0.193 (36.54)***	−0.121 (13.51)***	−0.173 (26.51)***
Prodh	0.119 (10.59)***	0.129 (17.58)***	0.064 (4.85)***	0.136 (13.74)***
Linpf _ 1	−0.043 (6.86)***	−0.052 (12.26)***	−0.030 (3.67)***	−0.066 (10.39)***
Linsae	0.018 (7.01)***	0.054 (32.56)***	0.026 (8.09)***	0.053 (22.07)***
Linem _ 1	0.815 (77.04)***	−0.079 (11.07)***	0.888 (59.86)***	−0.093 (8.24)***
Linem _ 2	−0.252 (18.90)***	0.059 (6.52)***	−0.297 (15.36)***	0.080 (5.41)***
Linem _ 3	0.307 (28.38)***	−0.056 (7.60)***	0.288 (20.13)***	−0.038 (3.45)***
Linhe _ 1	0.047 (3.65)***	0.208 (23.56)***	0.027 (1.57)	0.270 (20.54)***
Linhe _ 2	0.078 (6.20)***	−0.013 (1.48)	0.007 (0.44)	0.017 (1.39)
Linhe _ 3	0.038 (3.18)***	0.017 (2.02)***	0.055 (3.68)***	0.025 (2.18)***
t2	−0.031 (6.70)***	0.093 (29.15)***	−0.036 (6.90)***	0.092 (23.26)***

续表

	非平衡面板数据		平衡面板数据	
	Linem (1)	Linhe (2)	Linem (3)	Linhe (4)
t3	−0.032 (6.53)***	0.087 (26.06)***	−0.026 (4.83)***	0.081 (19.67)***
t4	−0.020 (4.24)***	0.082 (25.73)***	−0.013 (2.47)***	0.071 (17.94)***
Lnreg	−0.010 (1.40)	0.021 (4.48)***	−0.008 (1.04)	0.017 (2.83)***
常数	0.279 (2.81)***	4.051 (56.12)***	0.479 (4.06)***	3.512 (37.12)***
调整后的 R^2	0.90	0.72	0.87	0.71
观测样本量	10 532			

资料来源：IERAL 数据库。

注：工具变量为产出：linsat _ 1，linpf _ 2，linpf _ 3，linpf _ 4，lipc，lipk，lipm，lni _ uag，dce，dca。

工具变量为工资：linsat _ 1，linpf _ 2，linpf _ 3，linpf _ 4，lipc，lipk，lipm，lni _ uag，dce，dca。

*** 表示在 1%的显著性水平下显著。

** 表示在 5%的显著性水平下显著。

该调查由两份调查问卷组成，每家被调查企业都要作答两份问卷。其中，问卷 A 主要搜集关于工作、工作时间安排以及工资等的数据；问卷 F 通过针对每个企业专门设计的问卷获得产出信息——用自己和第三方的原材料生产的实物数量以及实物和货币单位的分配。两份问卷均是每月提交。

这些调查是由 INDEC 或者根据 INDEC 协议进行统计的省统计部门的统计员收集的。

一旦收集到调查表单，调查人员将对其进行编辑并记入数据库，分析师团队分配缺失项，评估其一致性，并计算指标。

由于月度行业调查开始于 1990 年 1 月，因此，为了简便起见，决定以 1990 年指标的平均值作为新数据系列的比较基础，并将 1990 年作为基准年。

在抽样设计中，我们使用了优化配置的分层方法，使得任何给定企业的选择概率在不同行业和不同阶层存在差异。① 不同聚合水平的指标的差异取决于聚合前行业类别和总体水平的差异，并根据 1986 年各特定指标变量所占的份额（百分比）计算其各自权重（见表 6C. 3）。

① 行业分支采用第三版 CIIU 中的子组，或者与第三版 CIIU 中的四位数子组一致的子组主体，以及在一些情况下，与第三版 CIIU 中的三位数子组一致的子组主体。存在两种情况：(1) 拥有 10～200 名员工的企业；(2) 拥有多于 200 名员工的企业。

表 6C.3 行业调查变量

指标	加权因子
产出	增加值
受雇劳动者	受雇劳动者
工时	工时
人均工资	总工资

资料来源：IERAL 数据库。

注：在扣除增值税的基础上，利用产出和中间品的价值差值计算增加值。

受雇劳动者、工时和总工资与生产过程中雇用的员工相对应。

各行业的以上指标在 1986 年所占的份额（百分比）的具体说明见表 6C.4。①

表 6C.4 基准年权重

	一般水平：总工资与细分工资	增加值	受雇劳动者	工时	总工资
3	行业一般水平	100.00	100.00	100.00	100.00
31	食品、饮料和烟草业	22.76	24.03	24.60	21.26
32	纺织品和服饰业	9.57	16.45	16.20	13.89
33	木、木制品和家具	1.65	4.97	4.71	2.20
34	造纸业	5.04	5.10	5.26	6.00
35	化工和原油制造业	29.75	10.19	10.43	12.44
36	水泥、玻璃、陶瓷制品及其他非金属矿物业	3.59	5.64	5.74	5.57
37	金属业	4.01	7.83	7.59	10.98
38	金属产品、机械及设备业	22.81	25.11	24.82	27.19
39	其他制造业行业	0.82	0.66	0.64	0.47

资料来源：IERAL 数据库。

生产实物量指标（IVF）每一季度都提供了在稳定价格水平下增加值的发展的一个近似值。增加值的发展的测量不能每年都进行，更不用说每个季度都统计一次，因为为了获得这些数据，必须在当前价格水平下对其组成部分（产出以及中间消耗值）和相应的通货膨胀平减物价指数进行测量。这就是生产实物量指标被认为是最好的代替的原因。

然而，需要注意的是，增加值和产出之间的关系并不是恒定不变的。例如，从普查数据来看，在 1986—1993 年期间，这一关系的减弱引起了关注。

① 与 1985 年经济普查的第三阶段对应，同时反映了拥有雇员的企业的普遍性。

这来源于经济的外生性过程，这一过程源自 1990 年的深刻的结构性变革。

计算过程

数据主要来自月度行业调查的 F 问卷，该调查收集了每个被调查样本的一系列产出数据。

在每个企业按月计算生产实物量指标，以 1986 年的月度一篮子产品产出值为基准。对于企业 e，使

$$IVF_e = \left(\frac{\sum_i p_i^0 q_i^t}{\sum_i p_i^0 q_i^0}\right) \cdot 100$$

其中，$\sum$ 包含了企业选择的所有产品 i，另外 $\boldsymbol{p}^0$ 表示 1986 年的价格向量；$\boldsymbol{q}_t^0$ 表示 1986 年的月度产出总量的向量；$\boldsymbol{q}_t$ 表示 t 月的总量。

需要注意的是，$\boldsymbol{p}$ 代表价格，$\boldsymbol{q}$ 代表与一篮子产品对应的总量，而这一篮子产品至少代表了每一个企业产品价值的 80%。

换言之，基本的计算表达式与拉氏数量指数对应。当出现一个新的产品时，它们也并入计算，把 1986 年的值设定为 0，并基于其他机构相似产品的现有价格的分析建立一个 $\boldsymbol{p}^0$，或者，如果这种方法无法实现的话，考虑当年关联产品的当期价格关系。季度指标是月度指标的简单平均。

参考文献

Bentolila, S., and G. Saint-Paul. 1992. The macroeconomic impact of flexible labor contracts, with an application to Spain. *European Economic Research* 36: 1013–53.

Chambers, J. 1988. *Applied production analysis.* Cambridge, U.K.: Cambridge University Press.

Garcia, D. 1996. Hyperinflation, stabilization, and structure of wages in Argentina, 1989–1992. University of Chicago, Department of Economics. Mimeograph.

Hamermesh, D. 1986. The demand for workers and hours and the effects of job security policies: Theory and evidence. NBER Working Paper no. 2056. Cambridge, Mass.: National Bureau of Economic Research, October.

———. 1993. *Labor demand.* Princeton, N.J.: Princeton University Press.

Heckman, J. 1979. Sample selection bias as a specification error. *Econometrica* 47:153–61.

Leibowitz, A. 1983. Fringe benefits in employee compensation. In *The measurement of labor cost,* ed. J. Triplett. Chicago: University of Chicago Press.

Lucas, R., and P. Fallon. 1991. The impact of changes in job security regulations in India and Zimbabwe. *The World Bank Economic Review* 5 (3): 395–413.

Maloney, W. 1997. Labor market structure in LDC: Time series evidence on competing views. World Bank. Mimeograph.

———. 1998. Are LDC labor markets dualistic? World Bank. Mimeograph.

Mascollel, A., M. Whinston, and J. Green. 1995. *Microeconomic theory.* Oxford, U.K.: Oxford University Press.

Montoya, S., and L. Navarro. 1996. La demanda de trabajo en Argentina: Teoría, aplicación y evaluación de una política [Labor demand in Argentina: Theory, application, and policy evaluation]. IERAL *Estudios* 19, no. 78.

Oi, W. 1962. Labor as a quasi-fixed factor. *Journal of Political Economy* 70:538–55.

———. 1983. The fixed employment costs of specialized labor. In *The measurement of labor cost,* ed. J. Triplett, 63–116. Chicago: University of Chicago Press.

Pessino, C. 1995. Determinants of labor demand in Argentina: Estimating the benefit of labor policy reform. CEMA Working Paper no. 114. Buenos Aires, Argentina: Centro de Estudios Macroeconomicos de la Argentina.

Riveros, L., and R. Paredes. 1990. Political transition and labor market reform in Chile. Santiago de Chile: World Bank. Mimeograph.

Rosenweig, M. 1988. Labor markets in low income countries. In *Handbook of development economics,* vol. 1, ed. H. Chenery and T. N. Srinivasan, 713–62. Amsterdam: North-Holland.

Smith, R., and R. Ehrenberg. 1983. Estimating wage-fringe trade-off: Some data problems. In *The measurement of labor cost,* ed. J. Triplett, 347–67. Chicago: University of Chicago Press.

Tunalli, I. 1982. A common structure for models of double selection. Social Research Institute. University of Wisconsin, Social Research Institute. Mimeograph.

Varian, H. 1984. *Microeconomic analysis.* New York: W. W. Norton.

7 谁从劳动市场规制中获益?
——智利，1960—1998年

克劳迪奥·E. 蒙特内格罗和卡门·佩奇斯*

7.1 引 言

已有的经济学文献主要研究劳动市场规制对劳动市场结果的影响。然而，对于是否存在一些工人群体从这些规制中获利或受损这一问题的研究却很少。[①] 一个明显的例外是迅速发展的研究法定最低工资制度对青年就业的影响的文献。尽管这个主题仍存有争议，但是已有的许多研究表明最低工资制度会限制青少年及青年的就业。[②] 最低工资制度是否会影响男性与女性或专业技术人员与非专业技术人员的就业这一问题鲜有人研究。一个例外是 Lang and Kahn（1998）对美国的研究表明，最低工资的上升会改变餐饮行业的就业结构，餐饮行业中的就业群体主要由成人以及青少年和学生构成。Neumark，Schweitzer，and Wascher（2000）研究了最低工资对不同工资水平的个体的影响。他们的研究表明，尽管领取最低工资的工人的工资水平有所提高，但是由于就业时间以及就业水平下降，这些工人的收入降低了。

---

* 克劳迪奥·E. 蒙特内格罗是世界银行的一位经济学家和统计员，卡门·佩奇斯是美洲开发银行的一位高级经济学研究员。

感谢智利大学为我们提供他们的调查数据，本章的任何观点仅代表作者本人的观点，不代表世界银行、美洲开发银行或其他机构的观点。

① 本章的参考文献之一是 Bertola，Blau，and Kahn（2002），该文献研究了工会参与对青年、女性以及年长者的工资的影响。

② Williams and Mills（2011）、Partridge and Partridge（1998）和 Bazen and Skourias（1997）的研究表明，最低工资标准与青年就业负相关，但是，Katz and Krueger（1992）；Card，Katz，and Krueger（1994）和 Card and Krueger（2000）的研究却没有找到证据证明这种效应。

同样，关于就业保障制度对特殊劳动力的影响的研究也较少。值得注意的两个例外的研究分别是 OECD（1999）和 Bertola，Blau，and Kahn（2002）。OECD（1999）表明，就业保障制度对青少年和中年女性的就业有负面影响，但并不显著。Bertola，Blau，and Kahn（2002）发现，与年长的男性就业相比，就业保障制度提高了中年男性的就业率。此外，他们还发现与中年男性相比，就业保障制度与更高的中年女性的就业率（与 15～24 岁女性就业率相比）有关。但是，他们的研究发现，与对中年男性的就业率或男性和女性的就业分布的影响相比，就业保障制度对青年的就业状况没有显著影响。

本章我们将利用智利的劳动市场变化来研究最低工资制度和就业保障制度对不同类型员工的影响。我们估计了规制对不同年龄、专业技术水平的员工的就业分布的影响。据我们所知，现有文献中没有关于这些问题的研究。我们利用了时间跨度为 1960—1998 年的家庭调查数据，以及劳动市场规制在不同时间内的不同衡量方法来进行研究。我们利用横截面数据以及时间序列数据预测这些政策对就业分布的影响，尤其是对特殊群体就业率的影响。我们控制了以同样的方式影响所有员工的时间效应，以及经济周期和劳动市场制度对特定人口群体的影响。此外，为评估我们的估计结果是否为规制的影响，而不是一些不可观测的相关因素的影响，我们估计了在不受规制覆盖的行业中劳动政策的影响。我们发现在受规制覆盖的行业具有显著影响，而在不受规制覆盖的行业则没有影响，甚至出现相反的影响。

我们的研究结果表明，劳动市场规制并非中立的。最低工资制度和就业保障制度降低了青年以及非专业技术人员的就业率，提高了中年以及专业技术人员的就业率。此外，这些政策对男性和女性的就业率及就业份额的影响相反。就业保障制度牺牲了女性的利益，保障了男性的利益，而最低工资的提高则与之相反。

我们将对这些研究结果进行一些解释说明，尽管我们不能完全区分它们，但至少可以拒绝一些假设。目前尚无证据表明就业保障制度的影响差异是由劳动供给弹性的不同或者不同群体的工资调整不同造成的。相反，我们的研究表明，就业保障制度对不同类别劳动者的劳动需求会产生不同的影响。至于最低工资水平的规定，我们的研究结果与在竞争模型中用年龄以及专业技术掌握程度进行预测所得的结果相似，而与用性别进行预测的结果不同。与我们的研究结果不同的是，竞争模型预测最低工资规定对女性的影响更大，因为女性的工资比男性的工资低。

本章的章节安排如下：第 7.2 节评述那些预测规制的非中性影响的观点；第 7.3 节论述智利的就业保障制度以及最低工资规定改革的进程；第 7.4 节描

述我们在实证分析中运用的数据；第7.5节介绍估计规制对就业分布影响运用的方法；第7.6节描述了我们关于对就业分布以及就业率的总体影响的结论；第7.7节为总结。

7.2 规制为何对一些劳动者的影响不同

我们有足够的理由相信，劳动市场规制改变了各种类别的员工的就业分布情况。在接下来的两节中，我们将回顾一系列理论，这些理论阐述了就业保障制度以及最低工资规定对不同年龄、不同专业技术水平以及不同性别的劳动者产生的不同影响。

7.2.1 就业保障制度

就业保障制度的出台使企业不能在面对糟糕的经济环境时调整它们的劳动力。但是这一政策同样也会改变企业的雇用决定。企业在经济繁荣时期可能会雇用较少的工人，因为企业会考虑未来解雇工人的成本。就业保障制度对就业率的整体影响是不确定的，它取决于解雇的负面效应是否会被雇用率的降低所抵消。①

如果规制的变化造成了雇用率和解雇率的变化，且这种变化给一部分人带来的影响比对其他人的影响要大，就业保障制度将会对不同类别的劳动者带来不同的影响。Lazear（1990）推测就业保障制度的增加会成为青年劳动者进入劳动市场的一大阻碍。这是因为就业保障制度减少了工作机会，青年进入劳动市场的门槛提高。但是这种观点并没有考虑到低工作创造率可以被对青年就业有极大影响的低岗位淘汰率抵消。Pagés and Montenegro（1999）提出就业保障制度可能会提高年轻人的解雇率。这一论点主要是基于在不同的国家，员工的任期与就业保障制度基本正相关。相对于企业中资历更长的员工而言，随着任期增加而增加的强制遣散费成本改变了辞退短期工人的成本。在这样的背景下，预计就业保障制度引起的解雇会集中于年轻员工这一群体，因为在其他条件都相同的情况下，年轻员工的工作时间较年长员工的工作时间要短。如果遣散费金额随就业任期增长，并且这一影响是至关重要的，那么就业保障制度将会在减少青年进入劳动市场机会的同时提高青年群体的解雇率，最终导致青年群体较低的就业份额和更低的就业率。相反，老员工的就业份额将会因为解雇

① Bertola（1990）；Bentolila and Bertola（1990）；Bertola（1991）；Bentolila and Saint-Paul（1994）；Hopenhayn and Rogerson（1993），以及 Risager and Sorensen（1997）在他们的文章中讨论了就业保障制度对就业率的影响。

率的下降而提高。

类似的推理可以用于预测就业保障制度对不同性别群体的影响。由于女性流动率更高，因此在每个年龄段女性的就业任期比男性的要短，所以就业保障制度引起的解雇会集中于女性群体。与男性相比，这种影响会倾向于降低女性的就业水平。但是，高流动率也意味着在雇用女性时，严格的就业保障制度可能不再是一个问题，因为雇主预期女性会为了获得更高的就业保障而提出辞职。[①] 在这种情况下，相对于男性而言，雇主可能更愿意雇用女性，在经济衰退时也更可能辞退女性。就业保障制度对男性和女性就业率的整体影响尚不确定，仍需实证研究。

通常，人们会将前面的理论扩展到专业技术人员与非专业技术人员这两大群体中。如果非专业技术人员比专业技术人员的流动率更高、就业任期更短，同样的推理也是适用的。然而，女性的高流动率可能受到生命周期的影响，对于雇主而言这是一种外生变量，而这种外生性不能用于解释非专业技术人员的高流动率。

局内人-局外人理论为就业保障制度对不同类别群体的就业率会产生不同的影响提供了进一步的解释。[②] 该理论认为，更严格的就业保障制度降低了对失业率变化的工资弹性。当受雇劳动者知道自己的工作不受需求波动的影响时，他们可能不愿意接受工资调整，而工资调整对降低失业率却极其重要。在这种情况下，员工可以分为两类：局内人——正规就业者并且工资水平较高；局外人——失业或者是拥有短暂兼职或定期工作，不受就业保障制度保护。[③] 如果女性、青年和非专业技术人员更可能成为局外人，那么就业保障制度（通过工资效应）就会对这些人的就业产生偏误。

最后，即使就业保障制度对不同类别群体的就业需求产生了相同的影响，劳动供给弹性的不同可能也会对不同类别群体有不同的影响。现假设就业保障制度的增加会减少劳动需求。如果女性、青年和非专业技术人员的劳动供给弹性比平均水平高，那么，与劳动供给弹性更低的工人相比，严格的就业保障制度会使他们的就业减少得更多。[④]

综上，本节提出的理论认为，青年、女性和非专业技术人员将承受就业保障制度带来的冲击。

---

① 可通过 Pagés and Montenegro（1999）了解在部分均衡模型下这种观点的发展。

② 例如，见 Lindbeck and Snower（1988）。

③ 局内人-局外人理论认为一个强势的工会组织会为新员工确定工资水平，否则，企业总是在雇佣关系开始时支付给员工非常低的工资，以补偿未来更高的工资。见 Bertola（1990）对这个问题的研究。

④ 见 Hamermesh（1993）。

7.2.2 最低工资

最低工资对就业的影响仍是一个很有争议性的话题。在竞争模型中，工人的工资取决于其边际产出，任何人为地增加工人的工资并使其工资高于边际产出的行为最终会导致工人失业。然而，对雇主具有垄断权的模型进行预测发现工人的工资低于边际产出，在这种情况下，提高最低工资则可以在不降低就业率的前提下提高工人的工资水平。① Lang and Kahn（1998）的双向搜寻模型中所得的最低工资的影响不同于竞争模型中的预期影响。在他们的模型中，最低工资会影响应聘工人的整体质量。较高的最低工资标准使得企业能够获得更具竞争力的应聘者，但是同时也会对生产力低的工人的就业前景产生负面影响。

平均而言，青年、女性和非专业技术人员的工资比年长者、男性和专业技术人员的工资要低。由于最低工资规定更可能约束青年、女性和非专业技术人员，因此，完全竞争模型也预测最低工资对他们的影响更大。然而，在不完全竞争模型中，这一影响就不那么明显了。原则上，最低工资影响的大小和表现取决于最低工资与各类别群体的边际产出的差异的大小。如果一些类别之间的差异比其他类别的差异大，那么最低工资的提高将会对一些类别产生“竞争性”影响，对另一些类别产生“非竞争”影响。鉴于以上这些模棱两可的结论，最低工资影响的方向和大小还需进一步进行实证研究。

7.3 智利的劳动市场规制

智利在劳动市场政策的制定上经验丰富，这为我们分析劳动市场规制的影响提供了优越的条件和环境。我们主要分析就业保障制度和法定最低工资规定。②

7.3.1 就业保障制度

智利改革实例中最有趣的是，在我们研究数据覆盖的 39 年间，按照 OECD 的标准，智利已经从过去随意解雇员工的自由劳动市场转变为了僵化的劳动市场（Heckman and Pagés，2000）。自 1966 年智利开始实施就业保障制度以来，相对于兼职、固定期限以及短期合同关系而言，该制度更加倾向于保

① 很多情况都会引起劳动市场的不完全竞争，例如，部分雇主的垄断力量、信息不对称或者不能完全流动的劳动力。

② 见 Edwards and Cox-Edwards（2000）对 1960—2000 年期间智利劳动市场改革情况的总结。

护全职工作者。为此，在企业主动提出解雇员工时，劳动法规规定了如下几项：

（1）强制性的提前告知期；

（2）判断解雇正当或非正当的理由；

（3）与就业任期和解雇理由相关的遣散费。

虽然强制性的提前告知期是固定的，通常为一个月，但对于解雇理由是否正当的判断以及遣散费的计算方式却变化很大，这也正是我们的实证研究要探究的问题。

表 7.1 总结了 1960—1998 年间智利劳动法规的变化。在 1960 年至 1966 年中期，企业必须提前一个月通知被解雇的员工（或者支付一个月月薪），但是在其他方面，“随意雇用”是一种常态。1966 年国会通过了一部新的法案，该法案规定，企业需要向所有以正当理由被解雇的员工支付相当于一个月月薪的补偿金。企业的经济需要在法律上被认定为是正当理由，因此以该理由被解雇的员工没有资格获得遣散费。然而在实际操作中，劳动者会上诉法庭，法官则认定这些理由是非正当的（Romaguera，Echevarría，and González，1995）。在这种情况下，雇主可以选择向劳动者支付法定补偿金以及审判期间的工资，也可以选择让该劳动者继续在原来的工作岗位上工作。这一改革实质上增加了劳动力调整的难度和成本。

表 7.1　智利的就业保障制度：1960—1998 年

时期	提前告知期	经济理由在法律上是解雇的正当理由吗？在法庭上呢？	以正当理由解雇员工需支付的补偿金	以非正当理由解雇员工需支付的补偿金	变更适用于谁？
1960—1966 年	1 个月	随意解雇	随意解雇	随意解雇	随意解雇
1966—1973 年，企业在没有正当理由的情况下不能解雇员工	1 个月	在法律上，经济理由是正当理由，但在法律实践中，法庭将之认定为非正当理由	在这种情况下法律并未要求支付任何赔偿	每年 1 个月月薪加上审判期间放弃的工资。审判期最长为 6 个月。总额无上限限制	所有员工
1973—1978 年	1 个月	劳工法庭倾向于保护雇主，劳动者处于弱势地位	与前期一致	与前期一致	所有员工
1978—1980 年（1978 年 6 月 15 日，法规 2200）	1 个月	经济需要被认定为正当理由	0	每年 1 个月月薪，无上限限制	只适用于 1978 年 6 月之后就职的员工

续表

时期	提前告知期	经济理由在法律上是解雇的正当理由吗？在法庭上呢？	以正当理由解雇员工需支付的补偿金	以非正当理由解雇员工需支付的补偿金	变更适用于谁？
1981—1984年（1981年8月14日，法规18018）	1个月	经济需要被认定为正当理由	0	每年1个月月薪，最大限值为150天的工资	只适用于1981年8月之后就职的员工
1984—1990年（1984年12月，法规18732）	1个月	经济需要不再被认定为是解雇的正当理由	0	同上	所有员工
1990年至今（1990年11月）：企业解雇员工需要正当理由	1个月	企业需要正当理由才能解雇员工，其中经济需要被认定为是正当理由	在经济理由的情况下为1个月月薪，最大限额为11个月月薪	每年1.2～1.5个月月薪	1981年之后就职的员工

资料来源：Pagés and Montenegro（1999）.

1973年以后，政治的剧烈变化带来了实际的自由。尽管在法律上没有修改就业保障制度，但在实际运用中，法官更多地否决员工的要求，这有效地节约了解雇成本。在1989年和1981年，不断修改的法律降低了解雇成本。1981年，以非正当理由解雇的工人可获得的最大补偿金为5个月月薪。这一改革实质上减少了解雇成本，尤其是对于就业任期较长的工人而言，虽然该规定仅适用于新入职的工人。

1984年以后，就业保障制度的规定逐步严格。1984年12月，就业保障制度被再次修改，企业的经济需要被认定为解雇的非正当理由，但是遣散费上限没有改变，仍为5个月月薪。1990年智利民主化运动后，一次新的劳动市场改革再次增加了解雇成本。法律认定企业出于经济需要而解雇员工是正当的，但是企业需要支付相当于每年1个月月薪的遣散费，遣散费上限为11个月月薪。企业有责任证明其解雇的正当性，如果无法证明其正当性，企业需额外支付20%的补偿金。

我们用Pagés and Montenegro（1999）研究中使用的就业保障指数的测量方法①来归纳就业保障制度在法律制度和法庭实践中的变化。方法如下：

$$JS_t = \sum_{i=1}^{T} \beta^i \delta^{i-1}(1-\delta)[b_{t+i} + a_t SP_{t+i}^{jc} + (1-a_t) SP_{t+i}^{uc}]$$

式中，δ代表继续拥有一份工作的可能性，β表示贴现率，T为员工可以在一

① 见已经被提及的文章和Heckman and Pagés（2000），这些文献提供了对该方法的完整描述，该方法在不同时间和国家数据中的应用，以及与其他就业保障的测量方法相比，使用该测量方法的相对优势和缺点。

家企业工作的最长年限，b_{t+i}表示对就职于一个企业 i 年的员工的提前告知期，a_t 表示将企业的经济困难作为解雇的正当理由的概率，SP^{jc}_{t+i}为解雇员工支付给在该企业工作 i 年的员工的法定遣散费，SP^{uc}_{t+i}表示在以非正当的理由解雇在企业工作 i 年的员工时支付的补偿金。

这一方法能够计算出在雇用一个员工后，未来解雇他的预期成本，这一成本根据月薪来计算。相较于其他在某一就业任期的条件下计算成本的方法，这一方法的优点是：我们的就业保障制度计算方法可以得到不同任期支付的遣散费的整体情况。该方法的基本假设是，需要按照现行法律规定计算未来需要支付的遣散费，因此，这一变量的值越高，表明处于相对较高就业保障时期，而越低则表明处于解雇成本较低时期。

根据表 7.1 总结的劳动法规的信息以及关于 β、δ、a 和 T 的假设，我们获得了计算就业保障指数（JS）的方法。我们设定 β 为常数，使平均实际利率等于 8.4%，即与智利在 1960—1998 年间的平均实际利率一致。在假设没有就业保障制度的基础上计算贴现率，而智利的劳动力流动率可以与在美国观察到的数据一致。[①] Davis and Haltiwanger（1992）的一份研究表明年平均流动率为 12%。如果工人在法院起诉企业，那么，由于企业的经济需要而引起的解雇的概率取决于法规或者法官的裁定。在 1966—1984 年间，尽管由企业的经济需要进行的裁员在法律规定上是一个正当理由，但是我们假设 $a>0$，而且它由在劳动诉讼中法官的意志确定。最后，假设 $T=25$。计算就业保障指数使用的参数的详细说明见表 7.2。

表 7.2 计算就业保障指数使用的参数

	β	δ	b	a	SP^{fc}	SP^{uc}
1960—1965 年	0.92	0.88	1	1	0	0
1966—1973 年	0.92	0.88	1	0.2	0	(1)
1974—1977 年	0.92	0.88	1	0.5	0	(2)
1978—1980 年	0.92	0.88	1	0.8	0	(2)
1981—1984 年	0.92	0.88	1	0.8	0	(3)
1985—1990 年	0.92	0.88	1	0	0	(3)
1991 年—	0.92	0.88	1	0.9	(4)	(5)

注：已知 1960—1998 年间智利平均实际利率为 8.4%，我们利用这一事实计算 β。我们假设在没有就业保护时，智利的平均人员流动率与美国相同，并在此基础上计算 δ。Davis and Haltiwanger（1995）的研究表明，美国的年均流动率为 12%。

（1）表示每年 1 个月月薪，再加上 3 个月月薪，以弥补在审判期放弃的工资；（2）表示每年 1 个月月薪，没有上限限制；（3）表示每年 1 个月月薪，以 5 个月月薪为上限；（4）表示每年 1 个月月薪，以 11 个月月薪为上限；（5）表示每年 1.2 个月月薪，以 11 个月月薪为上限。我们假设一个工人在一家企业的最长任期为 25 年。

① 尽管可以测量流动率，但是测量方法本身就受劳动法规的影响。考虑到这种内生性，我们选择使用美国的流动率，因为美国的解雇成本非常低。

该变量随时间的变化趋势见图 7.1。经过几年相对较低的就业保护程度后，就业保障指数在引入法定遣散费后变为原来的 8 倍。1973 年预期的解雇成本明显下降，并在 1978 年和 1981 年连续下降。随后，就业保护程度又开始增加，但是没有达到 20 世纪 60 年代后期的水平。

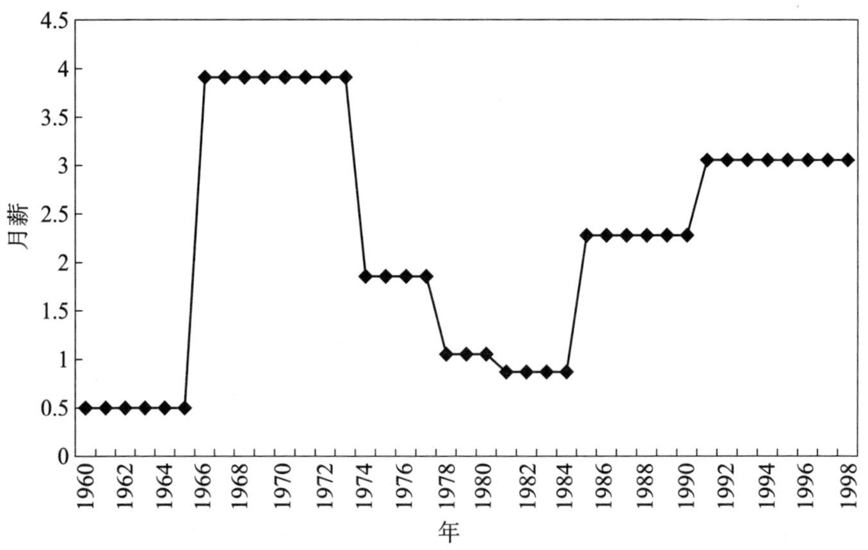

图 7.1　就业保障指数（月薪）

资料来源：Pagés and Montenegro（1999）.

7.3.2　最低工资

表 7.3 的第（2）列和第（3）列呈现了 1998 年按比索计算的每小时实际最低工资，数据均来自智利中央银行的公告。① 有趣的是，自 1989 年以来，18 岁及 18 岁以下员工的工资比最低工资要低。最低工资被固定在成人工资的 15%～20%。图 7.2 总结了与青少年和成人平均工资相关的最低工资的变化。与成人相比，青少年的平均最低工资远高于其平均工资，同时该图表明相对于平均工资水平，青少年的最低工资水平较不稳定。

在 1960—1998 年间，成人和未成年的实际最低工资分别增长了 186%和 104%。然而，由于平均工资比最低工资的增长幅度更大，最低工资在与平均工资进行比较时处于弱势。尽管长期趋势如此，但智利仍经历了大范围的最低工资的波动，无论是其本身的增长率（实际值），还是与平均工资相比。在 20 世纪 60 年代，最低工资的实际值保持稳定，但是自实际工资增长以来，最低工资与平均实际工资之比开始下降。20 世纪 70 年代早期，最低工资大幅增长，

① 每个小时最低工资＝月度最低工资/4.2×40 个小时。

表 7.3 样本的基本描述

年	就业保障指数	最低工资		议价指数		平均工资							GDP 与趋势的偏离率(%)	总就业率(%)	受雇就业率(%)	自雇用就业率(%)
		年龄小于等于18岁	年龄大于18岁	原始	平滑	性别		技术水平		年龄						
						男性	女性	低	高	15～24岁	25～49岁	50～65岁				
	(1)	(2)	(3)	(4)	(5)	(6)	(7)	(8)	(9)	(10)	(11)	(12)	(13)	(14)	(15)	(16)
1960	0.519 9	119	119	3.333 3	3.333 3	302	152	157	475	133	283	306	−0.86	52.5	39.8	12.7
1961	0.519 9	114	114	3.333 3	3.333 3	370	179	171	554	164	331	435	−1.41	52.2	41.1	11.1
1962	0.519 9	126	126	3.333 3	3.333 3	373	203	181	615	162	361	418	−1.37	53.2	41.2	11.9
1963	0.519 9	109	109	3.333 3	3.333 3	376	206	n. a.	311	219	342	395	0.20	53.0	41.4	11.5
1964	0.519 9	107	107	3.333 3	3.333 3	268	160	n. a.	230	133	272	296	−2.15	52.9	42.3	10.6
1965	0.519 9	114	114	3.333 3	3.333 3	n. a.	n. a.	n. a.	n. a.	n. a.	n. a.	n. a.	−5.23	54.4	43.3	11.2
1966	3.909 0	118	118	3.333 3	3.333 3	380	211	187	591	179	376	434	1.50	53.0	42.2	10.8
1967	3.909 0	116	116	3.333 3	3.347 24	427	268	222	648	217	420	539	1.50	54.0	43.2	10.8
1968	3.909 0	111	111	3.333 3	3.395 43	466	278	224	699	251	450	502	1.79	53.2	41.9	11.4
1969	3.909 0	107	107	3.333 3	3.464 03	475	279	231	709	218	470	560	2.79	52.4	41.2	11.2
1970	3.909 0	133	133	3.666 67	3.535 96	549	351	256	804	248	536	693	2.97	52.3	41.4	10.9
1971	3.909 0	183	183	3.666 67	3.576 75	689	437	302	957	307	660	779	9.67	53.7	42.1	11.5
1972	3.909 0	195	195	3.666 67	3.528 56	712	457	342	929	359	698	729	7.28	52.7	41.3	11.4
1973	3.909 0	108	108	3.666 67	3.405 25	525	332	279	671	280	512	553	0.37	51.4	39.6	11.8
1974	1.864 2	204	204	3	3.261 40	435	310	275	561	255	436	496	0.12	49.0	37.1	11.8
1975	1.864 2	245	245	3	3.124 19	376	277	225	483	214	376	420	−14.58	45.0	34.7	10.4
1976	1.864 2	259	259	3	3.013 90	486	352	249	635	280	474	542	−12.67	45.8	34.5	11.2
1977	1.864 2	269	269	3	2.882 27	692	512	320	953	357	696	786	−5.01	48.3	38.1	10.1
1978	1.059 9	346	346	3	2.620 90	868	517	360	1 090	400	799	1 072	0.87	48.0	37.1	10.9
1979	1.059 9	345	345	2.666 67	2.274 55	913	640	432	1 150	496	904	1 009	6.66	47.8	36.8	10.9

续表

年	就业保障指数	最低工资		议价指数		平均工资							GDP与趋势的偏离率(%)	总就业率(%)	受雇就业率(%)	自雇用就业率(%)
		年龄小于等于18岁	年龄大于18岁	原始	平滑	性别		技术水平		年龄						
						男性	女性	低	高	15～24岁	25～49岁	50～65岁				
	(1)	(2)	(3)	(4)	(5)	(6)	(7)	(8)	(9)	(10)	(11)	(12)	(13)	(14)	(15)	(16)
1980	1.059 9	354	354	1.333 33	1.904 34	890	611	424	1 120	476	881	932	11.83	47.4	36.6	10.7
1981	0.877 2	334	334	1.333 33	1.533 53	1 057	799	510	1 338	590	1 099	1 016	15.64	50.9	39.3	11.6
1982	0.877 2	365	365	1.333 33	1.258 25	1 235	852	508	1 499	618	1 206	1 295	−1.15	41.8	33.0	8.8
1983	0.877 2	276	276	1	1.130 70	842	622	345	1 056	416	872	721	−6.79	43.5	34.4	9.1
1984	0.877 2	243	243	1	1.062 09	843	573	355	1 028	371	845	780	−4.19	46.1	35.8	10.3
1985	2.291 5	220	220	1	1.013 90	699	480	312	808	323	683	725	−6.19	46.4	36.6	9.8
1986	2.291 5	215	215	1	1	653	471	301	742	314	634	731	−5.35	47.0	37.3	9.7
1987	2.291 5	199	199	1	1	796	539	288	932	355	764	907	−4.05	50.1	39.5	10.5
1988	2.291 5	222	222	1	1.027 81	766	542	316	902	376	751	799	−2.93	50.9	38.6	12.2
1989	2.291 5	293	340	1	1.124 19	869	679	376	981	434	868	973	0.41	53.1	41.6	11.5
1990	2.291 5	298	346	1	1.261 40	1 003	682	390	1 074	462	960	1 011	−2.83	52.0	40.5	11.4
1991	3.059 8	278	327	1.666 67	1.405 25	971	694	401	1 046	470	951	949	−2.47	53.2	41.2	11.9
1992	3.059 8	293	340	1.666 67	1.542 47	904	726	455	998	503	914	900	1.47	55.7	43.6	12.1
1993	3.059 8	294	341	1.666 67	1.638 85	1 072	832	496	1 158	627	1 054	1 093	0.98	55.9	44.0	11.9
1994	3.059 8	294	342	1.666 67	1.666 67	1 141	840	535	1 194	624	1 101	1 163	−1.22	55.4	42.5	12.9
1995	3.059 8	302	351	1.666 67	1.666 67	1 230	919	566	1 310	657	1 215	1 199	0.81	55.5	42.8	12.7
1996	3.059 8	279	324	1.666 67	1.666 67	1 329	1 047	621	1 412	725	1 283	1 465	1.59	55.8	43.7	12.0
1997	3.059 8	248	333	1.666 67	1.666 67	1 392	1 100	613	1 505	775	1 380	1 335	2.79	56.7	44.1	12.6
1998	3.059 8	243	341	1.666 67	1.666 67	1 356	1 136	759	1 427	792	1 325	1 500	0.70	56.8	43.6	13.2

资料来源：作者的计算（见数据描述部分），智利中央银行（2001）。

注：n.a 表示无数据。

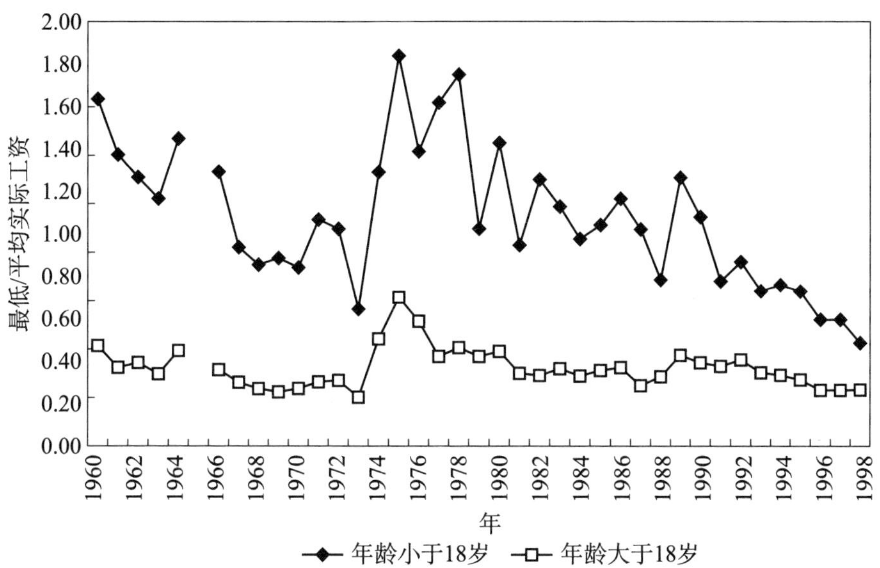

图 7.2 最低工资与平均实际工资之比

资料来源：作者的计算（见数据描述部分）。

其增速超过了平均工资的增长率，因此，最低工资与平均实际工资之比在这一时期猛增。在 1975—1980 年，最低工资与平均实际工资之比再次下降。1990 年民主化运动后，实际最低工资稳定增长，但是与平均工资之比仍在下降。这一下降在青少年组中尤为明显，其最低工资与平均实际工资之比由 1975 年的 1.80 下降至 1998 年的 0.5。此外，有趣的是，一些对智利的研究认为最低工资是有约束力的，而另一些如 Bravo and Vial（1997）所做的研究则否认这种观点。①

7.4 数据

在这项研究中所使用的住户调查数据来自智利大学经济学院。智利大学经济学院每年对圣地亚哥大都市区的就业与失业状况进行四次调查和监测。遗憾的是，只有每年 6 月采集的信息中包含工资以及其他有关于就业状况变量的信息，这也是在本次研究中使用的数据信息。自 1957 年开始该调查以

① 例如，Castañeda（1983），Paredes and Riveros（1989），Montenegro（2002）和 Cowan et al.（2003）。Kosters（1996）综述了美国最低工资的影响。Dowrick and Quiggin（2003）则基于全球性的调查来研究最低工资的影响。

来，这一调查的形式以及对于变量的定义一直保持不变，因此该调查包含的信息具有可比性。[①] 在1960—1998年，该调查采访了1万～1.6万人，其中有3 700～5 400名劳动者每年都参与调查。在这一时期，圣地亚哥大都市区的人口约占智利总人口的1/3，在国内生产总值中占有较高的份额。[②] 该数据集由截面数据集组成，这就意味着在这一时期个人的数据并不会一直延续。我们使用的样本的唯一限制是，在样本估计中包括的个体必须年满15周岁且不大于65岁。

我们将劳动政策和宏观变量的年度数据与个人层面的年度数据结合。我们的研究中还包括在第7.3节中提到的就业保障指数、最低工资数据。同时，还包括能够控制那些与我们使用的变量和就业相关的工会活动变化的工资议价变量。尽管衡量工会对工资决定的影响的最好方法是工会的覆盖面，即工资受集体谈判影响的工人的占比，但是这一性质的时间序列数据在智利并不存在。由于在我们研究样本对应的所有年份中的工会成员信息是不可获得的，因此我们通过Edwards and Cox-Edwards（2000）构造的反映集体谈判集中度的指数均值来衡量工会的议价能力。这一变量的取值范围是［1，4］，1表示完全分化，4表示完全集中。使用这种测量方法是因为我们观察到工会覆盖面在集体谈判集中的国家有不断扩大的趋势。最后，我们将潜在GDP作为衡量经济活动偏差的指标。为了获得这一变量，我们从世界银行得到了GDP的数据，并利用Hodrick-Prescott过滤器得到了GDP趋势。

表7.3按年度总结了样本的一些基本统计特征。第（1）～（3）列为就业保障指数、18岁及以下和成年劳动者的实际最低工资；第（4）列及第（5）列总结了议价指数［其中第（4）列表示原始指数，第（5）列为平滑指数］。这些变量随时间变化而变化的趋势见图7.3。这一数值越高，如1960—1970年的数据，表明这一期间的工会集中度越高。[③] 后面的列总结了不同性别［第（6）列和第（7）列］、不同专业技术水平［第（8）列和第（9）列］以及不同年龄［第（10）列、第（11）列和第（12）列］的平均小时工资。第（13）列总结了GDP与潜在GDP或其趋势的偏离率。最后，第（14）列、第（15）列和第（16）列分别反映了15～65岁的总人口的总就业率、受雇就业率以及自雇用就业率，这三个比率的趋势见图7.4。图7.4与图7.5（反映了GDP对其趋势的偏离）表明智利的经济在1960—1998年间经历了剧烈的波动，尤其是在1970—

---

① 在本次研究中，我们使用自1960年以来的数据，因为早年（1957—1959年）没有可靠的数据能够使用。

② 根据1992年的人口普查，大都市区人口占总人口的39%。

③ 我们利用Edwards and Cox-Edwards（2000）构建的罢工指数替代集中度指数来检验结果的稳健性，发现结果不变。

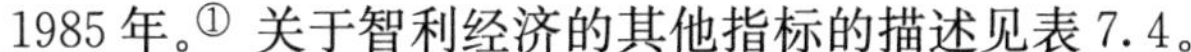
1985年。① 关于智利经济的其他指标的描述见表7.4。

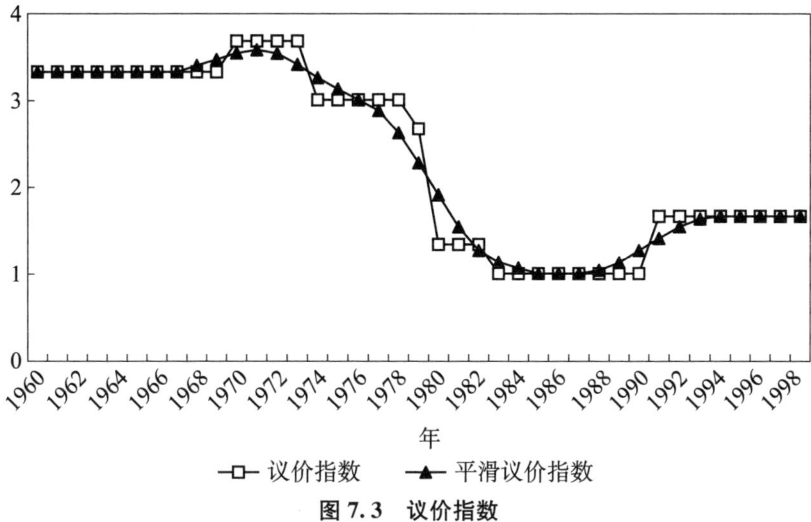

图7.3 议价指数

资料来源：Edwards and Cox-Edwards (2000).

注：议价指数可以衡量工资议价的集中度，取值范围为1～4，该值越高，表示议价集中度越高。

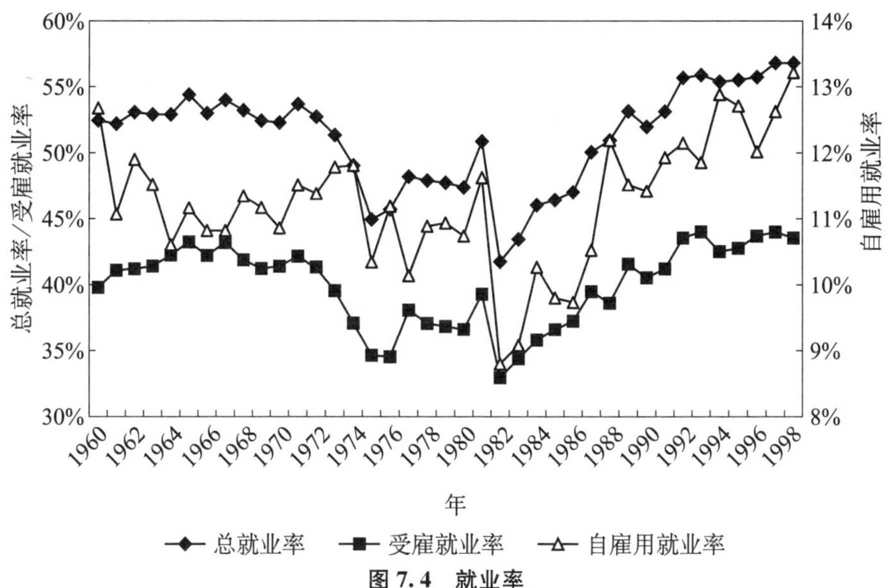

图7.4 就业率

资料来源：作者的计算（见数据一节）。

① 对智利的经济运行状况的描述见 Edwards and Cox-Edwards (1991, 2000); de la Cuadra and Hachette (1992); Wisecarver (1992); Bosworth, Dornbusch, and Laban (1994); Hudson (1994); Soto (1995) 和 Cortazar and Vial (1998)。

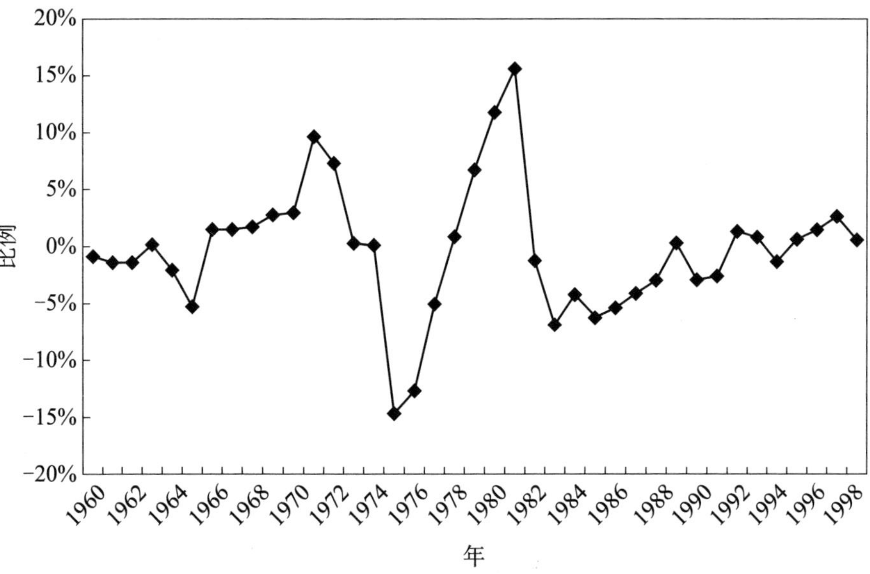

图 7.5　GDP 与趋势的偏离率

资料来源：作者的计算（见数据一节）。

表 7.4　一般性经济指标：智利，1960—1998 年

序列名称	年人均 GDP 增长率（%）	年通货膨胀率，消费者价格指数（%）	全国总失业率（%）	全国女性总失业率（%）	全国男性总失业率（%）	圣地亚哥大都市区总失业率（%）	基尼系数
1960	n. a.	n. a.	n. a.	n. a.	n. a.	8.0	42.5
1961	1.5	7.7	n. a.	n. a.	n. a.	7.1	45.2
1962	2.7	14.0	n. a.	n. a.	n. a.	5.7	45.5
1963	3.6	44.1	n. a.	n. a.	n. a.	5.2	n. a.
1964	0.3	46.0	n. a.	n. a.	n. a.	4.9	n. a.
1965	−1.8	28.8	n. a.	n. a.	n. a.	5.0	n. a.
1966	7.6	23.1	n. a.	n. a.	n. a.	6.0	45.2
1967	1.5	18.8	n. a.	n. a.	n. a.	5.9	45.8
1968	1.6	26.3	n. a.	n. a.	n. a.	6.4	48.1
1969	1.5	30.4	n. a.	n. a.	n. a.	7.1	48.0
1970	0.2	32.5	n. a.	n. a.	n. a.	7.0	47.5
1971	7.1	20.0	n. a.	n. a.	n. a.	5.2	47.7
1972	−2.5	74.8	n. a.	n. a.	n. a.	3.7	43.1
1973	−6.5	361.5	n. a.	n. a.	n. a.	3.1	44.1
1974	0.8	504.7	n. a.	n. a.	n. a.	10.3	40.7
1975	−12.8	374.7	n. a.	n. a.	n. a.	16.1	41.1

续表

序列名称	年人均GDP增长率(%)	年通货膨胀率,消费者价格指数(%)	全国总失业率(%)	全国女性总失业率(%)	全国男性总失业率(%)	圣地亚哥大都市区总失业率(%)	基尼系数
1976	1.8	211.8	n. a.	n. a.	n. a.	18.0	47.2
1977	7.1	91.9	n. a.	n. a.	n. a.	13.0	48.4
1978	5.9	40.1	n. a.	n. a.	n. a.	12.8	49.8
1979	7.1	33.4	n. a.	n. a.	n. a.	12.5	49.4
1980	6.5	35.1	10.4	10.0	20.8	11.7	49.1
1981	3.2	19.7	11.3	9.9	21.5	9.0	47.3
1982	−11.7	9.9	19.6	18.3	30.5	23.2	51.2
1983	−5.3	27.3	14.6	14.7	24.7	22.7	52.7
1984	6.3	19.9	13.9	n. a.	25.2	18.4	54.2
1985	5.4	29.5	12.1	13.4	22.7	16.2	51.5
1986	3.9	20.6	8.8	9.7	17.3	15.4	48.7
1987	4.9	19.9	7.9	9.3	n. a.	13.5	57.6
1988	5.5	14.7	6.3	7.8	14.3	11.2	53.7
1989	8.7	17.0	5.3	6.1	13.2	9.3	50.8
1990	1.9	26.0	5.7	5.7	13.1	9.7	53.9
1991	6.2	21.8	5.3	5.8	12.7	8.3	52.4
1992	10.4	15.4	4.4	5.6	10.9	6.0	47.4
1993	5.2	12.7	4.5	5.1	11.0	6.4	45.4
1994	4.0	11.4	5.9	6.8	13.2	6.3	45.9
1995	8.9	8.2	4.7	5.3	11.5	6.1	46.3
1996	5.7	7.4	5.4	6.7	12.8	7.2	45.4
1997	6.0	6.1	5.3	6.6	13.0	6.7	n. a.
1998	2.5	5.1	7.2	7.6	16.7	6.9	n. a.

资料来源:世界银行世界发展指标数据库和 Montenegro (1998) 研究所得的基尼系数。

注:n. a 表示无数据。

7.5　研究方法

为了估计劳动市场规制对不同组别的不同影响,我们假设个体的就业情况由下式确定:

$$y_{ijt}^{*}=\boldsymbol{X}_{it}\cdot\boldsymbol{\beta}_1+\boldsymbol{X}_{it}^{\prime}\cdot\boldsymbol{Z}_t\cdot\boldsymbol{\beta}_2+\gamma_t+\varepsilon_{ijt} \tag{1}$$

其中,

$$y_{ijt}=\begin{cases}1, & y_{ijt}^{*}>0\\ 0, & \text{其他}\end{cases}$$

y_{ijt}^{*}是一个不可观测变量，它决定了子组 j 中的个体 i 在时间 t 能否被雇用，而 y_{ijt}为可观测变量，表示个体的就业情况。当工人被雇用时该值取 1，否则为 0。在一些情况下，我们只关注受雇就业（自雇用），因此，当个体是受雇（自雇用）劳动者时，该变量取值为 1，否则为 0。样本的年龄均在 15～65 岁。另外，$\boldsymbol{X}_{it}$表示个体 i 在时间 t 的个人特征变量的向量；$\boldsymbol{Z}_t$ 表示随时间 t 变化的变量的向量；γ_t 表示年固定效应，ε_{ijt}是误差项。个人特征变量涵盖了年龄、性别、专业技术水平、孩子数量，以及性别与孩子数量的交乘项。在一些情况下，我们也包括了年龄与性别的交乘项，以及年龄与专业技术水平的交乘项，以此研究不同年龄的劳动者，在不同性别和专业技术方面的影响。给定可观测数据，我们将所有数据分成 3 个年龄子组（15～24 岁，25～50 岁，51～65 岁），2 个专业技术水平子组（9 年及以下受教育年限，9 年以上受教育年限）。将 2 个专业技术水平子组和 3 个年龄子组分别加入 2 个性别子组中（男性，女性），我们得到了 12 个不同的子组，$j=1$，…，12。

向量 $\boldsymbol{Z}_t$ 包含了就业保障指数、GDP 与趋势的偏离率，以及工会集中度变量（都取对数）。此外，我们的研究中还包括最低工资指数（取对数），但是对于 18 岁及以下的劳动者，我们允许他们的最低工资指数变化。通过构造 $\boldsymbol{X}_{it}$和 $\boldsymbol{Z}_t$ 的交乘项的系数向量 $\boldsymbol{\beta}_2$，可以获得不同的影响。

另外，假设 Prob($y_{ijt}^{*}>0$) 为标准正态分布，边际差异效应的大小由$\phi(\cdot)$ $\boldsymbol{X}_{it}\boldsymbol{\beta}_2$ 确定，其中 $\phi(\cdot)$ 为正态密度函数。

尽管（1）式是一个简化方程，但在一些情况下，这也是一种计算工资的方法，为了构造变量 w_{ijt}，我们设定对于在时间 t 内的每一个劳动者 $i\in j$ ($j=1$，…，12)，w_{ijt}表示时间 t 内子组 j 中所有受雇劳动者的平均工资。

我们的目的是估计：

$$y_{ijt}^{*}=\boldsymbol{X}_{it}\cdot\boldsymbol{\beta}_1+\boldsymbol{X}_{it}'\cdot\boldsymbol{Z}_t\cdot\boldsymbol{\beta}_2+\boldsymbol{Z}_t\cdot\boldsymbol{\beta}_3+\varepsilon_{ijt} \tag{1'}$$

通过该等式，我们可以重新获得劳动政策对子组 j 的总边际效应$\phi(\cdot)(\boldsymbol{X}_{it}\boldsymbol{\beta}_2+\boldsymbol{\beta}_3)$。但是，尽管发现了差异影响的稳健估计，但我们对于效应水平（$\boldsymbol{\beta}_3$）的估计结果证明 $\boldsymbol{Z}_t$ 中包含的一系列变量极具敏感性，这表明我们的时间变量并不能准确地解释序列的时间变化。考虑到这些因素，我们最终选择（1）式。这一等式允许我们计算边际效应，但是总效应则包含在常数项中。因此，我们可以测量劳动市场规制对就业分布的影响，但不能确定其对就业水平的影响。尽管如此，从计量经济学的角度来看，（1）式仍然具有很大的优势。该等式允许控制宏观经济趋势、宏观经济运行周期、政策变化和一些不可观测的变量，这些不可观测的变量对所有个体都适用，并且与就业和劳动市场规制以及有偏估计相关。除了包含时间变量，我们用四种方法将发生遗漏变量偏误和伪相关的风险最小化。

第一，通过利用一系列住户调查的个人数据来估计（1）式，我们能够控制每一子组相对人口数量的变化和人口出生率的变化，如果这些变量被遗漏，则会产生有偏估计。第二，通过控制经济周期变化（利用 GDP 与趋势的偏离率）对个体的影响（包括 $\boldsymbol{X}_{it}^{\prime}\cdot\boldsymbol{Z}_t$，其中 $\boldsymbol{Z}_t$ 包含经济周期变量），我们可以部分控制政策和制度的变化，这些变量是相对于就业变化的内生变量。这是因为这些变化与经济周期的变化可能相关。第三，通过估计政策的差异，其中包括当代劳动市场政策和制度，我们确定估计所得的影响不会产生由于这些变量与就业分布之间的相关性导致的偏误。第四，通过比较劳动政策对受雇劳动者就业率和自雇用就业率的影响，可以评估我们是否准确评估了政策的影响，或者是否确定了一些不可观测的与特定子类别劳动者就业相关的变量的影响。

7.6 实证结果

7.6.1 就业保障制度对就业分布的影响

我们的研究结果表明就业保障制度对不同的子组的影响不同。在表 7.5 中，我们呈现了在假设误差正态分布的前提下估计（1）式的实证结果。表中是由 Probit 模型所得的估计系数，所选择的子组的边际效应结果见表 7.6。使用 White（1980）检验方法发现 t 统计量对于异方差的存在是稳健的。个人特征变量系数大多为预期的结果：与适龄（26～50 岁）男性相比，女性和年长的劳动者被雇用的可能性更小。另外，每位父亲抚养孩子数量的增加提高了他们被雇用的概率，而每位母亲抚养孩子数量的增加则会降低她们被雇用的概率。年轻劳动者以及低专业技术水平变量的系数改变了符号。

在第（1）列中，我们报告了就业保障制度测度与年龄（年轻或者年长）、性别（女性），以及专业技术水平交乘的结果。负（正）相关关系表明更严格的就业保障制度与不同子组就业率的下降（上升）相关。我们发现年龄的影响很大。青年与就业保障指数的交乘项的估计系数为负，并且在统计上十分显著，而年长与就业保障指数的交乘项的系数为正，且在统计上不显著。我们的研究结果表明，高就业保障指数往往使就业分布偏向更年轻的劳动者。我们还发现了不同专业技术水平劳动者显著的影响差异。非专业技术子组与就业保障指数的交乘项系数显著为负，表明与专业技术劳动者相比，就业保障制度降低了非专业技术劳动者的就业率。最后，女性与就业保障指数的交乘项的系数表明，与男性相比，就业保障制度对女性就业率有负向影响。

表 7.5 就业保障制度以及最低工资规定的影响，Probit 模型的估计结果

因变量	(1) 被雇用		(2) 被雇用		(3) 工资就业		(4) 自雇用		(5) 被雇用		(6) 被雇用		(7) 被雇用	
	β	t 检验	β	t 检验	β	t 检验	β	t 检验	β	t 检验	β	t 检验	β	t 检验
青年	−0.895 4	−104.2	0.492 1	2.6	0.918 9	5.0	−0.420 2	−1.4	−1.170 3	−6.1	−0.965 1	−4.9	1.275 7	9.1
年长	−0.670 9	−66.8	−1.650 9	−7.3	−1.696 7	−7.5	0.417 6	1.7	−2.099 6	−9.1	−2.122 6	−9.0	−1.410 1	−8.6
女性	−0.546 1	−66.7	−2.026 0	−12.2	−1.859 5	−11.6	−0.363 2	−1.7	−2.411 3	−14.2	−1.962 2	−11.3	−2.787 3	−22.7
非专业技术	0.000 7	0.1	1.863 5	10.9	1.884 3	11.2	−0.328 1	−1.5	1.486 7	8.6	1.835 6	10.3	2.286 7	18.1
每位父亲抚养的孩子数量	0.157 0	45.0	0.156 9	44.6	0.059 4	25.7	0.027 3	11.3	0.115 2	32.0	0.115 2	31.5	0.156 2	44.6
每位母亲抚养的孩子数量	−0.393 1	−93.9	−0.392 1	−92.7	−0.314 7	−86.9	−0.019 6	−5.4	−0.317 9	−70.1	−0.316 0	−68.5	−0.391 9	−93.1
与就业保障对数交乘														
青年	−0.093 5	−10.8	−0.111 2	−12.7	−0.082 6	−9.7	−0.016 1	−1.2	−0.091 3	−5.6	−0.116 3	−6.7		
年长	0.012 4	1.2	0.019 6	1.8	0.029 2	2.7	0.017 3	1.5	0.025 3	1.2	0.012 3	0.6		
女性	−0.046 8	−6.1	−0.026 6	−3.4	−0.002 1	−0.3	0.026 7	2.7	−0.546	−4.5	−0.087 3	−6.8		
非专业技术	−0.033 4	−4.2	−0.056 3	−7.0	−0.073 3	−9.3	0.034 4	3.4	−0.038 2	−3.3	−0.059 6	−4.8		
青年与女性									0.083 5	4.7	0.103 3	5.4		
年长与女性									−0.003 5	−0.2	0.006 4	0.3		
青年与非专业技术									−0.038 1	−2.2	−0.016 4	−0.9		
年长与非专业技术									0.003 3	0.2	0.014 6	0.6		
与取对数的最低工资交乘														
青年			−0.140 6	−8.2	−0.155 7	−9.3	−0.036 6	−1.3	−0.011 1	−0.6	−0.021 5	−1.2	−0.212 9	−16.0
年长			0.091 3	4.4	0.091 1	4.4	−0.028 6	−1.3	0.130 1	6.2	0.130 1	6.1	0.071 5	4.6
女性			0.145 5	9.6	0.155 1	10.7	−0.029 9	−1.5	0.167 7	10.8	0.130 3	8.2	0.209 7	18.0
非专业技术			−0.181 1	−11.6	−0.181 1	−11.9	0.030 4	1.5	−0.158 7	−10.1	−0.181 0	−11.2	−0.219 6	−18.3
青年与女性									0.024 8	11.0	0.022 3	9.8		
年长与女性									−0.003 5	−1.3	−0.001 9	−0.7		
青年与非专业技术									0.039 3	17.4	0.034 6	15.2		

续表

因变量	(1) 被雇用		(2) 被雇用		(3) 工资就业		(4) 自雇用		(5) 被雇用		(6) 被雇用		(7) 被雇用	
	β	t 检验	β	t 检验	β	t 检验	β	t 检验	β	t 检验	β	t 检验	β	t 检验
年长与非专业技术									0.013 3	4.9	0.014 5	5.3		
与工会集中度交乘														
青年			0.132 0	8.2	0.142 2	9.2	0.080 0	3.0	−0.300 6	−13.1	−0.278 5	−11.9		
年长			0.027 2	1.4	0.024 1	1.2	0.015 2	0.7	−0.096 6	−3.2	−0.085 4	−2.8		
女性			−0.096 8	−6.8	−0.122 2	−8.9	0.080 2	4.2	−0.249 4	−13.5	−0.217 7	−11.6		
非专业技术			0.075 6	5.2	0.048 0	3.4	0.035 8	1.9	−0.084 3	−4.6	−0.059 9	−3.3		
青年与女性							0.295 7	12.3	0.271 2	10.9				
年长与女性							0.153 0	5.2	0.135 9	4.5				
青年与非专业技术									0.348 5	14.1	0.330 6	13.0		
年长与非专业技术									0.026 5	0.9	0.024 9	0.8		
和 GDP 与趋势的偏离率交乘														
青年			−0.085 2	−0.9	0.210 2	2.2	0.020 8	0.1	−0.292 8	−1.7	−0.361 8	−2.1		
年长			−0.387 2	−3.1	−0.216 1	−1.7	−0.004 1	0.0	−0.790 2	−3.4	−0.802 7	−3.4		
女性			−0.491 7	−5.5	−0.310 8	−3.6	0.315 3	2.7	−0.804 7	−6.0	−0.895 8	−6.7		
非专业技术			0.434 5	4.8	0.346 7	3.9	0.077 7	0.7	0.407 9	3.2	0.415 2	3.2		
青年与女性									0.397 3	2.0	0.502 2	2.5		
年长与女性									0.386 3	1.6	0.474 9	1.9		
青年与非专业技术									−0.245 5	−1.3	−0.157 1	−0.8		
年长与非专业技术									0.191 2	0.8	0.176 1	0.7		
时薪的对数											0.152 0	16.9		
样本量	303 945		303 945		303 945		303 945		303 945		295 318		303 945	
调整的 R^2	0.196		0.168		0.11		0.08		0.211		0.210		0.197	

注：除了在表中提到的控制变量外，还包括年度虚拟变量（表中未提及）。标准误表现出对异方差的存在具有稳健性。如果劳动者是被雇用的，则被雇用虚拟变量为 1，否则为 0（失业或者待业）；如果劳动者是一个非独立的雇员，则工资就业虚拟变量为 1，否则为 0（独立、失业或者待业）；如果劳动者自己就是雇主或者是独立雇员，则自雇用虚拟变量为 1，否则为 0（非独立、失业或者待业）。

表 7.6 劳动市场规制的边际效应和总效应

	边际效应		总效应	
	就业保障 (1)	最低工资 (2)	就业保障 (3)	最低工资 (4)
男性，15～25 岁，非专业技术	−0.066	−0.051 6	−0.049	−0.051 6
	[0.000]	[0.000]		
男性，15～25 岁，专业技术	−0.035 1	−0.004	−0.018 1	−0.004
	[0.000]	[0.52]		
男性，26～50 岁，非专业技术	−0.008	−0.036	0.009	−0.036
	[0.001]	[0.000]		
男性，51～65 岁，非专业技术	−0.003 5	−0.005	0.013 5	−0.005
	[0.620]	[0.54]		
男性，51～65 岁，专业技术	0.008	0.045	0.025	0.045
	[0.22]	[0.000]		
非专业技术	−0.034 3	−0.012	−0.017 3	−0.012
	[0.000]	[0.09]		
专业技术	−0.015	0.044	0.002	0.044
	[0.000]	[0.000]		
女性	−0.027 8	0.046 3	−0.010 8	0.046 3
	[0.000]	[0.000]		
男性	−0.015 1	−0.017	0.001 9	−0.017
	[0.000]	[0.000]		
青年	−0.039 4	0.013 4	−0.022 4	0.013 4
	[0.000]	[0.08]		
年长	−0.008	0.059 6	0.009	0.059 6
	[0.14]	[0.000]		

注：方括号中的值是检验边际效应为 0 所得的 P 值。

第（2）列是我们控制最低工资的变化后，工会活动、GDP 与趋势的偏离率，以及这些变量与年龄、性别和技术虚拟变量的交乘项的估计结果。第（2）列呈现的估计结果与第（1）列结果的唯一区别是，年长劳动者的估计系数更大一些，且在 10%的显著性水平下显著，这表明相对于青年劳动者而言，就业保障制度使年长劳动者的就业前景更好。在第（3）列和第（4）列中，我们分别展示了用同一等式估计所得的工资就业与自雇用就业的系数。我们的研究表明，就业受政策变化的影响，而非一些与劳动政策和就业相关的不可观测因素的影响。除女性就业系数外，总就业系数和工资就业系数的方向和大小十分接近。此外，自雇用就业的系数既不显著不为 0，也与工资就业的系数呈相反方向。性别和非专业技术变量的系数表明，相对于男性和专业技术人员而言，更严格的就业保障制度提高了女性与非专业技术人员在自雇用部门的就业率。

第（5）列中进一步呈现了专业技术、性别以及年龄两两交乘的估计结果。在这种更细的分解下，我们可以检验就业保障制度对青年男性和青年女性，或青年专业技术人员和青年非专业技术人员的影响是否相同。这些额外加入的变量不仅提供了就业保障制度对就业分布影响的更为完整的描述，而且帮助我们更好地推断就业保障制度对就业分布的影响是如何实现的。这些附加变量的相关系数在统计上都十分显著，且对它们的联合检验有力地拒绝了“所有系数均为 0”的假设。

第（5）列中包含了一些有趣的与第（1）列和第（2）列估计相关的附加信息。我们发现相对于年轻女性，就业保障制度的增加将会降低年轻男性的就业率；然而，在年长的子组中，情况则完全相反。因此，相对于中年男性和年长的男性，就业保障制度看起来减少了中年和年长女性的就业率。此外，我们的研究还表明，就业保障制度的增加会同时减少青年专业技术人员与青年非专业技术人员的就业率，但是对青年非专业技术人员的影响更大。

最后，第（6）列呈现了使用与第（5）列相同的等式时的预测结果，但额外控制了时间 t 时每一子组的平均工资。控制每一组的工资水平可以让我们估计一些观测到的影响是否由不同子组的工资水平不同造成。但是应谨慎看待估计所得的结果，因为一些工资的变动可能与就业率相关。整体而言，我们发现保持工资水平不变并不影响我们的主要结果。唯一不同的是年轻非专业技术人员与就业保障的交乘项的系数的大小和显著性。在保证工资不变的前提下，非专业技术人员的系数减小，显著性降低（与专业技术人员的系数相比）。但其他的大部分系数都比第（5）列中的系数要大（绝对值）。这意味着，更严格的规章制度一定程度上降低了劳动者的工资。

表 7.6 中的边际效应与表 7.5 中的第（5）列相对应。它们是基于性别、年龄和专业技术水平的不同组合进行估计所得的结果。

这一结果表明就业保障制度对青年非专业技术人员的负向影响最大，然而，对青年专业技术人员的影响同样不容乐观，当就业保障指数提高 100%时，青年非专业技术人员的就业率降低 0.066 个点（即 6.6%），与中年专业技术人员相比，青年专业技术人员的就业率则降低 0.035 1 个点。表 7.6 的结果表明，除了年长工人以外，中年男性专业技术人员可以从就业保障制度中获益。另外，边际效应还说明就业保障制度对女性的负面影响更大。

鉴于第 7.3 节所述的各种不同的理论，我们应该如何解释我们的研究结果呢？尽管我们不能完全区分不同理论之间的差别，但是我们至少可以拒绝一些假设。事实上，当包含工资这一变量时，我们的大部分结果并未改变，这说明就业保障制度的不同影响并不能简单地通过劳动供给弹性的差异进行解释说明。结果中唯一例外的是对青年非专业技术人员的影响较大，这一结果似乎是由青年非专业技术人员较高的供给弹性决定的。[①] 我们的结果还表明，这些差异影响不能通过局内人-局外人理论来解释，因为这一理论也是通过工资来解释影响的。我们的结果表明就业的差异影响是由劳动需求所致，即就业保障制度的变化带来了雇用率和解雇率的变化，这将选择性地影响不同类型的工人。

进入障碍效应可以解释就业保障制度对年轻劳动者就业率的负面影响，但不能解释为什么就业保障制度对青年男性和青年女性就业率的影响不同。一种可能的解释是考虑不同群体之间的流动率不同。正如第 7.3 节所述，外生的高流动率会带来两种结果：一方面，倾向于“换工作”的劳动者的平均工作周期更短，因此在经济不景气时期更可能被解雇；另一方面，高流动率降低了预期遣散费，因此增加了企业雇用这些工人的动机。女性的高流动率可以解释为什么就业保障制度对青年女性的影响小于对青年男性的影响，同时也可以解释为什么与同龄男性相比，中年女性和年长女性从就业保障制度中获得的利益更少。

不同的流动率也可以在一定程度上解释专业技术人员与非专业技术人员的研究结果。相对于专业技术人员而言，非专业技术人员的高流动率意味着中年和年长非专业技术人员较短的工作周期和更高的解雇率。这与我们所得到的结果，即相对于专业技术人员而言，就业保障制度会对中老年非专业技术人员产生负向影响是一致的。当然，与女性的流动率相比，非专业技术人员较高流动率更不可能是由雇主决定的外生变量。因此，关于这一影响的完整讨论首先需要一个能够解释为什么不同群体的流动率不同的模型。这个模型似乎不能解释为什么流动率对青年非专业技术人员就业的影响比青年专业技术人员的负向影响要大，正如我们所见，这可能是由于后者（专业技术人员）的劳动供给缺乏弹性。

7.6.2 最低工资对就业分布的影响

表 7.5 呈现了不同时期内个人特征变量与最低工资交乘项的结果。提高法定工资对不同年龄和不同专业技术人员的就业分布的影响与严格的就业保障制度的影响相似。考虑到当时的就业政策和经济环境，我们包含了工会活动、就业保障指数、GDP 与趋势的偏离率变量，并将它们与第（2）列至第（6）列的人口特征变量进行交乘。与其他对于发达国家的研究结果一致，第（7）列

① Cowan et al.（2003）发现，在智利，学校教育和劳动市场之间看似较高的转换率导致青年非专业低技术劳动者的劳动供给弹性很大。

的结果表明，与年长劳动者相比，最低工资增长会减少青年劳动者的就业机会。此外，我们还发现最低工资对非专业技术人员有负面影响，但是相对于男性而言，最低工资的提高可能会增加女性的就业机会。

在控制了当时政策与经济周期对不同群体的影响后，第（7）列的结果并未改变。[①] 将受雇劳动者的就业与自雇用就业的结果进行比较后［第（3）列与第（4）列］将发现结果同样是令人满意的。就与就业保障制度相关的系数而言，我们发现受雇劳动者就业的系数与总就业系数类似，而自雇用就业的系数并不显著。总之，这些结果表明我们所观测到的这些影响实际上是与政策的变化相关的，而不是与一些不可观测的变量相关。

第（5）列呈现了在年龄-专业技术水平、年龄-性别分类中的不同影响，并控制了当时的政策和经济环境。在第（7）列，我们发现最低工资对非专业技术人员的就业有负面影响。最低工资对青年非专业技术人员的就业有负面影响，但是对青年专业技术人员的影响不显著。然而，较高的最低工资规定将会使就业向年长群体倾斜。最后，我们发现女性，尤其是年轻女性，往往可以从最低工资规定中获益。

前面的研究都假设最低工资的提高与企业实际的工资水平是无关的，然而，最低工资规定与企业实际的工资水平之间可能存在正相关关系。为了解释这种可能性，我们将按照第 7.6 节的计算方法所得的平均工资考虑在内。[②] 第（6）列的结果说明在控制了子组 $j=1$，…，12 的平均工资后，第（3）列至第（5）列的结果并没有发生改变。

表 7.6 的第（2）列总结了边际效应，呈现了不同子组影响的大小。最低工资提高 10%，青年非专业技术人员的就业率降低 0.5%。而最低工资规定对青年专业技术人员的影响不显著，但是对中年非专业技术人员的就业有负向影响。就那些针对最低工资影响集中于青年劳动者的文献研究而言，这是一个有趣的结论。

尽管我们的大部分研究结果都与竞争模型一致，但有些研究结果难以用该模型进行解释。例如，该模型无法解释为什么最低工资规定使就业向女性倾斜。一种可能的解释是，虽然男性能够获得与完全竞争状态接近的工资，但是女性的工资低于其边际产出。这与男性与女性系统性上的工资差距是一致的，与最低工资的不对称性影响也是一致的。如果女性劳动市场的不完全竞争可以解释工资差距，那么，当雇用女性时，雇主面对的劳动供给是受限的。因此，最低工资的提高会减少对男性劳动力的需求，增加女性劳动力的

① 同样见第（3）列。

② 包括这些变量等同于涵盖了一组非覆盖的调整后变量和特定群体的 KAITZ 比率。然而我们没有对以下情况进行约束，即最低工资的系数与不同群组的平均工资的系数一致。

供给。

7.6.3 总效应

在我们之前的研究结果中，所有的估计系数衡量的是劳动市场规制对特定群体（相对于被忽略的类别）的影响，但是并没有提供当政策改变后，不同子组就业率的绝对值上升或下降的信息。在本节，通过估计劳动市场政策对中年男性专业技术人员的总就业率的影响（见表 7.5）来评估劳动市场政策对就业率的总体影响。为此，我们估计了以下误差修正方程：

$$\Delta N_t = c-\lambda(N_{t-1}-N^*)+B_1(y_t-y_t^*)+B_2\Delta\log(W_t)+B_{3\Delta}\Delta N_{\tau-L}+\varepsilon_t \tag{2}$$

其中

$$N_\tau^* = \gamma_0+\gamma_1\log(\mathrm{JS}_t)+\gamma_2\log(\mathrm{MW}_t)+\gamma_3\log(\mathrm{Union}_t) \tag{3}$$

在上面所示的两个等式中，N_t 表示时间 t 时中年男性专业技术人员的就业率，N_τ^* 表示长期的就业均衡，$y_t-y_t{}^*$ 表示 GDP 与趋势的偏离率（取对数），W_t 表示中年男性专业技术人员的平均工资，JS_t 表示就业保障制度，MW_t 表示最低工资，Union_t 表示工资议价指数，L 表示最大的滞后期。在（2）式中，就业变化是早期与长期均衡就业的偏离、GDP 与趋势的偏离率、工资变动以及短期动态变动的函数。（3）式则假设，在长期内，就业率是劳动市场政策以及工资议价结构的函数。

利用总体时间序列来估算政策对相关子组的影响允许我们建立短期和长期就业的动态模型。估计（2）式和（3）式的第一个步骤是检验变量是否平稳。表 7.7 中的第一组结果是利用扩展的 ADF 对单位根进行检验得到的结果。该检验由滞后三期确定。在这个检验中时间序列数据存在时间趋势，所以我们的研究中包含了一个常数项和时间趋势；在其他情况下，只包含常数项，尽管我们能够拒绝 GDP 与趋势的偏离率和时薪变化的单位根假设，但我们不能拒绝就业率滞后项、最低工资的对数、就业保障指数的对数和工会集中度的对数的非平稳性。然而，对这四个变量的一阶差分进行 ADF 检验的结果表明，不能拒绝这些变量一阶单整［$I(1)$］的原假设。

表 7.7 单位根和协整检验

变量名称	表示方法	说明	ADF 检验统计量	5%临界值
GDP 与趋势的偏离率	$y-y^*$	常数	−4.841 2	−2.947 2
工资增长	$\Delta(\log W)$	常数	−3.851 4	−2.970 5
最低工资的对数	L(Minwage)	趋势	−1.470 9	−3.542 6
就业保障指数的对数	L(JS)	常数	−2.43	−2.947 2
工会集中度的对数	L(Union)	趋势	−2.756 8	−3.542 6

续表

变量名称	表示方法	说明	ADF 检验统计量	5%临界值
滞后就业率	N_{t-1}	常数	−1.673 6	−2.947 2
一阶滞后就业率	ΔN_{t-1}	常数	−3.043 3	−2.949 9
最低工资的对数的变化	ΔL(Minwage)	常数	−2.559 1	−2.949 9
就业保障指数的对数的变化	ΔL(Index)	常数	−2.655	−2.949 9
工会集中度的对数的变化	ΔL(Union)	常数	−2.344 3	−2.949 9
似然比	5%临界值	假设的协整方程的数量		
约翰森协整检验，序列：N_{t-1} L(Minwage) L(JS) L(Union)				
108.64	53.12	无***		
60.35	34.91	最多 1 个***		
24.64	19.96	最多 2 个**		
5.26	9.24	最多 3 个		

注：*** 表示在 1%的显著性水平下拒绝原假设。

** 表示在 5%的显著性水平下拒绝原假设。

考虑到就业率的非平稳性，与长期均衡率相比，只有当滞后的就业偏差平稳时，(2) 式才能被很好地定义。也就是说，N_t^* 必须与 N_{t-1}存在协整关系。表 7.7 的第二部分呈现了对 N_t^* 与 N_{t-1}进行约翰森协整检验的结果。似然比检验结果表明存在三个协整方程，说明我们建立的误差修正模型是可行的。

表 7.8 呈现了将 (3) 式代入 (2) 式后误差修正模型的估计结果。我们利用 AIC 来确定内生变量的滞后阶数，最终确定 $L=1$。我们在分别加入工资变量和不加入工资变量的条件下估计误差修正模型，以此确定引入工资后是否会改变我们的结果。我们发现两种情况下的结果十分接近。我们发现就业保障制度提高了中年男性专业技术人员就业的长期均衡率。正如第 7.3 节所述，相对于就业任期更短的工人的解雇成本而言，就业保障制度提高了解雇就业任期较长的工人的成本，从而降低了就业任期长的工人的解雇率。由于中年专业技术人员往往比青年非专业技术人员的就业任期更长，因此相对于其他子组而言，就业保障制度降低了中年专业技术人员的解雇率。误差修正模型中的正的符号表明就业保障制度对解雇率的影响比就业保障制度对就业创造的负面影响的补偿更大。相反，我们并不拒绝以下假设：不论是否控制工资的演变，最低工资标准的提高都不会影响中年男性专业技术人员的就业率。

表 7.8　对中年男性就业水平的影响

因变量	(1)	(2)
N_{t-1}	−0.63	−0.66
	(−3.05)	(−3.24)
GDP_t 的偏离	0.08	0.10
	(1.21)	(1.48)
ΔlogWt	—	0.018
		(0.84)
Log(JS)	0.011	0.015
	(1.80)	(2.23)
Log(Minwage)	−0.01	−0.014
	(−0.93)	(−1.13)
Log(Union)	0.03	0.029
	(1.54)	(1.45)
常数项	0.61	0.651
	(3.55)	(3.92)
ΔN_{t-1}	0.277	0.239
	(1.48)	(1.30)
观测样本量	37	35
调整后的 R^2	0.16	0.23
JS 的长期影响	0.017	0.023
最低工资标准的长期影响	0	0

注：括号内的值为 t 统计量。

就业保障制度与最低工资规定对就业率的影响可以用来推断这些规制对其他子组就业概率的总效应。因此，应该使用滞后就业变量的系数除以表 7.8 中的就业保障指数与最低工资的系数，从而得到（3）式中的系数。它反映了规制对中年男性专业技术人员就业长期影响的大小。表 7.6 中第（3）列和第（4）列呈现了总效应的估计结果，通过将表 7.6 中的第（1）列和第（2）列的边际效应与表 7.8 中由（1）式计算得到的长期弹性相加所得。①

第（3）列和第（4）列中的总效应表明就业保障制度不仅使就业分布倾向于年长、专业技术人员，而且会提高他们的就业率。严格的就业保障制度降低了青年的就业率。此外，就业保障制度增加了男性的就业机会，同时减少了女性的就业机会，并且影响程度都较大。基于本研究的结果可知，1990 年的劳动市场改革使就业保障指数提高了 1/3，使青年男性非专业技术人员的就业率降低了 1.6%。

我们还发现了最低工资增长的非中性效应。我们的估计结果表明，最低工

① 就业保障制度对中年专业技术人员就业率的长期影响为 0.011/0.63，约等于 0.017。

资提高 10%，青年男性非专业技术人员的就业率下降 0.51 个百分点。最后，我们发现最低工资提高 10%，女性就业率提高 0.46 个百分点。

7.7 结论

规制对不同子组的就业的影响并不是中性的。自相矛盾的是，就业保障制度和最低工资标准会损害一些劳动者的利益，但其目的应该是为这些劳动者提供帮助。我们的研究结果表明，最低工资规定和就业保障制度会提高年长和专业技术人员的就业率，减少青年和非专业技术人员，尤其是青年非专业技术人员的就业机会。此外，我们还发现，就业保障制度可能会迫使一些劳动者，尤其是女性和非专业技术人员离开被其他人雇用的工作而成为自雇用劳动者。本章只探讨法规政策对就业的影响。关于哪些群体将从规制中获益，哪些群体会因为规制损失利益等这些问题的研究和表述，还需要进一步研究规制对工资与福利分配的影响。

提高最低工资和就业保障制度是否会对总就业率产生影响还在讨论中。然而，即使研究人员认为就业保障制度和最低工资对总就业率没有影响，在评估最低工资和就业保障制度的可取性时，仍需要慎重地考虑它们对不同群体的不同影响。最理想的状况是，这些政策在损害一些贫穷工人利益的基础上，提高了另外一些弱势群体的就业。最糟糕的情况是，这些政策使得强者越强而弱者越弱。

参考文献

Banco Central de Chile. 2001. *Indicadores económicos y sociales de Chile: 1960–2000.* [*Chile: Economic and social indicators, 1960–2000*]. Santiago, Chile: Banco Central de Chile.

Bazen, S., and N. Skourias. 1997. Is there a negative effect of minimum wages on youth unemployment in France? *European Economic Review* 41 (3–5): 723–32.

Bentolila, S., and G. Bertola. 1990. Firing costs and labour demand: How bad is eurosclerosis? *Review of Economic Studies* 57:381–402.

Bentolila, S., and G. Saint-Paul. 1994. A model of labor demand with linear adjustment costs. *Labour Economics* (1):303–26.

Bertola, G. 1990. Job security, employment and wages. *European Economic Review* 34:851–86.

———. 1991. Labor turnover costs and average labor demand. NBER Working Paper no. 3866. Cambridge, Mass.: National Bureau of Economic Research, October.

Bertola, G., F. Blau, and L. Kahn. 2002. Labor market institutions and demographic employment patterns. NBER Working Paper no. 9043. Cambridge, Mass.: National Bureau of Economic Research, July.

Bosworth, B., R. Dornbusch, and R. Laban, eds. 1994. *The Chilean economy, policy lessons and challenges.* Washington, D.C.: Brookings Institution.

Bravo, D., and J. Vial. 1997. La fijación del salario mínimo en Chile: Elementos para una discusión. [The minimum wage setting in Chile: Topics for a discussion]. *Colección de Estudios CIEPLAN* 43:117–51.

Card, D., L. F. Katz, and A. B. Krueger. 1994. Employment effects of minimum wages: Panel data on state minimum wages laws; Comment. *Industrial and Labor Relations Review* 47 (3): 487–97.

Card, D., and A. B. Krueger. 2000. Minimum wages and employment: A case study of the fast food industry in New Jersey and Pennsylvania; Reply. *American Economic Review* 90:1397–420.

Castañeda, T. 1983. Salarios mínimos y empleo en el Gran Santiago: 1978 y 1981. [Minimum wages and employment in Great Santiago: 1978 and 1981]. *Cuadernos de Economía* 20 (61): 279–93.

Cortazar, R., and J. Vial. 1998. *Construyendo opciones: Propuestas economicas y sociales para el cambio de siglo.* [*Building options: Economic and social proposals for the new century*]. Santiago, Chile: CIEPLAN and DOMEN.

Cowan, K., A. Micco, A. Mizala, C. Pagés, and P. Romaguera. 2003. Un diagnóstico del desempleo en Chile. [An analysis of the Chilean unemployment]. Inter-American Development Bank and la Universidad de Chile, Departamento Ingeniería Aplicada. Mimeograph.

Davis, S., and J. Haltiwanger. 1992. Gross job creation, gross job destruction, and employment reallocation. *Quarterly Journal of Economics* 107 (3): 819–63.

de la Cuadra, S., and D. Hachette. 1992. The Chilean trade liberalization experience. Editorial de Econômia y Administracion. Santiago, Chile: Universidad de Chile.

Dowrick, S., and J. Quiggin. 2003. A survey of the literature on minimum wages. Australian National University and the University of Queensland. Mimeograph.

Edwards, S., and A. Cox-Edwards. 1991. *Monetarism and liberalization: The Chilean experiment,* 2nd ed. Chicago: University of Chicago Press.

———. 2000. Economic reforms and labour markets: Policy issues and lessons from Chile. *Economic Policy* 15 (30): 181–230.

Hamermesh, D. S. 1993. *Labor demand.* Princeton, N.J.: Princeton University Press.

Heckman, J., and C. Pagés. 2000. The cost of job security regulation: Evidence from Latin American labor markets. *Economía* 1 (1): 147–51.

Hopenhayn, H., and R. Rogerson. 1993. Job turnover and policy evaluation: A general equilibrium analysis. *Journal of Political Economy* 101 (5): 915–38.

Hudson, R. 1994. *Chile: A country study.* Washington, D.C.: Library of Congress.

Katz, L., and A. B. Krueger. 1992. The effect of the minimum wage on the fast-food industry. *Industrial and Labor Relations Review* 46 (1): 6–21.

Kosters, M. H., ed. 1996. *Effects of the minimum wage on employment.* Washington, D.C.: AEI Press.

Lang, K., and S. Kahn. 1998. The effect of minimum-wage laws on the distribution of employment: Theory and evidence. *Journal of Public Economics* 69:67–82.

Lazear, E. 1990. Job security provisions and employment. *Quarterly Journal of Economics* 105 (3): 699–726.

Lindbeck, A., and D. J. Snower. 1988. *The insider-outsider theory of employment and unemployment.* Cambridge: MIT Press.

Montenegro, C. E. 1998. The structure of wages in Chile, 1960–1996: An application of quantile regression. *Estudios de Economía* 25 (1): 71–98.

———. 2002. Unemployment, job security, and minimum wages in Chile: 1960–2001. World Bank. Mimeograph.

Newmark, D., M. Schweitzer, and W. Wascher. 2000. The effects of minimum wages throughout the wage distribution. NBER Working Paper no. 7519. Cambridge, Mass.: National Bureau of Economic Research, February.

Organization for Economic Cooperation and Development. 1999. Employment protection and labour market performance. *Economic Outlook* 65 (1): 49–132. Paris: OECD.

Pagés, C., and C. E. Montenegro. 1999. Job security and the age composition of employment: Evidence from Chile. IADB Research Department Working Paper no. 398. Washington, D.C.: Inter-American Development Bank.

Paredes, R., and L. Riveros. 1989. Sesgo de selección y el efecto de los salarios mínimos. [Selection bias and the effect of minimum wages]. *Cuadernos de Economía* 26 (79): 367–83.

Partridge, M., and J. Partridge. 1998. Are teen unemployment rates influenced by state minimum wage laws? *Growth and Change* 29 (4): 359–82.

Risager, O., and J. R. Sorensen. 1997. On the effects of firing costs when investment is endogenous: An extension of a model by Bertola. *European Economic Review* 41 (7): 1343–53.

Romaguera, P., C. Echevarría, and P. González. 1995. Chile. In *Reforming the labor market in a liberalized economy,* ed. G. Márquez, 79–135. Washington, D.C.: Inter-American Development Bank; Baltimore, Md.: Johns Hopkins University Press.

Soto, R. 1995. Trade liberalization in Chile: Lessons for hemispheric integration. In *NAFTA and trade liberalization in the Americas,* ed. E. L. Echeverri-Carroll, 231–60. Austin, Tex.: University of Texas, Graduate School of Business, Bureau of Business Research.

White, H. 1980. A heteroskedasticity-consistent covariance matrix estimator and a direct test for heteroskedasticity. *Econometrica* 48:817–38.

Williams, N., and J. Mills. 2001. The minimum wage and teenage employment: Evidence from time series. *Applied Economics* 33 (3): 285–300.

Wisecarver, D. ed. 1992. *El modelo económico Chileno.* [*The Chilean economic model*]. Santiago, Chile: Centro Internacional para el Desarrollo Económico (CINDE), Instituto de Economía de la Pontificia Universidad Católica de Chile.

8 乌拉圭工会及就业

阿德里安娜·卡索尼，史蒂文·G. 艾伦和卡斯顿·J. 拉巴迪*

8.1 引言

有关工会影响就业调整的研究引发了强烈的反响。众多经济学家和政策分析员的观点是工会有效保护了劳动市场，使劳动市场能够有效运行。无论失业率多高，在议价过程中，态度强硬的工会能够阻止工资水平的下降。它们会抵制管理层试图精简生产流程和引进新技术的企图。工会通过传统的职位描述和职业裁判来支持以团体为基础的生产模式。同时，它们支持提前告知和支付遣散费的规定，这使得减少就业的成本很高。

工会支持者认为事实正好相反，集体谈判使得工资的调整比一对一的工资谈判带来的工资调整更快。工会已经观察到了技术以及企业管理上发生的变化，与此同时，它们还认为在新型生产设备没有安装之前，管理者并不会认为新型技术能够实施。联合委员会提供了一个框架，通过从雇员那里获得如何重新设计工作职位和工作流程的全部信息，使改革更有成效。就业保障制度使得企业很难缩小规模，但与此同时，工会的其他协议则通过鼓励长期劳动关系和投资企业所需的特殊技能，使得劳动市场变得更加高效。

在拉丁美洲地区，主流观点认为前者的观点更加贴合实际。世界银行拉丁美洲和加勒比海岸地区前首席经济学家 Sebastian Edwards（1995）认为，虽然绝大部分的市场已经实现了自由化，但是劳动市场是"被遗忘的部门"。福利

---

* 阿德里安娜·卡索尼（Adriana Cassoni）是乌拉圭大学的经济学教授。史蒂文·G. 艾伦（Steven G. Allen）是北卡罗来纳州立大学的经济学和商业管理教授，也是美国国家经济研究局的助理研究员。卡斯顿·J. 拉巴迪（Gaston J. Labadie）是乌拉圭大学行政和社会科学学院院长。

的损失主要源于以下几个方面：(1) 高于市场清算水平的工资；(2) 由罢工导致的产出以及工资的损失；(3) 各类寻租活动，例如贸易保护主义的支持以及企业的国有化。Edwards (1995) 认为："在拉丁美洲地区，治理劳资关系的改革法案是近期结构性改革中非常重要且未完成的部分。通常，一个现代和灵活法案的特点是能够迅速和公平地解决冲突。这就需要有明确的市场规则、现代管理制度、高校的司法体系以及发生冲突时提高双方成本的系统。然而，在绝大多数国家，当下的情况与此相差甚远。事实上，工会和雇主的成本是非对称的，这不利于双方协议的达成。"

考虑到以上这些观点，人们会认为有大量的关于工会如何通过影响就业而影响工资和产出的研究。仔细想想，对这个问题的研究在全球范围内并没有得到广泛关注，在拉丁美洲地区几乎无人问津。在乌拉圭，Rama (1993a, b, 1994) 开展了一些理论研究，后来，Allen, Cassoni, and Labadie (1994, 1996) 以及 Cassoni, Labadie, and Allen (1995) 开展了一些实证研究。尽管有大量的研究比较了特定时间特定国家有工会和无工会的影响，但是这些研究基本都将重点放在工资收入和工资差距上 (Blanchflower, 1984; Freeman and Medoff, 1984; Hirsch and Addison, 1986; Lewis, 1986, 1990)，在某种程度上忽视了就业差距。[①] 就劳动和资本以及不同劳动类型之间的替代弹性而言，这些方面的研究变得越发稀缺。在美国，有关工会的研究比有关无工会的研究少得多 (Allen, 1986; Freeman and Medoff, 1982)。另外，Boal and Pencavel (1994) 发现企业的潜在生产函数不尽相同，而生产函数的差异取决于部门是否工会化。在英国，Blanchflower, Millward, and Oswald (1991) 分析了在就业增长过程中工会带来的影响，研究发现了显著的差异，尽管其研究结果由于不够稳健而遭到了质疑 (Machin and Wadhwani, 1991)。

之后出现了一系列其他方面的研究，这些研究致力于分析工会与调整就业水平的成本的相关性 (例如：Burgess, 1988, 1989; Burgess and Dolado, 1989; Hamermesh, 1993; Lockwood and Manning, 1989)。最后，研究人员发现相对于美国非工会会员的员工而言，是工会会员的员工的辞职率更低 (Freeman, 1980)，私人部门的解雇率更高 (Medoff, 1979)，公共部门的解雇率更低 (Allen, 1988)。

尽管所有现有文献都阐述了工会对工资或者就业的影响，但它们都没有对最基本的问题进行阐述。对于具有或不具有工会地位的同一企业或者个体而言，当企业成立工会或者没有成立工会时，工资和产出变化带来的就业调整是否会发生变化？在这两种情况下，完成就业调整分别需要多长时间？

本章运用乌拉圭制造业 1975—1997 年的数据直接解释以上这些问题。乌

① 扩展研究参见 Pencavel (1991) 以及 Booth (1995)。

拉圭非常适用于此类研究，因为乌拉圭经济经历过一系列管理体制的变化。军政府于 1973 年取得政权，并且执政至 1984 年。在此期间及在此之后的时间内，劳动政策和贸易政策经历了较大程度的改革，这也使得我们得以研究这些政策对劳动需求的影响。

集体议价行为在此军事政权期间是被明令禁止的，但在 1985 年，随着民主制的回归，工会再次获得了集体议价的权利。作为反通货膨胀政策的一部分，政府在协商的过程中扮演了一个重要的角色。从那时开始，构成公共秩序的个人权利，以及在任何环境下都不能重修的就业的法律规定，可以由集体协议替代。集体协议可以超越这些限制，提高（或不降低）劳动者在最低工资、工作环境、工作保障以及福利方面能够获得的利益。三方谈判是通过“工资理事会”在行业层面进行的，此项谈判能够使工资在行业内进行差异化的调整。如果一项协议可以满足政府的反通货膨胀目标，那么一旦这项协议正式签署生效，它将被运用到此行业的所有企业内部，甚至包括那些没有工会的企业。

自 1991 年起，政府开始不再参与到此系统中。一些议价虽然依旧由行业的工资理事会主导，但逐渐地开始在企业层面开展。因此，我们可以针对三种不同的议价体制进行研究：（1）1985 年以前，禁止集体议价时期；（2）1985—1991 年，三方议价时期；（3）1992 年至今，政府不再参与议价过程时期。

尽管本次研究最主要的目的是探究这些体制变化带来的影响，但是这些变化在贸易政策中担任的角色也不能被忽视。在 20 世纪 70 年代中期，乌拉圭已经取消了大部分传统的出口税，并且初步实施了一些可以减少进口贸易壁垒的政策，这些政策在 1982 年全球经济衰退期间终止。在经历了 1985 年的短暂增长之后，关税从 1986 年起开始出现逐步下跌趋势。1993 年末，最高的关税税率达到了 20%。与此同时，非关税贸易壁垒有所减少，废除了一些部门的特权，出口贸易补贴也有所减少。在这些单方面政策变化的同时，1991 年南方共同市场成立。到了 1995 年，已经有大量的乌拉圭产品可以在南方共同市场的成员国（阿根廷、巴西以及巴拉圭）中进行自由交易，并且无须缴纳关税。这种政策带来的结果是，出口和进口总量得到了巨大的提升，而且正如即将阐述的，它还对工会的表现产生了巨大的影响。

此项研究参照的是两种类型的数据，重点在于估计不同议价体制之下的劳动需求。运用标准化来估计就业相对于工资和产出的弹性，并且在各个政策体制内进行比较。这一模型还用于估计工资调整的动态过程。我们对动态劳动需求模型进行估计，让滞后期随着开放程度的变化而变化，同时也随着集体议价活动所覆盖到的劳动者比率的变化而变化。相应地，为了进一步理解工会为影响调整过程采取的微观手段，我们在此检测了失业人员中被裁员的概率以及人员流动率。

本研究开篇介绍乌拉圭的经济背景、劳动市场背景和集体议价活动的背景

（第 8.2 节），接着简要地概述了工会和劳动需求的相关理论（第 8.3 节），以及数据的描述（第 8.4 节）。劳动需求的结果（第 8.5 节）表明：在能够重新开展集体议价活动的同时，劳动需求函数出现了结构上的变化。到 1984 年为止，工资相对于就业而言具有弱外生性，但是自此之后，这种弱外生性结论被拒绝了。1984 年之后，就业对工资和产出的弹性降低了 50%以上。正如就业滞后系数预测的一样，市场调整所需要的时间长度并没有发生变化。议价模型的结果表明工会工资需求对经济的开放程度是高度敏感的。进一步分析这些模型在动态变化方面、人员流动方面和失业方面的结果（第 8.6 节）。最后的结论部分总体概括并且评价了这些研究成果。

8.2　乌拉圭的背景

8.2.1　宏观经济和劳动市场状况

从传统意义上来看，乌拉圭的经济已经遭到一系列全球性和地区性的冲击，特别是来自阿根廷的冲击（Favaro and Sapelli，1986），这些冲击在最近的 25 年间一直持续影响着乌拉圭。在 1975 年，乌拉圭的经济仍然处于 1973 年石油危机以及全球经济大萧条后的恢复阶段。随着 1974 年欧盟决定停止进口牛肉后，乌拉圭的经济状况进一步恶化。在 1976—1978 年间，乌拉圭的失业率在 10%以上（见图 8.1）。

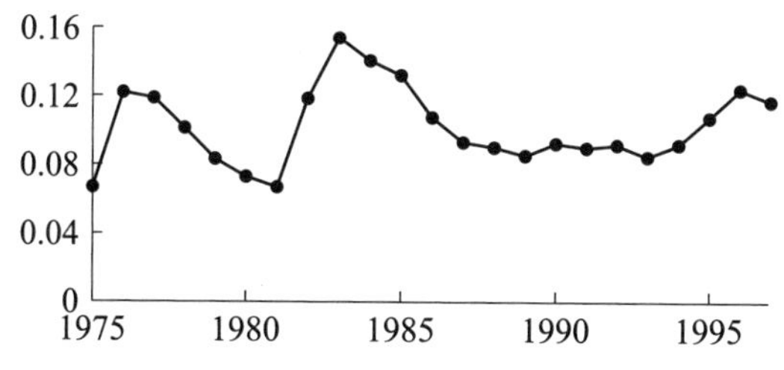

图 8.1　失业率

在采取了一系列方法来自由化金融市场和促进出口之后，乌拉圭经济状况在 20 世纪 70 年代末期开始复苏。当政府采取了按月贬值的预算计划之后，增长速度加快并且贬值率逐渐降低。然而，全球经济状况无法使这项计划得到理想的预期效果；直到 20 世纪 80 年代早期，最终结果是货币被严重高估，然后在 1982 年的全球经济衰退中不得不贬值。失业率在 1980—1981 年间下跌至 7%，但是在 1983 年又上升到了 15%，接着从 1986 年起开始保持在 10%以上。国内生产总值在这三年内下降了 15.9%。

1988 年，乌拉圭已经从此次大萧条中彻底恢复过来。由于巴西当时正在贯彻落实一项稳定计划（克鲁扎多计划），其国内需求上升，乌拉圭的经济也因此得到支持，1986 年经济增长了 8.9%，1987 年增长了 7.9%。1987 年，出口增加，公共部门赤字下降到了国内生产总值的 4.2%的水平。然而在 1989 年，有利的地区环境发生了改变，公共部门财政赤字上升到了 7%，同时新任政府（1990 年上台）开始贯彻落实一项稳定计划。这些政策的实施带来了通货膨胀率持久而且稳定的下降，从 1991 年的 129%一直下降到了 1997 年的 15%。

在 20 世纪 90 年代，与地区性冲击一样，国内实施的稳定计划以及经济开放程度的提升对于宏观状况和行业的市场表现都有巨大影响（正如图 8.2 所示，开放程度被定义为出口总额加进口总额相对于国内生产总值的比率）。阿根廷的“危机计划”于 1991 年 4 月开始实行，此计划提升了其相对于乌拉圭的相对竞争性，因为阿根廷对乌拉圭的出口额在 1991 年提升了 130%，在 1992 年提升了 74.3%。在阿根廷的贸易扩展中，没有旅游业，实际汇率的恶化意味着服务业的增长远远超过了商品产出的增长，就后者而言，其实际的影响取决于外部竞争。

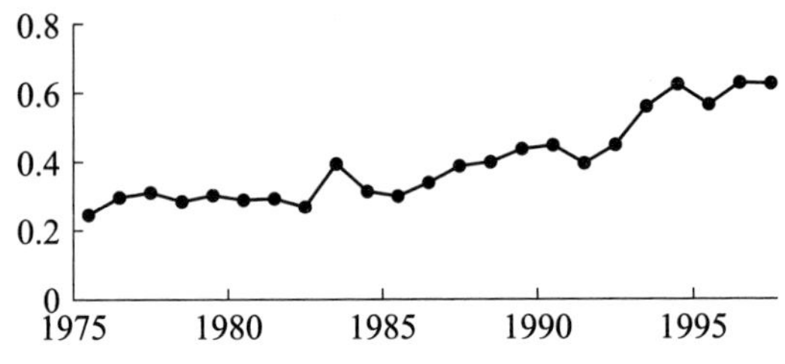

图 8.2　开放程度

除了国内实行稳定计划，在 1990—1992 年间采取的一系列贸易政策稳固了经济的开放性，这些开放政策是自 20 世纪 70 年代中期军政府当权时开始的，但它在 80 年代早期便不复存在。在 1982 年，最高的关税税率达到了 55%，并且在 1985 年的一次短暂提升后，1986 年开始逐渐下跌，这一下跌以 1989 年的最高关税税率 40%终结。这些变化在 1991—1993 年开始加速。1993 年，最高的关税达到了 20%。随着关税降低，许多非关税贸易壁垒以及行业特权（例如那些给汽车行业的特权）已被取消，与此同时，出口补贴也减少了（de Brun and Labadie，1997）。

这些单方面贸易政策上的变化伴随着一些地区关税水平的下跌，促使南方共同市场成立。1995 年，大批量的乌拉圭产品可以在同盟国阿根廷、巴西、巴拉圭以及乌拉圭内部自由流通，而且没有关税限制。共同对外关税的例外受到于 1994 年 12 月建立的法案限制。在 1994 年之后，经济状况开始出现衰退之势，此次的衰退是由于阿根廷出现的“龙舌兰效应”导致了高失业率。

制造业受到了所有上述因素的严重影响，其总产出的市场份额从 1975 年的

25%～27%一直降到了1997年的18%。截至1989年，制造业的就业率一直在增长，但是从1989年之后便开始显著下跌，一直跌到了前所未有的水平。就业率下降表明贸易自由化使得许多制造业厂商削减产出，而其他行业则增加产出。

8.2.2 集体议价

1973年6月，国会由于军事力量被迫暂停，全国工人工会联合会（CNT）发起了一次罢工。政府部门的回应是禁止工会活动，与此同时还授予了雇主解雇任何一名不回企业上班的员工的权利。许多工会的领导人被逮捕；其他人则或藏匿起来，或潜逃海外。新联盟组织发起了一系列游行示威和罢工活动，工会运动在20世纪80年代早期开始回归政治领域，一直到1985年重新恢复民主制才开始有了集体议价活动。①

当没有工会时，雇主在调整工资和就业上比较自由。工资的涨幅受限于滞后的通货膨胀率。在1973—1984年间，这项政策导致实际工资下降了49%，与此同时还带来了极高的失业率。就业调整也变得更加灵活。Handelman（1981）表明在工会被明令禁止之后，许多雇主利用此次机会清除工会官员，解雇冗余员工。在1977—1984年间，公共部门的员工也允许被解雇（Gillespie，1991）。从供给方面而言，政治衰退以及高失业水平导致移民数量激增。将所有这些因素综合考虑之后，在工会被明令禁止期间，乌拉圭劳动市场面临着激烈的竞争。

从1985年开始，乌拉圭特有的工资理事会被重新建立起来。乌拉圭私人部门内部的集体议价活动主要是通过第三方工资理事会进行的，而工资理事会拥有设立行业最低工资标准和劳动种类的权利。从1990年开始，工资水平每年调整三次，自上一次调整后累计通货膨胀必须通过特定的工资调整阈值。通常来说，工资委员会倾向于通过那些具有16～24个月时效性的方案，这样调整就可以直接进行，而不需要就此问题举行专门的会议。如果政府代表批准了工资协议，那么它将被应用于整个行业，而并非单单应用于那些在议价活动中涉及的企业和组织。政府的审批原则通常是要求工资水平的增长保持在与官方通货膨胀目标相一致的水平。与此同时，特别在制造业，工会与企业可以直接进行谈判。在1991年，谈判的结构发生了明显的变化。政府不再参与议价，而且合约条款仅仅对参与谈判的企业和工会具有约束效果。现今，正如下文所述，工资委员会只能满足极少数部门的需求，这也导致了私人部门中的工会密度剧烈下跌。

现今许多议价活动在企业层面进行。工会不要求强制性加入，并且工会会费在多数情况下是自愿缴纳的。1988年，即工会再次合法化的三年之后，独

① 有关乌拉圭劳动市场机构的更详尽的说明，见Cassoni，Labadie，and Allen（1995）。

立的全国中央联盟就有 188 000 个成员，五年之后，即 1993 年，拥有177 000 个成员，分别隶属于 17 个联合会和 359 个工会。1996 年，全国中央联盟有 164 000 个成员，但是一些工会不是它的成员。1993 年，54%的成员属于公共部门，公共部门也是成员数量降幅最小的部门。

集体协议在实施强制管理的过程中具有重要作用，其变化程度取决于工会的密度以及合约中的特定条款，包括工资调整、工作性质决定的最低工资、工作时长、假期、轮班、工作稳定性、工会行政人员认可度、在一定条件下预防罢工的“和平条款”以及其他工作相关的情况。尽管没有关于遣散费或者限制雇用新员工的法律规定，但工会通常会增加就业调整上的额外成本。在一些特定行业，支付劳动合约规定之外的超额补偿金比较普遍，但是在其他行业，只有通过罢工才可能获得超额解雇费用。在集体议价过程中，政府的干预只能通过工资理事会，并且没有其他有关议价过程的法律规定，甚至在冲突和罢工问题上也没有相关法案［更详细的描述参见 Cassoni，Labadie，and Allen (1995)］。到目前为止尚未出现可以在真正意义上估计集体议价过程造成的影响的数据库。近期，Cedrola，Raso，and Perez Tabó（1998）对 1985—1995 年间出现的集体议价的内容进行了定量估计。为了进行此次研究，我们建立了一个包含 1985—1997 年间劳动部所有记录在案的集体协议的数据库，与此同时，为了估计行业层面的议价过程带来的实际非工资劳动成本，我们对合约条款内容进行了量化处理。

使用这些数据可以定量分析工会无所作为的时期（1984 年）；我们知道行业的工会密度以及一个行业中所有企业的非工资成本（这是 1985—1991 年的谈判结构的结果）的时期；以及最近我们知道工会密度，但集体协议仅对参与谈判并签署协议的企业和工人具有约束力的时期。这最后一段时期的数据完整性不太清楚，因为许多这类协议不需要在劳动部登记（因为它们不需要经过公共当局的批准就能对缔约方有约束力）。

本研究重点关注制造业，在十年间工会密度产生了显著变化，在各个行业发生的变化也不小。自从 1985 年工会被重新认可之后，集体议价协议覆盖了 60%的生产工人（如图 8.3 所示）。

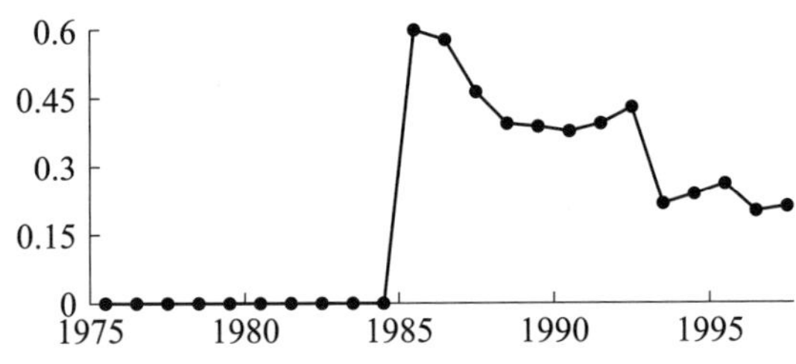

图 8.3　工会比率

图中最初的水平可能表明了在民主制回归过程中对工会角色的政治性支持。工会的可持续性既取决于工人对集体协议（而非个人协议）的支持，也取决于加入工会的雇主在经济上的生存能力。到了1988年，工会密度下降到了40%，并且一直保持这个水平直至1992年。在旧的工资理事会系统之下签署的合约期满之后，贸易自由化所带来的影响开始显现。开放比率从1992年的44%上升至1993年的55%，继而在1994—1997年间超过了60%。工会密度从1992年的42%跌至1993年的22%，并且自那时起开始维持这个水平。工会增长以及下降的模式在行业间有很大的不同，具体内容见表8.1。

表8.1 工会比率及开放比率（%）

行业	工会比率				开放比率		
	1985	1988	1992	1997	1985	1992	1997
食品制造业	59	54	55	27	24	24	28
纺织业及服装业	77	54	46	16	49	54	83
制纸业	70	52	44	39	19	19	45
化工业	100	87	100	94	16	44	60
非金属工业	48	21	11	10	12	22	36
金属制造业	100	43	43	19	76	146	350

在整个样本期内，在化工业以及石油业中，工会保持着近百分之百的力量，而化工业和石油业中大部分都是国有企业。事实上，工会密度自1992年起便开始在除了化工业和石油业之外的所有行业内下降。最显著的下降出现在金属制造业和非金属工业，在此期间的工会覆盖率下降到了最初水平的20%。与此同时，特别是在金属制造业领域，进口量加出口量剧烈上升。另外，纺织业、服装业的工会覆盖率大幅下降，制纸业也出现了较小程度的下降。在1992年之后，除了食品制造业，其他所有行业的开放程度都上升了。

8.3 理论框架

本部分内容描述的是在1985年发生制度变化，也就是贸易工会作为“参与者”重新出现在劳动市场之后，估计劳动需求弹性和劳动动态变化弹性使用的框架。为了达到此目的，我们将借助准确的预测模型来测量生产工人的劳动需求弹性，以及在两种体制下，劳动达到平衡的调整速度。

直到1984年，竞争模型才适用于描述劳动市场行为。1968—1979年间，政府提升了工资水平，尽管从1977年开始，某些行业发生了一些其他方面的变化。在这个过程中，政府将重点放在解决高通货膨胀率的问题之上，所以政府决定在社会经济中“限定”所有的价格和工资，且不考虑劳动需求状况。因此这些因素对用人单位来说是外生变量。自从 1985 年开始，我们可以用同样的模型来估计就业水平以及工资水平，但事实上制度框架已发生了变化。从那时起，工资水平成了集体议价活动的结果，而它本身在过去的 10 年间也一直在不断变化。1992 年前，议价活动是一个同步的过程。从那时以后，随着企业层面的议价活动越来越普遍，议价活动变得更加具有异质性，而且同步性有所减弱。

基于以上所提到的体制变化，我们的研究策略如下：首先，对来源于纯粹新古典主义静态框架的劳动需求模型进行估计。工资变量是劳动成本的代理变量，包括工资成本和非工资成本，例如医疗保险以及工资税，还包括 1985 年之后用人单位和工会谈判得到的其他福利。

正如本章紧接着要详细阐述的一样，此模型是为整个研究期间建立的，并且检验了参数的稳定性。计量经济分析能够支持 1984 年以后这段时期不同模型的具体要求。此模型来源于议价框架。首先，假设工资并不像之前所描述的是一个外生变量，在此处，工资并不是外生的，而是由工会和企业通过集体议价过程共同决定的，在此过程中企业试图实现自己的利益最大化，工会也试图使工会成员的效用最大化。其次，其他的变量可以加入模型中，作为工资的替代方案或者双方能够让步的空间。

8.3.1 劳动需求：理论框架

在静态框架中，我们首先确定劳动需求方程的标准范式，然后使用三个生产要素（按生产和非生产工人划分的资本和劳动），假定一个广义固定替代弹性（CES）生产函数。要实现利润最大化，则将得到关于每一个生产要素的引致需求的一个有三个方程的系统。描述生产工人需求的等式为：

$$\ln N_t = \alpha_0 + \alpha_1 \ln \left(\frac{w}{p}\right)_t + \alpha_2 \ln Q_t \tag{1}$$

其中，N 代表生产工人的就业水平，w 代表工资水平，p 代表产品价格，Q 代表产出水平。

因此，资本以及就业水平之间的替代弹性（σ）等于 $-\alpha_1$，而劳动需求的工资弹性是 $-\alpha_1 \cdot (1-s_L)$，其中 s_L 表示劳动增值比例。

为了对模型进行估计，我们必须首先解决一些方法论的问题。如果使用的变量是非平稳的，那么，估计模型的方法是不同的，第二种估计方法是要检验变量是不是协整的，如果是协整的，那么，在此基础上进行估计是否可行。因为公式（1）中的估计量是建立在有限样本之上的，所以基于恩格尔和格兰杰因果检验（Engle and Granger，1987）来估计动态模型应该更加可取：

$$\alpha(L)(1-L)\mathbf{Z}_t = -\gamma\beta\mathbf{Z}_{t-1}d(L)\varepsilon_t \tag{2}$$

其中，$\alpha(L)$ 代表滞后的多项式矩阵；$\mathbf{Z}$ 表示包含变量（N，w/p，Q）的向量；ε_t 代表平稳过程。

这个公式可以转化为一个自回归分布滞后模型：

$$\alpha_1(L)y_t = \alpha_2(L)\mathbf{X}_t + \varepsilon_t \tag{3}$$

其中，$\alpha_1(L) = 1 - \sum_{i=1}^{m}\alpha_{1i}L_i$，$\alpha_2(L) = \sum_{i=0}^{m}\alpha_{2i}L_i$，$(y,\mathbf{X}) = \mathbf{Z}$。

模型的计量分析将会决定其最终的动态结构。结果已经显示每一个变量的滞后结构不一定要完全相同（有关以上方法论的所有详细论述，参见 Banerjee et al.，1993）。

事实上变量是非平稳的，这也就意味着至少某些冲击对它们产生了永久性的影响。特别是，与生产率以及知识积累有关的冲击并不是暂时性的，它们对产出和就业具有长期影响（Aghion and Saint-Paul，1993；Blanchard and Quah，1989；以及文中的推理）。因此，变量将具有一个随机趋势，但是如果它们协整，那么它们之间的均衡关系将是平稳并且可靠的。动态变化是因为由于调整成本、价格刚性等因素变量无法即时进行调整以达到均衡的结果。调整成本已经在相关文献中（Hamermesh，1993，1995；Hamermesh and Pfann，1996）有详尽的论述，它们将其作为调整就业时的可观测到的滞后项的来源。它们可以解释为什么实际的就业水平（N）与它的均衡水平（N^e）会存在差异。如果用人单位将预期利润最大化，并且预期是静态的，成本是二次的，那么最优的就业水平是：

$$N_t = g(N^e - N_t) \tag{4}$$

得到的劳动需求等式如下：

$$N_t = \lambda N_{t-1} + \beta\mathbf{X}_t \tag{5}$$

其中，$\mathbf{X}_t$ 是决定长期劳动需求的变量，λ 是衡量调整到均衡状态的速度的参数，我们在此假定它是一个常数。

8.3.2　议价模型

从 1985 年起，工会便开始在工资、工作条件以及就业的决定过程中占有一席之地。工会所扮演的角色随着时间的推移而变化，它们谈判的问题也同样在改变。在分析了自那时起所有签订的集体协议之后，我们很明显可以看出，议价活动总是围绕着工资的问题，而很少针对就业的问题进行协商。协议包括一些其他福利，如提升工人的年薪；将工资与其他变量关联，例如生产率或任期；以及提升额外福利。工作条件、每周工作时长和年工作时长也是议价过程所要商议的内容。尽管议价过程表面上看可能是阶段性完成的，但事实上并不是。这个过程通常是在企业和工会已经商议完工资、其他福利以及工作条件之后才开始。就除工资外的所有因素而言，协议是一个长期性的合同（最短期限一年，平均期限三年）。然而就工资而言，协议的时效性就非常短，只包括了3～4个月的时间期限，因此大多数的合同仅仅包括对工资的协议。

以上内容表明，最适合用来分析乌拉圭集体议价过程的理论模型是管理权模型（Pencavel，1991）。这个模型将被作为一个固定的假设，用于分析所有集体协议。我们不会对效率合同模型进行检验，因为已有大量的证据证明这些检验结果无法相互论证（Booth，1995；Pencavel，1991）①。因此，我们使用以下规范：

第一阶段：工会和用人单位关于劳动成本的议价

$\Gamma(w, w_a, N)$ 是工会的效用函数，其中 w 代表实际工资，w_a 代表替代收入，N 代表就业水平。我们在此假定一旦劳动者失业，他便失去了工会会员资格；并且工会领导人对所有的工会成员一视同仁，公平对待；与此同时，就他们在其他地方赚取或在失业时获得的替代收入而言，工会成员更关注的是他们得到的实际工资（de Menil，1971）。我们因此得到以下标准方程：

$$\Gamma(w,w_a,N,M) = (w - w_a)N^{\phi}$$

其中，ϕ 代表在工会效用函数中就业所占比重。如果 ϕ 等于1，那么这个模型就是租金最大化模型（Pencavel，1991）。

$\Pi(p,Q,K,N,p_c,w)$ 是企业的利润函数，K 表示资本，p_c 是 K 的价格。假设企业寻求最大化收入减成本，则有：

$$\Pi(p,Q,K,N,p_c,w) = pQ - wN - p_cK$$

众所周知，广义纳什谈判的工资最大化给出了议价问题的解决办法，最优劳动需求的有关内容将在第二阶段给出：

$$\underset{w}{\mathrm{Max}}\, Y = (\Gamma - \Gamma_0)^{\beta}(\Pi - \Pi_0)^{1-\beta} \tag{6}$$

上式的约束条件为

$$N = N^*$$

Γ_0 和 Π_0 是各方的让步立场。它们指的是工会以及企业在没有达成协议的情况下能得到的利益（Binmore，Rubinstein，and Wolinski，1986）。如果我们假定在此情况下发生了一起罢工活动，那么企业得到的营业利润为零，而工会成员获得的收入也为零。②

---

① 例如，替代收入只有在效率合同模型中才能代入就业等式之中。然而，一些效用函数可以得到有效议价的结果，并且此结果将替代收入排除在外。进一步来看，两个模型中并不存在明显的实证差别，因为合同曲线可能在劳动需求曲线之上（Carruth and Oswald，1987）。结合模型所给出的信息，我们假设工会对就业不会产生直接影响。然而，我们确实已将工会变量加入就业方程中，同时估计结果也支持模型反映的结果。可提供这些回归结果。

② 在乌拉圭，没有法律制度能保证罢工人员的任何收入。乌拉圭通常会呼吁民众进行捐款，但由此得来的这份收入无法测量。

第二阶段：企业利润最大化

$$\operatorname*{Max}_{N,K}\Pi=pQ-wN-p_cK \tag{7}$$

受制于相当严格的假设，(6) 式与 (7) 式的解是：

$$N^*=N(w/p;Q) \tag{8}$$
$$w^*=\eta w_a$$

第一个公式是企业利润最大化的结果，即基于固定替代弹性生产函数的利润最大化。然而，为了达到方程中的工资水平，我们假设在议价过程中，企业把资本固定在一个给定的水平，也就是说企业已经决定了资本的水平。因此，利润函数仅仅取决于就业水平。参数 η 是替代收入的加价。这个参数是行业特征的函数，例如行业竞争程度以及隶属率（Layard，Nickell，and Jackman，1991）

最后，替代收入劳动者所考虑的可比工资是以下三种工资的加权平均：他们在制造业谋得职位时能拿到的收入，他们在自雇用时能得到的收入，以及他们失业时能得到的失业补贴。权重是根据以上每种情况发生的概率计算所得，而概率是根据每一种情况每年发生的频率计算而来。

估计模型是一个多变量模型，在此模型中工资水平不是外生变量，而是受约束于就业水平的。工会是外生变量，因为在我们的样本时期，这个变量发生的变化是由社会和政治过程驱动的。

8.3.3 工会的影响

在静态框架中，工会完全有动机去降低劳动需求的工资弹性，这样就可以在得到更高工资的同时不给就业带来严重的后果。不同的寻租活动使得消费者拥有更少的选择，工会可以借此方法降低产品需求弹性。达到这种目的的一种方式是设置市场进入壁垒，比如采取国家所有制，或者规定只有有工会组织的企业才能进入这个市场。关税、配额以及其他阻碍贸易自由化的壁垒都可以用来减少消费者的选择。

工会中的劳动以及其他投入要素的替代弹性可以通过集体议价来降低。与工会签订的合同通常会清楚地说明完成工作的条件，包括最低职工数量的限制、用非工会人员代替工会人员的限制，以及对使用那些会缩短劳动时间的技术的限制。

众所周知（至少从马歇尔开始），工会应尽力组织最缺乏弹性需求的经济部门。在本研究中，我们观察的是再工会化之前以及之后的制造业的同一部门，因此这也使我们可以控制寻租机会的自选择。与之不同的是，无论工会是否真正有能力降低劳动需求弹性，此项研究都将可以建立起一个前后框架。

工会对调整的影响会出现滞后现象，并且劳动需求的产出弹性取决于多种因素。暂时忽略调整成本的因素，企业可以通过改变就业状况或者改变每个工人的工作时长来调整与产出变化对应的劳动时间。工会对这种权衡的影响事先并不清楚，工会通常会就加班费问题与用人单位进行协商，协商的加班费会高于劳动法规规定的数额，而非工会的用人单位会等量地提高就业水平，以此实现既定的产出增长。然而，工会同样会就职工福利问题与用人单位进行协商，这使得增加就业水平的成本比延长工作时长的成本要高。工会化企业内部较低的人员流动率促使雇主在职工培训上投入更多，反过来也就是说，它将会增加额外雇用人员的成本。在一个没有摩擦的社会中，工会对就业与工作时长之间的平衡的影响是一个实证分析问题，它取决于每个员工额外工作一小时所耗费的边际成本是不是由劳动法规定的加班费用，抑或是工会合约所指定的额外的加班费。如果边际成本等于标准的加班费，那么工会就通过提高额外雇用劳动者所带来的成本来影响雇主的决定，这样我们就可以得到一个更小的就业产出弹性。

工会发挥作用的最后一个渠道是它可以改变劳动调整的速度。工会有各式各样的方式来改变使就业变化的成本。工会可以在正式的合约条款中约定解雇员工要提前告知或者支付遣散费；或者也可以通过非正式的怠工或罢工的方式来改变就业调整的成本。导致工会化企业就业调整时间冗长的另一个因素是主动离职率很低。当劳动市场摩擦充分大的时候，就业可以通过简单的雇用行为迅速调整。

通常来说，预期的裁员时间至关重要。如果产出下降的预期持续时间很短，那么相对于缩短工作时长，工会将毫不犹豫地选择临时解雇的方式，因为这样员工可以得到失业保险带来的全部福利。主流的观点是，工会的提前告知和支付遣散费规定会导致调整的滞后期更长。

8.4 数据

在我们描述变量的实际定义之前，有必要陈述一些整体性的问题。第一，我们所考虑的观察对象是总体中两位数水平的制造业。在 1975—1997 年间，我们可以观测到六个行业，分别是：食品、饮料和烟草业；纺织品和服装业；造纸业；化工和原油制造业；非金属矿物业；金属业。众所周知，观测数据的最佳形式是以企业为单位，因为加总数据不能保证累加之后得到的参数是研究想要的。然而，用行业的数据进行分析也是可行的。在类似乌拉圭这样的小国家，行业年度数据的差异是由少数企业造成的，因此，加总数据带来的相关的问题应该比在一个大的国家中加总要少。虽然这样，但是我们应该明白，这个问题依旧可能会造成测量结果的误差（Hamermesh，1993)。第二，由于我们使用了季度数据，按时间加总并不会有问题，因此滞后结构不会低估实际的滞后结构。

8.4.1 劳动成本 W

模型中所使用的测度必须为所有企业的劳动成本总额，必须包括工资成本以及非工资成本。非工资成本包括劳动税、缴纳的社会保险，以及从 1985 年开始出现的议价成本。然而，我们忽略了所有与解雇和雇用员工相关的费用支出。为了充分解释这些成本，劳动需求函数必须非常明确，而且基于解雇或雇用员工的各种不同状况，同时还必须提出这些状况的分布。很明显，如果不确定各种状况下的劳动需求，那么很可能会因为省略了相关变量而使得弹性估计量发生向下的偏误，我们不会凭经验解决这个问题，因为我们无法获得计算边际解雇和雇用成本所需的数据。①

有关工资的数据是从国家统计局发布的“季度和年度工业调查”中获得的。② 我们得到了 1975—1997 年间有关生产工人的年度数据。但是，季度数据从 1991 年之后就没有公布（国家统计局也缺乏相关数据)。因此，我们假定 1992—1997 年间的工资变化和国家统计局发布的有关制造业工人“工资调查”的情况一致。③

非工资成本数据来源于 Picardo，Daude，and Ferre（1997）的文献和 Cassoni and Ferre（1997）的文献。所有与医疗保险、社会保险和工资税有关的成

① 在样本观测期间，与遣散费相关的法规并未发生变更，与此同时，所有行业的劳动者得到的补偿金都是一致的，补偿金的多少与劳动者的任期有关（对于任期短于 3 个月的劳动者，单位不发放补偿金；对于任期超过 3 个月的劳动者，根据任期，每年对应 1 个月月薪，最多支付 6 个月月薪)。那些在 1991—1997 年从业的人员（仅有这些年份的相关数据可得)，他们的平均任期为 7～10 年，并且行业内的平均任期的差异不大。正是因为如此，预期的平均遣散费并没有发生变化，为 3.7～4.2 个月月薪，具体金额取决于所在行业。计算每个任期中员工被解雇的概率是不可能的（因为观测样本量有限)，应该计算解雇的人员总数，并且根据定义，它可能与就业是负相关关系。最后，即使我们根据雇员的任期而不是下岗工人的任期来计算平均遣散费，我们也会引入不同时期的偏误，这些时期偏误的方向必须是不同的。它们取决于解雇员工的相关规定，在 1975—1997 年间可能不同。唯一可用的证据是在 1997 年最后一个季度收集的信息。在调查前一个月被解雇的制造业工人的平均任期是 1.5 年，而所有失业的制造业工人的平均任期是 6 年。这表明后进先出的规则已经落地实施。然而，在重组期间，20 世纪 70 年代后期和 20 世纪 90 年代早期，企业可能已经解雇了大部分年长工作者，这些工人工资较高，且不容易被重新培养。给定所有的条件，我们将忽略分析中得到的这些成本，虽然他们可能反映在工会对劳动需求模型的估计效应中。

② 这些调查是以以前行业普查中员工数量大于等于 5 的企业为样本进行的。我们所采集的数据包括许多变量，如产出水平、就业水平以及投入要素。季度行业调查会报告指标信息，而年度行业调查能显示具体的数量信息。工资调查是按月进行的，并且针对的对象是所有经济部门的企业。

③ 工资调查以月为周期进行，并且针对的对象是所有经济部门的企业。

本都被用来作为能使每个工业部门工资上涨的因子。社会保障以及医疗保险缴费在工资中的占比是固定的，而工资是随着时间的变化而变化的。另外，取决于收入水平的工资税，从 1982 年开始实施以来，也发生了巨大的变化。因此，我们使用来自国家统计局“家庭调查”的数据来计算每个制造业部门每年在不同相关部门分配的劳动者数量。除了有这些因素会使工资上升之外，雇主还面临着年度额外工资的支出，即他们不得不在其员工年底开始休假之前，向他支付 1 个月零 20 天的工资。这两者都被包含在劳动成本之内。从 1985 年开始，工会就许多问题进行议价。在这些问题中，有额外年终奖的问题，年终奖或者与任期、产出水平有关，或者以平均水平为根据；有缩短工作日长度的问题；还有额外假期的问题。这些协商都是在两位数行业内进行的，所以它们会因为行业的不同而有所不同。分配给所有员工的年度分红直接用于提高基于法定税率的要素水平。用额外假期的数据来计算非工作日的成本增长率。如果带薪休假天数比法定的标准每年多出 12 天，那么实际的月薪应该是目前工资 w 的 25/24 倍。达成的协议缩短了法定工作时间，与带薪休假相同，劳动成本按法定工时与议价工时之比增加。

以上所有描述信息都来自 1985—1997 年间签署的制造业集体协议，并被用来作为劳动成本增加的指标。整个制造业的平均水平是 12%，这项指标因行业和时间而变化。非正常议价成本最低的行业是造纸业、金属业和非金属矿物业，这几个行业的成本提升平均只有 1%左右。食品、饮料和烟草业以及化工和原油制造业的议价使得成本比法定成本提升了 12%，与此同时，纺织品和服装业的议价使得成本提升了 21%。综合以上内容，我们将劳动成本变量定义为：

劳动成本(CL)＝工资×(1＋法定非工资成本＋议价非工资成本)

8.4.2 变量定义

就业量（N）指的是我们从“季度和年度工业调查”中得到的所有生产工人的总数。我们在国家统计局的季度数据中得到了一项产出（Q）指标。我们利用国家统计局 1988 年发布的“年度工业调查”将这项指标转化为货币价值。有关产品价格（p）的数据指的是国家统计局所提供的生产者价格指数(PPI)。所有数据都是以季度为基准计算得到的月度平均数。

8.4.3 对官方数据的修正

乌拉圭每十年进行一次行业普查。每一次完成行业普查之后，年度和季度数据的调查者都以新的数据为基准对他们的调查样本进行更新。这些样本都是那些拥有超过 50 名或 100 名员工的企业（究竟是 50 名还是 100 名取决于其在行业增加值中的份额），这些企业总是会被作为研究对象（因此其创立和倒闭也被考虑在内），与此同时，有关小企业的调查一直都在进行，在新的一次行业普查实施之前，它们将一直是调查样本。乌拉圭于1988年举行了一次全国性的行业普查，此次普查的结果表明，在行业调查中所使用的样本，即这些来源于1978年普查的样本的信息不能代表不同行业的信息。年度调查从1989年开始，并且使用了新信息，季度调查从1993年开始。然而，迄今为止尚未有人对这些数据进行修正。这些样本的差异表明：针对整个制造业，估计所得的就业水平和产出水平的差异有25%是由样本本身的差异决定的。以两位数行业来看，它们之间存在的差异更大。因此，我们决定与国家统计局相关调查的负责人进行沟通，在听取他们意见及建议的基础上，对官方数据进行修正。考虑到1982—1983年的经济大萧条对行业的各个部门而言具有巨大且不同程度的影响，用于计算新数据的假设就是1978年的样本缺乏代表性，可追溯到1984年。正如其他的原始资料所显示的内容一样，1984年后期调查所得的变量信息是非常正确的。那些年内样本的差异大小呈几何形式分布（1984—1988年年度调查；1984—1993年季度调查）。

8.4.4 开放程度：OPEN

这项指标的计算方法是：用每个制造业企业的总出口额加上总进口额除以增加值。资料来源于乌拉圭大众银行（BROU），它是负责搜集数据的权威机构。

8.4.5 替代工资：AW

我们使用第8.4.1节中所描述的制造业的工资信息来计算替代工资，与此同时，根据“家庭调查”来计算自雇用个体的平均收入。在行业j工作的工人的替代工资由以下三部分收入加权平均获得：其他制造业的工资；在他被解雇的情况下，他将得到的收入和失业津贴（他现有工资的50%）；以及自雇用的平均收入。权重是由“家庭调查”中每种分类的年度频率决定的。

8.4.6 工会密度：UNION

工会密度通过行业调查中生产工人的年度数量和工会会员总数计算所得，全国工人工会联合会在每一次代表大会结束之后都会汇报工会会员总数。在1985年、1987年、1990年、1993年以及1996—1997年间举行过代表大会，其他年份的工会会员总数我们通过简单的插值法进行估计。

上述变量的描述性统计见表8.2。在表中，我们将工会化前期（1975—1984年）以及工会化后期（1985—1997年）加以区分。为了说明总体趋势，我们将展示整个制造业的所有数据；制造业的数据表明了不同市场内部的多样性。我们应该注意到：随着集体议价活动的回归，整个市场正在朝着更多产出、更低就业水平、更高工资水平以及更大的开放程度的方向发展。

为了事先观测到关键变量的动态模式，我们将制造业就业水平的季度变化与产出和工资水平（均取对数）的季度变化加以区分（见图 8.4 与图 8.5）。随着工会化的回归，就业水平发生的季度变化更小；取对数后的就业变化的标准误从 1975—1984 年的 0.036 下降到 1985—1997 年的 0.028。与此同时，产出的变化更大，在同样的时间段，取对数后的产出的标准误从 0.063 上升至 0.095。这预示着 1985 年之后的就业产出弹性降低了。工资的变化情况就并非如此明晰。取对数后的工资变化的标准误从 0.124 下跌到了 0.063。① 按比例来看，季度工资水平的降幅比季度就业水平的降幅要大，表明劳动需求的工资弹性有可能增加。然而，在 1975—1980 年间，工资水平总共有六次近乎连续的剧烈（0.1 或者更大）增长，而工资水平的这种增长是在紧接着其剧烈下跌后的 1～2 个季度之后发生的。我们无法确定雇主是否会对短期内的工资冲击做出反应。

表 8.2　描述性统计

变量	1975 年第一季度至 1984 年第四季度（样本量为 40）				1985 年第一季度至 1997 年第四季度（样本量为 52）			
	均值	标准值	最大值	最小值	均值	标准值	最大值	最小值
				制造部门				
W	82.02	13.97	103.6	56.81	90.02	21.64	133.3	52.38
LNWC	1.336	0.071	1.426	1.243	1.332	0.031	1.375	1.290
BNWC	1.000	0.000	1.000	1.000	1.123	0.038	1.156	1.000
TLC	109.7	18.6	143.54	72.56	136.2	36.34	203.7	67.79
AW	0.000	0.000	0.000	0.000	42.95	11.67	62.59	24.87
UNION	0.000	0.000	0.000	0.000	0.365	0.129	0.601	0.200
OPEN	0.298	0.036	0.388	0.242	0.468	0.109	0.620	0.295
Q	57.00	6.740	70.00	44.60	60.16	5.097	71.04	49.16
N	108 143	14 496	129 491	86 010	104 782	19 727	129 995	71 735
	1975 年第一季度至 1984 年第四季度（样本量为 240）				1985 年第一季度至 1997 年第四季度（样本量为 312）			
	均值	标准值	最大值	最小值	均值	标准值	最大值	最小值
				制造部门				
W	86.93	28.84	202.9	41.90	104.8	40.96	246.3	41.25
LNWC	1.337	0.071	1.433	1.238	1.328	0.038	1.383	1.232

① 原假设：方差没有变化。这三个变量在 5%的显著性水平下拒绝原假设。就工资和产出变量而言，在 1%的显著性水平下拒绝原假设。取对数后工资的联合检验 $F(38, 51)=3.85$，取对数后产出的联合检验 $F(38, 51)=2.27$，取对数后就业的联合检验 $F(38, 51)=1.65$。

续表

	1975年第一季度至1984年第四季度（样本量为240）				1985年第一季度至1997年第四季度（样本量为312）			
	均值	标准值	最大值	最小值	均值	标准值	最大值	最小值
				制造部门				
BNWC	1.000	0.000	1.000	1.000	1.076	0.096	1.265	1.000
TLC	115.3	35.31	255.6	58.65	151.4	68.23	405.8	53.23
AW	0.000	0.000	0.000	0.000	69.88	21.27	136.7	30.79
UNION	0.000	0.000	0.000	0.000	0.507	0.285	1.000	0.083
OPEN	0.338	0.257	1.149	0.096	0.575	0.657	3.500	0.102
Q	9.431	6.971	27.42	1.598	9.804	6.784	26.69	1.296
N	17 661	12 763	49 715	4 167	16 543	12 292	42 150	3 897

注：*W* 代表1988年每个生产劳动者的实际月薪水平；LNWC等于1+根据法定非工资成本得来的工资增长率；BNWC等于1+根据议价非工资成本得来的工资增长率；TLC代表1988年月度劳动成本总额；AW代表1988年月度实际替代工资；UNION代表工会占比；OPEN代表开放程度；*Q*代表1988年的产出水平；*N*代表生产劳动者的数量。

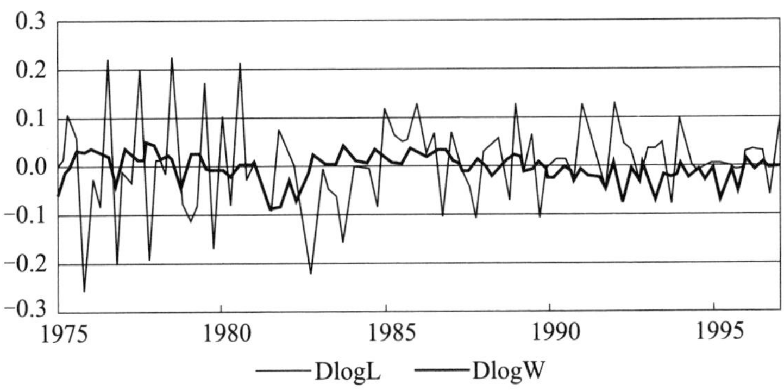

图 8.4　取对数后就业及工资水平的变化

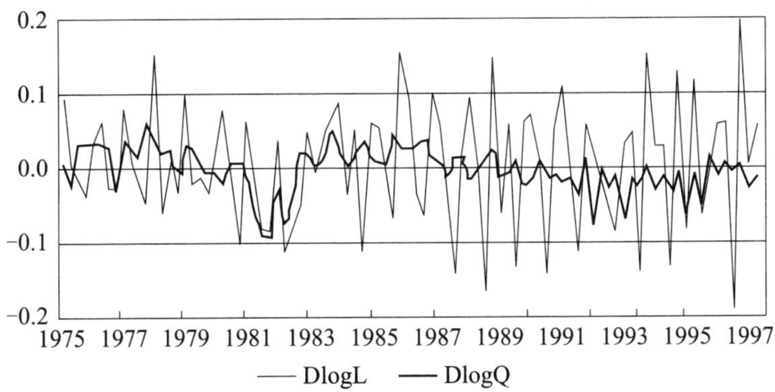

图 8.5　取对数后就业和产出的变化

8.5 劳动需求：实证结果

8.5.1 基于整个观测期的分析模型

为了确定制造业中进行集体议价活动后，劳动需求的弹性和劳动需求的滞后调整是否变化，以及变化多少，第一步，我们必须建立一个准确的实证模型。[①] 我们使用前面几节内容中提及的六种制造业的季度数据。为了估计（1）式，我们必须首先保证变量的平稳性，我们通过估计每个制造业企业在1975—1997年间就业水平、劳动成本以及每个制造业的产出的单整阶数来达到这一目的。所有的变量都是不平稳的，但是它们一阶差分后是平稳的，所以它们是一阶单整的——$I(1)$。我们所使用的单位根检验是由 Fuller（1976）提出的，被称作扩展的迪基-富勒（ADF）检验法。模型的检验结果的差异取决于变量以及行业，在一些情况下只包括一个常数和因变量的滞后项，而在其他情况下可能还有时间和季节趋势（更多细节信息，请参见表 8A.1）。我们或多或少可以预测到检验的结果。对于就业水平、产出水平以及实际工资水平而言，我们发现知识积累和生产力冲击会对这些变量产生随机趋势，正如我们在第 8.3 节阐述的一样。开放程度的不平稳也可以用相同的理由来解释，即外部冲击和贸易政策变化是产生这些结果的根本原因。最后，关于工会密度这个变量存在随机趋势的最好解释是成员动态以及局内人-局外人理论（Blanchard and Summers，1986）。考虑到数据的统计特征，一个可操作的策略就是用不同的方式来预测模型。

第二步，基于前面提及的体制框架，及时对参数的平稳性进行分析。我们使用递归最小二乘法（RLS），与此同时假定工资和产出是外生变量，对不同行业的模型进行估计。正如图 8.6 中所显示的一样，结果表明除了非金属矿物业之外，其他产业的劳动需求方程均存在结构性间断点，每个行业间断的时间是不确定的，但是可以识别出 20 世纪 80 年代早期和 1991—1993 年的间断点。这些时期都与历史事件相关，即 1982—1984 年经济大萧条，1985 年军事政权终止，以及政府不再干涉工资理事会。

① 我们在此感谢约翰·E. 德里费尔（John E. Driffill）提供的非常有用的意见，以及费尔南多·弗洛伦佐（Fernando Florenzo）提供的计量经济学方面的建议。

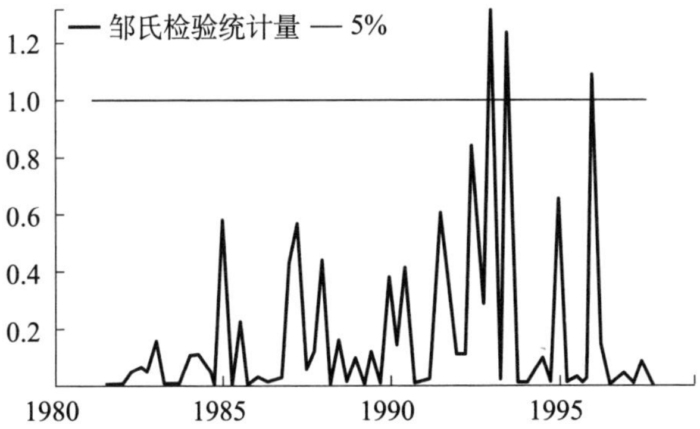

食品、饮料和烟草业：1992—1993年产生断点

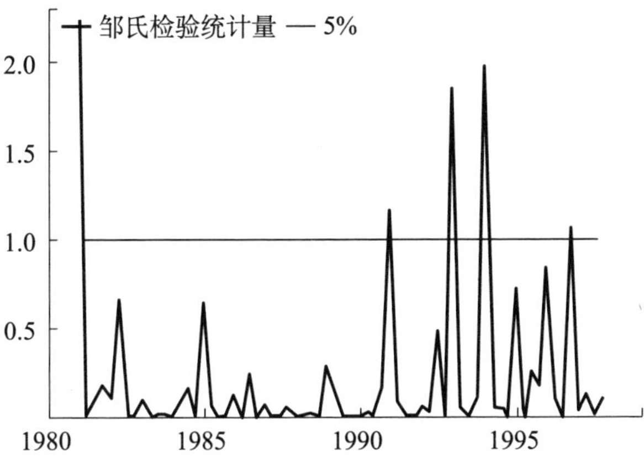

造纸业：1991—1992年产生断点

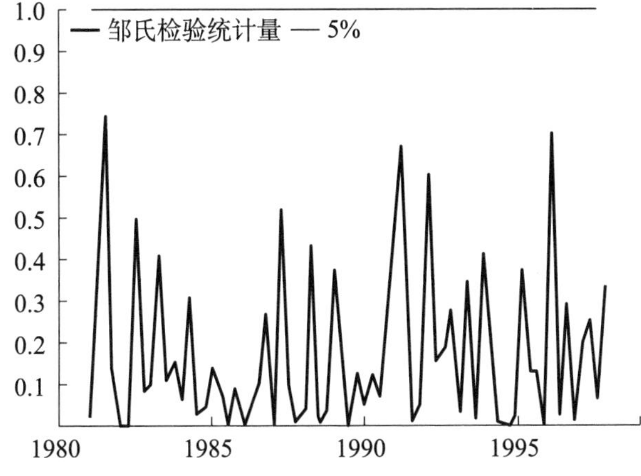

非金属矿物业：没有断点

图 8.6　行业层面的递归残差

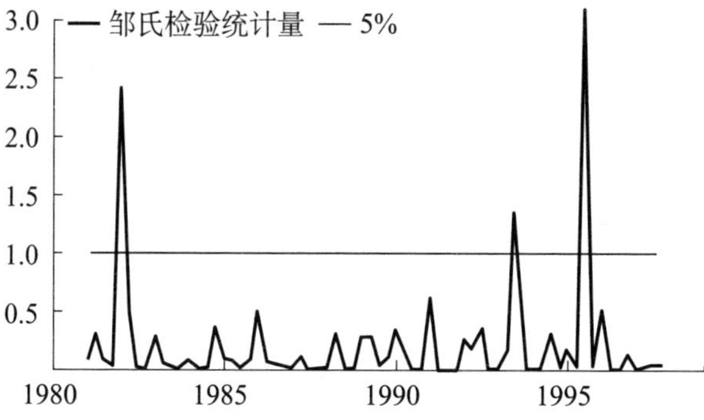

纺织品和服装业：1982—1995年产生断点

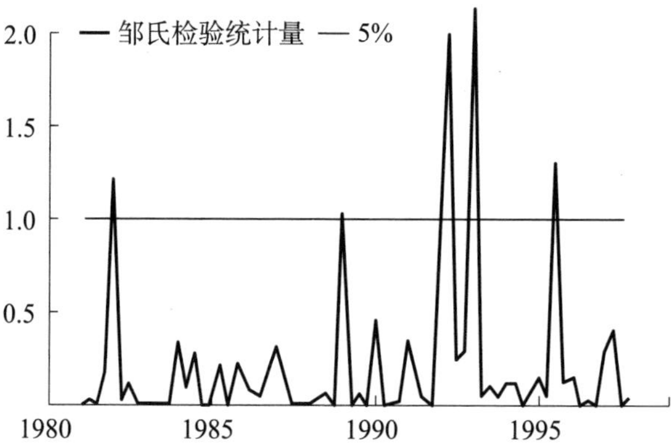

化工和原油制造业：1982—1993年产生断点

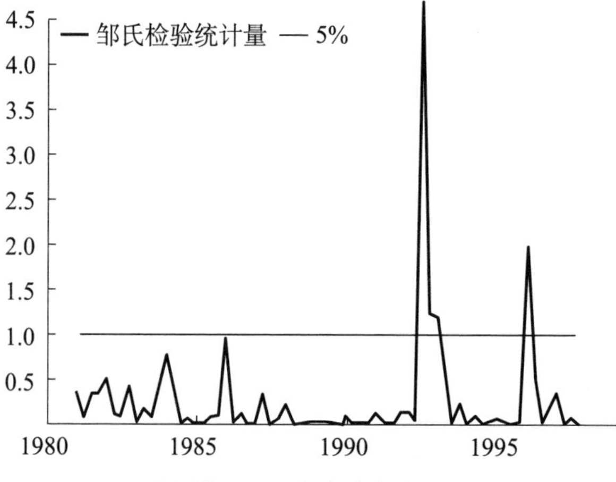

金属业：1992年产生断点

图 8.6（续）

第三步是使用混合截面时间序列数据进行分析。考虑到变量的非平稳性和参数的不稳定性，我们使用不同的模型，模型的差异取决于1983年、1985年以及1993年这些年份不同的参数组合，并且使用普通最小二乘法（OLS）进行估计。假定六个行业的弹性相同，工资和产出为外生变量。估计结果见表8.3。

表8.3　差异性估计，制造业，1975—1997年

变量	结构性间断				
	1983年	1985年	1993年	1983年和1993年	1985年和1993年
就业$_{t-1}$	0.012 56	0.043 12	0.023 99	0.013 16	0.038 33
	(0.060 4)	(0.056 4)	(0.046 8)	(0.059 3)	(0.055 7)
就业$_{t-2}$	0.160 10	0.152 78	0.097 22	0.168 32	0.150 82
	(0.060 5)	(0.056 4)	(0.046 9)	(0.059 4)	(0.055 9)
产出$_t$	0.152 44	0.140 78	0.125 45	0.151 80	0.142 59
	(0.030 6)	(0.026 3)	(0.020 3)	(0.030 0)	(0.026 0)
工资$_t$	−0.084 80	−0.103 09	−0.090 07	−0.083 64	−0.106 75
	(0.029 6)	(0.023 4)	(0.022 4)	(0.029 1)	(0.026 4)
就业$_{t-1}$×年度虚拟变量1	−0.011 44	−0.071 97	−0.086 63	0.019 55	−0.064 30
	(0.083 3)	(0.083 5)	(0.104 3)	(0.094 3)	(0.099 5)
就业$_{t-2}$×年度虚拟变量1	−0.117 30	−0.101 85	0.032 28	−0.216 30	−0.209 82
	(0.083 7)	(0.083 9)	(0.105 1)	(0.095 0)	(0.100 2)
产出$_t$×年度虚拟变量1	−0.059 29	−0.067 9	−0.059 94	−0.045 99	−0.049 91
	(0.037 4)	(0.034 9)	(0.038 8)	(0.041 0)	(0.043 0)
工资$_t$×年度虚拟变量1	0.012 34	0.055 70	0.096 38	−0.013 71	0.043 44
	(0.042 4)	(0.024 4)	(0.070 4)	(0.044 9)	(0.050 7)
就业$_{t-1}$×年度虚拟变量2				−0.245 82	−0.186 43
				(0.123 3)	(0.129 3)
就业$_{t-2}$×年度虚拟变量2				0.037 21	0.049 08
				(0.121 3)	(0.127 3)
产出$_t$×年度虚拟变量2				−0.035 98	−0.023 52
				(0.043 0)	(0.047 3)
工资$_t$×年度虚拟变量2				0.130 14	0.097 06
				(0.074 7)	(0.079 3)
R^2	0.093 0	0.102 8	0.092 2	0.139 8	0.134 4

注：因变量Δ就业$_t$＝就业$_t$－就业$_{t-1}$。所有变量都是一阶差分变量；就业是生产劳动者的数量；工资是生产劳动者的实际劳动成本；年度虚拟变量1为1，表示分析期间分别开始于1983年、1985年或者1993年；年度虚拟变量2为1，表示分析期间开始于1993年。括号中是每个系数对应的标准误。观测样本量为534个。

表 8.3 结构性间断一栏的前三列对 1983 年、1985 年和 1993 年的间断点进行了检验。1983 年和 1993 年没有拒绝无变化的原假设，而 1995 年则拒绝了这个原假设。产出系数从 1975—1984 年的 0.141 一直降低到了 1985—1997 年的 0.073，工资系数的绝对值则更小，从 −0.103 变为 −0.047。两个滞后就业系数的加总从 0.196 降至 0.022。最后两列模型检测的是多个间断点。在 19 世纪 80 年代前就已经有一个变化，因此，这些结果检测的是在 1993 年是否产生了其他变化。第四列考虑了 1983 年和 1993 年的间断，而第五列考虑了 1985 年和 1993 年发生的变化。两种情况都拒绝了联合检验的无间断的原假设。

最后，我们采用了协整检验。当变量非平稳时，模型的估计可能会产生偏误，除非变量是联合平稳的，也就是说它们是协整的。因此，为了观察整个时期内均衡关系是否能持续，我们进行了协整检验（CI）。我们同时使用了恩格尔和格兰杰法（EGM）以及约翰森法（JM），使用了多种不同的模型，这些模型的差异包括滞后阶数不同、涵盖的季节性虚拟变量和常数项不同。检验结果（见表 8A.2）拒绝了所有产业内部的就业、产出以及劳动力成本之间的协整关系。在 CI 不被拒绝的情况下，CI 关系图的结果表明它是非平稳的，因此它可能是错误的，而正是这种关系中的结构性间断才使得统计上显著（见图 8A.1～图 8A.4）。

总而言之，所有先前的分析都显示，不论是在体制还是统计方面，1985 年的数据都与其他年份的数据不同，这是因为在这一年里，劳动需求表现的结构发生了变化。还有一些证据证明在 20 世纪 90 年代存在进一步的变化。我们将在本章的剩余部分使用这些间断点。

8.5.2 基于每个子观测期的分析模型

我们将 1985 年定为一个间断点，第一，我们重新分析了单整阶数和每个子样本及每个行业相对应的变量的协整。1975—1984 年以及 1985—1997 年间，在每一个次周期内，所有的变量都是 $I(1)$。更多细节见表 8A.3 和表 8A.4。第二，对 1975—1984 年而言，EGM 法或/和 JM 法检验结果显示至少有一个模型具有协整关系（详见表 8A.5）。① 对于 1985—1997 年的数据，我们用 EGM 法对所有的产业进行检验，发现就业水平、劳动成本以及产出水平之间不存在协整关系。然而，一旦加入能够反映议价框架的变量，包括替代工资、议价成本、开放程度和工会密度，那么所有行业都不拒绝存在协整关系。没有拒绝协整关系的结果，即变量之间均衡关系的存在表明：那些对每个个体

① EGM 法是根据可获得的观测样本进行的。我们用 JM 法来检验造纸业与化工和原油制造业是否存在协整关系。

变量具有长期影响的冲击只会在短期内改变均衡状态。在第一个次周期内，这个结果与标准的新古典主义劳动需求模型一致。然而，对于1985—1997年而言，我们需要加入其他变量来进行协整检验，这就意味着决定劳动需求的框架已经发生了改变。这可能与残差中存在的随机趋势和模型中未考虑技术变化有关。可能有人会认为，当把开放程度加进去后就已经考虑了部分技术变革：开放程度的上升将会迫使不同行业在遇到强大的竞争压力时，向新兴技术进行投资，或者，开放程度的上升将会迫使拥有老旧技术的企业倒闭，这样的话，我们就基本能观测到技术上的进步。然而，由于不仅只有开放程度被包含在协整关系中，与议价相关的变量也被包含在其中，所以，这足以证明议价框架在1985—1997年分析劳动力需求时就已经存在。

为了更进一步地证实集体议价是不是参数发生显著变化的可能原因，我们对工资水平进行了外生性检验。在竞争模型中，我们假设工资对于企业和行业来说是外生变量，然而在议价模型中，我们将其看做是内生变量。在后者的模型之中，我们把它们设定为同时发生，或者它们受雇用决策的影响。使用豪斯曼检验（1978），将普通最小二乘法对工资的估计结果与近似非相关回归（SUR）估计结果进行比较，在第一个子周期中不能拒绝工资的弱外生性，而在第二个子周期中可以拒绝。[①] SUR估计值是将工资的滞后项作为工具变量进行估计所得。

然而，在1985—1997年，我们对包含了议价变量（开放程度以及工会密度）的模型也进行了检验。与此同时，考虑到20世纪90年代存在的不平稳性，我们计算了包括一个虚拟变量的统计量，这个虚拟变量的值为0表示在1993年之前，为1表示在1993年之后。不同模型的统计结果见表8.4。这个结果为估计1975—1984年的标准新古典主义劳动需求模型和估计1985—1997年的议价模型提供了进一步的支持。给定前期所有的研究结果，估计模型如下：

$$1975\text{—}1984\text{年：}\ln N_t = \alpha_0 + \alpha_1(L)\ln\left(\frac{w}{p}\right)_t + \alpha_2(L)\ln Q_t + \alpha_3(L)\ln N_{t-1}$$

$$1985\text{—}1997\text{年：}\ln N_t = \beta_0 + \beta_1(L)\ln\left(\frac{w}{p}\right)_t + \beta_2(L)\ln Q_t + \beta_3(L)\ln N_{t-1}$$

$$\ln\left(\frac{w}{p}\right)_t = \gamma_0 + \gamma_1(L)\mathrm{UNION} + \gamma_2(L)\mathrm{OPEN} + \gamma_3(L)\ln(w_a)_t + \gamma_4(L)\ln\left(\frac{w}{p}\right)_{t-1}$$

① 豪斯曼统计量是$T(b\mathrm{OLS}-b\mathrm{SUR})2\mathrm{Var}(b\mathrm{OLS}-b\mathrm{SUR})-1$，其中$b$是用OLS或SUR进行估计所得的估计量，$T$是观测样本量，服从自由度为1的卡方分布。

表 8.4　工资的弱外生性检测，1975—1984 年和 1985—1997 年

	1975—1984 年	1985—1997 年
模型 1	3.02	5.9
模型 2	—	90.4
模型 3	—	294.2
模型 4	—	226.6
豪斯曼统计量 95%的置信度	3.84	

注：每个模型包含 5 个行业虚拟变量和 1 个常数。在模型 1 和模型 2 中，劳动需求被设定为工资和产出的函数，使用每个变量的 4 期滞后项。在模型 3 和模型 4 中，1993 年的虚拟变量也被包括在劳动需求和工资方程中。在模型 1 和模型 3 中，用于工资的工具变量只是它的滞后项，而在模型 2 和模型 4 中，用于工资的工具变量包括议价变量。

其中，N 代表生产劳动者的个数；w/p 代表实际劳动成本（1985 年以后也包含议价成本）；Q 代表产出；UNION 表示工会密度；OPEN 是开放程度；w_a 是替代工资。从四阶多项式开始，对多项式的滞后阶数进行实证检验。议价模型是一个递归二元模型，因此可以同时估计。为了避免由于没有建立产出模型而导致的内生性偏误，当在两个子样本中进行估计时，我们将产出 Q 的滞后值（至多滞后两阶）、季节性以及行业虚拟变量作为工具变量。因此，在第一个子样本中使用工具变量（IVE），在第二个子样本中使用三阶段最小二乘法（3SLS），使用的软件是计量经济分析软件 PCGive 和 PCFiml 9.0（1996）。使用的数据是前面有所描述的合并的截面时间序列数据。每一个行业的固定效应都是可得的。我们假定所有行业的弹性都是相等的，所以估计的是整个制造业的平均弹性。

8.5.3　主要结论

表 8.5 显示了两个子样本中三种类型的劳动需求模型。模型中变量的滞后期最多为 4，然后依次递减。与此同时，为了检测所有可能的变化，我们允许用 1993 年的数据估计所得的不同系数是可以变化的。我们只报告最后两个步骤，包括显著的变动，以及第 1 列中的两个就业滞后项，第 2 列只报告上一季度的就业情况。第（3）列的劳动需求等式中包括“开放程度”这个变量，其目的是检验开放程度是否会影响估计结果。议价模型中的工资方程使 1993 年后不同行业的工资议价有差异。我们检验了议价结构的变化是否会影响总工资和是否对不同行业的影响不同。残差并不具有自相关性，但是存在异方差。因此，根据 White（1980）的方法计算标准误。虽然拒绝了正态性假设，但是如果给定样本规模，那么非正态性的假设检验结果应该具有稳健性（Spanos，1986）。

比较第（1）列和第（2）列中的每个子样本劳动需求结果，我们不难看出，一个季度之前的就业水平对当前季度的就业水平具有影响，但是两个季度之前的就业水平对当前季度的就业水平并无影响。更进一步来说，开放程度不仅在统计上不显著，也不会改变相关弹性的估计值。相应地，我们应该将重点放在第（2）列的结果上。我们得到了三个主要结果：

（1）产出系数从 1975—1984 年间的 0.093 降至 1985—1997 年间的 0.040。

（2）工资系数（绝对值）从 1975—1984 年间的－0.102 降至 1975—1984 年间的－0.039。

（3）在这两个时期内，滞后就业的影响没有发生显著变化。

表 8.5　劳动需求以及工资方程的估计：制造业

变量	样本：1975—1984 年			样本：1985—1997 年		
	(1)	(2)	(3)	(1)	(2)	(3)
			劳动需求等式：因变量 N_t			
常数项	1.496 9	1.384 0	1.563 8	1.340 3	1.363 0	1.352 6
	(0.298 0)	(0.301 2)	(0.333 8)	(0.233 3)	(0.218 7)	(0.218 6)
N_{t-1}	0.903 82	0.888 44	0.874 73	0.794 68	0.869 21	0.871 86
	(0.129 9)	(0.031 5)	(0.033 0)	(0.062 5)	(0.021 8)	(0.020 2)
N_{t-2}	－0.014 77			0.078 09		
	(0.118 1)			(0.058 8)		
Q_t	0.090 74	0.093 0	0.090 92	0.039 12	0.040 24	0.033 09
	(0.026 1)	(0.024 4)	(0.023 9)	(0.024 4)	(0.024 5)	(0.017 3)
W_t	－0.100 00	－0.101 80	－0.098 65	－0.040 98	－0.038 86	－0.038 82
	(0.022 7)	(0.018 2)	(0.017 4)	(0.017 8)	(0.018 4)	(0.017 2)
DUMMY93				－0.039 57	－0.040 19	－0.039 3
				(0.012 3)	(0.012 6)	(0.012 2)
IND. 31	－0.042 17	－0.044 99	－0.075 33	0.080 76	0.083 36	0.087 55
	(0.028 5)	(0.027 1)	(0.035 7)	(0.028 7)	(0.028 7)	(0.025 0)
IND. 32	0.038 57	0.037 57	0.024 39	0.080 19	0.083 35	0.083 57
	(0.024 7)	(0.026 7)	(0.029 6)	(0.020 6)	(0.020 6)	(0.020 2)
IND. 34	0.022 71	0.024 98	－0.035 21	－0.059 09	－0.060 96	－0.065 33
	(0.027 6)	(0.027 3)	(0.044 2)	(0.020 9)	(0.021 4)	(0.023 8)
IND. 35	－0.103 58	－0.105 57	－0.155 28	－0.043 10	－0.045 63	－0.040 06
	(0.024 2)	(0.022 1)	(0.040 9)	(0.024 6)	(0.024 9)	(0.020 1)
IND. 36	－0.043 82	－0.042 85	－0.105 38	－0.075 04	－0.076 84	－0.083 07
	(0.024 3)	(0.023 3)	(0.046 0)	(0.027 9)	(0.028 3)	(0.027 9)
Qr. 1	－0.015 36	－0.015 24	－0.014 51	0.000 98	－0.000 19	－0.001 11
	(0.012 7)	(0.012 7)	(0.012 7)	(0.008 1)	(0.008 0)	(0.008 0)
Qr. 2	0.008 15	0.007 83	0.008 46	0.011 22	0.010 31	0.009 96
	(0.007 9)	(0.008 2)	(0.008 2)	(0.005 9)	(0.005 8)	(0.005 3)
Qr. 3	－0.013 40	－0.013 23	－0.012 86	－0.015 89	－0.017 78	－0.017 93
	(0.006 9)	(0.006 7)	(0.006 8)	(0.007 2)	(0.006 9)	(0.006 7)

续表

变量	样本：1975—1984 年			样本：1985—1997 年		
	(1)	(2)	(3)	(1)	(2)	(3)
	劳动需求等式：因变量 N_t					
OPEN			−0.071 85			−0.000 90
			(0.053 2)			(0.009 2)
样本量	228	228	228	300	300	300
R^2	0.994 6	0.994 7	0.994 7	0.996 7	0.996 7	0.996 7
AR 1−4	3.305 8	3.575 7	3.937 4	1.229 4	1.740 3	1.743 0
	[0.508 0]	[0.466 5]	[0.414 5]	[0.873 2]	[0.783 4]	[0.782 9]
正态性检验	143.0	138.0	131.7	60.4	56.6	56.7
	[0.000 0]**	[0.000 0]**	[0.000 0]**	[0.000 0]**	[0.000 0]**	[0.000 0]**
χ^2	2.915 1	2.272	2.309	1.505 2	1.765 6	1.558 5
	[0.000 2]**	[0.006 7]**	[0.003 9]**	[0.035 3]*	[0.007 4]**	[0.024 7]**

	样本：1985—1997 年		
	(1)	(2)	(3)
	工资等式：因变量 W_t		
常数项	−0.296 74	−0.274 08	−0.274 71
	(0.106 8)	(0.104 1)	(0.104 1)
W_{t-1}	0.368 74	0.430 03	0.430 33
	(0.056 3)	(0.040 1)	(0.040 2)
W_{t-2}	0.074 93		
	(0.043 3)		
AW_t	0.711 98	0.721 45	0.721 26
	(0.052 3)	(0.054 0)	(0.054 0)
$OPEN_t$	−0.024 71	−0.024 26	−0.024 24
	(0.010 7)	(0.010 7)	(0.010 7)
$UNION_t$	0.155 15	0.154 77	0.154 70
	(0.022 7)	(0.022 9)	(0.022 9)
$UNION93_t$	−0.239 53	−0.234 32	−0.234 37
	(0.069 3)	(0.070 3)	(0.070 3)
$UNION93_t$ ·	0.057 11	0.061 46	0.061 61
Ind. 31	(0.084 6)	(0.086 2)	(0.086 2)
$UNION93_t$ ·	−0.149 93	−0.148 41	−0.148 15
Ind. 32	(0.078 4)	(0.080 9)	(0.080 9)
$UNION93_t$ ·	−0.042 42	−0.038 42	−0.038 38
Ind. 34	(0.074 5)	(0.076 3)	(0.076 2)
$UNION93_t$ ·	0.170 82	0.175 12	0.175 04
Ind. 35	(0.061 6)	(0.062 7)	(0.062 6)

续表

	样本：1985—1997 年		
	(1)	(2)	(3)
$UNION93_t$ · Ind. 36	−0.898 88	−0.898 90	−0.898 09
	(0.290 9)	(0.293 4)	(0.293 5)
DUMMY93	0.100 29	0.100 01	0.099 97
	(0.033 2)	(0.033 1)	(0.033 1)
Qr. 1	−0.045 55	−0.043 57	−0.043 58
	(0.010 7)	(0.010 9)	(0.010 9)
Qr. 2	0.012 20	0.020 54	0.020 56
	(0.009 1)	(0.008 6)	(0.008 6)
Qr. 3	0.012 08	0.009 84	0.009 85
	(0.008 5)	(0.008 3)	(0.008 3)
样本量	300	300	300
R^2	0.978 0	0.978 2	0.978 2
AR 1−4	1.942 5	1.643 0	1.642 9
	[0.753 0]	[0.792 8]	[0.792 7]
正态性检验	7.74	7.85	7.85
	[0.020 9]*	[0.019 8]*	[0.019 8]**
χ^2	1.944 5	2.096 8	1.989 2
	[0.001 4]**	[0.000 6]**	[0.001 0]**

注：*N* 代表生产劳动者的数量；*W* 代表一个生产劳动者的实际劳动成本；*Q* 代表产出；AW 代表替代工资；UNION 代表工会密度；OPEN 代表开放程度；Qr. *j* 代表第 *j* 季度对应的一个虚拟变量；Ind. *i* 代表行业 *i* 所对应的虚拟变量；DUMMY93 是一个虚拟变量，它为 1 时表示在 1993—1997 年间；UNION93 等于 UNION 乘以 DUMMY93。表中包括的产业有：食品、饮料和烟草业（31）；纺织品和服装业（32）；造纸业（34）；化工和原油制造业（36）；非金属矿物业（36）以及金属业（38）。模型（1）和模型（2）是不同的，这是由于模型（1）包括了因变量的两个滞后项，而模型（2）只含有一个滞后项。模型（3）在劳动需求等式中加入了“开放程度”这个变量。除了“工会”“开放程度”以及所有的虚拟变量，其他的变量都取对数。括号中是每个估计系数对应的修正后的标准误（White，1980）。AR 1−4 表示残差 4 阶的自相关检验；正态性检验方法为雅克-贝拉（Jarque-Bera）检验。χ^2 代表残差的异方差检验，该检验中使用的是所有变量及它们的平方值。

工资方程的结果表明：1992 年后工会密度对工资水平的影响显著减少，尽管变化的程度会由于产业的不同而不尽相同。① 在工资方程的结果中有一个重要的发现，即议价工资会随着开放程度的提高而降低。然而，这种影响并不

① 工会对工资水平产生的消极影响应该被看做是在 20 世纪 90 年代中期议价体制发生变化的结果。观测到的样本量不足以用来估计子周期的不同模型，因此在这种情况下发生的结构性间断通常被用作捕捉可能发生的变化，但无法对其进行定量估计。

大，开放程度50点的变化只会引起议价工资1.5%的变化。

由于我们使用了不同的方法来估计IVE劳动需求和3SLS议价模型，可能有人会疑惑这些结果是否会对测量方法的选择比较敏感，或者它们是否也对模型中使用的变量或者没有使用的变量反应敏感。为了使两个子周期所在的环境相同，我们把它们置于一个有两个方程的系统之内，并且用3SLS进行估计。为了实现以上做法，所有的变量都必须乘以两个二值变量——一个表示1975—1984年的情况，另一个表示1985—1997年的情况，所以$X75$等于1表示在1975—1984年，等于0则表示在这之后，$X85$等于1表示在1985—1997年，等于0则表示在这之前。我们进行了系数的显著性检验，并在1985年前后系数不变的条件下进行了检验，所有的检验结果都力证了先前的结论（见表8A.5）。

在表8.6和表8.7中，我们通过使用原先表中的模型（2），总结了劳动需求弹性以及其他相关参数的结果。同时我们还给出了置信区间。这些结果表明：劳动需求的工资弹性从1975—1984年的0.69下降到了1985—1997年的0.22。就业产出弹性下降了50%以上，从0.83一直降到了0.31。

预测的调整速度在两段时期内也是相同的，大约为五个季度，因此没有证据表明集体议价活动的回归延长了就业调整所需要的时间，而这个结果与一些人的观点截然相反。[①]

表8.6　劳动需求参数：制造业，1975—1997年

变量	1975—1984年		1985—1997年	
	估计	置信区间	估计	置信区间
		短期估计		
产出	0.093 04	(0.045，0.141)	0.040 243	(0.007，0.087)
劳动成本	−0.101 80	(−0.137，−0.066)	−0.038 86	(−0.075，−0.003)
滞后就业	0.888 44	(0.827，0.950)	0.869 21	(0.826，0.912)
		长期估计		
产出	0.833 9	(0.525，1.143)	0.307 7	(0.080，0.536)
劳动成本	−0.912 5	(−1.368，−0.457)	−0.297 1	(−0.534，−0.060)
劳动份额（s_L）	0.248		0.257	
劳动需求工资弹性	0.69		0.22	

注：s_L等于工资费用（包括所有的工资成本和非工资成本）除以增加值。劳动需求的工资弹性等于$-(1-s_L)\times\sigma$，其中σ是资本和劳动的替代弹性，此弹性由劳动需求等式中估计的工资系数得到。

① Lockwood and Manning（1989）的研究结论与本章的相反。

表 8.7 关键变量对实际劳动成本的影响：制造业，1985—1997 年

变量	短期		长期	
	估计系数	置信区间	估计系数	置信区间
开放程度	−0.024 26	(−0.045，−0.003)	−0.042 56	(−0.075，−0.010)
替代工资	0.721 45	(0.616，0.827)	1.265 80	(1.175，1.356)
滞后工资	0.430 03	(0.351，0.509)		
工会 1985/1992	0.154 77	(0.110，0.200)	0.271 54	(0.215，0.328)
工会 1993/1997				
行业 31 (Ind. 31)	−0.018 09	(−0.176，0.140)	−0.031 74	(−0.328，0.265)
行业 32 (Ind. 32)	−0.227 96	(−0.384，−0.072)	−0.399 95	(−0.722，−0.078)
行业 34 (Ind. 34)	−0.117 97	(−0.246，0.010)	−0.206 98	(−0.451，0.037)
行业 35 (Ind. 35)	0.095 57	(0.031，0.159)	0.167 67	(0.062，0.273)
行业 36 (Ind. 36)	−0.978 46	(−1.585，−0.372)	−1.716 70	(−2.756，−0.677)
行业 38 (Ind. 38)	−0.079 55	(−0.215，0.056)	−0.139 57	(−0.387，0.108)

注：行业分别有食品、饮料和烟草业（31）；纺织品和服装业（32）；造纸业（34）；化工和原油制造业（35）；非金属矿物业（36）以及金属业（38）。

由于遗漏了雇用和解雇成本，估计结果可能会出现向下的偏误，但是在两个子周期内下降的趋势非常稳健。就业水平对产出和工资水平的反应并没有那么强烈，这与集体谈判限制雇主的选择一致。一旦工会能够左右工资的设定，商业规则就会发生变化。正是由于工会的作用，雇用和解雇成本很可能会提升。由于工会采取的反应措施的不确定性增加，就业水平无法像先前那样随产出需求的变化进行调整。因此，与工会不活跃的时候相比，当工会活跃时，在生产放缓期间劳动囤积会更多，在产出增长期会导致更多的加班加点现象。

1992 年之后，议价体制发生了变化，此次变化是为了让企业层面的协商活动在一些产业中更加普遍。这个体制变化的影响可以通过用不同的方法估计劳动需求和工资方程来获得。在 1993 年，劳动需求方程发生了变化，而其他的估计系数不变。考虑工资水平后，我们发现它增加了总工资水平，但是使得工会对加价的影响力有所降低，且对每个行业的影响不同。这些正面影响急剧缩减的行业是那些行业层面议价更普遍的企业。因此，在化工和原油制造业（35）我们没有观测到显著的变化，因为化工和原油制造业中主要是国有企业，在非金属矿物业（36），工会对替代收入的提高发挥的作用更小。据估计，在 1985—1992 年，工会的长期影响是覆盖率每增加 10%时，工资提高 1.5%。考

虑 20 世纪 90 年代发生的变化后，整个时间段的平均效应几乎为 0。[①] 工会通过工资水平对就业水平产生的间接影响体现在它使覆盖率提升了 10 个百分点，并且这与 1993 年之前劳动需求下跌了 0.8%有关。

由于几乎所有的参数都发生了变化，为了估计所有可能的影响，我们同时使用两个模型进行模拟。第一，我们使用 1975—1984 年的数据来估计 *ARIMA*（4，1，0）模型，并由此模型来计算 1985—1997 年的工资水平。将估计的平均工资与实际工资的平均值进行对比，我们发现工资比它们没有发生改变时要高出 46%。1975—1984 年间，同样的对比结果显示，与存在工资议价和工会密度等于 1985—1997 年的平均水平时相比，实际的工资水平要低 18%（见图 8.7 和图 8.8）。

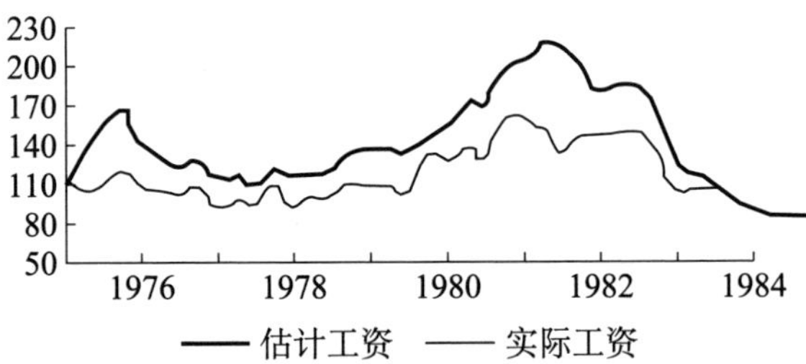

图 8.7　1975—1984 年假设工会存在时的劳动成本

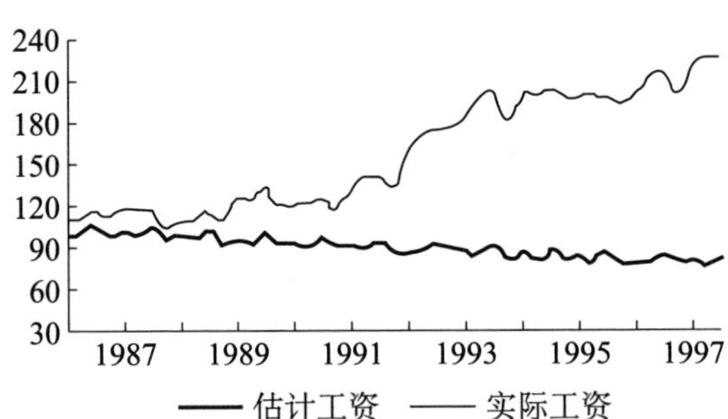

图 8.8　1986—1997 年假设没有工会时的劳动成本

第二，在使用了实际工资和劳动需求等式中的两个参数之后，不同的体制对劳动市场的估计影响如下：1985—1997 年的就业水平比 1975—1984 年的模型估计的就业水平高 9%。这是产出以及工资参数下降的综合影响。相应地，在 1975—1984 年，如果弹性由议价模型计算所得，那么就业水平将会比其观测值高 5%（见图 8.9 和图 8.10）。

---

① 这些影响是由“工会”变量的均值计算所得。

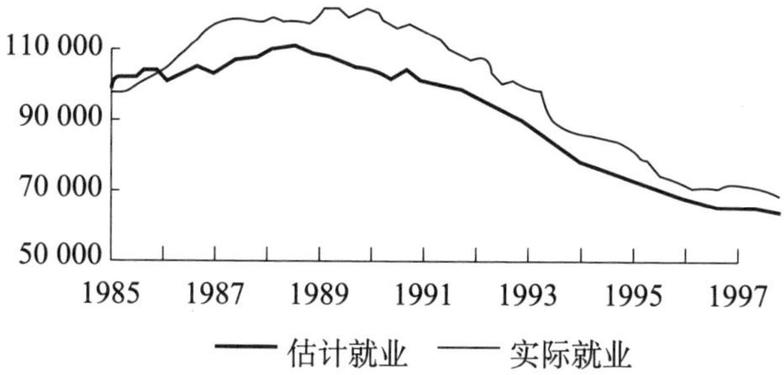

图 8.9　1986—1997 年假设没有工会且使用实际工资时的就业水平

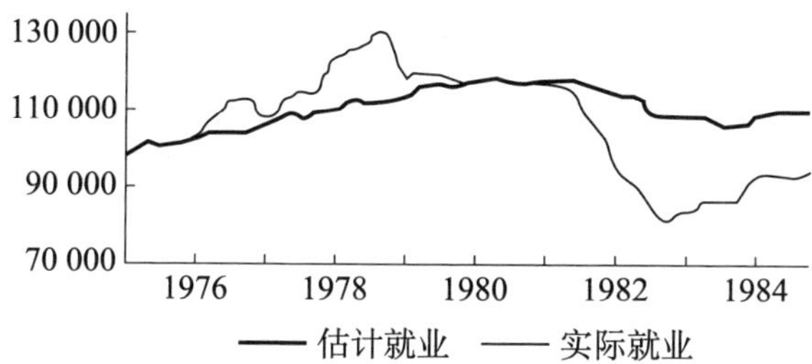

图 8.10　1975—1984 年假设工会存在且使用实际工资时的就业水平

第三，同时考虑估计的工资水平以及弹性的变化，如果工资水平是根据 1975—1984 年的 *ARIMA*（4，1，0）模型计算所得的，而且弹性是根据 1975—1984 年的劳动需求等式计算所得的，那么在 1985—1997 年，就业水平将会比根据上述条件计算所得的就业水平低 24%。与之相反的是，在 1975—1984 年间，如果工资是由议价模型预估得来的，而且弹性是由相同的模型估计所得，那么由此得到的就业水平会比实际的就业水平（见图 8.11 和图 8.12）低 1%。总而言之，在 1985 年之前，工会可以阻止工资的下跌，为此就业水平要下降 1%，如果工会无法恢复到原来的地位，那么就业水平将提升 24%，但这种上升将以更低水平的收入为代价。

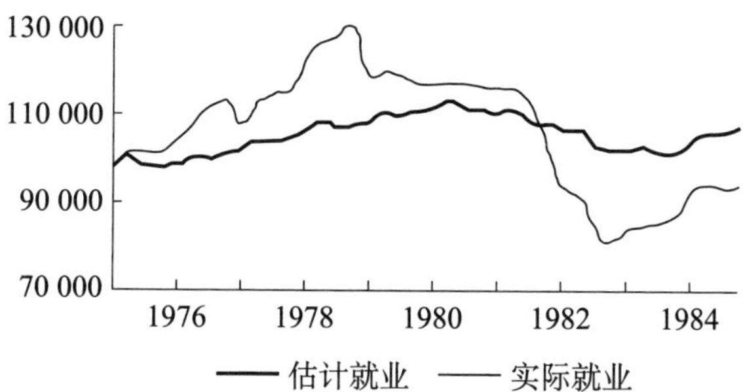

图 8.11　1975—1984 年假设工会存在时的就业水平

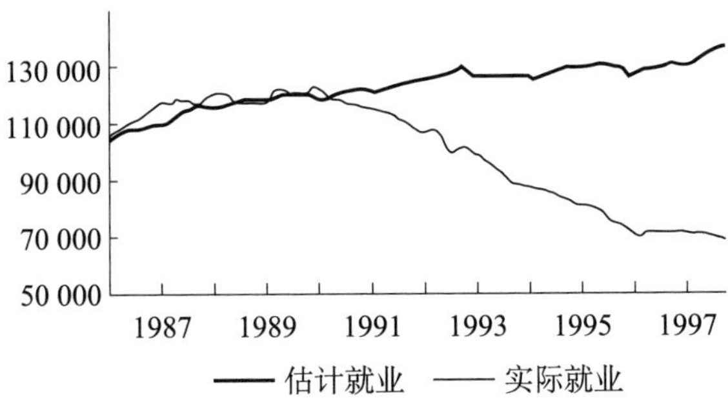

图 8.12　1986—1997 年假设没有工会时的就业水平

这些图只能反映大致的结果。工资的 *ARIMA*(4，1，0）模式，以及针对就业水平的 1975—1984 年的模型，都没有将 1993 年估计的变化考虑在内，也没有将 1985 年后当体制没有发生变化时产出以及贸易条款之类的变量的作用考虑在内。这可能与结构改革和开放程度提高带来的产出变化有关。因此，围绕 1985—1997 年的数据采用的模拟方法所得的结果在之前使用的估计模型中被高估了，而在 1975—1984 年的模型中却被低估了（拟合后的工资收入以及就业损失量比模拟的情况下要小）。

上述所有结果都是源于针对整个制造业的估计模型，这种模型使用的是行业数据，且在这种模型内我们假定所有产出和劳动需求的工资弹性都是相同的。这样的假定是否能站得住脚？如果这个假定不成立，那么它是否会对结果产生显著的偏误？为了解决这个问题，我们允许两个子周期内所有的系数因行业不同而不同，同时还对其进行检验。在 1975—1984 年间，相同弹性和调整速度的假设并未被拒绝。造纸业以及化工和原油制造业的弹性更小。然而，使用此模型估计所得的制造业的平均弹性只高出一小部分，而工资弹性和解释调整速度的参数并未显示出明显的偏误。①

虽然无法期望行业间的相似性支持先前估计的结果，但是统计结果支持使用总截面时间序列数据进行估计，也支持弹性降低的结果，无论它下降多少都有可能被夸大。尽管我们并没有看到针对就业问题进行的议价活动，但是我们所有的研究结果均表明，工会已经对劳动需求产生了影响。这主要通过两个机制实现。第一，再工会化改变了工资设定的方式。工会已经就工资水平问题进行了议价活动，而此议价活动是将其可能对劳动需求计划产生的影响，以及那些有可能最终被雇用的人的外部机会考虑在内的。受竞争影响最大的行业的注册增长比其他行业要低。工会成员数量在整段时间内呈现出系统性的下降，它们在 20 世纪 80 年代又开始增长。在 20 世纪 90 年代初期，可能是由

① 我们可以根据需求提供实验结果。

于议价活动逐步分化以及合同的非强制性，这种影响在一些行业中消失殆尽，但在其他行业中有负向影响。开放程度的提升同样也缓和了工会对工资水平的需求。

第二，对雇主来说，工会有效地改变了其劳动需求决策。产出以及工资弹性已经开始下降，其中工会的阻碍是可能的原因之一。由于工会强制工资上涨，而且形成了众多抑制价格上涨的条件，用人单位不得不将就业水平调整到能适应需求周期性变动的水平。进一步说，预期的工会阻碍很可能就是就业水平为适应工资提升进行的向更低水平调整的根源。综合以上所有这些变化，其结果就是，与没有进行制度变化相比，现今的工资水平更高而且就业水平更低。

8.6 工会对就业调整的影响：其他证据

为了进一步分析工会对劳动市场造成的影响，我们采用两种不同的研究路线，主要探讨工会是如何影响就业调整的。第一种研究动态劳动的方法已经被执行了，此方法是为了探寻工会对就业均衡的影响。第二种研究思路是估计工会对解雇率的影响，并且是对整体经济状况进行分析，而不是仅仅针对制造部门。

8.6.1 动态劳动需求

尽管传统观念认为工会会延长劳动需求调整所需要的时间，但是表 8.5 中的估计结果显示，在 1975—1984 年和 1985—1997 年这两个时间段内，劳动需求调整所需的时间并没有发生改变。在 1985—1997 年发生的其他变化可能使得前后对比分析无法准确估计工会带来的影响。特别是，乌拉圭经济的开放程度可能已经在工会延长调整滞后期的同时，缩短了调整的滞后期。

一个验证此结论的有效方法是考虑调整速度是与一些变量相关的函数，这些变量与就业水平的变化有关。我们假设在（5）式中，$\lambda=\lambda(\boldsymbol{ac}_t)$，其中 $\boldsymbol{ac}$ 代表解释调整成本的向量，与滞后就业变量进行交乘（Burgess，1988，1989；Burgess and Dolado，1989）。包括的其他变量有：工会密度以及开放程度。工会密度将反映解雇员工的隐性成本和雇用新员工的潜在约束。另外，开放程度越高，雇主越有可能受到国内外竞争压力的影响，并因此缩短调整的滞后期。

在表 8.8 中我们使用了三个模型：（1）工会密度与滞后就业之间的交乘项；（2）开放程度与滞后就业之间的交乘项；（3）工会密度、开放程度以及滞后就业三者的交乘项。三个模型的影响是线性的（在第三个模型中进行了交乘）；另外，交乘项的系数可以理解成忽略线性影响后的估计结果。第（1）列和第（2）列的工会密度和开放程度与滞后就业的交乘项的系数分别为正和负，但是预测的精确度比较低。第（3）列中使用了完整模型，加入了所有的交乘项，滞后就业的系数随着开放程度的增加而减小。在任何情况下，估计系数的精确性都不是可接受的。开放程度也在工资议价方程中，并且对议价工资产生了负向影响。开放程度从30%上升到60%与工资下降1.7%相关。

表 8.8　动态劳动需求方程的估计，1985—1997 年

变量	(1)	(2)	(3)
N_{t-1}	0.876	0.889	0.902
	(0.028)	(0.025)	(0.038)
Q_t	0.056	0.055	0.073
	(0.016)	(0.017)	(0.019)
W_t	−0.034	−0.032	−0.060
	(0.015)	(0.016)	(0.018)
N_{t-1} · UNION	0.001		−0.065
	(0.028)		(0.059)
UNION	0.005		0.522
	(0.266)		(0.532)
N_{t-1} · OPEN		−0.027	−0.102
		(0.024)	(0.052)
OPEN		0.248	0.908
		(0.222)	(0.474)
OPEN · UNION			−0.882
			(1.226)
N_{t-1} · OPEN · UNION			0.108
			(0.134)
SEE	0.044	0.044	0.043

注：每个方程中都包括了3个季节性虚拟变量、5个行业虚拟变量、1个1993—1997年的变化参数和1个常数。每个方程都与工资方程一起用3SLS进行估计，工资方程中包括的变量与表8.5中第（2）列中的变量一致。

以上这些结果并不像静态劳动需求相关的结果那么稳健。然而，用第一种方法研究就业动态的结果显示：与1975—1984年相比，1985—1992年间的低开放程度使就业调整的滞后期更长。不过，随着20世纪90年代开放程度的增加，滞后期迅速缩短，1997年的滞后期比1984年的滞后期还要短。1985—1997年间的总体影响与1975—1984年间的平均滞后期是一样的，相关结果见

表 8.5。关于工会的作用，眼下我们无法给出任何结论。我们需要对 λ 参数进行更详细的说明，尽可能地解释从 1993 年起对每个产业的不同影响，但这并不是本章所要论述的内容。

8.6.2 劳动流动性

第 8.5 节的结果显示，1985 年集体议价活动回归之后，劳动需求对产出和工资改变的敏感程度降低。我们所不知道的是，在第 8.6.1 节所得的不稳健的结果的前提下，工会是否会对就业调整产生影响。这是一个至关重要的问题，因为任何为了使乌拉圭劳动市场更具有灵活性而出台的相关政策都依赖于工会对就业的影响机制。

工会与更加缓慢的就业调整有关，因为如果工会成员的工资水平更高，事实上就减少了主动离职的数量。在这种情况下，政策不得不直接针对工会的议价能力。另外一个可能性是突然自发进行罢工的工会威胁能够避免雇主的裁员行为。在这种情况下，政策针对的对象应该是罢工行为。

我们并没有人员流入和流出那些企业的数据，因此无法将就业变化分为雇用、解雇以及离职（包括退休）等的变化，无法对工会的影响给出更具有意义的见解。本节用第二个最低策略来分析有关失业、离职以及解雇问题的家庭调查数据。如果工会使就业对工资和产出变化的反应更小，那么这个影响与更低水平的雇用率、更低水平的离职率以及更低水平的解雇率相关。此处重点研究工会对解雇率的影响。[①] 我们使用针对所有经济部门调查的数据，而并非仅针对制造业的数据。因为关于失业的问题的回答可能是模糊的，所以我们的结果不仅基于解雇，还基于所有失业和造成失业的辞职。这些结果除了能让我们解释工会如何影响就业调整之外，还能帮助我们确定能否基于制造业的研究所得的结论来归纳其对整个经济领域的影响。

更进一步说，很多文献研究了工会如何影响不同形式的劳动流动问题，这些文献为我们研究工会行为提供了一些参考。Freeman（1980）认为，工会与更低的辞职率相关。为什么存在这种关系至今尚未明确。Freeman 表示如果工会向员工提供建设性的渠道来解决工作地点问题，那么他们辞职的可能性就会降低。有工会组织的企业对工资的压缩会进一步减少那些获得最大相关利益的员工的辞职率，如非专业技术人员以及年轻工人。其他人认为这个相关关系仅仅反映了这样一个事实，即工资水平不足以衡量工会成员得到的租金；如果能够更有效地衡量这些租金，那么工会的影响将会消失。

工会对解雇率的影响更难估计。在一个每个工会成员在总工会偏好函数中

---

① 仅有 1991 年之后的新员工的数据是可得的，并且只有在员工失业之后才能观测到辞职状况。

的权重都相等的框架下，人们可能期望工会为每一个成员提供就业保障。然而时至今日，大多数的模型预设在工会内部存在政治上占主导地位的工人联盟，通常是最高级成员。在这样一种前提下，只有主导团体的成员才能免于被解雇。更复杂的因素是失业津贴的可得性和金额。在美国，工会通常会根据员工的资质来裁员，并用失业津贴来减少经济波动给多数高级成员带来的影响。Medoff（1979）发现，对于工会成员而言，事实上他们的解雇率比非工会成员还要高。然而，在美国的公共部门，Allen（1988）发现与非工会成员相比，工会成员被解雇的可能性更小。与美国和欧洲社会系统相比，乌拉圭的失业保障系统的收入替代率较小（即上一个月月薪水平的50%～75%，超过了最低工资的7倍），正因如此，有人可能会期望乌拉圭的工会不遗余力地把重点放在避免解雇之上。工会可以显著提高与解雇员工相关的交易成本。对于非工会成员的雇主而言，其义务仅限于支付遣散费。工会可以制造额外的成本，包括停工斗争和消极怠工。①

正是由于发生了这些变化，因此在1985—1997年间，允许工会对解雇的影响存在差异是至关重要的。

模型和数据

为了估计集体议价行为对劳动流动的影响，一个理想的模型是预测就业风险率，针对辞职和解雇情况进行总体和独立的估计。我们没有乌拉圭家庭调查的面板数据，也没有重复的、时间完整的就业（或者失业）横截面数据。按月进行的家庭调查可以用来确定经历过失业的工人上一份工作的部门和行业以及他们离开上一份工作的原因。如果他们表示离开上一份工作的原因是他们“被开除了”或者“工厂或企业倒闭了”，那么这些人将会被定义为被解雇。那些停职在家或者正在领取失业津贴的人不在此定义范围之内，因为区分的界限并不清晰。所有其他能够引起失业（包括那些将离开上一份工作的理由表示成“其他”的人）的离开都被定义为“辞职”。

在1991年，家庭调查使用了新的调查问卷。识别失业的调查项目并没有发生变化，但是问卷中关于辞职的措辞以及选项发生了本质上的改变。这使我们无法估计不同类型辞职行为的模型，比如说由于工资过低而辞职，或者为了重返学校读书而辞职。只要我们将辞职的定义扩展，那么1990—1991年的数据就不会出现显著的间断（见表8.9）。

① 我们原本计划将法律规定之外的支付相关遣散费的工会合约数据在本节进行分析。然而在研究了这些合约之后，我们发现遣散费的支付是在需要的基础上进行协商产生的，在合同中并没有明确规定。正如我们对Cassoni，Labadie，and Allen（1995）有关银行业的案例研究结果一样，这些遣散费金额有时会很高。

表 8.9　劳动流动性分析中使用的变量的均值和标准差

	1981	1982	1984	1986	1990	1991	1992	1993	1994	1995	1996
失业（是=1）	0.068	0.124	0.118	0.090	0.081	0.077	0.082	0.074	0.080	0.104	0.121
	(0.251)	(0.329)	(0.322)	(0.287)	(0.273)	(0.267)	(0.275)	(0.262)	(0.272)	(0.305)	(0.326)
解雇（是=1）	0.009	0.026	0.028	0.017	0.015	0.021	0.023	0.019	0.024	0.036	0.049
	(0.097)	(0.158)	(0.166)	(0.128)	(0.121)	(0.143)	(0.150)	(0.136)	(0.154)	(0.185)	(0.216)
辞职以及失业（是=1）	0.045	0.066	0.077	0.066	0.054	0.054	0.058	0.054	0.055	0.068	0.071
	(0.208)	(0.248)	(0.267)	(0.248)	(0.227)	(0.227)	(0.235)	(0.226)	(0.227)	(0.252)	(0.256)
工会密度	0.340	0.326	0.324	0.299	0.261	0.248	0.235	0.222	0.216	0.208	0.168
	(0.244)	(0.218)	(0.211)	(0.176)	(0.158)	(0.157)	(0.151)	(0.146)	(0.154)	(0.158)	(0.142)
观测样本量	5 385	5 329	10 196	10 088	9 233	10 794	10 668	10 822	10 944	11 354	11 475

注：括号内是标准误。

辞职与解雇之间的区别在实证研究上存在一些问题。与雇主就雇员的离开原因进行面谈，无疑会得出与家庭调查不同的答案。与此同时，决策的时间以及陈述的理由可能会被隐瞒或者显露，例如，雇员可能会为了避免由被解雇而带来的耻辱而选择自己辞职。相应地，此项研究还估计了有经验的工人的失业率，不考虑他们陈述的理由。最新的调查将停职在家的人和领取失业津贴的人包括在内。

此方法的一个明显的限制在于，我们不能观测人们在没有失业干预的条件下辞职的情况。对于解雇的分析不太可能存在这个问题，即使有提前告知（在乌拉圭并不要求如此），也只有很少一部分失业者能在上一份工作结束前找到一份新的工作。解释辞职的结果难度更大。测量误差使得此项研究更加不可能拒绝原假设。我们必须强调的是，此处的结果仅针对辞职表现的一个方面，即之后会失业的辞职，而不能推广到所有的辞职问题上。

对失业、辞职以及解雇的概率方程的估计是基于1981年、1982年、1984年、1986年、1990年和1991—1996年期间的家庭调查中的所有经验丰富的受雇劳动者进行的。对于1981年和1982年，我们只得到了下半年的数据。工会成员并不在家庭调查的测量范围之内。工会成员数量的计算根据第8.4节的说明所得。

分析中所包含的其他变量有：在公共部门就业、年龄、年龄的平方、性别、受教育年限、非正规劳动者（由缺乏医疗保险定义）的比例①、婚姻状况（已婚，有配偶）、行业（制造业以及建造业，因为这两个行业中的解雇率以及失业率最高），以及季度变量（3个变量）。

均值以及趋势

主要的因变量和解释变量的描述性统计见表8.9。

在样本调查的时间内，失业率为7%～12%。这些数据比公开的失业率要低，主要是因为那些第一时间寻找工作的人并没有包括在我们的样本之中（同时我们还将那些自雇用的、不拿报酬的劳动者排除在外）。失业率在1982—1984年以及1995—1996年达到了顶峰，这两段时期正是全球经济衰退期，此时的阿根廷正在经历高失业率。辞职导致的失业与总失业紧密联系在一起。

20世纪90年代的劳动力的解雇率比20世纪80年代高，并且在1996年达到了最高水平5%。这几乎是1982年解雇率的两倍，这两年有经验工人总的失业率水平维持在12%左右。在1992年和1994年，虽然总的失业率相对较低，接近8%，但它们的平均解雇率维持在2.4%。相比之下，1982年的解雇率是2.6%，虽然失业率达到了12.4%。

---

① 针对那些在私人部门工作的人员，社会保险中有相对应的法定医疗保险。家庭调查中有针对医疗保险的问题。因此，为了研究目的，那些不享受法律强制性医疗保险的人员被定义为非正规劳动者。

工会密度会根据样本时间段的变化而发生显著的改变。我们要谨记在心的是，在1984年并没有集体议价；表8.9中呈现的1981—1986年的值是基于1987年的数据所得。我们用这些数据来控制那些无法观测的且与工会密度相关的行业影响。(它们每年都会变化，因为就业的行业结构一直在变化。) 工会化比例的平均值从1986年的30%降到了1996年的17%。这个下降幅度是循序渐进的，除了在1995—1996年间下降了4%以外。在20世纪90年代，食品和饮料业、纺织品和服装业、交通和通信业以及金融服务业的工会密度下降了10%及以上。

概率模型的估计结果

工会带来的影响会根据时间段的不同而有显著的差别（见表8.10)。但是无可厚非的是，在1981年和1982年，工会变量（在这几年内作为工会情绪或使部门有利于工会组织的条件的代理变量）与解雇率、辞职率、失业概率是无关的。

表8.10 概率估计中工会系数的转换系数和标准误

年份	失业（是=1）	解雇（是=1）	辞职以及失业（是=1）
1981	0.008	−0.006	0.011
	(0.024)	(0.006)	(0.020)
1982	0.059	−0.005	0.029
	(0.032)	(0.013)	(0.024)
1984	−0.109	−0.016	−0.066
	(0.026)	(0.010)	(0.021)
1986	−0.065	−0.027	−0.025
	(0.025)	(0.009)	(0.021)
1990	−0.065	−0.011	−0.018
	(0.021)	(0.006)	(0.016)
1991	−0.032	−0.008	−0.023
	(0.019)	(0.008)	(0.016)
1992	−0.053	−0.016	−0.034
	(0.021)	(0.009)	(0.018)
1993	−0.054	−0.014	−0.035
	(0.019)	(0.007)	(0.016)
1994	−0.040	−0.021	−0.004
	(0.019)	(0.008)	(0.016)
1995	−0.088	−0.033	−0.047
	(0.026)	(0.013)	(0.021)
1996	−0.135	−0.084	−0.041
	(0.027)	(0.016)	(0.020)

注：系数表明了由于工会化份额变化引起的概率变化；括号中是标准误。控制变量包括：非正规劳动者（用医疗保险覆盖情况表示）的比例、在公共部门就业（是=1)、年龄、年龄的平方、性别、工作年限、婚姻状况、行业（虚拟变量为制造业以及建造业)，以及季度变量。

到 1984 年，工会已经有了强有力的政治力量，它可以组织罢工和游行，给军政府施压，使其下台。1984 年的失业概率很低与工会化比例有关，这都是因为在工会化行业中，很少有人会主动辞职。这很有可能反映了重新采用民主制的预期以及集体议价的回归。研究结果表明：经济领域中工会化部门的解雇率比非工会化部门的解雇率要低很多。解雇概率模型中的工会系数从 1982 年的－0.005 上升到了 1984 年的－0.016（尽管第二种影响的估计并没有建立在高准确度的基础之上）。

1986 年，图形有了进一步的变化，此时的工会（同 1981—1982 年和 1984 年一样，建立在 1987 年数据的基础之上）直接促成了低水平的解雇率。在 1986—1994 年间，工会化使解雇率下降了 1%～2%。从绝对值的角度上看可能并不明显，但是我们要知道的是在这段时间内平均的解雇率水平在 1.5%～2.4%之间。假设平均的工会化比例是 25%，平均的解雇率是 2%，工会与非工会的解雇率差异是 1.5%，这就意味着工会职工被解雇的概率是 0.9%，而非工会职工被解雇的概率是 2.4%。

虽然工会密度正在下降，与此同时工会化企业也更多地处于全球性的竞争环境之下，但事实上，在 1995 年和 1996 年，工会对解雇的影响保持强劲。总的解雇率从 1995 年的 3.6%上升到了 1996 年的 4.9%。1995 年工会的影响上升到了 3.3%。这个结果表明：工会职工的解雇率是 1.0%，而与之相对应的非工会职工的解雇率却高达 4.3%。与过去的几年相比，增加的所有的解雇风险是由非工会职工引起的。1996 年这个结果更加明显，解雇和失业概率模型中的工会系数比解雇率和失业率的均值要大。

从工会密度正在减小的角度来看，工会-非工会在解雇率上的差距增大似乎令人费解。有人认为工会成员会自行选择进入人员流动性较低的企业，但是模型控制了员工在非正式部门的概率，而非正式部门的人员流动性是极大的。另一个可能是 1995 年和 1996 年的工会成员的任期会比之前年份的更长（相对于非工会成员来说），但是数据显示在 1995 年和 1996 年的差距（1.2 年）与在 1991—1994 年的差距是相同的。最合乎逻辑的一个可能是，在 1995—1996 年幸存的工会是最有实力的工会。工会化企业内部的解雇率保持在 1%的水平，而那些非工会部门的解雇率急剧上升。

总体来看，这些结果表明在 1986—1996 年，在非工会部门工作的员工的解雇率低于 1%。总的解雇率的任何变化都表明非工会雇主采取了调控措施。

即使解雇率接近于零，但是如果辞职率充分高，工会雇主仍然具有改变就业水平的自由。乌拉圭的情况并不是如此。与之相反的是，在工会化企业中，雇主拥有的灵活性会受制于极低水平的辞职率。在 1984—1994 年，影响的大小每年都在发生变化，在大多数年份，在完全工会化的行业与完全非工会化的行业中，辞职率和失业率的差距接近3%。在1995年和1996年，工会对引起失业的辞职产生的影响增大。

总之，在行业层面观测到的劳动需求弹性的总体变化并没有错。我们从微观的工人个体角度看到的结果与我们从行业角度看到的结果是吻合的，也就是说，现今就业水平的调整比没有工会时更少。让这些结果更加令人信服的是，1981—1982年，工会密度对就业水平、辞职水平或者解雇水平没有影响，其中工会密度的测量与1986—1996年使用的方法一致。对辞职的影响（对解雇的微弱影响）从1984年开始显现出来，此时工会更加活跃，但是对辞职产生完全作用是在政府恢复了议价之后开始呈现出来的。

8.7 结论

本研究基于乌拉圭的独特背景，通过前后对比估计集体议价活动的影响。本研究共有三个不同时期：（1）1975—1984年，议价活动被明令禁止；（2）1985—1991年，存在三方议价活动；（3）1992—1997年，此时的议价活动已经没有政府干预。在这三个时期内，国家经济变得更加开放，这可能会对议价活动的结果产生影响。

我们已经给出了有关1985年后经济行为变化的有力证据。递归残差结果显示在6个行业中，有5个行业都发生了结构变化，而这种结构变化与体制变化几乎是同时发生的。这些突破在具体的差异模型中也同样很显著。在整个研究期间，就业、产出以及劳动成本的协整关系都被拒绝了。在1985年之前，工资是就业的外生变量，但自此之后，工资是就业的内生变量。

在这些证据的基础之上，我们用1975—1984年的数据估计了一个IVE劳动需求模型，并且用1985—1997年的数据估计了管理权议价模型。估计结果显示长期劳动需求的工资弹性和就业产出弹性急剧下降。尽管就业调整所需要的时间没有发生大的变化，但1985—1997年的估计结果显示，集体议价导致的滞后期的延长可能与高水平的开放程度导致的滞后期的缩短相抵消。

议价模型的估计结果表明，在1985—1992年间，工会显著地提升了工资水平。在此之后，议价结构的变化以及更高水平的开放程度对集体议价的最终结果具有深远影响。劳动需求从1993年开始向左偏移。在1993年，工会的工资差异在四个行业内消失，这四个行业的开放程度大幅上升，工会化比例大幅下降。化工和原油制造业的工资并没有受到剧烈影响。尽管那些行业更加开放，但是它们仍然保持着高度工会化，这无疑是企业国有化

的结果。

如果政府依旧保持对工会的禁令，那么工资和就业又会如何变化？为了建立反例，我们针对1975—1984年的数据建立了一个*ARIMA*(4，1，0）模型，并用它来模拟自1997年起的工资状况。根据1985—1997年的平均值来看，实际工资明显比模拟的非工会工资高很多。考虑到1985—1997年更高的工资水平以及降低的弹性，如果没有放开对工会的管制，此时间段内的就业将会更低。

由于我们使用的是行业数据，因而可能会被质疑，为此我们使用家庭调查数据来估计工会对人员流动率的影响。结果显示，在1985年，工会化行业的工人比非工会行业的工人的解雇率更低。在1985年之前没有出现这样的结果，这意味着工会化并不是与高解雇率相关的其他行业特点的代理变量。

在1985年，工会作为一个政治和经济手段登上历史舞台，两年之后，乌拉圭就有半数以上的工人成为工会成员。在1987—1992年间，工会密度下降到了40%，工会有能力协商争取到更高的工资水平，并且通过降低就业弹性来预防失业。了解工会减少就业调整的作用机制是很有用的。工会对顾客选择的影响还不得而知，因为从工会回归至今，尚未采取任何手段来扩展国家所有制或贸易自由化。工会最可能通过限制性工作实践和罢工的威胁或者消极怠工的方法来发挥作用。

在20世纪90年代，三方议价模式的终结、贸易自由化的终止，以及阿根廷经济的萧条迫使工会不得不在议价过程中做出妥协。当劳动需求朝不利方向变化时，工会为了保住工作，降低了其在工资上的要求。工会化比例降到了20%，而且许多工会化企业不再具有经济上的竞争性，与此同时，其他企业被迫提高产出以求生存。我们若能够得到更多年份的数据，就可以确定弹性是否已经回到了它们在1975—1984年期间的水平。

这项研究专门针对的是工会对工资水平以及就业水平的影响。为了得到更加完整的工会对乌拉圭经济的总体影响，进一步研究罢工问题是很有必要的，以此得到因罢工而损失的工时的下限。这些内容不仅包括在工资议价背景下反对雇主进行的罢工活动，同时也包括议价协议生效时的那些罢工活动，例如针对特定雇主、特定部门的罢工或者大型的罢工。

最后，此项研究没有对成功的工会与管理者合作所带来的利益展开讨论。未来的研究应该进一步探讨此问题，这不仅是因为需要尽可能仔细地关注劳动需求和议价，也是因为在乌拉圭国内，劳资关系的结构变得越来越分散，与此同时，工会迫于竞争的压力，它们在与企业进行议价时会改变它们的效用函数。

附录

表 8A.1 1975—1997 年制造业滞后阶数检验

滞后期数	行业 31	行业 32	行业 34	行业 35	行业 36	行业 38
			就业：水平（N）[a]			
2	−1.139 0	−0.769 66	−0.763 08	−0.908 84	−1.206 1	−1.130 4
1	−1.359 2	−0.370 21	−0.622 65	−0.448 88	−1.130 9	−1.045 9
0	−1.441 8	0.065 646	−0.417 83	−0.619 87	−1.502 5	−0.713 82
			就业：一阶差分（ΔN）[b]			
2	−6.285 7**	−3.935 8**	−4.566 8	−4.645 6**	−5.336 4**	−3.957 9**
1	−7.917 3**	−4.813 0**	−5.960 9**	−5.105 0**	−6.842 1**	−5.805 3**
0	−9.810 3**	−7.561 5**	−8.522 1**	−10.638**	−11.078**	−7.926 8**
	模型 1		模型 2	模型 1		
	行业 31	行业 32	行业 34	行业 35	行业 36	行业 38
			产出：水平（Q）[c]			
2	−1.354 0	−2.579 5	−1.966 9	−2.588 5	−2.173 9	−2.501 2
1	−2.100 6	−2.607 6	−2.102 9	−2.767 8	−2.075 1	−2.267 1
0	−3.323 1	−2.553 1	−2.493 2	−3.455 7	−2.563 3	−2.265 9
	行业 31	行业 32	行业 34	行业 35	行业 36	行业 38
			产出：一阶差分（ΔQ）[d]			
2	−12.875**	−9.305 0**	−6.666 6**	−5.646 1**	−6.945 5**	−7.352 5**
1	−9.907 5**	−9.300 8**	−8.402 7**	−8.746 2**	−8.692 1**	−8.223 8**
0	−15.957**	−11.736**	−11.903**	−11.808**	−11.269**	−11.540**
			实际劳动成本：水平（W）[e]			
2	−1.627 4	−1.410 1	−1.178 7	−0.669 44	−1.621 2	−0.806 91
1	−1.099 9	−1.427 0	−1.503 9	−0.770 55	−1.652 7	−1.452 8
0	−1.510 0	−2.111 4	−1.523 3	−1.171 4	−1.901 5	−2.010 0
			实际劳动成本：一阶差分（ΔW）[f]			
2	−6.349 3**	−7.124 0**	−7.224 0**	−7.230 7**	−6.461 3**	−9.223 5**
1	−5.718 1**	−7.678 7**	−7.791 9**	−7.608 8**	−7.119 1**	−10.307**
0	−11.331**	−12.536**	−9.537 2**	−11.935**	−10.601**	−12.048**

注：行业包括食品、饮料和烟草业（31）；纺织品和服装业（32）；造纸业（34）；化工和原油制造业（35）；非金属矿物业（36）；金属业（38）。

a. 单位根检验，1975 年第四季度至 1997 年第四季度，ADF 统计量（t-adf）。临界值：5%对应于−2.894，1%对应于−3.505，包括常数。

b. 单位根检验，1976 年第一季度至 1997 年第四季度，ADF 统计量（t-adf）。临界值：5%对应于−2.894，1%对应于−3.505，包括常数。

c. 单位根检验，1975 年第四季度至 1997 年第四季度，ADF 统计量（t-adf）。临界值模型 1：5%对应于−3.46，1%对应于−4.064，包括常数、趋势和季节性。临界值模型 2：5%对应于−2.894，1%对应于−3.505，包括常数。

d. 单位根检验，1976 年第一季度至 1997 年第四季度，ADF 统计量（t-adf）。临界值：5%对应于−2.894，1%对应于−3.505，包括常数。

e. 单位根检验，1975 年第四季度至 1997 年第四季度，ADF 统计量（t-adf）。临界值：5%对应于−2.894，1%对应于−3.505，包括常数。

f. 单位根检验，1976 年第一季度至 1997 年第四季度，ADF 统计量（t-adf）。临界值：5%对应于−2.894，1%对应于−3.505，包括常数。

表 8A.2　1975—1997 年制造业协整检验

	约翰森检验											
H_0：Rank=p	M1		M2		M3		M4		M5		M6	
	λ-max	Trace	λ-max	Trace	λ-max	Trace	λ-max	Trace	λ-max	Trace	λ-max	Trace
	行业 31：食品、饮料和烟草业											
$p=0$	26.5**	37.0**	19.8	29.1	19.3*	22.7	12.4	21.2	17.6	29.3	21.0*	26*
$p\leqslant1$	7.2	9.6	7.3	9.3	3.5	3.5	8.3	8.9	10.5	11.7	5.1	5.3
$p\leqslant2$	2.2	2.2	2.0	2.0	0.0	0.0	0.6	0.6	1.3	1.2	0.1	0.1
	恩格尔-格兰杰检验[a]											
	t-adf	beta Y _ 1	\ sigma	Lag	*t*-DY _ lag	*t*-prob	*F*-prob					
RES31	−2.363 4	0.864 25	0.052 712	2	0.405 79	0.685 9						
RES31	−2.339 7	0.868 06	0.052 456	1	−1.978 2	0.051 1						
RES31	−2.856 9	0.841 08	0.053 326	0			0.139 0					
	约翰森检验											
	M1		M2		M3		M4		M5		M6	
	λ-max	Trace	λ-max	Trace	λ-max	Trace	λ-max	Trace	λ-max	Trace	λ-max	Trace
	行业 32：纺织品和服装业											
$p=0$	29.4**	46.1**	15.2	26.5	29.3*	37.3**	20.6	28.5	14.7	22.3	16.6	21.9
$p\leqslant1$	15.1	15.6	11.2	11.3	7.1	8.0	7.7	7.9	7.6	7.6	4.5	5.3
$p\leqslant2$	0.0	0.0	0.1	0.1	0.9	0.9	0.2	0.2	0.0	0.0	0.8	0.8
	恩格尔-格兰杰检验[a]											
	t-adf	beta Y _ 1	\ sigma	Lag	*t*-DY _ lag	*t*-prob	*F*-prob					
RES32	−1.581 9	0.901 87	0.081 372	2	−3.934 3	0.000 2						
RES32	−2.826 7	0.821 14	0.087 956	1	0.785 33	0.434 4	0.000 2					
RES32	−2.723 7	0.836 83	0.087 762	0			0.000 6					

续表

	约翰森检验											
	M1		M2		M3		M4		M5		M6	
	λ-max	Trace	λ-max	Trace	λ-max	Trace	λ-max	Trace	λ-max	Trace	λ-max	Trace
	行业 34：造纸业											
$p=0$	17.0	26.0	16.3	24.8	9.5	18.6	10.5	15.9	10.9	16.0	6.7	13.3
$p\leqslant1$	7.8	8.4	6.9	7.7	7.8	9.0	5.0	5.3	4.8	5.1	4.9	6.5
$p\leqslant2$	0.6	3.8	0.8	0.8	1.2	1.2	0.3	0.3	0.3	0.3	1.6	1.6
	恩格尔-格兰杰检验[a]											
	t-adf	beta Y _ 1	\ sigma	Lag	*t*-DY _ lag	*t*-prob	*F*-prob					
RES34	−1.342 0	0.931 07	0.052 093	2	0.346 64	0.729 7						
RES34	−1.303 2	0.935 79	0.051 826	1	−0.343 72	0.731 9	0.729 7					
RES34	−1.455 4	0.931 26	0.051 563	0			0.888 4					
	约翰森检验											
	M1		M2		M3		M4		M5		M6	
	λ-max	Trace	λ-max	Trace	λ-max	Trace	λ-max	Trace	λ-max	Trace	λ-max	Trace
	行业 35：化工和原油制造业											
$p=0$	17.1	25.7	17.0	24.0	17.2	24.2	18.2	27.3	16.5	27.0	18.6*	27*
$p\leqslant1$	8.6	8.6	6.9	6.9	5.3	7.0	9.1	9.1	10.5	10.5	7.0	8.2
$p\leqslant2$	0.0	0.0	0.0	0.0	1.7	1.7	0.0	0.0	0.0	0.0	1.1	1.1
	恩格尔-格兰杰检验[a]											
	t-adf	beta Y _ 1	\ sigma	Lag	*t*-DY _ lag	*t*-prob	*F*-prob					
RES35	−1.960 1	0.916 97	0.052 822	2	2.783 7	0.006 6						
RES35	−1.493 2	0.935 09	0.054 856	1	−1.686 4	0.095 4	0.006 6					
RES35	−1.856 2	0.920 17	0.055 434	0			0.006 2					

续表

	约翰森检验											
	M1		M2		M3		M4		M5		M6	
	λ-max	Trace	λ-max	Trace	λ-max	Trace	λ-max	Trace	λ-max	Trace	λ-max	Trace
	行业 36：非金属矿物业											
$p=0$	25.0*	34.7*	24.4*	32.6*	9.3	15.7	16.9	26.0	16.9	25.2	7.6	15.5
$p\leqslant1$	6.7	9.6	5.1	8.2	5.6	6.4	6.8	9.1	5.8	8.6	6.6	7.8
$p\leqslant2$	2.9	2.9	3.0	3.0	0.8	0.8	2.3	2.3	2.4	2.4	1.2	1.2
	恩格尔-格兰杰检验[a]											
	t-adf	beta Y _ 1	\ sigma	Lag	*t*-DY _ lag	*t*-prob	*F*-prob					
RES36	−2.415 5	0.755 75	0.078 311	2	−0.510 98	0.610 7						
RES36	−2.752 0	0.738 61	0.077 974	1	−2.550 4	0.012 5	0.610 7					
RES36	−4.268 9**	0.628 02	0.080 403	0			0.039 6					
	约翰森检验											
	M1		M2		M3		M4		M5		M6	
	λ-max	Trace	λ-max	Trace	λ-max	Trace	λ-max	Trace	λ-max	Trace	λ-max	Trace
	行业 38：金属业											
$p=0$	32.1**	52.0**	22.6*	37.8**	23.8**	31.7**	23.1*	34.6*	18.8	29.2	12.3	16.5
$p\leqslant1$	17.8*	20.0**	12.4	15.2	7.1	7.9	9.7	11.5	9.1	10.4	3.5	4.2
$p\leqslant2$	2.2	2.2	2.8	2.8	0.8	0.8	1.8	1.8	1.3	1.3	0.7	0.7

续表

	恩格尔-格兰杰检验[a]						
	t-adf	beta Y _ 1	\ sigma	Lag	*t*-DY _ lag	*t*-prob	*F*-prob
RES38	−2.486 2	0.758 54	0.093 77	2	−2.457 2	0.016 0	
RES38	−3.626 7**	0.665 97	0.096 48	1	−0.080 0	0.936 4	0.016 0
RES38	−4.107 0**	0.662 71	0.095 93	0			0.053 9

注：标准的 λ-max 和 Trace 统计量的值都是针对小样本的。M1～M6 表示不同的模型。M1 包括滞后一期和一个常数；M2 包括季节趋势；M3 不包括常数和季节趋势。M4～M6 与 M1～M3 一样，但针对的是滞后两期。M1、M2、M4 和 M5 的 λ-max 统计量对应于 $p=0$、$p=1$、$p\leqslant 2$ 的临界值分别为 21.0、14.0 和 3.8，相应地，Trace 统计量分别为 29.7、15.4 和 3.8。M3 和 M6 对应的数据为 17.9、11.4、3.8、24.3、12.5 和 3.8。RES_j 是取对数后的就业水平与取对数后的实际劳动成本和产出的静态回归的残差。

a. 单位根检验，1975 年第四季度至 1997 年第四季度，ADF 统计量（*t*-adf）。临界值：5%对应于−2.894，1%对应于−3.505，包括常数。

** 表示在 1%的显著性水平下显著。

* 表示在 5%的显著性水平下显著。

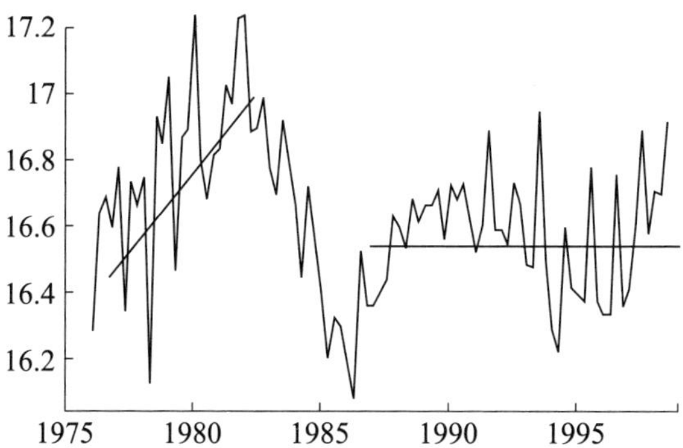

图 8A.1　协整关系（1975—1997 年）：食品、饮料和烟草业

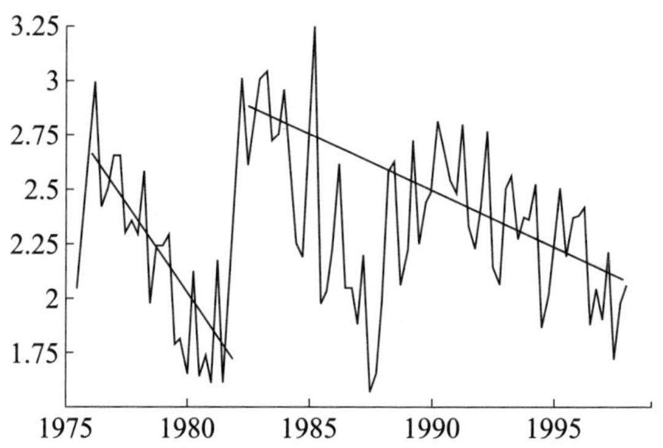

图 8A.2　协整关系（1975—1997 年）：纺织品和服装业

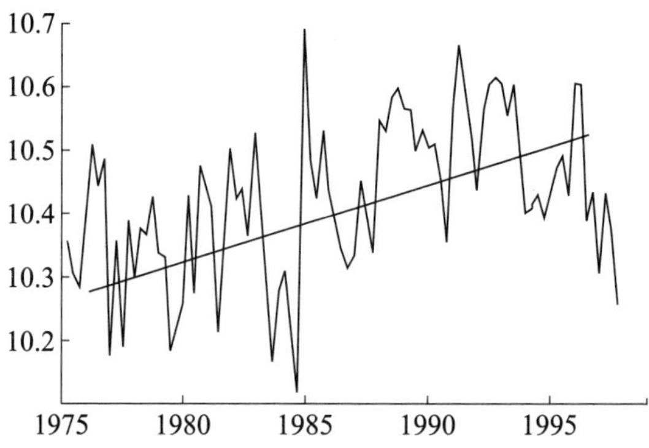

图 8A.3　协整关系（1975—1997 年）：非金属矿物业

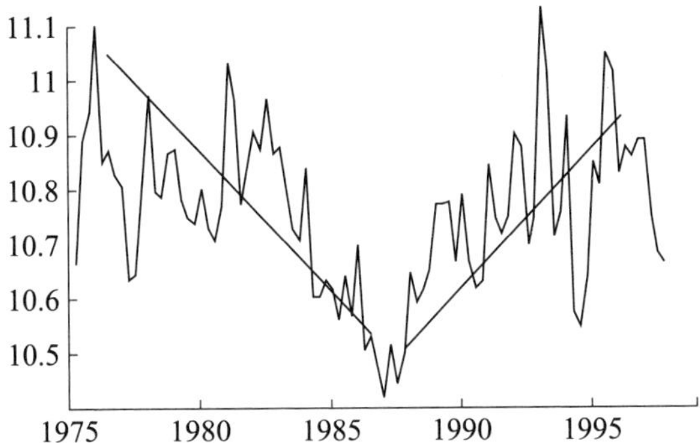

图 8A.4 协整关系（1975—1997 年）：金属业

表 8A.3 1975—1984 年制造业滞后阶数检验

滞后期数	行业 31	行业 32	行业 34	行业 35	行业 36	行业 38
			就业：水平（N）[a]			
2	−2.595 0	−1.608 6	−1.207 8	−1.258 2	−0.834 48	−1.201 6
1	−2.788 9	−1.336 9	−1.191 7	−1.165 7	−0.853 03	−1.013 1
0	−2.778 6	−0.875 25	−1.200 5	−1.139 6	−1.290 4	−0.408 92
			就业：一阶差分（ΔN）[a]			
2	−3.500 6*	−2.385 8	−3.100 8*	−2.792 9	−3.344 9*	−2.275 7
1	−4.797 7**	−2.778 4	−4.073 6**	−3.323 0*	−4.707 8**	−2.912 4
0	−5.942 2**	−3.993 5**	−5.952 0**	−5.332 6**	−7.811 5**	−3.890 7**
			产出：水平（Q）[a]			
2	−1.355 1	−1.559 7	−1.037 8	−1.510 5	−1.242 8	−1.348 3
1	−1.500 6	−1.706 5	−1.079 6	−1.917 0	−1.151 8	−1.121 1
0	−3.585 9*	−1.875 6	−1.305 4	−2.126 1	−1.382 6	−1.419 2
			产出：一阶差分（ΔQ）[a]			
2	−7.000 6**	−4.595 7**	−3.184 2**	−3.661 0**	−4.184 8**	−3.893 4**
1	−5.829 6**	−4.893 1**	−4.494 6**	−5.362 8**	−4.158 1**	−3.934 2**
0	−11.328**	−6.599 0**	−6.869 2**	−6.566 9**	−6.782 9**	−7.299 9**
			实际劳动成本：水平（W）[a]			
2	−1.902 6	−1.549 2	−1.295 4	−1.246 5	−1.626 9	−1.254 7
1	−1.488 8	−1.060 8	−1.664 1	−1.253 2	−1.324 2	−1.546 1
0	−1.713 9	−1.712 1	−1.544 3	−1.796 8	−1.483 5	−1.813 2
			实际劳动成本：一阶差分（ΔW）[a]			
2	−4.131 7**	4.586 6**	−5.230 0**	−4.631 1**	−3.434 8*	−5.086 2**
1	−3.769 6**	−4.315 3**	−5.085 4**	−4.807 2**	−3.643 9**	−5.537 6**
0	−6.679 8**	−8.004 7**	−5.584 0**	−8.106 3**	−6.529 0**	−7.103 8**

注：行业包括食品、饮料和烟草业（31）；纺织品和服装业（32）；造纸业（34）；化工和原油制造业（35）；非金属矿物业（36）；金属业（38）。

a. 单位根检验，1976 年第一季度至 1984 年第四季度，ADF 统计量（t-adf）。临界值：5%对应于−2.945，1%对应于−3.623，包括常数。

表 8A.4　1985—1997 年制造业协整检验

滞后期数	行业 31	行业 32	行业 34	行业 35	行业 36	行业 38
			就业：水平（N）[a]			
2	0.460 44	0.525 36	0.526 31	0.238 15	−0.853 12	−0.198 19
1	0.071 919	0.730 45	0.478 58	0.849 76	−0.725 59	−0.350 62
0	−0.157 68	0.560 07	0.908 92	0.266 47	−0.686 48	0.430 73
			就业：一阶差分（ΔN）[b]			
2	−5.418 1**	−3.174 9*	−3.109 4*	−3.467 9*	−3.812 3**	−3.324 9*
1	−6.415 8**	−4.334 4**	−4.277 2**	−3.835 2**	−4.202 5**	−5.392 8**
0	−7.812 1**	−7.354 8**	−5.519 0**	−9.389 9**	−6.653 7**	−7.156 6**
	模型 1	**模型 2**	**模型 3**			**模型 2**
	行业 31	**行业 32**	**行业 34**	**行业 35**	**行业 36**	**行业 38**
			产出：水平（Q）[b]			
2	−0.751 92	−1.244 7	−2.928 5	−1.986 4	−4.207 1**	−2.140 4
1	−1.589 2	−1.500 3	−2.606 1	−1.942 5	−3.931 0*	−2.193 5
0	−2.646 9	−1.660 0	−3.392 2	−2.668 1	−4.170 9**	−2.359 4
	行业 31	**行业 32**	**行业 34**	**行业 35**	**行业 36**	**行业 38**
			产出：一阶差分（ΔQ）[c]			
2	−13.804**	−8.594 8**	−5.349 9**	−3.987 5**	−5.695 4**	
1	−8.673 7**	−7.429 3**	−6.075 8**	−6.347 1**	−7.004 7**	
0	−10.568**	−9.244 4**	−8.790 1**	−8.985 8**	−8.448 1**	
	行业 31	**行业 32**	**行业 34**	**行业 35**	**行业 36**	**行业 38**
			实际劳动成本：水平（W）[a]			
2	−0.911 89	−0.793 68	−0.285 70	−1.290 3	−0.393 77	−0.160 91
1	−1.036 7	−0.876 10	−0.279 60	−1.307 9	−0.757 99	−0.631 52
0	−1.111 1	−1.170 9	−0.376 51	−1.344 8	−1.053 3	−1.251 8
			实际劳动成本：一阶差分（ΔW）[a]			
2	−4.802 7**	−5.857 3**	−3.582 5**	−4.768 9**	−6.460 8**	−9.435 4**
1	−4.520 4**	−6.602 6**	−5.068 0**	−5.309 6**	−6.804 1**	−9.193 1**
0	−11.318**	−9.638 5**	−7.219 3**	−7.530 2**	−8.080 5**	−9.884 6**
			替代收入：水平（AW）[a]			
2	−1.062 2	−0.265 99	−0.680 71	−1.510 5	−1.226 4	−0.318 12
1	−1.097 7	−0.274 79	−0.701 82	−1.524 3	−1.263 6	−0.503 04
0	−1.374 4	−0.533 59	−0.587 92	−1.541 8	−1.316 9	−0.753 51

续表

滞后期数	行业 31	行业 32	行业 34	行业 35	行业 36	行业 38
			替代收入：一阶差分（ΔAW）[a]			
2	−5.363 2**	−5.007 5**	−3.644 6**	−4.244 8**	−5.012 4**	−6.152 0**
1	−5.145 7**	−5.591 7**	−4.664 8**	−4.814 3**	−5.323 0**	−6.641 3**
0	−11.588**	−8.884 1**	−6.286 8**	−6.764 3**	−7.310 0**	−8.343 2**
			开放程度：水平（OPEN）[a]			
2	−1.951 1	−0.711 92	−0.405 13	−2.609 6	−0.838 10	0.037 784
1	−1.879 1	−0.754 11	−0.425 41	−2.644 9	−0.900 96	−0.074 127
0	−1.817 7	−0.793 49	−0.444 97	−2.679 8	−0.955 74	−0.168 39
			开放程度：一阶差分（ΔOPEN）[a]			
2	−3.837 8**	−4.094 6**	−3.963 8**	−4.024 2**	−4.633 5**	−4.512 5**
1	−4.750 9**	−4.983 2**	−4.866 4**	−4.920 6**	−5.432 6**	−5.336 1**
0	−6.789 5**	−7.005 1**	−6.898 0**	−6.948 1**	−7.393 2**	−7.313 0**
			工会：水平（UNION）[a]			
2	−0.403 74	−1.637 3	−2.852 2	−2.188 0	−2.965 8*	−2.744 6
1	−1.006 7	−1.870 7	−2.887 7	−2.224 3	−3.014 2*	−2.774 8
0	−0.871 89	−1.947 7	−2.906 7	−2.165 7	−3.285 9*	−2.797 8
			工会：一阶差分（ΔUNION）[a]			
2	−4.646 5**	−4.371 8**	−4.227 2**	−3.358 4*	−3.697 3**	−3.350 2*
1	−6.436 8**	−6.213 7**	−4.743 6**	−5.017 5**	−3.938 2**	−4.701 1**
0	−6.399 8**	−7.293 8**	−6.552 1**	−6.838 3**	−5.267 1**	−7.153 6**

注：见表 8A.3。

a. 单位根检验，1986 年第一季度至 1997 年第四季度，ADF 统计量（*t*-adf）。临界值：5%对应于−2.923，1%对应于−3.571，包括常数。

b. 单位根检验，1986 年第一季度至 1997 年第四季度，ADF 统计量（*t*-adf）。临界值模型 1：5%对应于−2.923，1%对应于−3.571，包括常数。临界值模型 2：5%对应于−2.923，1%对应于−3.571，包括常数、趋势和季节性。

c. 单位根检验，1986 年第一季度至 1997 年第四季度，ADF 统计量（*t*-adf）。临界值模型 1：5%对应于−2.923，1%对应于−3.571，包括常数。

** 表示在 1%的显著性水平下显著。

* 表示在 5%的显著性水平下显著。

表 8A. 5　1975—1984 年和 1985—1997 年制造业协整检验

行业 31：食品、饮料和烟草业

残差	t-adf		
1975—1984 年[a]			
RES31	−2.605 9		
RES31	−2.687 5		
RES31	−3.099 8*		
	M1 (t-adf)	M2 (t-adf)	M3 (t-adf)
1985—1997 年			
RES31	−2.225 2	−2.793 6	−2.283 9
RES31	−2.278 9	−2.836 1	−2.247 9
RES31	−2.631 7	−3.167 1	−2.274 9
	t-adf		
1985—1997 年：增加议价变量[b]			
RES31	−2.886 4		
RES31	−4.212 6**		
RES31	−3.673 0**		

行业 32：纺织品和服装业

	t-adf		
1975—1984 年[c]			
RES32	−3.874 5*		
RES32	−4.445 6**		
RES32	−4.932 8**		
	M1 (t-adf)	M2 (t-adf)	M3 (t-adf)
1985—1997 年			
RES32	−3.121 1*	−3.254 3	−3.026 5
RES32	−2.875 2	−3.121 0	−2.795 5
RES32	−2.905 9	−3.196 8	−2.865 6
	t-adf		
1985—1997 年：增加议价变量[b]			
RES32	−2.305 4**		
RES32	−3.052 3*		
RES32	−3.575 2**		

行业 34：造纸业

H_0: Rank=p	λ-max	95%	Trace	95%
1975—1984 年				
$p=0$	23.1*	21.0	26.22	29.7
$p\leq1$	3.11	14.1	3.113	15.4
$p\leq2$	0.003 218	3.8	0.003 21	3.8
	M1 (t-adf)	M2 (t-adf)	M3 (t-adf)	
1985—1997 年				
RES34	−1.338 2	−1.409 5	−1.340 7	
RES34	−1.706 2	−1.675 0	−1.731 1	
RES34	−1.544 0	−1.480 7	−1.660 5	
	λ-max	95%	Trace	95%
1985—1997 年：增加议价变量				
$p=0$	73.1**	21.0	95.88	29.7
$p\leq1$	13.95	14.1	22.78**	15.4
$p\leq2$	0.818	3.8	8.828	3.8

行业 35：化工和原油制造业

H_0: Rank=p	λ-max	95%	Trace	95%
1975—1984 年				
$p=0$	21.45*	21.0	25.64	29.7
$p\leq1$	7.315	14.1	8.189	15.4
$p\leq2$	0.873 8	3.8	0.873 8	3.8
	M1 (t-adf)	M2 (t-adf)	M3 (t-adf)	
1985—1997 年				
RES35	−1.968 5	−3.184 4	−3.182 0	
RES35	−1.896 3	−3.257 0	−3.262 7	
RES35	−2.287 6	−3.425 9	−3.233 5	
	t-adf			
1985—1997 年：增加议价变量[b]				
RES35	−3.129 5*			
RES35	−2.998 0*			
RES35	−2.939 4*			

行业 36：非金属矿物业

残差	t-adf
1975—1984 年[a]	
RES36	−2.781 6
RES36	−2.645 9
RES36	−4.758 3**

行业 38：金属业

残差	t-adf
1975—1984 年[a]	
RES38	−2.277 4
RES38	−2.806 9
RES38	−3.208 2*

续表

	M1 (t-adf)	M2 (t-adf)	M3 (t-adf)		M1 (t-adf)	M2 (t-adf)	M3 (t-adf)
	1985—1997 年				1985—1997 年		
RES36	−2.190 3	−2.193 8	−1.811 1	RES38	−1.768 6	−1.423 0	−1.632 7
RES36	−2.652 2	−2.512 2	−2.290 6	RES38	−2.785 0	−2.615 1	−2.392 2
RES36	−3.114 5*	−2.967 6	−2.770 9	RES38	−3.095 4*	−2.995 4	−2.655 7
	t-adf				t-adf		
	1985—1997 年：增加议价变量[d]				1985—1997 年：增加议价变量[b]		
RES36	−2.612 3			RES38	−2.706 0		
RES36	−2.629 8			RES38	−3.331 6*		
RES36	−3.250 4*			RES38	−4.424 4		

注：RES_j 是对行业 j 将就业与产出和实际劳动成本进行回归所得的残差，在 1975—1984 年和 1985—1997 年只做了 OLS 回归。当增加议价变量后，残差来自同样的模型，但实际劳动成本中包括议价成本，并且使用 3SLS 进行估计，因此工资和产出是内生的。解释工资的变量包括实际替代收入、工会密度和开放程度。对于行业 31 和行业 35，包括一个虚拟变量，该变量在 1992 年后等于 1。产出的工具变量是产出的滞后项和季节趋势。行业 34 的结果是由约翰森检验方法估计所得。M1 表示模型中包括常数项；M2 表示模型中包括趋势项；M3 包括季节趋势。M1 在 5%的显著性水平上的临界值为−2.921，M2 和 M3 的临界值为−3.502。

a. 单位根检验，1975 年第四季度至 1984 年第四季度。临界值：5%对应于−2.942，1%对应于−3.617，包括常数。

b. 单位根检验，1986 年第一季度至 1997 年第四季度。临界值：5%对应于−2.923，1%对应于−3.571，包括常数。

c. 单位根检验，1975 年第四季度至 1984 年第四季度。临界值：5%对应于−3.535，1%对应于−4.224，包括常数和趋势。

b. 单位根检验，1986 年第一季度至 1997 年第四季度。临界值：5%对应于−2.923，1%对应于−3.568，包括常数。

b. 单位根检验，1986 年第一季度至 1997 年第四季度。临界值：5%对应于−2.923，1%对应于−3.571，包括常数。

** 表示在 1%的显著性水平下显著。

* 表示在 5%的显著性水平下显著。

表 8A.6　嵌套模型：制造业，1975—1997 年

变量	系数	标准误	t 值	P 值
		对 *LBLUES* 的方程 1		
DUMMY75	1.517 1	0.165 78	9.151	0.000 0
DUMMY85	1.234 8	0.183 15	6.742	0.000 0
DUMMY93	−0.042 049	0.011 321	−3.714	0.000 2
Ind3175	−0.051 645	0.023 671	−2.182	0.029 6
Ind3275	0.043 068	0.018 266	2.358	0.018 8
Ind3475	0.029 696	0.020 280	1.464	0.143 7
Ind3575	−0.118 54	0.017 924	−6.613	0.000 0

续表

变量	系数	标准误	*t* 值	*P* 值
		对 *LBLUES* 的方程 1		
Ind3675	−0.044 275	0.017 602	−2.515	0.012 2
Ind3185	0.058 061	0.024 076	2.412	0.016 2
Ind3285	0.070 982	0.017 312	4.100	0.000 0
Ind3485	−0.042 266	0.016 816	−2.513	0.012 3
Ind3585	−0.064 253	0.020 555	−3.126	0.001 9
Ind3685	−0.051 673	0.021 734	−2.378	0.017 8
Qr175	−0.014 015	0.009 267 8	−1.512	0.131 1
Qr275	0.007 892 6	0.008 973 4	0.880	0.379 5
Qr375	−0.013 270	0.009 031 1	−1.469	0.142 3
Qr185	0.002 824 9	0.008 571 2	0.330	0.741 8
Qr285	0.009 379 9	0.008 029	1.168	0.243 3
Qr385	−0.017 306	0.007 874	−2.198	0.028 4
Q75	0.109 18	0.017 011	6.418	0.000 0
Q85	0.061 004	0.017 210	3.535	0.000 4
W5	−0.104 53	0.015 246	−6.856	0.000 0
W85	−0.029 461	0.017 607	−1.673	0.094 9
N75 _ 1	0.872 69	0.017 045	51.198	0.000 0
N85 _ 1	0.873 60	0.016 696	52.323	0.000 0
\ sigma=0.049 004 5				
		对 *W*5 的方程 2		
DUMMY85	−0.250 03	0.090 993	−2.748	0.006 2
DUMMY93	0.176 69	0.029 745	5.940	0.000 0
Qr185	−0.001 698 9	0.008 896 1	−0.191	0.848 6
Qr285	−0.005 388 2	0.008 570 6	−0.629	0.529 8
Qr385	0.001 536 8	0.008 476 6	0.181	0.856 2
AW85	1.198 3	0.025 099	47.742	0.000 0
UNION	0.237 24	0.014 423	16.449	0.000 0
UNION93	−0.372 67	0.070 938	−5.253	0.000 0
UN3193	0.115 71	0.074 984	1.543	0.123 4
UN3293	−0.259 77	0.075 826	−3.426	0.000 7
UN3493	−0.033 919	0.067 072	−0.506	0.613 3

续表

变量	系数	标准误	*t* 值	*P* 值
		对 *W*5 的方程 2		
UN3593	0. 331 36	0. 058 549	5. 659	0. 000 0
UN3693	−1. 604 1	0. 258 59	−6. 203	0. 000 0
OPEN85	−0. 044 855	0. 008 927 7	−5. 024	0. 000 0
W85 _ 1	0. 008 876 6	0. 005 319 3	1. 669	0. 095 8
\ sigma=0. 052 814 3				
loglik=3 274. 593 6　log |\ Omega | =−11. 994 8				
|\ Omega | =6. 175 95e−0. 006　*T*=546				
过度识别限制的 LR 检验：χ^2(28)=249. 677 [0. 000 0]**				

注：*N* 是生产工人的数量；*W* 是生产工人的实际劳动成本；*Q* 是产出；AW 是替代工资；UNION 是工会密度；OPEN 是开放程度；Qr*j* 是季节 *j* 的虚拟变量。Ind. *i* 是行业 *i* 的虚拟变量。行业包括食品、饮料和烟草业（31）；纺织品和服装业（32）；造纸业（34）；化工和原油制造业（35）；非金属矿物业（36）；金属业（38）。变量后面的“ _ 1”表示变量滞后一期；变量后面的“75”表示在 1975—1984 年间有实际值，在其他时间为 0；“85”表示在 1975—1984 年间为 0，在其他时间有实际值。DUMMY75 是一个虚拟变量，在 1975—1984 年等于 1；DUMMY85 是一个虚拟变量，在 1985—1997 年等于 1；DUMMY93 是一个虚拟变量，在 1993—1997 年等于 1。UNION93 是 UNON 和 DUMMY93 的交乘项；UNj93 是 UNION93 和 Ind. *j* 的交乘项。估计方法是 3SLS，观测样本量是 7～552。

检验假设：(1) *Q*75=*Q*85：& 19−& 20=0。一般限制的怀特检验：一般残差 χ^2(1)=4. 610 4 [0. 031 8]*。

(2) *W*75=*W*85：& 21−& 22=0。一般限制的怀特检验：一般残差 χ^2(1)=10. 469 [0. 001 2]**。

(3) *LAGGED N*75=*LAGGED N*85：& 23−& 24=0。一般限制的怀特检验：一般残差 χ^2(1)=0. 152 29 [0. 696 4]。

参考文献

Aghion, P., and G. Saint-Paul. 1993. Uncovering some causal relationships between productivity growth and the structure of economic fluctuations: A tentative survey. NBER Working Paper no. 4603. Cambridge, Mass.: National Bureau of Economic Research, December.

Allen, S. 1986. Union work rules and efficiency in the building trades. *Journal of Labor Economics* 4 (2): 212–42.

———. 1988. Unions and job security in the public sector. In *When public sector workers unionize,* ed. R. B. Freeman and C. Ichniowski, 271–96. Chicago: University of Chicago Press.

Allen, S., A. Cassoni, and G. J. Labadie. 1994. Labor market flexibility and unemployment in Chile and Uruguay. *Estudios de Economía* 21 (special number): 129–46.

———. 1996. Wages and employment after reunionization in Uruguay. *Cuadernos de Economía* 33 (99): 277–39.

Banerjee, A., J. Dolado, D. Hendry, and J. W. Galbraith. 1993. *Co-integration, error-correction, and the econometric analysis of non-stationary data.* New York: Oxford University Press.

Binmore, K., A. Rubinstein, and A. Wolinsky. 1986. The nash bargaining solution in economic modelling. *Rand Journal of Economics* 17:176–88.

Blanchard, O. J., and D. Quah. 1989. The dynamic effects of aggregate demand and supply disturbances. *The American Economic Review* 79 (4): 655–73.

Blanchard, O. J., and L. H. Summers. 1986. Hysteresis and the European unemployment problem. In *NBER macroeconomic annual 1986,* ed. S. Fischer, 15–78. Cambridge, Mass.: MIT Press.

Blanchflower, D. G. 1984. Union relative wage effects: A cross-section analysis using establishment data. *British Journal of Industrial Relations* 22:311–32.

Blanchflower, D. G., N. Millward, and A. J. Oswald. 1991. Unionism and employment behaviour. *Economic Journal* 101:815–34.

Boal, W. M., and J. H. Pencavel. 1994. The effects of labor unions on employment, wages and days of operation: Coal mining in West Virginia. *Quarterly Journal of Economics* 109:267–98.

Booth, A. L. 1995. *The economics of the trade unions.* New York: Cambridge University Press.

Burgess, S. M. 1988. Employment adjustment in UK manufacturing. *Economic Journal* 98:81–93.

———. 1989. Employment and turnover in UK manufacturing industries, 1963–1982. *Oxford Bulletin of Economics and Statistics* 51 (2): 163–92.

Burgess, S. M., and J. Dolado. 1989. Intertemporal rules with variable speed of adjustment: An application to UK manufacturing employment. *Economic Journal* 99:347–365.

Carruth, A., and A. Oswald. 1987. On union preferences and labour market models: Insiders and outsiders. *Economic Journal* 97:431–45.

Cassoni, A., and Z. Ferre. 1997. Costos no salariales en el mercado de trabajo del Uruguay. [Nonwage costs in the Uruguayan labor market]. Working Paper no. 8/97. Montevideo, Uruguay: Departamento de Economía, Facultad de Ciencias Sociales, Universidad de la República.

Cassoni, A., G. J. Labadie, and S. Allen. 1995. Uruguay. In *Reforming the labor market in a liberalized economy,* ed. G. Márquez, 137–91. Washington, D.C.: Inter-American Development Bank, Centers for Research in Applied Economics.

Cedrola, G., J. Raso, and F. Perez Tabó. 1998. *La negociación colectiva en el Uruguay, 1996–1997.* Santiago, Chile: I.L.O., forthcoming.

de Brun, J., and G. J. Labadie. 1997. Mercado laboral, apertura y recesión: La experiencia uruguaya de los noventa. [Labor market, openness, and economic crisis: The Uruguayan experience in the nineties]. In *Mercados laborales en los 90: Cinco ejemplos de América Latina,* ed. CIEDLA, 283–353. Buenos Aires, Argentina: Konrad Adenauer Stiftung.

de Menil, G. 1971. *Bargaining: Monopoly power versus union power.* Cambridge, Mass.: MIT Press.

Edwards, S. 1995. *Crisis and reform in Latin America.* New York: Oxford University Press.

Engle, R. F., and C. W. J. Granger. 1987. Cointegration and error correction: Representation, estimation and testing. *Econometrica* 55:251–76.

Favaro, E., and C. Sapelli. 1986. *Shocks externos, Grado de apertura y politica doméstica.* [External shocks, degree of openness, and domestic economic policy]. Montevideo, Uruguay: Banco Central del Uruguay.

Freeman, R. 1980. The exit-voice tradeoff in the labor market: Unionism, job tenure, quits, and separations. *Quarterly Journal of Economics* 94 (4): 643–74.

Freeman, R., and J. L. Medoff. 1982. Substitution between production labor and other inputs in unionized and nonunionized manufacturing. *Review of Economics and Statistics* 64 (2): 220–33.

———. 1984. *What do unions do?* New York: Basic Books.

Fuller, W. A. 1976. *Introduction to statistical time series.* New York: John Wiley and Sons.

Gillespie, C. G. 1991. *Negotiating democracy.* Cambridge, U.K.: Cambridge University Press.

Hamermesh, D. S. 1993. *Labor demand.* Princeton, N.J.: Princeton University Press.

———. 1995. Labour demand and the source of adjustment costs. *The Economic Journal* 105:620–34.

Hamermesh, D. S., and G. A. Pfann. 1996. Adjustment costs in factor demand. *Journal of Economic Literature* 34 (3): 1264–92.

Handelman, H. 1981. Labor-industrial conflict and the collapse of Uruguayan democracy. *Journal of Interamerican Studies and World Affairs* 28 (4): 371–94.

Hausman, J. A. 1978. Specification tests in econometrics. *Econometrica* 46: 1251–71.

Hirsch, B. T., and J. T. Addison. 1986. *The economic analysis of unions: New approaches and evidence.* Boston: Allen and Unwin.

Layard, R., S. Nickell, and R. Jackman. 1991. *Unemployment: Macroeconomic performance and the labor market.* New York: Oxford University Press.

Lewis, H. G. 1986. *Union relative wage effects: A survey.* Chicago: University of Chicago Press.

———. 1990. Union/nonunion wage gaps in the public sector. *Journal of Labour Economics* 8 (1): S260–S328.

Lockwood, B., and A. Manning. 1989. Dynamic wage-employment bargaining with employment adjustment costs. *Economic Journal* 99:1143–58.

Machin, S., and S. Wadhwani. 1991. The effects of unions on organisational change and employment. *Economic Journal* 101:835–54.

Medoff, J. L. 1979. Layoffs and alternatives under trade unions in U.S. manufacturing. *American Economic Review* 69 (3): 380–95.

Pencavel, J. 1991. *Labor markets under trade unionism: Employment, wages and hours.* London: Basil Blackwell.

Picardo, S., C. Daude, and Z. Ferre. 1997. Indice del costo de la mano de obra: 1982–1995. [Index of labor costs: 1982–1995]. Working Paper no. 1/97. Montevideo, Uruguay: Universidad de la República, Departamento de Economía, Facultad de Ciencias Sociales.

Rama, M. 1993a. Organized labor and the political economy of product market distortions. Washington, D.C.: World Bank/CINVE.

———. 1993b. Institucionalidad laboral y crecimiento económico en el Uruguay. Academia Nacional de Economía. Mimeograph.

———. 1994. Bargaining structure and economic performance in the open economy. *European Economic Review* 38:403–15.

Spanos, A. 1986. *Statistical foundations of econometric modelling.* New York: Cambridge University Press.

White, H. 1980. A heteroskedasticity-consistent covariance matrix estimator and a direct test for heteroskedasticity. *Econometrica* 48:817–38.

9 劳动市场政策与就业持续期
——阿根廷劳动市场改革的影响

雨果·A. 霍彭海因*

9.1 引　言

近年来，劳动市场改革已成为阿根廷经济政策讨论的焦点。此番争论因近十年来失业率的持续增长而越发激烈。冲击劳动市场规制的主要目的之一是高昂的解雇成本。①

政府试图降低所有现存工作岗位的解雇成本的做法遭到了群众强烈的反对。作为一种妥协，同时为了创造新的就业机会，阿根廷于 1995 年实施了就业促进合同，这种合同只适用于新的工作岗位，合同期限为 3 个月至 2 年。

大多数观点认为，改革促使产生了大量这类临时合同，并在新的工作岗位中占主导地位。然而现在，人们开始担忧这些临时合同（也被称作垃圾合同）的易变性。主流观点认为，这些临时合同将产生较大的人员流动率。本章研究的内容是这项改革对就业持续期的影响。②

我们的主要发现是劳动市场政策改革使总风险率增长，在宣布实施劳动市场政策改革后的前 3 个月，就业的变化尤为显著。在此时间段内，平均风险率的增长接近 40%，对于就业持续期在 3 个月以上的劳动者而言，平均风险率的增长幅度约为 10%。

---

* 雨果·A. 霍彭海因（Hugo A. Hopenhayn）是加利福尼亚大学洛杉矶分校经济学教授。

① 就业保障制度对就业和再分配的影响分析，见 Blanchard and Portugal（2001），Hopenhayn and Rogerson（1993），Nickell（1997）和 Pagés and Montenegro（1999）。

② Blanchard and Landier（2001）发现，法国劳动市场上存在的临时合同增加了人员流动率而非就业率。Saint-Paul（2000）针对西班牙的研究也得出了类似的结论。

9.2　劳动市场法规近期发生的变化

在 1990—1999 年这十年间，劳动市场法规发生了两次变化。但并不是重大的改革，而是通过实施可以消除或降低解雇成本和劳动税的定期和临时合同来增加劳动市场的灵活性。

1976 年的原有法律规定：法定遣散费必须满足就业持续期每满一年，支付一个月的工资。此项规定于 1991 年 12 月与 1995 年 3 月发生改变。

9.2.1　1991 年的改革

这次改革实施了定期合同和针对年轻员工的特殊培训合同。定期合同可以促进就业，具体规定如下：

● 适用对象为由于政府削减就业而无业或失业并且在政府就业办公室登记注册的劳动者。

● 最短期限为 6 个月。最短更新期为 6 个月。最长总期限为 18 个月。

● 遣散费由两种方式决定。若合同期满，遣散费金额相当于 1.5 个月月薪；若合同在未到期前终止，则参照之前的法律规定执行。

● 劳动税的降低表明雇主缴纳比例从 33%降至 20%以下。

新活动的定期合同涉及的条件有些不同：

● 其适用对象为新兴企业或现有企业的新产品或服务的生产线。

● 最短期限为 6 个月，最短更新期为 6 个月，最长期限为 24 个月。

遣散费的决定与促进就业的定期合同一样。

● 劳动税的降低与促进就业的定期合同一样。

最独特的是培训-晋升合同，其特点如下：

● 适用对象为 24 岁以下的劳动者。

● 合同期限最短为 4 个月，最长为 24 个月。

● 没有遣散费。

● 不收取劳动税。

这些改革并没有很大的影响力。如果想要使用这些合同，劳动市场政策规定需要工会的批准。在就业办公室注册登记的全国的新的就业促进合同月签署量不超过 5 000 份。

9.2.2　1995 年的改革

此次改革在通用合同及为了提高特定年龄层的就业水平的特别合同中引入了试用期，同时为所有小企业制定了特殊制度。试用期制度包含下列条款：

● 适用于所有的新合同。

● 试用期为3个月。

● 合同期间终止合同不用支付遣散费。

● 雇员的税率从20%降至8%以下，雇主的税率从33%降至约10%。

特别就业促进合同规定：

● 适用于50周岁以上且不需要在政府就业办公室登记的劳动者。

● 合同的最短期限为6个月，最短更新期为6个月，最长期限为24个月。

● 合同期满后终止合同不需要支付遣散费。标准遣散费仅适用于提前终止劳动合同的情况。

● 有关劳动税的缴纳，雇主的缴纳比例从33%降至20%以下。

培训合同的规定与之前对14～25岁失业者的法律规定类似。

就小企业内部而言，法律规定其可以使用早期法律规定中的就业促进合同，在此基础上，增加以下几点：

● 无须事先经过工会批准。

● 无须在政府就业办公室登记注册合同。

● 无须支付遣散费。

9.3 研究期间的总体趋势

研究期间的显著特征是失业率大幅增长，从最初的7.5%增长至1995年5月的最高水平20%。近期多数调研数据显示失业率保持在17%左右。尽管部分增长可以由劳动参与者增加的趋势来解释，但多数增长是由现有劳动市场的参与者失去工作所致。图9.1给出了自1989年以来失业率的变化趋势。经济周期在此期间的波动幅度很大，平均增长率达到了3.7%。如图9.2所示，研究期间最早两年对应的是经济大衰退期间，紧接着的三年则出现了高增长率。新一次急剧衰退出现在1995年，之后紧跟着阶段性的高增长。

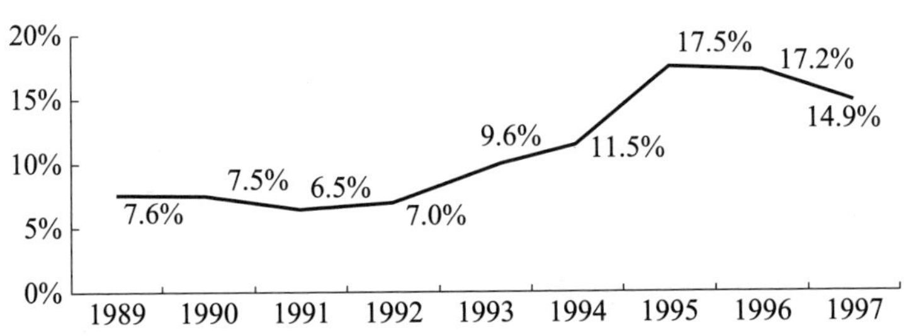

图9.1 失业率：大布宜诺斯艾利斯

资料来源：阿根廷国家统计局，经济部，5月调查。

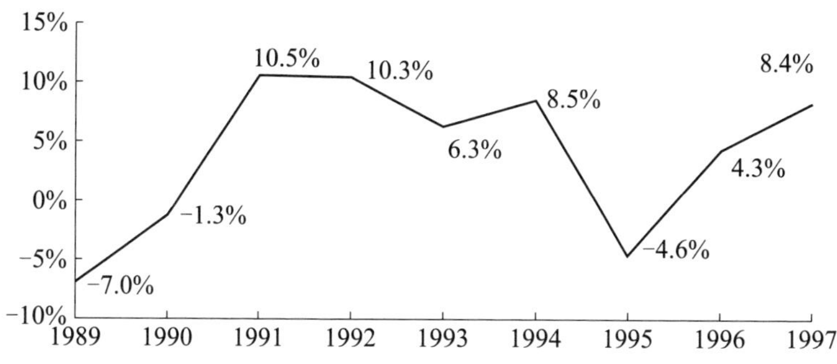

图 9.2 GNP 增长率：1986 年不变价格

资料来源：阿根廷国家统计局，经济部。

图 9.3 与图 9.4 呈现了就业匹配中就业创造和就业流失的标准估计。我们用就业持续期短于 1 个月（或者 6 个月）的劳动者占总受雇劳动者的比率来衡量就业创造率，用就业持续期短于 1 个月（或者 6 个月）的失业者占总受雇劳动者的比率衡量就业流失率。

这些数据的趋势在 1994 年之前都相当平稳。1995 年经济严重衰退给就业流失率带来了巨大的冲击，之后就业创造率稳定增长。1995 年以后，就业创造率和就业流失率比最初几年的要大 50%以上。1995 年这个间断点是经济出现衰退的年份，同时还是新劳动市场政策开始实施的一年。在后文中，我们将试图识别政策变化带来的影响。

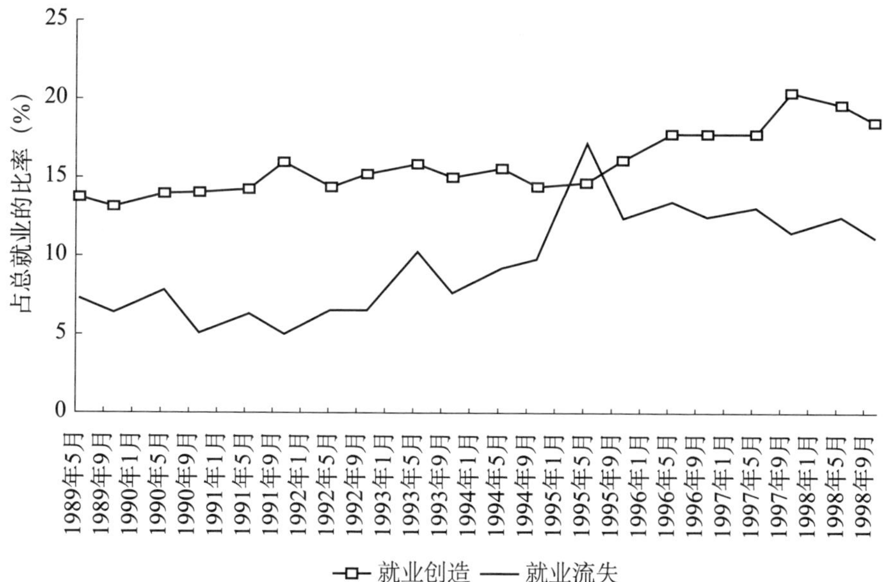

图 9.3 匹配就业创造与就业流失：6 个月

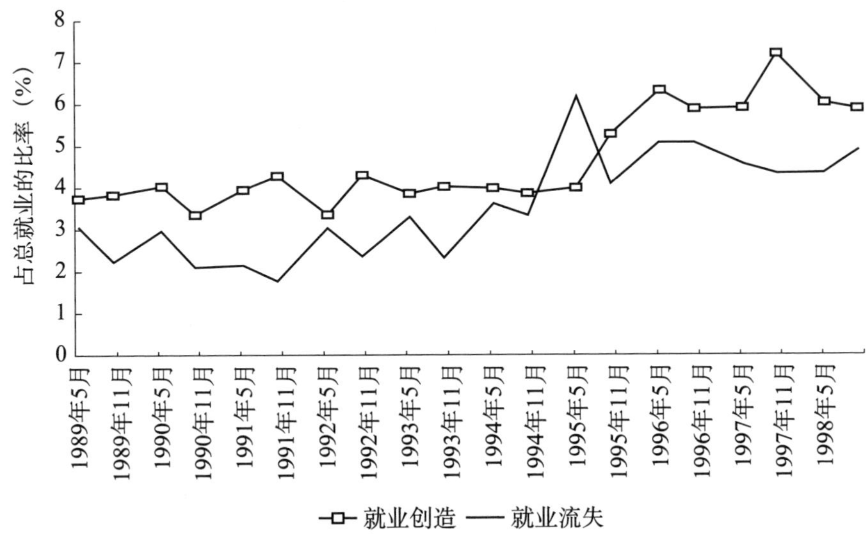

图 9.4　匹配就业创造与就业流失：1 个月

9.4　研究数据与变量

我们采用联邦地区及周边（大布宜诺斯艾利斯）城市家庭调查中的一组面板数据，参与该调查的样本相当于阿根廷就业总量的 60%。此项调查每隔半年以 25%的组内循环方式进行一次（4 月/5 月和 10 月）。因此，原则上每户参加调查的家庭将以半年为间隔被跟踪调查两年。我们使用的样本由 1989 年 5 月至 1998 年 10 月的相关面板数据组成。总观测样本大约有 64 000 个人，他们被平均分配到每一年，其中超过 44 000 个人经过多次调查。基于这些调查，我们的研究样本有 93 000 多个变迁组（transition pairs），将研究样本的年龄限定在 21～65周岁之后，总共剩下大约 71 000 个变迁组。我们的条件似然估计只考虑了初始任期 5 年以下且在此之后仍然是劳动力的人。这样总共有 14 854 个变迁组。

9.4.1　使用的变量

考虑以下变量①：

- 个人特征，如性别、年龄和教育。
- 工作特征，包括就业类型（受雇劳动者或自雇用劳动者）、企业规模、获得的福利（社会保障、带薪休假、每月额外的补贴、遣散费、失业保险）。

① 阿根廷国家统计局（2001）列出了这项调查中包括的变量。

● 当下就业持续期（从业者）或失业持续期（失业者）。

我们只分析受雇的劳动关系，因此将自雇用劳动者、企业家或家庭工作者排除在外。

9.5 估计规制对就业持续期的影响

1995 年的改革为估计规制变化的影响提供了一个自然实验。有人可能预期就业流入量与流出量会增加，这是使用短期合同的结果，对此问题，我们将在后面的内容中予以量化分析。假设临时合同的期限为 3 个月，人们可能会预期在这一期限内风险率将达到峰值。对小企业的特殊制度为自然实验提供了另一个来源。特别是，人们可以预期在就业促进合同期满时（24 个月）以及在续约时（每 6 个月）出现解雇雇员的风险率的高峰。

9.6 研究方法

9.6.1 存量或流量

面板数据使我们能够计算出就业流出量的条件概率，从而避免了存量问题。相应地，风险率模型与任期相关。

9.6.2 区间截尾

面板数据的抽样方法显示出区间数据存在的问题。考虑两次连续调查，时间取 $t \sim t+\Delta$，其中 Δ 代表 6 个月的时间间隔。此份调查提供了两段时期的就业状况信息以及过去的任期。令 s_{it} 和 $s_{it+\Delta}$ 代表就业状况信息，再令 d_{it} 和 $d_{it+\Delta}$ 代表相应的过去的任期。假定在第一次调查中工人的任期是 d_0，那么在接下来的时间内会发生三种情况：(1) 这个工人在时间段 $d_1=d_0+\Delta$ 中从事同一份工作；(2) 这个工人在 $d_1<\Delta$ 的时间段内得到一份新工作；(3) 在 $d_1<\Delta$ 代表的当前时间段工人失业。

在情况 (2) 与情况 (3) 中，会发生就业变换，我们不可能确定最初的工作是何时结束的，因为可能会存在多重变换问题。然而，第一份工作的任期最大值总是在 $d_0+\Delta-d_1$ 之间，而且一旦发生了变换，工作任期就是一个确定的数。样本在 d_1 中发生的变化是可知的，并且还有助于确定潜在的风险率。通常意义上，在情况 (1) 中的工人样本的观测可以当做是右截尾观测。[①]

---

① 关于区间截尾的具体讨论，见 Magnac and Robin (1994)。

9.6.3 任期数据的衡量误差

众所周知，回顾性问题会导致明显的报告误差。个人在回顾自己当前或过去的工作跨度时，通常会对其过去的工龄进行舍入取整。这将会引起我们常见的数据堆叠问题，即我们搜集的任期数据将集中在例如 6 个月、1 年、5 年、10 年等等之类的特定工龄长度之中。具体结果见图 9.5 与图 9.6，图中分别给出了受雇劳动者过去的工作任期以及失业者前一份工作的任期，对应的也是我们研究样本中所有的受雇劳动者。然而比较遗憾的是，这些堆叠的时间点对应着某些合同的终止日期，这也使得我们的估计变得更加困难。我们假设报告错误的数据分布没有随时间而发生变化，那么我们通过观测改革之前和改革之后的风险率差异便可以分析得出特殊合同任期的改变带来的影响。

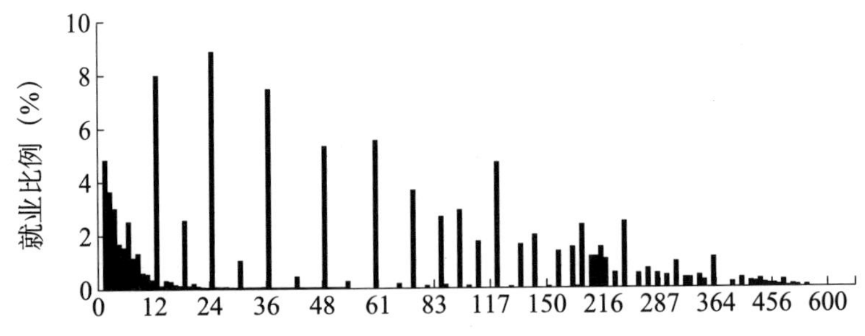

图 9.5 报告的工作任期（按月）

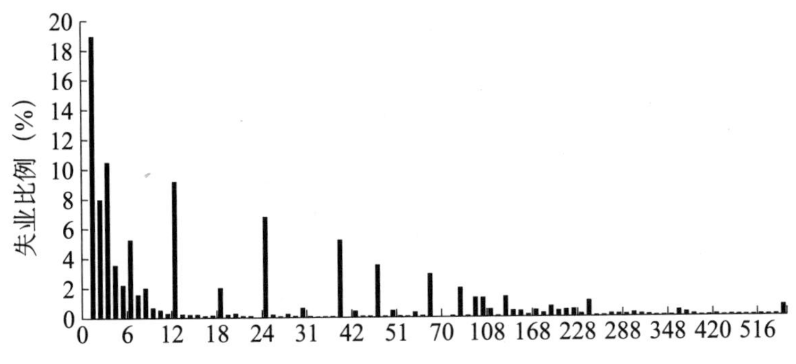

图 9.6 报告的回顾任期（按月）

另外一个问题来源于调查问卷中用于计算从业人员工作任期的问题是模糊的。调查问卷中的问题是："您从事这份职业已有多久了?"有的受访者可能会将"职业"理解为职位描述而并非一个特定的工作。此类测量误差在我们的数据中非常显著。如果我们将没有变动过工作的员工定义为在第二次访问中任期超过 6 个月的那些人，而且假设两次调查所得的信息都是准确的，那么在两次调查之间工作任期应该已经增加了 6 个月。表 9.1 给出了所有员工任期变化的分布情况，以及那些工作任期小于 1 年的员工，还有那些工作任期小于 6 个月的员工的任期变化情况。如表 9.1 所示，全体员工中仅有 5.6%的人（13.6%的员工工作任期短于 1 年，16%的员工工作任期短于 6 个月）符合此项标准。值得注意的是，近 24%的员工工作任期的变化是负向的（此处不包括新工作），而且与任期超过 1 年的变化数量是相似的。更短工作任期的员工数据的不一致程度更低。另外，对于此阶层的员工，他们中的大部分人找到了新工作（任期短于 6 个月）。

表 9.1　报告任期的变化

任期变化	所有员工		任期小于 1 年的员工		任期小于 6 个月的员工	
	%	累积%	%	累积%	%	累积%
小于 0	23.7	23.7	1.7	1.7	0	0
0	22.7	46.4	8.0	9.7	0	0
1	0.2	46.6	0.8	10.5	0.5	0.5
2	0.5	47.1	1.9	12.5	1.1	1.6
3	0.6	47.7	2.3	14.8	1.5	3.1
4	1.2	48.8	4.8	19.6	4.6	7.7
5	1.3	50.1	6.1	25.7	7.1	14.8
6	5.6	55.7	13.6	39.4	16.0	30.9
7	1.1	56.8	5.1	44.5	8.8	39.7
8	0.9	57.6	3.8	48.3	6.3	46.0
9	0.8	58.4	3.6	51.9	6.5	52.4
10	0.7	59.1	2.8	54.7	4.5	56.9
11	0.5	59.6	2.4	57.1	4.2	61.1
12	16.3	75.9	10.7	67.9	1.7	62.8

在确认被调查者何时从一种状态转变为另一种状态时，即从就业状态转变为失业状态，抑或相反，存在的测量误差问题并没有那么严重，这是因为这个问题在调查问卷中很明确。测量误差中更重要的问题是确认相同状态内的转换、转换时间以及过去的任期。除非状态发生变化，否则我们接受第二次调查中任期或离职时间少于或等于 6 个月的新时期的定义惯例。如果调查表明状态发生了变化，并且在第二种状态中经过的时间超过了 6 个月，我们认为这是一种有变化截尾时间的状态变化。

9.7　就业的流入与流出

面板数据可以用来估计就业的总流入与流出量。这两种流量是通过考察特定调查中的所有受雇劳动者和在调查期间他们的就业状态而得的。因此，我们建立了流量数据，并在其中加入所有的样本来计算就业转换概率的均值。所有的计算都是针对受雇劳动者。图 9.7 给出了受雇劳动者转换为无业状态或者找到新工作的估计结果。

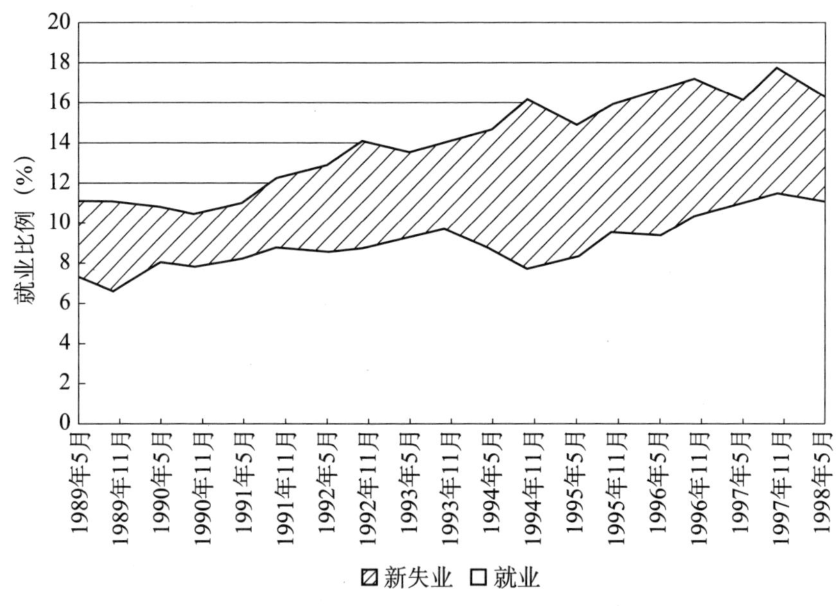

图 9.7　就业转换

就业转换总流量从调查样本初期的约 10%上升到了最后 15%以上的水平。两个流出的总量都增加了，在最后几年，增长几乎都来自新工作的变化。① 当考虑初始工作任期较短的受雇劳动者的就业转换流量时，我们得出了类似的结论。

图 9.8 呈现了失业流出量的变化情况。在样本调查期间，失业流出量减小，特别是在调查期间 6 个月的时间间隔之内，被雇用的可能性更低了。

表 9.2 给出了总离职风险率，并且我们将根据其初始的工作任期以及在 1995 年改革之前还是之后进行分类。最值得注意的是，较短任期受雇劳动者的风险率显著增加。与之相反的是，对于那些初始任期超过 6 个月的受雇劳动者而言，他们的风险率并没有发生显著的变化。表中的结果表明总离职率在一开始就非常高，但随着任期的变化迅速降低。

表 9.3 给出了在随后的调查中，每个任期内结束失业的受雇劳动者的比例。变化模式非常类似，也就是说初始任期短于 3 个月的员工在改革之后大幅增长。值得注意的是，这个任期相当于临时合同的时间限制。总的来说，向失

---

① 值得回顾的是由于受访者是被间隔性地调查，所以到新工作的过渡期间可能涉及失业问题。

图 9.8 失业转换

业转变是总离职的一小部分，但是在不断增加。这可能是为了新工作的高辞职率或失业人员的高再职率的结果。下文中我们研究的多元循环模型估计的结果表明后者是主要原因。

在表 9.4 到表 9.9 中，我们分别将前面两张表格的内容根据年龄、福利和企业规模进行了分解。

表 9.2 总离职风险率（%）

年	之前	之后
0～1 个月	52.8	66.1
1～3 个月	37.3	45.6
3～6 个月	25.3	32.6
6 个月～1 年	21.2	22.3
1～2 年	13.5	13.5
2～5 年	9.1	9.9
总计	13.1	15.7

表 9.3 非自愿离职的风险率（%）

年	之前	之后
0～1 个月	12.9	22.7
1～3 个月	9.9	12.8
3～6 个月	6.4	8.1

续表

年	之前	之后
6个月～1年	5.8	6.8
1～2年	3.2	4.1
2～5年	2.5	3.4
总计	3.5	5.0

表9.4　不同年龄受雇劳动者的总离职风险率（%）

年	25岁以下		25～40岁		40岁以上	
	之前	之后	之前	之后	之前	之后
0～1个月	64.0	78.2	48.0	60.0	40.3	60.5
1～3个月	46.1	50.8	35.4	42.9	23.2	41.6
3～6个月	31.9	31.9	22.0	38.9	22.4	23.6
6个月～1年	27.4	26.6	19.5	20.0	15.9	19.8
1～2年	16.9	14.8	11.5	13.6	13.1	11.8
2～5年	11.3	15.6	8.5	8.9	8.4	7.5
总计	25.1	28.3	12.6	15.4	8.5	10.5

表9.5　不同年龄受雇劳动者非自愿离职的风险率（%）

年	25岁以下		25～40岁		40岁以上	
	之前	之后	之前	之后	之前	之后
0～1个月	14.4	30.7	11.2	16.9	12.9	20.9
1～3个月	15.0	14.2	5.7	12.9	7.1	10.8
3～6个月	6.9	6.6	5.6	10.6	6.7	6.4
6个月～1年	8.2	6.0	4.3	5.6	4.8	9.6
1～2年	2.3	5.0	2.2	4.0	5.4	3.3
2～5年	2.8	4.7	2.4	3.2	2.3	2.9
总计	4.7	5.4	3.0	4.6	2.6	3.7

表9.6　总离职风险率，根据社会福利分类（%）

年	无福利		有福利	
	之前	之后	之前	之后
0～1个月	53.3	68.7	46.9	48.3
1～3个月	44.4	48.9	25.4	38.2
3～6个月	27.1	39.5	23.5	20.9
6个月～1年	24.3	27.3	16.1	16.5
1～2年	16.7	19.9	10.0	7.3
2～5年	11.2	12.3	8.3	7.8
总计	17.0	22.9	9.2	8.6

表 9.7　总离职风险率，根据企业规模分类（%）

年	小企业		大企业	
	之前	之后	之前	之后
0～1 个月	51.0	66.3	58.7	65.3
1～3 个月	39.0	47.8	31.5	38.3
3～6 个月	24.4	34.0	28.0	28.5
6 个月～1 年	21.7	22.8	19.4	20.7
1～2 年	14.5	14.8	10.8	10.1
2～5 年	9.4	11.2	8.3	6.7
总计	13.9	17.7	11.2	11.0

表 9.8　非自愿离职的风险率，根据社会福利分类（%）

年	无福利		有福利	
	之前	之后	之前	之后
0～1 个月	12.7	24.4	10.2	12.1
1～3 个月	10.9	13.9	8.5	11.6
3～6 个月	7.1	8.7	5.9	7.1
6 个月～1 年	6.6	8.3	4.3	5.5
1～2 年	4.1	5.8	1.8	2.3
2～5 年	2.5	3.8	2.8	3.0
总计	2.1	2.8	2.6	3.0

表 9.9　总离职风险率，根据企业规模分类（%）

年	小企业		大企业	
	之前	之后	之前	之后
0～1 个月	13.0	23.2	12.7	20.4
1～3 个月	10.4	12.8	8.1	13.0
3～6 个月	6.3	8.8	6.5	6.0
6 个月～1 年	5.4	6.5	6.9	8.0
1～2 年	3.4	4.7	2.5	2.8
2～5 年	2.5	4.2	2.4	1.7
总计	3.5	5.6	3.4	3.4

具体结论如下：

1. 对于没有福利的受雇劳动者来说，风险率的增长更大。这可能是基于这样一个事实，即签订促进就业合同的劳动者，例如在试用期，没有获得社会福利。事实上，正如我们在后文将看到的，在改革之后，临时合同的终止导致就业的流出量显著增长。

2. 对那些实验组（小企业，25 岁以下和 40 岁以上的受雇劳动者）而言，任期短的人面临的风险率更高。当将失业情况考虑在内时，这种差异不再显著。这也就意味着这些员工可能会从失业状态中快速转换出来。

9.8 风险率估计

此部分内容阐述了我们使用计量经济学估计风险率的具体内容。①

9.8.1 估计

我们建立了一个分段常数-基准风险函数。设一组任期 $\{0=t_0<t_1<\cdots<t_J\}$，其中，$j=1$，…，J，令 $\Delta_j=t_j-t_{j-1}$ 代表每一个相应的 j 间隔的长度。假设在每一段时间间隔内的风险率是常数。令 $J(t)=\max\{j \mid t_j<t\}$，因此 $t_{J(t)}\leqslant t<t_{J(t)+1}$。

协变量 $\boldsymbol{x}=(\boldsymbol{x}_1, \boldsymbol{x}_2)$，参数 $\boldsymbol{\beta}=(\boldsymbol{\beta}_0, \{\boldsymbol{\beta}_j\}_{j=1,\cdots,J})$，风险率如下：

$$h(t;\boldsymbol{x},\boldsymbol{\beta})=g(\boldsymbol{x}_1,\boldsymbol{\beta}_0)h_{J(t)}(\boldsymbol{x}_2,\boldsymbol{\beta}_{J(t)}) \tag{1}$$

这是一个混合模型，其中一些协变量（$\boldsymbol{x}_1$）会按比例影响风险率，而其他协变量（$\boldsymbol{x}_2$）会分别影响每个阶段的风险率。举例而言，我们将其中的一个虚拟变量作为实施临时合同的年份的指标，这可以让我们研究这些合同对各个阶段的风险率造成的影响。

综合以上论述，残存函数 $S(t)$ 满足以下公式：

$$S(t;\boldsymbol{x},\boldsymbol{\beta})=\exp\Big\{-g(\boldsymbol{x}_1,\boldsymbol{\beta}_1)\Big[\sum_{1\leqslant j\leqslant J(t)-1}h_j(\boldsymbol{x}_2,\boldsymbol{\beta}_{2j1})\Delta_j + h_{J(t)}(\boldsymbol{x}_2,\boldsymbol{\beta}_{2j1})(t-t_{J(t)})\Big]\Big\} \tag{2}$$

我们的数据由两次连续调查中已经完成的就业期或正在持续的就业期构成。对于这两种不同的就业期，我们在第一次调查时就能够得到过去的任期信息，用 t_0 个月来表示。如果存在不完整的就业期，第二个时间段 t_1 的过去任期被表示为 $t_1=t_0+6$，因为调查每 6 个月进行一次。在完整就业期中，因为是间隔性调查，所以得到的信息是有限的。我们令 δ 代表新的持续期（获得一份新的工作或失业），易知 $t_1\in[t_0, t_0+6-\delta]$。

持续就业期的条件概率用 $S(t_0+6)/S(t_0)$ 表示，与此同时，已经完成的就业期的条件概率用 $[S(t_0)-S(t_0+6-\delta)]/S(t_0)$ 表示。我们令 I_0 代表持续就业期，令 I_1 代表已经完成的就业期，似然函数如下所示：

$$\begin{aligned}\ln L(\boldsymbol{x},\boldsymbol{\beta}) &= \sum_{i\in I_0}[\ln S(t_i+6;\boldsymbol{x}_i,\boldsymbol{\beta})-\ln S(t_i;\boldsymbol{x}_i,\boldsymbol{\beta})] \\ &\quad+\sum_{i\in I_1}\{\ln[S(t_i;\boldsymbol{x}_i,\boldsymbol{\beta})-S(t_i+6-\delta;\boldsymbol{x}_i,\boldsymbol{\beta})]\ln S(t_i;\boldsymbol{x}_i,\boldsymbol{\beta})\}\end{aligned} \tag{3}$$

值得注意的是，我们将估计限定于条件概率，规避了抽样长度偏误和非平

① 在过去的 20 年间，风险函数在经济学研究中得到了广泛使用（如 Lancaster，1990；Heckman and Singer，1984）。

稳性可能带来的问题。这也是我们为什么没有将那些样本的第二次调查的就业期的信息包含在估计之内的原因，这些样本已经完成了初始就业期，并且在第二次调查时已经从事了一份新工作。

我们用来描述风险函数的方程是对数线性模型，所以 $g(\boldsymbol{x},\boldsymbol{\beta}) = \exp(\boldsymbol{\beta}'\boldsymbol{x})$，$h_j(\boldsymbol{x},\boldsymbol{\beta}_j) = \exp(\boldsymbol{\beta}_j{}'\boldsymbol{x})$。

9.9 结果

风险率估计中包含以下变量：

年龄	按年测量
性别	0=女性；1=男性
学历 1	小学毕业
学历 2	中学辍学
学历 3	中学毕业
学历 4	大学辍学
学历 5	大学毕业
大企业	表示是否有超过 50 名员工的虚拟变量
福利	0=无福利；1=部分或全部福利
95—98	1995—1998 年的虚拟变量

表 9.10 给出了估计的平均风险率和生存函数。在最初的几个月内风险率相当高，但在之后迅速降低。几近半数的工作在 3 个月内终止，约有三分之一的工作在一年之内终止。此时的风险率相当低。

表 9.10 生存函数以及风险率

年	生存函数	风险率[a]
1 个月[b]	1	0.326
3 个月	0.542	0.158
6 个月	0.361	0.023
1 年	0.323	0.023
2 年	0.258	0.016
5 年	0.162	

a. 风险率按月计算，并在给定行和下面一行定义的时间间隔内保持不变。

b. 持续时间是按月报告的，因此样本中报告的最小时间是 1 个月。

表 9.11 给出了最大似然估计结果。对于每一组回归分析将给出三列估计结果，分别是参数估计、标准误以及风险率。后者只对虚拟变量给出。人口协变量显著，且在三种估计中的值相似。年龄以每年 1.6%的比例降低风险率。

表 9.11 最大似然估计

参数	估计	标准误	风险率	估计	标准误	风险率	估计	标准误	风险率
年龄	−0.012 8***	0.00		−0.012 1***	0.001 9		−0.012 5***	0.001 9	
性别	0.146***	0.05	1.157	0.206 6***	0.045 1	1.230	0.203 8***	0.045 1	1.226
学历 1	−0.108*	0.07	0.898	−0.129 2**	0.068 4	0.879	−0.129 5**	0.068 5	0.879
学历 2	−0.215**	0.08	0.807	−0.202 9***	0.073 1	0.816	−0.205 7***	0.073 3	0.814
学历 3	−0.324***	0.08	0.724	−0.345 6***	0.078 2	0.708	−0.346***	0.078 3	0.708
学历 4	−0.375***	0.09	0.687	−0.457***	0.085 9	0.633	−0.461 4***	0.085 8	0.63
学历 5	−0.702***	0.01	0.496	−0.732 4***	0.097 2	0.481	−0.734 5***	0.097 2	0.48
规模	−0.104***	0.04	0.902	−0.128***	0.042 3	0.880		0.335 1	
福利	−0.608***	0.04	0.544	−0.528***	0.042 3	0.589	−0.528 8***	0.042 5	0.589
1～3 个月									
常数	−0.033	0.12		−0.452 3***	0.129 4		−1.071 6	0.372 3	
95—98	0.327***	0.07	1.386	0.379 4***	0.104 8	1.461	0.415 9	0.127 2	1.516
大企业							−0.061 6	0.170 5	0.94
大企业·95—98							−0.108 6	0.227 2	0.897
3～60 个月									
常数	−3.007***	0.11							
95—98	0.107**	0.05	1.112						
3～6 个月									
常数				−1.060 2***	0.122 5		−1.605 4	0.373 4	
95—98				0.154 2*	0.097 8	1.167	0.137 6	0.116 2	1.148
大企业							−0.254 2	0.150 5	0.776
大企业·95—98							0.014	0.216 2	1.014

续表

参数	估计	标准误	风险率	估计	标准误	风险率	估计	标准误	风险率
6～12 个月									
常数				−3.105 5***	0.132 4		−3.676	0.376 3	
95—98				0.331 2***	0.117 5	1.393	0.227 8	0.146	1.256
大企业							−0.192 9	0.176	0.825
大企业·95—98							0.331 1	0.246 5	1.393
12～24 个月									
常数				−2.942 3***	0.117 3		−3.580 2	0.370 3	
95—98				0.057 8	0.086	1.060	0.127 2	0.105	1.136
大企业							−0.009 4	0.119	0.991
大企业·95—98							−0.192 6	0.185 8	0.825
24～60 个月									
常数				−3.304 9***	0.117 5		−3.933 1	0.371	
95—98				0.090 8	0.078 4	1.095	0.148 7	0.098	1.16
大企业							−0.032 8	0.110 5	0.968
大企业·95—98							−0.154 9	0.164 4	0.857
观测样本量	14 854			14 854			14 854		
对数似然值均值	−0.525 8			−0.472 2			−0.472 0		

*** 表示在 1%的显著性水平下显著。

** 表示在 5%的显著性水平下显著。

* 表示在 10%的显著性水平下显著。

男性工人的工作终止风险比女性高出 20%。高学历降低了工作终止风险，其中特别是大学毕业的劳动者的工作终止风险是小学学历劳动者的一半。大企业就业对这种风险的降低幅度较小（显著）。最后，那些有非正式劳动合同（无福利）的劳动者的工作终止风险要高两倍。

第一个估计相当于预估两阶段的风险函数：任期低于 3 个月和超过 3 个月。尽管政策变化会影响总体风险函数，但是 1995 年临时合同的实施更有可能会影响第一阶段。的确，我们对此阶段的估计结果表明：前 3 个月的风险率在 1995 年之后上升了近 40%，而在更长工作任期中的总体增长仅为 10%左右。由于参数的估计是十分准确的，因此这个差异非常显著。

第二个估计提供了一个更大的就业间隔期。1995 年后，1～3 个月就业间隔期的风险率上升了 40%以上。对于更长的任期而言，其增长趋势并不是单调的。6～12 个月任期的增长同样接近 40%。然而，这种增长适用于更低的基准：对样本中的一般人而言，1995 年后，1～3 个月间隔任期的风险率提高了 13%（从 33%增加至 46%），而 6～12 个月间隔任期的风险率增长不到 1%（从 2.3%到 3.2%）。

就业风险率的上升超过了 3 个月期限，这种现象可能让人很费解。对于这种现象存在这样一种解释，即临时合同会带来两方面的影响。一方面，它使得雇主可以更加迅速地终止与之不匹配的劳动者的劳动合同。这种选择效应导致在临时合同终止后的时期内，风险率下降。另一方面，临时合同降低了人员流动的成本，并且因此降低了试用新员工的成本。这对于总风险率来说具有积极的影响。

第三个估计在各个阶段的风险率模型中加入了 1995—1998 年内企业规模的虚拟变量以及其与 1995—1998 年的交乘项。因此，我们可以检验 1995 年所建立起的特殊政策规定对小企业造成的影响。这些新加入的变量的系数都不显著，我们在加入年龄与 1995—1998 年的交乘项后得到了相似的结果。因此，没有证据表明特殊制度对小企业和年轻员工产生的影响是显著的。

9.10 结论

本章分析了阿根廷 1995 年劳动市场的影响。结果表明此次改革对劳动流动具有很大的影响，它将试用期内的风险率提升了 40%，并且没有减少对长期任期的补偿额。与之相反的是，针对小企业和年轻员工的特殊制度并没有巨大的影响。

此现象的经济意义是什么？该政策对持有临时合同的工人来说意味着更低的税率，这虽然会引起雇用率的提升，但同时也会引致长期就业的替代效应。

很明显，估计此类扭曲的成本是一个重要问题。另外，此项政策减少了使用新员工的成本，对雇主而言可能有助于其员工更合理的分配。正如临时合同期内风险率的提升一样，雇主对这种刺激的反应似乎是积极的。

对这些政策的成本与收益的完整估计需要建立和估计一个工作匹配结构模型。本章的研究结果表明这方面的研究探索是很有价值的。

参考文献

Blanchard, O., and A. Landier. 2001. The perverse effects of partial labor market reform: Fixed duration contracts in France. NBER Working Paper no. 8219. Cambridge, Mass.: National Bureau of Economic Research, April.

Blanchard, O., and P. Portugal. 2001. What hides behind an unemployment rate: Comparing U.S. and Portuguese labor markets. *American Economic Review* 91 (1): 187–207.

Heckman, J., and B. Singer. 1984. Econometric duration analysis. *Journal of Econometrics* 24:63–112.

Hopenhayn, H., and R. Rogerson. 1993. Job turnover and policy evaluation: A general equilibrium analysis. *Journal of Political Economy* 101 (5): 915–38.

INDEC. 2001. Encuesta permanent de hogares: Base usuaria ampliada. Available at [http://www.indec.mecon.gov.ar.eph/May2001/Docs/Buadoc2.doc].

Lancaster, T. 1990. *The econometric analysis of transition data.* Econometric Society Monograph Series. Cambridge: Cambridge University Press.

Magnac, T., and J.-M. Robin. 1994. An econometric analysis of labour market transitions using discrete tenure data. *Labour Economics* 1:327–46.

Nickell, S. 1997. Unemployment and labor market rigidities: Europe versus North America. *Journal of Economic Perspectives* 11 (3): 55–74.

Pagés, C., and C. Montenegro. 1999. Job security and the age-composition of employment: Evidence from Chile. IADB Working Paper no. 398. Washington, D.C.: Inter-American Development Bank.

Saint-Paul, G. 2000. Flexibility vs. rigidity: Does Spain have the worst of both worlds? Universitat Pompeu Fabra Discussion Paper no. 144. Barcelona, Spain: Universitat Pompeu Fabra.

10 加勒比海岸地区的劳动市场法规与就业

安德鲁·S. 唐斯、恩兰杜·麦明奇和罗斯-玛丽·贝勒·安托万*

10.1 引言

加勒比海岸地区面临的一个主要经济挑战就是通过创造就业机会来降低青年及女性劳动力的高失业率。尽管现已有多种说法可以解释此地区的高失业问题，但是鲜有研究去准确分析失业的根本原因。关于失业的分析需要同时对劳动市场的供给与需求进行测量。

本研究主要通过估计劳动市场法规对巴巴多斯、牙买加、特立尼达和多巴哥这些母语为英语的加勒比海岸地区国家就业创造的影响来研究劳动市场的需求面。尽管美洲开发银行（IADB）近期对拉丁美洲和加勒比海岸地区劳动市场改革的一份报告表明，相较于拉丁美洲国家，加勒比海岸地区国家劳动市场的刚性更低，但劳动市场和产品市场的制度环境都对此地区的就业创造带来了一些负面影响（IADB，1996）。加勒比经济开发合作集团（CGCED）有关劳动市场运行的研究结果表明，这些政策法规确实对此地区的商业运作具有某些影响（Abt Associates，1998）。

---

* 安德鲁·S. 唐斯（Andrew S. Downes）是西印度大学阿瑟·刘易斯爵士社会经济研究所的教授及主任。恩兰杜·麦明奇（Nlandu Mamingi）是西印度大学经济学院的高级讲师。罗斯-玛丽·贝勒·安托万（Rose-Marie Belle Antoine）是西印度大学的法律高级讲师。

我们在此向丹尼尔·哈默梅什、金·赫克曼、朱塞佩·贝尔托拉、卡门·佩奇斯致以最诚挚的感谢，感谢其对本文提出意见。我们同样向评审对本文最终定稿提出的建设性意见表示感谢。由美洲开发银行首席经济学家办公室所组织的大量研讨会的参与者为我们提供了有用的意见。调研助手古丽妮·奥德尔（Cyrlene Odle）和阿德里安娜·卡特（Adrian Carter）在研究的不同阶段提供了有价值的统计方面的帮助。许多来自西印度大学的法学院学生也协助完成了劳动法规的识别工作。多莉丝·唐斯（Doris Downes）录入并编排了此文章。

劳动市场法规一般包括经济、社会、司法手段以及将会影响劳动市场结果与表现的各项机制。这些法规源于政府立法机制、判例法或习惯以及工会与雇主之间的集体议价程序。劳动市场法规包含的内容（见表 10.1）如下：

- 确立及保障劳动者的权利。
- 保护弱势群体。
- 确定工作的最低补偿金。
- 保障合适的工作环境。
- 提供收入保障。

表 10.1 劳动市场法规

干预类型	保障和政策
确立与保障劳动者的权利	联结以及组织的权利，进行集体议价活动的权利，参加行业活动的权利，质疑解雇的权利，罢工期保留职位的权利，施行调解、仲裁以解决争议的权利
保护弱势群体	为避免童工而采取的最低工作年龄政策；公平的工资和就业机会的均等；反就业歧视政策，包括种族、性别、年龄、残疾；针对妇女的特别保护（例如带薪生育假）；针对应急工的临时合约的限制；陪产假；执业许可证；移民法
确定工作的最低补偿金	最低工资；最低非工资福利；加班工资；额外津贴；夜班补贴
保障合适的工作环境	最低职业健康和安全环境，最长工作时长，休息时间，带薪休假
提供收入保障	社会保障制度（残疾、失业、养老、疾病），工作保障以及遣散费，工资和价格控制，养老政策，退职金，提前告知，失业保障金，临时条款

资料来源：世界银行（1995，71）。

劳动市场的调控措施可能是直接的（例如，通过立法机制或政府干预的手段），也可能是间接的（例如，通过自发的集体议价程序、习惯及传统）。这些措施可以让劳动者免受剥削，远离艰苦的工作环境，但同时也给雇主带来了额外的成本。政策制定者所面临的挑战就是要制定出既能使雇主额外的劳动成本最小化（例如调整成本），又能保护劳动市场中劳动者的社会经济福利的政策。通过最小化此类劳动成本，雇主可以在享有其他有利经济形势的同时雇用更多的工人。此处应该注意的是，劳动市场法规在劳动市场上仅代表影响就业的可变因素之一。

本研究的主要目标如下：

- 表明在美洲开发银行中三个以英语为母语的成员的劳动市场法规涉及的范围。
- 确定这些法规对成本的影响。

● 使用计量经济方法实证研究这些劳动市场法规对就业决定的影响。

曾有学者估计了加勒比海岸地区以英语为母语的国家的劳动市场监管对就业产生的影响，本研究佐证了这些研究结论。由于获得的数据有限，实证部分只针对巴巴多斯、牙买加、特立尼达和多巴哥进行研究。本研究结构如下：第10.2节概述了控制劳动市场运作的制度框架。第10.3节估计了此框架的潜在非工资劳动成本。本节试图基于劳动市场政策和集体谈判协议来构建劳动市场政策指标。第10.4节将非工资劳动成本放入劳动需求函数中。第10.5节检验了估计过程中使用的统计数据，第10.6节阐述了实证结果。最后一节给出了此次研究带来的政策启示。

10.2 政策框架

管理劳动市场运作的制度框架的一个方面是劳动市场监管的司法或立法（直接）方面。加勒比海岸地区的劳动市场法规主要涉及的内容包括：合作的自由性、以工会活动为形式的行业行动、处理争议的法律制度（调解或仲裁）、集体议价协议的强制性、工会认可度、就业替代合同、社会保险及社会保障、职业健康与安全、产假与病假、加班与带薪休假、离职、人员冗余与人员解雇、最低工资、男女平等、公平酬劳以及雇用童工法。除了这些法律规制，工会与雇主之间的集体议价协议包括：工时、轮班、补贴（例如工服、娱乐、洗衣、风险津贴）、休假安排、人员配备、解雇原则、员工培训、申诉程序。这个地区每个国家的法规的实质和外延都不一样（见表10.2）。加勒比海岸地区劳动法的特点是结合了法规、普通法、习惯和政策。

制度框架控制了这些地区的劳资关系，这个制度框架与巴巴多斯的自愿模式类似，与特立尼达和多巴哥采用的政府干预模式不同。这个地区制度框架之间的区别源自两个方面：工会主义的差异，以及为了推动经济发展而维持劳动与经济稳定的需要。例如，众所周知，相对巴巴多斯和伯利兹两国而言，牙买加、特立尼达和多巴哥拥有更多激进的工会运动。在圭亚那、特立尼达和多巴哥以及巴哈马，法律规定所有的集体协议都具有法律强制性，但在巴巴多斯并无此类法规。在巴巴多斯、伯利兹以及圭亚那，工会没有得到法律的认可。劳动的工会化程度各不相同，伯利兹的工会化程度为13%，圭亚那的达到了32%（Rama，1995)。尽管工会化程度看上去较低，但在经济战略部门中，工会成员的占比却很高（例如，公共部门、港口行业和公用事业部门)。

表 10.2　20 世纪 90 年代加勒比海岸地区英语系国家劳动市场法规的特点

	巴哈马	巴巴多斯	伯利兹	圭亚那	牙买加	特立尼达和多巴哥
提前告知期限	0.5～1 个月	双方协商	0.5～1 个月	0.5 个月	2～12 周	2 个月
有正当理由解雇员工的赔偿金	无	无	无	无	无	无
无正当理由解雇员工的赔偿金	集体协商	对于 1～10 年工龄的员工，支付 2.5 周工资；对于 10～20 年工龄的员工，支付 3 周工资；对于超过 20 年工龄的员工，支付 3.5 周工资	对于 5 年工龄以上的员工，针对每一年工龄偿付 1 周工资	集体协商		对于 1～4 年工龄的员工，支付工龄期一半的工资；对于超过 5 年工龄的员工，支付工龄期 3/4 的工资
由于经济原因解雇员工的赔偿金	集体协商	对于 1～10 年工龄的员工，支付 2.5 周工资；对于 10～20 年工龄的员工，支付 3 周工资；对于超过 20 年工龄的员工，支付 3.5 周工资	对于 5 年工龄以上的员工，针对每一年工龄偿付 1 周工资	集体协商		对于 1～4 年工龄的员工，支付工龄期一半的工资；对于超过 5 年工龄的员工，支付工龄期 3/4 的工资
解雇员工支付赔偿金的限制	无	不超过月薪	最多赔偿 42 周的工资	无		无
由员工提出终止劳动合同的赔偿金	无	无	对于工龄超过 10 年的员工，支付工龄期内 1/4 的工资	无	无	无
失业保险	无	有	无	无	无	无

续表

	巴哈马	巴巴多斯	伯利兹	圭亚那	牙买加	特立尼达和多巴哥
试用期	3个月至一年	协商	两周	无	3个月	协商
临时合同期限	无特别规定	无特别规定	无特别规定	无特别规定	无特别规定	无特别规定，通常是6个月
最长工作日（小时/周）	48	40	45	48		
加班工资的偿付	50	50	50	50		
夜班偿付	若为平常工作日，无相应偿付	无	若为平常工作日，无相应偿付	若为平常工作日，无相应偿付		
假期工作的赔偿（%）	周日100；假期150	100	若为平常工作日，无相应偿付	100		

然而在这个地区的所有国家中，最开始使用的法规都是基于普通法，即至今仍存在于特定国家的自愿模式。这是劳动法律法规指标缺乏变化的重要因素之一。普通法不同于拉丁美洲地区的民法体系，它是基于判例法建立的，主要特点是制定专门的法律法规。与此相反，在民法体系中，法律的主要特点是由特定的制定模式形成法律法规和守则。普通法国家的劳动法律会带来一些影响，因为普通法的界定决定了政府的不干预政策。因此，劳动法规取决于市场力量以及议价双方的力量。法规通常具有相对的时滞性，甚至法规的推出时间常被判例法左右。

人员冗余、工会认可、付薪义务和带薪休假等此类关键概念均交由法院来确定。这也解释了在 20 世纪 60 年代后期此地区的法律法规推出得相对较晚，因为在这些法律法规推出之前，普通法中没有任何条款来界定这些关键概念。

在本研究中，我们主要针对加勒比海岸地区劳动市场法规的三大主要领域，即保险支出、遣散费以及最低工资。

所有国家都会提供社会保险和社会保障。福利覆盖的领域包括医疗、疾病、失业、年老/养老/退休、工伤、怀孕、病弱以及事故幸存。尽管各地区的福利覆盖范围有所不同，但都达到了国际劳工组织制定的最低标准。雇主和雇员双方都要缴纳社会保险和社会保障费用，此费用可被当做工资税。表 10.3 给出了雇主和雇员在社会保险体制下各自的缴费率。雇主缴纳的此项费用占据了其劳工成本的很大一部分，有些雇主会拖欠这部分款项。在巴巴多斯，一些雇主认为此项缴费率较高，因而在向国家保险基金缴款时表现较为懈怠。

这个地区劳动法规最具有争议的是劳动关系的终止和雇主相关解雇成本的计算（Antoine，1998）。就业通常由劳动合同和法律共同约束。纯粹的合同法条例通常不会考虑到劳动者与其就业之间的特定关系，它可能也会左右劳动法规环境。例如，根据普通法规定，合同终止通常被认为是一个很重要的合同概念。这意味着 A 签订合约为 B 工作，如果他由于某些原因无法胜任此项工作，如工作表现差、罢工、患病，他就可能被以违反了合同的基本条款为由而合法地被解雇。“立即解雇”是指以员工行为不当或泄露机密为由终止劳动合同，并且无须提前告知解除劳动合同。就终止雇佣关系而言，普通法对“自愿离职”的界定在这个地区仍然适用。根据普通法，只要“合理告知”了，就业合同便可以按意愿终止。如果没有告知，被解雇的员工就可以得到赔偿（例如，一周的周薪或一个月的月薪）。当没有证据证明解雇是在雇员收到告知的条件下发生的时（即没有违反合同），解雇便为非法解雇。因此在普通法中，告知这一环节是合法解除劳动关系的基础。

表 10.3 社会保险的缴费率（1991 年）

国家	缴费率（%）		
	雇主	雇员	自雇用
巴哈马	5.4	1.7～3.4	6.8～8.8
巴巴多斯	4.9～6.8	4.65～6.55	8
圭亚那	7.2	4.8	10.5
牙买加	2.5	2.5	5.0
特立尼达和多巴哥	5.6	2.8	n. a

资料来源：La Foucade（1995，32－33）。

注：n. a. 表示无相关信息。

虽然行业法庭和法院已在一定程度上限制了雇主随意解雇员工的自由，但是加勒比海岸地区政府仍在考虑正式提出“不公平解雇”的概念，这也就意味着雇主必须为解雇员工的行为给出一个正当理由。这显然会影响雇主将来雇用和解雇员工的决策。特立尼达和多巴哥通过其行业法庭详述了不公平劳资关系的概念，与此同时，牙买加有关于“正当解雇”的条款。在这两国，解雇员工都必须给出理由。在巴巴多斯，当一名雇员在没有被告知的情况下被解雇时，他会用“正当理由”的概念来裁决解雇是否非法（Antoine，1992，Cumberbatch，1995a，b）。此类解雇带来的损失将根据遣散费支付法规中的规定进行偿付。值得说明的是，在伯利兹、巴巴多斯、圭亚那和牙买加进行罢工的工人是可以被解雇的。良好的劳资关系自然可以减少此类事件的发生，因为企业为了吸引那些希望得到工作保障的高质量员工，会试图保持作为良好雇主的名声。

关于非自愿终止的雇佣关系的偿付问题，劳动法规定了遣散费（例如对以任何理由终止劳资关系的赔偿）以及冗员费（例如由于经济上和技术上的困难而终止劳动合同的补偿，见表 10.4）。冗员费的概念在这个地区的运用更为广泛。冗员费或遣散费被认为是对过去服务的偿付，因此，根据成本最小化规则，企业会优先考虑雇用短任期的工人。有些国家（如巴巴多斯）的雇主有责任在雇员离职时向他们支付遣散费，尔后，他们可从遣散费偿付基金中得到部分偿付。在巴巴多斯，遣散费偿付基金是由国家保险委员会管理的。雇主必须根据雇员的保险收入为雇员缴纳遣散费偿付基金。雇主必须向其雇员支付遣散费，然后再申请退款，这些都由负责基金管理的部长决定。当雇主无力向雇员支付薪水时，基金会向雇员支付薪水并力图从雇主那里得到等额偿付。遣散费系统不按经验评估费率，因此如果雇主有长期没有支付遣散费的历史，他并不会减少支付给基金的金额。在牙买加、特立尼达和多巴哥没有此项基金，所以雇主是在得不到任何偿还款的情况下向雇员支付全额遣散费。

表 10.4 20 世纪 90 年代加勒比海岸地区各个国家的遣散费

国家	工龄条件 (可享受福利的工龄)	福利
安提瓜和巴布达	1 年	每年工龄偿付 12 天的工资，以最新的基本工资水平计算
巴巴多斯	2 年	最初 9 年工龄，每年工龄偿付 12.5 天工资
伯利兹	5 年	每年工龄偿付 5 天工资，最多偿付 42 周
多米尼加	3 年	前 3 年，每年偿付 5 天工资；工龄 3～5 年，每年偿付 15 天工资；工龄 6～10 年，每年偿付 25 天工资；10 年以上工龄，偿付 95 天工资；超出 10 年部分，每年加发 15 天工资，不超过 52 周
牙买加	2 年	最初 5 年工龄，每年偿付 10 天工资；最初 2 年工龄，每年偿付 15 天工资
圣基茨和尼维斯	1 年	最初 4 年工龄，每年偿付 10 天工资；5～10 年工龄，每年偿付 15 天工资；超过 10 年工龄，每年偿付 20 天工资；最高支付 52 周
圣卢西亚	2 年	最初 2 年工龄，每年偿付 5 天工资；3～7 年工龄，每年偿付 10 天工资；超过 7 年工龄，每年偿付 15 天工资；周薪不超过 100 欧元
圣文森特和格林纳丁斯	2 年	每年偿付 10 天工资，最高偿付 52 周的工资
特立尼达和多巴哥	1 年	最初 5 年工龄，每年偿付 10 天工资；超过 5 年工龄，每年偿付 15 天工资

本研究中的国家以最低工资的形式（如牙买加）或特定职业的特定最低工资的形式（如巴巴多斯）贯彻落实了最低工资法。在牙买加，国家最低工资政策于 1975 年开始实施，并作为政府较少贫困项目的一部分，表明政府已认识到非工会部门的劳动者们的低收入问题。最近一次国家最低工资标准的上调是在 2002 年 1 月，规定每周 40 工时的工资不低于 1 800 牙买加元。巴巴多斯、伯利兹、圭亚那、特立尼达和多巴哥（至 1998 年）针对特定职业的工人（例如商店营业员、家庭佣人以及农业劳动者）设定了最低工资。这些标准是不定期更新的。特立尼达和多巴哥于 1998 年 6 月开始实施最低工资法，确立了每小时 7 特立尼达和多巴哥元（1.10 美元）的国家最低工资标准。

Antoine（1998）研究了这个地区劳动法的其他方面，如带薪病假、带薪休假、临时员工、工资保障、实物支付工资禁止法及其他福利、雇用童工、性别平等以及薪酬平等。这些监管措施是在约束劳动市场中的企业运营的大背景下提出的。这些法律措施近年来变动甚微，因此企业已适应了这些法规的管制。

总而言之，加勒比海岸地区劳动市场运作的制度框架包括了一系列法律措施、普通法条例（判例法）、习惯和传统。这一系列规制表明在这个地区存在两种类型的劳资关系和争议调解模式，即法律干预和自愿原则。工会在劳动市场上特别活跃，并在各种劳动法中得到认可。该地区以法律条款的形式来约束劳动市场运行和劳动部门运作。虽然个别监管措施可能会对企业（如雇主）产生不同的影响，但企业雇用和解雇工人的总体框架为就业决策提供了依据。劳动法规不会频繁改变。

就业变化取决于雇用与解雇的过程。如果我们用 L_o 和 L_t 分别代表初始就业水平和现有的就业水平（即就业人员总数），则有以下关系式：

$$L_t = L_o + H(\cdot) - F(\cdot) - R \tag{1}$$

其中，$H(\cdot)$ 代表雇用函数，$F(\cdot)$ 代表解雇函数。R 代表自愿辞职和退休的人数。强制退休法将会影响变量 R。这段时间就业的离散变化如下：

$$\Delta L_t = L_t - L_0 = H(\cdot) - F(\cdot) - R \tag{2}$$

因此就业变化取决于影响雇用与解雇过程的因素。通过法律措施可以增加雇用和解雇的额外成本（例如遣散费、国家保险支出和其他工资税）或者增加过程的条件（例如使雇用过程中不存在歧视、没有童工、后进先出以及在解雇过程中采用相反优先级）。理解影响雇用函数和解雇函数的因素对确定一段时间内的就业变化非常重要。

10.3 非工资劳动成本指标

劳动市场法规产生了一系列雇主必须考虑的劳动成本，劳动成本可分为（直接）工资劳动成本和（间接）非工资劳动成本。直接工资和薪水与按工作绩效付薪的薪酬方式挂钩，同时也包括正常工作时间的常规工资、加班工作的加班费、节假日工作的加班费、轮班工作和夜班工作的补贴、激励奖金或分红以及生活补贴。间接或非工资劳动成本包括非工作日薪酬（带薪休假和未休假补偿）、社会福利支出（用人单位支付的社会福利和家庭补贴）、法定社会福利支出（国家保险和社会保障计划）、常规约定的支出或自愿支出（例如延长退休或提前退休计划、补充保险计划）、各种福利（例如住房补贴、支付水电费）、职业培训，以及特殊税收和补贴（例如就业税）。

除了这些工资和非工资劳动成本之外，劳动市场法规（英文缩写为 LMR）也限定了企业在劳动市场上必须遵循的环境。例如，法律规定性别平等和收入平等，同时工会可能不会直接影响劳动成本，但可能会影响雇用和解雇员工的决策。种种法律措施的存在决定了调整成本的性质和结构，同时使劳动投入成为生产过程中的一个固定要素。

广泛的法律约束使得难以分析劳动市场法规对就业和其他劳动市场变量产生的影响。在某些情况下，许多法规在很长一段时间内都未曾改变，因此跨时期的分析毫无意义。在其他情况下，监管措施定期发生变化，因此为实证分析提供了"自然试验"。国家间法律政策的不同也为实证分析提供了基础。为了明确法律实施的范围，分析员已尝试开发劳动市场法规（LMR）指标(Downes，2002)。劳动经济学家采取了两种基本方法。第一，确定了重要的法律制度，同时对每种政策法规开发了特定指标［例如遣散费、最低工资（即KAITZ指标）、国家保险支出或工资税］。第二，使用特定指标或者法规政策的自然单位建立综合指数。这些综合指数并未进行加权，并且不能反映出不同政策法规对就业决策的相对重要性。为了解决这个问题，我们需要使用主成分分析或者对定性和定量变量的因子分析。

学者们使用不同名称来表示LMR。例如，Rama（1995）用LMR作为"劳动市场刚性指标"，而Márquez and Pagés（1998）把它们作为"就业保障"的指标。Loayza and Palacios（1997）使用类似的方法来获取劳动市场改革指标。

在Rama（1995）关于31个拉丁美洲和加勒比海岸地区国家的研究中，他认为"劳动市场刚性指标"的范围是0.182（伯利兹）～0.654（巴西）。表10.5中呈现了加勒比海岸地区英语系国家的这项指标的情况。尽管某些变量的缺失值会影响指标的总体值，但是加勒比海岸地区英语系国家的劳动市场刚性指标表明，巴巴多斯的劳动市场刚性最强，而伯利兹的最弱。

Márquez and Pagés（1998）关于六个国家就业保障指标的研究对比分析了拉丁美洲和加勒比海岸地区的就业保障程度。其指标的范围是1（低保障程度，如美国）～35.5（高保障程度，如玻利维亚和尼加拉瓜）。在这项研究的六个国家中，有四个国家的指标低于10（见表10.6）。Loayza and Palacios（1997）关于拉丁美洲和加勒比海岸地区劳动市场自由化的研究认为，相较于拉丁美洲，加勒比海岸地区劳动市场的扭曲程度更低。他们声称"沿袭普通法传统，加勒比海岸地区英语系国家，特别是巴哈马、伯利兹和圭亚那，它们的刚性程度最低，尤其是针对解雇员工支付的经济补偿、临时合同的限制和工资税税率"。

虽然这些综合指标为通过不同的衡量方法估计劳动市场刚性程度、扭曲程度和保障程度提供了一些参考，但它们并未显示出特定衡量方法如何影响就业。如同之前指出的，用特定的指标来测量劳动市场法规对其他劳动市场变量的影响。

表 10.5　加勒比海岸地区的劳动市场政策和制度

国家	国际劳工组织公约批准方案	年度带薪休假（天）	产假（天）	社会保障支出（工资的百分比）	政府就业（劳动力的百分比）	最低工资（平均工资的百分比）	遣散费（月薪）	工会化（劳动力的百分比）	劳动市场刚性（指数）	等级（1=最高等）
安提瓜和巴布达	15	12	55	10.6	—	49.6	—	24	0.380	4
巴巴多斯	35	15	84	12.0	23	—	—	31	0.580	1
伯利兹	27	6	50	7.0	—	—	—	13	0.182	11
多米尼加	20	10	50	8.9	—	0.0	—	25	0.223	10
格林纳达	25	—	50	8.0	—	0.0	—	47	0.328	6
圭亚那	—	12	59	12.5	—	—	—	32	0.415	3
牙买加	25	10	56	5.0	7	21.9	—	24	0.278	8
圣基茨和尼维斯	—	—	64	10.5	—	—	—	34	0.476	2
圣卢西亚	25	—	57	10.0	—	—	—	20	0.306	7
圣文森特和格林纳丁斯	—	—	55	7.8	—	—	—	12	0.251	9
特立尼达和多巴哥	13	14	55	8.4	—	30.8	—	28	0.354	5

资料来源：Rama (1995).

在本研究中，特定指标用来估计劳动法规对加勒比海岸地区的就业的影响。在有最低工资法律规定的情形中，牙买加使用了一个 KAITZ 指标（KE）。指标计算如下：

$$KE=\frac{\text{最低工资指标}}{\text{平均偿付指标}}=\frac{MW}{AC} \tag{3}$$

其中覆盖率是[1]（Brown，Gilroy，and Kohen，1982，499）。传统的 KE 等于法定的名义最低工资与以覆盖率加权的平均时薪之比。对牙买加来说，平均偿付是平均时薪的代理变量。在特立尼达和多巴哥，最低工资法规覆盖特定工人群体，使用“有效最低工资指标”。这项指标是那些被法律覆盖的国家最低工资指标与平均时薪指标的比值。覆盖率的数据无法获得。

在巴巴多斯，未加权的简单指标（因为无法得到加权的数据）用来衡量雇主和雇员支付的国民保险支出的影响。这些支出包括遣散费、国民保险和特殊税费。总体缴费率以 1980 年为基年转换成指数形式。在牙买加，未加权的简单指标也可以用来衡量与工资挂钩的缴费对国家保险系统的影响。在特立尼达和多巴哥，用一个虚拟变量来衡量从 1997 年开始向国家保险系统支付的缴费额的变化，它主要在 1980 年与 1982 年发生了变化。

表 10.6　加勒比海岸地区就业保障指标

国家	正当理由的定义	与任期相关的遣散费			试用期	20 年遣散费	复职	就业保障指标
		1 年	3 年	10 年				
巴哈马	6.5	7	4.5	2.5	13.5	1	14	2
巴巴多斯	6.5	14.5	7	4	35	2	14	8
伯利兹	6.5	7	4.5	11	33	3	14	5
圭亚那	27	14.5	13	19	35	12	14	16
牙买加	6.5	7	15.5	8	13.5	—	14	4
特立尼达和多巴哥	6.5	27	22	23	29.5	16	14	17

资料来源：Márquez and Pagés（1998）.

注：“—”代表数据缺失。

遣散费支付法案在研究期内并没有发生重大变化。特立尼达和多巴哥的遣散费支付法案于 1985 年开始实施，之后从未发生变化。在巴巴多斯，此法案于 1978 年开始实施，并在 1991 年进行了修订。牙买加于 1974 年开始实施遣散费支付法案，并分别于 1986 年与 1988 年进行了微调。巴巴多斯调整了缴费比例，其他国家的变更皆是行政方面的变化。

因此，在本研究中，劳动市场法规对就业的影响分析将集中于最低工资规定、国家保险支出规定和遣散费规定。

10.4　动态劳动需求函数

用人单位雇用一个员工包含以下成本：（直接）工资劳动成本以及（间接）非工资劳动成本。直接工资和薪水与按工作绩效付薪的薪酬方式挂钩，同时也包括正常工作时间的常规工资、加班工作的加班费、节假日工作的加班费、轮班工作和夜班工作的补贴、激励奖金或分红以及生活补贴。尽管这里面有些费用的偿付是立法（例如带薪休假规定）规定的，但总费用是由工会主导的集体议价过程决定的。

非工资劳动成本的存在使得劳动成为生产过程中一项近似固定的要素，并对劳动需求（就业）函数以及雇主对工人数量和每位工人工作时长的选择产生了影响。与此同时，由于技能水平不同导致的人员流动成本的差异，在商品和服务需求下降的情况下，企业更愿意解雇那些专业技术熟练的员工（即熟练工人被囤积起来）。

劳动市场法规对就业的影响体现在工资与非工资劳动成本上，由这两个方面可得：

● 动态劳动（就业）调整模型的估计，其中劳动市场法规的作用隐含在调整成本函数中（例如，Hamermesh，1993；Hamermesh and Pfann，1996）。

● 明确使用劳动市场法规的特定指标或综合指标作为劳动需求函数估计的解释变量（例如，Lazear，1990；Erickson and Mitchell，1995）。

动态劳动需求函数可以通过调整成本或预期得到。这两项因素表明动态劳动需求函数中的一些参数与调整成本及预期有关。例如，解雇和雇用工人的劳动调整成本可能是对称或非对称的，雇用和解雇成本的增长率可能是线性的或非线性的（如二次的）。预期同样有多种形式，如适应性的或理性的。

除调整成本和预期之外，劳动需求备择模型可根据对企业使用的生产技术假定、股本收益、商品及劳动市场结构、约束劳动市场表现的政策框架（例如工会和它们的议价能力）进行说明。近期有关集体议价和工会表现的经济学文献中提出了几个控制谈判过程的模型。两个最主要的模型是劳动需求模型和有效谈判模型。劳动需求模型有两种形式：第一，垄断联盟模型。在此模型中，工资率由工会设定，并且垄断企业可决定它们的劳动需求水平（即就业）；第二，管理权模型。在此模型内，在议价过程中确定工资率之后，垄断企业有权决定劳动需求。在有效谈判模型中，工会和企业就工资率和雇用量进行谈判（Sapsford and Tzannatos，1993）。特定方程的选择会对工资和就业函数产生影响。在调整成本的背景下，一些研究试图构建动态工资和就业谈判模型（Lockwood and Manning，1989；Modesto，1994）。因此，动态劳动需求函数反映了劳动市场的制度特征以及产品市场和劳动市场上的企业表现。

动态劳动需求模型的标准公式由解决跨时期约束优化问题得出。假设代表性企业在一段时间内具有一定水平的雇用量 L_0，当企业追求利益最大化和成本最小化时，就会产生调整就业水平的成本。调整成本可能是由立法、技术或者制度因素导致的。如果在某个时间 t 时，给定的就业水平为 L_t，那么用人单位面临的问题是在调整成本函数和就业水平 L_t 的条件下选择调整速度。

最优化问题可以通过对变量进行微分来找到最优的就业路径（Intriligator，1971）。如果我们假定调整成本是二次且对称的，即在所有就业变化的情况下，解雇成本等于雇用成本，我们便可得到一种动态劳动需求函数。这个动态劳动需求函数基于最小化生产函数约束下跨期的生产成本（Downes and Mamingi，1991）：

$$L_t^d = L_t^d\left[\frac{W_t}{m_t},\ q_t^*,\ D(L_t)\right] \tag{4}$$

其中，劳动的最优需求是劳动价格相对于资本的租赁价格（W_t/m_t）、计划或预期产出 q_t^*、劳动需求滞后方程 $D(L_t)$ 的函数。式（4）的具体形式取决于生产函数。正如先前指出的一样，关于企业行为（例如，利润最大化）、调整成本函数（例如非二次和非对称的）、政策规定范围（例如，管理权议价模型）以及生产技术的替代假定都可以得出不同的动态劳动需求函数。

使用式（4）来估计劳动市场法规对就业的影响的限制之一是，所有的调整成本的来源都必须包含在 $D(L_t)$ 中。解决此问题的方法之一是衡量劳动市场法规的性质和特点，同时明确有关工资率的政策措施（例如工资税）和非工资劳动成本的政策措施（例如，禁止雇用童工、加入工会权和禁止性别歧视）。

如果明确了这些政策调整措施，那么对数线性等式的表达式如下：

$$\begin{aligned}\ln L_t^d = {} & \alpha_0 + \alpha_1 \ln\left(\frac{W_t}{m_t}\right) + \alpha_2 \ln \mathrm{REG}(W_t) + \alpha_3 \ln \mathrm{REG}(NW_t) \\ & + \alpha_3 \ln q_t + \alpha_5 \ln L_{t-1} \end{aligned} \tag{5}$$

其中，REG(W) 和 REG(NW) 是与工资率（W）和非工资因素（NW）相关联的政策指标。式（5）表明劳动需求取决于相对于资本服务价格的基本工资率；与工资相关的政策措施（例如，工资税）；非工资政策措施，它是使劳动成为准固定因子的主要因素；计划产出；早期劳动需求量（它是除了劳动市场政策以外的影响调整过程的其他因素的代理变量）。在真正动态的环境下，我们将看到一些解释变量的交乘作用。

正如之前所言，综合政策指标对特定政策分析并不是很有用（例如，政府是否应该降低最低工资或者停止遣散费发放来促进就业）。为了解决此问题，我们需要衡量一个国家中可能会影响就业的主要政策法规的政策环境（Zank，1996）。在时间序列分析中，政策法规的显著差异会对就业决定产生影响。在不同国家之间，显著差异同样对这些国家的就业创造产生了影响，同时也能解释就业增长的差异。Lazear（1990）通过指定一组发达国家决定就业的重要政策法规来研究劳动市场法规对就业的影响。其模型的扩展形式如下：

$$L_t^d = L^d\left(\frac{W_t}{m_t}, q_t^*, r_1, r_2, \cdots, r_k\right) \tag{6}$$

其中，$r_i (i=1,\cdots,k)$ 为不同的监管措施（例如遣散费、国家保险支付等）。在仍有残差调整成本的情况下，L_t 的滞后函数可以成为式（6）的一部分，即：

$$L_t^d = L^d\left[\frac{W_t}{m_t}, q_t^*, r_1, r_2, \cdots, r_k, D^*(L)\right] \tag{7}$$

$D^*(L)$ 表示残差调整成本。

与之前的动态劳动需求函数相比，后面这种方法对政策分析更加有用，因为可以强调特定的政策规定。虽然一些劳动市场法规的变量会影响基本工资率（例如工资税），但本研究的重点是估计政策法规对劳动需求的影响。劳动需求等式中的工资率可能是内生性的，这可以通过选择合适的工具变量来解决。

10.5 统计信息

与加勒比海岸地区劳动市场分析相关的主要难题之一是很多劳动市场变量数据难以获得。进行一项有关加勒比海岸地区工人及劳动市场研究的学者表示要进行劳动市场分析所需的数据难以获得（Abt Associates，1998）。这个地区的一些国家为了评估劳动市场表现，如就业、失业及劳动力参与情况，已开始进行周期性的劳动力调查。然而，很多国家是基于 10 年统计一次的人口普查数据来获得劳动市场特点的综合情况。

在理想情况下，特定的调查设计可以搜集数据，以便在不同的综合水平上分析劳动市场管制对就业的影响。

理想情况无法实现意味着我们必须从不同数据来源来获取信息。这种情况使研究结果具有不确定性，因为数据库可能并不一致。加勒比海岸地区国家的工资和就业数据就是一种典型的情况。工资率数据通常从劳动部的行政记录中采集，并且是基于集体谈判协议确定，而就业数据则从劳动力调查（持续的家庭调查）中得到。

在研究中使用的数据库中，只有每年的实际国内生产总值（GDP）对所有国家来说是可用的。尽管可以得到实际国内生产总值年度行业层面的数据，但本研究使用的是总体合并的数据。实际国内生产总值数据系列如下：巴巴多斯，1970—2001 年；特立尼达和多巴哥，1970—1999 年；牙买加，1975—2001 年。

只有三个国家的工资率和平均收入数据是连续的，分别是：巴巴多斯、牙买加以及特立尼达和多巴哥。在巴巴多斯，中央银行使用劳动部提供的集体谈判协议中的数据构建了一个工资率指标。这项年薪指标是基于特定的经济活动领域构建的，适用于1970—2001年。

在牙买加，当地统计局开展了一次有关大企业（即员工在10人及以上的企业）的季度就业与收入调查。1976—1979年及1986—2001年有关大企业员工季度以及年度平均收入的数据是可得到的。由于大企业调查数据的差异巨大，调研人员不得不用所有员工的薪酬在国民收入中所占的比率作为年度平均偿付。

特立尼达和多巴哥中央统计局公布了一项周薪指标。此项指标自1971年开始公布，并于1977年重新确定基准，覆盖了制糖业、制造业、炼油业、电力业的员工。数据源于每半年进行一次的调查。

在巴哈马、巴巴多斯、伯利兹、牙买加、特立尼达和多巴哥，就业数据按季度从劳动力调查中搜集。圭亚那没有开展调查。1973年、1975年、1977年、1979年、1986年、1988—1989年以及1991—1999年巴哈马就业（或失业）的年度数据是可获得的。巴哈马不存在季度估计。巴巴多斯自1975年就建立了一个季度连续住户抽样调查来获取就业信息及其他劳动力数据。伯利兹于1983－1984年间开展了一场一次性的劳动力调查，但自1993年便开始按年度来采集劳动力数据。半年的（4月和10月）就业（及失业）数据只有在1993年和1994年才能得到。自1968年起牙买加就开始进行持续的劳动力调查，在1968—1978年间，它构建了半年度劳动力调查。自1988年起，劳动力数据开始按季度采集。特立尼达和多巴哥自1963年开始以半年为基准（1～6月和7～12月）进行劳动力调查，但在1972年和1976年没有进行调查。

本研究涉及的加勒比海岸地区六国的基本数据评估表明巴巴多斯（1970—2001年）、牙买加（1975—2001年）、特立尼达和多巴哥（1970—1999年）的连续年度数据是可得的。

因为工资/收入数据的缺失以及巴哈马、伯利兹和圭亚那连续就业序列的缺失，所以在实证研究部分不考虑它们。由于劳动市场法规在这些国家产生的扭曲程度较低，所以排除它们不会影响研究结果（Loayza and Palacios，1997）。

关于劳动市场法规，我们力求确定对这三国（巴巴多斯、牙买加、特立尼达和多巴哥）的就业产生影响的主要政策措施。在某些情况下，这些国家的劳动市场法规变化较少。事实上，最近一项有关巴巴多斯、伯利兹、牙买加、特立尼达和多巴哥的企业的调查表明劳动市场法规并不是影响劳动市场运作的重要因素。然而，在巴巴多斯、特立尼达和多巴哥，雇主仍然担心他们可能要缴纳高额的社会保险基金（Abt Associates，1998，26）。遣散费支付法对巴巴多斯雇员而言也同样是一个令人关心的问题。因此在本次研究中，我们主要研究牙买加、特立尼达和多巴哥最低工资法案的影响，以及这三个国家的社会保险支出和遣散费的影响。牙买加自 1975 年开始实施的国家最低工资数据是可得的，在特立尼达和多巴哥，特定职业的最低工资数据也可得到。巴巴多斯的最低工资法案仅包含三种工人类型（商店营业员、家庭佣人和农业劳动者），这些工人能够获得比最低工资更高的工资。

巴巴多斯自 1967 年起国家保险支付形式的工资税数据是可获得的。普通雇主和雇员的缴费比率以及纳税范围都是可得的。雇主有责任支付部分的国家保险、养老保险、工伤费用、遣散费以及失业保险。自 1981 年开始的特殊征税则由雇主和雇员双方承担。为了使国家保险基金能维持收支平衡，保险收益的限额进行了周期性的调整，分别在 1974 年、1978 年、1982 年、1984 年、1987 年、1991 年和 1994 年发生了变化。本研究采用的是不同供款人（雇主和雇员）的未加权指数。在牙买加，1966—2001 年间与工资相关的国家保险计划的最高缴费额度数据是可得的。在特立尼达和多巴哥，自 1971 年开始实施国家保险计划起，缴费比例从未发生变化。然而，最高保险收益在 1980 年、1983 年和 1999 年有所增长。遣散费支付法自 1974 年开始在牙买加实施，而特立尼达和多巴哥则在 1985 年开始实施。自那时起，与员工工资有关的政策法规都没有发生变化。巴巴多斯在 1973 年开始实施遣散费偿付计划。在 1991 年 4 月，雇员向遣散费偿付基金缴纳的支付比率由保险收益的 0.25%提升至 1%。同年 10 月，最高保险收益从 2 600 美元提升至 3 100 美元。

总而言之，研究估计了牙买加、特立尼达和多巴哥的最低工资政策对就业的影响，并使用年度数据估计这三个国家的工资税（国家保险支出）和遣散费制度对就业的影响。这些国家的其他劳动市场法规在研究期间（1970—2001 年）很少发生变化。

10.6 实证结果

此部分将使用式（6）或式（7）来实证研究指定的劳动市场法规对就业的影响。尽管使用的数据是三个国家（巴巴多斯、牙买加、特立尼达和多巴哥）的年度数据，但是不同国家的调查时间由于数据可得性的差异而各不相同：巴巴多斯是 1970—2001 年，特立尼达和多巴哥是 1970—1999 年，牙买加是 1975—2001 年。根据数据可得性，各国在实证研究中使用的变量不同。具体如下：总就业人数（L）；平均收入指标（特立尼达和多巴哥）；平均偿付指标（牙买加）以及平均工资指标（巴巴多斯；W）；以 1990 年要素价格计算的国内生产总值（GDP）；实际工资率或收入/偿付（RW），定义为 W 除以零售价格指数或消费者价格指数 *P*；最低工资指标（MW）；国家保险支出（NISCOR）；遣散费（SEV）；有效最低工资（EMV），定义为最低工资指标除以平均收入指标（特立尼达和多巴哥），也定义为 KAITZ 指标，为最低工资指标与平均偿付指标的比值（牙买加，详见附录中关于劳动市场法规变量的讨论）。

表 10.7 对数据进行了描述性统计。研究中使用的变量至少有三个重要特征。第一，数据的可变性并不是个别现象，而是普遍情形。可变性最高的是牙买加的平均偿付指标。可变性最低的是巴巴多斯的实际工资率。第二，不同国家的就业变量和 GDP 变量在统计上是一样的。第三，总体来看，牙买加的数据波动比其他两个国家更大。

表 10.7　数据的描述性统计

	巴巴多斯		牙买加		特立尼达和多巴哥	
	均值 (Mean)	变异系数 (C. V.)%	均值 (Mean)	变异系数 (C. V.)%	均值 (Mean)	变异系数 (C. V.)%
L	101.42	13.54	832.64	12.61	388.65	11.54
P	142.26	49.44	396.02	122.02	157.50	72.52
W	136.47	47.94	705.95	134.79	299.04	64.82
RW	0.98	9.18	1.75	40.00	1.94	20.62
MW			572.29	123.11	329.10	57.96
EMV(KAITZ)			0.93	18.28	1.17	15.38
GDP	790.39	13.45	2 171.75	11.49	17 297.00	14.42
NISCOR	196.46	39.91	136.18	46.72	2.23	46.64
SEV	1.09	71.56	2.11	45.97	0.50	102.00
时期	1970—2001 年	1970—2001 年	1975—2001 年	1975—2001 年	1970—1999 年	1970—1999 年

注：Mean 代表数据的平均值；C. V. 代表变异系数；*L* 代表总就业人数（数量级为 1 000）；*P* 代表消费者（零售）价格指数；RW 代表实际工资率［名义工资/收入/偿付指标与消费者（零售）价格指数的比值］；GDP 代表以 1990 年要素价格计算的国内生产总值；NISCOR 是雇主对国家保险计划的支出，对牙买加来说，它是一个未加权的与最大工资有关的支付的简单指标，对于巴巴多斯来说，它是利率的未加权指标，对于特立尼达和多巴哥来说，它是一个计数变量（1970 年为 0，1971—1979 年为 1，1980—1982 年为 2，1983—1998 年为 3，1999 年为 4）；EMV（有效最低工资）对特立尼达和多巴哥来说是最低工资指标除以平均收入指标，对于牙买加来说是 KAITZ 指标；SEV 代表遣散费，它是一个描述制度变化的计数变量，对于巴巴多斯来说，在 1978 年之前它为 0，在 1978—1990 年它为 1，在 1991—2001 年它为 2，对于牙买加来说，在 1974—1985 年它为 1，在 1986—1987 年它为 2，在 1988—2001 年它为 3，对于特立尼达和多巴哥来说，它是一个哑变量，1985 年以前的值为 0，1985—1999 年的值为 1。

由于本研究分析就业与一系列解释变量（包括规制变量）之间的关系，至少对两种变量之间的相关关系进行检查是必要的。表 10.8 给出了变量之间的两两相关关系。结果表明，除了实际工资和有效最低工资这两个变量外，就业与其他变量之间的相关性很强并且是正相关的。其中就业与规制变量之间的正相关特别显著。与此同时，解释变量之间是高度正相关的。然而，这些结果必须认真加以解释，因为（1）简单的相关关系并不意味着因果关系，（2）相关关系可能具有欺骗性，（3）简单的相关关系不能得到多变量的相关关系（例如多重共线性问题）。

在此，我们有必要指出本研究中遇到的两个主要问题。第一，时间序列相对较短，可能导致检验统计量的低次幂和渐进检验失效，从而影响检验的有效性。第二，正如先前所概述的一样，我们在此使用的数据并不能完全符合理论分析中使用的概念。

此次估计的过程如下：

（1）使用 ADF 来检验序列的时间特征（必要时使用其他的单位根检验）。

（2）使用约翰森（Johansen）协整检验来检验有意义的长期经济关系是否存在。

（3）如果存在协整关系，则使用菲利普斯-洛勒唐（Phillips and Loretan）非线性误差修正模型来估计就业水平和一系列其他变量之间存在的长期关系。

（4）使用诊断标准来检验估计模型。

表 10.8　相关系数矩阵

	L	*P*	*W*	RW	GDP	NISCOR	SEV
			巴巴多斯				
L	1.00						
P	0.90	1.00					
W	0.92	0.99	1.00				
RW	−0.36	−0.51	−0.44	1.00			
GDP	0.95	0.92	0.95	−0.33	1.00		
NISCOR	0.72	0.91	0.91	−0.38	0.78	1.00	
SEV	0.82	0.94	0.92	−0.51	0.84	0.83	1.00
	L	MW	*W*	KAITZ	GDP	NISCOR	SEV
			牙买加				
L	1.00						
MW	0.78	1.00					
W	0.72	0.99	1.00				
KAITZ	0.38	0.01	−0.11	1.00			
GDP	0.80	0.83	0.76	0.23	1.00		
NISCOR	0.90	0.80	0.72	0.44	0.82	1.00	
SEV	0.94	0.69	0.62	0.43	0.85	0.81	1.00
	L	MW	*W*	KAITZ	GDP	NISCOR	SEV
			特立尼达和多巴哥				
L	1.00						
MW	0.81	1.00					

续表

	L	MW	W	EMV	GDP	NISCOR	SEV
			特立尼达和多巴哥				
W	0.86	0.97	1.00				
EMV	−0.56	−0.45	−0.57	1.00			
GDP	0.68	0.39	0.37	−0.23	1.00		
NISCOR	0.75	0.96	0.93	−0.51	0.40	1.00	
SEV	0.57	0.87	0.87	−0.46	0.002	0.81	1.00

注：变量定义见表 10.7。

所有的结果皆通过 Eviews 程序计算所得。数据的平稳性和非平稳性取决于 ADF 的 t 检验。以下公式用来得出 ADF 的 t 检验：

$$\Delta y_t = c + \rho y_{t-1} + \sum_{i=1}^{m} \lambda_i \Delta y_{t-i} + e_t \tag{8}$$

其中，y_t 表示利润（所有变量的解释见表 10.9 的注），Δ 代表一阶差分，c 是常数项，ρ 和 λ_i 是参数，e_t 是白噪音。最优滞后长度 m 由施瓦兹信息标准（AIC）所得的最大滞后阶数确定。用 t 统计量检验原假设 $\rho=0$（单位根）和备择假设 $\rho<0$（平稳性），也就是遵循 DF 分布的 ADF 的 t 统计量。将与 t 统计量相关联的单侧 P 值与显著性水平（10%、5%和 1%）进行比较，以确定变量的平稳性或非平稳性。当 $\rho=0$ 时，非平稳性（单位根）在趋势水平为 c 时被接受，即 y_t 在 $c\neq0$ 的趋势下具有非稳定性；否则它将围绕一个恒定的平均值平稳，但未出现趋势。y_t 和其一阶差分（Δy_t）ADF 的 t 值及它们相应的 P 值在表 10.9 中进行了描述。由于 ADF 的 t 值在一些情况下（例如出现结构间断时）较小，所以，在 ADF 检验结果并不令人满意或者令人质疑时，我们还使用了菲利普斯-佩龙（Phillips-Perror，PP）检验和 KPSS 检验。值得说明的是，PP 检验是一个比 ADF 更加强大的检验，它同样服从 DF 分布。不像 ADF 检验，它使用非参数方法校正 DF 回归误差项中的近似自相关（ADF 回归中并没有滞后的左侧变量）。KPSS 检验的原假设是具有平稳性，备择假设是具有非平稳性。

在巴巴多斯，表 10.9 的结果表明所有的变量都是不平稳的，也就是说，是一阶单整序列。事实上，虽然一阶差分变量的 ADF 检验的 P 值小于显著性水平，但所有变量的 ADF 检验的 P 值都比常规的显著性水平高。在牙买加，除实际工资外，所有的变量都是一阶单整序列。在特立尼达和多巴哥，尽管劳动变量和遣散费变量是一阶单整序列，但其他变量仍需要进一步研究。PP 检验结果与 ADF 检验结果一致，即 GDP（在 1982 年出现了一次结构间断）是 $I(1)$ 而不是 $I(2)$。PP 检验及 KPSS 检验的结果表明国家保险支出是 $I(1)$，KPSS 检验表明有效最低工资也是 $I(1)$。

表 10.9　ADF 单位根检验结果

		L	RW	GDP	NISCOR	EMV 或 KAITZ	SEV
巴巴多斯	水平	0.746	−1.592[a]	−1.590	−1.267		−1.072
1970—2001 年		(5,0.991)	(6,0.427)	(1,0.473)	(0,0.632)		(0,0.714)
	一阶	−2.835	−3.184	−3.170	−4.028		−5.385
	差分	(0,0.006)	(5,0.003)	(0,0.032)	(0,0.000)		(0,0.000)
牙买加	水平	−1.318	−9.991	−0.715	−1.313	−1.232	−0.801
1975—2001 年		(0,0.606)	(0,0.000)	(1,0.827)	(0,0.609)	(3,0.642)	(2,0.803)
	一阶	−4.171	−13.318	−3.331	−3.743	−6.761	−3.162
	差分	(0,0.000)	(0,0.000)	(0,0.002)	(0,0.000)	(0,0.000)	(1,0.003)
特立尼达	水平	−0.116	−4.031	−2.458	−24.872	−4.278	−0.965
和多巴哥		(0,0.939)	(8,0.059)	(2,0.136)	(8,0.000)	(0,0.002)	(0,0.752)
1970—1999 年	一阶	−2.964	−2.319	−1.417	−7.845	−10.849	−5.196
	差分	(0,0.004)	(3,0.022)	(1,0.142)	(8,0.000)	(0,0.000)	(0,0.000)

注：*L* 代表总就业人数的对数；RW 代表实际工资率［名义工资/收入/偿付指标与消费者（零售）价格指数的比值］的对数；GDP 代表以 1990 年要素价格计算的国内生产总值的对数；NISCOR 是雇主对国家保险计划的支出，对牙买加来说，它是一个未加权的与最大工资有关的支付的简单指标的对数，对于巴巴多斯来说，它是利率的未加权指标的对数，对于特立尼达和多巴哥来说，它是一个计数变量（1970 年为 0，1971—1979 年为 1，1980—1982 年为 2，1983—1998 年为 3，1999 年为 4）；EMV（有效最低工资）对特立尼达和多巴哥来说是最低工资指标除以平均收入指标的对数，对于牙买加来说是 KAITZ 指标；SEV 代表遣散费，它是一个描述制度变化的计数变量，对于巴巴多斯来说，在 1978 年之前它为 0，在 1978—1990 年它为 1，在 1991—2001 年它为 2，对于牙买加来说，在 1974—1985 年它为 1，在 1986—1987 年它为 2，在 1988—2001 年它为 3，对特立尼达和多巴哥来说，它是一个哑变量，1985 年以前的值为 0，1985—1999 年的值为 1。表中的系数是 ADF 检验值，括号中的第一个数字是根据 SIC 所得的滞后阶数，括号中的第二个数字是单侧 *P* 值。一阶差分的回归没有常数项。巴巴多斯、牙买加、特立尼达和多巴哥的最大滞后阶数分别为 9、8、8。

a. 滞后阶数不是最优的。当最优滞后阶数为 3 时，时间序列是平稳的（ADF：−4.567，*P* 值：0.001）。然而，在给定的结构间断（1975 年和 1990 年）处，ADF 检验是无效的。PP 检验表明是非平稳的。

由于变量的不平稳性，包含这些变量的回归方程只有在变量形成平稳的线性组合时才有效，也就是在变量存在协整关系时。我们进行了一些协整检验。在此我们使用了约翰森迹检验和最大特征根检验（Maddala and Kim，1998）。这个迹检验的原假设为最多存在 $r<n$（n 是变量个数）个协整关系（向量）。最大特征根检验的原假设是 $r+1$ 个协整向量对 r 个协整向量。虽然这些检验是大样本检验，但它们更倾向于使用格兰杰协整检验，因为当我们检验两个以上变量的协整关系时，格兰杰协整检验能够呈现多个协整关系。

考虑到利润变量之间存在的协整关系，我们有必要使用稳健检验来得到渐近无偏有效估计。在本研究中，我们使用菲利普斯-洛勒唐非线性误差修正模型（Phillips and Loretan，1991）。我们进行此过程的基本想法是：通过将一个或者多个滞后误差（均衡）修正机制和当前的一阶差分解释变量以及其滞后项结合起来，得到等式中参数的长期（静态）估计。具体等式如下：

$$l_t = c + X_t\boldsymbol{\beta} + \Gamma(B)(l_t - c - X_t\boldsymbol{\beta}) + \sum_{i=0}^{\infty}\boldsymbol{\alpha}_i \Delta X_{t-i} + \sum_{i=1}^{\infty}\boldsymbol{\delta}_i \Delta X_{t+i} + u_t \tag{9}$$

其中，l_t代表被雇用人员数量的对数，X_t是解释变量的矩阵（例如，实际工资、实际国内生产总值、遣散费、最低工资和国家保险支出），$\Delta X_t = X_t - X_{t-1}$，$u_t$是一个误差项，$\boldsymbol{\beta}$=（$\beta_1$，$\beta_2$，…）是一个与解释变量相关的向量，$\boldsymbol{\alpha}$和$\boldsymbol{\delta}$同样也是参数向量，与此同时，$\Gamma(B) = \sum_{j=1}^{\infty}\gamma_{1j}B^j$，$B$是后移位算子。

式（9）中的非线性误差修正模型通过估计（和消除）长期均衡关系中的误差与回归产生的误差之间的长期反馈效应，达到“充分有效”（Phillips and Loretan，1991，426）。在这一点之上，ΔX_t的先导在此具有很重要的意义，因为它们的结论能够获得驱动长期均衡的误差和驱动解释变量的误差，并且形成鞅差序列。对于估计的准确性、无偏性以及推断性来说，这是很有用的（Phillips and Loretan，1992，426）。Maddala and Kim（1998）同样证实了以上观点，即在协整方程估计中滞后和先导的重要性，特别是在有一个独立的协整向量时。由此，我们便可以得到如下结论，即这个方法能够有效处理右侧变量的内生性问题。

事实上，式（9）不能直接使用；我们对其进行截尾后才能使用。由于样本规模小，在此我们使用ΔX_t的一期滞后和一期先导，且$\Gamma(B) = \gamma_{11}B$。因此，式（9）被转换为如下形式：

$$l_t = c + X_t\boldsymbol{\beta} + \gamma_{11}(l_{t-1} - c - X_{t-1}\boldsymbol{\beta}) + \sum_{i=0}^{1}\alpha_i \Delta X_{t-i} + \delta_1 \Delta X_{t+1} + u_t \tag{10}$$

式（10）表明就业水平受到三个部分的影响：解释变量在参数$\boldsymbol{\beta}$=（β_1，β_2，…）时的长期关系，解释变量在参数α_i与δ_1时的短期关系，以及解释变量在参数γ_{11}时的滞后均衡修正机制（$l_{t-1} - c - X_{t-1}\boldsymbol{\beta}$）。均衡修正机制也就是对稳态均衡偏差的修正，我们有两个理由可以证明。它所代表的不仅仅是由于技术和制度刚性进行的对过去的调整，同时也是由企业对就业变化的预期或者预测所造成的均衡误差的调整。相比变量包含的历史信息，后者可能拥有更多关于就业变量的预测信息（Campbell and Shiller，1988，507）。

为了有效地利用自由度，如果滞后或先导形式的差分变量对整体拟合没有贡献，则会被逐步剔除。协整方程的估计结果按国家来报告。

10.6.1 巴巴多斯

下面的变量是我们感兴趣的：雇员数量的对数（L），实际工资率的对数（RW），实际国内生产总值的对数（GDP），国家保险支出的对数（NISCOR），以及遣散费的对数（SEV）。这些变量的具体信息见附录。表 10.10 中的约翰森迹检验和最大特征根检验表明，变量只有在 5%的水平上才存在一个协整向量。事实上，非协整变量的迹的统计值 85.31 比显著性水平为 5%时的临界值（68.52）要高，而最多只有一个协整关系的迹的统计值（46.77）比临界值（47.21）要低。同样的，对于最大特征根估计，非协整变量的最大特征根（38.54）比 5%显著性水平下的临界值（33.46）要高，而最多只有一个协整关系的值（21.90）比 5%显著性水平下的临界值（27.07）要低。

表 10.10　约翰森协整检验：巴巴多斯

时间段：1970—2001 年
趋势假设：线性确定性趋势
变量：L，RW，GDP，NISCOR，SEV
滞后间隔（一阶差分）：1 到 1
非限制协整秩检验

假设存在协整关系的数量	迹统计量	临界值	
		5%	1%
无**	85.311 58	68.52	76.07
最多 1 个	46.771 54	47.21	54.46
最多 2 个	24.868 35	29.68	35.65
最多 3 个	11.709 71	15.41	20.04
最多 4 个	1.576 054	3.76	6.65
	最大特征根统计量	**临界值**	
		5%	**1%**
无*	38.540 03	33.46	38.77
最多 1 个	21.903 19	27.07	32.24
最多 2 个	13.158 64	20.97	25.52
最多 3 个	10.133 66	14.07	18.63
最多 4 个	1.576 054	3.76	6.65

注：变量的定义详见表 10.9。假设存在协整关系的数量代表协整等式的数量。迹统计量和最大特征根统计量均为检验协整关系的统计量。

** 表示在 5%的显著性水平下显著。

* 表示在 10%的显著性水平下显著。

在此，我们使用式（10）的一个简化形式以及先前所提及的变量来估计长期参数。由于空间的原因，同时也因为重点在于长期参数，滞后的系数以及不同先导变量的估计结果在此并没有显示出来。表 10.11 包含了首选模型的结果。后者通过了这里有趣的诊断测试。事实上，在 5%的显著性水平下，误差项不存在自相关，因为用 LM 中的 F 检验所得的 P 值为 0.56。这个模型不存在自回归条件异方差，因为相关的 P 值为 0.8。与此同时，由 JB 检验的 P 值可知，这个模型也通过了正态分布检验。就变量的影响而言，实际工资率以及实际国内生产总值都会显著影响劳动需求。常数项在 5%的显著性水平下也是显著的。长期而言，实际工资率每增长 1%会导致劳动需求下降 0.33%。实际国内生产总值每增长 1%会导致就业水平增长 1.1%。遣散费对就业有负向影响，但并不显著。国家保险支出对就业并未产生显著影响。限制性怀特检验结果表明：法规（国家保险支出和遣散费）整体上对巴巴多斯的就业情况并不会产生显著影响。

表 10.11 基于式（10）的变量使用菲利普斯-洛勒唐非线性最小二乘法所得的长期估计，巴巴多斯，1970—2001 年

常数	RW	GDP	NISCOR	SEV
−3.197	−0.328	1.104	0.077	−0.018
(−1.828)	(−2.662)	(5.088)	(1.220)	(−0.877)
$R^2=0.986$				
$\bar{R}^2=0.974$				
LM（F 统计量）=0.718　P 值=0.555				
ARCH（F 统计量）=0.227　P 值=0.799				
JB=0.236　P 值=0.889				
Wald（F 统计量）=1.362　P 值=0.281				

注：变量的定义详见表 10.9。上表中未包含短期估计。括号中的数据是 t 统计量。由于样本量较小，LM 检验为使用 F 检验来检验序列相关的布罗斯-戈弗雷（Breusch-Godfrey）检验。ARCH 检验为自回归条件异方差检验。JB 检验为正态分布检验。P 值为相关检验的 P 值。在全部约束下的怀特检验结果显示法律制度并不重要，即 NISCOR 的影响=SEV 的影响=0。

10.6.2 牙买加

我们感兴趣的变量包括雇员数量的对数（L）、KAITE 指标的对数、实际国内生产总值的对数（GDP）、国家保险支出的对数（NISCOR），以及遣散费的对数（SEV）。

表 10.12 中的约翰森迹检验和最大特征根检验表明，在 5%的显著性水平下存在两个协整变量，在 1%的显著性水平下存在一个协整变量。考虑到测试的性质，我们将研究重点放在单个协整变量上。

表 10.12　约翰森协整检验：牙买加

时间段：1970—2001 年
趋势假设：线性确定性趋势
变量：L，KAITZ，GDP，NISCOR，SEV
滞后间隔（一阶差分）：1 到 1
非限制协整秩检验

假设存在协整关系的数量	迹统计量	临界值	
		5%	1%
无**	100.325 1	68.52	76.07
最多 1 个*	53.816 03	47.21	54.46
最多 2 个	27.477 77	29.68	35.65
最多 3 个	11.956 71	15.41	20.04
最多 4 个	2.539 234	3.76	6.65
	最大特征根统计量	**临界值**	
		5%	1%
无**	46.509 06	33.46	38.77
最多 1 个	26.338 27	27.07	32.24
最多 2 个	15.521 05	20.97	25.52
最多 3 个	9.417 478	14.07	18.63
最多 4 个	2.539 234	3.76	6.65

注：见表 10.10。
** 表示在 5%的显著性水平下显著。
* 表示在 10%的显著性水平下显著。

表 10.13 包含式（10）中变量的估计结果。结果显示：根据 LM 的 F 检验所得的 P 值为 0.321，因而不存在误差项的自相关。与此同时，由于 ARCH 的 P 值是 0.766，所以此处也不存在自回归条件异方差。此模型还通过了 JB 正态分布检验。与巴巴多斯类似，牙买加的实际国内生产总值对就业具有显著影响，至少对长期的情况来说是如此。实际国内生产总值每增加 1%，就业水平增加 0.39%。值得注意的是通过 KAITZ 指标来估计最低工资产生的影响。事实上，KAITZ 指标每增加 1%会使就业水平下降 0.18%。国家保险支出对就业没有影响。在 5%的显著性水平下，遣散费不会对就业水平产生任何影响。总体来看，规制整体上不会对就业产生显著影响，因为限制性 Wald 检验所得的 P 值是 0.114。

表 10.13　基于式（10）的变量使用菲利普斯-洛勒唐非线性最小二乘法所得的长期估计：牙买加，1975—2001 年

常数	KAITZ	GDP	NISCOR	SEV
3.515	−0.177	0.389	0.023	0.048
(2.505)	(−2.112)	(2.013)	(0.661)	(1.803)
R^2=0.985				

续表

常数	KAITZ	GDP	NISCOR	SEV
$\bar{R}^2$=0.965				
LM（F统计量）=1.381　P值=0.321				
ARCH（F统计量）=0.271　P值=0.766				
JB=0.631　P值=0.730				
Wald（F统计量）=2.727　P值=0.114				

注：见表10.11。

10.6.3　特立尼达和多巴哥

我们感兴趣的变量如下：雇员数量的对数（L）、有效最低工资的对数（EMV）、实际国内生产总值的对数（GDP）、国家保险支出的对数（NISCOR），以及遣散费的对数（SEV）。国家保险支出的对数和遣散费的对数是定量的，具体解释见附录。

表10.14中的约翰森迹检验和最大特征根检验表明，在1%、5%和10%的显著性水平下均出现了一个协整向量。

表10.14　约翰森协整检验：特立尼达和多巴哥

时间段：1970—1999年
包括的观测值：调整终点后为28个
趋势假设：无确定趋势（限制性常数）
变量：L，EMV，GDP，NISCOR，SEV
滞后间隔（一阶差分）：1到1
非限制协整秩检验

假设存在协整关系的数量	迹统计量	临界值 5%	临界值 1%
无**	101.452 4	76.07	84.45
最多1个	47.594 49	53.12	60.16
最多2个	29.970 64	34.91	41.07
最多3个	15.289 83	19.96	24.60
最多4个	6.240 594	9.24	12.97
	最大特征根统计量	**临界值 5%**	**临界值 1%**
无**	53.857 91	34.40	39.79
最多1个	17.623 85	28.14	33.24
最多2个	14.680 81	22.00	26.81
最多3个	9.049 235	15.67	20.20
最多4个	6.240 594	9.24	12.97

注：见表10.10。
** 表示在5%的显著性水平下显著。
* 表示在10%的显著性水平下显著。

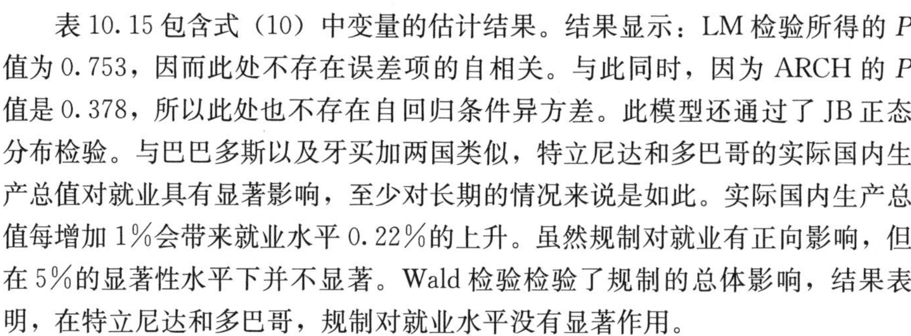

表 10.15 包含式（10）中变量的估计结果。结果显示：LM 检验所得的 P 值为 0.753，因而此处不存在误差项的自相关。与此同时，因为 ARCH 的 P 值是 0.378，所以此处也不存在自回归条件异方差。此模型还通过了 JB 正态分布检验。与巴巴多斯以及牙买加两国类似，特立尼达和多巴哥的实际国内生产总值对就业具有显著影响，至少对长期的情况来说是如此。实际国内生产总值每增加 1%会带来就业水平 0.22%的上升。虽然规制对就业有正向影响，但在 5%的显著性水平下并不显著。Wald 检验检验了规制的总体影响，结果表明，在特立尼达和多巴哥，规制对就业水平没有显著作用。

表 10.15　基于式（10）的变量使用菲利普斯-洛勒唐非线性最小二乘法所得的长期估计：特立尼达和多巴哥，1970—1999 年

常数	EMV	GDP	NISCOR	SEV
3.576	−0.009	0.222	−0.025	−0.028
(3.273)	(−0.125)	(1.932)	(−1.344)	(−1.058)

R^2＝0.955

$\bar{R}^2$＝0.938

LM（F 统计量）＝0.400　P 值＝0.753

ARCH（F 统计量）＝1.018　P 值＝0.378

JB＝0.568　P 值＝0.753

Wald（F 值）＝0.963　P 值＝0.431

注：见表 10.11。

有关巴巴多斯、牙买加、特立尼达和多巴哥的劳动市场规制对就业水平影响的实证分析显示：国家保险支出（工资税）以及遣散费的变化对就业水平不会产生任何影响。除牙买加外，其他各国的最低工资水平也不会对就业水平产生影响。在很大程度上，这些不同的结果大体上是因为在研究覆盖的时间段内，有关劳动市场规制没有发生显著的变化。在这三个国家中，驱动就业的主要因素是产出的增长。

尽管在本节开头提出了保留意见（样本的缺点为依赖于大样本检验，以及低质量的数据，特别是牙买加的样本），有两个理由表明了本研究结果的可靠性。第一，在此次研究中，计量经济学研究结果在很大程度上证实了加勒比海岸地区五个国家内有关雇主的调查结果（Abt Associates，1998）。此次研究表明，“大多数企业反映，对于它们而言，规制并不是一个会影响它们的重要的劳动市场问题”。劳动市场刚性、就业保障或劳动市场扭曲的各项指标都较低，这表明劳动市场规制对于就业水平而言并不是主要的影响因素。就业创造的关键因素在于产出的增长。第二，由年度数据得出的结果大体上与由年度数据生成的季度数据（在此并没有汇报）得出的结果一致。然而由于样本量较大，季度数据结果并不存在“依赖渐进检验”的问题。

10.7　结论

就业创造问题已成为加勒比海岸地区最主要的经济挑战。一些评论家已认定在此地区存在一系列政策法规，从而导致劳动市场刚性。本研究检验了此地区直接和间接劳动市场规制的管控范围。尽管这些国家的几项法规正处于研究过程中，但它们带来的劳动市场总体扭曲程度比美洲国家的要小。此外，许多国家所采取的劳资关系的自由化模式表明此地区的劳动法长期以来鲜有变动。例如，特立尼达和多巴哥以及牙买加的遣散费支付法案自实施后就没有明显的变化。一些特定法规（有关最低工资、国家保险支出以及遣散费）对就业影响的计量分析结果表明这些规制的影响不显著。产出增长是此地区就业创造的关键因素。

本研究受到了样本规模小的限制，特别是对牙买加的遣散费的研究。解决的办法之一是使用面板数据。然而，在本研究汇总时不能将三个国家的数据合并为面板数据，主要有以下两个原因：第一，在某些情况下，变量的测量或界定缺乏同质性。比如，在特立尼达和多巴哥，工资被定义为平均收入，在牙买加，则被定义为平均偿付，在巴巴多斯，被定义为平均工资率。国家保险支出在巴巴多斯是一项利率的未加权指标，在牙买加是一个未加权的与最大工资有关的支付的简单指标，在特立尼达和多巴哥则是一个计数变量。因此，解释用混合数据得出的结论非常困难。第二，一组良好的或相关的面板数据应该是国家维度比时间维度大得多，而我们的数据并非如此。另一个扩大样本数量的方法是从年度数据中生成季度数据。但问题是，虽然数据聚合建立在一个健全的理论框架上，但是，当仅存在聚合数据时，数据分解通常建立在一个被质疑的理论基础之上。因此，鉴于不存在季度数据和混合数据的问题，解决这些问题的办法是通过采集更多年度数据来扩大数据跨度，从而得到更可靠的估计结果。

附录

劳动市场规制的统计测量

巴巴多斯

遣散费（虚拟变量）	1970—1977 年	0	（1973 年实施的计划）
	1978—1990 年	1	（计划在 1978 年变化）
	1991—2001 年	2	（计划在 1991 年变化）

国家保险支出：雇主和雇员缴纳比率的简单未加权指标（1970—2001 年）。

牙买加

遣散费（虚拟变量）	1975—1985 年	1	（1974 年实施的计划）
	1986—1987 年	2	（计划在 1986 年变化）
	1988—2001 年	3	（计划在 1988 年变化）

国家保险支出：一个未加权的与最大工资有关的支付的简单指标（1975—2001 年）。

有效最低工资：最低工资的简单未加权指标（1975—2001 年）。

KAITZ 指标：有效最低工资与平均指标之比（1975—1996 年）。

特立尼达和多巴哥

遣散费	1970—1985 年	0	（无计划）
	1986—1999 年	1	（1971 年实施的计划）
国家保险支出	1970 年	0	（无计划）
	1971—1979 年	1	（1971 年实施的计划）
	1980—1982 年	2	（1980 年变化）
	1983—1998 年	3	（1983 年变化）
	1999 年—	4	（1999 年变化）

有效最低工资：最低工资的简单未加权指标（1970—1999 年）。

资料来源：最低工资数据来自特立尼达和多巴哥中央银行和中央统计局各个年份的统计数据。

工资/收入的统计测量

巴巴多斯

工资率指标（1970—2001 年）是拉氏指数，是基于技术工人在特定行业每周工作 40 小时所得工资和薪酬指数的算术平均值。

权重是每个行业提供的就业量在总就业量中的占比。

资料来源：巴巴多斯中央银行年度数据，国际货币基金组织年度数据，财政和规划部年度数据。

牙买加

平均偿付指标（1975—2001 年），用国民经济核算中的雇员总偿付与雇员总人数的比例来衡量平均年薪，以 1985 年为基年，将美元值转化为简单的未加权指数形式。

资料来源：国际货币基金组织年度数据；国家保险计划年度数据；牙买加规划研究所年度数据；牙买加统计局年度数据。

特立尼达和多巴哥

平均周薪指标（1976—1999 年）涵盖制造业、石油业、制糖业和电力业雇员的平均收入。

资料来源：特立尼达和多巴哥中央银行年度数据；中央统计局年度数据。

注：在所有情况下，实际价值是由零售价格指数平减所得。

GDP 和就业的统计测量

不变价格下的 GDP 数据来自三个国家的国民核算，就业数据来自劳动市场调查。巴巴多斯 1970—1974 年的就业数据来自 Downes and McClean（1988）的估计。

参考文献

Abt Associates. 1998. Workers and labour markets in the Caribbean. IADB Background Document, vol. 2. Washington, D.C.: Inter-American Development Bank, May.

Antoine, R. 1992. The CARICOM labour law harmonization report. Cave Hill, Barbados: University of the West Indies, Faculty of Law.

———. 1998. The economic implications of labour law in the IDB CARICOM countries. University of the West Indies. Working Paper.

Baker, J. L. 1997. Poverty reduction and human development in the Caribbean: A cross-country study. World Bank Discussion Paper no. 366. Washington, D.C.: World Bank.

Brown, C., C. Gilroy, and A. Kohen. 1982. The effect of minimum wage on employment and unemployment. *Journal of Economic Literature* 20 (2): 487–528.

Campbell, J. Y., and R. J. Shiller. 1988. Interpreting cointegrated models. *Journal of Economic Dynamics and Control* 12 (2/3): 505–22.

Central Bank of Barbados. Various years. *Annual statistical digest.* Bridgetown, Barbados: Central Bank of Barbados.

Central Bank of Trinidad and Tobago. Various years. *Handbook of key economic statistics.* Port of Spain, Trinidad and Tobago: Central Bank of Trinidad and Tobago.

Central Statistical Office. Various years-a. *Annual statistical digest.* Port of Spain, Trinidad and Tobago: Central Statistical Office.

———. Various years-b. *Labour digest.* Port of Spain, Trinidad and Tobago: Central Statistical Office.

Cumberbatch, J. 1995a. Wrongful dismissal and the "retreat" from Barbados Plastics. *Anglo-American Law Review* 24:213–35.

———. 1995b. Plastic surgery—wrongful dismissal in Barbados after Grosvenor v. the Advocate Co. Ltd.: A comment. *Caribbean Law Review* 5 (1): 314–35.

Downes, A. S. 2002. Indices of labour market regulation: Principles and cases. *Indian Journal of Labour Economics* 45 (1): 117–26.

Downes, A. S., and N. Mamingi. 1997. Dynamic labour demand functions with non-wage labour costs: Theory and estimation techniques. Institute of Social and Economic Research Working Paper no. 5. Cave Hill, Barbados: Institute of Social and Economic Research.

Downes, A. S., and W. McClean. 1998. The estimation of missing values of employment in Barbados. *Research Papers* (Central Statistical Office, Trinidad and Tobago) 13:115–36.

Erickson, C. L., and D. J. B. Mitchell. 1995. Labour market regulation, flexibility and employment. *Labour* 9 (3): 443–62.

Hamermesh, D. S. 1993. *Labour demand.* Princeton, N.J.: Princeton University

Press.

Hamermesh, D. S., and G. A. Pfann. 1996. Adjustment costs in factor demand. *Journal of Economic Literature* 34 (3): 1264–92.

Inter-American Development Bank (IADB). 1996. *Economic and social progress in Latin America report.* Washington, D.C.: Inter-American Development Bank.

International Monetary Fund. Various years-a. *Barbados: Recent economic developments.* Washington, D.C.: International Monetary Fund.

———. Various years-b. *International financial statistics handbook.* Washington, D.C.: International Monetary Fund.

Intriligator, M. D. 1971. *Mathematical optimization and economic theory.* Englewood Cliffs, N.J.: Prentice Hall.

La Foucade, A. 1995. *A review of the evaluation and performance of social security schemes in the English-speaking Caribbean.* Port of Spain, Trinidad and Tobago: Inter-American Conference on Social Security/National Insurance Board of Trinidad and Tobago.

Lazear, E. P. 1990. Job security provisions and employment. *Quarterly Journal of Economics* 105 (3): 699–726.

Loayza, N., and L. Palacios. 1997. Economic reform and progress in Latin America and the Caribbean. World Bank Working Paper no. 1829. Washington, D.C.: World Bank.

Lockwood, B., and A. Manning. 1989. Dynamic wage-employment bargaining with employment adjustment costs. *Economic Journal* 99 (398): 1143–58.

Maddala, G. S., and I. M. Kim. 1998. *Unit roots, cointegration and structural change.* Cambridge, U.K.: Cambridge University Press.

Márquez, G., and C. Pagés. 1998. Ties that bind: Employment protection and labour market outcomes in Latin America. Inter-American Development Bank. Mimeograph.

Ministry of Finance and Planning. Various years. *Barbados economic report.* Bridgetown, Barbados: Government of Barbados.

Modesto, L. 1994. Dynamic behaviour of wages and employment: A bargaining model introducing adjustment costs. CEPR Discussion Paper no. 893. London: Centre for Economic Policy Research.

National Insurance Scheme. Various years. *Annual report.* Kingston, Jamaica: National Insurance Scheme.

Phillips, P. C. B., and M. Loretan. 1991. Estimating long run economic equilibria. *Review of Economic Studies* 58 (195): 407–36.

Planning Institute of Jamaica. Various years. *Economic and social survey of Jamaica.* Kingston, Jamaica: Planning Institute of Jamaica.

Rama, M. 1995. Do labour market policies and institutions matter? The adjustment experience in Latin America and the Caribbean. *Labour* 9:S243–S268.

Sapsford, D., and Z. Tzannatos. 1993. *The economics of the labour market.* London: MacMillan.

Statistical Institute of Jamaica. Various years. *Labour market information newsletter of Jamaica.* Kingston, Jamaica: Statistical Institute of Jamaica.

World Bank. 1995. *World development report.* Washington, D.C.: World Bank.

Zank, N. S. 1996. *Measuring the employment effects of regulation: Where did the jobs go?* London: Quorum Books.

11 拉丁美洲和加勒比海岸地区的劳动需求

——对我们的启示

丹尼尔·S. 哈默梅什*

11.1 引言

劳动需求的核心问题是雇主根据成本变化对其劳动投入的不同部分的使用的反应。一般准则包括总体以及各类劳动子集的就业-工资弹性；不同人群应对相关成本变化的相对就业弹性；由规模扩张和资本深化或质量提升引起的就业模式的变化；旧的平衡被打破、新的平衡被建立时的就业路径；以及类似的劳动效用的衡量，如每一时间段的工作时间。

所有这些内容都已经被广泛研究，同时现有的文献也似乎在很大程度上验证了部分核心问题（Hamermesh，1993），但即使是最简单的问题，也不是每个人都相信我们真正知道多少，如固定产出的总劳动价格弹性（Topel，1998）。由于这项参数对理解例如工资税、就业增长补贴以及其他的不同政策的影响是非常重要的，人们想知道是否有可能让这些怀疑论者相信有些事情是可以被证明的。这些质疑部分源于大多数实证研究是基于工业化国家的劳动市场。此类研究存在的问题是，劳动成本的外生性变化和劳动需求约束在那些国家非常罕见，即使确有发生也特别小。这意味着，尝试用这些数据来确定结构参数的研究人员必须依赖模型，竭尽全力地构建外生的劳动成本的测量方法，或者必须探寻就业的细微变化和/或工作时间对劳动成本细微的外生变化的反应。两种方法都不是非常令人满意。

---

* 丹尼尔·S. 哈默梅什（Daniel S. Hamermesh）是得克萨斯大学奥斯汀分校爱德华·埃弗里特·黑尔经济学教授、国家经济研究局助理调查员、劳工研究所项目主管。

笔者在此由衷地感谢匿名评审提出的宝贵意见。

只要有人相信基础技术在发达国家和发展中国家是一样的，那么，从发展中国家采集到的数据就能够推断出重要结构参数的大小。在发展中国家，继任政府官员政治视角的广泛波动通常会引起劳动市场政策的显著变化。可以利用政策的重大变化来推断这些参数，这些参数都基于劳动成本的巨大外生变化。事实上，在很多情况下，相较于发达国家，发展中国家劳动市场的数据并不完整，但在某些情况下这些数据是相对完整的，涵盖了广泛的时期和重大政策变化的有效数据，使我们能够对劳动需求进行估计，这对于研究劳动市场行为的学生而言应该是有用的。

在一些情况下拉丁美洲和加勒比海岸地区同时满足两个标准：就冲击规模而言，发达国家某些政策的变化比我们看到的大得多。在许多情况下数据，特别是组织机构数据，非常适合用来研究劳动需求。这些研究中的大多数确实符合这些标准。特别是 Saavedra and Torero（2000）对秘鲁的研究和 Barros and Corseuil（2000）对巴西的研究都满足这个标准，与此同时，其他的所有研究都至少包括了冲击大于发达国家的时期。在接下来的章节中，我们将探讨从对该地区经济的研究中了解到哪些劳动需求的核心问题。

11.2 总劳动需求的证据

劳动需求研究的核心参数是固定产出自有工资劳动需求弹性。已有使用各种不同方法和数据来估计这个参数的研究（Hamermesh，1993）。近期大量关于拉丁美洲和加勒比海岸地区的研究估计了这个参数。此外，尽管大多数研究使用的是综合数据或行业数据，但也有许多近期的研究使用企业层面的数据，其目的是避免在肯定是非线性经济关系的情况下产生严重的总体偏误。假设这些微观数据中的测量误差不是一个很大的问题，即使在发展中国家可能出现劳动成本更大的外生变量，数据的空间分解使得这些研究比大多数早期研究更具有优势。

表 11.1 从拉丁美洲和加勒比海岸地区的研究中总结了对这些弹性的估计结果。研究方法具有可比性：所有估计方程将就业取对数，并设定为工资和产出的函数，因而也提供了这些关键参数的直接估计结果。除了巴巴多斯，所有国家的研究都至少包含就业的一期滞后，并作为额外的回归量。但研究所得的结果不尽相同。研究结果的差异部分来源于估计方法和数据（频率、空间聚合程度及劳动成本的界定）。这些差异也可能与各国使用的技术差异有关，可能是产出组合的差异或者是生产同种产品的方法差异。

表 11.1　拉丁美洲和加勒比海岸地区固定产出自有工资劳动需求弹性

国家/研究	数据	频率/时间段	估计弹性		
			蓝领	全部	白领
巴巴多斯/Downes et al.	总体数据	年度/1970—1996 年		−0.17	
巴西/Paes de Barros & Corseuil	大型机构	月度/1986—1997 年		−0.40	
智利/Fajnzylber & Maloney	企业	年度/1981—1986 年	−0.32		−0.48
哥伦比亚/Fajnzylber & Maloney	企业	年度/1980—1991 年	−1.37		−0.59
墨西哥/Fajnzylber & Maloney	企业	年度/1986—1990 年	−0.42		−0.44
秘鲁/Saavedra & Torero	部门	季度/1987—1997 年		−0.19	
乌拉圭/Cassoni et. al	两位数行业	季度/1975—1984 年 季度/1985—1997 年		−0.69 −0.22	

尽管存在明显的差异，但结果的一致性是显著的。选择四个不同国家的研究结果——巴巴多斯、巴西、秘鲁和乌拉圭，这些国家的估计覆盖了所有就业，同时平均固定产出自有工资弹性为−0.30。Fajnzylber and Maloney (2000) 的估计结果比其他估计结果偏高，但我们必须记住的是，这些研究是基于按专业技术水平分类的就业数据而得，因而估计值偏高（之后会给出更多解释)。显然，这里有一系列估计结果，因此，正如任何一组实证研究一样，没有一个特定的估计结果可以被视为“事实”。但将所有的估计弹性结合起来看，我们可以推断出一致估计值，即为−0.30，这是从许多基于工业化经济体及主要使用高度聚合数据的研究中得出的（Hamermesh，1993)。−0.3 不仅是一系列估计的集中趋势，同时也符合柯布-道格拉斯两要素方程中所得的劳动在产出中所占的贡献份额约为三分之二的观测。

这些估计值与已有文献中的估计值类似，这在一定程度上可以消除人们的疑虑，人们担心重要参数值的不确定性使得无法估计法定的劳动成本的变化对就业水平的影响。这些国家劳动成本受到的冲击之大，以及席卷该地区的剧烈政治变革对劳动成本的影响，表明对身份认同的担忧在这里应该没有那么严重。这种担忧曾导致批评人士质疑基于发达经济体的研究。正如 Angrist (1996) 有关约旦河西岸和加沙地带的研究，这些对发展中经济体的预测结果表明，我们建立在发达经济体之上的研究可能在其他地方也是可行的。

尽管在一系列针对拉丁美洲和加勒比海岸地区的研究中，有关同质劳动固定产出自有工资弹性的估计相当普遍，但是这些研究包括大量值得我们关注的关于长期劳动需求的其他影响。一项对阿根廷的研究（Mondino and Montoya,

2000）分别估计了就业需求和劳动时间，并且把劳动投入的每个组成部分的滞后值作为回归元。在此研究中所得的长期工资弹性表示就业-工时率对工资成本变化的反应（不包含在表 11.1 中的劳动需求弹性表中）。保持工时不变，长期固定产出就业相对劳动成本变化的弹性是－0.94。这意味着工人数量与工作时间的替代性很大，同时也表明工资的上涨将使雇主每小时都雇用更少的员工工作。因为基于工时等式的弹性一样只有－0.03，由此也推断出劳动成本的上涨并不改变每周工作时间的长度。

由于 Fajnzylber and Maloney（2000）用宽泛的定义来衡量专业技术水平，以此分解就业，所以其对三个国家的研究使我们能够检验应对劳动需求的冲击的长期反应是否都存在技术水平上的差异。这取决于劳动和资本要素替代的可能性，但之前的研究认为工人的专业技术水平与劳动需求弹性的绝对值存在反向关系。排除对哥伦比亚的估计，本研究不考虑哥伦比亚。然而，它与相关文献之间的显著差异并不能被直接分辨出来。针对发达国家技术水平的研究结果表明，针对低专业技术水平的组别进行研究所得的结果可能与表 11.1 中的白领组别一样高。因为对专业技术水平的定义是不固定的，此处得出的结果可能不能与其他文献中出现的结果相提并论。

在对加勒比海岸地区的估计中，Downes，Mamingi，and Antoine（2000）发现强制执行的最低工资政策会对收入分配产生很大的影响，并对就业产生很大的负向影响。事实上，即使他们的预测建立在总体数据之上，因此囊括许多工资和就业不会受最低工资标准变化影响的工人的样本，他们发现了最低工资制度对牙买加的负向影响，研究中他们构建了以覆盖率加权的最低工资指数(不针对特立尼达和多巴哥，该国运用的是更简易的指标)。预期弹性的大小并未显示潜在的需求结构，因为需求结构同时取决于劳动需求弹性和最低工资影响的劳动力结构，因此它未被纳入表 11.1 中。尽管如此，牙买加的预测结果与长期劳动需求弹性的标准推理一致。

虽然表 11.1 并未总结它们的影响，但是除了 Fajnzylber and Maloney（2000）的研究外，其他研究大多包括除劳动成本之外的就业规制成本。其中的大多数学者认为这是规制严格程度变化的结果，而不是项目实际成本的内生变化的影响。事实上，某些研究中最强有力的论点或最大的创新可能就是在文献极少的地区进行精确的测量（Hamermesh，1993，第 8 章），而且多数研究仅关注变化前后的情况。Saavedra and Torero（2000）对秘鲁的研究发现，与高遣散费增加相对应的就业量的急剧缩减意味着包含在标准劳动需求等式中的工资成本会降低就业需求，其他外生成本的增加也会降低就业需求。Mondino and Montoya（2000）构建了一种就业规制成本的衡量办法，对阿根廷的研究也得出了一个相似的结果。

总的来看，在强调所谓的就业保障政策的长期经济成本（即这些政策对平均就业水平的影响）时，拉丁美洲的证据应该增加了经济学家和政策顾问的信心。他们应该强调大量巧妙的数学理论模型本质上是无关紧要的，这些模型基本上都基于有关市场缺陷的论点，这些论点认为这些政策实际上可能增加就业（Bertola，1992）。

他们还应该对跨国比较的实证研究结果表示怀疑，这些结果基于对劳动市场监管严格程度快速构建的指数的影响的研究，研究结果表明，这些政策对就业水平没有影响（OECD，1999）。

11.3 拉丁美洲和加勒比海岸地区的动态劳动需求

随着劳动市场为应对产出和成本冲击而在新旧均衡中的变化，多数近期有关拉丁美洲和加勒比海岸地区的研究使我们得以估计就业路径。所有这些研究通过将1～2个滞后因变量加入劳动需求方程中来明确平滑对称调整。因此，尽管他们在20世纪90年代就提出了要素需求的动态研究的创新点（Hamermesh and Pfann，1996），但由于他们基于标准文献对要素需求进行分析，我们可以随时与之进行比较。

表11.2总结了有关拉丁美洲和加勒比海岸地区的研究估计的劳动需求的调整速度。在每一项研究中，将时间段的数量 t^* 作为速度，这样是为了将新的均衡与旧的均衡之间的差距减少一半。在这些含有单阶滞后因变量的等式中，计算过程为：

$$t^* = \frac{\ln(0.5)}{\ln \lambda} \tag{1}$$

其中，λ 是滞后因变量的系数。为了便于比较贯穿整个研究的内容，将 t^* 用季度表示。众所周知，可能会有时间聚合偏差，这种偏差或许可以解释为什么这里和已有文献中的估计结果表明，调整速度越慢、时间上聚合程度越高的是基础数据。然而，除了Barros and Corseuil（2000）有关巴西的研究，所有估计的调整速度都比发达国家估计的调整速度要慢。在已有文献中，最好的估计是，就业需求调整滞后的半衰期约为两个季度（Hamermesh，1993，第7章），除表11.2所列的一个例外情况外，其余均高于这个结果。

表11.2 拉丁美洲和加勒比海岸地区劳动需求调整速度（季度）

国家/课题	数据	频率/时间段	调整的半衰期		
			蓝领	全部	白领
阿根廷/Mondino & Montoya	企业	年度/1970—1996年	5.4		0.4
巴西/Paes de Barros & Corseuil	大型机构	月度/1986—1997年		1.0	

续表

国家/课题	数据	频率/时间段	调整的半衰期		
			蓝领	全部	白领
智利/Fajnzylber & Maloney	企业	年度/1981—1986 年	8.8		4.0
哥伦比亚/Fajnzylber & Maloney	企业	年度/1980—1991 年	20.8		5.6
墨西哥/Fajnzylber & Maloney	企业	年度/1986—1990 年	14.4		19.2
秘鲁/Saavedra & Torero	大型组织	季度/1987—1997 年		5.1	
乌拉圭/Cassoni et al.	2 位数行业	季度/1975—1984 年		5.9	
		季度/1985—1997 年		5.0	

我们难以确定拉丁美洲地区的估计结果与已有文献的估计结果的显著差异增大是因为拉丁美洲地区的调整速度确实较慢，还是因为估计等式的动态规则根本就是错误的。例如，平滑对称调整的假设可能是错误的，同时很多可替代性选择中的任何一个都可以更好地描述数据的动态变化。这将包括粗放的调整、线性调整成本，以及各种非对称的调整。此问题可能在发达国家尤其严重。

对发达经济体的研究文献发现了在估计劳动总量不同组成部分和不同劳动者群体的需求调整的相对速度方面的一些规律。Mondino and Montoya（2000）对阿根廷的研究发现，对工时需求的调整比对工人需求的调整要迅速，这种现象与大量针对发达经济体的实证文献的结果一致，同时，与观察到的最初调整工时来应对暂时性的冲击一致。这样雇主就可以避免产生雇用和解雇工人的固定成本。

Fajnzylber and Maloney（2000）对蓝领工人和白领工人需求调整的相对速度的比较研究并不令人满意。在对三个国家中的两个国家进行估计后发现，相对白领工人，蓝领工人的调整更缓慢。此项结果与发达国家劳动市场中广泛发现的专业技术劳动者的调整速度下降（这很可能是由于专业技术人员将会带来更高的雇用和解雇的固定成本）不一致。现在还不明确为什么研究结果会出现相反的状况。可能是因为相较于白领工人，工会或其他制度更多地限制了蓝领工人的调整；也可能是因为在描述蓝领工人就业的方程中，数据的时间聚合导致动态描述带来的问题更严重。

Nadiri and Rosen（1969）发表的一篇小篇幅文献已经估计了众多要素的调整路径之间的联系。问题是一项生产性投入更高水平的调整速度是否会加快其他投入的调整速率，即投入是不是动态补充的。有关任何一对投入的文献尚未有统一的结论，一项有关拉美地区的研究结果为此问题提供了证据，但并不有助于得出此问题的答案。Mondino and Montoya（2000）的研究将每个工人工时（就业）的滞后项纳入描述就业（时长）的动态等式中。遗憾的是，就业等式中的滞后工时系数达到了 0.15，而在工时等式中的滞后就业系数只有 −0.06。或许最好的结论是：几乎没有证据支持或反对就业和每个工人工时的动态互补性。

增长的产品市场竞争，例如国际市场更高的开放程度，可能会刺激雇主在面对成本或产出上的冲击时采取更加迅速的调整措施。随着更多来自其他国家的新产品和新技术的出现，如果本国生产商依旧保持陈旧的员工结构，那么它们会变得没有竞争力。墨西哥的 1987—1995 年的月度数据（Robertson and Dutkowsky，2002）支持这种假说。Cassoni，Allen，and Labadie（1999）提出了一些微弱的证据，因为随着乌拉圭经济变得更加开放，就业需求的调整速度只有轻微的提升。

最近一组拉丁美洲和加勒比海岸地区研究的主要目的之一就是估计变动的就业规制，特别是就业保障法案，如有关遣散费的管理，是如何影响就业需求的调整速度的（Heckman and Pagés，2000）。已有文献关于此问题的证据（Hamermesh，1993）是分散并且矛盾的。如 Barros and Corseuil（2000）对巴西的研究大部分建立在政策变化前后的调整速度的比较及其不确定性之上。就像少许其他竭力想测量规制严格程度的研究［如 Burgess and Dolado（1989），Saavedra and Torero（2000）］在其建立起来的面板数据中发现，精心构建的遣散费的成本指标降低了就业调整速度。他们的结果表明，如果我们期望揭露其动态影响，那么在对劳动需求的实证研究中，明确劳动市场规制的细节有很大的收获。

11.4 结论与启示

没有一个对经济现象的独立研究是高度可信的，甚至多项研究也同样如此，这是因为我们完全可以质疑实验设计中的样本和特定问题的代表性。然而，近期对于拉丁美洲和加勒比海岸地区的研究都是基于劳动市场的研究，这些劳动市场没有用现代经济计量方法进行检验，而且具有相对较大的冲击。因此，我们更加确信雇用高劳动成本劳动者、工资支出和劳动市场规制对就业造成负面影响。这提醒发展中国家的政策制定者，正如在发达国家一样，政策可能是社会需要的，但提高劳动成本或者提升劳动市场刚性将降低就业水平。

对于拉丁美洲和加勒比海岸地区的相关研究优势和弱势在劳动需求相关文献中都有反映。静态劳动需求参数的估计通常看起来是合理的——相当严谨的估计并且与和估计等式密切联系的基础理论相一致。无论是在这些研究中还是其他大量文献中，有关动态调节的预测是更没有说服力的。这可能是由于与静态估计相比，动态估计方程与相关理论的联系并不紧密。此差异表明，如果我们想得出有关冲击以及劳动市场规制对劳动者和工时需求波动的影响，那么拉丁美洲和加勒比海岸地区的后续研究工作应该集中于劳动市场动态方程。

参考文献

Angrist, Joshua. 1996. Short-run demand for Palestinian labor. *Journal of Labor Economics* 14 (July): 425–53.

Barros, Ricardo Paes de, and Carlos Henrique Corseuil. 2000. The impact of regulations on Brazilian labor market performance. Institute of Applied Economic Research (IPEA). Unpublished Manuscript.

Bertola, Giuseppe. 1992. Labor turnover costs and average labor demand. *Journal of Labor Economics* 10 (October): 389–411.

Burgess, Simon, and Juan Dolado. 1989. Intertemporal rules with variable speed of adjustment: An application to U.K. manufacturing employment. *Economic Journal* 99 (June): 347–365.

Cassoni, Adriana, Steven Allen, and Gaston Labadie. 1999. Unions and employment in Uruguay. Group for the Study of Organization and Social Policy (GEOPS). Unpublished Manuscript.

Downes, Andrew, Nlandu Mamingi, and Rose-Marie Belle Antoine. 2000. Labor market regulation and employment in the Caribbean. IADB Research Network Working Paper no. R-388. Washington, D.C.: Inter-American Development Bank.

Fajnzylber, Pablo, and William Maloney. 2000. Labor demand in Colombia, Chile and Mexico. World Bank. Unpublished Manuscript.

Hamermesh, Daniel. 1993. *Labor demand.* Princeton, N.J.: Princeton University Press.

Hamermesh, Daniel, and Gerard Pfann. 1996. Adjustment costs in factor demand. *Journal of Economic Literature* 34 (September): 1264–92.

Heckman, James, and Carmen Pagés. 2000. The cost of job security regulation: Evidence from Latin American labor markets. NBER Working Paper no. 7773. Cambridge, Mass.: National Bureau of Economic Research, June.

Mondino, Guillermo, and Silvia Montoya. 2000. The effects of labor market regulations on employment decisions by firms: Empirical evidence for Argentina. IADB Research Network Working Paper no. R-391. Washington, D.C.: Inter-American Development Bank.

Nadiri, M. Ishaq, and Sherwin Rosen. 1969. Interrelated factor demand functions. *American Economic Review* 59 (September): 457–71.

Organization for Economic Cooperation and Development (OECD). 1999. *OECD Employment Outlook.* Paris: OECD.

Robertson, Raymond, and Donald Dutkowsky. 2002. Labor adjustment costs in a destination country: The case of Mexico. *Journal of Development Economics* 67 (February): 29–54.

Saavedra, Jaime, and Maximo Torero. 2000. Labor market reforms and their impact over formal labor demand and job market turnover: The case of Peru. IADB Research Network Working Paper no. R-394. Washington, D.C.: Inter-American Development Bank.

Topel, Robert. 1998. Analytical needs and empirical knowledge in labor economics. In *Labor statistics measurement issues,* ed. John Haltiwanger, Marilyn Manser, and Robert Topel, 51–74. Chicago: University of Chicago Press.

致　谢

感谢美国律师基金会［特别是布赖恩特·加思（Bryant Garth）］和美洲开发银行［由诺里斯·贝坦科尔（Norelis Betancour）协调］对课题给予的支持。没有它们的资助，我们不可能完成此课题。特别感谢拉克尔·戈麦斯（Raquel Gomez）在研究团队的协调中给予的莫大帮助。

同时，我们也非常感谢三位评论家对本书的悉心指导，特别感谢朱塞佩·贝尔托拉（Giuseppe Bertola）和约翰·多诺霍（John Donohue）所提出的建议，以及其他两名匿名评论家所提出的建议。非常感谢莱蒂西亚·奎瓦斯（Leticia Cuevas）帮助我们去拉丁美洲劳动部进行关于劳动规制的问卷调查，感谢马蒂亚斯·布索（Matias Busso）给予的帮助。

最后，本书的顺利完成还得益于在美洲开发银行工作的约翰·史密斯（John Smith），感谢他对本书中工作论文的编辑，感谢来自芝加哥大学的珍妮弗·布巴（Jennifer Boobar）、格雷格·奥尔洛夫斯基（Greg Orlowski）以及亚当·扎诺利尼（Adam Zanolini）的校对工作。

Law and Employment: Lessons from Latin America and the Caribbean, edited by James J. Heckman and Carmen Pagés

Licensed by The University of Chicago Press, Chicago, Illinois, U. S. A.

图书在版编目（CIP）数据

劳动市场规制与就业：来自拉丁美洲和加勒比海岸地区的启示／（美）赫克曼等著；法丽娜译．-- 北京：中国人民大学出版社，2020.12

（诺贝尔经济学奖获得者丛书）

ISBN 978-7-300-21894-6

Ⅰ.①劳… Ⅱ. ①赫… ②法… Ⅲ.①劳动力市场-市场监管-研究-世界 Ⅳ.①F249.1

中国版本图书馆 CIP 数据核字（2015）第 213077 号

"十三五"国家重点出版物出版规划项目

诺贝尔经济学奖获得者丛书

劳动市场规制与就业：来自拉丁美洲和加勒比海岸地区的启示

詹姆斯·J. 赫克曼
卡门·佩奇斯 等著

法丽娜 译

李晓曼 校

Laodong Shichang Guizhi yu Jiuye

出版发行	中国人民大学出版社		
社　　址	北京中关村大街 31 号	**邮政编码**	100080
电　　话	010－62511242（总编室）		010－62511770（质管部）
	010－82501766（邮购部）		010－62514148（门市部）
	010－62515195（发行公司）		010－62515275（盗版举报）
网　　址	http://www.crup.com.cn		
经　　销	新华书店		
印　　刷	涿州市星河印刷有限公司		
规　　格	160 mm×235 mm　16 开本	**版　　次**	2020 年 12 月第 1 版
印　　张	30.25 插页 2	**印　　次**	2020 年 12 月第 1 次印刷
字　　数	584 000	**定　　价**	118.00 元